Theorie gesellschaftlicher Müdigkeit

Campus Forschung
Band 822

Meinhard Creydt, Diplom-Psychologe, Dr. phil., lebt und arbeitet als Autor und Sozialwissenschaftler in Berlin.

Meinhard Creydt

Theorie gesellschaftlicher Müdigkeit

Gestaltungspessimismus und Utopismus im gesellschaftstheoretischen Denken

Campus Verlag
Frankfurt/New York

Zugl. Dissertation: FU Berlin 1999

Die Deutsche Bibliothek – CIP-Einheitsaufnahme

Ein Titeldatensatz für diese Publikation ist bei
Der Deutschen Bibliothek erhältlich
ISBN 3-593-36616-9

Besuchen Sie uns im Internet: www.campus.de

Inhalt

5

Einleitung

Allenthalben wird die geringe Bearbeitbarkeit vieler gesellschaftlicher Probleme in den OECD-Staaten beklagt (von ökologischen Schäden bis zur Arbeitslosigkeit, von der »Finanzknappheit der öffentlichen Hand« bis zu sog. Zivilisationskrankheiten). Dem breit bekundeten Willen, diese Probleme anzugehen, stehen Probleme zweiter Ordnung entgegen: Die Schwierigkeiten, auf Gesellschaft gestalterisch einzuwirken, um die materialen Probleme bearbeiten zu können. »Gesellschaftsgestaltung« beziehe ich auf eine diese Schwierigkeiten minimierende Praxis und setze sie ab gegen Stückwerkhandeln und den status quo sichernde politische, ökonomische, kulturelle oder individuelle Selbsterhaltung oder -steigerung.

Nicht die (von Arbeitslosigkeit lahmgelegte) »müde Gemeinschaft« (Jahoda u.a. 1960), sondern die gesellschaftliche Müdigkeit angesichts der Schwierigkeiten der Gesellschaftsgestaltung bildet das Thema dieser Arbeit. Gerade die Leistungsvorzüge und soziokulturellen »Errungenschaften« der modernen Gesellschaften erscheinen fast untrennbar verknüpft mit den Hindernissen, die in modernen Gesellschaften für Gesellschaftsgestaltung stecken. Trotz aller Probleme, Proteste und Modifikationen weisen diese Strukturen im Kernbestand eine bemerkenswerte Fähigkeit des Überdauerns und der Selbstreproduktion auf.

Ich stelle im ersten Teil dieser Arbeit eine Minimalbestimmung moderner Gesellschaften dar, wie sie sich soziologischen Theorien entnehmen läßt. Nach der »objektiven« Seite hin handelt es sich um hohe Arbeitsteilung und soziale Komplexität sowie sie bearbeitende Synthesisformen: Markt, funktionale Differenzierung, Organisation und Hierarchie. Mit »Effizienz« und »formaler Rationalität« werden die Leistungsvorzüge dieser modernetypischen sozialen Sachverhalte zusammengefaßt. Ich stelle diese Momente moderner Gesellschaft idealtypisch soweit dar, wie es mir notwendig dafür erscheint, einige prominente Argumente für die Leistungsvorteile dieser Strukturen sowie ihre erscheinende Unersetzbarkeit zu würdigen.

Im zweiten Teil arbeite ich komplementär zum modernespezifischen Abschnitt einige kapitalistische Strukturen heraus. Wiederum geht es mir nicht um eine Real-Analyse der (nun: kapitalistischen) Gegenwart, sondern um einen Minimalbestand von Argumenten, der ausreicht, um die Geltung der im ersten Teil idealtypisch präsentierten Struktur-Beschreibungen zu relativieren. Vermeintlich genuin moderne Sachverhalte entpuppen sich als kapitalistisch konstituiert. Meine Vergegenwärtigung der Kapitalismusanalyse geschieht an vier ihrer Sphären (Ware, Geld und Kapital, Produktion, Akkumulation) so weit, daß deutlich wird, daß mit der »Kritik der Politischen Ökonomie« Auskünfte über Strukturen der Vergesellschaftung, ihre Dynamik, die in sie involvierten Beteiligungszwänge und -motive und ihre Selbstreproduktion möglich werden. Sie zu übergehen, dies macht eine symptomatische Schwäche der im ersten Teil vergegenwärtigten soziologischen Theoreme über moderne Gesellschaften aus.

Die in Teil II beschriebenen kapitalistischen Strukturen beziehen sich auf die thematisierten modernen Strukturen in dem Sinn, daß sie die ihnen zurechenbaren Bezugsprobleme (Arbeitsteilung, funktionale Differenzierung, Komplexität, abstrakte Synthesisformen) verschärfen und Potentiale und Ressourcen zur gesellschaftlichen Bearbeitung der modernen Strukturen auf kapitalismusspezifische Weise absorbieren. Rückkoppelungsstrukturen entstehen, die (qua Mehrwert, Konkurrenz und Akkumulation) erst zwingende Beteiligungsmotive schaffen. Ich trenne die »Kritik der Politischen Ökonomie« vom »Marxismus« und sehe in ihr einen Beitrag zu einer Theorie gesellschaftlicher Müdigkeit. Ihr Gegenstand, die Schwierigkeiten der Gestaltung von Gesellschaft, stellt einen Nenner für Theorien dar, deren Unterschiede sonst nicht im Bereich von Akzentverschiebungen innerhalb eines gemeinsamen Bezugsrahmens liegen.

Neben moderner arbeitsteiliger Gesellschaft und kapitalistischer Ökonomie sehe ich (in Teil III dieser Arbeit) Hindernisse und Schwierigkeiten für die Gesellschaftsgestaltung gerade in der Sphäre, auf die heute viele ihre Hoffnungen setzen. Lebenswelt, sozialmoralische Standards, »Selbstverwirklichung«, Kreativität und Autonomie des Subjekts, dessen entfaltete Sinnlichkeit und Glücksansprüche usw. – all dies soll die modernen und kapitalistischen Strukturen der Systemintegration beschränken und zivilisieren oder gar humanisierend durchgreifen. Meine These demgegenüber: Mit solchen Annahmen und Hoffnungen wird ausgeblendet, wie »die« Lebenswelt, Subjektivität, Kultur in ihrem erscheinenden Unterschied zur »Herrschaft« der Strukturen moderner Gesellschaft mit kapitalistischer Ökonomie sich nicht gegen sie stellen, sondern noch in Differenz bis Negation dazugehören.

Die Entfaltung von Subjektivität thematisiere ich auch deshalb, um nicht einen objektiv verengten Begriff von moderner Gesellschaft zu erhalten, sondern die mit ihr verbundenen emphatischeren soziokulturellen Versprechen diskutieren zu können. Gerade sie laufen auch immer schon implizit als Bewertungsfolien in der Diskussion der Leistungseffekte mit. »Autonomie«, »Subjekt«, Grund- und Menschenrechte, Gebrauchswert, »Sinnlichkeit« erscheinen als ebenso außergesellschaftliche wie evidente Fundamente der Bewertung gesellschaftlicher Vorgänge und Strukturen. Demgegenüber umreiße ich, wie die genannten Momente in eine differenzierte gesellschaftliche Konstitutionsordnung involviert sind. Diese Werte einfach positiv als Kritikfundament in Anspruch zu nehmen beruht auf zu zeigenden Entkontextualisierungen, Hypostasierungen und Idealisierungen. Sie sind durchaus typisch für eine Gesellschaft, die sich auch dadurch erhält, daß viele ihrer Mitglieder sich imaginär über sie hinaus oder gar erhaben dünken. Dafür – so meine These – wird jeweils eine Seite der Wirklichkeit aus ihr herausgelöst. Andere soziale Momente geraten dann zur äußer-(lich)en Bedingung, zum Mittel oder zur Schranke desjenigen, das als »eigentlich« gehandelt wird.

Meine Arbeit ist weder historisch auf Zeitdiagnose bezogen noch derart an positiver Erklärung einzelner Sozialphänomene in dem Sinne interessiert, daß sie zu einem Konkretionsniveau vordringen könnte, das etwa für Fallstudien notwendig wäre.[1] Vielmehr sollen negative Ermöglichungsgründe der bestehenden Ausformungen moderner Gesellschaften dargestellt werden. Aus ihnen wird nicht »ableitbar«, wie die existierenden Strukturen im einzelnen ausfallen, wohl aber, welche Schranken und Grenzen der Gesellschaftsgestaltung aus den modernen und kapitalistischen Strukturen und aus der ihr komplementären Subjektivitätsentfaltung gesetzt sind. Der negative Grund ist nicht die Ursache, sondern thematisiert, wie etwas dadurch sich begründet, daß die vorgestellten Kosten der Überwindung (»Desorganisationsschock«) und der Alternativen als höher erscheinen als die gegenwärtig beklagten Mängel, deren Kritik eine Gesellschaftstransformation motiviert. So viel Kritik es an einzelnen Aspekten der gegenwärtigen Gesellschaft geben mag, insgesamt herrscht doch Ratlosigkeit über eine andere, sie überwindende Gesellschaft vor. Einschüchternd ungewiß

---

1 Dieses Abstraktionsniveau ist sowohl in der Soziologie geläufig (vgl. Webers Selbstkennzeichnung in WuG 31, zitiert in II.5.2) als auch in Marx' Kritik der Politischen Ökonomie. Die Aufgabe der Wert-, Preis- oder Profittheorie etwa liegt weniger (»fachökonomisch«) in der Berechnung von Wert-, Preis- oder Profitgrößen als in der Klärung dessen, was Wert, Preis und Profit sind.

bleibt, wie die »Leistungsvorteile« der gegenwärtigen Strukturen bewahrt werden können mit Konzepten, die auf ihre »Schattenseiten« reagieren.

Meine Frage ist: Wie kommen in Beschreibungen der Leistungsvorteile und der Unhintergehbarkeit zentraler Strukturen dieser Sphären gestaltungspessimistische und utopistische Argumente vor? Mein Ziel ist es dabei, die in der Sache liegenden Gründe für hohe Absorptionspotentiale der Strukturen von utopistischen Annahmen über ihre Leistungsfähigkeit ebenso zu unterscheiden wie die in der Sache liegenden Gründe für die schwierige Ersetzbarkeit dieser Strukturen vom Gestaltungspessimismus.

Angesichts des stofflich weiten Ausgreifens meiner Arbeit ist diese begrenzte Fragestellung zu vergegenwärtigen. Mir geht es um bestimmte die Gestaltung moderner Gesellschaften betreffende soziologische Diagnosen, nicht um *die* Soziologie. Ebenso ist auch die Kritik der Politischen Ökonomie thematisch viel umfangreicher als die für meine Fragestellung aus ihr behandelten Momente. Theorien über moderne Strukturen der Systemintegration, über kapitalistische Ökonomie und über soziokulturelle »Errungenschaften« scheinen ein pseudokonkreter Gebrauch und eine empirische Fehlverwendung analytischer Abstraktionen innezuwohnen, so daß Ideal- zu Realtypen avancieren.[2] Die Kritik dieser Tendenz bildet ein zentrales Ziel meiner Arbeit. Nicht die gelingende Integration ist mein Anliegen, sondern kritische Prolegomena für sie oder eine Argumentation bis zu einem »Punkt«, an dem die Notwendigkeit dieser derart anvisierten Integration deutlich wird, ohne daß damit vielerlei Schwierigkeiten bei der Einlösung dieser Aufgabe schon bewältigt wären.

Der integrative Ansatz meiner Arbeit motiviert sich aus den Grenzen von Spezialuntersuchungen und aus allenthalben geäußerten Kritiken an Reduktionismen der verschiedensten Provenienz. Demgegenüber versuche ich die konstitutive Verschränkung der drei Sphären wenigstens so weit aufzuzeigen, wie dies nötig ist, um die vorfindlichen Hypostasierungen zu kritisieren. Das Umfangsformat meiner Arbeit entspricht seinem Gegenstand: In makrosoziologischen Theorien (etwa bei Parsons, Habermas und Luhmann) sind Auskünfte über moderne, die »Systemintegration« (sensu Lockwood) betreffende Strukturen, über ökonomische und soziokulturelle Strukturen sowie über die in Aussicht gestellte Perspektive notwendigerweise so miteinander verfugt, daß ohne die Thematisierung der anderen »Bereiche« die Thematisierung einer der Sphären unmöglich erscheint.

---

2 Vgl. bspw. Habermas' Theorieaufbau, in dem die modernen in Teil I beschriebenen Strukturen ebenso einen eigenen Bereich darstellen (Systemintegration) wie die Lebenswelt. Sie gilt als nur äußerlich beschränkt durch moderne bzw. kapitalistische Strukturen.

Aufgrund des damit notwendigen Umfangs der Arbeit verzichte ich weitgehend auf immanente Theoriekritik. Ich zitiere Theorien, insofern sie Vorzüge, Selbstimmunisierungen und Effekte der thematisierten Strukturen prägnant artikulieren oder jene Probleme vergegenwärtigen, in die unweigerlich gerät, wer über die infragestehenden Phänomene nachdenkt. Die innertheoretischen Folge- und Ausgestaltungsprobleme interessieren mich weniger. Ich versuche, die von den drei idealtypisch vorgeführten verschiedenen theoretischen Perspektiven jeweils unterbestimmten bis ausgeblendeten Sachverhalte hervortreten zu lassen und verweise an den jeweiligen Stellen auf die einschlägigen vorliegenden theorieimmanenten Untersuchungen, die meine Argumentation stützen, ohne sie im einzelnen ad extenso zu vergegenwärtigen.

Die Abstraktionsstufe meines Vorgehens, mich auf einige Essentials zu konzentrieren, die nicht übergangen werden sollten, motiviert sich aus einem kritischen Blick auf die gegenwärtige Theorielandschaft. Auffällig ist das Überangebot an Untersuchungen, die der Maxime zu folgen scheinen, immer mehr über immer weniger wissen zu wollen. Hinzu tritt eine Begeisterung für sich in ihrer Aktualität überbietende Zeitdiagnosen.[3] Diese »Aktualität« wird ostentativ betont und mit Gegenwart verwechselt. Auch im Besonderen aber steckt das Allgemeine und anderes Besonderes und sie gehören dann auch thematisiert. Wer nur etwas von Musik versteht, versteht auch von ihr nichts. Nur wer konkret mit scheinkonkret verwechselt, muß das ganze Gefüge an verwickelten Voraussetzungen, Implikationen und kontraintuitiven Nebenfolgen, die sich bei jedem auch zuerst nur kleinformatig aussehenden Thema ergeben, nicht bearbeiten oder kann diese nötige Arbeit mit »anschaulichem« Material und Bildungseffekten überspielen. Demgegenüber favorisiere ich einen Blick, der thematisch Übergreifendes und historisch (für die moderne Gesellschaft, die kapitalistische Ökonomie und die moderne bürgerliche Lebensweise) Überdauerndes in den Blick bekommt. Er übergreift die Besonderheiten und Konjunkturen. Die Gefahren wiederum dieser Perspektive (Reduktionismus, formelle Allgemeinheiten, Hypostasierung des Überhangs an Objektivität[4], Übergehen historischer Besonderheiten) sind dann einhegbar, wenn der kritische Impuls des Vorgehens und die Motive der Arbeit gewiß bleiben.

---

3 Nicht zuletzt »wegen der wachsenden Drehgeschwindigkeit von Reputationskarussells an Akademien (müssen) dauernd »Paradigmenwandlungen« verkündet« werden (Ritsert 1988/259f.).

4 »Die Orthodoxie der Theorie hängt am Dogmatismus der Verhältnisse« (Ritsert 1973/44). Dieser Satz drückt einen Vorbehalt gegen die Schönung der Wirklichkeit aus, aber weist auch auf eine Haßliebe kritischer Kritik zur Hermetik hin. Vgl. dazu auch II.6.

Ohne notwendig darin aufzugehen, mengt sich den analytischen Vorlieben für das vermeintlich Besondere und für das historische Spezifische auch eine Hilflosigkeitsreaktion oder fröhlicher Nihilismus bei. Die Verpflichtung zur Konzentration auf die – gewiß nicht beliebig vielen – zentralen Probleme unserer Zeit erscheint umgangen zugunsten von unverfänglichen Beschäftigungen, bei denen man nicht wirklich etwas falsch machen kann. Zu beobachten ist hier eine Positivität, mit der Theoretiker die von ihnen untersuchten Phänomene quasi liebgewinnen und sie nicht als jene Antwort auf Schwierigkeiten (der »materialen« Probleme) denken mögen, die als Antwort selbst wiederum die Schwierigkeiten ihrer Bearbeitung (also: der Gesellschaftsgestaltung) noch in der Abwendung von beiden (den Problemen erster und zweiter Ordnung) erhält oder gar steigert. Das in der gegenwärtigen Theorielandschaft notorische Mißverhältnis zwischen luxuriösen Verausgabung von Sinn(en) und Denkkraft einerseits, dem Mangel an Konzentration auf notwendiges Obligates andererseits[5], führt mich zu einem restriktiven Vorgehen, das mir der Problemdiagnose realer Grenzen eher angemessen zu sein scheint.[6] Auf eine selbstreflexive Aufmerksamkeit für den Theoriehabitus läuft meine Arbeit auch durch ihre These zu, daß viele entweder praktisch oder theoretisch tonangebende Akteure die nicht gemeisterten Schwierigkeiten der Gesellschaftsgestaltung ausblenden, indem sie entweder in der Unterwerfung unter die Verhältnisse sie sich (»realistisch«) imaginär als »ihre« aneignen *oder* in subjektiven und kulturellen Verausgabungen überspielen. Insofern erinnert das manifeste gesellschaftliche Bewußtsein an den Neurotiker, der nicht einfach nur Probleme »hat«, sondern zudem das Meta-Problem, die Bearbeitung der Probleme nicht als Perspektive

---

5 »Es wirkt immer wieder faszinierend, welcher geistig- kulturelle Reichtum uns auf dem jetzigen Stand der Kulturindustrie jederzeit und bequem zugänglich wird, und es kann sich darin eine schrankenlose Beliebigkeit von lauter hochrespektablen Interessen und Kennerschaften ergehen. Um so mehr mag man es als einen Mangel empfinden, wenn inmitten solcher Fülle eine Konzentration gemeinschaftlicher Aufmerksamkeit auf einiges wenige streng Obligate, weil Lebenswichtige nicht stattfindet. Ein wichtiger Effekt des verbindlichen Zusammenwirkens wäre es, eine Konzentration auf den Kreis von Schlüsselproblemen des Zivilisationsprozesses zustande zu bringen« (Fleischer 1987/231).

6 Dies hat auch Konsequenzen für die Form der Darstellung: »So scharfsinnig ihre Argumente sind, das Ganze ist meist noch um eine Spur besser gesagt als gedacht. ... Die Sprache, die funkelnde, wendige Rhetorik läuft den durchtrainierten Schreibern stets rasch über die ungestalten Probleme weg davon zu pointenflinken Schlüssen, die sich endgültig geben und es doch gar nicht sind. Sie können, scheint es, gar nicht mehr so langsam, so zäh und mühselig schreiben, wie heute allein noch gedacht werden darf« (Peter v. Matt 1993).

wahrzunehmen und wahr zu machen, und der durch verschiedenstes Agieren praktisch diese Bearbeitung vertagt und versäumt.

I. Moderne Sachzwänge

I.1. Die Komplexität moderner Gesellschaften als Hindernis für ihre Gestaltung

Schon stofflich stellt sich in einer modernen Gesellschaft unter dem Gesichtspunkt des in ihrer Organisation und Gestaltung zu Bewältigenden das Problem der Komplexität. Sie bezeichnet (sensu Willke 1982/15) den Grad, in dem ein Entscheidungsfeld sachlich, sozial und zeitlich (a) jeweils verschiedene Ebenen beinhaltet, (b) diese interagieren und es (c) aus der Vielschichtigkeit und den Interdependenzen zu kontraintuitiven Wirkungen, Verknüpfungen und Verkettungen kommt. Mit der Moderne wird eine immense Steigerung aller drei Momente angenommen.

a) Die wachsende Verschiedenheit und Vielfalt von Aufgaben und Bereichen geht mit der Ausdifferenzierung spezialisierter sozialer Bereiche einher. Der damit ermöglichte Leistungsgewinn (vgl. Tyrell 1978) resultiert aus:

– der Freisetzung von der Mitberücksichtigung funktionsexterner Gesichtspunkte, der Erhöhung von Sensibilität und Spezifität im Frequenzbereich des jeweiligen Systems;
– der Sicherstellung relativer Autonomie für das jeweilige Teilsystem,
– der tendenziellen Konkurrenzlosigkeit, mit der sich Teilsysteme funktionsspezifisch etablieren können, der weitgehenden Freisetzung von konkurrierenden Zuständigkeitsansprüchen und ihrer legitimen Indifferenz gegeneinander. Die anvisierte exklusive Zuständigkeit führt zum Wegfall von Redundanzen und damit auch zur Reduktion von Mehrfachabsicherungen. Es kommt zu einer thematischen Reinigung der Teilsysteme, zu teilsystemspezifischen Verhaltensstilen und »Sprachen«. Störende Umwelteinwirkungen können in Teilsystemen abgekapselt werden. Sie bilden »Schwellen der Effektübertragung« (Luhmann 1970/123), vergleichbar mit Schotten im Schiff. Auch die Außen/Innen-Transformation vereinfacht und verkleinert Probleme und ermöglicht ihr sequentialisiertes Kleinarbeiten.

b) Die Relationen zwischen den ausdifferenzierten Bereichen vervielfachen sich. »Die Fernwirkung des Geldes« (Simmel 6/449) erlaubt Interessenverknüpfungen über weite Entfernungen. »Das Entfernteste rückt näher, um den Preis, die Distanz zum Näheren zu erweitern« (ebd./663). Das Geld erhöht die Unterscheidungsfähigkeit und Verobjektivierung durch einen einheitlichen Maßstab (vgl. ebd. 614f.). Die unmittelbare Einheit zwischen Besitz und Individuum löst sich auf (vgl. ebd. 366). Die Menschen sind weniger auf lokale Verhältnisse oder soziale Gruppen angewiesen, es »trägt nun jeder seinen Anspruch auf die Leistungen von anderen in verdichteter, potenzieller Form mit sich herum« (Simmel 6/463). Mit der Vergrößerung der Dekomponierbarkeit erhöht sich auch die Rekombinierbarkeit, mit der Entflechtung werden die Möglichkeiten zu neuen Aggregationen gesteigert (vgl. auch Simmel 6/366).[7]

c) Gesellschaftliche »Komplexität« wird erst in dem Maße zu einem Entscheidungs-, Informations- und Planungsproblem, wie die voneinander unterschiedenen Bereiche in ihren Interaktionen und Interdependenzen zu Verknüpfungen führen, deren denkerische Bewältigung ein isolierendes Ursache- und Wirkungsdenken und eine sukzessive Abarbeitung von Komplexität übersteigt. Vielmehr hat man es zu tun mit Schwierigkeiten bei der Einschätzung von Neben- und Fernwirkungen sowie von Zielverknüpfungen: Die Komponenten von Komplex- oder Mehrfachzielen sind zu identifizieren. Die Ziele müssen nach Zentralproblemen und peripheren Problemen unterschieden und Prioritätenhierarchien nach Wichtigkeit und Dringlichkeit gebildet und die dabei entstehenden Divergenzen und Gegensätze bewältigt werden. Informations- und Gestaltungsbedarf erwächst auch durch die positiven und negativen Rückkoppelungen, durch Abpufferungen, exponentielle Entwicklungen, Transfer- und synergetische Effekte zwischen verschiedenen Bereichen usw. usf.
Der dynamische Charakter sozialer Gebilde erhöht die Anforderungen an die Bewältigung. Die Informationssammlung kann pragmatisch nicht so lange ausgedehnt werden, wie dies vielleicht aus Gründen der Komplexitätsbewältigung kognitiv nötig wäre. Die Uhr läßt sich nicht anhalten. Soziale Gebilde entwickeln sich weiter und warten nicht wie ein Brettspiel auf den nächsten Zug des Spielers. Die auf Informationserhebung, Modellbildung, Strukturwissen und Planung verwendete Aufmerksamkeit und Energie fehlt unter Zeitdruck oder geht, räumt man ihr genug Zeit ein, anderen Aktivitäten verloren.

---

7 Handel und Transport ermöglichen eine größere Vielfalt der in Produkte eingehenden Stoffe und erhöhen die Angewiesenheit der einen Produktion auf andere Produktionen. Die Entwicklung der Kommunikationsmittel erweitert die Räume des Handels und schwächt die Möglichkeiten zur lokalen Isolation und Autarkie. Es verzweigen und vernetzen sich die Handlungsketten zwischen Vor- und Zwischenprodukten, Roh-, Hilfs-, Betriebsstoffen usw.

Unabhängig von der Frage nach der Spezifik der Gesellschaftsformation (Kapitalismus, Sozialismus...) ist zu rechnen mit der Überraschung durch unvorhergesehene Probleme, dem Überholtwerden durch nicht-antizipierte Folgen von Maßnahmen und der Frustration durch kontraintuitive Ergebnisse von Planung (vgl. Scharpf 1972).[8] Allein die Menge der zu gestaltenden Angelegenheiten und die Vielfalt ihrer Dimensionen macht die gesellschaftliche Prognose, die ja *eine* Bedingung von Gesellschaftsgestaltung ist, zu einem schwierigen Unterfangen.[9]

---

8 Selbst im sonst nicht des Steuerungspessimismus verdächtigen DDR-offziösen »Marxistisch-Leninistischen Wörterbuch der Philosophie« wurde auf die besonderen Probleme der »Gesellschaftsprognose« hingewiesen und deren Ursachen:
»Die zu prognostizierende Zukunft geht aus dem komplexen Zusammenwirken einer praktisch unendlich großen Zahl von Faktoren hervor; die zu prognostizierenden Parameter sind teils existent, teils latent, teils überhaupt noch nicht vorhanden; die zu prognostizierenden Zustände sind in der Gesellschaft nur in sehr seltenen Grenzfällen durch die vorangegangenen Zustände eindeutig determiniert, ... ihre Determination schließt stochastische Prozesse ein; zukünftige Sachverhalte gehen aus Prozessen hervor, die Kontinuität und Diskontinuität vereinen; neben Fortführungsprozessen (Ersatz- und Komplettierungsprozesse, Sättigungsprozesse und Folgeprozesse) treten Ausgangsprozesse (Substitutions- und Initialprozesse), die schwer zu prognostizieren sind; die Zukunft geht aus der praktischen Veränderung der Gegenwart durch bewußt handelnde Menschen hervor; menschliche Tätigkeit ist die ›innere Seele‹, der lebendige Gehalt aller in die Zukunft führender Prozesse, das bringt u.a. das Phänomen der informationellen Rückkoppelung von der Gesellschaftsprognose über das bewußte Handeln von Menschen auf die Anfangs- und Randbedingungen der prognostizierten Prozese mit sich, das die Prognostik erheblich kompliziert« (Klaus, Buhr 1972/437).

9 Die Schwierigkeiten der Prognosebildung stellen auch ganz immanent ein zentrales Problem gegenwärtiger Versuche dar, auf gesellschaftliche Prozesse einzuwirken, wie bspw. die Technikfolgenabschätzung zeigt. Es handelt sich um »offene Systeme, die durch seltene, unvorhersehbare Ereignisse beeinflußt werden, um Systeme mit nichtlinearen Zusammenhängen multipler Faktoren. Die klassische Naturwissenschaft gelangt hier oft nur schwer zu Aussagen, weil für die Anerkennung klassisch naturwissenschaftlicher Arbeiten bestimmte Normen, wie z.B. experimentelle Wiederholbarkeit, Nachweis kausaler Verknüpfung, statistischer Signifikanznachweis ... gelten« (Bechmann, Gloede 1992/127f.).
»Die mathematischen Modellformulierungen von komplexen technischen und naturwissenschaftlichen Systemen und deren Simulation auf Rechenanlagen sind mit Problemen wie Wissenslücken, unsicheren Annahmen über Größe und Zusammenhang von Parametern, schwer interpretierbaren Ergebnissen bei Modellen hoher Eigenkomplexität behaftet. In der Ungewißheit ihrer Ergebnisse unterscheiden sich diese naturwissenschaftlichen Ansätze nicht von analogen sozialwissenschaftlichen Versuchen der Analyse von Gesellschaftssystemen« (ebd./136).

War bislang Komplexität als Attribut der Gesellschaft Thema, so ist in bezug auf die Gestaltung der Gesellschaft nicht allein die Komplexität der Gesellschaft zu zeigen, sondern ebenso die Komplexität der Gestaltung der Gesellschaft.[10] Ich überschreite damit die analytische Abstraktion, die darin lag, Gesellschaft zum Gegenstand zu machen unabhängig von der Weise, wie sie sich selbst in ihrer Reproduktion auf sich bezieht. Um die Analyse nicht zu weit auszudehnen, beschränke ich mich hier auf die ökonomische Produktion und Reproduktion der Gesellschaft. In ihr sind immer »Antworten« impliziert auf die »Fragen« danach, was und wieviel produziert werden soll, was von wem, wie, wo (Standortverteilung), wann und für wen. Wir haben damit die verschiedenen äußeren Bezugspunkte ökonomischer Produktion und Reproduktion unterschieden. Die Beziehungen in den Ebenen Qualität, Quantität, Zuordnung der Produktion zu Produzenten, Modalität der Produktion, Ort, Zeit und Adressat sind als komplex zu bezeichnen.[11]

Nicht nur das Verhältnis zwischen Aufwendungen für Konsumgüter und für Produktivgüter steht in einer Gesellschaft als Problem in Frage, das Weichenstellungen verlangt, auch die Proportionen zwischen Arbeitsmühen und Arbeitsbelohnungen. Die Frage stellt sich, wer für welche Ziele Einschränkungen oder Opfer erbringen muß. Die dabei zugrundeliegenden Verhältnisse werden dadurch kompliziert, daß es untereinander heterogene und schwer vergleichbare Dimensionen der Arbeitsmotivation gibt – vom Arbeitseinkommen bis zum Arbeitsinhalt. Eine weitere Beziehung zwischen den verschiedenen Ebenen wird durch das Verhältnis zwischen den verschiedenen Zielen der Arbeit aufgespannt: Wieviel verausgabt eine Gesellschaft auf die Produktion von direkt in die Konsumtion eingehenden Gütern, wieviel auf die Bearbeitung der Arbeit

---

10 Ich klammere hier gesellschaftsformationsspezifische Gründe (s. Teil II) aus, die diese Gestaltung erschweren.

11 Jeweils verschiedene Möglichkeiten betreffen die Relationen der Substituierbarkeit, der Komplementarität, die Kuppelprodukte, die jeweiligen Anforderungen an Hilfsstoffe und Vorprodukte, an notwendige Nachverarbeitungen, Entsorgungen usw. Die Komplexität steigert sich weiterhin mit den Beziehungen zwischen den verschiedenen Zielen. Zum Beispiel hängt die Menge der Produkte auch vom Stand der Produktivität ab und dieser wiederum vom Verhältnis zwischen den gesellschaftlichen Aufwendungen für die unmittelbare Produktion und jenen für die mittelbar sich erst auswirkende Entwicklung der Technik, der Qualifikationen, der Forschungen usw. Es stellen sich hier Fragen der Rücklauffristen, in denen eine Produktionsvariante mit höheren Investitionsaufwendungen das anfängliche Mehr an Ausgaben durch die Einsparungen an Kosten für Vorprodukte und (in)direkte Arbeitsleistungen wieder »amortisiert«.

mit dem Ziel, sie selbst zu einem Genuß menschlicher Fähigkeiten und Sinne zu machen? Auch in bezug auf die Produktionsziele läßt sich zeigen, daß Diskrepanzen zwischen den verschiedenen Unterzielen auftreten, die in Komplexzielen und Versöhnungsformeln verwischt werden – wie z.b. dem der »alternativen Technologie«. Derartige Formeln verdank(t)en ihren Imageerfolg auch dem Mythos einer harmonischen Optimierung so verschiedener Ziele wie Umweltanpassung, Energiesparsamkeit, Wirtschaftlichkeit, Überschaubarkeit und Partizipationseignung. Überspielt wird damit beispielsweise, daß die intrinsische Befriedigung der Arbeitenden in der Produktion divergieren kann mit den Vorteilen der industriellen Fertigung (Produktivitätseffekte durch Großserien, Fixkostenminimierung, Präzision und Austauschbarkeit per Standardisierung (Wiesenthal 1982/58)). Die reklamierte lebensweltliche Nähe konfligiert mit einer erst ab einer bestimmten Größenordnung möglichen effizienten Energienutzung, Schadstoffvermeidung usw. Ein weiteres Abstimmungsproblem stellt sich auch durch jene Ressourcen, die im Hinblick auf zukünftige Ungewißheit vorgehalten werden müssen, aber in der jeweiligen Gegenwart Effizienzeinbußen bedeuten. Aus den komplexen Verknüpfungen der Ziele und Ressourcen untereinander ergeben sich – alle gesellschaftsformations*spezifischen* Gründe ausgeklammert – Differenzen zwischen verschiedenen gesellschaftlichen Gruppen. Es entstehen hier Divergenzen zwischen

– Betrieben, Haushalten, öffentlichen Diensten;
– lokalen, regionalen, nationalen und internationalen Bereichen;
– sektoralen Interessen sowie funktional unterschiedenen Bereichen[12] und
– verschiedenen Positionen in der Hierarchie.

Die Aufwendungen, die der einzelne Betrieb oder ein bestimmtes Arbeitskollektiv bzw. ein kommunales oder regionales Gremium anfordert zwecks Verringerung ihrer Arbeitsmühe, zur Einsparung von Kosten oder für infrastrukturelle Investitionen, stehen anderen Betrieben, Arbeitskollektiven, Regionen usw. nicht zur Verfügung.

Die Komplexität steigert sich durch die verschiedenen Aufgaben, die eine Wirtschaftsordnung zu erfüllen hat: Koordinationen müssen in ihr möglich sein zwischen verschiedenen Wirtschaftsakteuren sowie eine Abstimmung zwischen Ressourcen und Bedürfnissen. Die Wirtschaftsordnung muß eine optimale Durchlässigkeit für Informationen und ihre optimale Verbreitung erlauben.

---

12 Z. B. zwischen Forschern, Erfindern, Konstrukteuren, Akquisiteuren und Transporteuren, Organisatoren und unmittelbaren Produzenten.

Weiterhin müssen Rückkoppelungsprozesse gezielt initiiert und Fehlsteuerungen revidiert werden. Die gesellschaftliche Kontrollkapazität erfährt den Test auf ihre Reichweite und Stärke in der Beherrschung dysfunktionaler Kettenreaktionen und Kompositionseffekte. Gegensteuern kann – wie beim Autofahren – mit zu großer zeitlicher Verzögerung erfolgen und mit dem Resultat, daß der Effekt, der ausgeglichen werden sollte, verstärkt wird. Beim Autofahren gerät das Schlingern dann zu einem Schleudern, bei der Panik steigert die Angstreaktion die Angst. Die Wirtschaftsordnung muß eine Anpassungs- und Veränderungskapazität gewährleisten, mit der neue Bedürfnisse ebenso Berücksichtigung finden wie (dem Wirtschaftlichkeitsprinzip gemäß) produktivitätssteigernde und ressourcensparende Technologien aufgesucht und implementiert werden. Schließlich müssen die Anreize so gestaltet sein, daß die Mitglieder ihre Fähigkeiten und Energien einbringen.

Nicht nur an den früheren RGW-Staaten läßt sich vergegenwärtigen, wie in die Aufstellung der sachlich für wirtschaftliche Zusammenhänge notwendigen Informationen, Steuerungsauflagen, Zuteilungen usw. Gruppeninteressen eingehen. Die Wahrscheinlichkeit, daß hier mit »verdeckten Karten« gespielt wird, ist groß. Sowohl auf der Out- als auch der Inputseite[13] verfügen dezentrale Wirtschaftsakteure (Betriebe und Unternehmungen) innerhalb ihrer Handlungsspielräume über das Informationsmonopol, von dem zentrale(re) Instanzen abhängig sind. Betriebe können ihre Handlungsspielräume nutzen und durch ihre Informationspolitik Vorentscheidungen treffen, die das offizielle Organisations- und Planungsschema unterlaufen, demzufolge Betriebe bloß nachgeordnete Organe darstellen.[14] Auch die Steuerungsauflagen können dezentral uminterpretiert und sachlich verfremdet werden. So lassen sich Aufgaben leichter »erfüllen«, Prämien maximieren und Ressourcen horten.

Auch die Subventionierung bestimmter Güter, mit dem Ziel, gesellschaftlichen Prioritäten zur Durchsetzung zu verhelfen, führt zu paradoxen Effekten, wenn die Erhebung wirklicher Kosten erschwert und bspw. das subventionierte Brot als Viehfutter genutzt wird. Weiterhin stellt sich die Frage, wie Gesichtspunkte der Kostensenkung und der effektiven Verwendung knapper Ressourcen zum Motiv von Betrieben avancieren können. Im Unterschied zu Endverbrau-

---

13 Betriebe können sich bspw. mit Informationen über ihre zu niedrig angegebenen Kapazitäten die Planerfüllung erleichtern. Die systematische Überschätzung ihres Bedarfs an Ressourcen ermöglicht Unternehmen, sich mit »Polstern« auszustatten, um für Situationen, in denen schnelle Anpassungen und Innovationen notwendig werden, gesichert zu sein oder um über Ressourcen zu verfügen, mit denen sie gegenüber anderen Betrieben Tauschmittel gewinnen.

14 Zur Relevanz dezentralen Wissens vgl. a. den Abschnitt über den Markt (I.3.2).

chern und Betrieben, in deren Produktion die Produktivitätssteigerung anderer Betriebe als Kostensenkung eingeht, zeigen Betriebe selbst nicht unbedingt ein Interesse an technischer Innovation. Umstellungen, Risiken und Anlaufschwierigkeiten erfordern vermehrte Anstrengungen in der Übergangsphase. Sie stehen einer intrinsischen Freude an der besseren Produktion gegenüber.

Insgesamt stellt sich die Frage, wie Entscheidungssituationen adäquat kognitiv abgebildet und gestaltet werden können. »Die Welt ist komplex. Es gibt keinen Grund zu der Annahme, daß sie gleichsam aus freien Stücken den Planern mitteilte, wann ein bestimmter Entscheidungstyp inadäquat wird. Die Annahme, daß (im Doppelsinne:) entscheidende Fehler in Komplexität als solche erfahren werden, kann selbst unterkomplex werden, da sie die Effektivität des Rückkoppelungsmechanismus zu überschätzen droht. ... Kurz: eine adäquate Definition der Problemsituation ist selbst problematisch, ›die roten Lichter‹ — wie Franz Janossy, ein langjähriger Mitarbeiter des ungarischen Planbüros, dies einmal ausdrückte — ›leuchten nicht von selbst auf‹« (Masuch 1981/93f.).

Auch Wirtschaftsordnungen ohne den Gegensatz von Kapital und Arbeit haben also mit systematisch in ihnen sich ergebenden Problemen zu kämpfen wie der Hortung von Ressourcen zur Ausgleichung von Kontingenz und dem Nichtineinandergreifen von Handlungen.[15] Die Folgen sind dann Schwierigkeiten der Anpassung des Angebots an die Nachfrage (Vorbeiproduzieren am Bedarf), Ressourcenverschwendung (Rohstoffe, Investitionsmittel, Arbeitskräfte), Zurückhaltung dabei, Neuerungen (in Arbeitsorganisation und Technik) einzuführen (Innovationsträgheit).

I.1.1. Einige Varianten, utopistisch soziale Komplexität verschwinden zu lassen

Komplexitätsbefunde, die die Schwierigkeiten der Gesellschaftsgestaltung verdeutlichen, werden von emphatisch an Gesellschaftsgestaltung orientierten Positionen oft in einer Weise thematisiert, die als utopistisch gelten muß. Ich zeige dies an einigen Argumentationsfiguren der klassischen Linken und klammere hier andere Varianten des Utopismus aus. Marx, der in der Analyse des Kapitalismus so vehement gegen jede Tendenz anging, Probleme unter Abstraktion von ihren Schwierigkeiten zu »lösen«, scheint dieser Versuchung gegenüber weit weniger unnachgiebig gewesen zu sein, wenn es um Vorstellungen von einer befreiten Gesellschaft geht.

---

15 »Offiziellen Schätzungen zufolge gehen in der SU 25% der gesamten Arbeitszeit aufgrund von Stockungen und Engpässen bei den Zulieferungen verloren« (Masuch 1981/171).

Angesichts der Rede von »der Gesellschaft« als mit sich einigem Subjekt (MEW 24/316f., 358, GR 89 — im Unterschied zu MEW 13/625), das die verschiedenen Arbeiten ins Verhältnis zueinander setzen muß, fragt es sich, wie die Abstimmung und Einigung der verschiedenen gesellschaftlichen Gruppen stattfindet. Das Problem, die Einheit der Entscheidungsperspektiven, erscheint durch eine Analogie zum Handeln des Einzelnen gelöst — etwa im Vergleich zwischen Robinson und der Gesellschaft (MEW 23/91).[16] Die Probleme von sozialer Koordination und sozialen Divergenzen werden so dethematisiert.

Mit den nicht nur aus dem Kapitalismus, sondern auch aus der Komplexität moderner Gesellschaft herrührenden Schwierigkeiten der kognitiv adäquaten Wahrnehmung von gesellschaftlichen Sachverhalten macht sich ein naiver Bewußtseinsbegriff keine Probleme. Mit nur genügend gutem Willen müsse sich doch die Gesellschaft rational durchblicken lassen. Diesem Bewußtseinsbegriff entspricht ein ebenso naives Planungskonzept.[17] Das zugrundeliegende Bewußtseinsmodell ist den Routinen des Alltags entnommen (vgl. Masuch 1981/67).[18] Man kann sich in Alltagsroutinen auf Ursache-Folgen- und Zweck-Mittel-Beziehungen verlassen und Irrtümer und Fehler im Rahmen von Routinen klar »Ursachen« zuweisen. »Im Alltag feiert die Praxis als Kriterium der Theorie einen Triumph nach dem anderen. ... Ein bestimmter, beliebiger Irrtum trägt erheblich zur Erkenntnis der Wahrheit bei, weil die Menge von

---

16 Die psychologische Rede von den verschiedenen »Anteilen« einer Person (vgl. dazu a. den Schluß von III.6) zeigt, daß die Einheitsannahme schon beim Individuum bereits *vor* allen pathologischen Dissoziationen Schwierigkeiten der Entscheidungsfindung überdeckt.

17 »Das Alltagsbewußtsein lebt mit der Vorstellung, daß Planung halt Entscheidungsprobleme aus der Welt zu schaffen habe und dies im Normalfall auch könne. ... Da Zweifelsfälle durch Planung beseitigt werden, können Zweifel über Planung gar nicht erst entstehen — im Zweifelsfall wird die Planung selbst geplant. So blockiert die alltagssprachliche Bedeutungsvorgabe des Planungsbegriffs die Frage nach den Bedingungen der Möglichkeit von Planmäßigkeit, weil sie sie allzuschnell positiv beantwortet« (Masuch 1981/62). Vgl. a. Dörner 1992.

18 Hier erscheinen Handlungen als geschlossen, sicher und unbeschränkt. Im wesentlichen gibt es keine problematischen Handlungsalternativen, die Handlungszusammenhänge sind erwartbar und führen zu keinen problematischen Eingrenzungen von anderen Handlungen. Innerhalb der Routine herrscht Gewißheit. »Meine Küche erscheint in Bezug auf das Ziel der Routine ›Kaffee kochen‹ eindeutig, überschaubar, ›bis ins letzte Detail kontrollierbar‹, beherrschbar, also als deterministisch geordnete Welt« (Masuch 1981/67). Die Elemente (Zweck, Mittel...) sind festgelegt, das Handlungsziel erscheint als Ende des Prozesses, die Wirkungsketten stehen fest. Auf die Betätigung des Lichtschalters folgt das Aufleuchten der Glühbirne, wenn nicht, so sind die Handlungsalternativen klar (Birne wechseln, Sicherung prüfen, Hausmeister fragen...).

Alternativen begrenzt und überschaubar ist, so daß die Elimination einer falschen Alternative das handelnde Subjekt der Wahrheit erheblich näher bringt, indem sie den verbleibenden Alternativenraum erheblich einschränkt« (Masuch 1981/70). Die die Komplexität ausmachende Verknüpfung von ungewollten Nebenfolgen[19] wird innerhalb von Alltagsroutinen eingeklammert. Die Handlung hat dort ihr Ende, wo dies das Subjekt wahrnimmt.[20]

Ein ebenso die Heterogenität der Gesellschaft trivialisierender Vergleich wird auch dort angestellt, wo – wiederum, um Planung als einfach zu suggerieren – die Informationserhebungs-, Planungs-, Abstimmungs- und Entscheidungsprobleme auf den Einzelbetrieb verengt werden und (trotz an anderen Stellen (z.B. MEW 23/375f.) präsenten Wissens um die Differenz) aus *seiner* gelingenden Planung auf die Möglichkeit einer Planung der Gesamtgesellschaft geschlossen wird (vgl. z.B. MEW 20/258).[21] Die Planung innerhalb des Unternehmens wird hier nicht nach ihrer Bestimmung aufgenommen, Planung eines Einzelkapitals als Ausnutzung der weitgehend ungestaltbaren und unbeeinflußbaren Rahmenbedingungen des Wirtschaftens zu sein. Nicht die utilitaristische Einstellung auf Bedingungen, sondern deren Gestaltung steht aber zur Debatte.

An anderer Stelle wird eine gesellschaftliche Qualität moderner Produktionsmittel insofern angenommen, als die Produktionsmittel nur in der Zusammenarbeit von vielen Arbeitenden angewendet werden können. Die so bestimmte »gesellschaftliche Natur« der Produktionsmittel gerät in einer Bedeutungsverschiebung zum Muster für die soziale Koordination und Integration (vgl. MEW 20/261 und 251).[22] Das früher geringere Maß an Verknüpfungen

---

19 Sie wird auch von Engels (MEW 20/323) als gesellschaftsformationsübergreifendes Problem gesehen.

20 »Natürlich verbrauche ich Energie, wenn ich Kaffee koche, doch mein Beitrag zum Schicksal versiegender Ölquellen bleibt unendlich klein, es ist nichts, womit ich während des Kaffeekochens selbst sinnvoll rechnen könnte« (Masuch 1981/71).

21 Marx vergleicht die gesellschaftliche Arbeitsteilung mit der innerbetrieblichen Arbeitsteilung, um sein Ideal einer Organisation des gesellschaftlichen Reichtums zu veranschaulichen (vgl. MEW 4/150f.). Engels stellt der mit »gesellschaftlicher Produktion« gleichgesetzten »Organisation in der einzelnen Fabrik« die mit der »kapitalistischen Aneignung« gegebene gesellschaftliche »Anarchie« gegenüber (vgl. MEW 20/251 und 255).

22 Von Engels Bemerkung »In den Trusts schlägt die freie Konkurrenz um ins Monopol, kapituliert die planlose Produktion der kapitalistischen Gesellschaft vor der planmäßigen Produktion der hereinbrechenden sozialistischen Gesellschaft« (MEW 20/221, vgl. MEW 20/258ff, MEW 22/231f.), ist es dann nicht mehr weit zu Lenins Vorstellung, »die gesamte Volkswirtschaft nach dem Vorbild der (deutschen – Verf.) Post zu organisieren« (Lenin 1970/512f.) oder zu Statements wie: »Sozialismus ist nichts anderes als staatskapitalistisches Monopol, das zum Nutzen des gesamten Volkes angewandt wird« (Lenin 1970a/441).

zwischen den Betrieben läßt jene Gleichsetzung plausibel erscheinen, in der von der Verständlichkeit und Durchsichtigkeit des Einzelbetriebes auf die Gestaltbarkeit des gesamtgesellschaftlichen (Re-) Produktionsprozesses geschlossen wird. Unterbestimmt erscheint damit die historisch zunehmend komplexe Integration der Produktionseinheiten mit den ihre Versorgung oder den Absatz bewerkstelligenden ökonomischen Einheiten (vgl. Gorz 1980/39, 117).

Neben dem Individuum und dem Einzelbetrieb wird auch die Kriegswirtschaft bemüht und zu einem Präzedenzfall z.B. bei dem für die frühe Sowjetunion wichtigen Larin (vgl. Masuch 1981/127) und bei Rathenau.[23] Max Weber wendet dagegen ein, die »Leistungen und Methoden der Kriegswirtschaft können nur mit großer Vorsicht für die Kritik auch der materialen Rationalität eine Wirtschaftsverfassung verwendet werden« und es sei »bedenklich, aus den ihr gemäßen naturalen Rechnungsformen Rückschlüsse auf deren Eignung für die Nachhaltigkeits-Wirtschaft des Friedens zu ziehen« (WuG 57).[24]

Die von Marx für wirkliche Planung vorgesehene (vgl. MEW 25/197) vorab notwendige Erfassung des Arbeitsvolumens inklusive der notwendigen quantitativen Bestimmung der Produktivität »sind als branchen- und gesamtwirtschaftliche Durchschnittsgrößen vorab nie exakt zu quantifizieren« (Krüger 1990/62).[25] Schwierigkeiten ergeben sich auch bei der Verwandlung von Bedürfnissen in Nachfragesignale. Bei diesen Problemen handelt es sich nicht um Schranken von Plänen, die durch die Verbesserung der Informationsbeschaf-

---

23 Die Kriegswirtschaft avanciert dann zum Muster »der planvollen Ordnung, der bewußten Organisation, (die) der wissenschaftlichen Durchdringung und der solidarischen Verantwortung fähig ist, (so) daß sie (die Wirtschaft – Verf.) unter diesen ordnenden Kräften und Gesetzen das Vielfache von dem zu leisten vermag, was heute der ungeregelte Kampf aller gegen alle erpreßt, daß sie reibungslos und frei von giftigen Konflikten, ohne Spekulation auf törichte Instinkte und ohne Belohnung für Gerissenheit sich auf das Wichtige und Notwendige zu konzentrieren lernt« (Rathenau 1918/28).

24 Im Unterschied zur Pluralität der Zwecke im Frieden sei die Kriegswirtschaft »an einem (im Prinzip) eindeutigen Zweck orientiert und in der Lage, Machtvollkommenheiten auszunutzen, wie sie den Friedenssklaven nur bei ›Staatssklaverei‹ der ›Untertanen‹ zur Verfügung stehen. Sie ist ferner ›Bankerotteurswirtschaft‹ ihrem innersten Wesen nach: der überragende Zweck läßt fast jede Rücksicht auf die kommende Friedenswirtschaft schwinden. Die Rechnungen haben daher vorwiegend … gar nicht den Sinn, dauernde Rationalität der gewählten Aufteilung von Arbeit und Beschaffungsmitteln zu garantieren« (WuG 57).

25 Der Plan werde »durch jede Produktivkraftsteigerung wieder über den Haufen geworfen. Mit der Produktivkraftsteigerung ändern sich die zur Produktion des entsprechenden Gutes nötigen Mengen anderer Güter und es ändert sich das Verhältnis von Arbeitsaufwand und Nutzen, das Engels dem Plan zugrunde legen will« (Heinrich 1991/255). Vgl. a. Lindblom 1983/124.

24

fung und Berechnung minimiert werden können[26], sondern um prinzipielle Grenzen der durch den zentralen Plan bewerkstelligten Vermittlung der Gesellschaftlichkeit der Arbeit.

Allzu leichtfüßig wird angenommen, der Markt sei durch den gesellschaftlichen Plan ersetzbar.[27] Der Markt erscheint hier als eine Institution, die die vor ihm bereits feststehenden Werte der Waren nachträglich realisiert im Unterschied zu einem »Prozeß des Ins-Maß-Setzens der individuell verausgabten Arbeiten«, der »keineswegs vorab bestimmbare Gleichgewichtsbedingungen bloß durchsetzt, sondern die Austauschverhältnisse innerhalb und zwischen den Abteilungen der Produktion in diesem Prozeß erst herausmodelliert. Die Preisbewegung ist somit eine regulierte und – innerhalb gewisser Grenzen – regulierende Bewegung; eine derartige Wechselwirkung ungleicher Kräfte ist weder theoretisch mit dem Instrumentarium der Gleichgewichtsökonomie noch praktisch mit dem Instrument zentraler Planung im Sinne von ex-ante-Regulation adäquat zu erfassen« (Krüger 1990/62, vgl. a. Krüger 1984/313ff.).

War bislang die sachliche Komplexität und ihre Bewältigung Thema, so muß auch nach dem Verhältnis der verschiedenen sozialen Gruppen gefragt werden. Annahmen eines einheitlichen Volkes motivieren sich aus der Aufhebung der kapitalismusspezifischen sozialen Partikularismen. Schon im Kapitalismus, so die wenig begründete These, gehe die Spezialisierung (durch den Wechsel der Individuen zwischen verschiedenen Arbeiten) zurück (MEW 23/512). Nicht deutlich wird, wie von der Annahme einer geringeren horizontalen Arbeitsteilung auf der Ebene relativ abstrakter Fabrikarbeiten zu einer Überwindung der Spaltung des Gesamtarbeiters übergegangen werden soll. Die hier emphatisch bemühte Vielseitigkeit verdient erst dann ihren Namen, wenn sie sich mit Tätigkeiten jenseits des Niveaus nivellierten und austauschbaren Tuns anreichert.

Zur Fiktion des einigen Volkes oder der zumindest »durch den Mechanismus des kapitalistischen Produktionsprozesses selbst geschulten, vereinten und organisierten Arbeitsklasse« (MEW 23/790f.) tritt die moralische Vorstellung vom Sozialismus.[28] Annahmen der moralischen Lauterkeit der Menschen, sind

---

26 Auch Computer dürften von dieser Aufgabe überfordert sein – vgl. Lindblom 1983/168ff.

27 »Die Leute machen alles sehr einfach ab ohne Dazwischenkunft des vielberühmten ›Werts‹« (MEW 22/288). »Die (s.o. – Verf.) Gesellschaft kann einfach berechnen, wieviel Arbeitsstunden in einer Dampfmaschine, einem Hektoliter Weizen der letzten Ernte« usw. stecken (ebd.), so daß sie wiederum »sehr einfach« die »vielen individuellen Arbeitskräfte selbstbewußt als eine gesellschaftliche Arbeitskraft verausgabt« (MEW 23/92f.) und die Produkte »unmittelbar als Bestandteile der Gesamtarbeit« (MEW 19/19) existieren.

28 »Die Proletariermassen ... müssen Fleiß ohne Unternehmerpeitsche, höchste Leistung ohne kapitalistische Antreiber, Disziplin ohne Joch und ohne Herrschaft entfalten. Höchster

sie erst einmal vom Kapitalismus befreit, scheinen auch in Marx' Lob auf, die Pariser Kommune habe die Kriminalität überwunden (MEW 17/349). Die Leistungskapazität von Räten ebenso wie die spontane Organisations- und Einigungsfähigkeit von Massen werden historischen Ausnahmesituationen abgelesen und auf Dauer gestellt. K. M. Michel (1969/181ff.) zeigt diese Verwechselung zweier verschiedener Aggregatzustände des Politischen und Sozialen an Proudhon und Bakunin, wir finden sie auch bei Marx und Engels.

Ein vorschnelles Argument für die Leichtigkeit der Gesellschaftsgestaltung liegt auch in der Einschätzung, unter vom Kapitalismus befreiten Verhältnissen werde derart viel an unnötiger Verausgabung von Reichtum wegfallen, daß große Reserven entstünden. So sehr dies Argument in Teil II aufzunehmen sein wird, so wenig kann doch einfach für eine die gegenwärtigen Strukturen überwindende Gesellschaft nur von Einsparung die Rede sein.[29]

Mit dem Vergleich von Gesellschaft und Individuum, Gesellschaft und Einzelbetrieb, der utopisch-sozialistischen Konzeption von stundenzettlerisch gegenseitig aufrechenbaren Leistungen und Verdiensten, einer dem Kapitalismus imputierten Verringerung der horizontalen Teilung der Arbeit und der Annahme einer moralischen Veredelung des einigen Volkes spielen in Texten von Marx und Engels Momente eine prominente Rolle, die eine eklatante Unterschätzung der Probleme sozialer Koordination und Integration in modernen Gesellschaften auch unter Bedingung ihrer Emanzipation vom Kapitalismus darstellen.

In bezug auf die Gestaltung von Gesellschaft erscheint die nicht durch den Kapitalismus, sondern durch die moderne Gesellschaft begründete sachliche und soziale Komplexität von sozialen Entscheidungsfindungsprozessen nicht als gravierendes Problem oder sie gelten als sekundäres Problem, das durch ohnehin schon stattfindende emanzipatorische Prozesse mitbearbeitet bzw. mitgelöst werde.

Allerdings finden sich neben utopistischen auch realistische Äußerungen bei Marx in bezug auf die eigenen Folgen von horizontaler und vertikaler Arbeitsteilung, in bezug auf die Schwierigkeiten, die Konkurrenz zu überwinden und in bezug auf die relative Selbständigkeit von Organisationen gegenüber den In-

---

Idealismus im Interesse der Allgemeinheit, straffste Selbstdisziplin, hoher Bürgersinn der Massen sind für die sozialistische Gesellschaft die moralische Grundlage, wie Stumpfsinn, Egoismus und Korruption die moralische Grundlage der kapitalistischen Gesellschaft« (Programm der KPD (Spartakusbund) 1918/19 zit. n. Neusüß 1978/93).

29 Marx spricht selbst davon, die »Beseitigung der kapitalistischen Produktionsform« würde die notwendige Arbeitszeit »unter sonst gleichbleibenden Umständen ... ausdehnen«, weil »die Lebensbedingungen des Arbeiters reicher und seine Lebensansprüche größer« würden (MEW 23/552).

dividuen. Marx schlägt zwar in der Hauptlinie seines Schaffens mit seiner Kapitalismustheorie und seinen revolutionstheoretischen Annahmen eine andere Richtung ein. Eine Nebenlinie aber konvergiert mit soziologischen Einsichten. Marx hat die moderne Arbeitsteilung (nicht nur: die kapitalistische) in ihren Auswirkungen auf das Individuum gesehen und diese wiederum ins Verhältnis gesetzt zu den Chancen von gesellschaftlicher Gestaltung von Gesellschaft. »Eine gewisse geistige und körperliche Verkrüppelung ist unzertrennlich selbst von der Teilung der Arbeit« (MEW 23/384). Die Arbeitsteilung und die Borniereung in ihr bilden in der »Deutschen Ideologie« (vgl. u.a. MEW 3/68) noch ein zentrales Argument für die Entstehung von Herrschaft, die noch nicht aus eigenen Produktionsverhältnissen gedacht werden kann. Immerhin wird aber das Problem damit benannt: Man kann wohl aus der Borniertheit in der Arbeitsteilung keine Gesellschaftsform begründen, wohl aber in ihr einen starken Beitrag finden für jede Gesellschaft, die sich verselbständigt gegen ihre Mitglieder erhält (vgl. MEW 3/33, 34, 61). Marx hat auch in bezug auf die vertikale Arbeitsteilung sich das Problem gestellt, wie soviel Reichtum aufzubringen ist, daß eine Verteilung von Kompetenzen, Fähigkeiten und Sinnen möglich erscheint, die die Hierarchie von disponierenden und ausführenden Tätigkeiten aufhebt – und zwar nicht im Sinne einer regressiven Perspektive.[30]

Wenn eine geringe Produktivkraftentfaltung oder die Erbringung von gesellschaftsformations*spezifisch* notwendigen Gütern und Dienstleistungen dafür sorgt, daß die Menschen durch die unmittelbare Arbeit absorbiert sind und ihnen deshalb für anderes Energie, Sinn und Fähigkeiten fehlen, so hat dies für die Gestaltung von Gesellschaft Folgen.[31] Marx bindet die Gestaltung von Gesellschaft durch die Menschen an das Überwinden einer Qualität der Arbeit, die eine extrinsische Arbeitsmotivation vorrangig werden läßt, so daß die

---

30 »Erst auf einem gewissen, für unsere Zeitverhältnisse sogar sehr hohen Entwicklungsgrad der gesellschaftlichen Produktivkräfte wird es möglich, die Produktion so hoch zu steigern, daß die Abschaffung der Klassenunterschiede ein wirklicher Fortschritt, daß sie von Dauer sein kann, ohne einen Stillstand oder gar Rückgang in der gesellschaftlichen Produktionsweise herbeizuführen« (MEW 18/556f.).

31 »Solange die gesellschaftliche Gesamtarbeit nur einen Ertrag liefert, der das zur notdürftigen Existenz aller Erforderliche nur um wenig übersteigt, solange also die Arbeit alle oder fast alle Zeit der großen Mehrheit der Gesellschaftmitglieder in Anspruch nimmt, solange teilt sich die Gesellschaft notwendig in Klassen. Neben dieser ausschließlich der Arbeit frönenden großen Mehrheit bildet sich eine von direkt- produktiver Arbeit befreite Klasse, die die gemeinsamen Angelegenheiten der Gesellschaft besorgt: Arbeitsleitung, Staatsgeschäfte, Justiz, Wissenschaft, Künste usw. Das Gesetz der Arbeitsteilung ist es also, was der Klassenteilung zugrunde liegt« (MEW 20/262).

Menschen die Arbeit fliehen, so weit dies möglich ist, sie lediglich als ein äußeres Mittel auffassen. Der Fremdheit der Arbeit gegenüber den Menschen entspreche eine Fremdheit der Menschen gegenüber der Arbeit, die wiederum eine Gestaltung der Arbeit durch die Menschen unwahrscheinlich mache (MEW Erg.bd. 1/514f.). Ebenso wie Weber u.a. sieht Marx eine Berechtigung der Konkurrenz, bindet sie aber an das fehlende Potential der Arbeit dafür, intrinsische Arbeitsmotivation zu ermöglichen. Nicht nur die Überwindung der Klassen, auch die der Konkurrenz wird an eine Entfaltung von Reichtum gebunden.[32] Für die Gestaltung von Arbeit zu einer für die Individuen auf eine nichtregressive Weise attraktiven Tätigkeit nennt Marx Bedingungen, die den hohen Stand von Reichtum verdeutlichen, der für ihre Verwirklichung nötig ist (vgl. GR 505, s. a. II.4).

Notwendig ist für Marx die Bearbeitung der Arbeit, um die horizontale und vertikale Arbeitsteilung zu senken, das intrinsische Motivationspotential der Arbeit zu erhöhen und auch die Heteronomien zu verringern, die der gesellschaftlichen Arbeit in ihren eigenen hierarchischen Organisationsnotwendigkeiten innewohnen.[33]

Ein junghegelianisches Erbe besteht darin, den Gedanken der menschlichen Hervorbringung von Verhältnissen gegen ihre Verselbständigung auszuspielen, ihr Eigengewicht zu unterschätzen und zwischen Selbständigkeit und Verselbständigung nicht zu unterscheiden. Nicht ernst genommen wird die von Marx gegenüber den Individuen als unabhängig erkannte »Summe von Produktionskräften, Kapitalien und sozialen Verkehrsformen, die jedes Individuum und jede Generation als etwas Gegebenes vorfindet« (MEW 3/38). Der Organisationsbegriff (vgl. I.3.4) stellt eine Konkretisierung dieser Erkenntnis auf gesellschaftsformations*un*spezifischem Niveau dar. Bei allen Ambivalenzen hat Marx doch seit seiner Kritik der Junghegelianer um die Selbständigkeit gesellschaftlicher Strukturen gewußt[34] und darauf bestanden, daß Befreiung an bestimmte Entwicklungsstufen des Reichtums[35] gebunden ist, die allererst eine Bearbei-

---

32 »Solange die Produktivkräfte noch nicht so weit entwickelt sind, um die Konkurrenz überflüssig zu machen und deshalb die Konkurrenz immer wieder hervorrufen würden, solange würden die beherrschenden Klassen das Unmögliche wollen, wenn sie den ›Willen‹ hätten, die Konkurrenz und mit ihr Staat und Gesetz abzuschaffen« (MEW 3/312, s.a. MEW 10/418, 476f.).

33 Vgl. zu letzterem besonders prägnant Engels Text »Von der Autorität«. Zu dessen näherer historischer Einordnung vgl. Enzensberger 1968/67-70.

34 Vgl. a. MEW 1/177, 8/115.

35 Ich werde in Teil II zeigen, daß Reichtum bei Marx nicht einfach mit finanziellen Ressourcen zusammenfällt, sondern auch das Entstehen eines anderen Sinns für Arbeit im erweiter-

tung der Verselbständigung von Organisationen, Institutionen und Strukturen möglich machen. Diese Gefahr wird von Marx nicht allein an kapitalistische Gründe gebunden.[36] Interessant sind in diesem Zusammenhang auch Engels' Überlegungen zum »Zu-früh-Kommen« der Machteroberung, insofern deren anvisierte soziale Trägerschaft entweder selbst noch nicht reif genug ist zur Herrschaft oder zu ihr nicht die notwendigen materiellen Bedingungen vorfindet (vgl. MEW 7/400ff.).

I.2. Die Auswirkungen der Arbeitsteilung auf die Gestaltung der Gesellschaft

Ein Blick aus der Vogelperspektive zeigt bislang unübersichtliche Vernetzungen von Handlungen und Interessen. Schon diese Unübersichtlichkeit macht die Gestaltung von Gesellschaft schwer. Diese Schwierigkeit verschärft sich noch, wenn aus der Perspektive der Draufsicht in die jeweils bestimmte Position und Perspektive einzelner Akteure gewechselt wird.[37] Die effiziente Arbeitsteilung zeigt im folgenden charakterisierte problematische Auswirkungen auf die Gesellschaftsgestaltung.

I.2.1. Arbeitsteilige Partikularisierung, Laien und Experten

Die Arbeitsteilung bewirkt eine »treibhausmäßige« (MEW 23/381) Ausbildung partikularer Fähigkeiten. Bestimmte Tätigkeiten ausschließlich bestimmten Individuen zuzuordnen, sie auf diese Tätigkeiten festzulegen, erzeugt Phänomene einer Borniertung, die auf allen (Qualifikations- und Hierarchie-) Stufen der Arbeitsteilung existieren. Auch die Gebildeten müssen als Eingeborene ihrer

---

ten Verständnis beinhaltet. Erst mit ihm werden die Potenzen, die im gegebenen Reichtum stecken, aus ihm heraus entwickelbar.

36 Es sei nicht nur die bisherige »Unterdrückungsmaschinerie (zu) beseitigen«, sondern man habe »sich (zu) sichern« gegen die »eigenen Abgeordneten und Beamten« (MEW 22/197). In bezug auf das Verhältnis einer sozialen Schicht zu ihren geistigen Repräsentanten ist die Rede von »Entgegensetzung und Feindschaft« (MEW 3/47). »Die Gesellschaft erzeugt gewisse gemeinsame Funktionen, derer sie nicht entraten kann. Die hierzu ernannten Leute bilden einen neuen Zweig der Teilung der Arbeit. ... Sie erhalten damit besondere Interessen auch gegenüber ihren Mandataren, sie verselbständigen sich ihnen gegenüber« (MEW 37/490).

37 Boudon (1988) macht v.a. diese Positionseffekte (98, 133) gegen Habermas' herrschaftsfreien Diskurs geltend (111, 116).

Sphäre gelten. Nicht über den Tellerrand seiner bestimmten Berufstätigkeit gucken zu können und betriebsblind zu werden, ist dafür ein nicht ohne Grund weit verbreiteter Ausdruck.[38]

Bei offen das Individuum unter- und überfordernden oder belastenden Tätigkeiten bleibt wenig Aufmerksamkeit oder Energie und es werden wenig Fähigkeiten in der Arbeit aufgebaut und aktiviert. Aber auch anspruchsvollere Tätigkeiten sind in bezug auf die Gesellschaftsgestaltung nicht unproblematisch. »Man könnte die These vertreten, daß gerade diejenigen Rollen, die vordergründig viel Gestaltungsspielraum lassen, in einem tieferen Sinn die Gefahr der Selbstentfremdung heraufbeschwören« (Bahrdt 1984/77).[39]

Komplementär zur Vereinseitigung der jeweiligen Spezialisten erzeugt die Konzentration bestimmter Kompetenzen Inkompetenz aus Kompetenzverdünnung oder -entzug bei denjenigen, die den Kompetenten jeweils als Laien gegenüberstehen. »Funktionale Autorität ... kennt keine absolute Selbständigkeit der Legitimitätsgründe, keine kreditive Form des Legitimitätseinverständnisses und damit auch die situationsunabhängige Befehlsbefolgung nicht« (Schluchter 1972/150), sondern »eine Art Überzeugungsbildung von Fall zu Fall« (Schluchter 1972/148). Die sachliche Überforderung des Publikums in der Beurteilung komplizierter Materien verringert sich nun durch die »›Traditionalisierung‹ der sachverständigen Person kraft Reputation, die ›Traditionalisierung‹ des Beweisverfahrens durch Ritualisierung der Beweise zu Quasibeweisen und die Überbrückung von zeitlichen Zwischenräumen bei der Darstellung der Kompetenz einer Person durch eine Art ›Verlängerung‹ bereits erbrachter Beweise« (Schluchter 1972/151). In sozialer, sachlicher und zeitlicher Dimension kommt es also zu Generalisierungen, die den Gegensatz zwischen Amts- und Sachautorität entschärfen.[40]

---

38 Die diesbezügliche Klage koexistiert mit der Vorstellung vom Unverständnis der »Fachfremden« für die jeweilige hoch spezialisierte Materie. Vgl. auch H 9/262.

39 Anspruchsvollere Tätigkeiten und solche, bei denen immer wieder ausfindig zu machen ist, wie Aufgaben zu lösen, Rollen auszufüllen sind usw., nehmen das Individuum anders in Beschlag als monotone und belastende Tätigkeiten und okkupieren die »freien« Aufmerksamkeiten in besonderer Weise.

40 Spezialisierung und sachkundige Kontrolle von außen stehen in umgekehrtem Verhältnis zueinander. »Je mehr sich der Kreis der informierten Spezialisten einschränkt und je stärker mit Spezialisierung Problemzuständigkeit assoziiert wird, desto günstiger werden die Bedingungen für unkontrollierte, einseitige, wissenschaftliche Autoritätsbildung, für den Aufbau von Meinungs- und Wissensmonopolen, die dann gegen Kritik und beharrliche Neugier abgesichert werden. Darin dürfte die verbreitete und nicht selten beklagte Wissenschaftsgläubigkeit auch einen ihrer Gründe haben« (Amann 1991/25f.).

Im Unterschied zu Theorien wie etwa der von Illich soll die Macht in der Gesellschaft nicht auf die Macht der Experten enggeführt werden.[41] Der Gedanke, »die« Experten zur herrschenden Klasse zu erheben, verkennt gerade die Weise, wie sinnvoll über Expertenmacht zu sprechen wäre: als *ein* Moment neben vielen anderen Momenten, die in der modernen Gesellschaft deren Gestaltung erschweren. Von der »potentiellen Gemeingefährlichkeit« (Goode 1972/160) der Professionen wird gesprochen, sind sie doch von außen, von Vorgesetzten oder vom Laienpublikum, aus Kompetenzmangel nicht wirksam zu beurteilen oder gar zu kontrollieren.

Das Wissen vom Körper (und der Umgang mit ihm), von der »Psyche«, vom Lernen, von der (juristischen, gewerkschaftlichen, politischen usw.) Wahrnehmung der Interessen wird Sache von Spezialisten: von Medizinern, Psychologen, Pädagogen, Juristen, Politikern usw. Das Sich-Verlassen auf andere vergesellschaftet die Menschen nicht nur, es fördert auch subalterne Attitüden: Die eigene Unkenntnis wird ebenso für unabänderlich gehalten wie die Einschätzung, man könne sich selbst nur punktuell informieren und müsse zu den jeweiligen Spezialisten Vertrauen haben, den eigenen Wissensmöglichkeiten mißtrauen. Ebenso liegt der Übergang nahe von der Beratung des Laien dazu, an seiner Stelle zu entscheiden, für ihn Ziele, Normen oder Möglichkeiten des zukünftigen Handelns festzulegen.[42] Das Sich-Verlassen auf Stellvertreter und Treuhänder impliziert immer auch, den eigenen Verstand einzuschränken, ihn an andere zu delegieren – nicht im Sinne eines aktiven Zusammenwirkens sondern eines Vertrauens, andere würden es aufgrund der pauschalen Kompetenzzuschreibung »schon richten«. Dieses Vertrauen in Spezialisten erscheint als normal in der Moderne – bei aller Kritik im einzelnen –, gerade weil deren Expertise nicht einfach voluntaristisch durch eine individuelle Qualifikation auf allen Gebieten einzuholen ist.

---

41 »Ich schlage vor, daß wir die Mitte des 20. Jahrhunderts die Epoche der entmündigenden Expertenherrschaft nennen«. Die Experten werden zu »Machern der gesellschaftlichen Wünsche und Phantasien und der kulturellen Werte« (Illich 1979/7). Aus den jeweiligen Sonderrollen der Experten und Professionellen scheint sich selbst noch in ihrer Selbstkritik die Gewohnheit fortzusetzen, die eigene Stellung nicht relativieren zu können. Sie bleiben Gläubige ihres eigenen Scheins – wenn auch nun mit umgekehrtem Vorzeichen.

42 Dies wiegt umso schwerer, als die »Inhaber professioneller Berufe (neben den Juristen v.a. die Mediziner, Psychologen, Pädagogen und Sozialarbeiter) nämlich – redend, handelnd und entscheidend – ihre Klienten im Hinblick auf zentrale Probleme der personalen und sozialen Existenz (vertreten); es erscheint nicht übertrieben zu sagen, daß hier nichts Geringeres als wesentliche Elemente der eigenen ›Identität‹ in die Hand von Stellvertretern gelegt wird« (Weiß 1984/51).

Der Inkompetenz der Laien korrespondiert komplementär eine Selbstabsorption, -bornierung und -adelung auf der Seite der Experten. Die lange Ausbildung verschafft ein ausgeprägtes Bewußtsein eigenen fachlichen Vorzugs. Er glänzt vor dem Hintergrund der selbst in der Vergangenheit am eigenen Leibe durchlebten, aber mit vielen Mühen überwundenen Inkompetenz des Laien, dessen Votum nun dem »Profi« als unziemlicher Übergriff erscheint. Wer ausschließlich Kollegenkontrolle akzeptiert, neigt dazu, Entscheidungen außerhalb des eigenen Fachgebietes wiederum Experten zuzuschreiben. Die eigene Könnerschaft amalgamiert zunehmend mit der Person, die Tätigkeit wird nicht allein »instrumentell«, sondern auch »expressiv« aufgefaßt. Professionelle Leistung und Erfolg avancieren zum konstitutiven und hoch bewerteten Bestandteil des eigenen Selbstbildes (vgl. a. Daheim 1973/242).[43]

I.2.2. Zweck und Mittel

Mit dem größeren Umfang, den die Mittel und die von ihnen beanspruchten Vorleistungen und Folgen einnehmen, ereignen sich Veränderungen in der praktisch verfügbaren Übersicht über die Zweck-Mittel-Verhältnisse.[44] Die Aufmerksamkeit verschiebt sich von Zwecken zu Mitteln und sieht sich absorbiert von deren Erarbeitung, Bereitstellung und Reproduktion.[45]

Von der Verbesserung der Mittel für einen gegebenen Zweck verlagert sich die Aufmerksamkeit dazu, wie »Potenzen bereitzustellen (sind) für freibleibende Ziele« (Freyer 1987/124). »Aus der Führung vorgegebener Zielsetzungen entlassen« geht es darum, »die zunächst für einen bestimmten Zweck ausgear-

---

43 Vgl. als Konkretisierung Bollinger u.a. (1981) über die »Deformation des Arztes als berufliche Qualifikation« sowie Speier (1983) und Cremerius (1987) über die Sozialisation in der Psychoanalytikerausbildung. Vgl. auch Psychologie Heute 6/1994.

44 Simmel verknüpft die Länge der Mittelkette mit dem Stand der Kultur. »Was jede höhere Kultur von den niederen scheidet, ist sowohl die Vielfachheit wie die Länge der teleologischen Reihen. Die Bedürfnisse der rohen Menschen sind gering an Zahl, und wenn sie überhaupt erreicht werden, gelingt es durch eine relativ kurze Kette von Mitteln. Steigende Kultur vermehrt nicht nur die Wünsche und Bestrebungen der Menschen, sondern sie führt den Aufbau der Mittel zu jedem einzelnen dieser Zwecke immer höher, und fordert schon für das bloße Mittel oft einen vielgliedrigen Mechanismus ineinandergreifender Vorbedingungen« (Simmel 6/489f., vgl. a. ebd./297).

45 »Ein ungeheurer Prozentsatz der Kulturmenschen bleibt ihr Leben lang in dem Interesse an der Technik, in jedem Sinne des Wortes, befangen; die Bedingungen, die die Verwirklichung ihrer Endabsichten tragen, beanspruchen ihre Aufmerksamkeit, konzentrieren ihre Kräfte derart auf sich, daß jene wirklichen Ziele dem Bewußtsein völlig entschwinden, ja, oft genug schließlich in Abrede gestellt werden« (Simmel 6/297).

beiteten Mittelzusammenhänge und Verfahrensweisen von diesem Zweck abzulösen, sie frei zu variieren, sie nach allen Möglichkeiten, die sie etwa in sich enthalten könnten, durchzuprobieren und zu sehen, was dabei herauskommt – auch an Zielsetzungen« (ebd./124f.).[46]

Nicht allein aus Gründen der Konzentration auf das Mittel und nicht allein aus Gründen seiner Wertschätzung, auch aus Gründen der schwierigen Prognostizierbarkeit und der schwierigen Zuordnung von Zwecken und Folgen zu Mitteln kompliziert sich der Zusammenhang zwischen ihnen und erhöht sich die Schwierigkeit, sich über sie zu orientieren. Auch die Wissenschaftsgeschichte zeigt, wie das Neue oft ungewollt oder als Nebenfolge einer auf ganz andere Vorhaben ausgerichteten Forschung entdeckt oder entwickelt wird (vgl. bspw. Fischer 1992/37).

Problematisch gestaltet sich die Beurteilung von Zwecken bei historischer Veränderung der Mittel. Die zeitlich spätere Mittelgeneration an früheren Zielen zu messen, dies bringt eigene Schwierigkeiten mit sich. Auf die Frage, ob Fotographie Kunst sei, hatte Benjamin geantwortet mit der Gegenfrage, ob sich durch die Fotografie nicht der Begriff der Kunst verändere. Verdeutlichen läßt sich die Schwierigkeit einer jeden Gesellschaft, die Chancen und Risiken neuer Schlüsseltechnologien zu antizipieren, an den bei der Einführung der Eisenbahn vorgebrachten Bedenken.

Was gesellschaftlich in einer existierenden Wirklichkeit aus dem Problem der Professionalisierung oder dem der relativen Autonomie des Mittels wird, liegt weder vorrangig noch ausschließlich in ihnen selbst beschlossen, sondern vermittelt sich durch Gründe, die über den Umgang mit den in den Mitteln enthaltenen Potentialen entscheiden (vgl. II). Mit der relativen Autonomie der Mittel ist zunächst erst einmal eine *Möglichkeit* gesellschaftlicher Wirklichkeit angegeben. Zugleich muß alles *Wirkliche* aber auch möglich sein, d.h.: sich zu diesen Problemen ins Verhältnis setzen, sie eingliedern, aufheben, bewältigen können – wie auch immer. Die Möglichkeit der Verselbständigung des Mittels ist etwas anderes als deren Wirklichkeit. Ebenso wie Illich aus den Herrschaftseffekten, die von Professionen ausgehen, auf die Herrschaft der Experten schließt, in eben dieser Logik erwächst der Kritischen Theorie aus der Verselbständigung des Mittels die Erklärung der »herrschenden instrumentellen Vernunft«. *Ein* Moment von Schwierigkeiten, die der Gesellschaftsgestaltung entgegenstehen, avanciert zu *der* Erklärung der bestehenden Gesellschaft.[47]

---

46 Vgl. a. zu einer ähnlichen Entwicklung in der Kunst Freyer 1987/125 und Gehlen 1957.

47 Die Herrschaft über Natur und die Herrschaft des Menschen über den Menschen werden nicht hinreichend voneinander getrennt – von der Rückprojektion der erst mit der industri-

Der Überschuß der Mittel über die ursprünglichen Zwecke wird oft negativ wahrgenommen, das Problem also verfehlt, daß auch seine positiven Momente[48] beitragen zu einer Schwierigkeit der Gestaltung der Zweck-Mittel-Verhältnisse. Der ursprüngliche Zweck hatte nur einen bestimmten Gebrauch antizipiert und intendiert. In der Anwendung werden am Mittel andere Gebrauchsweisen gefunden. Die Aufgabe von Technikern liegt so nicht allein »in der Schöpfung neuer Mittel, sondern in der neuartigen Ausschöpfung von schon bereitgestellten Instrumenten. Der Techniker hat hier nichts Neues zu erfinden, sondern im Alten neue Anwendungen aufzufinden« (Rohbeck 1993/230f.). Der Überschuß des Mittels über die Zweckantizipationen besteht in Nebenwirkungen, die später gezielt genutzt werden[49], oder in Effekten, die mit der Übertragung technischer Mittel aus einem Wirkungskontext in einen anderen entstehen.[50] Anders als im Analyserahmen der Einzelhandlung[51], in der der Zweck die Mittel leitet, kommt in einer Analyse von mehreren Zyklen (von Zwecksetzung, Mittelanwendung, neuer von ihr mitbeeinflußter Zwecksetzung, neuen Mitteln) die Wechselwirkung zwischen Zwecken und Mitteln in den Blick.[52]

---

ellen Revolution wirklichen Selbständigkeit des Mittels ganz zu schweigen. Die industrielle Revolution besteht technisch in der Emanzipation der Technik von ihrer Gebundenheit an menschliche und tierische Muskelkraft, Wind- und Wasserenergien. Hinzu kommt die Ablösung der industriellen Technik aus handwerklicher Erfahrung und ihre Verbindung mit den exakten Naturwissenschaften. Die Kritische Theorie unterschätzt diesen Epochenbruch in ihrer Kontinuitätsannahme »instrumenteller Rationalität«. Vgl. a. Freyer 1987/120.

48 Vgl. zu ihnen schon Hegel 1974/219, 317 und H 6/453.

49 Vgl. für ein Beispiel Rohbeck 1993/232f.

50 Rohbeck (1993/233) zeigt dies an der Erfindung der Dampfmaschine. »Erst diente sie zum Abpumpen des Wassers aus Bergwerken, um dann zum revolutionierenden Transportmittel zu werden. In den seltensten Fällen entspricht der ursprüngliche Zweck der späteren Verwendung und Bedeutung.«

51 Vgl. zur Kritik an der desorientierenden Verwendung des Konzepts der Einzelhandlung auch I.1.1. Vgl. zur Kritik am Verständnis von Arbeit als Telosrealisation Furth 1985/5, 10f. und Ruben, Warnke 1979/23f.

52 »Als in der ersten Phase der Industrialisierung nach einer geringfügigen Verbesserung des Webstuhls die Wollfäden knapp wurden, erfand James Hargreaves die ›Spinning Jenny‹. Durch diese erste Arbeitsmaschine konnte ein solcher Überschuß an Garn produziert werden, daß die Erfindung des mechanischen Webstuhls folge. Dadurch entstand wiederum ein Mangel in den Spinnereien, der zur Mechanisierung der Spinnmaschinen führte. Auf diese Weise ›schaukelte‹ sich die Entwicklung in den folgenden Jahrzehnten wechselseitig hoch, bis eine gewisse Sättigung und Perfektion erreicht war. Typisch ist an diesem klassisch zu nennenden Beispiel, daß der jeweils folgende Schritt von der vorausgegangenen Innovation hervorgerufen wurde. Die eine Maschine verursachte einen Engpaß, der von der nächsten Maschine behoben werden mußte. Beabsichtigt war die Beseitigung eines Mangels, die

Auf einer den Mitteln vorgeordneten Zwecksetzungskompetenz zu bestehen und auf einem Handlungsmodell, das im Horizont der Einzelhandlung befangen den Überschuß des Mittels nur abwertend in den Blick bekommt – damit ist den Verhältnissen zwischen Zwecken und Mitteln konzeptuell nicht beizukommen. Eine Technikkritik, die in der Dynamik der Mittel allein Entfremdung oder allein soziale Verhältnisse oder gesellschaftsformationsspezifische Gründe sieht, übersieht die von den Mitteln eröffneten Entscheidungsmöglichkeiten, die nicht mit einem Determinismus zu verwechseln sind. Das Zweck-Mittel-Verhältnis gerät nicht selbst in den Blick als eigenes Objekt mit eigenen Schwierigkeiten der (Gesellschafts-) Gestaltung, wenn von einer Zweckvorstellung ausgehend vornehmlich der Verlust der Zwecksetzungskompetenz (an die Eigendynamik der Mittel) wahrgenommen und dagegen den Zwecken zu ihrem Recht einer Oberhoheit verholfen werden soll. Die Wahrnehmung einer von außen die Zwecke umwendenden Kraft der Mittel nimmt das sozial nicht gestaltete Zweck-Mittel-Verhältnis vom Standpunkt einer Bewußtseinsgestalt wahr, die als subjektive Zwecksetzung selbst noch Moment einer unterkomplexen Konzeptualisierung ist und somit selbst Teil des Problems – als kognitives Pendant einer nicht gesellschaftlich in Regie genommenen Gestaltung der Zweck-Mittel-Verhältnisse.[53]

I.2.3. Die Trennung zwischen Wissenschaft und Alltagswissen

Die »Entzauberung« der Welt führt einerseits zu einer absolut steigenden Kompetenz von Individuen durch die Zunahme der Reichweite ihrer Handlungen, aber zugleich andererseits zu einer relativ sinkenden Kompetenz der Individuen, im Vergleich zum absolut gestiegenen verfügbaren Wissen (vgl. WL 473, 593). »Die zunehmende Intellektualisierung und Rationalisierung bedeutet also nicht eine zunehmende allgemeine Kenntnis der Lebensbedingungen ..., sondern ... das Wissen davon oder den Glauben daran: daß man, wenn man nur

---

›überschießende‹ Wirkung war jedoch die Erzeugung eines neuen Mangels. So vollzog sich eine Entwicklung, die von den sich wechselseitig erweiternden technischen Möglichkeiten diktiert wurde. Zwar lag auch diesem Vorgang eine ökonomische Triebkraft zugrunde, die auf einer bestimmten Nachfrage basierte, aber die konkrete Richtung war technologisch determiniert« (Rohbeck 1993/242). Vgl. zu diesem Verhältnis von Technik und Ökonomie auch Deutschmann 1998.

53 Die Beschreibung eines gesellschaftlich nicht bewußt gestalteten sozialen Sachverhalts konvergiert mit der traditionell aristokratischen Vorstellung von Herren, die sich um ihre Mittel nicht zu kümmern brauchen, fallen diese doch in den Bereich der Arbeit und er wiederum in den Dienst anderer. Rohbeck (1993) kritisiert in diesem Zusammenhang auch die »Kritik der instrumentellen Vernunft«.

wollte, es jederzeit erfahren könnte« (WL 594).[54] Auch die »Gebildeten« als naturwissenschaftliche Laien verstehen die Resultate naturwissenschaftlicher Forschung nicht mehr. Nicht allein wird der Experte Experte gegenüber den seiner spezifischen Tätigkeit zugeordneten Laien, sondern auch gegenüber anderen Experten auf anderen Fachgebieten. Umso kleinteiliger die Fachgebiete werden, innerhalb derer Experten als Experten gelten, umso stärker man von immer weniger immer mehr wissen muß, um als sachverständig zu gelten, desto größer die Zersplitterung des gesellschaftlichen Wissens. Die Trennung zwischen Alltagswissen und Wissenschaft wird bei gegenwärtigen Debatten um in ihrer Sicherheit umstrittene Technologien (Atomenergie, Gentechnik u.a.) sowie im Streit um die Bearbeitung ökologischer Risiken gravierend. Die Betroffenen sind in der Einschätzung der Risiken »fremdwissenabhängig«, »ihrer eigenen Betroffenheit unzuständig« und »verlieren ein wesentliches Stück Wissenssouveränität. Das Schädliche, Bedrohliche, Feindliche ... entzieht sich dem eigenen Urteilsvermögen, bleibt den Annahmen, Methoden, Kontroversen der fremden Wissensproduzenten überlassen« (Beck 1986/70). Da Risiken interpretationsabhängig sind, »stellen sie sich also erst und nur im ... Wissen um sie her, können *im* Wissen verändert, verkleinert oder vergrößert, dramatisiert oder verharmlost werden und sind insofern im besonderen Maße offen für soziale Definitionsprozesse« (Beck 1986/30).

I.2.4. Die Partikularisierung in den Naturwissenschaften

Aus Gründen der kognitiv schwierigen Bewältigung der Heterogenität der Natur stellen die Naturwissenschaften für die Gesellschaft ein Problem dar, tragen sie doch zu einer Kultur des zersplitterten Wissens bei. In dem Maße, in dem Naturwissenschaftler jeweils besondere Zusammenhänge, nicht aber die Zusammenhänge dieser Momente kennen, wird die Rekomposition bzw. Integration von Besonderheiten zum Problem. Chargaff spricht von einer »irreversiblen Fragmentierung der wissenschaftlichen Erkenntnisse« (1984/53).[55] Selbst

---

54 Das Ausspielen von Möglichkeiten gegen die Wirklichkeit wird uns in Teil III erneut begegnen.

55 »Für den Experimentator ist eine wohlüberprüfte Methode gleichsam ein sehr scharfes Werkzeug, mit dessen Hilfe er winzige und regelmäßige Streifen aus dem Fleische der Natur schneiden kann. Was er erfährt, gilt für das betreffende Fragment, aber nicht für die angrenzenden Bereiche. Diese können auf ähnliche Weise wieder mit Hilfe anderer Methoden untersucht werden. Man hofft, daß diese ganze zersprengte Welt des Wissens schließlich zu einem Gesamtbild zusammenfließen wird, aber das ist niemals geschehen, noch auch ist es wahrscheinlich, daß es in der Zukunft stattfinden wird, denn je mehr wir unter-

wenn man Integrationsgewinne zugesteht, bleibt die Frage, ob die Integration der Akkumulation von besonderen Erkenntnissen nachkommt.[56] Hier sind Zweifel angebracht[57]: »In nahezu jedem Spezialgebiet gibt es konkurrierende Schulen, die ihre Kernaussagen wie Dogmen behandeln, widersprechende Tatsachen unter den Teppich kehren, logisch inkonsistente Theorien vertreten und abweichende Forscher sozial ausgrenzen. ... Die Politisierung der Wissenschaft ist keine Folge divergierender politischer Zielvorstellungen seitens der Nachfrager wissenschaftlicher Ergebnisse. Sie ist vor allem ein Angebotsproblem: strittige Fakten, widersprüchliche und rivalisierende Theorien, konträre Prognosen, unsichere Technologien. ... Experiment und Logik mögen, wenn man die Entwicklung des Wissens im Zeitverlauf betrachtet, vieles korrigieren. Ob dieser Korrekturmechanismus jedoch eine kontinuierliche Annäherung an die Wahrheit bewirkt, oder vielleicht nur eine Art Endlosspirale immer komplexerer Modelle erzeugt, ist wiederum nur eine Hypothese« (Fischer 1992/27f.).[58]

Gerade weil Unheil dann auftritt, wenn das Gute Schaden bringt (Schiller, Wallenstein), ist das naturwissenschaftliche Vorgehen nicht einfach durch ein anderes zu ersetzen. Es lassen sich nicht Ganzheiten gegen es ausspielen, weil

---

teilen, umso weniger können wir zusammenschließen« (Chargaff 1980/230f.). Gewiß ist diese Bemerkung überpointiert, insofern sie die Integrationsgewinne in den Naturwissenschaften übergeht.

56 Fortschritte der Naturwissenschaft im Besonderen sind nicht gleichzusetzen mit einer Integration der verschiedenen Erkenntnisse. »Auch heute gibt es unterschiedliche Ansätze von Mechanik, die jeder für sich Wissen repräsentieren. Das bedeutet nicht, daß alle Theorien der Naturwissenschaft gleich richtig sind. Vielmehr weist dieser Zustand darauf hin, daß Physik in partikularen technischen Zusammenhängen anwendbar ist, daß Theorien in Bezug auf eingegrenzte Probleme (bzw. die Objekt der klassischen Mechanik) richtig sein können, obwohl sie vom Standpunkt der Gesamttheorie (des gesamten natürlichen Zusammenhangs) als falsch oder unzureichend anzusehen sind« (May 1978/28f.).

57 Ich klammere hier die soziale Organisation des Forschungsbetriebs aus. Funktioniert er nach der Devise »publish or perish«, ist die Zahl der Veröffentlichungen karriererelevant und der Trend geht zur kleinsten publizierbaren Einheit. Auch deshalb kommt es zu einer Überakkumulation zusammenhangsloser Kenntnisse. Der Marburger Neurobiologe Karl-Heinz Voigt spricht von einem »Faktenreichtum, der zur Theoriearmut führt« (zit. n. Ernst 1998/22).

58 »Solange man auf dem unangefochtenen Fundament der klassischen Physik und der euklidischen Geometrie stand, konnte man sich in Sicherheit wiegen. ... Die neuere Naturwissenschaft für unsicher und unvollständig zu halten, Teile von ihr für falsch zu erklären oder technologische Anwendungen von Wissenschaft für gefährlich zu erachten, ist für sich genommen kein antiwissenschaftlicher Standpunkt, kein Symptom für A-Rationalität. Derartige Überlegungen findet man auch bei etablierten Wissenschaftlern« (Fischer 1992/28, 38).

man mit ihnen zwar kein Integrationsproblem, aber dafür auch kein besonderes Wissen von der Natur erhält.[59] Die naturwissenschaftliche Abstraktion ist nicht der Grund, sondern die Bedingung für einen Umgang mit Natur, der die Abstraktionen eben nicht selbst noch einmal weiß bzw. sich nicht von diesem Wissen leiten läßt, sondern sich gleichgültig gegen die sog. »Neben«-wirkungen betätigt, weil es ihm auf den jeweiligen isolierten Effekt ankommt. Die Naturwissenschaft bestärkt diesen Umgang, insofern sie ihm viel Erkenntnismaterial zur Verfügung stellt und in der Konzentration auf sich selbst als neutrales Mittel ihren Zweck sieht. Bei diesem Erkenntnismaterial handelt es sich aber erst einmal um ein Arsenal von Abstraktionen, die in der Wirklichkeit als Abstraktion geltend gemacht Wirklichkeit zerstören. Naturwissenschaftler neigen in ihrer Konzentration auf ihre Erkenntnisse dazu, in ihnen bereits die Grundlage einer Verbesserung des Umgangs mit der Natur zu sehen. Sie schließen damit aber von der Optimierung von Teilen auf ein Gesamtoptimum.

Wer von Teilen spricht, muß unterstellen, er wisse schon, wie diese Teile einander und einem wie immer gearteten Ganzen zuzuordnen seien. Eine Fiktion schwingt mit, die der liberalen Verteidigung privater Laster durch ihre letztendlich für die Gesamtheit guten Folgen ähnelt. Von der Partikularisierung wird die Integration erhofft – nach der Devise: »Je mehr Einzelnes, desto gänzer das Ganze« (Erwin Chargaff).[60]

Bewunderer und Kritiker der Naturwissenschaft teilen die Perspektive, von den Möglichkeiten, die die besonderen Naturerkenntnisse eröffnen, auf die Wirklichkeit des bestimmten Umgangs mit der Natur zu schließen. So erachten viele Naturwissenschaftler Technik und Industrie als Inkarnation ihres Wissens. Umgekehrt sehen Naturwissenschaftskritiker in den beklagenswerten menschengemachten Naturschäden die Wirkung der Naturwissenschaft und diese als deren Ursache. Beide Seiten überspielen die Vermittlung, die aus den Möglichkeiten zu einem Umgang mit Natur dessen Wirklichkeit macht. Die Abstraktionen, die Naturwissenschaften anbieten, werden erst dann verantwortungsbewußt eingesetzt, wenn dies unter Wissen von ihren Folgen, Kontexten, Nebenwirkungen usw. geschieht.[61]

---

59 Vgl. bspw. Bloch, der gegen die »Bürokratie des (Natur-) Gesetzes« die Landschaftsmalerei geltend macht, »worin Farben, Gewitterschwüle, Sonnenaufgang und andere naturwissenschaftlich heimatlose Gegenstände behandelt werden« (Bloch 1972/207f.).

60 Vgl. a. Baran 1968/11-13.

61 »Die Voraussetzung aller (Selbst-)Verantwortung, das Wissen um die Zusammenhänge und die allemal synergetischen Folgen ist gerade in den Wissenschaften selbstbezüglich nicht gegeben. Darum geht es im übrigen auch in der Betrachtung der Objekte verloren. Zusammenschau (syneidesis, conscientia, nicht zufällig dem deutschen Ge-wissen – Zusammen-

Die Naturwissenschaft bestärkt einen verantwortungsvollen Umgang, indem sie auf die Abstraktionen hinweist, die sie praktiziert, insofern sie Störfaktoren aussondert und Rahmenbedingungen als konstant setzt. »Die Natur dieser mathematisch-experimentellen Naturwissenschaften ist nicht die Natur, in der wir leben, sondern eine kunstvoll arrangierte und dabei fraktionierte Natur, die Natur der begradigten Laborabläufe. ... Unsere Denkweise wie unsere Technik verzichtet weitgehend auf die ausgleichenden Wechselwirkungen der von ihr – fokussierend und isolierend – betrachteten und benutzten Wirksysteme mit deren Umgebungen« (Schwemmer 1990/23).[62]

Die Naturwissenschaften bestärken einen unverantwortlichen Umgang mit ihren Abstraktionen, insoweit sie deren wirkliche Verknüpfungen nicht wissen, ereignen diese sich doch nicht unter den vereinfachten und stilisierten Laborbedingungen, und indem sie immerhin schon unter diesen Abstraktionen technische Eingriffsmöglichkeiten bereitstellen.[63] Es liegt nahe, daß Naturwissenschaftler ebenso wie andere Spezialisten dazu neigen, ihr Vorgehen über seinen legitimen Bereich hinaus auszudehnen. Im Falle der Naturwissenschaft weist dies besonders gravierende Folgen auf, da diese Bornierung (i.U. zu anderen) gesellschaftlich in hohem Maße nachgefragt wird.

---

wissen verwandt) ist nicht vorgesehen, von bestenfalls reduktionistischen und einseitigen Synthesen zu schweigen. ... Abstrahere heißt indes: absehen von, verzichten, berauben. Darum käme es darauf an, die Stufenleiter der notwendigen Abstraktionen dauernd hinauf- und hinunterzuklettern, um die Aussparungen, die Verluste, die Ungenauigkeiten in den Genauigkeiten zu bedenken. Genau dieses Kletterhandwerk ist aber verpönt« (Narr 1994/33, 35).

62 Diese Wechselwirkung ist ganz praktisch zu verstehen, etwa in der im Labor nachgewiesenen insektiziden Wirkung von DDT, die dann aber ihrerseits zur Selektion resistenter Insektenstämme führt. »Der im Experiment erfaßte Gegenstand wird so vereinfacht und stilisiert, daß er nur eine überschaubare Zahl von Variablen hat. Die Variablen werden teils festgehalten, teils variiert, um funktionale Abhängigkeiten zwischen ihnen festzustellen. ... Der Gegenstand der Erfahrung und seine möglichen Variationen werden also durch das Verfahren der Erfahrung selbst ›hergestellt‹. Das Phänomen wird zum Effekt. Damit verschwindet für die Naturforschung der Unterschied zwischen natürlichen Dingen und technischen Artefakten. ... Das Natürlichwerden der Technik ist eine Voraussetzung für den Erkenntnisbegriff der experimentellen Wissenschaft – so wie das Technischwerden der Natur eine seiner Folgen ist« (Böhme, v.d. Daele 1977/188).

63 »Das ›Herausschneiden‹ des Systems aus der natürlichen Umgebung führt jedoch dazu, daß dem Gewinn an Sicherheit des Wissens in bezug auf das System unter künstlichen Bedingungen ein Verlust an Sicherheit gegenüber steht, ob das in natürlicher Einbettung belassene System in gleicher Weise reagiert wie das im Labor isoliert betrachtete« (Bechmann u.a. 1988/291). Vgl. a. Bechmann, Gloede 1992, zit. in I.1.

I.3. Gesellschaftliche Synthesisformen und ihre Maßgaben

Die Formen der Differenzierung von Handlungen und Arbeiten (s. I.2) haben Formen der Synthese (I.3) zu ihrem Gegenstück. Nicht allein die Modi der Aufteilung der Arbeiten und Handlungen, auch die ihrer Vereinigung tangieren die Gestaltung von Gesellschaft. Ich skizziere im folgenden die Hierarchie, den Markt, die funktionale Differenzierung und die Organisation. Dabei handelt es sich jeweils um analytische Abstraktionen. In der Realität summieren und überlagern sich die durch diese Momente aufgeworfenen Probleme der Gestaltung von Gesellschaft oder schränken sich gegenseitig ein.

I.3.1. Hierarchie

Effizienzvorteile der Hierarchie imponieren im Vergleich mit assoziativer und demokratischer Entscheidungsfindung auf Grund der mit ihnen einhergehenden Heterogenität der Anliegen und Auffassungen. Demokratische Einigungsprozesse verlangsamen die Suchzeit von Entscheidungen (vgl. WuG 162). Die Eindeutigkeit und »Schlagkraft« von Entscheidungen erhöht sich, wenn sie nicht von der Zustimmung der ihr Unterworfenen und der Berücksichtigung ihrer jeweiligen Interessen abhängen. Führungs- und Koordinationsstellen werden vom dauernden Loyalitätserwerb ebenso »entlastet« wie Untergebene von der Anstrengung, sich mit den (zu entscheidenden) Materien vertraut zu machen. Hierarchisch strukturierte Organisationen vermeiden Richtungskämpfe, Pattsituationen, die Auflösung der Organisation in konfligierende Gruppen, senken die Notwendigkeit, sich für erreichte Unterstützung durch Begünstigung zu revanchieren usw. Gegenüber der kollegialen Verwaltungstätigkeit ist mit Weber der Nutzen der Leistungs- und Weisungshierarchie hervorzuheben.[64]

Gewiß weisen auch hierarchische Organisationsformen Effizienznachteile auf in der Abschöpfung des Sachverstands von Untergebenen, in der Überforderung von Vorgesetzten, in der Konzentration von Sachverstand und Lernfähigkeit an der Spitze, in der Blockierung von Initiative und Motivation von unten sowie in der Bremsung funktionaler Differenzierung. Insgesamt scheinen aber die Effizienznachteile der assoziativen und demokratischen Organisation jene der hierarchischen Organisation zu überwiegen. Eine subsidiär-kompensato-

---

64 »Kollegial organisierte Arbeit ... bedingt Reibungen und Verzögerungen, Kompromisse zwischen kollidierenden Interessen und Ansichten und verläuft dadurch unpräziser, nach oben unabhängiger, daher uneinheitlicher und langsamer. Alle Fortschritte der preußischen Verwaltungsorganisation sind gewesen und werden auch künftig sein: Fortschritte des bürokratischen, speziell des monokratischen Prinzips« (WuG 562).

rische Bearbeitung der Effizienznachteile hierarchischer Organisationen durch Aufnahme demokratisch-assoziativer Elemente scheint möglich, ohne daß diese eine die Hierarchie gefährdende Verdichtung und kritische Masse zu entfalten drohen.

Die Bearbeitung komplexer Materien in Organisationen erfordert, so der organisationssoziologische Konsens[65], eine »interne Staffelung von Kompetenzen und Verantwortlichkeiten« (Sofsky, Paris 1994/71). Unabhängig von betriebs- und wirtschaftspolitischen Wertvorstellungen sei »die hierarchische Autoritätsstruktur eine Grundbedingung des Funktionierens kooperativer Systeme« (Dahrendorf 1967/77).[66] Die »organisatorische Beherrschung arbeitsteiliger Kooperation (stellt) von Anfang an ein Informationsproblem« dar, »das Problem einer Bewußtseinsstruktur, die als Verhältnis von Personen in Erscheinung tritt« (Bahro 1978/177).

Die Unausweichlichkeit von Hierarchien zeige sich daran, daß sie nicht nur dort existieren, wo Bürokratien von vornherein von oben nach unten strukturiert sind, sondern auch in Vertretungsorganisationen entstehen.[67] Selbst in kleineren Gruppen ereignet sich »von unten« her eine Art »ursprünglicher Akkumulation« von Macht.[68] Je nachdem, woran es am meisten der Auffassung der Beteiligten nach mangelt (Know-how, Informationen, Außenkontakte, Leistungsmotivation), ergibt sich die Stelle, die demjenigen, der sie besetzt, Autorität zuwachsen läßt. Informations-, Kompetenz- und Erfahrungsvorsprünge, die Monopolisierung von Außenkontakten, Vorsprünge im Talent, ungewisse Situationen zu strukturieren, erhalten durch den Druck der entsprechenden Aufgabe eine Verstärkung. Sie zur Disposition zu stellen, kann sich nur leisten, wer diese Aufgaben auf anderen Wegen zu erfüllen oder sie in einer Weise umzudefinieren vermag, die eine weniger hierarchische Binnenstruktur erlaubt. Hierarchien gedeihen auch vor dem Hintergrund der wie auch immer gesellschaftlich konstituierten Ungleichheit der Menschen in bezug auf Energie, Ausdauer,

---

65 So aber auch Engels, s. I.1.1.

66 »Die häufig festgestellten Funktionsmängel der autonomen Produktivgenossenschaften resultieren aus dem organisatorischen Gegensatz zwischen der egalitären Struktur der Mitgliedergruppe und dem grundsätzlich hierarchischen Aufbau des arbeitsteiligen Betriebes. Der Gedanke der ›Demokratisierung‹ des Betriebsprozesses stößt aus ökonomischen und sozialpsychologischen Gründen an Grenzen. Die egalitäre Konzeption der Mitgliedergruppe führt zu einer Nivellierung der individuellen Arbeitsmotivation auf dem relativ niedrigsten Niveau« (Dülfer 1980/1368). Vgl. zur Kritik daran Flieger 1996.

67 Vgl. die Literatur im Gefolge von Michels Parteiensoziologie, vgl. Paris, Sofsky 1994/184ff.

68 Vgl. eindrucksvoll Popitz 1968.

Weit- und Umsicht, Selbständigkeit usw.[69] »Das Führertum« mutet dann als eine »notwendige Erscheinung jeder Form gesellschaftlichen Lebens« an (Michels 1957/369). Weitere Gründe für die Hierarchie(n) ergeben sich aus der unterschiedlichen Attraktivität und dem unterschiedlichen Prestige verschiedener Tätigkeiten sowie aus den unterschiedlichen Ressourcen, die geltend gemacht werden können (Macht, Geld, Zeit, Kompetenzen, Einfluß).[70] Von Saint-Simon (1956/25ff.) bis Parsons (1985/143) teilen Sozialwissenschaftler die Diagnose, wie sehr das Wohl einer Gesellschaft von der Elite abhängt, die härter und qualitativ höherwertig arbeitet als die große Mehrheit.

Über die Gründe hinaus, die Hierarchie wahrscheinlich machen, über die Diagnose des »Vorhandenseins immanenter oligarchischer Züge in jeder menschlichen Zweckorganisation« (Michels 1957/13) hinaus, sind Elitetheoretiker oft übergegangen zu einem Lob der Hierarchie[71], das sich nicht mehr ins Verhältnis setzt zu ihren sozialen Implikationen und Effekten: Was allein als Inkompetenz der in der Hierarchie unten Stehenden aufgefaßt wird, ist auch Resultat der Hierarchie. Sie selbst trägt dazu bei, die Gründe ihrer eigenen Existenz zu verstärken: Die Subalternität der Unteren steigert die Machtvollkommenheit der Oberen, das »Verantwortungsgefühl« und »Engagement« »oben« verstärkt »unten« die Inkompetenz und Folgebereitschaft ebenso wie den mangelnden Überblick und die fehlende Vertrautheit in Angelegenheiten, die dann real oder scheinbar nur von hierarchisch weiter oben Stehenden bewerkstelligt werden können. Die Ungleichverteilung der Ressourcen schafft Interessen, die die Hierarchie über ihren sachlichen Zweck hinaus besetzen, aufrechterhalten und verstärken.

Das Eigengewicht und die Eigendynamik von Hierarchie läßt sich auch zeigen an den Möglichkeiten der Bürokratie, die sie sowohl gegenüber den ihr Unterworfenen als auch ihren sog. Herren besitzt.[72] Die Bürokratie erhält

---

69 Insbesondere »alternative Betriebe« werden damit vor große Probleme gestellt, vgl. Bartning 1983.

70 Der funktionalistischen Schichtungstheorie zufolge wird eine hierarchische Abstufung von Weisungsbefugnissen, Sanktionsmacht, Status und Prestige notwendig, um den Anreiz für bestimmte gesellschaftlich höher bewertete (weil funktional relevantere) Tätigkeiten zu erhöhen und ihre Ausführung sicherzustellen.

71 »Wie süß ist es zu gehorchen, wenn wir ... durch weise und würdige Führer von der drückenden Verantwortlichkeit einer allgemeinen Leitung unseres Handelns angemessen befreit (sind)« (Comte 1923, Bd. 1/450). Vgl. ebenso Jonas 1990/80.

72 Die Verwaltung besitzt einen Vorsprung an Fachwissen, an Kontinuität der Beschäftigung und an »Dienstwissen« als »durch Dienstverkehr erworbenen oder ›aktenkundigen‹ Tatsachenkenntnissen« (WuG 128f.). Die daraus erwachsenden strategischen Vorteile sind auf

Macht gegenüber den regierenden wie auch gegenüber den kontrollierenden Organen.[73] Die Schwierigkeit der Gestaltung von Gesellschaft wird zum Argument für die bürokratische Ersetzung und Versperrung anderer Gestaltungswege. Für sie würde nach Luhmann erst recht »die Überforderung des Machthabers in Organisationen« gelten. Sie begründet sich darin, daß organisierte Macht »Kettenbildung in beträchtlichen Längen und Verzweigungen ermöglicht und dadurch die Informationsverarbeitungskapazität und die Kontrollmöglichkeiten eines einzelnen Machthabers sehr rasch überfordert« (Luhmann 1975/107f.).

Gewiß gibt es nicht die *eine* Hierarchie, gewiß sind die in einer Hierarchie Dominierenden andernorts anderen Hierarchien unterworfen, gewiß bleiben die Leiter von den Ausführenden auch abhängig, wie sich im Dienst nach Vorschrift usw. zeigt. Allerdings heben die Relativierungen der Hierarchie, und sie ist in unserem Gedankengang von vorneherein nicht mehr als *eine* gesellschaftliche Synthesisform, ihre für die Gesellschaftsgestaltung abträglichen Effekte nicht auf. Giddens (1984) übertreibt mit seiner »dialectic of control« die Angewiesenheit der Oberen auf die Unteren, als ob sich zwei ebenbürtige Gegner gegenüber stünden. Selbst aber noch dieser unwahrscheinliche Fall würde eigene abträgliche Effekte für Gesellschaftsgestaltung zeigen: Gegenseitig wälzen »unten« und »oben« die Verantwortung aufeinander ab. In Vertretungsorganisationen werden oft von unten als »undemokratische« Anmaßung Aktionen der »Oberen« kritisiert, worauf sich flugs von oben die unter Umständen nicht minder berechtigte Klage erhebt, die »Basis« habe sich recht willkommen von den Mühen der »Verantwortung« entlasten wollen. Oder: »Die Spitze vertraut den untern Kreisen die Einsicht ins Einzelne zu, wogegen die untern Kreise der

ihrer Seite. »Einerlei wer der Herr ist –, stets befindet er sich den im Betrieb der Verwaltung stehenden geschulten Beamten gegenüber in der Lage des ›Dilettanten‹ gegenüber dem ›Fachmann‹. Diese Überlegenheit des berufsmäßig Wissenden sucht jede Bürokratie noch durch Mittel der Geheimhaltung ihrer Kenntnisse und Absichten zu steigern. Bürokratische Verwaltung ist ihrer Tendenz nach Verwaltung mit Ausschluß der Öffentlichkeit« (WuG 572).

73 Es »verschleiern die Verwaltungen ihr Herrschaftswissen mit einer erdrückenden Informationsfülle. Diese moderne Form der veröffentlichten ›Staatsgeheimnisse‹ (Poulantzas) schafft ein gewaltiges Arbeitspensum: der kritische Abgeordnete (oder Journalist) liest sich die Augen wund, wenn er den Verwaltungen auf der Spur bleiben will. ... Versagt sich der Abgeordnete diesem Wettlauf zwischen Hase und Igel und bringt er eigene politische Initiativen ein, hat er selten die Kompetenz, das bürokratische Veto (›rechtlich nicht machbar‹, ›fehlende Zuständigkeit‹, ›nach Haushaltslage nicht machbar‹ etc.) mit Argumenten zu konterkarieren« (Jänicke 1986/39).

Spitze die Einsicht ins Allgemeine zutrauen, und so täuschen sie sich gegenseitig« (MEW 1/249).

I.3.2. Markt

Die Nutzung dezentraler Informationen wird dem Markt ebenso positiv zugeschrieben wie die Reversibilität von Machtpositionen durch den – immer wieder wenigstens prinzipiell möglichen – Erfolg von Konkurrenten. Gewürdigt wird der Anreiz dafür, individuelles Handeln so auszurichten, daß es die Bedürfnisse von Konsumenten befriedigt. Insgesamt zeichne den Markt als Steuerungsmechanismus eine hohe Anpassungsflexibilität aus und hohe Anreize zur Innovation.

Ich möchte hier nicht die Schwierigkeiten genauer behandeln, die dem Markt als ökonomischer Synthesisform innewohnen. Kritisiert wird die Abstraktion von Bedürfnissen, die nicht als zahlungsfähige Nachfrage auftreten, die Eingrenzung der Effektivität des Marktes auf Güter, deren Preisbildung keine Schwierigkeiten macht[74] (i.U. zu Umweltgütern bspw. oder anderen Gütern, die sich ebenfalls nicht in Preissignale umsetzen lassen), die Schwierigkeiten bei kollektiven Gütern, Eigentumsrechte privatrechtlich zu definieren, die Reaktion des Marktes auf aktuelle Knappheitsverhältnisse i.U. zur Berück-

---

74 »Die einzelnen betriebswirtschaftlich gewebten Netze verschlingen sich ineinander zu einem unentwirrbaren Gestrüpp, durch das die Einzelunternehmen nur noch im Blindflug steuern können, gelenkt einzig und allein von Preisimpulsen, die wie flüchtige Funksignale auf ihrem Kosten- und Ertragsrechnungsradar aufblitzen. Sie haben nicht nur kein Interesse daran, die stofflichen Beziehungen eines einzelnen Produktionsvorgangs einschließlich aller vor- und nachgelagerten Effekte zu rekapitulieren, es ist auch unter den gegebenen Bedingungen beim besten Willen und selbst mit Hilfe aufwendiger elektronischer Informations- und Kontrollsysteme kaum noch möglich« (Trenkle 1996/74f.). Ökobilanzen konnten bisher nur für einfache Produkte wie Babywindeln und Getränkeverpackungen aufgestellt werden. Schon bei letzteren betrug der Arbeitsaufwand dreieinhalb Jahre. Die Bilanzierung der in Anspruch genommenen Stoffe, der zu ihrer Umwandlung notwendigen Maschinen, die Umweltbelastungen in der Nutzungsphase und der Verbleib der Substanzen bilden »eine endlose Kette, die ins Uferlose führt« (Nissen, Friedel 1994/11). »Bei komplexen technischen Produkten wie etwa Waschmaschinen versagen die bisherigen Ansätze allein aufgrund des Erstellungsaufwands« (ebd./12). Wer Umweltqualitäten qua Preissignale repräsentieren will, muß Äpfel mit Birnen vergleichen. »Denn wie soll bspw. die treibhauseffektfördernde Umweltbelastung des Produkts im Vergleich zu einer möglichen Dioxinerzeugung bei der Verbrennung eines anderen Produktes bewertet werden? So wie in der betrieblichen Kostenrechnung, wo nur Größen einer einheitlichen Basis (DM) zusammengerechnet werden, geht es bei Ökobilanzen eben nicht« (ebd.).

sichtigung zukünftiger Knappheiten[75], das Problem unverbuchter Kosten und Nutzen usw. und die damit sich ergebenden Fehlallokationen.[76] Schon die dem Markt eigenen Elemente, die isoliert kauf- und verkaufbaren sowie exklusiv vernutzbaren Waren, abstrahieren von der Eingebundenheit ihrer Stoffe in die Umwelt.[77]

Mich interessieren hier die Effekte des Marktes in bezug auf die Gesellschaftsgestaltung. Die Einführung eines »Echtpreises« für Umweltressourcen, mit der der Markt als Synthesismedium modernisiert werden soll, trifft nicht nur auf die genannten Schwierigkeiten der Bepreisung, sondern wirft zudem die Frage auf, wie Marktvertrauen bei gleichzeitigem Votum für die massive politische Intervention in den Markt möglich sein soll.[78] Bestrebungen, den Markt sozial einzubetten, müssen sich dem Problem der Unverträglichkeit verschiedener Logiken stellen (s. II.2.2), das auftaucht, wenn die Vorteile des Marktes als selbstregulativer Einrichtung genutzt *und* er zugleich gesteuert werden soll. Hayek hat den Markt unter die spontanen Ordnungen eingeordnet und diese von den geplanten Ordnungen der Organisationen abgegrenzt (Hayek 1969, §9, 14, 31, 34). Unter »spontanen Ordnungen« versteht Hayek sowohl den Markt als auch Konventionen und Traditionen.[79] Alle drei seien Ergebnisse des Handelns von vielen Individuen, die im Resultat ihre Entwürfe und ihr

---

75 »Systeminterne Frühwarnsignale, die die monetären Steuerungsmechanismen des Marktes (Preise) rechtzeitig aktivieren, um bereits auf geringfügige Zustandsänderungen der physischen Umwelt rasch reagieren oder präventiv intervenieren zu können, existieren praktisch nicht« (Kraemer 1997/203).

76 Der dem Markt eigene Anreiz, kollektive Umweltgüter in einer für die Gesellschaft schädlichen Weise zu entwerten, und die Ausblendung der Umwelt- und Gesundheitskosten beschädigen den zentralen Lenkungsmechanismus der Marktwirtschaft und die Funktion des Preissystems, finanzielle und materielle Ressourcen zuzuweisen (»Allokation«) aufgrund der Fehlleitungen von Kapital.

77 »Markteffizientes Handeln ist an die monetäre Quantifizierbarkeit aller Operationen gebunden. Hingegen ist das Ökosystem nur als hochkomplexer und multiinteragierender Wirkungszusammenhang zu fassen. Erst recht sind die vielfältigen Reaktionsmöglichkeiten und Reaktionsintensitäten, Dosis-Wirkung-Beziehungen, kumulativen Kettenreaktionen, weiträumigen Nebeneffekte und intertemporalen Folgeprozesse weder abschätzbar noch monetarisierbar« (Kraemer 1997/199).

78 Diese Intervention von außen ist die Bedingung dafür, die marktintern nicht ökonomisch repräsentierbaren Naturpotentiale per politischer Festlegung mit einer Preisgröße zu versehen.

79 Mit dieser Gleichsetzung von vormodernen Einrichtungen und einer erst in der Moderne zu voller Geltung kommender Struktur wie dem Markt widerspricht Hayek einer Annahme, derzufolge Autonomie und Zweck-Mittel-Rationalität gesellschaftlich dominieren. Beide müssen sich vielmehr an sich ihnen entziehenden selbstregulativen Systemen relativieren.

Wissen übersteigen, »etwas größeres als der Einzelne« (Hayek 1976/47) darstellen. Auf der Seite der Individuen sei dementsprechend »die grundsätzliche Einstellung des wahren Individualismus eine Demut gegenüber den Vorgängen, durch die die Menschheit Dinge erreicht hat, die von keinem Einzelnen geplant oder verstanden worden sind und in der Tat größer sind als der Einzelverstand« (Hayek 1976/47).[80] Nicht allein die Verstandeskräfte des Individuums, sondern auch eines – wie auch immer zustandegekommenen – geeinten Kollektivwillens würden übersteigen.[81]

Eine rationale Wirtschaftsordnung lasse sich nicht auf der Voraussetzung eines vollständigen Wissens über die erforderlichen Informationen, Prioritätenhierarchien und Mittel gründen. Diese Informationen seien nicht nur für den Einzelnen unverfügbar (Hayek 1976/103), sondern auch für die Gesellschaft als Ganzes (ebd./104). Gegen eine Planwirtschaft wendet Hayek ein, die Informationen existierten »immer nur als zerstreute Stücke unvollkommener und häufig widersprechender Kenntnisse, welche all die verschiedenen Individuen gesondert besitzen« (ebd.).[82] Der Markt wird aber nicht nur in seinen Leistungsvor-

---

80 Vgl. auch Durkheim (1984a/37): »Die kollektiven Vorstellungen sind das Ergebnis einer ungeheuren Zusammenarbeit, die sich nicht nur im Raum, sondern auch in der Zeit ausdehnt. Um sie aufzustellen, haben eine Vielzahl von Geistern ihre Ideen und ihre Gefühle zusammengeworfen, vermischt und kombiniert; viele Generationen haben hintereinander ihre Erfahrung und ihr Wissen angehäuft. Eine ganz bestimmte Intellektualität, die unendlich viel reicher und komplexer ist als die des Individuums, ist hierdurch gewissermaßen konzentriert.«

81 Hayek folgt der angelsächsischen Tradition des Liberalismus, die »basiert auf einer evolutionären Interpretation aller Kultur- und Geistesphänomene und auf der Einsicht in die Begrenztheit menschlicher Verstandeskräfte« im Unterschied zu einem eher mit Rousseau, Voltaire und der Französischen Revolution verbindbaren »›konstruktivistischen‹ Rationalismus«, der »die unabhängige Vernunft für fähig hält, Zivilisation zu schaffen« (Hayek 1969/109). Hayek schließt sich der schottischen Tradition der »invisible-hand-explanation« makrosozialer Institutionen an, die mit einem Wort Adam Fergusons zwar »das Ergebnis menschlichen Handelns sind«, aber »nicht die Durchführung irgend eines menschlichen Plans« (zit. n. Lange 1980/132).

82 Es fragt sich, wie das zerstreute Wissen zusammengebracht, integriert und »verwertet« werden kann, wenn es »niemandem in seiner Gesamtheit gegeben ist« (Hayek 1976/104). Hayek stellt zwei Strategien gegenüber, »das Problem der Verwertung des Wissens in der Gesellschaft« zu lösen: Die Konzentration und Zentralisation allen Wissens bei einer Behörde sowie die Vermittlung »jenes zusätzlichen Wissens« an die Individuen, »das sie brauchen, um ihre Pläne denen der andren anzupassen« (Hayek 1976/106). Beide Strategien vergleicht Hayek, indem er auf das zu verteilende Wissen rekurriert. Eine zentral gelenkte Wirtschaft, in der das Wissen idealiter in einer Spitzengruppe von Fachleuten konzentriert sei, korreliere mit der Wertschätzung für die Wissenschaft. Im Unterschied dazu profiliert

zügen einer bewußten und zentralen Gesellschaftsgestaltung entgegengesetzt, sondern auch einer die Gebrauchswerte stärker berücksichtigenden Form der gesellschaftlichen Synthesis: Für Weber stellt »die Geldform das Maximum dieser formalen Rechenhaftigkeit dar« (WuG 45). Weber identifiziert Sozialismus mit Naturalwirtschaft, von der er in WuG hervorhebt, daß sie die für jede moderne »Verkehrswirtschaft« notwendige Zirkulation durch lange Reihen von Handlungsketten aufgrund der Unvergleichbarkeit der Güter verunmöglicht. Weber nimmt hier jene »Komplexitätsreduktion« vorweg, die in der Theorie der gesellschaftlichen Kommunikationsmedien (Parsons, Luhmann) formalisiert und generalisiert worden ist. Wenn wir uns an die Vielfalt der untereinander heterogenen bis inkompatiblen Gesichtspunkte erinnern, die bereits ein kursorischer Überblick (vgl. I.1.) ergab, wird der Aufwand für eine gesellschaftliche Synthesis sichtbar, die auf abstrakte Mechanismen wie den Markt verzichtet.[83] Die durch den Markt ermöglichte Schnelligkeit einer Einregulierung von Relationen hinter dem Rücken der Menschen und die Ermäßigung von Transaktionskosten, die »unbewußte« Synthesis qua Markt wird gegen die gesellschaftliche Gestaltung und das Bewußtsein ausgespielt – und läßt sich auch ausspielen, insofern ein reales Problem und eine wirkliche Leistung geltend gemacht werden können.

Weber hält die Abstraktion von den Interessen und Belangen der Individuen im Markt für unausweichlich, da alle materialen Gesichtspunkte das Problem der gesellschaftlichen Integration aufwerfen und damit ein unberechenbarer Streit zwischen den verschiedenen sozialen Gruppen losbreche. Ihn sublimiert die unpersönliche Ordnung des Marktes zum Preiskampf – immerhin geht es in der Konkurrenz schon einmal um das Gleiche. Die Gebrauchswertindifferenz des Marktes verbindet sich auch mit der Ausformung des Anstellungsverhältnis von Arbeitskräften (vgl. I.3.4).

Ohne daß Weber Wirtschaftskrisen im entfalteten Kapitalismus eingehender zum Thema machen würde, hat er die Konkurrenz zwischen verschiedenen Unternehmen nicht wie sozialistische Kapitalismuskritiker als Problem, sondern als unabdingbare Voraussetzung rationaler Kalkulation aufgefaßt. Sein noch heute gebräuchliches Argument geht von einer Differenz zwischen den betriebsexternen Gesichtspunkten der Arbeitenden und den betriebsinternen

---

Hayek ein Wissen, das in der »Kenntnis von Menschen, von örtlichen Bedingungen und besonderen Umständen« besteht (ebd./107).

83 Daß im real existierenden Kapitalismus der Markt nicht in der ihm zugeschriebenen Leistung der Abstimmung aufgeht, klammern wir hier aus. Die Analyse des Marktes als in weiterreichende Strukturen integriertes Moment gehört in die Kapitalismusanalyse (s. Teil II).

Notwendigkeiten aus.[84] Die Konkurrenz erscheint Weber als ebenso heilsame wie dynamisierende Nötigung. Konkurrenz wird damit zur notwendigen Bedingung formaler Rationalität im Wirtschaftsbereich. »Die Kapitalrechnung in ihrer formal rationalsten Gestalt setzt daher den Kampf des Menschen mit dem Menschen voraus« (WuG 49).

Auffällig ist, daß die in bezug auf die Gesellschaftsgestaltung pessimistische Würdigung des Marktes umschlägt in ein Lob des Marktes, das seine Prädikate von jener gesellschaftlichen »Lösung« her bezieht, die der Gestaltungspessimismus gerade verneint.[85] Am Überschuß der untereinander unverträglichen Argumente für den Markt läßt sich eine politisch-utopistische Interessiertheit ablesen, die standpunkthaft der Analyse vorgeordnet zu sein scheint. Wer kollektive Vernunft und materiale Rationalität verneint und sich auf den Markt als unübersteigbare Institution festlegt, muß seine Kosten anerkennen und hätte sich dann des Lobs zu enthalten, der Markt realisiere überdies auch gleichsam nebenbei noch die Ziele der vorher begründet abgelehnten Planwirtschaft – was tatsächlich einem »Wunder« gleichkäme.[86]

I.3.3. Funktionale Differenzierung

Luhmann hat die Probleme des funktional differenzierten Typs gesellschaftlicher Ordnung (vgl. zu deren Leistungsvorteilen I.1) treffend beschrieben –

---

84 Weber sieht anscheinend auch bei den Unternehmensführern betriebsfremde Gesichtspunkte (vgl. WuG 79), die zu Lasten einer Steigerung betriebsinterner Effizienz gehen – bspw. die individuelle Konsumtion des Gewinns im Unterschied zu seiner Reinvestition. »Jede ... Kartellierung setzt sofort den Anreiz zur exakten Kalkulation schon auf dem Boden der Kapitalrechnung herab, weil nur da und soweit genau kalkuliert wird, wo und als eine Nötigung dafür vorhanden ist« (WuG 58).

85 Das Resultat des Marktes verhält sich nach Max Weber so, »als ob eine auf seine Herbeiführung abgezweckte Ordnung geschaffen worden wäre«, obwohl die »Vergemeinschaftung kraft Geldgebrauch« gerade der »Gegenpol jeder bezweckten Vergesellschaftung« darstelle (WuG 382, vgl. a. WL 453). Ebenso auch Hayek: »Zu zeigen, daß in diesem Sinne die spontanen Handlungen der Individuen unter Bedingungen, die wir beschreiben können, eine Verteilung der Mittel herbeiführen, die so aufgefaßt werden kann, als ob sie einem einheitlichen Plan gemäß gemacht worden wäre, obwohl sie niemand geplant hat, scheint mir tatsächlich eine Antwort für das Problem zu sein, das manchmal metaphorisch als das Problem der ›kollektiven Vernunft‹ bezeichnet wurde« (Hayek 1976/75f.).

86 Das »Wunder« (Hayek 1976/116) des Preismechanismus besteht in seinem Durchgreifen langer, »zehntausende von Menschen« betreffender Handlungsketten mit dem Ergebnis, daß »den Individuen auf eine einfache Art jenes Wissen vermittelt wird, das sie brauchen, um mit ihrem Wissen auf Nachfrage und Zufuhr am Markt schnell zu reagieren« (ebd.).

wenn man innerhalb der analytischen Abstraktion bleibt und diese nicht unmittelbar auf die Realität zu ihrer Erklärung anwendet, wozu Luhmann neigt (vgl. I.7). Zur Autonomie und Selbstreferenz herausgebildete Subsysteme tendieren zu »Defizienzen in der Umweltwahrnehmung«, weisen eine »Tendenz zur Kurzschließung der Selbstreferenz« (Luhmann 1981/37) und zum »Leerlauf bloßer Selbstreferenz« (ebd./68) auf. »Die Gefahr ist: daß das System ... zu selektiv operiert und zu sehr auf eigene Funktionsnotwendigkeiten ausgerichtet bleibt« (ebd.). Die Unabhängigkeit der einzelnen Subsysteme ist Bedingung ihrer Effizienz und der Steigerung ihrer Handlungsfähigkeit und Wahlchancen. Zugleich steht der Perfektionierung der Subsysteme dabei, sich immer neue Handlungsmöglichkeiten zu eröffnen, »ihr Unvermögen gegenüber, die fatalen Zusammenhänge, die sie damit auf der Makro-Ebene laufend stiften, unter Kontrolle zu nehmen oder verantwortlich abzuändern. ... Je mehr Optionen wir uns erschließen, desto weniger steht das institutionelle Gefüge, mit dessen Hilfe wir sie uns erschließen, selbst zur Option« (Offe 1986/104). Den sektoralen Optionssteigerungen »entsprechen nicht Prozesse, mit denen die Gesellschaft *als* Gesellschaft über Optionen, wie über dieses Ensemble von Teilmodernitäten und ihren Zusammenhang« disponieren könnte (Offe 1986/106). So gehe die »Modernisierung der Teile« auf Kosten »der Modernität des Ganzen« (ebd., vgl. a. Luhmann 1986/207).[87] Die sachlich, zeitlich und sozial nicht gemeisterten Auswirkungen von Teilprozessen auf andere Teilprozesse (Externalisierungen bspw.) führen zu bislang nicht bewältigten »Modernisierungsproblemen zweiter Ordnung« (Offe 1986/111). Unter ihnen sind die Abstimmungs-, Koordinations- und Steuerungsprobleme zu verstehen, also die »Rationalisierung des Zusammenspiels zwischen schon rationalisierten Teilsystemen« (ebd.).

Die verschiedenen Systeme gelten einander dem Modell funktionaler Differenzierung zufolge als »black boxes«: undurchschaubar in ihren Eigenstrukturen vom Standpunkt eines anderen Systems, sind doch allein Beobachtungen der Interaktionen zwischen den Systemen die Grundlage ihres Umgangs miteinander (Luhmann 1981/50f.). Im Kontakt des jeweiligen Bereichs zu anderen Bereichen interessieren diese allein in ihren In- und Outputgrößen (vgl. I.7.4). An ihnen lassen sich dann Krisen des jeweiligen Subsystems bzw. von ihm ausgehende Prozesse festmachen, die in anderen Subsystemen Krisen induzieren. »Ihr Erkennen erfordert, obwohl es sich dabei um die höchste Kontrollfunktion handelt, keine langfristige Voraussicht und keinen Überblick über weit auslaufende, komplex verzweigte Kausalzusammenhänge« im Inneren des jeweiligen

---

87 Es handelt sich dabei um ein analoges Problem zu dem mit den Naturwissenschaften (s. I.2.4.) und zu dem mit Großtechnologien (vgl. auch Perrow in I.5).

Subsystems (Luhmann 1968/328). Der Blick auf die »multizentrische« Gesellschaft existiert nicht anders als standortgebunden, aus der Perspektive eines jeweiligen Systems, ohne daß die verschiedenen Perspektiven noch sich zu einer Gesamtansicht zusammensetzen ließen. Vom Standpunkt der Theorie funktionaler Differenzierung und aus dem sich mit ihr verbindenden Perspektivismus ergibt sich dann auch eine Kritik an »Gesellschaftsgestaltung«, insofern sie die Repräsentation der Gesellschaft im »Zentrum« oder an der »Spitze« einer Hierarchie voraussetze.

Wer funktionale Differenzierung[88] als *den* Differenzierungstyp auszeichnet, der die Moderne vor allem charakterisiere[89], muß die gegenwärtigen Gesellschaftsprobleme auf der Ebene der Kommunikation und der Konflikte zwischen Teilsystemen verorten. Er muß unterstellen, daß die Konflikte zwischen den Systemen die Gesellschaft mehr tangieren als Konflikte in den Systemen (z.B. zwischen verschiedenen Lagern in der Politik), als Konflikte zwischen oben und unten, als Konflikte zwischen Segmenten (zwischenstaatliche Konflikte, Konkurrenz zwischen Unternehmen) (vgl. Hondrich 1987) oder als Konflikte zwischen Peripherie und Zentrum.

Die Rede von funktionaler Differenzierung hat ihr Recht gegenüber den Vorstellungen eines lenkenden Zentrums, das unmittelbar in alle Bereiche hinein regiert. In einfacher Entgegensetzung suggerieren Theorien funktionaler Differenzierung die Gleichrangigkeit der verschiedenen Systeme. Impliziert wird, das eine System zeichne mit seinen Leistungen und Funktionen, mit seinem Ressourcenverbrauch und seinen Folgedynamiken dem anderen den Bereich

---

88 Ich diskutiere im folgenden nicht die Frage, was »funktionale Differenzierung« für die Erklärung geschichtlicher Prozesse leistet oder wie sie selbst historisch erklärt werden kann (s. u.a. Mayntz 1988/26ff.). Weiterhin klammere ich auch die Gegentrends zur funktionalen Differenzierung (vgl. u.a. Habermas 1981/585f.) aus – bis hin zur Entdifferenzierung (vgl. Rüschemeyer 1991, Buß/Schöps 1979; Halfmann/Japp 1981; Münch 1991, kritisch dazu: Wehling 1992/164ff.) oder die von Willke und Teubner (1984) vorgeschlagene Integration qua »Kontextsteuerung« (vgl. auch Bendel 1993).

Die im folgenden zu diskutierenden Probleme sind der Frage vorgeordnet, wie Differenzierung eingehegt werden kann. Ebenso liegen sie weit vor der Abwägung, wo gegenwärtige Gesellschaften zwischen den Polen hoher Differenzierung und gegenseitiger Verschränkung der Teilsysteme (Interpenetration – vgl. Münch 1991) zu verorten sind. Alle diese Diskussionen teilen bereits die Voraussetzungen des Konstrukts funktionaler Differenzierung. Ob es überhaupt so zentral ist für die Analyse gegenwärtiger Gesellschaften und ob deren Probleme als Probleme funktionaler Differenzierung zu diskutieren sind, ist erst einmal nicht selbstverständlich.

89 »Modern society, then, has to be described as a functionally differentiated system. This is its main characteristics, the principle which generates its structures« (Luhmann 1984a/64).

seiner Möglichkeiten gerade in dem Maß vor, wie dies umgekehrt geschehe. Solche Zeitdiagnosen umgehen die von der kapitalistischen Ökonomie ausgehende größere Einschränkung der Möglichkeitsspielräume anderer Systeme.[90]

Daß der Umgang mit ökonomischen Zwängen und ihren Folgen außerhalb der Ökonomie nach eigenen Kriterien sich vollzieht, steht auf einem anderen Blatt. Aber auch hier impliziert die Theorie funktionaler Differenzierung eine Schönfärberei. Negativ gegen eine feudale oder totalitäre herrschende ganzheitliche Werteordnung gewendet, mag man sich von funktionaler Differenzierung eine Freisetzung der Besonderheit der verschiedenen Sachbereiche versprechen. Diese Möglichkeit kann aber nicht umstandslos mit gesellschaftlicher Wirklichkeit gleichgesetzt werden.[91]

Mit der Theorie funktionaler Differenzierung wird die Überlagerung und Durchdringung der bereichsspezifischen Besonderheit des jeweiligen Subsystems durch übergreifende gesellschaftliche Dynamiken, Strukturen und Problematiken unterschätzt. Dabei handelt es sich um keinen kontingenten Einschätzungsfehler, sondern um eine Folge der Konstruktion. Sie konzentriert sich auf die »Herauspräparierung der spezifischen Eigenart jeder in der Welt vorkommenden Sondersphäre« (Weber 1988/571). Die suggerierte Spezifizie-

---

90 Von einer gleichrangigen gesellschaftlichen Bedienung ökonomischer, gesundheitlicher, pädagogischer usw. Belange kann keine Rede sein. Die kapitalistische Ökonomie mutet den anderen Teilsystemen mehr zu und verlangt ihnen mehr ab als umgekehrt. Unter den Teilsystemen ist die (kapitalistische) Ökonomie primus inter pares. Alle anderen können die Voraussetzungen kapitalistischer Akkumulation allein als nicht vernachlässigbare Randbedingungen ihres eigenen Funktionierens hinnehmen. Ebenso sind die Folgeprobleme der kapitalistischen Akkumulation (und erst recht die ihrer Krisen) von den anderen Systemen nicht zu vermeiden, sondern nur nachträglich abzuarbeiten (vgl. Schimank 1983/12).

91 Aller anspruchsvollen Selbstbeschreibung (Spezialisierung und Differenzierung) zum Trotz findet sich bspw. das vermeintlich sachlich-funktional ausdifferenzierte Gesundheitssystem nicht unempfindlich tangiert durch wenig gesundheitsförderliche gesellschaftliche Umgangsweisen mit Krankheit. Weitgehend als Probleme anerkannt werden hier das Übergewicht kurativer gegenüber präventiver Ansätze, die Vernachlässigung sozialer Krankheitsursachen, die Übertechnologisierung auf Kosten patientenorientierter Behandlung, die unzulängliche Kooperation zwischen ambulanten, stationären und öffentlichen Gesundheitsdiensten, der »Pflegenotstand« und last not least die Fehlsteuerung durch Einzelleistungs-Vergütungssysteme. Knorr-Cetina (1992/41ff.) thematisiert die *vor* jeder äußeren Finalisierung liegenden nichtwissenschaftlichen Kriterien, die die Akzeptanz bzw. Nichtakzeptanz im Wissenschaftsbereich generierter Resultate beeinflussen – schon *innerhalb* der Wissenschaft. Vgl. Luhmanns (1970/232ff.) Beschreibung des – aus Überkomplexitätsdruck begründeten – Ersatzes des wahr/falsch-Kriteriums in der Wissenschaft durch die Reputation. Vgl. auch Grünberger 1981/64-68. Vgl. zur Schule I.5.

rung relativiert sich sowohl an den Abstraktionen, die in der für alle Systeme gemeinsamen Organisationsförmigkeit liegen, als auch an der Notwendigkeit für die Systeme, einander Voraussetzung und Abnehmer sein zu müssen. Die Konzentration auf die Out- und Inputgrößen dethematisiert in diesen Programmverknüpfungen der verschiedenen Systeme deren eigene Selektivität. Um sie schärfer konturieren zu können, müßte es möglich sein, nicht bereits immer alle gesellschaftlichen Bereiche als sich gegeneinander bedingend vorauszusetzen. Die horizontale Vernetzung der verschiedenen Systeme steht einer »Erdung« entgegen.[92] Die verschiedenen Systeme »mauern« einander gegenseitig mit notwendigen Anschlußstellen und Passungszwängen ein. Andere Möglichkeiten in den Systemen und die Neuverknüpfung ihrer Potentiale unter anderen Gesichtspunkten erscheinen so dethematisiert.[93] Die Theorie funktionaler Differenzierung steuert eine zirkuläre »Begründung« bei, in der die »Produktivitätsgewinne« dieser Differenzierung durch eine Ausblendung ganzer Dimensionen »erkauft« werden, aus der heraus dann auch der Artefaktcharakter der Produktivitätsberechnung nicht mehr aufscheint. Die Desymbolisierung in der Transformation von Arbeit zu Arbeitskraft in der Ökonomie, in der Transformation von Erkenntnishunger und Wissensdurst zu abstrakten schulischen Kompetenzen usw. – all diese in den einzelnen Systemen aufzeigbaren Transformationen werden dethematisiert, wo der Verstand allein die Spezifikation der Systeme wahrnimmt.

Zur kritisierten Vorstellung der Gleichheit der Systeme bildet die Vorstellung ihrer Autonomie das Pendant. Die Autonomie der Forschung bspw. erscheint diesem Verständnis zufolge verletzt, wenn von der Forschung bspw. »arische Physik« verlangt wird, *nicht* hingegen dort, wo sie qua »Ressourcenbedarf« »abhängig« ist »von wirtschaftlichen, politischen oder militärischen Interessen, die sich dann etwa in der Vorgabe von Themen, Zeitplänen oder Organisationsformen der Forschung Geltung verschaffen können« (Schimank 1996/168). Schimank fährt an anderer Stelle fort: »Die Autopoiesis wissenschaftlicher Forschung merkt, daß bestimmte Forschungsthemen mehr Wahrheitskommunikationen erzeugen, weil diese Themen nämlich – was die Forschungskommunika-

---

92 Über die Wissenschaft kann nicht eigens nachgedacht werden, insofern Ökonomie und Politik als äußerer Sachzwang bereits vor jeder Frage unterstellt werden usw. Die Wissenschaft bspw. erscheint dann als notwendige Ressource der Ökonomie und Politik in Sachen »Innovationsdynamik« und »Schlüsseltechnologien« usw.

93 Luhmann hat die Einsicht nicht weiter verfolgt, die Politik verliere in dem Maße, als sie »ihre Aufgabe im Ausgleich wirtschaftlich erzeugter Risiken sieht, zwar nicht ihre Entscheidungsautonomie, wohl aber die Kontrolle über die Problemstellung« (Luhmann 1972/219).

tion sich aber gar nicht zu vergegenwärtigen braucht – mehr Ressourcen aus der Wirtschaft anziehen« (Schimank 1996/192). Die Autonomie des Subsystems Wissenschaft ist demzufolge geachtet, wenn es sich aus eigenem Interesse ökonomischen Zwängen unterwirft.[94]

I.3.4. Organisation

Organisationen unterscheiden sich von Familien, informellen Gruppen und ad hoc erfolgenden Zusammenschlüssen zur Verfolgung eines Zweckes schon durch die Zahl der in ihnen zu koordinierenden und zu kontrollierenden Handlungen. Organisationen bedienen sich einer Innendifferenzierung, die als Organisationsstruktur die Regelordnung festlegt, Kompetenzen abgrenzt, Rollen definiert und Autorität abstuft. Die formalisierte und objektivierte Struktur trennt Rollenanforderungen und interne Funktionsbedingungen der Organisation von zwar informell in die Organisation einfließenden, durch sie aber idealiter ausgeklammerten persönlichen Motiven der in ihr arbeitenden Individuen. Von ihnen idealiter unabhängig legen Organisationsstrukturen fest, was wer von wem zu fordern hat und erwarten darf, was wer mit wem wann tun soll, wessen Weisungen wer wann folgen soll usw. Auch wenn sich bürokratische Organisationen, totale Institutionen, Betriebe und Nonprofitorganisationen voneinander unterscheiden, ist ihnen doch gemeinsam die Aufgliederung in Teilaufgaben oder Einzeltätigkeiten und deren Zusammenfügung qua Ablaufschema, Stellengliederung und Instanzenordnung.

Ein Hindernis der Gestaltung von Gesellschaft (»Desorganisationsschock«) entsteht schon durch die Eigenständigkeit von Organisationen[95] und die Kosten

---

94 Auffällig ist hier, wie ein Freiheits- und Autonomieverständnis zugrundeliegt, das in einer Dichotomie zwischen dem freien Willen und den objektiven Bedingungen »seiner« Zweckrealisierung festsitzt. Diese begriffliche Anordnung führt die Ambivalenz mit sich, in der die Anpassung an die dem Willenssubjekt entgegenstehenden Objektivität(en) einerseits, deren gewitzte Instrumentalisierung im Dienst des Subjekts andererseits, ineinander übergehen. »Freiheit« und »Autonomie« werden in dem Maße aussageschwach, wie noch an jeder Abhängigkeit ein Interesse des Unterworfenen geltend gemacht werden kann. Diesem Interesse zufolge erscheint dem Unterworfenen (und sei es zur Vermeidung von Schlimmerem) die Unterwerfung als Aktion zur Wahrung seiner Autonomie. Vgl. zur Realfiktion »Nutzen« auch das Ende von I.5.

95 Gegenüber fallweise verabredeter Kooperation entsteht damit ein »›in sich‹ lebensfähiges Erhaltungssystem, das selbständiger Träger historischer Kontinuität und Entwicklung ist und das der Einzelne in seinen unmittelbaren sozialen bzw. kooperativen Beziehungen als ihn selbst überdauernde Struktur, in die er sich ›hineinentwickeln‹ muß, vorfindet. ... Der

ihrer Stabilisierung: Die nicht mehr fallweise änderbaren Strukturen der Organisation bedürfen eines eigenen Aufwandes für ihre Gründung, Erstellung und Reproduktion im Unterschied zu ad hoc zustandekommenden Zusammenschlüssen für einzelne eng begrenzte Vorhaben. »In großen Organisationen sind so hohe Werte investiert, so daß es unsinnig wird, auf Krisen mit Zusammenbruch zu reagieren. Die Anpassung muß organisationsintern geleistet werden« (Luhmann 1964/101).

Die generalisierte Teilnahmemotivation durch Entgelt entkoppelt idealiter die Arbeitserbringung von den Bedürfnissen der Anzustellenden und ermöglicht die »Trennung und abstrakte Rekombination sozialer und personaler Systeme« (Gabriel 1979/107). Die Mitgliedschaftsrolle dient als »Pufferzone« zwischen ihnen (ebd.). Sie egalisiert die verschiedenen Motive von Individuen zum abstrakten Austausch von Leistungen für die Organisation gegen pauschale (v.a. monetäre) Kompensation.

Die Organisation hat auch Folgen für ihr (»Nutzer«-) Publikum. Organisationen können nicht ihre Umwelt beherrschen, sich selbst aber ihr gegenüber invariant halten und mit ihren bereichsspezifischen Leistungen ihren Abnehmern die Übernahme der organisationsintern produzierten und notwendigen Abstraktionen, Eingrenzungen und Problemverformungen abverlangen. Dabei wird nicht nur durch das Heraustrennen einer Zuständigkeit Unzuständigkeit und Inkompetenz miterzeugt. Es ereignet sich eine »Problemverschiebung«, die mit der Außen-Innen-Transformation von Problemen aus der Umwelt des Systems ins jeweilige Subsystem-Innere verbunden ist. Sie erklärt, »wie mit Hilfe von Systembildungen Probleme verengt und dadurch unter Eliminierung von Komplexität in lösbare Probleme verwandelt werden« (Luhmann 1970/119 – vgl. genauer I.7).

Die Individuen gewöhnen sich daran, daß sie als Individuen *keine* Rolle spielen – oder nur eine *Rolle*: Die Leistungsstärke von Organisationen wird gegen die Individuen gewendet. Daß sich etwas nicht anders organisieren lasse, etwas einfach nicht in die Struktur einer Organisation »passe«, wird gegen die Belange der Individuen ausgespielt bzw. ausspielbar (vgl. I.5.). Wo Individuen in Organisationen allein in bestimmten Eigenschaften kombinierbar werden, gewöhnen sie sich an diese Selbstwahrnehmung und Fremdwahrnehmung. Dem Mann ohne Eigenschaften entsprechen Eigenschaften ohne Mann (Musil).[96]

---

verselbständigte Systemcharakter gesellschaftlicher Verhältnisse ... ist dabei zu unterscheiden von seiner entfremdeten Form im Kapitalismus« (Holzkamp 1983/306).

96 »Das Zusammenwirken von Maschinenteilen z.B. erfolgt ganz in dem gleichen ›logischen‹ Sinne nach ›menschlich gesetzten Regeln‹ wie das Zusammenwirken gewaltsam zusam-

In Organisationen (als innersystemischer Differenzierung) wiederholen sich die an der funktionalen Differenzierung skizzierten (intersystemischen) Verarbeitungsformen (Autonomie, Delegitimierung externer Kontrollen usw.). Organisationen ermöglichen erst funktionale Spezifizierung. Die jeweiligen Unabhängigkeiten der Organisation – von den in ihr Arbeitenden wie von ihrem Publikum[97] – fördern sich wechselseitig: »Die Autonomie und moralische Verantwortung für die Verwendung eines Produktes beim Käufer setzt die Nichteinmischung des Herstellers des Produktes gerade voraus. Die Nichteinmischung ergibt sich von selbst beim Wettbewerb der Produzenten« (Weizsäcker 1988/35). Weizsäcker gesteht eine inkaufzunehmende moralisch motivierte Einwirkung auf Produzenten (qua Boykott) anläßlich außergewöhnlicher Verstöße gegen die guten Sitten zu. Davon unterscheidet er aber eine alltägliche Entscheidungsbefugnis von Produzenten über die Produktion. Sie führe – Weizsäcker argumentiert hier konform zu Webers Mahnung vor der Vermischung privater und betrieblicher Zwecke – nur zu einem Wirrwarr untereinander inkompatibler Gesichtspunkte. Der gläubige Katholik, der in der Gummifabrik Präservative zu produzieren habe, müsse ebenso die Abkoppelung seines privaten Glaubens vom Inhalt seiner Arbeitstätigkeit als Entlastung von Gewissenskonflikten genießen wie der Waldarbeiter die Befreiung von der Verantwortung für die Inhalte, die auf dem mit dem von ihm gefällten Holz hergestellten Papier gedruckt werden.[98]

Weiterhin ergeben sich Schwierigkeiten für die Gestaltung der Gesellschaft aus den Machteffekten, die sich mit dem Organisationscharakter sozialer Gebil-

---

mengekoppelter Zugpferde oder Sklaven oder endlich – dasjenige ›freier‹ menschlicher Arbeiter in einer Fabrik« (WL 325, vgl. a. Simmel 6/394f.). Simmel sieht das »Ware-Werden der Arbeit« als »auch nur eine Seite des weit ausgreifenden Differenzierungsprozesses, der aus der Persönlichkeit ihre einzelnen Inhalte herauslöst, um sie ihr als Objekt, mit selbständiger Bestimmtheit und Bewegung, gegenüberzustellen« (Simmel 6/632).

97 Die Umstrukturierung der Organisation auf flexible Selbstveränderung hin im Sinne abstrakter gefaßter Leistungserbringung und den Unterschied zum hier implizierten »rational model approach« erörtere ich in I.7.3.

98 »Wenn die Arbeitnehmer (oder Arbeitgeber) der Papierfabriken anfangen, sich für das zu interessieren, was auf dem von ihnen gelieferten Papier gedruckt wird, und die Lieferung des Papiers von der Tendenz des Gedruckten abhängig machen, dann entsteht eine akute Gefahr für die Pressefreiheit. Der ›Spiegel‹ hat seine Enthüllungen über den Flick- Konzern auf Papier gedruckt, das zu einem guten Teil von einem Unternehmen des Flick- Konzerns geliefert wurde« (Weizsäcker 1988/35). Allerdings wurden bspw. 1979 vier Drucker (Agit Berlin) zu 12 bzw. 9 Monaten Gefängnis verurteilt für die Herstellung einer Zeitung (Info Berliner Undogmatischer Gruppen), in der Erklärungen von linksterroristischen Gruppen erschienen.

de verknüpfen: durch den der Organisation eigenen Vorsprung an Organisationskapazität gegen externe Kontrolleure. Insbesondere spielt hier »das Prinzip der kleinen Zahl, d.h. die überlegene Manövrierfähigkeit kleiner führender Gruppen« (WuG 853), eine Rolle.[99] Organisatorisch vorseligiertes Gesellschaftshandeln schneidet aus der sozialen Vielschichtigkeit nur bestimmte interessierende Segmente heraus, verringert insofern Abstimmungs- und Einigungsleistungen, die »Selbstorganisationen« zu beschäftigen pflegen. Deren Basis ist diffus, die der Organisation spezifisch. Dort herrscht Amateurismus, hier Professionalität, dort müssen sich viele Akteure zusammenraufen, hier finden sich die Beteiligten nach vorgeordneten Handlungsschemata koordiniert.

Von einer soziologischen Würdigung der Vorteile von Organisationen sind gestaltungspessimistische bzw. utopistische Verzeichnungen zu unterscheiden. Gewiß sensibilisieren soziologische Organisationstheorien dafür, wie Organisationen Macht ermöglichen. Sie findet in Organisationen sozusagen einen guten Nährboden vor. Macht bleibt aber in dieser Auffassung etwas, das erst sekundär hinzutritt. Darüber hinaus ist zu fragen, wie Organisationen von vornherein Modi aneignender Macht- und Herrschaftsausübung darstellen (vgl. Stolz, Türk 1992, Türk 1997, vgl. a. II.4) und inwieweit Machtgefälle zwischen Organisationen und ihren »Umwelten« zu viel partikulareren Zwecke passen, als die rational klingenden Organisationszwecke suggerieren. Die Würdigung des Organisierens muß von Rationalitätsfassaden und die organisatorische Selbstdarstellung von der Realität der Organisation unterschieden werden.[100] Schließlich

---

99 »Die beherrschende Stellung des jenem Herrschaftsgebilde zugehörigen Personenkreises gegenüber den beherrschten ›Massen‹ ruht in ihrem Bestande auf dem neuerdings sog. ›Vorteil der kleinen Zahl‹, d.h. der für die herrschende Minderheit bestehenden Möglichkeit, sich besonders schnell zu verständigen und jederzeit ein der Erhaltung ihrer Machtstellung dienendes, rational geordnetes Gesellschaftshandeln ins Leben zu rufen und planvoll zu leiten, durch welches ein sie bedrohendes Massen- oder Gemeinschaftshandeln solange mühelos niedergeschlagen werden kann, als nicht die Widerstrebenden sich gleich wirksame Vorkehrungen zur planvollen Leitung eines auf eigene Gewinnung der Herrschaft gerichteten Gesellschaftshandelns geschaffen haben« (WuG 548).

100 »Sie können fast beliebige Outputs als Ergebnisse höchst rationalen Arbeitens darstellen, auch wenn es sich bloß um faule Kompromisse, mißlungene Ergebnisse, pure Zufälle oder Interessenpolitik handelt. Ebensogut können Organisationen Pannen und Unzulänglichkeiten, interne Zwiste und Kungeleien, Fehler und Vergehen vertuschen, verstecken und so das tatsächlich ›tobende Leben‹ gänzlich unter der Decke einer inszenierten Normalform verschwinden lassen. ... Geschäftsberichte von Unternehmungen, Rechenschaftsberichte von Parteien und Verbänden, Forschungsberichte von Universitäten bedienen sich einer teilsystemisch normalisierten Rationalitätssemantik, die von allen erwartet zu werden

unterstellt das Entlastungsargument (bspw. bei Sofsky, Paris 1994/70) ohne große Begründung ein nur zu über-, nicht auch zu unterforderndes Klientel bei den Abnehmern der Organisationsresultate sowie bei den in den Organisationen Tätigen.

I.4. Die Effizienz und formale Rationalität als Erfolgskriterien und ihre Folgen für die Gestaltung der Gesellschaft

Die an den Synthesisformen jeweils auffindbaren Leistungsvorteile sowie die mit ihnen verbundenen Probleme für Gesellschaftsgestaltung lassen sich bündeln, wenn das den Synthesisformen zusammenfassend zugeschriebene Prädikat der Effizienz und formalen Rationalität genauer in den Blick kommt.[101] Ich thematisiere

1. den Gegensatz zwischen der Effizienz und den individuellen Zwecken, das Auseinanderfallen von formaler und materialer Rationalität;
2. formale Rationalität als Sicherung der Zerreißfestigkeit von Handlungsketten und der Verkehrsfähigkeit der als kompatibel zu sichernden Inputs sowie die Folgen für die in diese Handlungsketten einspeisbaren Materien;
3. die eigene Welt der dekomponierten und rekombinierten Handlungen, ihre Ferne zu den Individuen (»Heteronomiesphäre« sensu Gorz), das Übergewicht der »objektiven« über die »subjektive« Kultur (sensu Simmel).

I.4.1. Mit der Subsumtion unter die (in ihrer Effizienz zu steigernden) Ziel-Mittel-Relationen entstehen Probleme für die Individuen, insofern auch sie als Mittel fungieren. Die Trennung der Arbeitenden von den Mitteln ihrer Produktion, der Verwalteten von den Mitteln ihrer Verwaltung, der Bewaffneten von der Führung ihrer Armee, der Verbandsmitglieder von der Organisierung ihres

---

scheint, obwohl alle wissen müßten ..., daß es *so* eigentlich gar nicht gewesen sein kann. Es wird eine virtuelle Realität erzeugt, die eine dinghafte Selbständigkeit erlangt und zwingend als Erwartung zurückwirkt« (Türk 1995/201).

101 Simmel hat die hier thematisierten Dimensionen unter dem Prinzip der »Kraftersparnis« gebündelt und sieht als deren Hindernisse »Reibung«, »Umweg« und »die überflüssige Koordination der Mittel« (Simmel 2/258).

Verbands[102] liegt für Weber in der Größenordnung des zu Verwaltenden, zu Führenden, zu Organisierenden begründet und in der Differenz zwischen den eigenen Kriterien (z.b. Effizienz) des sozialen Gebildes gegenüber den Kriterien der in es involvierten Individuen.[103] Sie sind außerhalb der Organisation etwas anderes als Arbeitsteilchen oder Funktionsträger. Vom Standpunkt der Berechenbarkeit und Effizienz impliziert deren Gewährleistung die »Freiheit der Auslese (der Arbeitskräfte – Verf.) nach der Leistung« sowie die »Expropriation der Arbeiter von den Beschaffungsmitteln und ihre Verweisung auf Bewerbung um Arbeitslohnverdienstchancen« (WuG 86f.).[104] »Eine an Bedarfsdeckung orientierte Planwirtschaft« werde umgekehrt »den Arbeitszwang durch das Unversorgtheits-Risiko mindestens abschwächen« (WuG 60).

Weber verdeutlicht damit die Konsequenzen und Implikationen einer Rationalität, die die Herstellung und Verwaltung der Mittel *für* das Leben betrifft und dabei abstrahiert von den Implikationen des Lebens in der Produktion, Organisation usw. für die Konsumtion und umgekehrt. Viele soziale Härten imponieren Weber als Konsequenz oder Implikation der Steigerung von Zweckrationalität und formaler Rationalität. »Strenge Kapitalrechnung« ist sozial an »Betriebsdisziplin *und* Appropriation der sachlichen Beschaffungsmittel, also: an den Bestand eines *Herrschaftsverhältnis* gebunden« (WuG 58). Und »Kapitalrechnung« heißt hier nur die Berechnung des Überschusses. Insofern sieht Weber die »absolute Indifferenz gerade der formal vollkommsten Rationalität der Kapitalrechnung gegen alle, wie immer gearteten, *materialen* Postulate. ...

---

102 Wer (wie Stahl 1984) die Abstraktion von den höchst unterschiedlichen Zwecken und Gründen dieser *verschiedenen* Organisationen und ihre Verwandlung zu Unterfällen von »Organisation« kritisiert, hat zwar recht, insofern er die Grenzen der Abstraktion zu benennen weiß. Was mit ihr aber erkannt wird, bleibt in der einfach verwerfenden Kritik ausgeblendet. Dethematisiert bzw. trivialisiert wird so, wie die Notwendigkeiten, die zur Organisationsbildung führen, die möglichen Zwecke eingrenzen bzw. welcher Aufwand betrieben werden muß, um die Eigenstruktur und die von ihr ausgehenden Effekte der Organisation einzuhegen in gesellschaftsgestaltendem Handeln.

103 Weber unterscheidet Effizienz und Rentabilität von den »betriebsfremden« Belangen der Arbeitenden (WuG 78) und ihren »Kleinhaushalts- und Nahrungs-Gesichtspunkten« (ebd., vgl. a. WuG 86f., 95, 429). Die Betriebszwecke differieren notwendig von den Zwecken der Arbeitenden. Letzteren tritt die Disziplinierung (als Arbeitende) als Härte gegenüber, selbst wenn sie (als Konsumenten) vielleicht am vermehrten Ergebnis ihrer Arbeit partizipieren können (vgl. WuG 59).

104 »Entscheidender Antrieb für alles Wirtschaftshandeln ist unter verkehrswirtschaftlichen Bedingungen normalerweise 1. für die Nichtbesitzenden: a) der Zwang des Risikos völliger Unversorgtheit für sich selbst und für diejenigen persönlichen Angehörigen, deren Versorgung der Einzelne typisch übernimmt« (WuG 60).

Formale und materiale (gleichviel an welchem Wertmaßstab orientierte) Rationalität fallen unter allen Umständen prinzipiell auseinander« (WuG 59). »Diese grundlegende und letztlich unentrinnbare Irrationalität der Wirtschaft ist eine der Quellen aller ›sozialen‹ Problematik, v.a. derjenigen alles Sozialismus« (WuG 60, vgl. auch WuG 78).[105]

I.4.2. Weber arbeitet den Bedarf an institutionellen Bedingungen dafür heraus, daß Handlungsketten nicht abreißen. Für die Vernetzung von Handlungsketten mit der Maßgabe, daß rationales Handeln kontinuierlich, sicher, berechenbar und erwartbar wird, postuliert Weber eine formale Rationalität. Nicht allein Mittel-Zweck-Verhältnisse, sondern diese Metamotive sind von Interesse (vgl. Döbert 1989/244-246). Bürokratie ist für Weber die Antwort auf diese Leistungsanforderungen. Im Rahmen der analytischen Abstraktion[106], in deren Horizont die Annahme legitim ist, jede moderne Gesellschaft habe das Problem der formalen Rationalität zu bearbeiten, frage ich hier nach ihren Wirkungen auf die Gesellschaftsgestaltung.

Die Kompatibilität innerhalb und zwischen Handlungsketten setzt eine Transformation der zu verwaltenden und zu zirkulierenden Angelegenheiten voraus. Die die formale Rationalität sichernden Verwaltungen und Organisationen, aber auch der Markt, werden zur Definitionsmacht und zum Selektionsfilter für die dann notwendigen Kommunikationskanäle und die in sie einspeisbaren Anliegen. Die Schnelligkeit der Zirkulation von Informationen in den Medien und Kanälen wird zum Maß des in diese Zirkulation Eingehenden. Informationen, die rasch zirkulieren sollen, können dies um so eher, um so weiter sie die Mehrdimensionalität von Erfahrungen reduzieren. Um so formalisierter und standardisierter sie ausfallen, um so besser passen sie zusammen und

---

105 Weber nimmt, nachdem er die Rentabilität der Produktion als Einschränkung der Bedürfnisbefriedigung bemerkt, in Ausklammerung dieser Frage einen allen zugutekommenden Nutzen durch die Anhebung des Versorgungsniveaus aufgrund der Steigerung formaler Rationalität an. Insofern »treffen« dann wiederum »formale und materiale Rationalität in relativ hohem Maße zusammen« (WuG 59).

106 »Analytische Abstraktion« heißt hier, daß das Moderne an modernen Großorganisationen hervorgehoben werden soll, ohne dabei zu vergessen (hier aber »pragmatisch« auszuklammern), daß Betriebe und Verwaltungen noch andere Gründe, Zwecke, Nebenfolgen und Handlungszwänge aufweisen, als diejenigen, die aus jener Art von »Produktionstyp« folgen, »bei dem die Energie fortschreitend durch die Information ersetzt wird und die Produktivität immer mehr von der Kapazität abhängt, Informationen zu produzieren, zu kontrollieren und zirkulieren zu lassen« (Touraine 1976/138).

verdrängen Mitteilungen, die nicht so leicht anschlußfähig sind wie Legosteine oder andere Fertigbauteile und Austauschstücke.[107] Eine notwendige Bedingung für die schnelle Zirkulation von Informationen (die ihrerseits als Voraussetzung für die »Verkehrswirtschaft« (Weber) gilt), ist die Garantie der Rechtsgleichheit. Wenn auch das Recht sich nicht mit der Dimension »Masse« kurzschließen läßt, so erhöhen sich doch mit der steigenden Größe des Anwendungsbereichs die Kompatibilitätsanforderungen an ein Recht, das das Privileg ebenso ablehnt wie die Erledigung »von Fall zu Fall« (vgl. WuG 567).[108] Organisation und Bürokratisierung folgen den Notwendigkeiten der Synthetisierung einer komplexer werdenden Gesellschaft in vertikaler und horizontaler Dimension. Insofern gilt: »Die Bürokratisierung ist das spezifische Mittel, (einverständliches) ›Gemeinschaftshandeln‹ in rational geordnetes ›Gesellschaftshandeln‹ zu überführen« (WuG 569f.).[109]

I.4.3. Die Zusammenfügung von Arbeiten nach technischen oder organisatorischen Kriterien entspricht sowohl der zu unterstellenden Uninteressiertheit[110] der Arbeitsteilchen in der Arbeitsteilung als auch der die Individuen überfordernden Größenordnung und Komplexität des zu Koordinierenden. Beide, die »Uninteressiertheit« und Überforderung entspringen – auf dieser analytischen Ebene – einer Überwertigkeit des Emergenzeffekts. Aus der Perspektive des Teilarbeiters erscheint seine Tätigkeit wertlos und erst in der Kombination mit

---

107 Vgl. Landmann 1963/69-72 zu einer Kritik analoger Effekte der Sprache, die das Vorbild für die Theorie symbolischer Kommunikationsmedien darstellt. Gegen das Anschauungsgewicht der Dinge erhöht die Sprache die Kombinations- und Verkehrsfähigkeit. Die Verringerung der Anschauungsunmittelbarkeit gehe mit einer Steigerung der mentalen (Re-) Kombinationsmöglichkeiten einher. Vgl. a. Brecht, zit. in III.5.

108 Weber verknüpft die Bürokratisierung mit dem in »modernen Massendemokratien im Gegensatz zu der demokratischen Selbstverwaltung kleiner homogener Einheiten« auftretenden »Verlangen nach ›Rechtsgleichheit‹ im persönlichen und sachlichen Sinn« (WuG 567). Auch Simmel (2/259) sieht in der größeren Homogenität von Rechten eine Kraftersparnis.

109 Die Inhalte werden auf ihre Kompatibilität mit anderen ebenfalls von ihren bestimmten konkreten Zusammenhängen abstrahierten Inhalten geprüft, auf ihre formelle Allgemeinheit. Vgl. Luhmanns Buch über »Legitimation durch Verfahren« (1969b) zu den mit rechtlichen Verfahren und verwaltungsförmigem Procedere einhergehenden Problemverfremdungen, Tatbestandsvereinzelungen, Hintergrundausblendungen und sozialen Neutralisierungen. Vgl. a. Schimank 1983/119ff.

110 »Uninteressiertheit« ist hier eine Abstraktion, mit der keine Aussagen über empirisch vorkommende Arbeitszufriedenheit zu treffen sind. Vgl. zur Kritik vorschneller Annahmen eines empirisch vorfindbaren »Instrumentalismus« in der Arbeitsgesinnung Knapp 1981.

60

anderen wertvoll. Die hohe Aufgabenteilung, Arbeitszerlegung und Spezialisierung wird durch Verfahren und Regeln synthetisiert, die sich vom Zusammenspiel der Aufgaben und der Leistungen her bestimmen.

In dieser »Heteronomie-Sphäre« »müssen« »die Individuen und auch komplexe Kollektive als Rädchen einer großen (industriellen, bürokratischen, militärischen) Maschine funktionieren, deren Größenordnung sie der Möglichkeit beraubt, ihr Zusammenwirken durch selbstbestimmte oder selbstverwaltete Kooperationsverfahren zu steuern. Dies gilt bspw. für Post-, Eisenbahn-, Luftfahrt- oder Stromversorgungsnetze, aber auch für alle Industrien, deren Endprodukte die Arbeit zahlreicher spezialisierter und oftmals weit voneinander entfernter Zuliefererbetriebe kombinieren« (Gorz 1990/53). Marx und viele Linke folgten demgegenüber einer »Utopie vom Zusammenfallen der funktionalen Arbeit mit der persönlichen Tätigkeit.« Sie sei »auf der Stufenleiter von Großsystemen ontologisch unmöglich« (ebd.).

Ähnlich wie in Durkheims »Arbeitsteilung« (1977/399, 403, 410, 415, vgl. a. Simmel 6/634) spielt auch bei Gorz die Ablösung der Arbeit von einer Gegenseitigkeit von Bezügen zwischen Arbeitenden und Arbeitenden einerseits[111], Arbeitenden und Verbrauchern andererseits eine große Rolle.[112] Ein zentrales, wenn nicht das zentrale Element der Simmelschen Theorie[113] besteht in der Diskrepanz zwischen »objektiver« und »subjektiver Kultur« in der modernen Gesellschaft. Ebenso unumkehrbar wie die wachsende Verobjektivierung der (von Simmel begrifflich weit gefaßten) Kultur erscheint der relativ sinkende Anteil, mit dem die Individuen am entwickelten Reichtum der Menschheit partizipieren können (Simmel 6/621).[114] Der »Sinn« des Produkts »strömt«

---

111 Gorz verneint strikt die Möglichkeit, »diese Funktionalität fremdbestimmter Tätigkeit im nachhinein wieder in Termini freiwilliger sozialer Zusammenarbeit zurückzuübersetzen. Im Gegenteil: die funktionale Integration wird ihre soziale Integration ausschließen. Ihre funktional vorgeschriebenen Interaktionen verbieten es ihnen geradezu, kommunikative Beziehungen wechselseitiger Hilfe zu knüpfen, die auf die Zusammenarbeit für gemeinsame Ziele nach gemeinsamen Kriterien gegründet sind; sie machen es unmöglich, die Erfüllung ihrer Aufgaben als lebendige Zusammenarbeit und als Gruppenzugehörigkeit zu erleben« (Gorz 1990/67f.).

112 »Die Arbeitsteilung stellt nicht Individuen einander gegenüber, sondern soziale Funktionen. Nun ist aber die Gesellschaft nur am Spiel der letzteren interessiert« (Durkheim 1977/448).

113 Ich unterscheide hier das diagnostische Potential seiner Theorie von der in ihr enthaltenen Universalisierung zur »Tragödie der Kultur« schlechthin (vgl. Simmel 1957/99).

114 Simmel formuliert hier fast gesetzförmig eine Aussage über den Zusammenhang zwischen dem Umfang der Gesellschaft, der Höhe ihres objektiven Kulturniveaus und dem Verhältnis zwischen objektiv vorhandener und bei den Individuen präsenter Kultur (vgl. dazu

nicht mehr aus dem Bezug des Subjekts auf das Objekt, »sondern von seinem Zusammenhang mit anderswoher stammenden Produkten, es fehlt ihm wegen seines fragmentarischen Charakters das Wesen der Seelenhaftigkeit, das sonst dem Arbeitsprodukt, sobald es ganz als Werk eines Menschen erscheint, so leicht angefühlt wird« (Simmel 6/629).[115] Die Steigerung des objektiven Reichtums qua Arbeitsteilung ordnet die Produkte als Teile einem Ganzen zu. »Desto objektiver ist das Ganze, desto mehr lebt es ein Leben jenseits aller Subjekte, die es produzierten« (ebd. 630).[116] Mit der »Objektivität des wirtschaftlichen Kosmos (wächst) seine überpersönliche Selbständigkeit« (ebd.). Die Verlängerung der Handlungsketten schiebt sich nach Simmel zwischen Subjekt und Objekt. Die Subjektivität »bricht« sich am »objektivierten« »Gesamtcharakter des Verkehrs«, der in »kühle Reserviertheit und anonyme Objektivität übergehen muß« durch die Vermehrung der »Zwischeninstanzen« zwischen Produzenten und Konsumenten, so daß »die einen ganz aus dem Blickkreis des anderen rücken« (Simmel 6/634).

Simmel begründet das Übergewicht der objektiven über die subjektive Kultur aus der Überlegenheit des »in Produktionen irgendwelcher Art vergegenständlichten Geistes« gegenüber dem Individuum mit der »Komplikation der Herstellungsweisen, die außerordentlich viel historische und sachliche Bedingungen, Vor- und Mitarbeiter voraussetzen. Dadurch kann das Produkt Energien, Qualitäten, Steigerungen in sich sammeln, die ganz außerhalb des einzelnen Produzenten liegen« (Simmel 6/645f.). Erst durch »eine raffinierte Arbeitsteilung« werde das Produkt zur »Sammelstelle von Kräften, die aus einer sehr großen Anzahl von Individuen auserlesen sind« (Simmel 6/646). Daraus folgt eine Synthese von »Eigenschaften und Vollkommenheiten« im Objekt, die »ins Unbegrenzte« gehe, »während der Ausbau der Individualitäten für jeden gegebenen Zeitabschnitt an der Naturbestimmtheit derselben eine unverrückbare Schranke findet« (ebd.).

Gorz sieht mit der hohen Arbeitsteilung und der abstrakt-funktionalen Synthetisierung die Mentalität individueller oder kollektiver Schöpferkraft schwin-

---

auch I.2.3): »In einem kleinen Kreise von niedriger Kultur wird jenes Verhältnis nahezu eines der Deckung sein, die objektiven Kulturmöglichkeiten werden der subjektiven Kulturwirklichkeiten nicht weit überragen. Eine Steigerung des Kulturniveaus ... wird das Auseinanderfallen beider begünstigen« (Simmel 6/628).

115 Gefragt ist die »objektive Leistung«, mithin »die Wendung vom Subjekt weg«. Es kommt zu einer »Inkommensurabilität der Leistung mit dem Leistenden«. Er kann sich »nicht mehr in seinem Tun, das eine allem Persönlich- Seelischen so unähnliche (nämlich »rein sachliche und anonyme« – Verf.) Form darbietet«, finden (Simmel 6/629f.).

116 Vgl. auch zur Pathologie des Rollenhandelns Simmel 6/394f.

den. Er argumentiert (1990/120) vom Standpunkt beruflicher Kompetenz zur Herstellung eines Produkts.[117] Demgegenüber hätten Straßenführer an automatisierten Bändern oder Instandhaltungsspezialisten »keine herstellend-poietische Aufgabe mehr, sondern nur noch eine funktionale« (ebd.). Nicht die technischen Kompetenzen unterscheiden beide Typen von Arbeit. Die Differenz betrifft das Verhältnis zwischen Arbeit und Leben: Dem Handwerker »als Meister seines Produkts wie seiner Maschine« schreibt Gorz »die Einheit von technischer Kultur und Alltagskultur« zu, während der Beruf beim Wartungs- und Instandhaltungsspezialisten zusammenschrumpfe auf »technische Kultur, bloß spezialisiertes Wissen ohne Bedeutung für den Lebensvollzug« (ebd.). Gorz vergleicht den heutigen Arbeiter mit einem Verwaltungsbeamten, »der auch nur für Teilabläufe verantwortlich ist und für die exakte Erledigung von Aufgaben, die ihm vorgegeben sind« (Negt 1984/188f.). Gorz nimmt den Bedeutungsverlust von Vorstellungen an, die es dem Individuum erlauben, qua Beruf zum Subjekt zu avancieren und zu meinen, von ihm hinge etwas ab.[118]

Auffällig ist hier, wie Gorz die von ihm selbst im »Abschied vom Proletariat« hervorgehobene Grenze der Verbindung zwischen Arbeit und Leben beim Handwerker nicht mehr thematisiert, sondern dieser Einheit den Kritikmaßstab entnimmt. Die derart gewonnene Trennung zwischen Leben und Beruf erscheint dann gestaltungspessimistisch als *die* zentrale Trennung und wird nicht mehr als eine Trennung zu anderen Trennungen ins Verhältnis gesetzt. Etwa der der handwerklichen Berufe untereinander – eine Trennung, die *in* der Arbeitssphäre auftritt und nicht zwischen Arbeit und Leben.[119]

---

117 Die berufliche Arbeitsteilung enthielt »eine Herausforderung an die menschlichen Fähigkeiten, und der gute Arbeiter konnte stolz darauf sein, sich dieser Herausforderung gewachsen zu zeigen und damit die souveräne Macht des Menschen über die Materie unter Beweis zu stellen« (Gorz 1990/87f.). Die Abhängigkeit der Produktion »in ihrer Qualität, Quantität und ihren Kosten von nicht formalisierbaren Fähigkeiten der Arbeiter« erscheint indessen vom Standpunkt ökonomischer und formaler Rationalität inakzeptabel (ebd./88).

118 »Die Tatsache, daß man zwar immer etwas zu tun haben kann, der Produktionsprozeß aber weitgehend selbständig abläuft und die eigene Funktion darauf beschränkt ist, durch Steuerung, Korrekturen und Wartungsarbeiten einen reibungslosen Anlagenlauf zu gewährleisten, daß man durch sein eigenes Tun also nichts bearbeitet, kein Produkt herstellt, ... daß es von seinen Dispositionen entscheidend abhängt, ob der Produktionsprozeß besonders erfolgreich gelingt oder nicht, kann ›der Anlagenfahrer in der Großchemie‹ sich angesichts der offenkundig vorherrschenden Bedeutung von Anlage und Vorgesetzten nicht sagen« (Kern/Schumann 1984/272).

119 »Was die Souveränität des Handwerkers begründete – die autonome Ausübung eines besonderen Berufs –, bestimmte zugleich die Begrenzung seines Souveränitätsfeldes.

I.5. Immanente Grenzen der formalen Rationalität und Effizienz

Lassen sich die Leistungsvorteile der beschriebenen Synthesisformen mit »Effizienz« und »formaler Rationalität« zusammenfassen, so ist der Frage nachzugehen, auf welche inneren Grenzen diese Effizienz und Rentabilität stoßen. Treten diese Grenzen deutlicher hervor, wird es schwieriger, die Opfer und Kosten moderner formaler Rationalität und Effizienz an der positiven Bewertung dieser Rationalität zu relativieren, da diese Wertschätzung selbst an Substanz einbüßt.

Eine erste Grenze von Effizienz liegt in der Trennung von Ziel und Mittel. Tätigkeiten, die ihren Sinn in sich haben, sind im Sinn formaler Rationalität nicht rationalisierbar. Webers Unterscheidung zwischen formaler und materialer Rationalität läßt für eine Analyse einer nichttraditionalen intrinsischen Befriedigung an Arbeiten und für den Bezug von Menschen auf andere Menschen über Arbeiten[120] keinen Raum. Sie fallen durch die Webersche Dichotomie hindurch.[121] Die formale Rationalität wird aus der Perspektive des Verbrauchernutzens gesehen. Ohne Schlange zu stehen und ohne langwierige Bemühungen um persönliche »Beziehungen« sind die Verbraucher hierzulande in der Lage, die nötige Zahlungsfähigkeit vorausgesetzt, sich schnell mit Konsumgütern zu versorgen.[122]

Dennoch läßt sich mit dem Begriff der formalen Rationalität nicht die Irrationalität vermeiden, die eintritt, wenn die Schäden und Versagungen, die das Erwerbs- und Geschäftsleben den Menschen zumuten, mit einer Kompensation in der Freizeit »beantwortet« werden. Bereits in der Trennung zwischen dem die Ergebnisse der rationalen und effizienten Produktion, Distribution, Zirkulation, Organisation und Verwaltung genießenden Verbraucher und den in diesen Arbeiten verschlissenen und angeschlagenen Menschen wird eine Einseitigkeit des Konzepts der formalen Rationalität und Effizienz deutlich. Weber kennt die abträglichen Wirkungen einer einseitigen und erschöpfenden Arbeit auf die Ge-

---

Spezialist einer besonderen Produktion, hatte er weder das Interesse noch das Bedürfnis, seiner Souveränität jenseits seines beruflichen Bereichs Geltung zu verschaffen. Dieser sicherte ihm eine durchaus spezifische Identität und Stellung in der Gesellschaft. Sein Interesse bestand darin, diese Stellung zu verteidigen« (Gorz 1980/17).

120 Vgl. dazu auch Honneth, zit. am Ende von III.9.

121 Materiale Rationalität bezieht sich bei Weber allein auf die Güter und deren Zwecke, nicht auf die Verausgabung von Sinnen und Fähigkeiten in deren Erarbeitung (vgl. WuG 44).

122 »Wer als moderner Mensch auch nur in dem Sinn leben will, daß er täglich seine Zeitung hat und Eisenbahnen, Elektrics usw. – der verzichtet auf alle jene Ideale, die Ihnen dunkel vorschweben...« (Weber in einem Brief vom 4. 8. 1908 an Michels, zit. n. Mommsen 1982/270).

staltung der Gesellschaft.[123] Er führt sie aber tragifizierend eng mit einer allgemeinen Aporie der formalen Rationalität. In der Betonung der Effizienz der Arbeit wird das Resultat dem Arbeitenden selbst, das Ziel dem Weg übergeordnet. Die formale Rationalität wird nicht zu diesem Problem ins Verhältnis gesetzt.[124]

Das Rationalprinzip des Handelns kann – dies ist seine zweite Grenze – »nur dann überhaupt einen Sinn haben, wenn der Erfolg bei der Realisierung der Gesamtheit der Zwecke unter Verwendung aller in Frage kommenden Mittel grundsätzlich größenmäßig bestimmbar ist, wenn es also sinnvoll ist, ... von der ›Größe des Erfolgs‹ in bezug auf die Gesamtheit aller Mittel und Zwecke zu sprechen« (Albert 1954/26). Diesbezügliche Grenzen betreffen die Berechenbarkeit von Naturreserven (vgl. Kitschelt 1985/199) und von Informationskosten (ebd./199f.), die Bepreisung (s. I.3.2) und begründen sich in Problemen der Prognosen (s. I.1).

Weber profiliert die mit der Geldrechnung prinzipiell möglich werdende Berechenbarkeit. Aus ihr ergibt sich aber noch keine Aussage über die tatsächlichen Kapazitäten der Subjekte dafür, bei großer Komplexität der Verknüpfungen von Mitteln, Zwecken und Nebenfolgen sowie praktisch unter der Bedingung knapper kognitiver Ressourcen in Entscheidungssituationen problemadäquat rational zu handeln. Unsicherheit entsteht, wenn die Handlungsfolgen aufgrund Informationsmangels nicht abschätzbar sind.

Eine Wirkung kann auch von anderen Ursachen bewirkt werden als jenen, auf die eine Ursache-Wirkungs-Verknüpfung fokussiert. Umgekehrt kann auch die Ursache andere Wirkungen haben. Entsprechendes gilt auch für Zweck-Mittel-Zusammenhänge. Die Schlußfolgerung liegt dann nahe[125], Ursache- und Wirkungszusammenhänge ebenso wie Zweck-Mittel-Verhältnisse als Ausschnitte anzusehen, die lediglich kontextrelativ relevant sind.[126] Probleme entstehen dadurch, daß es sich bei dieser Art von Dekomponierung und Variation auch um ein »Scheuklappenprinzip« (Luhmann 1968/47) handelt. Wo die

---

123 »Welche Art von außerberuflichen Interessen *kann* überhaupt, produzierend oder rezipierend, ein normaler Arbeiter noch pflegen, nachdem er durch seine Berufsarbeit – nicht überhaupt: ›ermüdet‹, sondern: in dieser der betreffenden Arbeitsleistung eigentümlichen Art ermüdet worden ist?« (GASS 55f.)

124 Vgl. bereits Hegel (1974/332, 1967/232) dazu.

125 Vgl. Luhmann 1968/26ff. und 44ff.

126 »Die Zwecksetzung besagt, daß der Wert der bezweckten Wirkungen ungeachtet der Werte oder Unwerte der Nebenwirkungen bzw. der aufgegebenen Wirkungen anderer Handlungen des Handelns zu begründen vermag. Der Mittelbegriff erfaßt dieselbe Wertrelation von der anderen Seite der benachteiligten Werte aus« (Luhmann 1968/44).

Kontexte er-innert werden, von denen jeweils abstrahiert wird, mag dies noch überschaubar bleiben. In der Kombination von Abstraktionen entsteht aber eine eigene sozusagen freitragende Wirklichkeit.

Die Abstraktion erlaubt die Erhöhung der Autonomie gegenüber der Umwelt. Die Herausnahme bestimmter Momente der Wirklichkeit quer zu ihrem unmittelbar gegebenen Vorkommen und die Neukombination der Momente bildet den konstruktiven Sinn jener Abstraktionen, die die Naturerkenntnis charakterisieren. Problematisch wird die Kombination von Abstraktionen in technischen Konstruktionen. Sie bleiben an Komplexität organischen Systemen, geschweige denn der Biosphäre unterlegen (vgl. Riedl 1984/87). Das Problem ist nicht die Abstraktion, sondern die Kombination von Abstraktionen und der Komplexitätsverlust durch Monostrukturierung.

Probleme der Rekompositionseffekte von Komponenten ergeben sich auch aus den kontraintuitiven und kontraproduktiven Verkoppelungen von für sich genommen sinnvollen Vorrichtungen. Probleme entstehen bei Systemkomponenten, die entweder verschiedene Funktionen bedienen oder benachbart sind, etwa »wenn ein Kurzschluß in einem Kabel ein in der Nähe verlaufendes zweites Kabel außer Funktion setzt, das zu einer Sicherheitsvorrichtung läuft, die sich für den Fall eines Defekts im ersten Kabel einschalten soll« (Perrow 1988/199f.). Es bricht also möglicherweise nicht nur ein Feuer aus, sondern es fällt zugleich auch der Feueralarm aus. Perrow hat die Sorte dieser seltenen, aber umso wirkungsvolleren Interaktionen in komplexen *und* eng[127] gekoppelten großtechnischen Systemen als Grund für das Auftreten von Unfällen in Systemen der Großtechnik (Kernkraftwerke, Schiffe, Weltraumflüge usw.) herausgearbeitet. Er erklärt die strukturelle Wahrscheinlichkeit des Auftretens solcher wenig beherrschbaren Interdependenzen im Unterschied zur Interpretation ihres Auftretens als Zufall oder menschliches Versagen. »Normale Katastrophen« – so auch der Titel seines Buches.[128] Die Steigerung von Komplexität

---

127 »Seine Prozesse laufen sehr schnell ab und lassen sich nicht ohne weiteres abschalten, die ausgefallenen Aggregate lassen sich nicht von den übrigen Bauteilen isolieren, oder es besteht keine andere Möglichkeit, einen ungestörten Produktionsablauf zu gewährleisten. ... In diesem Fall wird sich die Störung rasch und ohne erkennbare Ursache zumindest für eine gewisse Zeit ausbreiten« (Perrow 1988/17).

128 Die Verbesserung der Schulung und Qualifikation sowie die Erhöhung der Sicherheitstechnik, so notwendig sie sind, erscheinen dem Problem gegenüber letztlich inadäquat: »Beim nächsten Mal wird die Konstruktionsabteilung ein zusätzliches Alarmsystem und eine zusätzliche Löschvorrichtung vorsehen, die dann jedoch möglicherweise ihrerseits drei zusätzliche unerwartete Interaktionen zwischen zwangsläufig auftretenden Störungen zulassen« (Perrow 1988/17).

und enger Kopplung führen dazu, daß die Sicherheitsvorkehrungen »von verborgenen Pfaden innerhalb des Systems umgangen oder außer Funktion gesetzt werden. ... Wir sind möglicherweise an einem Punkt angelangt, wo die Kurve unseres Lernfortschrittes fast horizontal verläuft« (Perrow 1988/27).

Eine Grenze der hier behandelten formalen Rationalität und Effizienz findet sich auch bei der funktionalen Differenzierung. Die Spezifizierung von bestimmten Aufgaben ist mit ihrer Herausnahme aus Lebenskontexten verbunden, die der Bewältigung der Aufgaben nicht nur zuträglich sein muß. Das Gesundheits- und Erziehungswesen sind prominente Beispiele einer Kritik an den Leistungsgrenzen der funktionalen Differenzierung.[129]

Nach den die immanenten Grenzen formaler Rationalität betreffenden Problemen stellt sich die Frage nach den Grenzen der Annahme, es handele sich bei der gegenwärtigen Ökonomie und Verwaltung um eine Angelegenheit, die vor allem mit dem Begriff der formalen Rationalität richtig zu charakterisieren sei. Diese Frage muß nicht direkt in einer materialen Analyse der gegenwärtigen Gesellschaft bearbeitet werden. Schon die Vorfrage, ob es so etwas wie formale Rationalität überhaupt als Hauptsache geben könne, erweist sich als instruktiv.

Weber verlagert subkutan die lange Tradition des Denkens um nichtintendierte Folgen von Handlungen und ihre systemische Vernetzung aus dem Anwendungsbereich der formalen Rationalität hinaus[130] – auch wenn er solche

---

129 Die »Kosten« der Ausdifferenzierung eines selbständigen Medizinsystems (vgl. I.3.3), das dann eher kurativ und ex post an Schäden laboriert, sind bekannt. Im Stundentakt wechselnde Fächer, die Einordnung der Jugendlichen nach Alter und formal erfassbarerer Leistung, die Umformung der Unterrichtsinhalte zum Gegenstand von Leistungsbemessungen usw. haben mit pädagogischen Gesichtspunkten eher weniger zu tun als mit bürokratischen Aspekten der Normen formaler Gleichbehandlung und mit organisatorischer Effizienz einer (aus teilsystemexternen Gründen) knapp mit Mitteln ausgestatteten Institution (vgl. Lenhardt 1984). Die Auseinandersetzung mit den individuellen Problemen der Schüler beim Lernen relativiert sich an den Normen der Gleichbehandlung und erscheint ihnen zufolge leicht als Vorzugsbehandlung (vgl. Lenhardt 1984/194). Die Ausdifferenzierung der Schule aus den sonstigen Lebenskontexten der Schüler versperrt die Auseinandersetzung mit den dort angesiedelten Problemen, die Lernen tangieren (vgl. ausführlicher Lenhardt 1984/202f.). Ein in individueller Logik »effizienter« und taktischer Umgang der Schüler mit Unterrichtsinhalten orientiert sich am Notenerfolg und am Aufwand, nicht am Wissen.

130 »Die Rationalität von Handlungen bestimmt sich eben nicht nur aus der Kohärenz der Zwecke und der Effektivität der Mittel, sondern aus dem inneren Zusammenhang gesellschaftlicher Strukturen, die sich durch Handlungen konstituieren oder sich zumindest durch Handlungen aktualisieren« (Halfar 1987/43).

Prozesse andernorts (bspw. in der »Protestantischen Ethik« und in seiner Büro-kratieanalyse) thematisiert. Weber kann allerdings nicht als Vorläufer jener Modernisierungstheorie gelten, die die Rationalisierung als Haupteffekt gesell-schaftlicher Entwicklung wertet. Die Entfaltung der Rationalisierung in Wirt-schaft und Verwaltung koexistiert für Weber mit »menschlichen Kosten« dieser Entwicklung, die die Rationalisierungseffekte wieder infragestellen. Trotz die-ser Differenz zur Modernisierungstheorie hält Weber dennoch an Rationalität als einer Seite der Ambivalenz fest. Nicht allein die Bewertung ihrer mensch-lichen Folgen, sondern die Frage, ob es angemessen ist, die gegenwärtige Öko-nomie und Verwaltung (wenigstens prinzipiell) als effizient und formal rational zu qualifizieren, steht damit zur Debatte. Und dies vor dem Hintergrund der »zweckwidrigen Effekte zielgerichteter Handlungen als Steuerungsproblem der Sozialplanung«.[131] »Es gibt typische soziale Konstellationen außerhalb der ei-gentlichen Handlung, welche die Resultate rationalen Handelns vom Hand-lungszweck entfremden. Solchen strukturellen Restriktionen kann der rationale Akteur in der Regel auch dadurch nicht entkommen, indem er das Rationalitäts-niveau, d.h. die Planhaftigkeit seiner Handlung, in der Entscheidungssituation zu verbessern sucht« (Halfar 1987/44).

Weber vermag das Spezifikum des modernen Kapitalismus nicht an dessen eigenen Verknüpfungen festzumachen. Vielmehr gewinnt er das Charakteristi-kum des modernen Kapitalismus vor dem Hintergrund eines übergreifenden Vergleichs: Der Grad der Verwirklichung von Zweckrationalität und formaler Rationalität, der Grad an Berechenbarkeit des Handelns ist für Weber das Krite-rium der Unterscheidung zwischen modernem Kapitalismus und jenen Gesell-schaftsformen, die ihm als andere (vormoderne) Varianten des Kapitalismus er-scheinen (vgl. WuG 95f.). Zwar wird von Weber (ebd.) die freie Arbeitskraft als wichtiges Attribut und als Unterscheidungsmerkmal des *modernen* Kapitalis-mus genannt. Aber es gelingt Weber nicht, das Gewicht und die Reichweite des Verhältnis des Kapitals zur Arbeitskraft im Kapitalismus spezifisch zu bestim-men und als selbst strukturprägend aufzufassen. Die Bestimmung der spezifisch modernen kapitalistischen Weise der Produktion bleibt undeutlich und befangen in einem Denken, das Arbeit und Kapital gleichermaßen als Produktionsfaktoren auffaßt, die beide Gewinn brächten.[132]

---

131 So der Untertitel von Halfar 1987.

132 »Max Webers Kapitalismuskritik ist eigentümlich antiquiert: schlicht merkantilistisch deutet er den Kapitalismus als planmäßiges Ausnutzen von Marktchancen« (Thiessen 1994/414).

Weber kommt mit der Denkform des Vergleichs in ein dualistisches Denken. In jenem Strang seines Denkens, in dem er Kapitalismus als Rationalität thematisiert, nimmt Weber wohl Strukturen wahr, kann aber Kapitalismus nicht als Struktur denken. Vielmehr fällt Kapitalismus für Weber mit der Realisierung eines allgemeinen Werts zusammen: der Rationalität.[133] Die Begutachtung des modernen Kapitalismus unter dem Gesichtspunkt des Vergleichs seiner Leistungen in puncto Rationalität sagt aber noch nichts aus über seine eigenen Folgezwänge und Entwicklungsnotwendigkeiten. Marktchancen und Rentabilität sind nicht das Entscheidende für die kapitalistische Akkumulation. Beide können vorliegen und die Produktion trotzdem stagnieren (s. II.5).[134]

Auch der Übergang von der richtigen Ahnung um die Zentralität der Konkurrenz für den Kapitalismus zur Bestimmung, daß »Geldpreise ... Kampf- und Kompromißprodukte (sind), also Erzeugnisse von Machtkonstellationen« (WuG 58), führt Weber weg von einer Bestimmung objektiver ökonomischer Strukturen. Konkurrenz wird nicht als ein objektives Phänomen gedacht. Der Erfolg in der Konkurrenz bleibt letztendlich unbegriffen.[135] Der Kampf gewinnt bei Weber eine zentrale Stellung (vgl. a. Zängle 1988). Ohne Kampf und Konkurrenz würden Unternehmer träge werden und die Arbeitenden mit »betriebsfremden Gesichtspunkten« (WuG 78) den Betrieb lähmen.[136]

---

133 »Obwohl Weber jede Art von linearem Fortschrittsdenken in der Geschichte ablehnt, ist also eine solche Teleologie seiner Begriffsbildung, insbesondere seinem Begriff der ›okzidentalen Rationalisierung‹ immanent; er unterstellt, daß mit der ›formalen Rationalität‹ kapitalistischen Wirschaftens und der entsprechenden bürokratischen Herrschaft überhaupt das unüberschreitbare Optimum an gesellschaftlicher Rationalität erreicht sei« (Maier 1982/100).

134 Undeutlich bleibt die Kennzeichnung des modernen okzidentalen Kapitalismus durch die »ausschließliche Orientierung der Bedarfsdeckung an Marktchancen und an Rentabilität« (Weber 1958/239f.) – als ob das »und« nicht zwei verschiedene Ordnungen (Tauschwert und Profit) amalgamiert. Die wenig analytische, eher additive aufzählende Bestimmung erlaubt es Weber, vom Rationalprinzip auszugehen und die Inkohärenzen, Gegensätze und Widersprüche der Zielsetzungen im Kapitalismus auszublenden – womit ich jetzt nicht Konflikte zwischen Kapital und Arbeit meine, die Weber durchaus kennt, sondern Zielkonflikte in der kapitalistischen Akkumulation selbst (vgl. II.5).

135 Ökonomische Effizienz und persönlicher Einsatz des Unternehmensführers amalgamieren zu einem unentwirrbaren Phänomen. Die zentrale Stellung des Kampfes stellt eine Dissonanz im Zusammenspiel der Bedingungen für eine an Berechenbarkeit orientierte Ökonomie dar.

136 »Die Kapitalrechnung in ihrer formal rationalsten Gestalt setzt daher den Kampf des Menschen mit dem Menschen voraus« (WuG 49). »Das Höchstmaß an formaler Rationa-

Unterstellt wird, daß die Beteiligten nicht an dem, was ihre Produkte für ihre Konsumenten, Benutzer und die den Produkten Exponierten usw. an Lebensmöglichkeiten implizieren, interessiert, sondern vorrangig extrinsisch motiviert sind. Daß Desinteresse und Indifferenz sozialen Verhältnissen entstammen und ihnen nicht als unabänderliche Randbedingung jedweden effizienten Arbeitens vorausgesetzt sind, thematisiere ich in Teil II.

Ein weiteres Problem ergibt sich daraus, daß Weber die formale Rationalität gleichermaßen in Staat und Ökonomie herrschen sieht[137] und die Unterschiede ebensowenig herausarbeitet wie die durch eine Kapitalismusanalyse analysierbaren Widersprüche staatlichen Handelns (vgl. dazu bspw. Treutner u.a. 1978, vgl. a. das Ende von II.1). Die auch Weber bekannten weniger »positiven« Erscheinungen veranlassen ihn nicht dazu, seine Bestimmung der kapitalistischen Ökonomie und Verwaltung qua Rationalprinzip infragezustellen. Vielmehr sieht er die Ungleichheit der Einkommen und der Macht, die Unterordnung der Arbeiter und die Mentalität der Unterordnung als notwendige Implikationen des Rationalprinzips an (vgl. GASS 59f.). Wie bei einem unverzichtbaren Medikament möchte er gewissenhaft die »Kosten« des Gebrauchs anzeigen. Weber verwendet den Begriff der formalen Rationalität so allgemein, daß der Begriff des Kapitalismus nicht mehr zu fassen ist und sich diese Dethematisierung rächt. Der der formalen Rationalität subsumierte Kapitalismus macht sich inkognito geltend als Verwirrung im Begriff der formalen Rationalität. Weber gelingt es nicht, mit dem Begriff der formalen Rationalität die Antriebsdynamik des Kapitalismus zu erklären. Weber muß deshalb seinen Begriff der formalen Rationalität mit Annahmen verbinden, die die Antriebsdynamik betreffen und diese auf die soziale Persönlichkeitsstruktur beziehen. Diese Verbindung bleibt aber prekär.

Weber unterscheidet zwischen beklagenswerten und bestandsgefährdenden Folgen des Siegeszugs der Effizienz und formalen Rationalität. Als ebenso beklagenswert wie unvermeidlich gilt ihm das Schicksal der Arbeiter im Kapitalismus. Weber diagnostiziert, daß im gleichen Maße, wie sich die formale Rationalität und Effizienz entfalten, sich die Subjektivität auf eine Weise

---

lität der Kapitalrechnung ist nur bei Unterwerfung der Arbeiter unter die Herrschaft von Unternehmern möglich« (WuG 78).

137 Vgl. WuG 123, 127, 562, PS 324ff., vgl. auch das Vorwort zu den beiden ersten Bänden des von Weber herausgegebenen »Grundrisses der Sozialökonomik«: »Es wurde von der Anschauung ausgegangen, daß die Entfaltung der Wirtschaft vor allem als eine besondere Teilerscheinung der allgemeinen Rationalisierung des Lebens untersucht werden müsse« (Grundriß der Sozialökonomik. I. Abt. Wirtschaft und Wirtschaftswissenschaft. Bearbeitet von K. Bücher, J. Schumpeter, Fr. Freiherrn von Wieser. Tübingen 1914, S. VII).

entwickelt, die bestandskritische Folgen aufweist. Webers Ambivalenz in bezug auf die Bewertung und die Analyse der modernen Gesellschaft macht sich hier geltend in einer unentschiedenen Auskunft über ihre Zukunft. Einerseits schließt Weber die formale Rationalität mit der Konkurrenz auf dem Markt kurz und sieht in ihr unentrinnbare Motive. Dem siegreichen Kapitalismus sei der Geist entwichen (Weber 1988/204). Andererseits werden die eher negativen charakterologischen Folgen des siegreichen Kapitalismus[138] für Weber zu einem Problem für die formale Rationalität, entzögen sie ihr doch das Fundament initiativreicher und bewußter Individuen. Weber antizipiert hier die später von Schumpeter (1950) ausgebreitete Diagnose einer Erosion des unternehmerischen Geistes.

Webers Vorstellung von Zweck-Mittel-Rationalität und formaler Rationalität bzw. ihren Konkretisierungen in den verschiedenen Organisationen (Betrieb, Bürokratie usw.) ermöglicht eine zirkuläre Begründung von Bürokratie und »Menschentum«. Schwache Menschen, die sich den Herausforderungen autonomen, verantwortlichen Handelns nicht stellen, erfordern eine Bürokratie[139], und die Bürokratie produziert wiederum schwache Menschen.

Die Verbindung von formaler Rationalität, Zweck-Mittel-Rationalität, Konsequenz, hellwacher Aufmerksamkeit und Verantwortung ermöglicht ein Loblied auf alle hellsichtigen Machthaber in Politik und Wirtschaft. Mit dieser Würdigung geht die Abwertung der weniger starken Menschen einher. Weber läßt es nicht an Verständnis für sie fehlen, weiß er doch um den Preis der Freiheit. Zwar überwindet das stahlharte Gehäuse des Kapitalismus die materiale, auf Werte bezogene Rationalität, die ihn als protestantische Ethik historisch auf den Weg brachte. Gleichwohl verschafft Weber auch dem durchgesetzten Kapitalismus einen Wertinhalt. Die ökonomische Materie verschwindet vor dem Machtwillen (vgl. u.a. WuG 439).[140] Das menschliche Handeln der initiativreich und selbstverantwortlich vorgehenden Unternehmer und Politiker droht zwar immer wieder zu ersticken, zugleich aber wird es auch immer wieder

---

138 Vgl. GASS 59f., 394ff., 413f., PS 64, PS 333, 544.

139 Die Bürokratie ist *dann* unausweichlich, »*wenn* ihnen eine rein technisch gute und d.h.: eine rationale Beamtenverwaltung und Versorgung der letzte und entscheidende Wert ist, der über die Art der Leitung ihrer Angelegenheiten entscheiden soll« (WuG 835).

140 Sein Begriff formaler Rationalität und des autonomen, selbstverantwortlichen Handelns ist nicht auf Inhalte und Zwecke der Arbeit bezogen und so kommt Weber zu Macht als dem wesentlichen Motiv ökonomischen Tuns. »Kampf um eigene Macht und die aus dieser Macht folgende Eigenverantwortung für seine Sache ist das Lebenselement des Politikers wie des Unternehmers« (PS 335).

möglich[141] und stellt für Weber das einzige Mittel dar, die Versteinerung und Entpersönlichung des Kapitalismus einzugrenzen bzw. Verkrustungen wenigstens etwas zu verflüssigen. Gegen die Härte des Kapitalismus hilft dann letztlich die Härte bzw. das Charisma des Individuums.

Die Kritik an den die Individuen depotenzierenden Effekten von formaler Rationalität, Bürokratie usw. verwandelt sich bei Weber in eine Sortierung seiner Mitbürger. Deren große Masse ist der »geistigen Proletarisierung« (PS 544) und dem »Ordnungsmenschentum« anheimgefallen. Ihnen fehlt »die geschulte Rücksichtslosigkeit des Blickes in die Realitäten des Lebens, und die Fähigkeit, sie zu ertragen und ihnen innerlich gewachsen« (PS 558). »Fähigkeit und Willen, bewußt zur Welt Stellung zu nehmen und ihr einen Sinn zu verleihen« (WL 180), ist nur den Führerpersönlichkeiten in Wirtschaft, Politik und Wissenschaft zuzutrauen. Sie allein sind es, die sich dem »Verflachenden des Alltags« (WL 507) entgegenstellen, während dem Massenhandeln »der breiten Masse der Geführten« (WuG 658) der Sinnbezug ihres Handelns bzw. das Bewußtsein davon fehlt (vgl. WuG 10, 658, WL 473, 561ff.).

Die Rede von der Zweck-Mittel-Rationalität erlaubt allen Mitgliedern der Gesellschaft, ihr Tun als Ergebnis einer richtigen Kalkulation ihrer Mittel und Ziele aufzufassen. Unter der Voraussetzung geringen Einkommens erweist sich der Kauf eher »luxuriöser« Güter als wenig nützlich und als irrational. Das Einteilen ihres knappen Budgets und den Verzicht können so die Menschen stets als »rational« und als Ausweis von Wirklichkeitstüchtigkeit und Verantwortungsbewußtsein interpretieren. Es zeigt sich hier die Konsequenz einer Soziologie, die Handeln versteht aus dem Sinn, der mit ihm von den Akteuren verbunden werden kann. Diese Soziologie kann nicht mehr unterscheiden zwischen den wirklichen Gründen des Handelns und ihrer ideologischen bzw. alltagspragmatischen Aufbereitung.[142]

In der Figur der »Zweckrationalität« wird das Selbstbewußtsein einer kalkulierenden Stellung zur Welt ausgegeben als Wahrheit des praktischen Umgangs mit ihr. Dem Individuums bleibt meist nichts anderes übrig, als in den bestehenden Strukturen diese möglichst optimal für sich auszunutzen. Daraus entsteht qua »Zweck-Mittel-Rationalität« ein Begriff, der die Analyse dieser

---

141 Sartre hat in seiner »Kritik der dialektischen Vernunft« die Verkrustung zur »Serialität« beschrieben, die nur intermittierend von der revolutionären Gruppe und ihrer Spontaneität außer Kraft gesetzt, nie aber »aufgehoben« wird.

142 Selbst Weber-Anhänger wie Weiß (1992/91) sehen hier ein Problem.

Strukturen ersetzt.[143] Die dem Nutzen gemäß Handelnden »bedienen sich also der Verhältnisse, in die sie als Dienende eintreten. Sie benutzen die Bedingungen, die ihnen fremd gegenübertreten. Ihre Anpassung ist hier eine Funktion ihres partikularen Interessenkalküls, ihre Heteronomie das Medium ihrer Disposition als autonome Utilitaristen, ihre Unterwerfung das Instrument zur Verwirklichung ihrer Souveränität als nutzenmaximierender Subjekte. In dieser Hinsicht synthetisiert die utilitaristische Praxis den Zwang zur Anpassung mit der Souveränität einer Funktionalisierung aller Umweltbezüge für privatisierte Interessen und markiert somit eine spezifische Form der Verschränkung von Heteronomie und Autonomie« (Prodoehl 1983/131).

Die Leistungsvorzüge und die problematischen Effekte von formaler Rationalität und von Zweck-Mittel-Rationalität werden von Weber zu einer unauflösbaren Einheit tragisch zusammengebunden. Gegen eine einfache Affirmation der Verhältnisse kann Weber deren Härten in Sachen Kontrolle und Disziplinierung, Kampf und Knappheit betonen. Gegen eine Kritik der Verhältnisse besteht Weber darauf, daß die Moderne in der formalen Rationalität und Zweck-Mittel-Rationalität unübersteigbar verwirklicht sei und jede praktische Wendung der Kritik hinter die erreichten Rationalitätsstandards zurückfallen müsse.

I.5.1. Einige Varianten, Probleme der formalen Rationalität per Bürokratiekritik verschwinden zu lassen

Wie bei der Behandlung der gesellschaftlichen Komplexität können wir auch die sich mit der formalen Rationalität ergebenden Schwierigkeiten der Gestaltung von Gesellschaft ex negativo verdeutlichen — an den Argumenten, die zur Relativierung des Stellenwerts und des Gewichts der Bürokratie aufgeboten werden.

Wird die Arbeit an der Verwaltung der Gesellschaft notwendigerweise zu einer besonderen Arbeit und setzt diese Organisation abstrakter Weltausschnitte ihrer gesellschaftlichen Gestaltung Grenzen, so bleibt bei aller formalen Rationalität eine »Tendenz zur materialen Rationalität« (WuG 130) nicht aus: Weber verwendet diesen Ausdruck nicht emphatisch, sondern als umfassenden Sammelbegriff kontrastiv zur formalen Rationalität. Die Binnenstrukturen von Bürokratien bieten einen guten Nährboden für Leistungsverschleppung qua »büro-

---

143 Entsprechend reichert sich die Unkenntnis der »unabhängig von dem Willen der Einzelnen durch die Produktion im Großen und Ganzen« konstituierten »hauptsächlichen Verhältnisse« an durch Gedanken über »die Stellung der Einzelnen zu diesen gesellschaftlichen Verhältnissen, die Privat-Exploitation einer vorgefundenen Welt durch die einzelnen Individuen« (MEW 3/398).

kratischem Ritualismus«, reiben sich doch hier die Bindung an Rechtsnormen und Verfahrensvorschriften mit outputorientierter Zweckrationalität. Segmentierte und desintegrierte Problembewältigung sowie die Vernachlässigung übergreifender Zusammenhänge gründen in Referats- und Ressortegoismen, in den vielfältigen Möglichkeiten zur Abschiebung von Arbeit und Verantwortung und in den reichen Chancen für Konfliktvermeidung und negative Koordination. Berechenbarkeit und Rechtssicherheit geraten zum Formalismus, Genauigkeit zum Perfektionismus, Aktenkunde zum Papierkrieg, Diskretion zur Vertuschung. Die Weitergabe oder Zurückhaltung von Informationen wird zum Mittel jeweiliger Durchsetzungs- bzw. Abpufferungs- und Schutzstrategien. Kompetenzstreitigkeiten verbrauchen Energie und Zeit, administrativ erzielte Kompromisse dünnen die in den Vorlagen steckenden Ideen aus. An die Stelle der für die formale Rationalität typischen »prinzipiellen Änderbarkeit und Variierbarkeit der Regeln, der Stellen und des Personals« (Tyrell 1981/48) treten die aus der Bürokratieforschung bekannten Erscheinungen der Rigidität, Mittelorientierung und des Ritualismus, des Ressortegoismus usw. Die damit einhergehende Stagnation und Lernverweigerung motiviert zu Einwänden gegen Webers Auffassung.

Weber diagnostiziert das Umschlagen der Bürokratie in Bürokratismus und die in der späteren Bürokratieforschung bemerkten negativen Merkmale der Bürokratie. Er läßt sich aber nicht von seiner Einschätzung der Bürokratie als Gestalt der Rationalität abbringen. Webers Bürokratieauffassung ist nicht deskriptiv – eine Auffassung, die bspw. im Vorwurf mitschwingt, er unterbestimme informelle Elemente.[144] Die idealtypische Konstruktion beansprucht nicht, daß die einzelnen Merkmale des komplexen Bürokratiebegriffes tatsächlich und notwendigerweise gemeinsam auftreten, sondern nur, daß sie zusammen vorkommen *müßten*, wenn legale Herrschaftsausübung maximal zweckrational sein soll.

Die Überwältigung des »Herrschers« durch wirkliches oder vermeintliches Fachwissen geschieht heute nicht mehr in *einer* bürokratischen Hierarchie, sondern im Kontakt der Verwaltung mit »privatrechtlich verfaßten technischen Verbänden, speziellen Gutachter- und Sachverständigenorganisationen und halbstaatlichen Gremien« (Breuer 1991/229, s.a. Beck 1986 über »Subpolitik«). An der Hierarchie des Fachwissens, den Kompetenzunterschieden, den ver-

---

144 Webers Bürokratiebegriff sei demgegenüber »ein naher Verwandter des präskriptiven Modells. ... Es kam ihm nicht auf eine Beschreibung der Wirklichkeit, sondern gerade auf die Formulierung des maximal zweckmäßigen Sollschemas an« (Mayntz 1971/29). Vgl. auch Treutner u.a. 1978/52.

schiedenen Organisationskompetenzen ändert sich erst einmal nichts. Daß die verschiedenen Hierarchien sich nicht in einer Hierarchie zusammenfassen, führt zur Chance, mit Wissen und Kräften aus der einen Hierarchie einer anderen zu trotzen, nicht aber zu einer Minderung (sondern eher zur Steigerung) der Kräfteabsorption und -erschöpfung in und zwischen den hierarchisch strukturierten Organisationen.[145]

Ein zentrales Thema von Bürokratiekritiken machen die Bemühungen aus, die Reichweite der Bürokratie zu relativieren. Hingewiesen wird auf die Grenzen formaler bürokratischer Methoden und auf die Restriktionen ihrer technischen Überlegenheit (vgl. Bader, Berger, Ganßmann 1976/487ff.). Nicht jede Aufgabe fügt sich widerstandslos bürokratischer Bearbeitung. Die Bürokratie hat anspruchsvolle Voraussetzungen, die das Fehlen idealtypischer bürokratischer Organisationen in vielen Funktionsbereichen erklären (vgl. Geser 1983/163f.).[146]

Professionen werden der Bürokratisierung als Alternative entgegengesetzt. Der »in fast allen Professionsmoralen nachweisbare Vorrang des Dienstleistungs- gegenüber dem Profitideal« (Schluchter 1972/154), die symbolisch repräsentierte Verantwortlichkeit der Profession für die Gesellschaft, wird hier ebenso bemüht wie ihre Tendenz zum kollegialen i.U. zum monokratischen Führungsprinzip und ihre eher problemgebundene als bürokratische Verfahrensweise (vgl. Schluchter 1972/155). Professionen förderten eine Organisationsform, die »zur Spaltung der Einflußwege neigt, zur Umkehrung der hierarchischen Beziehungen tendiert, flach und stetig gebaut ist sowie, streng genommen, nur punktuell existiert« (Hartmann 1964/107).

---

145 Zwar läßt sich wohl immanent mit gezielten Fachinformationen oder Gegenexpertisen Politik machen gegen bestimmte Entscheidungen der Verwaltungen und Organisationen, indem Kräfte außerhalb mit »Brückenköpfen« in den Apparaten interagieren und fallweise für Brisanz sorgen können. Etwas anderes ist es aber, die strukturellen Ermüdungs-, Dequalifikations- und Fragmentierungseffekte zu bearbeiten, die von bürokratischen Organisationen ausgehen und ein großes Hindernis gesellschaftlicher Gestaltung darstellen.

146 Diese Präzisierungen helfen zu unterscheiden zwischen einer fragwürdigen Festlegung der Weberschen Bürokratiediagnose auf eine bestimmte Arbeitsform und einen überzogenen Geltungsbereich einerseits, den von Weber u.a. notierten abträglichen Effekten von Bürokratie gegenüber gesellschaftlicher Gestaltung andererseits. Letzteres wird von ersterem nicht tangiert. Webers Bürokratiediagnose kann um ihren extrapolierenden Überschuß und um zeitgebundene Konkretisierungen des Arbeitsstils gekürzt werden, ohne daß die Substanz verloren geht, die sie in unseren Argumentationszusammenhang einzubringen vermag (vgl. Münch 1984/454).

Ein strukturelles Problem von Professionen ist allerdings der »geringe Grad an Formalisierung der Beziehungen, der zu übermäßiger Politisierung aller Probleme, zu langsamer und unpräziser Entscheidungsfindung, zu unspezifischer Informationsbeschaffung und -verarbeitung, Fragmentierung u.ä. führen kann« (Schluchter 1972/155). Es spreche einiges gegen die Gleichsetzung von Debürokratisierung, Professionalisierung und Demokratisierung. Eher sei von einer »eigentümlichen Verbindung von bürokratischen und professionellen Prinzipien« (ebd./162) auszugehen. Hinzuweisen sei auf die »Entlastungsfunktion, die eine in erster Linie als Formalisierung interpretierte Form der Bürokratisierung für alle komplexen sozialen Beziehungen besitzt. Nichtformalisierte Beziehungen führen nämlich dort, wo sie nicht in erster Linie auf Kleingruppen oder elementare Systeme beschränkt bleiben, zur Überlastung des Persönlichkeitssystems und damit u.U. zu Formen der Dauerfrustration.[147] Der Zwang, Anerkennung von Fall zu Fall zu bilden, darf in komplexen Organisationen offenbar nicht zu groß werden, sonst schlägt dies auf die Leistungsfähigkeit einer Organisation zurück. Es spricht zudem vieles dafür, daß diskutierende Systeme, auf sich allein gestellt, grundsätzlich nur eine bescheidene Informationsverarbeitungskapazität und ein gesellschaftlich beschränktes Wertberücksichtigungspotential besitzen« (ebd./163). So weit Professionen auch in ihrem Binnenraum – keineswegs ihrerseits zu übertreibende – Defizite an bürokratischer Organisierbarkeit zeigen, so sehr sind sie doch zugleich »im Außenverhältnis weitgehend auf der Eliminierung externer Kontrolle gegründet und beziehen ihre Macht aus der erfolgreichen Monopolisierung einer für das umfassende System wichtigen Fertigkeit« (ebd./154).

Daß die Bürokratien in der gegenwärtigen Gesellschaft nicht der einzige Grund für die Schwierigkeiten der Gestaltung von Gesellschaft sind, wird von vielen linken Weber-Kritikern vorgebracht (vgl. z.B. Bader, Berger, Ganßmann

---

147 Bei »horizontal gesteuerten Kooperationsgruppen« kommt es zu einer »Fusionierung von Entscheidungsebene und operativer Ebene« (Geser 1983/148). Der Vorteil dieser Gruppen, »die Möglichkeit, Handlungen und Entscheidungen über Handlungen praktisch beliebig fein miteinander rückzukoppeln und ihre Aktionsprogramme dementsprechend auch noch im Laufe ihrer Durchführung immer wieder neu zu spezifizieren« (ebd.), verbindet sich mit einer extremen Vermischung von Sach- und Beziehungsebene. »Mühsame und langwierige Prozesse interpersoneller Wahrnehmung und Qualifikationsbeurteilung« sind die Voraussetzung dafür, daß sich eine »gewisse geregelte Kooperativität und Sozialkontrolle ausbilden kann« (Geser 1983/148f.). Bei kleinen Gruppen entsteht »die berechtigte Befürchtung, daß sie durch Eintritt irgendeines neuen Mitglieds ihre langfristig aufgebaute Basis konfliktfreier Verständigung und flüssiger Kommunikation verlieren könnten und mühsam neu aufbauen müßten« (Geser 1983/149f.).

1976/489). Sie haben recht gegen Webers Engführung der Trennung der Menschen von ihren gesellschaftlichen Lebensbedingungen auf die Bürokratisierung[148], unterschätzen damit aber die prognostische Hellsichtigkeit Webers in bezug auf die Bürokratie als eigenes Problem der Gestaltung einer Alternative zum Kapitalismus.

Die Bürokratie von anderen »tiefer« gelegenen sozialen Strukturen abhängig zu erklären (ebd.), ist aber etwas anderes, als zu suggerieren, die gesellschaftliche Komplexität enthalte bei Aufhebung des Kapitalismus keine eigenen Schwierigkeiten für Gesellschaftsgestaltung. Daß alles einfacher würde mit der Aufhebung des Kapitalverhältnisses, ist eine unbegründete Annahme, die auf (s. II) kapitalismustheoretisch zu begründende Steigerungen der Komplexität (über das für die moderne Gesellschaft spezifische Maß hinaus) reagiert. Diese Annahme berücksichtigt aber nicht die spezifische Komplexitätssteigerung bei verallgemeinerter Selbstverwaltung.[149]

Die letztlich utopische Weberkritik, für die ich Bader u.a. (1976/478f.) als Beispiel heranziehe, umgeht Webers Einsicht, schon unter bloß modernen Verhältnissen impliziere die gesellschaftliche Organisation qua formaler Rationalität und Bürokratie die Abtrennung der zu verwaltenden Anliegen von der Bevölkerung auf eine Weise, die sich nicht einfach überspringen läßt. Die Formalisierung der in dieser Abgetrenntheit organisierbaren Stoffe ermöglicht erst, sie zu verwalten. Die Verwaltung sichert etwas, das für alle Relevanz besitzt: Zusammenhang und Kompatibilität – inklusive deren Dauerhaftigkeit, Verläßlichkeit und Berechenbarkeit. Analog zu dem von Marx analysierten »Kapitalfetisch« kann sich die Verwaltung die durch sie verknüpften Zusammenhänge als ihr Werk zuschreiben. Dies trägt den Apparaten Machtvorteile ein. Auf die Trennung der Bürokratie von der Bevölkerung mit der Zurücknahme der Bürokratie in die Gesellschaft zu antworten umgeht die Schwierigkeiten der

---

148 »Insbesondere aber ist diese unentrinnbare, universelle Bürokratisierung dasjenige, was sich hinter einem der am häufigsten zitierten sozialistischen Schlagworte verbirgt – dem Schlagwort von der ›Trennung des Arbeiters vom Arbeitsmittel‹« (GASS 498). »Der Bürokratisierung gehört die Zukunft« (PS 318).

149 »Der Rationalitätseffekt einer ›Vergesellschaftung politischer Steuerungsprozesse‹ ist schwer zu bestimmen; denn eine Demokratisierung müßte einerseits die *vermeidbare* (nur systemspezifisch unvermeidliche) Komplexität, die von der unkontrollierten Eigendynamik des Wirtschaftsprozesses erzeugt wird, abbauen, aber sie würde zugleich die (systemunspezifische) *unvermeidliche* Komplexität verallgemeinerter diskursiver Willensprozesse ins Spiel bringen« (Habermas 1973/189).

Gestaltung moderner Gesellschaften, auf die Bürokratien ebenso eine Antwort sind, wie sie das »zugrundeliegende« Gestaltungsproblem noch verschärfen.[150]

Daß Verwaltung allein bürokratisch optimal funktionieren könne, arbeitet Weber im Vergleich zu ehrenamtlicher oder kollegialer Verwaltungstätigkeit heraus. In den Dimensionen Wissen, Übung, Einheitlichkeit und Ausnutzung der Betriebsmittel[151] schneide eine ehrenamtliche Verwaltungstätigkeit schlechter ab als die bürokratische (vgl. WuG 562). Weber bindet die Bürokratie an die »Entwicklung der Verwaltungsaufgaben« (WuG 559), die er im »Großstaat und (in) der Massenpartei« durch quantitative oder extensive (559f.) und qualitative und intensive Erweiterung und Entfaltung (560f.) gekennzeichnet sieht.[152]

Die Bürokratie als Knotenpunkt der Schwierigkeiten der Gesellschaftsgestaltung ernstzunehmen – die utopistische Weberkritik umgeht dies, indem sie gerade jene organisatorischen Vorkehrungen vermeintlicher Demokratisierung vorbringt, deren Naivität gezeigt zu haben nicht das geringste Ergebnis von Webers Analyse darstellt.[153] Als Naivität gilt ihm, mit einer wie auch immer gear-

---

150 »Die Laisierung der Massen« sei mit »jeder Form formeller Rationalisierung« verknüpft (Schluchter 1972/106, vgl. auch 107).

151 Weber sieht den entscheidenden Grund für das Vordringen der bürokratischen Organisation in ihrer »rein technischen Überlegenheit über jede andere Form. Ein voll entwickelter bürokratischer Mechanismus verhält sich zu diesen genau wie eine Maschine zu den nicht mechanischen Arten der Gütererzeugung. Präzision, Schnelligkeit, Eindeutigkeit, Aktenkundigkeit, Kontinuierlichkeit, Diskretion, Einheitlichkeit, straffe Unterordnung, Ersparnisse an Reibungen, sachlichen und persönlichen Kosten sind ... auf das Optimum gesteigert« (WuG 561f.). Hinzu treten die Schulung und Übung der Funktionäre und die optimale Durchführung des Prinzips der »Arbeitszerlegung in der Verwaltung nach rein sachlichen Gesichtspunkten« (WuG 562). Die Alternative zur Bürokratisierung ist nach Weber die Dilettantisierung der Verwaltung.

152 »Die Bedingungen der Verwaltung von Massengebilden sind radikal andere als diejenigen kleiner, auf nachbarschaftlicher oder persönlicher Beziehung ruhender Verbände« (WuG 548). Unmittelbare Demokratie existiere nur in »kleinen Verbänden« oder in »einem Kleinstaat« (WuG 169f., PS 277), unter »Voraussetzung prinzipiell gleicher Qualifikationen aller zur Führung der gemeinsamen Geschäfte« (WuG 546). Die Bürokratisierung sei der »unentrinnbare Schatten der Massendemokratie« (WuG 130, s.a. 128).

153 »Eine Diskussion über innerorganisatorische Demokratisierung (Naschold 1969, Bosetzky 1970) hat bei Weber keinen Platz«, heißt es bei Bruckmeier (1988/62). Von Bosetzky läßt sich hingegen lernen, wie die Unterschätzung der Leistungsseite der Bürokratie korrespondiert mit der Überschätzung der Leistungen assoziativer Gruppen und mit der Unterschätzung der mit ihnen verbundenen Probleme – vor beidem warnt Bosetzky (1970/186ff.) gerade. »Nascholds Arbeit ›Organisation und Demokratie‹ ... bietet kaum konkrete Ansätze für die Organisation zentraler Entscheidungsprozesse« (Scharpf 1987/56), sondern betrifft vielmehr die »Willensbildung in kleinen Einheiten«.

teten Kontrolle durch »das Volk« den mit der Bürokratie verbundenen Hierarchie-, Macht- und Herrschaftseffekten entkommen zu können. Sein Argument ist an dieser Stelle, daß die Kontrolle Organisationsleistungen zu erbringen hätte, die ihrerseits mit analogen Effekten verknüpft sind, gegen die die Kontrolle ursprünglich opponiert. Sie müsse nur selbst noch einmal das wiederholen, wogegen sie sich richte. Insofern erscheint Weber auch der Ausdruck »Demokratisierung« irreführend: »Der Demos im Sinne einer ungegliederten Masse ›verwaltet‹ in größeren Verbänden nie selbst, sondern wird verwaltet und wechselt nur die Art der Auslese der herrschenden Verwaltungsleiter« (WuG 568). Ein Repräsentant bleibt »der von den Wählern erkorene Herr derselben, nicht: ihr ›Diener‹« (WuG 172, vgl. auch 666).[154]

Ernstzunehmen ist hier Webers Ergebnis, »Utopie« sei es, »durch noch so ausgetüftelte Formen der Demokratie die Herrschaft des Menschen über den Menschen zu beseitigen«.[155] Dies gilt auch für das von vielen Linken präferierte Steuerungsprinzip Vereinbarung. Beliebt ist hier die Vorstellung, Vereinbarung und Anreiz durch soziale Belohnung und »nichtentfremdete« Produktionsweise seien möglich – und zwar über die Binnenorganisation von Kollektiven oder kleinen Gruppen von Kollektiven hinaus. Die anspruchsvollen Voraussetzungen dafür werden jedoch oft übergangen (vgl. Bergmann, Krischausky 1985/114f.). Die hohen Anforderungen an die intrinsische Motiviertheit sind einer gestaltungspessimistischen Auffassung zufolge in einer arbeitsteiligen Wirtschaft nicht zu erwarten. Mit der Vergrößerung der Reichweite gesellschaftlicher Interdependenzen kommt es zu einer Komplexität der Kommunikation, die zu ihrer Bearbeitung ein mehrstufiges System der Delegierung erfordert. Damit gehen Überschaubarkeit, direkte soziale Interaktion und Kontrolle verloren, die Planung entkoppelt sich von den Arbeitskollektiven, ganz zu schweigen von den individuellen Präferenzen. Ab einer bestimmten Größe des Kollektivs schwindet die Offensichtlichkeit eines Gleichgewichts zwischen Leistungserbringung und Teilhabe am Gruppenoutput. Die Undurchschaubarkeit steigt und damit auch die Chancen für »Trittbrettfahrerverhalten« (s. I.6). Erhöht sich die Größe der Kollektive, so wachsen ebenfalls der Koordinationsaufwand und die Dauer und Intensität von Konsensfindungsprozessen.[156]

---

154 »Das ›imperative‹ Mandat der Repräsentanten ist schon rein technisch, infolge der stets wandelbaren Situation und der stets entstehenden unvorhergesehenen Probleme nur unvollkommen durchführbar.« (WuG 666, vgl. auch WuG 129f., 172, 667, 853).

155 Weber, Brief an Michels, zit. n. Mommsen 1959/392.

156 Auch die in I.1 genannten Aufgaben eines Wirtschaftssystems werden durch den Rückgriff auf Vereinbarung und Solidarität nicht gewährleistet. Beide stellen »keine Anreizmechanismen dar, die Ressourcen gemäß den Präferenzen auf unterschiedliche Kollektive zu

I.6. Das Auseinanderfallen von individueller und gesellschaftlicher Rationalität als Resultat und Voraussetzung moderner Gesellschaft

Aus dem Bisherigen ergibt sich, daß

— Interessen divergieren zwischen den verschiedenen Ebenen einer ausdifferenzierten Gesellschaft (s. I.1);

— die Arbeit nicht selbst intrinsisch auf die Lösung von Problemen gerichtet ist, sondern auf Arbeitsentgelt, Statusgewinn und die Bedienung des Selbstbewußtseins von Subjekten (vgl. III);

— die gesellschaftliche Komplexität und die Effizienznotwendigkeiten eine befriedigende Arbeit an der Gestaltung von Gesellschaft eher unwahrscheinlich machen.[157]

In dem Maße, wie sich diese Effekte gegenseitig verstärken, liegt eine unmittelbare Nutzenorientierung der Individuen (s. I.5) nahe, die als Resultat moderner Gesellschaft ihre Gestaltung erschwert. Als normal gilt ihr entsprechend nun, daß Disparitäten verteidigt und gewollt werden, »Schließungen« gewöhnlich sind und Interessenpolitik für den eigenen Betrieb, die eigene Region usw. an erster Stelle steht. Eine Indifferenz herrscht gegenüber den nicht unmittelbar entgoltenen Effekten der eigenen Arbeit. Die individuelle Handlungsperspektive und die Bereichslogiken absorbieren die Aufmerksamkeit und die gesellschaftliche Bearbeitung gesellschaftlicher Belange rückt in den Hintergrund.

Das Auseinanderfallen von individueller und gesamtgesellschaftlicher Rationalität ist komplementär zu den Schwierigkeiten, die sich den Individuen in ihrem Unterfangen entgegenstellen, in der Gestaltung der Gesellschaft tätig zu werden. Die geringe politische Partizipation ist auch auf das Mißverhältnis zwi-

---

verteilen und so die Produktion zu steuern, die wünschenswerte interkollektive Diffusion von Neuerungen unterbleibt, es gibt keine Koordinationsinstanz, um die Wirtschaftspläne unterschiedlicher Kollektive konsistent zu regulieren. Fehlsteuerungen, die mehrere Kollektive betreffen, werden nicht automatisch korrigiert. Was für das eine Kollektiv wünschenswert ist, kann für die anderen negative Folgen haben – der typische Fall externer Effekte« (Bergmann, Krischausky 1985/115).

157 Vorgefunden wird etwas, das man »in Analogie zu einer ärgerlichen Grundtatsache der Elektrizitätswirtschaft, als politische Netzverluste bezeichnen könnte« (»politische Kommunikationen ›kommen nicht an‹, sondern gehen in der Leitung verloren«) (Offe 1986a/224).

schen der Menge und der Komplexität politischer Entscheidungen einerseits, den Grenzen individueller Informationsaufnahme und -verarbeitungskapazität andererseits zurückzuführen. Zusätzliche Entmutigungseffekte entstehen dadurch, daß die jeweils besonderes Wissen erfordernde Sachpolitik auf andere Politikfelder verweist, die wiederum ihrerseits Spezialwissen und Vertrautheit mit der Materie voraussetzen. Hinzu kommt: Die Formierung einer gesellschaftlich praktischen und relevanten Initiative zur Gestaltung der Gesellschaft findet unter Bedingungen statt, in denen die die gegenwärtigen Zustände verwaltende Seite höhere Machtmittel und strategische Vorteile hat und sich die diversen Spaltungen und »Inkompetenzen« ihrer Gegenspieler zunutze machen kann. Nicht allein wird die Überwindung der Spaltung aus Gründen der Divergenz von Interessen, Mentalitäten und Kompetenzen usw. schwierig, sondern es existieren zudem starke Interessen und Kapazitäten auf der Seite der Vertreter des status quo dafür, diese Schwierigkeiten auszunutzen.

Das i.w.S. politische Engagement fordert einen hohen Aufwand an Zeit, Energie und Können bei gleichzeitig geringer Wahrscheinlichkeit eines positiven Ergebnisses dieser Mühe.[158] Ein zweites Ursachenbündel für das Auseinanderfallen individueller und gesellschaftlicher Rationalität ergibt sich aus den Schwierigkeiten der Kooperation. Eine unter gegebenen Bedingungen nicht unwahrscheinliche individuelle Herangehensweise ist, darauf zu bauen, ohne eigene Leistung in den Genuß des kollektiv hergestellten Gutes zu gelangen. »Trittbrettfahrer« vertrauen darauf, von der Nutznießung am Kollektivgut nicht ausgeschlossen zu werden. Es sind jeweils die anderen, von denen ein Beitrag für das Kollektivgut (z.B. Mitgliedbeiträge oder die Mitarbeit in der Gewerkschaft) erhofft wird.[159] Eine weitere Schwierigkeit resultiert daraus, daß der eigene Beitrag als relativ wenig ins Gewicht fallend eingeschätzt wird und sich dann auch vermeintlich folgenlos aus individueller Perspektive einsparen läßt. Während es beim Kollektivgutproblem um die Bereitstellung eines Kollektivgutes und ihre Finanzierung geht, handelt das Allmendeproblem (Hardin 1988/1243-48) von der Nutzung freier Güter.[160]

---

158 »Politische Gestaltung konkurriert als Betätigungsmöglichkeit des Individuums unter diesen Bedingungen mit anderen Betätigungen, von denen das Individuum eine direktere und von ihm aus mehr zu kontrollierende Wirkung auf sein unmittelbares Leben erwarten kann. Beruf, Arbeitsplatz, Einkommen, Wohnort, Familie, Freizeitchancen oder Gesundheit... « (Scharpf 1975/62).

159 Wenn sich alle an dieses Kalkül halten würden, käme aus individueller Rationalität kein Kollektivgut zustande.

160 Die zur freien Nutzung verfügbare Gemeindewiese (»Allmende«) einer Bauerngemeinde »lädt« dazu ein, daß jeder Bauer individuell seine Stückzahl Vieh vergrößert, die er auf

Die Individuen stehen untereinander bei der Bereitstellung eines Kollektivguts bzw. bei der Vermeidung der Übernutzung freier Güter[161] in einer Situation, die jener gleicht, die die Spieltheorie unter dem Titel »Gefangenendilemma« beschreibt. Rational ihre Bereitschaft zur Kooperation kalkulierend müssen die Individuen unter der Bedingung des Privatinteresses und mangelnder Abstimmung mit den anderen davon ausgehen, daß die anderen jeweils ihren Beitrag zum Kollektivgut vorenthalten. Es ist so für alle jeweils individuell rational, von den anderen Kooperation zu erwünschen, selbst aber nicht zu kooperieren.

Auswege aus den genannten Dilemmata individueller Rationalität ergeben sich erstens durch die obligatorische Mitgliedschaft bzw. Beitragsleistung. Kooperationsenthaltung bei der Erstellung eines Kollektivguts soll ausgeschlossen werden bspw. in den »closed shops« englischer Gewerkschaften oder durch die Zwangsmitgliedschaft in Ärzte- und Handwerkskammern. Umgekehrt kann Trittbrettfahrerverhalten minimiert werden durch eine Regelung, mit der das Kollektivgut exklusiv den zu ihm Beitragenden vorbehalten bleibt. Eine zweite Erklärung, wie es trotz der ihr entgegenstehenden Hindernisse zu Kooperationsbereitschaft kommt, liegt in den selektiven Anreizen, die das interessierte Individuum sozusagen als Bei- oder Nebenprodukt seines Eintretens für ein Kollektivgut genießen kann. »So dürfte ein Anreiz für die Mitgliedschaft im ADAC kaum die vom ADAC vertretene Verkehrspolitik sein. Vermutlich sind selektive Anreize wie Pannendienste, Versicherungen, eine Automobilzeitschrift u.ä. von Bedeutung« (Opp 1994/21).

Ein dritter Ausweg kommt dann in Betracht, *wenn* die »Spieler« wiederholt »Spielrunden« zusammen spielen, also Verlierer und Gewinner wieder aufeinander treffen und alle sich über das Auseinanderfallen von kollektiver und individueller Rationalität verständigen[162] und die Bereitschaft zu einer anderen Art

---

der Allmende weiden läßt. Der Nachteil (die Überfüllung der Allmende, das Leerfischen der See, die Verschmutzung der Umwelt) fällt allen anderen gleichmäßig zu, der Vorteil (die Vergrößerung der Viehherde, des Fischfangergebnisses usw.) allein den dabei Erfolgreichen. Im Resultat kommt es zu einer Zerstörung der Allmende bzw. des freien Gutes.

161 Unter Bedingungen einer hohen Autoverkehrsdichte vergrößert jeder individuelle Verzicht auf das Auto bei den anderen ein wenig die Attraktivität des Autos – die Stauwahrscheinlichkeit sinkt, die Masse der zur Verfügung stehenden Parkplätze steigt, das individuelle gute Beispiel produziert paradoxe Effekte.

162 Kooperation wird »um so wahrscheinlicher (unwahrscheinlicher):
– je öfter (seltener) eine bestimmte Entscheidungssituation auftritt,
– je intensiver (weniger intensiv) die Kommunikation zwischen den Beteiligten ist,
– je geringer (höher) die Differenz der Auszahlungen für einseitig unkooperatives und allseitig kooperatives Verhalten,

von Spielen erhöhen können. Hier würde die Bereitschaft zur Kooperation an die Bereitschaft der Kooperation der anderen gekoppelt. Mit zunächst geringen »Beträgen« könnte die Bereitschaft anderer zur Kooperation »getestet« werden, um erst dann die »Investitionen« in die als wechselseitig erfahrene Kooperation zu erhöhen. Zentrale Voraussetzung dafür ist die Gewährleistung einer effizienten wechselseitigen Information und Koordination. Die Präferenz für Kooperation bleibt so nicht eine subjektive Herzensangelegenheit. Selbst wenn sie vorausgesetzt werden kann, mögen mich institutionelle Voraussetzungen dazu bringen, egoistisch zu handeln. Es ginge für Gesellschaftsgestaltung darum, Bedingungen und Konstellationen zu überwinden, die nicht-kooperative Zielverfolgung wahrscheinlich machen.[163]

Albert O. Hirschman relativiert weit prinzipieller die Trennung zwischen Beiträgen zu Kollektivgütern und der »Belohnung«. Er fokussiert den Genuss,

---

— je höher (niedriger) die Differenz der Auszahlungen für allseitig kooperatives und allseitig nichtkooperatives Verhalten und
— je geringer (größer) die Anonymität der individuellen Entscheidung ist« (Fritsch 1983/103).

163 Offe kritisiert an Habermas die einseitige Privilegierung der kognitiv-moralischen Kompetenzen des Individuen gegenüber den als »Assoziationsverhältnisse« bezeichneten Interdependenzen bzw. Indifferenzen zwischen den Akteuren, die gegenwärtig »Empathie, Vertrauen, Wohlwollen, Anteilnahme und Weitsicht« (Offe 1996/288) empfindlich restringieren. Gegenüber der ethischen Rede wird das gelebte Ethos in den Blick gerückt und auf seine materialen Konstituenten verwiesen: »die Strukturen der Arbeitsteilung einerseits, das thematische und soziale Schnittmuster der Institutionen kollektiven Handelns, d.h. der Interessenaggregation und -vermittlung andererseits« (Offe 1989/760). Von der Gestalt dieser Assoziationsverhältnisse hänge es ab, ob Solidarität sich entfalten könne. Unter Rekurs auf die spieltheoretisch gefaßten Dilemmata kollektiven Handelns verweist Offe auf extreme Entmutigungen moralischen Handelns. Auch die vertikale und horizontale Arbeitsteilung, in der »»immer jemand anders zuständig ist««, hat kooperations- und assoziationsabträgliche Effekte. Vertikal wird es möglich, daß »jeder die Verantwortung nach oben abwälzen kann, auf höheren Ortes vorentschiedene Prämissen des eigenen Handelns«. Und horizontal führt »die Omnipräsenz abrufbaren Spezialisten- und Expertenwissens zur chronischen Inkompetenzvermutung gegen soziale Akteure wie der Akteure gegen sich selbst – auch bei den schlichtesten alltagspraktischen Handlungen. (›Wenn Sie einen Unfall mit Verletzten sehen‹, lehrt der Fahrlehrer, ›dann fahren Sie schnell weiter. Wenn Sie das Unfallopfer transportieren, versaut es Ihnen den Rücksitz, und hinterher sind Sie auch noch schuld, wenn etwas schiefgeht. Wenn Sie weiterfahren, kann Ihnen nichts passieren.‹) ... Bürokratie, Verwissenschaftlichung und Professionalisierung können so beitragen zur Unterforderung des common sense und zur Schwächung alltäglicher Gesittung« (Offe 1996/286).

den das gemeinwohlbezogene Handeln mit sich bringt.[164] Hirschman »bezahlt« seinen Hinweis auf andere Metapräferenzen als die eines Kosten/Nutzen- oder Ziel/Mittel-Modells mit einer Voraussetzung, alternative Metapräferenzen und die entsprechende intrinsische Befriedigung stünden sozusagen immer zur Verfügung. Gesellschaftstheoretisch wäre hier interessant, wann welche Metapräferenzen eher wahrscheinlich sind, von was dies jeweils abhängt und wie darauf einzuwirken ist. Es bleibt zu fragen, inwieweit sich unter Bedingungen der modernen Gesellschaft jene Änderung der Metapräferenzen ereignen kann, die die Kluft zwischen individueller und gesellschaftlicher Rationalität verringert.

Wenn Hirschman nicht-instrumentellem Handeln den Effekt zuschreibt, es vermittele das Gefühl, »menschlicher zu sein« und stelle so, ökonomisch gesprochen, »eine Investition in die Identität von Individuen und Gruppen« dar (1993/235), so hängt vom Ausmaß des Auftretens dieser Gruppen, ihrer Effekte und der autokatalysatorischen Steigerungsdynamik die Wahrscheinlichkeit einer die Restriktionen kurzfristigen Interessenkalküls überschreitenden Perspektive ab. Wiesenthal sieht bei der Anti- AKW-Bewegung wie der Friedensbewegung keineswegs eine Gleichförmigkeit von Handlungsmotiven und -bereitschaften als Voraussetzung des »Starts einer Bewegungsdynamik und ihrer (zeitweisen) Stabilisierung. ... Durchaus typisch ist der Fall, daß sich die Risiken und Kosten der Kooperation mit einer wachsenden Zahl von Beteiligten verringern, nachdem erst einmal engagierte ›Aktivisten‹ als ›kritische Masse‹ wirksam wurden und die Startschwierigkeiten überwanden. Ihr Handeln als ›Bewegungsunternehmer‹ ist stärker von einem Identitätskonzept (Wer bin ich) als von einem Nutzenkonzept (Was bekomme ich) geleitet. ... Entscheidend ist, daß dank der nichtutilitaristischen Aktivisten eine Infrastruktur für die Teilnahme von Personen entsteht, die nur bedingt zur Kooperation bereit sind: nämlich dann, wenn sie wissen, daß ihr Beitrag gebraucht wird und nicht vergeblich ist.

---

164 Es falle in die »selbe Kategorie menschlicher Tätigkeiten wie die Suche nach Gemeinschaft, nach Schönheit, Erkenntnis und Erlösung. Alle diese Tätigkeiten tragen, um eine etwas abgenutzte Redensart zu gebrauchen, ›ihren Lohn in sich selbst‹« (Hirschman 1984/93f.). Es gebe keine »klare Trennungslinie zwischen dem der Sättigung vorausgehenden ›Kosten-Abschnitt‹ und dem »Vergnügungsabschnitt‹« der Handlung »und die Erfahrung des ›Vergnügens‹ strahlt auf die ›Kosten‹ aus« (ebd./96). »Die plötzliche Erkenntnis (oder Illusion), daß man selbst dazu beitragen kann, die Gesellschaft zum Besseren zu wandeln und daß man sich dabei überdies einem Kreis Gleichgesinnter zugesellen kann, ist unter diesen Umständen schon an sich anziehend, ja berauschend. Für den Genuß dieses Gefühls ist es nicht erforderlich, daß sich die Gesellschaft nun tatsächlich auf der Stelle ändert: es genügt vollkommen, so zu handeln, als ob sich ein solcher Wandel bewerkstelligen ließe« (ebd./98).

Ist dank dieser Gruppe das Kooperationsziel greifbar geworden, so wird die Koalition auch für Nach- und Mitläufer attraktiv« (Wiesenthal 1989/44).

I.7. Luhmanns Utopie der Flexibilisierung[165]

Die mangelnde Berücksichtigung der Handlungsvernetzung stellt eine Grenze der bisher thematisierten Zweck-Mittel-Rationalität und der formalen Rationalität dar. Mit systemischen Konzepten lassen sich darüber hinausgehende Leistungsvorzüge moderner Gesellschaftsstrukturen besser beschreiben. Luhmann wird als *ein* Repräsentant systemischen Denkens interessant, ohne daß ich mit ihm *die* Systemtheorie charakterisieren möchte. Gegenüber einem bloßen Wegfiltern störender Impulse durch Organisationen und Bürokratien thematisiert Luhmann ihre effektivitätsfördernde »Offenheit« für ihre jeweiligen »Umwelten«. Luhmanns besondere Aufmerksamkeit liegt auf der Beschreibung jener Vermögen von Systemen, von außen erfolgende Infragestellungen zu depotenzieren und Impulse aus der Umwelt umzufunktionieren zur Stärkung der systemeigenen Selbstreproduktion.

Während Weber und Simmel die Auswirkungen sozialer Strukturen auf die Individuen und auf die Selbstgestaltung von Gesellschaft eng miteinander verbunden diskutieren, trennt Luhmann beide Dimensionen voneinander. Das Thema »menschliche Kosten moderner Strukturen« wird von Luhmann nicht nur aufgrund der anvisierten Freiheitsgewinne der Individuen (vgl. Luhmann 1984/289 und 1995/130) entproblematisiert, die gesellschaftliche Selbsteinwirkung aber bleibt ein Problem auch seiner Theorie. In seinem Denken totalisiert sich bis zur outrierten Konsequenz die auch schon bei Weber und Simmel angelegte Formalisierung und Reifizierung (bzw. empirische Fehlverwendung) analytischer Abstraktionen.[166]

1) Von »System« wird zunächst dann gesprochen, wenn es nicht mehr um die Rationalität der Einzelhandlung geht, sondern um die Abstimmung, Koordina-

---

165 Eine Zusammenfassung dieser Kritik in 25 Thesen findet sich in Creydt 1998.

166 Bereits Lukács (1974 Bd. III/63) hat auf sie hingewiesen. Münch sieht bei Luhmann ein »völlig undurchsichtiges Durcheinander von logisch wahren Aussagen, die empirisch gedeutet werden, und von theoretischen Aussagen, die zugleich als empirische Beschreibung der Realität erscheinen« (Münch 1990/387).

tion und Integration zwischen verschiedenen Handlungen.[167] Im Unterschied zu »Ökosysteme« betreffenden Überlegungen[168], die ökologische Begriffe (Kreislauf, Gleichgewicht usw.) auf die Gesellschaft übertragen, hebt Luhmann die Selbstreferenz sozialer Systeme hervor. Aus der Unabhängigkeit sozialer gegenüber ökologischen Strukturen folgt für Luhmann, nicht aber der Sache nach, die Indifferenz beider zueinander.[169] Systeme sind zwar auch für Luhmann nicht autark, sondern auf Beiträge aus der Umwelt angewiesen, die sie aber nach eigenen (von der Einheit des Systems abhängigen) Kriterien verarbeiten.[170] Luhmann weitet hier seine Würdigung von Organisationen aus,

167 Ein Betrieb hat bspw. ein qualitativ bestimmtes Produkt herzustellen, einen möglichst hohen Absatz zu sichern, einen »angemessenen Gewinn« zu erzielen, er muß technisch effizient operieren, finanziell ebenfalls wieder in anderer Hinsicht rational sich verhalten usw. Die verschiedenen (Unter-)Zwecke hängen vielfältig miteinander zusammen. Bestimmte Strategien sind nicht auf bestimmte Mittel fixiert, wie dies Webers Modell zweckrationalen Handelns mit seiner »logischen Eindeutigkeit« suggeriert. *Ein* Effekt läßt sich meist mit verschiedenen (»funktional äquivalenten«) Mitteln bewirken. »Auch die Fiktion eines jeweils optimal geeigneten Mittels löst sich auf (s. Luhmann 1973/114ff.), sobald man auf die vielfältigen Gesichtspunkte reflektiert, unter denen nicht nur die Mittel, sondern auch die zugeordneten Zwecke ›bewertet‹ werden können und – bei wechselnder Umwelt-Situation – immer von neuem eingestuft werden müssen. Es kommt also letztlich nur darauf an, die einzelnen Zweck-Setzungen je nach ihrer aktuellen ›Funktion‹ für das Gesamtsystem zu gewichten und gegeneinander auszubalancieren« (Maier 1982/170f.).

168 Zur Kritik einiger Ideologeme im einschlägigen Diskurs vgl. Dinnebier 1980, Koehler 1986/127, Trepl 1983/10, 19.

169 »Jedes selbstreferentielle System hat nur den Umweltkontakt, den es sich selbst ermöglicht, und keine Umwelt ›an sich‹« (Luhmann 1984/146). Luhmann überzieht die Selbständigkeit sozialer Systeme gegenüber der Natur in einfacher Entgegensetzung zu ihrer differenzlosen Einbettung in übergeordnete ökologische oder kosmologische Zusammenhänge. Er unterstellt die Negativ-Bestimmung der Systeme, aus ihrem eigenen Funktionieren nicht auf die (ökologische) Umwelt Rücksicht zu nehmen. »Die primäre Zielsetzung autopoietischer Systeme ist immer die Fortsetzung der Autopoiesis ohne Rücksicht auf Umwelt« (Luhmann 1986/38).

170 »Alles, was solche Systeme als Einheit verwenden, ihre Elemente, ihre Prozesse, ihre Strukturen und sich selbst, wird durch eben solche Einheiten im System erst bestimmt: Oder anders gesagt: es gibt weder Input von Einheit in das System, noch Output von Einheit aus dem System. Das heißt nicht, daß keine Beziehungen zur Umwelt bestehen, aber diese Beziehungen liegen auf anderen Realitätsebenen als die Autopoiesis selbst« (Luhmann 1985b/403). Vgl. auch Marx: »Als Resultat des Produktions- und Verwertungsprozesses erscheint vor allem die Reproduktion und Neuproduktion des Verhältnisses von Kapitalist und Arbeiter. Dies soziale Verhältnis, Produktionsverhältnis, erscheint in fact als ein noch wichtigeres Resultat des Prozesses als seine materiellen Resultate« (GR 596); vgl. auch die nächste Fußnote.

insbesondere in bezug auf ihre Entkoppelung von individuellen Motiven und Belangen. Die Wertschätzung dieser Entkoppelung müßte sich allerdings zur »Gegenrechnung« ins Verhältnis setzen. Die Leistungsstärke der emergenten Struktur und der Eigenwert von Organisationen sollen nicht bestritten werden. Es geht vielmehr um die Frage, welchen »Ort« sie in der Gesamtheit der Aussagen über Gesellschaft haben. Die sozialen Systeme und Organisationen bleiben – so meine »Gegenthese« – bei aller Geschlossenheit und bei allem immanenten Talent, äußere Inputs organisationsadäquat einbauen und absorbieren zu können, dennoch auf spezifische Fähigkeiten, Sinne und Interessen der in ihr Tätigen angewiesen. Damit ergibt sich eine Differenz zu den organisationsinternen Maßgaben. Luhmann schließt von der selbstreferentiellen Struktur und der Tatsache, daß äußere Inputs, Individuen usw. im System nach dessen Maßgaben funktionieren (sollen), darauf, daß sie im System auch nichts anderes sind als lebendiges Zubehör, das die Funktionsstellen funktional ausfüllt. Mit dem Autopoiesisbegriff wird diese radikale Position fundiert.[171] Die Differenz zwischen der Arbeitskraft als Teil des Kapitals (variables Kapital) und den in der Arbeit virulenten, nicht in der ökonomischen Funktion aufgehenden, von ihr gleichwohl benötigten Fähigkeiten und Sinnen wird in II.6 (als »Doppelcharakter«) eingehender Thema werden. Mit dieser Differenz kann die Qualität und

---

171 »Ein System kann man als selbstreferentiell bezeichnen, wenn es die Elemente, aus denen es besteht, als Funktionseinheiten selbst konstituiert und in allen Beziehungen zwischen diesen Elementen eine Verweisung auf diese Selbstkonstitution mitlaufen läßt, auf diese Weise die Selbstkonstitution also laufend reproduziert. In diesem Sinne operieren selbstreferentielle Systeme notwendigerweise im Selbstkontakt, und sie haben keine andere Form für Umweltkontakt als Selbstkontakt« (Luhmann 1984/59). Die theoretischen Hypostasierungen abgezogen, erscheint »Autopoiesis« als neuer Name für eine der Sache nach schon weit früher thematisierte Angelegenheit: »Wenn im vollendeten bürgerlichen System jedes ökonomische Verhältnis das andre in der bürgerlich-ökonomischen Form voraussetzt und so jedes Gesetz zugleich Voraussetzung ist, so ist das mit jedem organischen System der Fall. Dies organische System selbst als Totalität hat seine Voraussetzungen, und seine Entwicklung zur Totalität besteht eben darin, alle Elemente der Gesellschaft sich unterzuordnen, oder die ihm noch fehlenden Organe aus ihr heraus zu schaffen« (GR 189). Marx thematisiert dies bspw. am Verhältnis zwischen Lohnarbeit und Kapital, in dem die Arbeitenden aus pekuniären Gründen (der Lohnhöhe) und aus Gründen ihrer erscheinenden Subalternität (gegenüber dem in den gegenständlichen Produktionsbedingungen vergegenständlichten gesellschaftlichen Knowhow) aus dem Produktionsprozeß so heraustreten, wie sie in ihn eintreten: »persönliche Quelle des Reichtums, aber entblößt von allen Mitteln, diesen Reichtum für sich zu verwirklichen« (MEW 23/595f. , s.a. 603). Wie das Kapital sich auf sich selbst bezieht und die Gründe der Akkumulation als ihre empirische Notwendigkeit in der Konkurrenz erscheinen, thematisiere ich in II.5.

Rationalität der sozialen Systeme und des durch sie produzierten Reichtums genauer beschrieben werden, als dies jenen Soziologen möglich ist, die sich auf die Leistungsvorzüge der Geschlossenheit kaprizieren.[172] Für Luhmann wird die analytische Aussage, daß soziale Systeme und Organisationen von Individuen unabhängig sind, zur Tatsachenfeststellung, die das Verhältnis zwischen den Individuen und den Organisationen voll abdeckt.[173] Die Unabhängigkeit eines, sei es natürlichen, sei es sozialen Sachverhalts von den Intentionen und Wünschen der Menschen setzt diesen zwar eine Schranke ihres unmittelbaren Wollens, die sie nicht (oder: nur) imaginär überspringen können. Etwas ganz anderes ist es aber, aus dieser Schranke eine Grenze menschlich bewußter Gestaltung von Gesellschaft oder des Naturumgangs zu folgern. Diese Folgerung verkennt, daß die Eigengesetzlichkeit sozialer oder natürlicher Gebilde noch nichts über die gesellschaftlichen Möglichkeiten des Umgangs mit dieser »fatalité modifiable« (Comte) und ihren Einbau in andere Kontexte aussagt. Auch wenn das Fallgesetz gilt, können Menschen fliegen – aber eben mit Flugzeugen.

Rational gewiß ist die Aufmerksamkeit dafür, nicht durch unterkomplexe »Interventionen« Systeme in Turbulenzen zu bringen. Etwas anderes ist aber, soziale Gebilde allein als selbstregulierte Systeme aufzufassen. Luhmann kann dem suggestiven Vergleich nicht widerstehen[174], derzufolge Prozesse am besten

---

172 Insofern ist auch Breuers (1987) These problematisch, die kommunikationstheoretisch die Materialität der Sinne und Fähigkeiten ausblendende Engführung bei Luhmann als gelungene Beschreibung jener Geschlossenheit, Selbstreferenz und Selbstreproduktion aufzufassen, die dem Kapital eigen sei. Es ließe sich eine eigene Theoriegeschichte schreiben über die verschiedenen Möglichkeiten, das Verhältnis zwischen Form und Doppelcharakter nach der einen oder der anderen Seite zu vereinseitigen. Vgl. dazu II.6.

173 Ausgeschlossen wird die Frage, inwieweit im Bestehenden andere Kräfte und Assoziationsvermögen entstehen können, die einen Bruch mit den herrschenden Verhältnissen und eine neue gesellschaftliche Synthesis bewerkstelligen. Luhmann wirft allen Gesellschaftskritikern den fiktiven und eitlen Standpunkt eines »Außen« vor, ohne selbst zu fragen, inwieweit im »Innen« ein »Außen« entsteht, das nicht einfach »von außen« »gegen« »die Welt« vorgeht und dann als (Welt-)Fremdling seine notwendige Niederlage zu gewärtigen hat. »Wer einen Zweck in die Welt setzt, muß dann mit dem Zweck gegen die Welt spielen – und das kann nicht gutgehen oder jedenfalls nicht so, wie er denkt« (Luhmann 1988, zit. n. Schmid 1988). Luhmann unterstellt wie linke Formmonisten die Totalität als geschlossen und Gegnerschaft allein als extern möglich – und damit als unmöglich.

174 Luhmann äußert seine Verwunderung darüber, »daß mit der wissenschaftlichen Forschung der Respekt vor ›natürlichen Gleichgewichten‹, sei es in ökologischen Zusammenhängen, sei es in fremden Kulturen und heute sogar in Entwicklungsländern und ihren Traditionen gewachsen ist, daß aber zugleich die eigene Gesellschaft heftigster Kritik ausgesetzt und

allein gelassen werden[175], da jeder – dann notwendig »äußerliche« – Eingriff das Wunder gleichsam göttlicher Schöpfung nur (ver)störe.

Ich will mich hier nicht auf eine Diskussion der Probleme des Autopoiesis-Konzepts[176], der Frage nach seiner Relevanz in jenen Wissenschaften, aus denen er stammt (s.a. Wagner 1993/430f.), seiner Übertragbarkeit auf Gesellschaftstheorie und den Bedeutungsabwandlungen in der spezifischen Variante Luhmanns[177] einlassen und auch nicht auf die Diskussion der Unterschiede zwischen Autopoiesis und Selbstorganisation, Selbstreferenz oder Selbsterhaltung (vgl. Bühl 1987/222). Es geht mir hier um die populär-ökologistische Suggestion, die sich auch bei Luhmann mit »Autopoiesis« verbindet – um die spontane Evidenz eines einfachen Gegensatzes zwischen Autopoiesis als ausschließlicher Binnendetermination zu einer ebenso exklusiven »Außensteuerung« oder »Außenerklärung« (vgl. auch Bühl 1987/228). Demgegenüber wäre Autopoiesis positiv zu verstehen als Korrektiv zur bei allopoietischer Steuerung immer latenten Gefahr der Übersteuerung. Allopoiesis und Autopoiesis stehen nicht in jenem einfachen Gegensatz zueinander, den Luhmann suggeriert.[178] Vielmehr zeigt autopoietisches Wissen erst die Aufbaugesetze, Eigenkräfte und Eigendynamiken, die allopoietische Kontrolle aktivieren muß, nicht zuletzt, um soweit wie eben möglich oder nötig systemeigene Potentiale nutzen zu können.

2) Die notorische gestaltungspessimistische Mahnung, die Unwahrscheinlichkeit und Riskiertheit sozialer Kommunikation nicht zu unterschätzen, leitet bei Luhmann über zu einer wiederum utopisch zu nennenden Achtung vor sozialen

---

mit Interventionsforderungen überzogen wird, so als ob sie kein System wäre« (Luhmann 1986/20).
175 Bühl (1987/247) spricht von der »Universalideologie der ›unlenkbaren Selbstentwicklung‹«.
176 »Streng empirisch-wissenschaftlich gesehen ist bisher nur die (moderne) Zelle voll als autopoietisches System operational definierbar, während schon das Immunsystem oder das Nervensystem bzw. das Gehirn wohl als selbstreferentielles, nicht jedoch als ein autopoietisches System im eigentlichen Sinn zu betrachten ist« (Bühl 1987/221).
177 Während zumeist die gesellschaftstheoretische Übertragung (bei allen Änderungen im einzelnen) biologischer Begriffe kritisiert wird, macht Krüger (1993/70ff.) einen positiven Bedeutungsüberschuß der Überlegungen Maturanas gegen Luhmann geltend.
178 Schon in Maturanas Konzept von »Evolution« wird die Autopoiesis von äußeren Prozessen irreversibel modifiziert (Maturana 1982/210). Die Relevanz von Umweltgrößen, vor allem von Lebensprozesse steuernden Programmen (Code) darf nicht kleingeschrieben werden (vgl. Lipp 1987/457).

Strukturen.[179] Die sozialen Kräfteprofile in der Gesellschaft, die Abstände zwischen den Akteuren[180], ihre Fähigkeits- und Interessenverknüpfungen oder -dissoziationen sowie die daraus sich ergebenden Eigendynamiken, die wiederum als Resultat umschlagen zur Voraussetzung (s. Teil II) – all dies spielt bei Luhmann keine wesentliche Rolle in seiner Gesellschaftstheorie. Sie steht unter dem Bann des Scheiterns sozialer Kommunikation überhaupt angesichts ausufernder Komplexität.

Die Zwecke von Organisation und Systemen werden relativiert an der Überlebensfähigkeit. Ihre eigenen Selbsterhaltungs- und Stabilisierungsleistungen rücken in den Vordergrund der Aufmerksamkeit. Das Funktionierende wird nicht (»zweckrational«) auf Zwecke bezogen, die ihm ein Kriterium setzen, an dem es auch zu messen wäre. Umgekehrt haben sich vielmehr alle Zwecke daran zu relativieren, daß soziale Systeme überhaupt existieren, allererst sich vernetzen können. Zwecke werden zur Außendarstellung dieses »Erfolgs« und zu einer ihn flankierenden Immunisierungsformel.[181]

Luhmann spielt Überleben als notwendige, wenn auch wenig inhaltlich bestimmte Bedingung gegen eine qualitativ bestimmte Existenz aus. Luhmann zufolge ist »die Rationalität nicht in irgendwelchen Effizienzkriterien oder Optimierungen zu suchen, sondern in der Robustheit: in der Fähigkeit, fremde und eigene Irrtümer zu überstehen« (Luhmann 1988/122). Luhmanns Strukturaffirmation bezieht sich nicht auf bestimmte Werte, Bräuche und Sitten, sondern kommt formalisiert daher: Jedwede soziale Realität könne nur als System und mit dessen Operationsmodi überleben. »Was hilft dann die viele Kontingenz, wenn sie sich nicht organisieren, nicht benutzen läßt...?« (Luhmann 1992/95f.)

System als »Zusammenstellung« – daß sie überhaupt »funktioniert«, daß soziale Gebilde überhaupt durch alle Spannung hindurch Zusammenhalt gewin-

---

179 Soziale Systeme überleben nur dadurch, daß sie die Komplexität der Welt reduzieren »auf ein Format, das Erleben, Sichtscheiden und Handeln überhaupt erst gewährleistet« (Luhmann 1972/117).

180 Bereits aus »rational-choice«-Theorien hätte Luhmann auf genauere Gründe jenes Zusammensetzungsfehlschlusses (vgl. I.6) kommen können, der auftritt, wenn die Individuen aus der praktischen und kognitiven Unsicherheit über die Resultate der Aggregation ihrer Präferenzen unter Bedingungen der Isolation voneinander entscheiden. »Some severe problems result not from the evil of people but from their helplessness as individuals« (Schelling 1974/56).

181 »Nur Friseure können, was Friseure können« – ein Werbeslogan. Und hier ist die Erfolgskontrolle noch einfach – im Vergleich zu Systemen, die das Wissen und die Kompetenz zur Beurteilung ihrer Ergebnisse und ihrer Legitimation sowie anderer (nicht allein: funktional äquivalenter) Möglichkeiten monopolisieren.

nen, daß Kommunikationen ihre Adressaten erreichen und nicht im »Nichts« enden (bzw. nicht enden) – all dies gilt Luhmann gegenüber der »formfordernden Gewalt des Nichts« (Benn 1989/454) als non plus ultra. Die gegenseitige Erreichbarkeit und die Resonanz bilden das Kriterium. Luhmann radikalisiert, generalisiert und entspezifiziert die formale Rationalität bzw. Verfahrensrationalität, in der die Kompatibilität von Botschaften durch administrative Verfahren oder Geld bewerkstelligt und damit lange Handlungsketten ermöglicht werden.[182] Luhmanns Interesse verschiebt sich in der Geschichte seines Schaffens immer mehr von Organisationen, Institutionen und Strukturen zur sozialen Kommunikation überhaupt. Quer zu den Unterschieden zwischen ihnen heißt Luhmann alle schnellen Vernetzungen und Interferenzen, alle Nähen gut, so sie nur Kommunikationen erleichtern.

Der noch in der Theorie offener Systeme zentrale Leistungsaustausch zwischen Systemen gerät ebenso ins Hintertreffen wie jene sozialen Strukturen, von denen nicht luhmannesk gesagt werden kann, sie seien »nichts anderes ... als Erwartungsstrukturen« (Luhmann 1984/397 – vgl. zur Kritik II.6). Mit der kommunikationstheoretischen Engführung und Entmaterialisierung sozialer Strukturen (vgl. auch Luhmann 1984/555)[183] allerdings verlieren die Aussagen über die Kommunikation an Bestimmtheit.[184]

Autopoiesis bezeichnet die Konstellationen, in denen sich etwas vernetzen kann. Die Flexibilität hat den Preis einer gewissen Ortlosigkeit der Autopoiesis und einer Entmaterialisierung der grenzenlos flexiblen »Systeme«. Für sie zieht Luhmann die verschiedensten Phänomene zusammen – z.B. die Geschwindigkeitssteigerung der Kommunikation durch Informations- und Kommunikations-

---

182 War Parsons' Frage noch, im Anschluß an das »Hobbesian problem of order«, wie Gesellschaft möglich ist, so lautet bei Luhmann diese »letzte Frage« der Theorie sozialer Systeme: »Wie ist ... Kommunikation als Informationsverarbeitung überhaupt möglich« (Luhmann 1984/217).

183 Berger spricht von einer »systemtheoretisch umformulierten Handlungstheorie«, »einer Art kybernetischer Phänomenologie« und der ihr eigenen »Entstrukturalisierung zentraler Begriffe« (Berger 1987/132f.).

184 »Warum ›wissen‹ Kommunikationen – und wie aktualisieren sie solches Wissen? –, an welcher Stelle im Netz sie hängen, so daß sie den Knoten richtig knüpfen, sich angemessen einschalten und selbstreferentiell das Geschehen erst ›fortspinnen‹ (Luhmann 1985b/406). Wäre es möglich, ›Strukturen‹, wie sie vielleicht zugrunde liegen, für sich zu erfassen? Wenn aber nicht: Was sonst garantiert, daß der Prozeß von Element zu Element, Knotenpunkt zu Knotenpunkt nicht reißt und auseinanderklafft? Wenn Autopoiesis besagt, ›daß ein System ... aus den Operationen besteht, die es selbst produziert‹ (ebd.), schließt sich zwar ein Zirkel; die Frage aber nach dem Was der Gespinste, ihrem tatsächlichen konnektiven Prinzip, wird nur wenig erhellt« (Lipp 1987/462).

technologien, die »effiziente« Kommunikation in machthabenden »inner circles« von Organisationen, die Steigerung von Kommunikation in Städten, die Abarbeitung von Informationen in Organisationen – all dies wird als Erleichterung von Kommunikation gleichgesetzt und amalgamiert.

Luhmann ist ein Theoretiker des Sich-leicht-Machens, der es sich dabei schwer macht. Auf das Sich-leicht-Machen zielt seine Theorie, sei doch alles andere zu »unwahrscheinlich«. Dieser Theorie der kurzen Wege geht es aber nur insofern darum, schnell und einfach Ziele zu erreichen, als mit dieser Elementaroperation sich lange Handlungsketten aufbauen und vernetzen lassen. Kommunikationen müssen an Kommunikationen anschließen, Zahlungen an Zahlungen usw. Die so geknüpften Netze dürfen nicht reißen, oder nur dann, wenn sich die Entscheidungen, die Kommunikationen, die Zahlungen bereits neu verwoben haben. »Anschlußfähigkeit« ist die Perspektive, an der sich alle Inhalte relativieren müssen. Die Systeme sollen sich durch Resonanzen, Rückkoppelungen und die Absorption von Widerständigem konstellieren. Bei Luhmann koexistiert die Faszination am Zustandekommen unwahrscheinlicher Kommunikationsketten mit der kühlen Resignation. Das Gegebene gibt nicht mehr her als das, was sich aus ihm machen läßt.[185]

Die Schnelligkeit der Schlauen, die flinke Bewerkstelligung »anschlußfähiger Kommunikation«, die Flexibilität der Wendigen, die Lässigkeit der Begegnungen, die Findigkeit des inkrementalistischen Sich-Durchwurstelns, die »Adhocracy« – all dies imponiert Luhmann. In der Gymnastik von knochenlosen Geschöpfen besteht seine Utopie, die sich vom Knöchernen, Festgefahrenen, Stagnierenden nur durch eine einfache Entgegensetzung unterscheidet. Wie auch sonst argumentiert Luhmann hier e contrario: Vor dem Hintergrund der abgelehnten Antithese glänzt die These.

Daß in langen Handlungsketten und deren Vernetzungen Kommunikationen zirkulieren und wie damit Leistungsvorteile von Organisationen und sozialen Systemen sich ergeben, habe ich oben thematisiert. Etwas ganz anderes ist es aber, Soziales, das *auch* Kommunikation ist, in Kommunikation aufgehen zu

185 Luhmanns Sympathie ist bei denjenigen, die sich darauf praktisch verstehen. Schon gegen die (Habermas'schen) Hoffnungen auf aufklärerische Diskurse erinnerte er daran, wie in Diskussionen diejenigen »dominieren, die ihre Beiträge schnell und gewandt an das Thema bzw. an den vorangehenden Beitrag anknüpfen und dabei andren zuvorkommen können« (Habermas, Luhmann 1971/332). Die jeweils hegemonialen Themen der Öffentlichkeit(en) bilden sich als Knotenpunkte ganz verschiedener Perspektiven und Anliegen. Mehr als sich in den Meinungssyndromen einzufädeln, Zugang zu ihnen zu finden, das eigene Anliegen als Beitrag zu einem prominenten Thema zu formulieren – mehr gilt als nicht möglich.

lassen.[186] Die Kritik gilt der (nicht nur Ganßmann 1986/150) an die Körper-Seele-Trennung erinnernden Abkoppelung der Kommunikation von der Reproduktion der Gesellschaft. In den gesellschaftlichen Stoffwechsel mit der Natur gehen Fähigkeiten und Sinne der Menschen ein und es entstehen damit Kriterien und Selbstreflexionsmöglichkeiten. Mit Betätigungsvermögen, -wünschen und Bedürfnissen nach sozialer Assoziation wird danach gefragt, wie Kommunikationsnetze und ihre Notwendigkeiten unter dem Gesichtspunkt der Lebensqualität zu gestalten sind. Luhmann macht diese Frage ebenso erörterungsunfähig wie -unbedürftig. Unter der Maßgabe, alles als Kommunikation zu betrachten und auf diesen Nenner engzuführen, lassen sich gewagte Anschlüsse und Kombinationen bewerkstelligen.[187] Allerdings »bleibt die Theorie eigentümlich formal, weil sie keinen eigenen Weg zum Nicht- oder zum Nicht-nur-Kommunikativen findet, deshalb z.B. keine Theorie von der Einbettung von Kommunikation in den materiellen Reproduktionsvorgang von Gesellschaft sein kann ohne von der eigenen Reflexivität gestört und abgelenkt zu werden« (Ganßmann 1986/155). Der Aussagewert von Gesellschaftstheorie leidet an dieser Engführung auf Kommunikation[188] und an dem entsprechend unmaterial gefaßten Gesellschaftsbegriff.[189]

Die Leichtgängigkeit der Systeme, ihr systemimmanentes Funktionieren beruht auf vielen besonderen Gründen. Für die Wirtschaft ließe sich bspw. fragen, warum Güter des täglichen Lebens zu Waren werden oder warum Arbeiter arbei-

---

186 »Die Gesellschaft besteht aus nichts anderem als aus Kommunikationen, und durch die laufende Reproduktion von Kommunikation durch Kommunikation grenzt sie sich gegen eine Umwelt andersartiger Systeme ab« (Luhmann 1986/24).

187 »Selbstreferenz heißt auf der Ebene der Elemente: daß diese sich durch Rückbezug auf sich selbst miteinander verhaken und dadurch Zusammenhänge bzw. Prozesse ermöglichen. Dies kann jedoch nur bei hinreichender Gleichheit der Elemente geschehen« (Luhmann 1984/67).

188 »Natürlich läßt sich auch der Schußwechsel zwischen zwei feindlichen Armeen noch als Kommunikation auffassen, aber wer würde behaupten, daß man damit das Wesentliche an dem alltäglichen sozialen Tatbestand: physische Vernichtung eines ›Feindes‹ erfassen kann? Oder was fängt die Theorie mit dem Orchester, das eine Serenade spielt, an, wenn sie von dessen Aktivitäten nur den Aspekt der Kommunikation festhalten kann« (Ganßmann 1986/153).

189 »Die These der selbstreferentiellen Konstitution technischer und organisatorischer Systembildungen ... sagt nichts darüber aus, *worauf hin* Innovationen und ihre Leitbilder entworfen werden und läßt ihre Konstruktion als bloßes Spiel erscheinen. Sie thematisiert nur den Aspekt der Selbstkonstitution des Systems, nicht die pari passu konstituierte Umwelt und zeigt darin einen voluntaristischen Zug« (Deutschmann 1998/90).

ten (vgl. Berger 1995). Luhmann stellt sich diese(n) Fragen nicht.[190] Luhmann setzt beim Ineinandergreifen der verschiedenen Gründe, Notwendigkeiten und Rückkoppelungen resultativ an, bei der Selbstreproduktion der aus ihnen zusammengesetzten Systeme als Tatsache. Sie gerät ihm zur Voraussetzung einer Theorie systemischer Selbstreproduktion, die jenseits und getrennt von den besonderen Gründen allgemein nach Bedingungen der Systemerhaltung fragt und dabei eher Formalismen als sachhaltige Aussagen erreicht. Theorieintern liegt bei Luhmann ein wesentlicher Grund im Bedürfnis, die Natur *des* Sozialen zu klären[191]. Dem korrespondiert die *theoretische* Uninteressiertheit dort, wo Luhmann sich zu konkreten Sachverhalten äußert, etwa zu dem von ihm zum »Wohlfahrtsstaat« stilisierten Sozialstaat (vgl. die Kritik von Kostede 1982), zur Ökonomie (vgl. die Kritik von Mattfeld 1974 und Nahamowitz 1988) oder zum Gesundheitswesen (vgl. Hildebrand 1994). Die banalen oder von starker *politischer* Interessiertheit gespeisten, jeglicher systemtheoretischer Einkleidung unbedürftigen Ergebnisse stehen in auffälligem Kontrast zum sonst betriebenen Theorieaufwand.

Das Funktionieren der Systemreproduktion gerät Luhmann zu einer Tautologie, die sich selbst »erklärt« (s.a. Ganßmann 1986). Er vollzieht theoretisch die praktische Betriebsblindheit nach und sublimiert die Gedanken derjenigen, die auch ohne Theorie in der gegebenen Gesellschaft sich keine andere als sie vorstellen können. Ausgerechnet Luhmann, der Spencer-Browns »draw a distinction« vor sich herträgt wie eine Monstranz, fragt nicht danach, ob das systemimmanente Ineinandergreifen unter Gesichtspunkten einer anderen Gesellschaftsordnung sich als Verschwendung und als Widersinn erweist.[192]

---

190 Er erwägt nicht, wo und wann Konkurrenz, Flexibilität und die Unsicherheit gegenseitiger Erwartungen positive Effekte zeigen (gegenüber starren und unbeweglichen, wenig Freiheitsgrade ermöglichenden Ordnungen) und wo und wann all diese Phänomene selbst mehr Probleme schaffen als lösen, so daß ihre einfache unaufhörliche Steigerung nicht als Perspektive und als Ausweis für Rationalität gelten kann, wie Luhmann dies annimmt. Ihm stellt sich nicht die Frage nach den Grenzen von Konkurrenz, globalisierender Durchrelationierung und Geschwindigkeitssteigerung.

191 »In gleicher Weise wie Maturana die Frage stellt, was Leben als solches ausmacht, fragt sich Luhmann nicht primär, wie Sozialität geordnet ist, sondern was die grundsätzliche Eigenart sozialer Systeme darstellt; er fragt nach dem Mechanismus, der soziale Systeme als solche konstituiert: das ›Wunder der Emergenz‹« (Stark 1994/38).

192 Gewiß macht bspw. der Autoverkehr Sinn – aber nur unter den Bedingungen eines schlechten ÖPNV-Netzes, der gegenwärtigen sozialen Raumstruktur, einer besitzindividualistisch-libidinösen Besetzung des Autos auch als Spielzeug und Statussymbol, der am Auto hängenden Arbeitsplatzinteressen usw. Bei Veränderung dieser Bedingungen ergäbe

Für Luhmann ist in seinem Äquivalenzfunktionalismus zwar alles einzelne anders möglich, einer Diskussion anderer gesellschaftlicher Vernetzungsstrukturen geht er aber konsequent aus dem Weg. Die Gründe dafür liegen in der oben bereits angeführten kommunikationstheoretischen Engführung und Entmaterialisierung und in dem unten weiter auszuführenden mikrologisch-elementaristischen Niveau der die Autopoiesis aktualisierenden Ereignisse, die ihn interessieren. Luhmann unterläuft damit die Ebene, auf der gesellschaftliche Strukturen thematisiert werden können.

Daß das, was ist, sich gegenseitig bedingt und rückkoppelt und die Antworten bereits vor den Fragen existieren, diese immanente Vernetzung und Stabilisierung des Gegebenen bei allen Friktionen im einzelnen, dies ist der eine vortheoretische Resonanzboden, aus dessen nicht eigens thematisierter, aber implizierter Voraussetzung Luhmanns Emphase für das Funktionieren der Systeme Energie bezieht. Hinzu tritt: Die Kosten des Übergangs von einer Gesellschaftsordnung zu einer anderen scheinen aus der Perspektive der Individuen *in* der jeweils herrschenden Gesellschaftsordnung die »Gewinne« dieses Übergangs zu übersteigen (vgl. Przeworski 1990). Gegenüber den Wirren, die aus der Desorganisation des existierenden Gesellschaftssystems bei Versuchen seiner Überwindung entstehen, und gegenüber den Kinderkrankheiten einer sich neu herausbildenden gesellschaftlichen Synthesis imponiert das Gegebene bei allen Friktionen und Kosten als sich schließendes Gefüge und als Funktionieren. Die Akzeptanz des Gegebenen korrespondiert mit der Angst vor den (wg. »Komplexität«) als unüberschaubar erscheinenden Folgen grundlegender Veränderung. Luhmann zeigt zu wenig analytische Distanz zu dieser Angst. Als Stimmung stellt sie eine soziale Tatsache dar. Zum unbefragten Fundament von Gesellschaftstheorie taugt sie nicht.

Zur von Luhmann ebenso hypostasierten wie leichtsinnig bewunderten gefährlichen Leicht(gäng)igkeit der Systeme gehört die Verharmlosung jener Probleme, die Menschen mit ihnen haben. Dies tritt besonders deutlich in Luhmanns Thematisierung ökologischer Probleme zutage, die bei Barben 1995, Wehling 1989 und Breuer 1986 überzeugende Kritik erfahren hat. Wo der den Systemen zugeschriebene Selbstlauf fasziniert, muß die ihn begriffslos tragende Formalisierung auf jene Unbilden ausgeweitet werden, die das Funktionieren der Systeme erst blamieren könnten. Stolz darüber, mit Komplexität *das* »Bezugsproblem« allen Funktionierens entdeckt zu haben, ordnet Luhmann ihm

---

sich eine gesamtgesellschaftlich kostengünstigere und auch individuell größere Lebensqualität freisetzende Lösung (vgl. Krämer-Badoni 1994/47).

auch alles andere unter.[193] Letztlich spielt Luhmann den Zusammenhang gegen alles Besondere, das System gegen seine Momente aus.[194]

3) Luhmanns Theorie findet einen Schwerpunkt darin, die Selbsterhaltung von Systemen gegenüber ihren Umwelten zu schildern. Zwar hat er seine Theorie immer metatheoretisch so konstruiert, daß sich die Autonomie der Subsysteme und ihre Leistungen für die Gesamtgesellschaft gegenseitig steigern sollen. Material gewinnt aber bei Luhmann das erste Moment gegenüber dem zweiten den Vorrang. Systeme legen die Weise, wie an sie Ansprüche zu stellen sind, von sich aus fest. Gerichte sind nur durch rechtsförmig artikulierte Anliegen zu erreichen, in der Wirtschaft reagieren die Informationssensoren allein auf Zahlungskraft verheißende Signale usw. Impulse außerhalb der Systeme, in deren »Umwelt«, müssen sich so organisieren, daß sie überhaupt in den Frequenzbereich der Systeme gelangen, müssen also einen Selbstumbau vollziehen, um ihre Interessen anzumelden bzw. durchzusetzen – wobei im Prozeß der Anmeldung und Durchsetzung sich die Interessen unter der Hand wandeln. Die Selbsttransformation erscheint dann aber als etwas, das außerhalb der Systeme sich vollzieht. In der erscheinenden Dienstleistung der Systeme für ihre Umwelt muß sich diese an die Systeme anpassen. Ihnen stellt sich eine Umwelt zur Verfügung, mit der Systeme strukturelle Koppelungen unterhalten können. Die »Problemverkleinerung« habe den Sinn, »permanente Probleme in lösbare Probleme umzuarbeiten« (Luhmann 1973/312). Luhmann schildert – in einer

---

193 Dies erinnert an die mittelalterliche »Strategie« der Kirche, die Gefahren in der Welt im Bewußtsein der Gläubigen durch theologische Ängste zu ersetzen. »Die Wölfe, das Meer und die Sterne, die Pest, die Hungersnöte und die Kriege sind weniger furchtbar als der Teufel und die Sünde und der Tod des Körpers weniger als jener der Seele. Den Satan und seine Handlanger zu entlarven und gegen die Sünde anzukämpfen, das heißt im übrigen, das Unglück der Welt zu lindern, für das sie die Verantwortung tragen« (Delumeau 1985/39). Die Übergipfelung »normaler« Probleme durch ein »Superproblem« und die Angst- und Enttäuschungsreduktion durch die Umlenkung der Gefühle angesichts der »kleinen« Probleme auf das »große« Problem scheint eine so allgemein verbreitete Figur zu sein, daß sich auch andere Parallelfälle finden lassen.

194 Schlußendlich wird die Sorge vor ökologischen und anderen Gefahren mit einer angestrengten Gelassenheit konfrontiert, die sich dem Abschied von Gesellschaftstheorie und dem Übergang von »social fiction« zu einer raunenden Kosmologie verdankt: »Die Evolution hat immer schon in hohem Maße selbstdestruktiv gewirkt. Kurzfristig und langfristig. Wenig von dem, was sie geschaffen hat, ist erhalten geblieben. ... Wahrscheinlich ist, daß die Menschen als Lebewesen wieder verschwinden werden. Vielleicht werden sie sich selbst durch genetisch überlegene, humanoide Lebewesen ersetzen. Vielleicht werden sie ihre Gattung durch selbsterzeugte Katastrophen dezimieren oder auslöschen« (Luhmann 1992/149).

Mischung von mokant-einverstandener Deskription und ironisch-abgeklärter Distanz –, wie die Bewerkstelligung der »›Lösung‹ des Problems im Falle der Operationalisierung« durch einen »Verlust an ursprünglicher Problematik zu erlangen ist. Lösung heißt hier, daß über Problemsurrogate entschieden werden kann« (Luhmann 1973/315f.). Es geht allein um »Substitutionsprobleme für unlösbare Probleme« (Luhmann 1973/319). Diese Transformation von Problemwahrnehmungen durch das Passieren von Systemgrenzen – im Weg von »außen« nach »innen« – darf allerdings nicht zu einem Systemautismus führen.[195] Luhmann sieht nicht die Existenz von Subsystemen als Selbstzweck an – ein diesbezüglicher Konservatismusvorwurf zielte ins Leere. Vielmehr geht es ihm um die Differenz zwischen System und Umwelt. Nicht durch Systeme organisiert bearbeitete und nicht nach deren Referenzen konkretisierte Impulse und Wünsche prallen an den Systemen ab, haben sie sich doch nicht auf deren Operationalisierungsmaßgaben »eingelassen«. Was als Operationalisierung legitimiert wird, erweist sich allzu oft als Verkehrung von Anliegen gegenüber den Systemen zum Material ihrer Selbstreproduktion. Zugleich »bewähren« Systeme sich dadurch, daß ihnen die Transformation von Impulsen aus der Umwelt zum Input für das System gelingt. Die Daseinsberechtigung der Systeme und ihre »Weltoffenheit« werden synonym.[196]

Die erscheinende Selbstgenügsamkeit der Systeme wird von Luhmann daran erinnert, daß der Burg auch von innen das Wasser ausgehen kann. Systeme brauchen Komplexität, um sich an deren Verkleinerung zu bewähren und sich zugleich sozusagen mit Leben zu versorgen[197] – die Umwelt benötigt Systeme,

---

195 Die notwendige »laufende Kontrolle, die das Verfehlen der System/Umwelt-Problematik durch die Problemlösungstechniken aufweist« (Luhmann 1973/321), habe darauf zu achten, »daß das System sich nicht um der Lösbarkeit willen irrelevanten Problemen zuwendet oder irrelevant werdenden Problemen verhaftet bleibt, weil sie zu lösen sind« (ebd.).

196 Die Systeme müssen sich als flexibel genug herausstellen, möglichst viel Umwelt nach ihren Maßgaben zuzulassen und zu verarbeiten. Jeder Dogmatismus schadet da nur. Die Inhalte sind in die Formen der Verarbeitung gerutscht. Sie erscheinen als zweifelsfrei notwendige Bedingung moderner Gesellschaft, die die konkreten Entscheidungen aber nicht präjudizieren. Die alltägliche Rede von unabdingbaren »Spielregeln« artikuliert diese Inversion.

197 Kritik an Systemen ist für Luhmann nur insoweit rational, und »Widersprüche« gelten nur insofern als rational, insoweit sie »die Entwicklung eines Immunsystems fördern« (Luhmann 1984/504): »Das System immunisiert sich nicht gegen das Nein, sondern mit Hilfe des Nein. Es schützt sich nicht gegen Änderungen, sondern mit Hilfe von Änderungen gegen Erstarrung in eingefahrenen, aber nicht mehr umweltadäquaten Verhaltensmustern. Das Immunsystem schützt nicht die Struktur, es schützt die Autopoiesis, die geschlossene

um sich überhaupt bestimmt zu organisieren. Die Innen-Außen-Differenz und -Transformation erweist sich als Konstituens der Luhmannschen Systeme und als Existenzial sozialen In-der-Welt-Seins. Luhmann zieht in dieser Metonymie alle Innen-Außen-Differenzen zusammen und springt zwischen den Ebenen hin und her, die für ihn (bei allen *sonst* getroffenen Unterscheidungen) jeweils nichts Besonderes, sondern Beispiel für ein und dasselbe darstellen. Es handelt sich um eine Differenz, um die niemand herumkommt und die sich jeder Bestrebung aufprägt als vermeintliche Konkretisierung und Operationalisierung.

Im Unterschied zu Modellen geschlossener Systeme verarbeitet das System-Umwelt-Modell eine veränderte historische Wirklichkeit: Die sich erhöhende Zahl der Geschäfts-»partner« von Betrieben und die gestiegenen Anforderungen an die Einbindung von Adressaten in das eigene Tun bei Organisationen.[198] Auch verändern sich der Homogenitäts- bzw. Heterogenitätsgrad (z.B. wieviel unterschiedliche Kliententypen treten an die Organisation heran?) und der Stabilitätsgrad bzw. die Veränderungsrate (z.B. Produktinnovationen in der betreffenden Industrie) sowie der Verflochtenheits- bzw. Isolationsgrad (Scott 1986/233, s.a. 236).

Mit Effizienz und Zweck-Mittel-Rationalität innerhalb des gegen die Turbulenzen der Umwelt abgepufferten Bereichs koexistiert und rivalisiert die Effektivität. Sie sorgt für »Organisationsrationalität« (Thompson 1967/23f.), indem sie die Unsicherheiten angesichts ereignisreicher Umwelten absorbiert. Gemäß eines »rational model approach« (bei Weber und Taylor) stellen Organisationen geschlossene, berechenbare und effiziente Sozialgebilde dar und verdanken ihren Erfolg gerade dem Ausschluss von Unsicherheit. Nicht-intendierte Umwelteinwirkungen können abgeschirmt und organisatorische Immanenz erst etabliert werden. Im Unterschied dazu bezieht sich ein »natural system model« (vgl. zum Unterschied vom »rational model approach« Thompson 1967/6) auf die Unberechenbarkeiten und Überraschungen. Für »Organisationsrationalität« bedarf es eigener organisatorischer Segmente, die Flexibilität gewährleisten (Thompson) und/oder Ressourcenüberschüsse (»slack«), die Abwarten ermöglichen (Cyert, March 1963). Knappheit bzw. Unsicherheit als Bezugsprobleme von Effizienz bzw. Effektivität unterscheiden sich und konfligieren bisweilen:

Selbstreproduktion des Systems« (Luhmann 1984/507). Vgl. zu Luhmanns Verhältnis zu den »neuen sozialen Bewegungen« Barben 1995/175 und Roth, Rucht 1992.

198 »Je homogener und stabiler die Umwelt, um so angemessener seien Formalisierung und Hierarchie als Organisationsform. Und je vielfältiger und veränderlicher das Aufgabenumfeld, um so angebrachter sei die weniger formalisierte und organischere Organisationsform« (Scott 1986/177f.).

Das Kriterium der Effizienz orientiert auf eine Verknappung von Mitteln. Unter den Bedingungen von nicht vorhersehbaren Überraschungen und Unsicherheiten bedeutet »Effektivität« gerade, nicht genau bestimmbare Reserven und eigene organisatorische Kapazitäten vorzuhalten. Zielkonflikte bleiben nicht aus: Zwar lassen sich (»just in time«) Lager abbauen. Wenn die LKWs dann aber im Stau steckenbleiben, führt dies zu einer »self-defeating strategy«.

Luhmann radikalisiert sein auch in seiner früheren Theorieentwicklung präsentes Motiv, die Flexibilisierung, die Potentialisierung, die Dynamisierung, das Auflöse- und Rekombinationspotential zu steigern. Luhmanns Begriff der Systemrationalität orientiert sich in seinem späteren Werk immer mehr an der »Möglichkeit des Ausprobierens immer neuer Kombinationen« (Luhmann 1992/22).[199]

Im Unterschied zum System-Umwelt-Ansatz soll die Konzeptualisierung von Systemen als Autopoiesis sich auf die Einheit des Systems konzentrieren, im Unterschied aber zum Konzept geschlossener Systeme geht es nun um Differenzen *innerhalb* des Systems. Die Momente des Systems werden jetzt selbst unter Stress gesetzt und sollen als variabel gelten – bspw. durch die Einführung organisationsinterner Märkte (Profit- und Cost-Center) und durch die Umformung der Kooperation im Betrieb zu Kunden-Lieferanten-Beziehungen. Der Vorrang der Differenz von Differenz und Einheit heißt dann praktisch, die Prüfung aller Systemmomente daraufhin vorzunehmen, ob sie nicht selbst Umwelt, der spezifischen Systemfunktion gegenüber Heterogenes darstellen – *im* System.[200] Die Relation der Systemmomente zu Umwelten, ihre Tüchtigkeit im Erschließen von Außenkontakten, in der Kooptierung von Umweltelementen, im Einfädeln von Heterogenem ins System (vgl. a. den Schluß von III.6), im Erreichen von Kunden und Interessenten gewinnt an Bedeutung.

Im Lichte historischer Veränderungen werden die Formalisierungen, Generalisierungen und Entspezifizierungen an Luhmanns Theoretisieren deutlich. Sie

---

199 Schon früh fordert Luhmann: »Hohe Eigenkomplexität bedeutet demnach Zulassung von Alternativen, Variationsmöglichkeiten, Dissens und Konflikt im System. Dazu muß die Systemstruktur in gewissen Grenzen unbestimmt, widerspruchsreich und änderbar institutionalisiert sein. Sie muß gegen die natürliche Tendenz zur Sinnverdichtung und zur Beseitigung aller Ungewißheiten künstlich offengehalten werden und unterspezifiziert bleiben« (Luhmann 1972/160).

200 Hier wird dann die Grenze des Systems selbst zum Problem, wenn etwa Unternehmen Dienstleistungen aus ihrem Aufgabenpool auslagern und an Fremdfirmen delegieren, die einerseits außerhalb des Systems stehen, andererseits durch Abhängigkeiten zum System gehören und sich ebenso(wenig) emanzipieren können wie »Subunternehmer«. Auch beim Staat sind die Grenzen zwischen staatlichen und nicht-staatlichen Aufgaben umstritten.

bringen ihn immer weiter – auf seine Weise selbstreferentiell – in den Sog seiner eigenen klügelnden und logelnden Denk-Abstraktionen, führen immer mehr hinein in theorieinterne Folgezwänge und Eigendynamiken luhmannesken Theoretisierens. Im Rekurs auf einige Realphänomene möchte ich zeigen, wie sehr Luhmanns Effekt darin besteht, das, wovon er spricht, zu entnennen und zu entproblematisieren.

Zentrale historische Unterschiede lassen sich zwischen Fordismus einerseits und Toyotismus bzw. schlanker Produktion, schlanker Verwaltung, Globalisierung, »Informationalisierung« der Gesellschaft usw. andererseits festmachen. Diese neue Phase des Kapitalismus läßt sich durch einen Sprung nach vorne in den Möglichkeiten dafür bestimmen, alle Produktions-, Zirkulations- und Verwaltungsfunktionen zeitlich zu verkürzen und die Zahl der Verwertungsgelegenheiten zu vergrößern. Zugleich haben Kapitale, Behörden und Verbände es im Unterschied zum Fordismus mit unsicheren Märkten, weniger Wachstum, höherer Unzuverlässigkeit der Kunden (»Aussterben des Stammkunden«) und Mitglieder zu tun. »Die ›geborenen‹ und ›verschworenen‹ Mitglieder verschwinden« (Streeck 1987/474). Die Mitgliedschaft muß »gepflegt« und Organisationsloyalität professionell organisiert werden (vgl. ebd. 475f.). »Unzuverlässige« Verbraucher- Präferenzen und kleinere Seriengrößen sowie die größere internationale Vernetzung setzen die Produktion unter den Stress von weit höherer Elastizität und Mobilität.[201]

Die Relationen zwischen den einzelnen Systemmomenten und der Umwelt werden viel direkter als bei den sich selbst abpuffernden und über viele Sicherheiten verfügenden klassischen Organisationen, die dem Modell geschlossener oder offener Systeme entsprechen. Bei ihnen relativiert sich der Außenkontakt an der Macht, die das System durch den Verweis auf seine Bestandsvoraussetzungen und auf seine eigene Logik gegenüber externen Ansprüchen hat. Demgegenüber flexiblere Organisationen reduzieren ihre Lager, verringern das Auseinanderfallen von Bestellung und Produktion sowie Produktion und Auslieferung. »Just in time« werden die Systemmomente mit ihren Umwelten synchronisiert. »Im« System erfolgt ebenfalls eine Synchronisierung, die durch kleinere Serien der individualisierteren Produkte größere Anforderungen an das

---

201 Die fordistische Fabrik funktionierte auf der Grundlage langer Programmierung und Vorausplanung, im Postfordismus herrscht immer mehr eine »momentbezogene Rationalität der Zufälligkeit« vor, ein »trial and error-Prozeß sukzessiver Anpassungen« (Revelli 1997/16).

Management stellt als in Zeiten fordistischer Massenproduktion.[202] Idealiter sollen die Organisations- und Entscheidungsfunktionen in den Arbeitsprozeß selbst »internalisiert« werden. Die Mikroentscheidungen und Kommunikationen, die auf sie gerichtete Subjektivität der Arbeitenden erfahren eine Aufwertung, spontane Selbstkoordination wird ebenso großgeschrieben wie Informalität und Flexibilität.[203] Die Eigeninitiative des Arbeitenden, die in fordistischen Arrangements noch als Störgröße erschien, avanciert jetzt zur Ressource.

Es geht Luhmann um die Flexibilisierung der Systeme[204], günstige Chancen wahrzunehmen und aus zufälligen Konstellationen etwas für sich zu machen, kommt doch die Umwelt weniger geordnet, loyal, standardisiert vor die Systeme. Es geht um die »Erschließung von Zufall für konditionierende Funktionen im System, also die Transformation von Zufällen in Strukturaufbauwahrscheinlichkeiten« (Luhmann 1984/170f.).[205]

---

202 Die Relationierung der eigenen Tätigkeiten zu anderen Systemmomenten wird zunehmend den Beschäftigten selbst aufgegeben. Verkürzung der Befehlsketten, Abbau von Stellen im Kontrollapparat und natürlich letztlich auch bei den unmittelbaren Produzenten sind das Ziel. Jede Produzentengruppe wird zum »Kunden« und zum Lieferanten anderer Systemmomente. Der hierarchische Charakter der Organisation bleibt ebenso bestehen wie die Einschränkung der Entscheidungsspielräume der ausführend Tätigen und die Zerstückelung ihrer Tätigkeiten. Allerdings sollen sie ihre Kommunikation, ihre sorgsame Aufmerksamkeit für die Unwägbarkeiten des Produktionsprozesses im Dienst einer besseren und flexibleren Abstimmung und Variation erhöhen. »Kontinuierliche Korrektur-, Experimentier- und Lernprozesse auf der operativen Ebene« (Day 1990/25) sind das Ziel. Mängel in der Produktion sollen nicht erst in eigenen Prüfabteilungen entdeckt und bearbeitet werden, sondern idealiter in dem Moment, in dem sie entstehen.

203 In diesem Zusammenhang wird hingewiesen auf die »berühmten »U‹-Linien bei Toyota, an denen – anders als an den geraden Bändern der fordistischen Fabrik, wo jedem Arbeiter sein fester Platz zugewiesen war – die Arbeiter sich beständig zwischen den vorhandenen Maschinen neu gruppieren und ihre Arbeitsmenge, -belastung und -intensität entsprechend den Produktionserfordernissen variieren (was auch der Übergang von der zugeteilten, oder besser, auferlegten Zeit zur selbst eingeteilten Zeit genannt wurde)« (Revelli 1997/27).

204 »In einer Umgebung, in der sich kein Vorteil auf Dauer halten läßt, werden sich die weitblickenden Unternehmen der Notwendigkeit bewußt, auch dann eine Umwälzung des Markts zu betreiben, wenn sie hier schon über einen Vorsprung verfügen. Sie wissen, daß es wichtiger ist, die Wettbewerbsentwicklung auf dem Markt zu kontrollieren, als momentane Profite zu erwirtschaften. Sie rütteln deshalb am Status quo, und zwar auch dann, wenn sie damit ihre eigenen Vorteile unterminieren, denn sie wissen: wenn sie es nicht tun, machen es die Konkurrenten« (D'Aveni/Gunther 1994/291).

205 »Zufallsempfindlichkeit« ist für Systeme wichtig (Luhmann 1984/186), die sich nicht von der »basalen Instabilität« (ebd./575) in ihren Umwelten abschrecken lassen, vielmehr

Die in Betrieb und Verwaltung propagierte »Verschlankung« bildet einen Resonanzhintergrund der Luhmannschen Theorie. Sie sublimiert und generalisiert zur rundherum positiv gewerteten Flexibilität und Dynamik, zum erhöhten Auflösungs- und Rekombinationspotential, was als Realität spezifischer zu charakterisieren wäre.[206] Luhmanns formaler Rationalitätsbegriff, der mit dem Autopoiesiskonzept die letzte Fassung erreicht hat, entnennt und formalisiert Prozesse des »labour saving«, des »management by stress«, der Deregulierung, der Überforderung von Individuen durch Flexibilitätsforderungen, der Konkurrenz um knappere Märkte usw. Zur leichtgängigeren Kommunikation und zur schnelleren Autopoiesis wird von Luhmann stilisiert, was realiter Zwecke und Folgen aufweist, die sich nicht in der Luhmannschen Manier engführen lassen.

4.) Luhmann bewegt das Verhältnis zwischen der Autonomie der Systeme und ihrer Responsivität gegenüber den Umwelten. Die gegenseitige Steigerung von Systemautonomie und Leistungen der Systeme für die Gesellschaft theoretisch zu sichern, dies Anliegen treibt Luhmann zu immer neuen Konstruktionen unter den Titeln Appräsentation, Interpenetration, strukturelle Koppelung usw.[207]

Geld, Recht, Macht – die symbolischen »Kommunikationsmedien« –, die die Zirkulationsgeschwindigkeit, die Reichweite und die Annahmewahrscheinlichkeit der Kommunikationen erhöhen sollen, »haben gegenüber allen natürlichen (selbstwüchsigen) physischen, chemischen, organischen, humanen Verhältnissen eine Auflösewirkung, die gegebene Interdependenzen unterbricht und damit Kausalitäten freisetzt, die mit dem begrenzten Planungs- und Rekombinationspotential der entsprechenden Systeme nicht kontrolliert werden können« (Luhmann 1984/643f.). »Je weiter die Auflösung getrieben wird, desto schwieriger, desto folgenreicher, desto »katastrophaler« die Rekombination« (Luhmann 1986/160f.).

Luhmann spielt allerdings die ihn weit mehr bewegende Gefahr einer »Überflutung« der Systeme durch (bspw. ökologische) »Angstkommunikation« gegen

---

diese gerade zum Spielmaterial *ihrer* »Selbsterregung« (ebd./236) und Selbstreproduktion umfunktionieren.

206 Bereits ein gut durchgearbeiteter und pointierter Literaturbericht über den Wandel gesellschaftlicher Raumstrukturen (Scheuplein 1997, vgl. auch Schimank 1983) zeigt, welche realen Widersprüche und Ungleichzeitigkeiten im Unterschied zur populären Diagnose allseitiger Vernetzung und Beschleunigung einen viel materialeren Analysehorizont erfordern, als ihn Luhmann ermöglicht. Über gravierende, aber von Luhmann übergangene immanente Widersprüche, in die Organisationen im Bemühen geraten, sich selbst zu flexibilisieren, informieren Wolf 1999/157ff. und Deutschmann 1998/92.

207 Vgl. zur Auseinandersetzung mit diesen Konzepten auch Ganßmann 1986, Scherr 1992.

die Gefahren eines zu selektiven Systemoperierens aus.[208] »Das Denken und Handeln unter der Zielsetzung, das Verhältnis der Gesellschaft zur Natur – der menschlichen wie der außermenschlichen – für diese möglichst adäquat zu gestalten, erscheint in Luhmanns Perspektive nicht nur unmöglich, sondern auch gefährlicher als die ökologischen Probleme selbst zu sein« (Barben 1995/209).

Auch unter den Bedingungen der Selbstreferenz der Systeme meint Luhmann den aus der systemspezifischen Binnenperspektive naheliegenden Systemimperialismus[209] abfangen zu können. Die letzte Abhilfe firmiert bei Luhmann unter dem Titel »Beobachtung«. »Selbstreferenz allein ... ist noch nicht rational. Rationalität ist erst gegeben..., wenn auf die Einheit der Differenz reflektiert wird«, so daß »das System seine Einwirkungen auf die Umwelt an den Rückwirkungen auf es selbst kontrollieren muß« (Luhmann 1984/640-642). Die Systeme beobachten aufgrund ihrer Kriterien die Wirkungen und Erwartungen anderer Systeme und programmieren sich selbst auf deren eigeninteressierte Erfüllung oder Beachtung. Luhmann begründet Integration ex negativo. Es geht um die »Vermeidung des Umstands, daß die Operationen eines Teilsystems in einem anderen Teilsystem zu unlösbaren Problemen führen« (Luhmann 1977/242). Wie aber gesellschaftliche Probleme verarbeitet werden, wird damit inhaltlich nicht bestimmt, sondern an die Konstellation der Systeme untereinander verwiesen. Das Maß der gesellschaftlichen Integration ist die »Kompossibilität« (Fuchs 1992) dieser Teilsysteme untereinander, nicht die Bearbeitung bestimmter Probleme.

Luhmann interessiert sich für die Störungen der gesellschaftlichen Synthesis durch die Unabhängigkeit der »zwangsläufig rücksichtslosen« (Luhmann 1994/95/334 und 249ff.) und ihrer jeweiligen »Totalisierungstendenz« (Luh-

---

208 Zu vermeiden ist, daß »sich gesellschaftliche Kommunikation zu mehr Aktivität ... alarmiert und stimuliert«, »ohne freilich diese Forderung in die Sprache der Funktionssysteme übersetzen zu können«, womit »zu viel Resonanz« erzeugt wird, bei der »das System... ohne von außen zerstört zu werden, an internen Überforderungen (zu) zerspringen« droht (Luhmann 1986/220). Die neuen sozialen Bewegungen stellen für Luhmann (1990/202) den »Umschlag von Nichtwissen in Ungeduld« dar.

209 »Wenn einmal ein Teilsystem der Gesellschaft im Hinblick auf eine spezifische Funktion ausdifferenziert ist, findet sich in diesem System kein Anhaltspunkt mehr für Argumente gegen die bestmögliche Erfüllung der Funktion. ... (Es) gibt in Funktionssystemen keine sinnvolle Gegenrationalität, die besagen würde, daß man die Funktion lieber weniger gut erfüllen sollte. Es ist gerade der Sinn funktionaler Differenzierung, jedem System die Hypostasierung der eigenen Funktion zu erlauben, ja abzuverlangen, und den Ausgleich den System/Umwelt-Interdependenzen des Gesellschaftssystems, d.h. der Evolution, zu überlassen« (Luhmann 1983/29f.).

mann 1986/101ff.) folgenden Systeme. Jene Schädigungen, die die Systeme durch ihr zu selbstreferentielles Operieren anrichten, werden Luhmanns Thema, insofern dies negative Rückwirkungen auf die Systeme selbst hat. Luhmann interessiert sich *nicht* für jene umstandslos als positiv bewerteten Folgen der Unabhängigkeit und Selbstreferenzialität der Systeme, insoweit sie den Zusammenspiel der Systeme *nicht* beeinträchtigen bzw. in der Umwelt gleichsam wegdiffundierende Schadenseffekte produzieren. Die gesellschaftlich vorherrschenden Zwecke, Interessen und Handlungsperspektiven werden ex negativo, nach Maßgabe des Nichtscheiterns ihrer Synthesis bzw. nach Maßgabe der Nichtverletzung bestandsrelevanter Bedingungen problematisiert. Werden diese beiden Maßgaben verfehlt, erst dann wird Luhmanns Theorie sensitiv.[210]

Luhmann hypostasiert und extrapoliert den Perspektivismus, der *ein* Problem der Gesellschaftsgestaltung ist, zu *dem* gegenwärtigen Problem, da er die verschiedenen Bereiche in seiner formalisierenden Theorie nicht material einander bzw. einem (in sich differenzierten) Anderen zuzuordnen weiß (etwa: dem abstrakten Reichtum – s. Teil II). Insofern Luhmann das gemeinsame In-der-Welt-Sein der Systeme und Akteure materialiter unterbestimmt (vgl. a. Krieger 1996/90f.), kann er Foki einer Rekonkretisierung von Gesellschaft, einer Annäherung und Verständigung zwischen voneinander geschiedenen Sphären in der Bearbeitung gemeinsamer Probleme (Ökologie, Gesundheit, Lebensqualität, Leiden an der eigenen Vereinseitigung) nicht einmal als Möglichkeit diskutieren.[211] Funktionale Differenzierung bleibt so die einfache Negation der Einerleiheit, als ob Einheit und Differenzierung ein Nullsummenspiel darstellen müssen.[212] Die Theorie funktionaler Differenzierung markiert die Grenze der Offenheit, die Luhmann zuläßt.[213] Luhmann zeigt durchgängig in seiner Theorie ein seltsames Mißverhältnis zwischen der detachiert-einverstandenen »coolen« Skizze der vermeintlichen Robustheit von (idealiter) alles sich assimilierenden Systemen einerseits – »Abklärung der Aufklärung« eben (Luhmann

---

210 Theoretisch notwendig ausgeblendet muß auch bleiben, wie die extrinsischen Bezüge auf die Arbeiten und Kunden, die Abstände, Indifferenzen und Gegensätze zwischen Produzenten einerseits, Konsumenten und Betroffenen andererseits, eine eigene Dynamik eines selbstreferentiell sich gegen die Akteure verselbständigenden abstrakten Reichtums befördern bzw. anstoßen.

211 Dies ist das Anliegen der »Arbeitsperspektive«.

212 Ich klammere hier eine genauere Diskussion des postmodernen Perspektivismus aus. Argumente dazu finden sich in Überlegungen zum interkulturellen Verständnis und in der Kritik an einer hier vermeintlich unübersteigbaren Intransparenz und an einem prinzipiellen Relativismus (vgl. v.a. Hollis/Lukes 1982, vgl. auch Hauck 1992/247f.).

213 Vgl. auch Barben 1995/186-188, 193, 195 Anm. 161.

1972/66) –, den Panikattacken und den Weltuntergangsgefühlen bei Kritik an funktionaler Differenzierung andererseits. Dabei bedarf es nur einer kleinen Kontextverschiebung bei der Würdigung, die die Leistungsvorzüge der Ausdifferenzierung durch Luhmann allenthalben erfahren, zur Aufmerksamkeit für ihre Konsequenzen, um die Leistungsgrenzen der Ausdifferenzierung auch dort in den Blick zu bekommen, wo Systeme immer weniger fröhlich ins Neuland hinein pionierhaft expandieren können, sondern zunehmend andere auf ihre Weise ebenso geschäftige Systeme zu Gesicht bekommen. Die Autonomie der Systeme führt, umso spezifischer die Systeme operieren, zu ihrer Abhängigkeit von wiederum ganz bestimmt ausgestatteten Umwelten, die für das jeweilige System zur Verfügung zu stehen haben, ohne daß es diese Voraussetzung aus sich heraus generieren könnte. Eine austarierte Arbeits- und Gewaltenteilung sowie mannigfache »Interpenetrationen«[214] werden notwendig.

Luhmanns Theorie der Ausdifferenzierung von Systemen kann die Kooperation und Koordination der sich nicht einfach aus dem Wege gehenden, sondern wieder begegnenden und einander voraussetzenden Systeme nur unter charakteristischen, theorieimmanenten Restriktionen[215] thematisieren: Luhmann kommt im Verhältnis der Systeme bzw. Akteure untereinander – in ihrer durch Abstraktion von materialer Vermittlung gesetzten Gleichheit und Gleichgültigkeit – nicht über den aufgeklärten Egoismus hinaus, in dem die Egozentrik bzw. Bunker- und Wagenburgmentalitäten als ebenso störender wie überflüssiger Borniertungsüberschuß zugunsten gegenseitiger Nutzenbeziehungen überwunden werden. Selbstreferenzialität ja, aber bitte kein Autismus! Die durch die Abstände der Akteure bzw. Systeme untereinander, durch den extrinsischen Charakter ihrer Interessen, durch die Orientierung an jeweiligen Oberflächen begründeten Restriktionen und Bornierungen einer Kooperation und Koordination, die dem jeweiligen Privatinteresse dienen soll, werden so nicht überwunden. Luhmanns Theorie sind diese Dimensionen eine terra incognita, er hat sich der schnellen Kommunikation von füreinander »black boxes« verbleibenden Systemen bzw. Akteuren verschrieben (vgl. Luhmann 1984/156), ihrem »operativen Konsens« auf der Grundlage gegenseitigen Nichtverstehens. Die

---

214 In der Interpenetration stellen die beiden Systeme einander gegenseitig »die eigene Komplexität ... zum Aufbau eines anderen Systems zur Verfügung« zum Zwecke »wechselseitiger Ermöglichung« (Luhmann 1984/294) und »Co-evolution« (ebd./367), ohne daß allerdings beide Systeme verschmelzen, bleiben sie doch füreinander Umwelten (vgl. ebd./291 und 367).

215 Vgl. auch Luhmanns Skepsis zu Verhandlungssystemen (1984/585ff.).

ungesellschaftliche Gesellschaftlichkeit bleibt das Apriori seiner Theorie, in der Möglichkeiten und Kräfte zur Minimierung der skizzierten Ungesellschaftlichkeit schon an grundbegrifflichen Zugangsschwellen scheitern. Weder können sie mit Luhmannschen Mitteln erkannt werden, noch gibt es in seinem Universum not-wendige Motive dazu. Gleichwohl bekommt Luhmann die Folgen in den Blick und laboriert nun – wie andere vor ihm – an der Münchhausiade, auf der Grundlage der ungesellschaftlichen Gesellschaftlichkeit und des Privatinteresses die aus ihnen notwendig folgenden oder ohne ihre Bearbeitung ihrerseits nicht bearbeitbaren Probleme bearbeiten zu wollen. Aufgrund Luhmanns Prämissen der Indifferenz der Systeme zueinander, der operativen Geschlossenheit und gegenseitigen Unvertretbarkeit der funktional ausdifferenzierten Systeme haben von seinem grundbegrifflichen Arrangement her Modelle eines Supervisionsstaates (Willke) und einer gesamtgesellschaftlichen Integration qua Kontextsteuerung wenig Aussichten.[216] Die Selbstreferenzialität erscheint Luhmann als ebenso problemgenerierend wie unhintergehbar, alle Formen übergreifender gesellschaftlicher Kooperation und Koordination brandmarkt er als regressiv.

Aufgrund der Asymmetrie, mit der die Systembildung überhaupt als Leistung gegenüber der Entropie der Umwelt(en) gewürdigt wird (vgl. Luhmann 1984/36), und aufgrund des Charakters von »Umwelt« als Residualkategorie fällt es schwer, die Umwelten selbst ernstzunehmen, figurieren sie doch immer schon als Umwelten *der Systeme* – ihnen nachgeordnet. Das nicht systemisch Konzentrierte und Organisierte, die vielen einzelnen in Umwelten angerichteten Schäden und das wenigstens für die Systeme folgenlos wegdiffundierende Leid von Individuen erfahren in Luhmanns Theorie theoretisch, was ihnen praktisch widerfährt – in der Zurichtung zum (aus der Systemperspektive gesehen) Abfall, der anfällt, wenn alle Systeme funktionieren.

Luhmanns »Autopoiesis« gerät ihm immer mehr zur Utopie, die alle Widersprüche auflösen soll. Insbesondere die Selbst-Flexibilisierung der Systeme zum Zweck ihrer besseren Responsivität gegenüber den Umwelten droht die Systeme ihrer Selbstreferenz zu berauben. »Rationalität« soll bei Luhmann den Anspruch bedeuten, »nicht die Orientierung an sich selbst, an eigener Einheit, an ›Identität‹ als intendiertem Ausschluß« zu bewerkstelligen, »sondern die Reflexion auf die Einheit der ökologischen Differenz, in der sich das System – ohne daß es sich in dieser Einheit auflöste – mit der Umwelt – wenn man so will – ›auf eine Relevanzstufe‹ stellt; und natürlich: um sich selbst zu erhalten,

---

216 Vgl. Kneers (1993) Kritik an Willke, Schwinns Kritik 1995 an Münch usw. Vgl. auch das Institutionenkapitel in der »Arbeitsperspektive«.

aber als eines von beiden und damit auch das Andere erhalten wollend« (Blecher 1991/66).[217]

Luhmann quält, »daß nicht jede Art selbstreferentieller Schließung eine komplexere Umweltsicht ermöglicht« (Luhmann 1984/28). Die für Luhmann zentrale Differenz zwischen Fremd- und Selbstreferenz der Systeme soll nach Luhmann selbst wiederum in den Systemen so internalisiert werden, daß Geschlossenheit der Selbstreferenz und Offenheit für die Umwelt in ein gegenseitiges Steigerungsverhältnis gelangen.[218] Luhmann verwendet viel Mühe darauf, die »alteuropäische« »Identität von Identität und Differenz« durch eine »Differenz von Identität und Differenz« (Luhmann 1984/26) zu übersteigen und sorgt auch dafür, daß diese Mühe ihm in einem Staunen gegenüber der paradigmenstürzenden Neuartigkeit seiner Theorie zugute gehalten wird. Ich will hier nicht diskutieren, inwieweit Luhmanns reklameartig prononcierter Überstieg über Identitätsphilosophie nicht die nur in neuen Jargon[219] gekleidete Wiederholung des vermeintlich Verabschiedeten darstellt[220] oder sich versteigt, also in der Höhe höher hinaus will, als er es in der Breite seiner theoretischen Konstruktion zu fundieren vermag.

Luhmann vermag nicht deutlich zu machen, inwieweit für die Überwindung der Identität durch Differenz nicht ihrerseits Identität unterstellt werden muß. Wenn »selbstreferentielle Systeme mit Hilfe der Differenz von Selbstverweisung und Fremdverweisung (kurz: mit Hilfe mitlaufender Selbstreferenz) Informationen gewinnen, die ihnen die Selbstproduktion ermöglichen« (Luhmann 1984/607), so fragt sich, ob nicht doch Selbstreferenz der Fremdreferenz

---

217 »Die Systemtheorie geht von der Einheit der Differenz von System und Umwelt aus. Die Umwelt ist konstitutives Moment dieser Differenz, ist also für das System nicht weniger wichtig als das System selbst« (Luhmann 1984/289, vgl. auch 297).

218 Gar so weit weg von einem schlechten Hegelianismus ist man dann nicht entfernt, verwandelt dieser doch jede Indifferenz in Differenz, jede Differenz in Gegensatz, jeden Gegensatz in Widerspruch und jeden Widerspruch in eine neue Einheit, die die Pole des Gegensatzes so einander zuordnet, daß sie sich gegenseitig befördern und herausfordern und dann eine neue Aggregationsebene erzeugen, in der dieses Zusammenspiel sich adäquat entfalten kann.

219 Bereits anläßlich des Begriffs der Komplexität wurde Luhmann vorgehalten: »Solche hermeneutische Kreativität in der Umdeutung und Vernebelung von Begriffen wird nur derjenige für fruchtbar halten, der schillernde Verbalmagie mit philosophischer Tiefe verwechselt« (Ropohl 1978/83). Bubner (1983/499) spricht von der »planmäßigen Inkohärenz eines Gedankenganges, der aus begriffsgeschichtlichem Material, gescheiten Einsichten und griffigen Modernismen ein permanentes Sperrfeuer aufbaut, hinter dem die Probleme zunehmend ungreifbar werden.«

220 Vgl. zur Kritik in dieser Richtung: Wagner, Zipprian 1992, dort weitere Verweise.

vorgeordnet ist. Letztere dient dann dazu, erstere vor einer Selbstgenügsamkeit zu schützen, soll helfen, »Zirkelhaftigkeit« zu »durchbrechen« (1981a/32). Damit ist aber wiederum nur ein geschickteres Operieren der selbstreferentiellen Systeme gemeint, die sich nicht so hinter Mauern verschanzen, daß schlußendlich der Burg im Innern das Wasser ausgeht und sie aus eigener Erschöpfung fällt und nicht, weil sie von außen überrannt wurde. Die Grenzen des Eigennutzes fallen nicht zusammen mit Solipsismus und dogmatischer Abgeschlossenheit.[221] Gegen diese Verengungen von Geschlossenheit wendet sich Luhmann (Luhmann 1984/25, 603, 606) und meint damit, die Schranken der systemischen Geschlossenheit bereits überwinden zu können zu einer »Simultanverweisung auf sich selbst und anderes« (ebd./606).[222] Luhmann verschiebt die logische Ordnung zwischen Fremd- und Selbstreferenz von der Fundierung der Fremdreferenz durch Selbstreferenz zu einer Wechselwirkungstheorie, in der Geschlossenheit und Offenheit gleichursprünglich sind. Aber auch noch die dritte logische Möglichkeit, das Verhältnis zu gewichten, taucht bei Luhmann in seinem händeringenden Bemühen auf, die Selbstreferenz der Subsysteme auf Grundlage der funktionalen Differenzierung sichern zu können – ohne ihre negativen Folgen als Einspruch gegen die Konstruktion gelten lassen zu müssen. Selbstreferenz wird nun von Luhmann auf Differenz gegründet, soll doch Selbstreferenz jene Operation sein, »die sich selbst auf anderes und dadurch auf sich selbst bezieht« (Luhmann 1986/269). Dieses »dadurch« übersteigt das weiche »indem« der »Simultanverweisung« in Richtung eines »Plädoyers für die Vorgängigkeit der Fremdreferenz vor der Selbstreferenz« (Wagner, Zipprian 1992/401).

Die »Beobachtung«[223] stellt Luhmanns letztes Aufgebot dar, mit der Systeme »ein hohes Maß an Umweltoffenheit zu erreichen versuchen« (Luhmann

---

221 »Schon ein edler Hund sucht seinen Platz unter dem Eßtisch, unbeirrt von Fußtritten, nicht etwa aus hündischer Niedrigkeit, sondern aus Anhänglichkeit und Treue, und gar die kalt berechnenden Menschen haben im Leben nicht halb soviel Erfolg wie die richtig gemischten Gemüter, die für Menschen und Verhältnisse, die ihnen Vorteil bringen, wirklich tief zu empfinden vermögen« (Musil 1981/15).

222 Die Entstrukturierung und Entmaterialisierung des Systems zu einer identitätslosen Flexibilität wird (bspw. bei Blecher 1991/50f., 68) auf die Spitze getrieben: Zugleich soll das System seine (!) Identität als kontingent (!) in Frage stellen – zwecks besserer Harmonie mit der Umwelt. Damit wird aus einer systemfremden Perspektive auf es geschaut. Von der bislang als unhintergehbar gehandelten Fremdheit zwischen System und Umwelt ist zugunsten der Verträglichkeit beider keine Rede mehr.

223 Luhmann treibt in seinem Konzept von »Beobachtung« sein Verständnis von Identität durch einfache Negation auf die Spitze: »Die Sachdimension wird dadurch konstituiert,

1986/256) und »rationalere, weitere Umwelten einbeziehende Problemlösungen« (ebd./258). Die Differenz von System und Umwelt wird von den Systemen intern verwendet als »Orientierung und als Prinzip der Erzeugung von Information« (Luhmann 1984/25).[224]

Es lassen sich so sensu Luhmann verschiedene System-Umwelt-Differenzen nach ihren jeweiligen Einheiten voneinander unterscheiden: die ökonomische (zahlen / nicht zahlen) von der politischen usw. Zu mehr als einer Selbstverortung nach dem Muster: »Es gibt A, B, C, D, E ... und Sie befinden sich jetzt in B und nicht in A bzw. C ff.«, führt diese »Beobachtung« nicht. Ihre unterkomplexe logische Qualität hat Hegel gezeigt: In der Logik begründet er den Fortgang über das disjunktive Urteil (vgl. Enzyklopädie §177) hinaus.

Luhmann beantwortet zudem nicht die Frage, wie aus dem (andere Systeme auf ihre Beschränkungen aufmerksam machenden) Wissenschaftssystem diese Botschaften in anderen, gerade nicht nach »wahr/unwahr«- Maßgaben operierenden Systemen Resonanz finden sollen. Ebensowenig stellt er sich dem sonst so laut anderen vorgehaltenen Problem des »blinden Flecks«, das in der Beobachtung zweiter Ordnung wiederkehrt, insofern der »Beobachter nicht sehen kann, daß er nicht sehen kann, was er nicht sehen kann (Luhmann 1987a/38).[225]

Luhmanns Rede vom »blinden Fleck« stellt eine antithetische Fixierung auf »simplificateurs terribles« dar: Luhmann übertreibt seinerseits Komplexität und

---

daß der Sinn die Verweisungsstruktur des Gemeinten zerlegt in ›dies‹ und ›anderes‹. Ausgangspunkt einer sachlichen Artikulation von Sinn ist mithin eine primäre Disjunktion, die etwas noch Unbestimmtes gegen anderes noch Unbestimmtes absetzt« (Luhmann 1984/114). Luhmann überschätzt den Erkenntniswert dieser Distinktion. Wenn er schon logisch argumentiert, dann verwundert, daß er eine relativ primitive Form des Urteils (das negative Urteil) zum Dreh- und Angelpunkt macht. Hegel zeigt in seiner Logik (vgl. z.B. Enzyklopädie §173), wie wenig mit dem negativen Urteil allein anzufangen ist und welche komplizierteren Urteils- und vor allem Schlußformen erst eine vernünftige Bestimmung erlauben. »Sachlich erscheint Sinn im Anderssein – darin, daß ein Pferd keine Kuh ... ist« (Luhmann in Habermas/Luhmann 1971/48). Der Einwand dagegen liegt auf der Hand: »Man weiß erst, daß ein Pferd keine Kuh ist, wenn man weiß, was ein Pferd ist; was ein Pferd ist, weiß man aber nicht schon dann, wenn man nur weiß, daß es keine Kuh ist; es könnte dann immer noch auch ein Esel sein« (Künzler 1989/113, s.a. 111f.).

224 Vgl. a. Luhmann 1987a/38; 1986/256, 59.

225 Niemand anders als Luhmann beschreibt die Grenzen davon, »was eine funktional differenzierte Gesellschaft über sich selbst aussagen kann« im Hinweis darauf, daß es »nur Ratten im Labyrinth, die einander beobachten« gibt, welche »nie aber zu Konsens kommen« können. Entsprechend ist auch »die Theorie, die dies beschreibt, eine Rattentheorie« (Luhmann 1987a/6).

Nichtwissen.[226] »Durch die Artikulation von generalisiertem Nichtwissen als unhintergehbare Grundbedingung allen Erkennens, Entscheidens und Handelns wird nun das in der Risikokommunikation verwandte Wissen generell desartikuliert – mit der Konsequenz, daß im Rekurs auf Wissen weder Konflikte beurteilt oder entschieden, noch daß daraus politische Optionen abgeleitet werden können« (Barben 1995/275). Durch die Abkoppelung von Wissen und Verantwortung voneinander arbeitet Luhmanns Votum für eine »Ökologie des Nichtwissens« (Luhmann 1992/149-220) und für eine Politik des Nicht-Entscheidens »vor allem der Seite zu, die handelt oder handeln muß, ohne zu wissen, was genau sie tut und mit welchen Konsequenzen« (Barben 1995/282).

Luhmann spielt mit dem unbestimmten Zweifel ob der Kontextgebundenheit jeder Aussage und muß für die diesem Zweifel zugrundeliegende Sicherheitserwartung »Utopisches« implizieren: das »Superargument, das ein für allemal alle denkmöglichen Zweifel beseitigt« oder den »unmittelbaren, von unserer Tätigkeit des Überprüfens mittels Argument und Gegenargument unabhängigen Zugriff auf die Wahrheit. Sie wollen sein wie Gott – für den alleine jene Frage einen Sinn machen würde. Ideologiekritik bedarf weder des Superarguments noch des unmittelbaren Zugriffs auf die Wahrheit. Sie kritisiert die Gegenposition mit Argumenten, die sie vorher selbst kritisch diskutiert, an gegen sie erhobenen Gegenargumenten gemessen hat« (Hauck 1992/120).

Aber auch mit dem Zweifel und mit der Aufregung um den »blinden Fleck« ist es Luhmann letztendlich nicht ernst: Luhmanns utopischer Ausweg, aus der Entwicklung seiner Systemtheorie eine Umwälzung des existierenden Wirklichkeitsverständnisses zu erwarten, hinter die dann auch keine Wirklichkeit zurückfallen kann[227], stellt eine Übersprungshandlung vor dem Hintergrund

---

226 Vgl. dazu auch Wehling 1989/174, Barben 1995/227f. Breuer verweist auf eine nicht sonderlich aufwendige Beobachtungsleistung, derzufolge »die Behauptung von der kognitiven Unzugänglichkeit der Umwelt« als »übertrieben« erscheint und darauf rekurriert werden könne, sie habe die Menschheit »immerhin nicht daran gehindert, nahezu sämtliche verfügbaren Ressourcen des Erdballs anzuzapfen und inzwischen bis in die Erbsubstanz der lebenden Zelle vorzudringen.« Vor diesem Hintergrund könne doch »die Übereinstimmung oder Nichtübereinstimmung von Erwartung und Umwelt nicht als bloßer Zufall abgetan werden. Ohne ein Moment von Korrespondenz wäre der Erfolg der exakten Wissenschaften, ihr Sieg über die Magie, nicht zu begreifen, wäre auch die Wahrheitskommunikation nicht von anderer anschlußfähiger Kommunikation zu unterscheiden« (Breuer 1990).

227 Luhmann zufolge habe sich das politische System mit der französischen Revolution geändert, »weil die Konzeption der ›societas civilis‹ durch die Unterscheidung von Staat und Gesellschaft ersetzt worden ist. In entsprechendem Sinne ist das Wirtschaftssystem vor Adam Smith nicht das gleiche wie nach Adam Smith, vor Keynes nicht das gleiche wie

maximaler Verlegenheit dar. Für sie muß er alles über Bord werfen, was er vorher theoretisch aufgebaut hatte: die systemische Selbstreferenz, den Perspektivismus und den Horror vor der nicht durchschaubaren Komplexität. All dies soll nun keine Rolle mehr spielen. Haben sie erst einmal ihren Luhmann begriffen, geht es wie ein Heureka durch die Reihen der Wirtschafts- und Politiksubjekte. An die Stelle der Analyse der Wirklichkeit tritt das Wirklichwerden der Analyse, eine Rettung aus dem Geist, mit all den narzißtischen Prämien, die sie denen abzuwerfen verspricht, die sich gern als Stellvertreter des Geistes auf Erden dünken.

I.8. Resümee: Objektive Strukturen moderner Gesellschaften und gesellschaftliche Müdigkeit

Im Unterschied zu einer normativ ausgerichteten Theorie, die ihren Gegenstand auf die Werte hin würdigt, die er zu verwirklichen verspreche, und im Unterschied zu kritischen Theorien, die soziale Verselbständigungen analysieren, beschreiben viele soziologische Theorien die moderne Gesellschaft ausgehend von der in ihren zentralen Strukturen begründeten Schwierigkeit bis Unwahrscheinlichkeit von Gesellschaftsgestaltung. Die vorgestellten soziologischen Interpretationen arbeiten heraus, inwiefern diese Strukturen als sachlich notwendig und sozial unausweichlich zu gelten haben und als trotz aller mit ihnen für die Individuen verbundenen Unbilden letztendlich auch individuell von Nutzen. »Komplexität« ist eine erste Interpretation, die schon die Schwierigkeit der Beschreibung gleichsam als Charakteristikum des Gegenstands festhalten möchte. Die Vielfalt der Ebenen, ihr Interagieren und die kontraintuitiven Nebeneffekte dieser Interdependenzen machen eine Unübersichtlichkeit aus, die Soziologen nicht neu ist. So inhaltsleer im Sinne einer Charakterisierung dessen, worum es in einer Gesellschaft geht, diese Bestimmung zunächst sein mag,

---

nach Keynes, weil jeweils Selbstsimplifikations- und Reflexionsprozesse anders geführt werden...« (Luhmann/Schorr 1979/339). Man fühlt sich an die Emphase schlechter Hegelianer erinnert, für die gilt: »Ist erst einmal das Reich der Vorstellungen revolutioniert, so hält die Wirklichkeit nicht stand« (Hegel 1969, Bd.1/253). Vgl. auch Mayntz' Zweifel an der zentralen Bedeutung, die »Definitionsprozesse, das heißt Veränderungen im Bereich gesellschaftlicher Semantik«, in Luhmanns historischen Einlassungen einnehmen, »ob sie tatsächlich sozialstrukturelle Differenzierung begründen oder diese doch nicht nur einfach nachzeichnen, also eher ein Epiphänomen statt Triebkraft der Entwicklung sind« (Mayntz 1995/142f.).

für die Frage, worum es in der Gesellschaft überhaupt gehen kann, wird »Komplexität« relevant. Mit ihr ist für die Gestaltung von Gesellschaft ein erstes nur schwer zu bearbeitendes Hindernis formuliert (I.1). Eine Konkretisierung läßt sich vornehmen, wenn man sich der hohen Arbeitsteilung zuwendet (I.2) und ihren Auswirkungen auf die sozialen Akteure in bezug auf die Gestaltung der Gesellschaft. Es handelt sich dabei um:

— die Engstellung der Selbst- und Weltwahrnehmung in der arbeitsteilig beschränkten Sphäre, die mangelnder Um- und Weitsicht, die »Betriebsblindheit« und die Absorption durch das jeweilige Detailwissen, die Unübersichtlichkeit langer Handlungsketten und eine Aufmerksamkeitskonzentration auf die Mittel;
— die Inkompetenz der der jeweiligen Kompetenz komplementär Zugeordneten (Laien, Kunden, Klienten);
— die Überforderung bei der Beurteilung der »Sachautorität«, die Reputation als Ersatzkriterium; die sich an ihr und an anderen extern einschätzbaren Anhaltspunkten orientierenden Vertrauen, dessen notwendige Generalisierung über seinen legitimen Umfang hinaus, zu entsprechenden Subalternitätseffekten;
— Professionen als Bedürfnisinterpreten und als Stellvertreter in zentralen Bereichen der eigenen Existenz.

Die funktionale Differenzierung überantwortet Fragen von allgemeinem Belang an Spezialisten und Sonderbereiche. Weit ausgreifende und mit anderen Bereichen verschränkte Aufgaben werden enggeführt auf ihre Bearbeitung im jeweiligen Spezialsektor. Er erfüllt mit Scheuklappen versehen *seinen* Auftrag und zeigt sich für über ihn Hinausgehendes als unzuständig oder definiert es zum Anwendungsfall der eigenen Spezialdisziplin um. Daß die »Systeme« mit Thematisierungs- und Definitionsmonopolen einhergehen, externe Kontrolle delegitimieren und sich gegenseitig als »black boxes« von außen wahrnehmen, verödet die gesellschaftliche Kommunikation. Zwischen den Zonen verdichteter Kommunikation entstehen Wüsten und ein Niemandsland der Verantwortungslosigkeit[228], des Unverständnis, der Außenwahrnehmung und des Klischees.

---

228 Bei »Abwesenheit von isolierbaren Einzelursachen und Verantwortlichkeiten« entsteht »eine allgemeine Komplizenschaft und eine allgemeine Verantwortungslosigkeit. ... Die Ursachen verkrümeln sich in einer allgemeinen Wechselhaftigkeit von Akteuren und Bedingungen, Reaktionen und Gegenreaktionen. Dies verschafft dem Systemgedanken soziale Evidenz und Popularität. Man kann etwas tun und weitertun, ohne es persönlich verantworten zu müssen. Man handelt sozusagen in eigener Abwesenheit« (Beck 1986/43).

Gesellschaftsgestaltung wird utopisch, wo Systeme sich gegenseitig als Fremdlinge begegnen. Dem verbreiteten kompensatorischen Ethikdiskurs entgegen, der »Verantwortung als spezielle Dienstleistung definiert« (Hack 1994/7), sind für Verantwortung nicht moralische Individuen entscheidend, sondern die Einrichtung von Strukturen, die Verantwortung begünstigen und Verstößen die Motive und Handlungsmöglichkeiten entziehen.[229]

Die mit der Komplexität und Arbeitsteilung eröffnete Vielfalt moderner Gesellschaften erfordert Formen gesellschaftlicher Synthesis. Der Dekomponierung (I.2) stehen abstrakte Relationierungen (I.3) gegenüber[230] : die Hierarchie, der Markt, die funktionale Differenzierung und die Organisation. Über- und Unterordnung, selbstregulative Prozesse hinter dem Rücken der Menschen, der Perspektivismus selbstreferentiell operierender Systeme, die soziale Verdichtung von Handlungsketten gegenüber weniger organisierten »Umwelten« – die gesellschaftlichen Synthesisformen weisen problematische Effekte für die Gesellschaftsgestaltung auf, bei allen Leistungsvorteilen, die sie bieten. Ich fasse (in I.4) unter »formale Rationalität« und Effizienz noch einmal ihre Würdigung in soziologischen Theoremen zusammen und diskutiere sie. Als problematische Effekte für die Gestaltung von Gesellschaft lassen sich hervorheben:

– die Vielgliedrigkeit von langen Handlungsketten und deren Vernetzungen. Sie führen zu Unübersichtlichkeit, Anonymität, Indirektheit, zu Rückkopplungs- und Kontaktverlust. Es wird auch deshalb nicht mehr darstellbar, was Arbeiten von Menschen für Menschen sind.

– die Masse der zirkulierenden und zu verwaltenden Erzeugnisse, die eine marktförmige Abstraktion (Preise) bzw. verwaltungsförmige Abstraktion (bürokratische Schemata) nahelegt. Dem entspricht die Gewöhnung an

---

229 Ich komme auf diesen Unterschied in II.6 zurück. »Geht man davon aus, daß moderne Gesellschaften u.a. dadurch gekennzeichnet sind, daß sie Arbeitsteilung in teilweise extrem ›langen Handlungsketten‹ (Norbert Elias) organisieren, die zugleich auf vielfältige Weise parallelisiert und rückgekoppelt sind, so läßt sich die soziale Dimension von Verantwortlichkeit nicht durch job enlargement bzw. die (grenzenlose) Ausdehnung der Reichweite individueller ethischer oder moralischer Zuständigkeiten sicherstellen. Institutionelle Verankerung von verantwortlichem Handeln müßte sich auf eine Reorganisation der kognitiven und sozialen Aspekte der Kooperation – über die Schnittstellen zwischen den Zuständigkeiten hinweg – auswirken: als Formen der Vorwegnahme (institutionelle Antizipationen) von problematischen Aspekten ebenso wie Vermeidung des organisierten Abschiebens von Verantwortung auf die jeweils nächste Abteilung oder Instanz« (Hack 1994/6).

230 Kritiken, die den Partikularismus, den Wildwuchs der Besonderheiten *oder* die Nivellierung und die formelle Allgemeinheit fokussieren, bleiben der Problematik gegenüber unterkomplex, so daß beide Phänomene sich durch einander vermitteln.

Komplexität in einer derartigen Größe, daß die Massenverwaltung qua Bürokratie und die als effizient erscheinende Trennung der Organisationen von den Menschen ebenso als allein mögliche und bitter notwendige Modi der »Komplexitätsreduktion« imponieren wie der Markt, auf dem die In- und Outputs neutralisiert und nivelliert werden.

– die Einordnung der Menschen als Produktionsfaktoren und Arbeitsteilchen in organisatorische und institutionelle Arrangements, die Effizienz und formale Rationalität gewährleisten;

– die Anerkennung der eigenen Aufbau- und Strukturzwänge zur »Aufrechterhaltung des Betriebs« von Organisationen und Apparaten, so daß viele Belange von Individuen als nicht »passend« und als zu relativieren angesehen werden;

– die Anerkennung der abstrakten Selektionsfilter, die Handlungen synthetisieren und sie zugleich als Bedingung ihrer »Anschlußfähigkeit« präformieren, Probleme verfremden, Informationen standardisieren, Handlungen abstrakt zuschneiden und kombinieren, also quer zu den jeweiligen Kontexten freitragende Konstruktionen und Apparate errichten;

– die Anerkennung der Zerreißfestigkeit von Handlungsketten, der Schnelligkeit und große Reichweite erlaubenden »Kommunikationsmedien«, der Verläßlichkeit, Erwartbarkeit und Berechenbarkeit von Handlungen;

– das Goutieren des durch die Reibungslosigkeit und Vielgliedrigkeit von Handlungsketten organisierbaren oder zirkulierbaren Reichtums;

– die Gewöhnung an die Normalität technokratischer »Problembearbeitung«, die die Mehrdimensionalität der Probleme spezialistisch vereinseitigt, an Symptomen laboriert, vorsorgende Strukturpolitik zugunsten nachträglicher Maßnahmen vernachlässigt;

– das Verzagen gesellschaftlicher Akteure vor der Frage, wie eine andere als sich hinter dem Rücken der Menschen einregulierende Marktsynthesis bzw. von ihnen abstrahierende organisatorisch-rechtliche Synthesis zu bewerkstelligen sei. Diese Ratlosigkeit steigert sich angesichts des Desorganisationsschocks, die mit jeder grundlegenden gesellschaftlichen Umgestaltung verbunden und befürchtet werden.[231] Allein schon die Vernetzung langer Handlungsketten und das gesellschaftliche Zusammenspiel erscheinen *vor* jedem Inhalt als ein Hindernis gesellschaftlicher Gestaltung.[232]

---

231 Vgl. zu den Aporien der Transformation Przeworski, zitiert in I.7.2, vgl. auch Creydt 1998a.

232 »Verlangt eine teilweise Reform und sie halten euch die Verkettung und die Wechselwirkung der Gesamtorganisation entgegen. Verlangt die Umwälzung der Gesamtorganisation,

Schwierigkeiten der Gesellschaftsgestaltung ergeben sich auf der Seite der gesellschaftlich zu gestaltenden, aber im wesentlichen gestaltungsunfähig und gestaltungsunbedürftig erscheinenden gesellschaftlichen »Sachverhalte«. Gesellschaftliche Strukturen erscheinen als Sachzwang und als unumgehbare (oder nur regressiv zu »überwindende«) Objektivität. Die Formalisierung der Kommunikationsmedien Recht und Geld filtert Handlungs- und Beteiligungsmotive aus. Die Komplexität entmutigt Gestaltungswünsche, und »Systeme« immunisieren sich selbst und funktionieren Impulse aus der Umwelt sie depotenzierend zum Material der systemeigenen Selbstreferenzialität und -reproduktion um.[233]

Alledem steht auf der Seite der Akteure gegenüber

— sozial: Machtunterlegenheit und Subalternität, Schwierigkeiten übergreifender Assoziation aus Spaltung und fast entropischer Zersplitterung, aus Bornierung und Divergenz oder Inkompatibilität von Interessen und Belangen. Die Kooperation entmutigenden Strukturen koexistieren mit dem Interesse an »Schließungen« entlang der Bereichsgrenzen und gegenseitiger Fremdheit bis Indifferenz von Praxen, Perspektiven und Spezialsprachen.

— sachlich: informatorische und intellektuelle (synthetisch-integrative) Überforderung sowie Entmutigungseffekte angesichts mannigfaltiger Unüberschaubarkeiten; Verwirrung auch angesichts der Verschränkung von Leistungsvorteilen und Gestaltungsschwierigkeiten,

— zeitlich: eine Gestaltung stark erschwerende Änderungsdynamik, die Differenz zwischen kurzfristigen und langfristigen Interessen und ein inkrementalistisches Komplexitätsmanagement (vgl. Lindblom 1975, Luhmann 1975a). Es orientiert auf das Nächstliegende. Versehen mit kurzen Reaktionszeiten und guter Umstellungsfähigkeit heißt es, opportunistisch Gelegenheiten zu nutzen und stets darauf zu achten, sich nicht zu sehr festzulegen, um sich keine relevanten Kontakte zu verbauen.

Die Gesellschaftlichkeit wird gegen die Individuen ausgespielt. Die Rationalität wohne der Struktur inne, nicht den an ihr Beteiligten.[234] Gesellschaftliche Institutionen und Apparate erscheinen selbst als Resultate einer Evolution, der gegenüber der vorwitzige Verstand der Individuen als vergleichsweise inkom-

---

und ihr seid destruktiv, revolutionär, gewissenlos, utopisch und übergeht die partiellen Reformen. Also Resultat: laßt alles beim alten« (MEW 5/423).

233 Luhmann schreibt der Macht weniger die »Brechung« als die »Neutralisierung« des »Willens der Unterworfenen« (1975/12) zu.

234 Es lasse sich so »die bisherige gesellschaftliche Entwicklung als Steigerung von Kommunikationsleistungen (aber nicht: als Steigerung des Menschen im Sinne Rousseaus oder Nietzsches) begreifen« (Luhmann 1981/20).

petent und jedwede weitergehende gesellschaftliche Gestaltung als unrealistisch erscheinen.[235]

Wenn die Schwierigkeiten der Gesellschaftsgestaltung gerade aus den Leistungsvorteilen der gesellschaftlichen Synthesisformen in modernen Gesellschaften herrühren, so ist die Aufmerksamkeit für die immanenten Grenzen der formalen Rationalität und Effizienz ein gutes »Gegengift«. In den Blick kommen dabei (in I.5) die in formaler Rationalität und Effizienz dethematisierte intrinsische Arbeitsbefriedigung, die Grenzen der Berechenbarkeit, die kontraintuitiven Effekte der analytischen Dekomposition und der synthetischen Rekomposition (Beispiele: Unfälle in Systemen der Großtechnik, Naturwissenschaften) sowie die Grenzen der analytisch-synthetischen Methode und die Leistungsgrenzen der Ausdifferenzierung (Beispiele: Gesundheits- und Erziehungswesen).

Bislang habe ich einen in verschiedenen soziologischen Theorien relativ invarianten Satz von Interpretamenten gezeigt, die eine Gestaltung von Gesellschaft als unwahrscheinlich begründen. Nun frage ich umgekehrt, was passiert, wenn die formale Rationalität und Effizienz zur Hauptsache der Gegenwart erhoben werden und wie auf die Theorie selbst die in ihr enthaltene Hypostasierung und Extrapolation zurückschlägt. An Weber diskutiere ich, wie gesellschaftliche Strukturen als Bedingungen *für* Rationalität oder im Vergleich mit vergangenen Zeiten wahrgenommen werden und ihre Eigenlogik damit unterbestimmt erscheint. Die (menschlichen) Kosten der formalen Rationalität und Effizienz werden gesehen, aber die Interpretation der Gegenwart qua »formale Rationalität« und »Effizienz« nicht in Frage gestellt. Bei Luhmann totalisiert sich bis zur outrierten Konsequenz die auch schon bei Weber und Simmel angelegte Formalisierung und Reifizierung analytischer Abstraktionen. Für Weber regiert die formale Rationalität in Ökonomie und Verwaltung. Für Simmel avanciert das Mißverhältnis zwischen dem in Organisationen und Institutionen verobjektivierten Reichtum und den Sinnen und Fähigkeiten der Individuen zur Tragödie der Kultur. Luhmann treibt diese unmittelbare Applikation analyti-

---

235 Marx sah in der Abtrennung der Produktivkräfte und in ihrer sachlich erscheinenden, vermeintlich eigenen Sachzwängen folgenden Gestalt den »Kapitalfetisch« (s. II.). Mit der klassischen Soziologie (vgl. Durkheim in I.3.2, s.a. Simmel in I.4.3) ist vom Umfang der infragestehenden Phänomene weiter ausgreifend von einer Art »Gesellschaftsfetisch« zu sprechen: »Die Reflexion, die den Menschen einsehen läßt, um wieviel reicher, differenzierter und lebenskräftiger das soziale Wesen ist als das individuelle, kann ihm nur einleuchtende Gründe für die Unterordnung, die von ihm gefordert wird, und für die Gefühle der Ergebenheit und des Respekts ... vermitteln« (Durkheim 1984/203, vgl. auch Hayeks Plädoyer für »Demut« in I.3.2).

scher Abstraktionen, die Verwandlung von Ideal- zu Realtypen, derart auf die Spitze, daß von der überprägnanten Gestalt Licht und Schatten auf die Anfänge fallen. Die bereits bei Weber (in der zweiten Hälfte von I.5) begonnene Lektüre der Ausblendungen und Übergeneralisierungen findet bei Luhmann reiches Material (s. I.7) und verweist auf die Übergänge von Soziologie zum Soziologismus. Er findet dort statt, wo die soziologischen Abstraktionen nicht in ihren Grenzen erkannt, sondern grenzenlos in der Realität »wiedergefunden« werden.[236]

Die Grenzüberschreitung dieser soziologischen Argumentationen verweist darauf, daß nicht allein Äußeres unbescheidenerweise eingemeindet, sondern »im Inneren«, im angestammten und »legitimen« Kerngebiet eine zentrale Differenz übersehen wird. Damit ist bereits der Übergang zur Kritik der Politischen Ökonomie motiviert. In Teil II werde ich zeigen, wie Marx die gesellschaftlichen Trennungen und Gegensätze der Menschen untereinander und das Verhältnis gesellschaftlicher Formen zu den menschlichen Fähigkeiten und Sinnen stärker in den Vordergrund rückt. Die Kapitalismuskritik bewahrt die skizzierten modernetheoretischen Interpretamente vor einer ihren rationalen Kern verspielenden Ausdehnung. Umgekehrt bewahrt soziologischer Realismus die Kritik der Politischen Ökonomie vor millenaristischen Gesellschaftsutopien. Die Schwierigkeiten, die sich der Gestaltung von Gesellschaft entgegenstellen, fallen weder mit der »modernen Gesellschaft« zusammen, noch lassen sie sich auf die kapitalistische Ökonomie und Gesellschaftsform engführen.

Das Mißverhältnis ist offenkundig: Die Unumgänglichkeit und die Produktivität der Synthesisformen erfahren eine Würdigung, die in keinem Verhältnis steht zur Aufmerksamkeit für das in den herrschenden Relationierungen und Vernetzungen nur selektiv Symbolisierte oder Desymbolisierte.[237] Die in den Synthesisformen unumgänglichen Verformungen (s. z.B. I.3.3) suggerieren eine Produktivität, die eine Alternativrechnung oder -anordnung erschwert. Ein Terrain wird formiert, ohne daß Stoff und Form noch voneinander unterschieden werden könnten — der Stoff erscheint als nur so formierbar, nur so kann er »in

---

236 Simmel (5/54f.) formuliert diesen Soziologismus als Programm bspw. in »Das Problem der Soziologie«.

237 Die Synthesisformen synthetisieren, indem sie Lebenszusammenhänge interpunktieren, konfigurieren und strukturieren — eingrenzen und ausgrenzen, dekomponieren und rekombinieren. Den an den jeweiligen Schnittflächen entstehenden, nicht zu gebrauchenden (und insofern zum Abfall im weitesten Sinn degradierten) Resten und der Zerschneidung von Lebenszusammenhängen, den entstehenden Klüften, Wüsten und Abwesenheiten, dem für Menschen nicht Besetzbaren wird von moderneaffirmativen soziologischen Theoretikern wie z.B. Luhmann nicht genügend nachgegangen.

Form« sein wie er ist – die Selektivität verschwindet im Resultat, die Wirklichkeit in ihrer Repräsentation. Ob Effizienz und formale Rationalität nun affirmiert oder beklagt werden, läuft bisweilen auf das gleiche hinaus.[238] Wer moderne Effizienz als »Wunder« feiert[239], dem liegt die Ontologisierung der mit ihr verbundenen Probleme zur »Tragik« nahe.[240] Mit der Marx'schen Kapitalismuskritik kommt eine andere Perspektive in den Blick, die die bereits in diesem Teil allenthalben sich aufdrängende Ahnung, es handele sich bei der Effizienz und der formalen Rationalität *auch* um Rationalitätsfassaden und Realfiktionen, einbaut in einen bestimmten, also nicht alternativlosen Typ der Entwicklung gesellschaftlichen Reichtums.

---

238 »Wer von Organisationen in Begriffen wie ›stahlhartes Gehäuse der Hörigkeit‹ oder ›Unentrinnbarkeit‹ (wie M. Weber) spricht, lähmt bereits das Denken jeglicher Alternative, betreibt somit in der Konsequenz affirmative Kritik« (Türk 1995/88).

239 Vgl. Hayek 1976/116, zit. in I.3.2, vgl. Luhmanns Rede vom »Wunder der Emergenz‹ , zit. n. Stark 1994/38.

240 Vgl. (in I.3.2. zitiert) Simmels Tragödie der Kultur (1957/99), vgl. ebenso Weber (GASS 445): Kultursysteme und Institutionen, die »ausgegangen sind von großen Weltanschauungsideen, (werden) zu Mechanismen, die sich faktisch davon ablösen. Das liegt einfach an der allgemeinen, wie man zu sagen pflegt: ›Tragik‹ jedes Realisationsversuchs von Ideen in der Wirklichkeit überhaupt.«

II. Abstrakter Reichtum

II.1. Einleitung

Die Marx'sche Kritik der Politischen Ökonomie thematisiert als Theorie der Konstitution der kapitalistischen Gesellschaftsordnung Strukturen, die nicht im Horizont der Effizienz und der formalen Rationalität zu begreifen sind, sondern spannt umgekehrt ein theoretisches Paradigma auf, in dem Effizienz und formale Rationalität Momente eines sie übergreifenden und sie sich einordnenden Verwertungsprozesses darstellen. War in Teil I Thema, wie eine unmittelbare Konzeptualisierung der gegenwärtigen Gesellschaft als »kapitalistisch« gesellschaftsformations*un*spezifische moderne Strukturen und ihre Folgen für die Gesellschaftsgestaltung nicht in den Blick bekommt, so wird in Teil II gezeigt, wie die unmittelbare Konzeptualisierung der gegenwärtigen Gesellschaft als modern[241] sich *auch* als Schein darstellt, den die kapitalistischen Strukturen hervorbringen.

Die erste hier in Absetzung zu den behandelten Theoremen moderner Gesellschaft interessierende These der Kapitalismustheorie lautet: Die kapitalistische Ökonomie steigert die Komplexität der Gesellschaft über das für moderne Gesellschaften spezifische Maß hinaus und verstellt den zur Bearbeitung gesellschaftlicher Komplexität aufzuwendenden Reichtum durch dessen spezifische kapitalistische Beanspruchung. Analytisch kommen zu den Hindernissen der gesellschaftlichen Gestaltung, die in den soziologischen Theorien moderner Gesellschaft dargelegt werden, andere kapitalismusspezifische Hindernisse hinzu. Die analytische Unterscheidung zwischen moderner Gesellschaft und kapitalistischer Ökonomie ergibt höhere mögliche Freiheitsgrade in der Gestaltung der modernen Gesellschaft, als dies soziologische Theorien der Moderne suggerieren. Sie stilisieren die kapitalistische Irrationalität zur Rationalität und

---

241 Vgl. z.B. die Aussage Charles Perrows (1991/37), Organisationen hätten die Gesellschaft »absorbiert« und seien zum »Schlüsselphänomen« der amerikanischen Gesellschaft avanciert.

lassen damit keine andere als die auf diese Weise zweckrationale oder effiziente Gesellschaft vorstellbar werden.[242]

Die wahrgenommenen Folgen formaler Rationalität und Effizienz werden von den soziologischen Theorien moderner Gesellschaft als ihre ebenso negativen wie unvermeidlichen Begleiterscheinungen angesehen, als Preis, der für die Errungenschaften der Moderne zu zahlen ist. Mit Marx' Analyse des Doppelcharakters der Reichtumsentwicklung lassen sich Rationalität und Irrationalität weiter auseinanderziehen – und als realiter durcheinander vermittelt begreifen.[243]

Neben der Überproduktion von Komplexität und der Fehlabsorption und Fehlallokation von Reichtum, der zu ihrer Bearbeitung bereitgestellt werden könnte, besteht ein dritter wichtiger Schwerpunkt der Marx'schen Theorie im Unterschied zu soziologischen Theorien der modernen Gesellschaft in der stärker ausgeprägten Aufmerksamkeit für Abstände, Trennungen und Gegensätze in der Vergesellschaftungsweise. Sie werden in Theorien der »Verkehrswirtschaft« (Weber) oder in Theorien unterbestimmt, die die hohe Fließgeschwindigkeit von Informationen in Komunikationsnetzen und -medien fokussieren. Die Abstände, Trennungen und Gegensätze ermöglichen erst, so die These, die Verselbständigung des Reichtums.

Die Reihenfolge der Darstellung ergibt sich aus ihrem rekursiven Charakter. Es wird bspw. danach gefragt, welche Strukturen bewirken, daß die Ware zur vorherrschenden Form der Produkte avanciert.[244] Die Verschlingung der Expli-

---

242 Ob die Berechenbarkeit (sensu Weber), die Marktordnung als unsichtbare Einregulierung (sensu Weber und Hayek), die Effizienz und die Vermeidung von »Reibungsverlust« (Simmel) qua formaler Rationalität (Weber) – überall wird ein Attribut moderner Gesellschaft zum Dreh- und Angelpunkt erhoben. Luhmann hat diese bei Weber, Simmel und Hayek bereits ausgeprägte Tendenz, die soziale Dimension vorrangig unter dem Gesichtspunkt der Zirkulation von Informationen zu behandeln, lediglich noch einer weitergehenden Formalisierung unterzogen.

243 Damit entsteht eine Alternative dazu,
   – die Kritik an gesellschaftlicher Irrationalität aus Sorge um das Verspielen der Rationalität zu marginalisieren,
   – aus Sorge um eine Marginalisierung der Erkenntnis der Irrationalitäten sie als untrennbar mit der Rationalität zu stilisieren (Adorno, Horkheimer),
   – für die Minimierung der Nachteile und die Stärkung der Vorteile zu plädieren, als ließen sich die einen ohne die anderen haben. Vgl. zur Kritik an Plädoyers für die »soziale Einbettung« der Ökonomie auch Deutschmann 1999/132f. Vgl. a. I.3.2 und II.2.2 sowie II.7.

244 Hierzu bedarf es Voraussetzungen, die nicht aus der Warensphäre erklärbar werden und den Horizont von Tauschverhältnissen übersteigen (Produktion von Mehrwert, Besitzlosigkeit an Produktionsmitteln, Produktion von Mehrwert, Ausgleich zur Durchschnittspro-

kation von Voraussetzungen in darstellungsbezogen »späteren« Abschnitten mit der Prädisposition ihrer Inhalte durch früher dargestellte Sphären kompliziert die Darstellung.

Ich klammere die in den Sozialstaat gesetzten Hoffnungen aus, die seinen praktischen Nutzen übersteigen und eine grundsätzliche Einhegung des Kapitalismus verheißen.[245]

Ich schäle im folgenden einige Grundstrukturen des Kapitalismus heraus, die gelinde gesagt für die Gesellschaftsgestaltung Probleme aufwerfen. Weder liegt der Hauptaugenmerk vorrangig auf einer innerökonomischen Erklärung des Kapitalismus noch auf einer Auseinandersetzung um das Verhältnis Ökonomie-Politik. Ich folge der These, der Kapitalismus funktioniere unter seinen eigenen Voraussetzungen und reproduziere sich im allgemeinen aus sich selbst, wenn seine Voraussetzungen gegeben sind bzw. reproduziert werden. Marx' »Kapital« enthält »eine systematische Übersicht über die Ansatz- oder Einbruchstellen, an denen die moderne Politik in die kapitalistische Ökonomie hineinreicht« bzw. »hineinreichen muß« (Krätke 1998/152).[246] Die kapitalistische

---

fitrate usw.). Insofern arbeitet die Darstellung Implikationen heraus, die zunächst zugleich unterstellt und eingeklammert werden müssen, wenn man mit der Warenzirkulation als vorherrschendem Phänomen beginnt. Daß die Ware im Kapitalismus *notwendig* allgemein ist, erscheint erst auf späteren Stufen der Darstellung. Gewiß lassen sich aus ihr Latenzen entwickeln, die die weiteren Ebenen der Darstellung affizieren (vgl. auch II.2.2). Die Darstellung hat nicht den Charakter einer Entfaltung aus einer Keimzelle, in der bereits alles angelegt ist. Auch wenn aus der Sphäre der Warenzirkulation nicht erklärt werden kann, warum im Kapitalismus Waren produziert werden, lassen sich jedoch mit ihr Abstraktionen im Bezug der Produzenten zueinander und zwischen Produzenten und Konsumenten aufzeigen, die *eigene* Probleme für die Gesellschaftsgestaltung beinhalten – Probleme, die nicht in der Bearbeitung explanatorisch »tiefer« gelegener Schichten »aufgehoben« werden. Nicht nur in der Theorie funktionaler Differenzierung, auch in der Kritik der Politischen Ökonomie liegen starke Versuchungen vor, Einheit und Differenzierung gegeneinander auszuspielen. Vgl. II.2.2, II.7.

245 Diese Erwartungen finden sich bereits bei Hilferding (vgl. Gottschalch 1962/198ff.) und Bernstein (vgl. Gay 1954/270) in den 20er Jahren, werden von Thomas H. Marshall (1992) im Nachkriegsengland weiter zu einer Evolution von Bürgerrechten zu sozialen Rechten theoretisiert. Habermas (1981 Bd.2/514, vgl. a. 530) sieht die »Belastungen, die sich aus dem Charakter fremdbestimmter Arbeit ergeben..., weitgehend aufgefangen« durch sozialstaatliche Maßnahmen. Vgl. zur Kritik dieser Hoffnungen: Müller, Neusüß 1970, Vobruba 1983, Sozialistische Studiengruppen 1983, 1983a, Krölls 1988, Krätke 1991, Revelli 1992. Vgl. auch MEW 23/253f., 281. Vgl. auch die dieses Thema betreffende Fußnote in II.6.

246 Vgl. bspw. die Bestimmungen des Geldes, die den Arbeitsmarkt ergänzenden und unterstützenden Institutionen, die Beschränkung kurzfristig profitabler, langfristig ruinöser

Ökonomie ist kein geschlossenes System und kann einige ihrer Elemente (Geld, Arbeitskraft, Natur) nicht selbst erzeugen. Daß der Kapitalismus nur als politisch-ökonomisches System lebensfähig ist, heißt nun aber nicht, davon zu abstrahieren, daß die Kriterien staatlichen Handelns im Kapitalismus sich auf die Lebensfähigkeit der kapitalistischen Ökonomie beziehen. Daß der Kapitalismus ein politisch-ökonomisches System ist, heißt nicht der Politik beliebige Freiheitsgrade gegenüber der Ökonomie einzuräumen (s.a. I.2.2). Die Grenzen staatlichen Handelns gegenüber der Ökonomie herausgearbeitet zu haben bleibt ein respektables Ergebnis der deutschen »Staatsableitungsdebatte«, wie immer man sie sonst beurteilen mag.[247]

Die kapitalistische Ökonomie restringiert Politik einerseits mit ihrer »Systemgrenze« (Blanke u.a. 1975/91f.). Überschreiten Eingriffe die von den Verbänden des Kapitals als systemkritisch aufgefaßten Grenzen, werden massive Gegenreaktionen (Kapitalflucht, Produktionseinschränkungen, »Investitionsstreiks«) wahrscheinlich.[248] Gerade im Interesse außerökonomischer Ziele ist

Ausbeutung der Arbeitskraft durch Regelungen des Produktionsprozesses, die Schaffung gleicher Konkurrenzbedingungen für die Kapitale usw.

247 »Ihre Entwicklungsthesen und Restriktionsanalysen lagen – aus heutiger Sicht – gar nicht so schlecht. Viele Schlußfolgerungen wurden von den damaligen Reformern später selbst gezogen. Im Gegensatz zur Zeitströmung wurde Anfang der siebziger Jahre auf die Schranken für die Planbarkeit von Politik und die politische Steuerbarkeit sozialer Prozesse hingewiesen« (Jürgens 1990/15). Darüber hinaus bestand »die Bedeutung dieser Debatte insgesamt darin, daß sie eine Grundlage lieferte, um vom ökonomischen Determinismus und Funktionalismus loszukommen. ... Es gibt im Basis-Überbau-Modell keinen Platz, um nach der Form des Staates zu fragen, zu fragen, warum gesellschaftliche Verhältnisse sich zur scheinbar autonomen Form des Staates verfestigen« (Holloway 1993/16). Ich gehe diesen konstitutionstheoretischen Ansätzen in bezug auf den Staat (vgl. u.a. Hochberger 1974, Tuschling 1976, Kostede 1976, Evers 1977/50ff., Sauer 1978, Preuß 1979, Wood 1982, 1988, Demirovic 1988, Maihofer 1992), nicht nach, wohl aber überschreite ich jene Konzeptualisierung, in der die Ökonomie als äußerer Faktor das Außerökonomische nur bedingt, beschränkt, beeinflusst usw.

248 Die bspw. nach dem Putsch in Chile 1973 diskutierten Aporien eines Reformgradualismus bleiben theoretisch in der Linken ohne überzeugende Bearbeitung: Werden lukrative Schlüsselindustrien vergesellschaftet oder schon große Vermögen härter besteuert, so reagiert das Kapital. Auf Kapitalflucht, Massenentlassungen und Investitionsstop hin wird es wiederum notwendig, das Profitprinzip für einen weit größeren Bereich außer Kraft zu setzen als ursprünglich beabsichtigt. »Der Gradualismus verunmöglicht sich also selbst: Auf Grund der mit Sicherheit einzukalkulierenden ökonomischen Reaktionen des Kapitals auf die ersten Schritte müssen die zweiten, dritten etc. Schritte gleichzeitig mit oder nach dem ersten Schritt erfolgen, soll der erste Schritt nicht wirkungslos bleiben. Analoges gilt für die politische Ebene« (Heimann, Zeuner 1974/142).

der Staat auf ein Florieren der Ökonomie angewiesen.[249] Die »Tätigkeitsgrenze« der Politik gegenüber der Ökonomie (Blanke u.a.) erwächst aus der jeweiligen Konjunktur, die die finanziellen Handlungs- und Verteilungsspielräume des Staates oder anderer öffentlicher Akteure abstecken.

Freiheitsgrade weist das politische Handeln insofern auf, als es verschiedene Einschätzungen geben kann, was ökonomisch-politisch förderlich ist und was nicht, nicht nur aufgrund der Prognoseprobleme, sondern weil auch *das* einheitliche Verwertungsinteresse sozial nicht existiert.[250]

II.2. Die Ware – Indifferenz und Dekomponierung

Marx' Warenanalyse hält einige grundlegende Abstraktionen der Vergesellschaftungsweise fest. Zusammenfassend kann von einer Dekomponierung und Desaggregation gesellschaftlicher Zusammenhänge zugunsten verkaufbarer Waren gesprochen werden. Individuelle (im Unterschied zu gesellschaftlichen) »Lösungen« von Problemen werden zum willkommenen Anlaß, Waren zu produzieren. Die bereits in der Warenanalyse enthaltenen Ausblicke auf ein Zivilisationsmodell der bürgerlichen Gesellschaft zeigen ebenso einen Reichtum, der aus einer Vielfalt partikularisierter Güter besteht, wie eine Indifferenz nicht nur zwischen den verschiedenen Gütern und Bedürfnissen, sondern auch zwischen Produzenten und Konsumenten.

---

249 Eine Asymmetrie zwischen der Ökonomie und anderen Bereichen in den Gesellschaften mit kapitalistischer Produktionsweise bezieht sich auf die Reichweite, Dauer und Intensität, mit der der eine Bereich (die Ökonomie) anderen Bereichen die Voraussetzungen des eigenen Erfolgs als unumgehbares Kriterium und die eigenen Folgeprobleme als nicht vernachlässigbare Randbedingungen auch des Funktionierens dieser nichtökonomischen Bereiche vorgibt. Das Wohl und Wehe der (kapitalistischen) Ökonomie entscheidet in ganz anderem Ausmaß über das Gelingen anderer Bereiche als dies in der umgekehrter Richtung der Fall ist. Vgl. zur Kritik der bspw. von Parsons gepflegten Vorstellung symmetrischer Austauschprozesse zwischen den gesellschaftlichen Bereichen a. Deutschmann 1999/49f.

250 Die funktionalistische Annahme eines Quasisubjekts mit eigenem Problemsensorium und der Fähigkeit zur Einwirkung auf sich selbst geht an der kapitalistischen Ökonomie vorbei. In der neueren marxistischen Staatsdiskussion ist bereits früh darauf hingewiesen worden (vgl. Wirth 1973/38ff. Das »Kapital im Allgemeinen«, das zunächst von Marx im ersten Band des »Kapital« unterstellt wird als homogener Akteur, erweist sich im dritten Band des »Kapital« als nicht in den einzelnen Kapitalen unmittelbar präsent, sondern als erst in ihren Verhältnissen zueinander realisiert.

In der bürgerlichen Gesellschaft wird ein Reichtum an Vergegenständlichungen und Zusammenhängen zwischen Menschen hervorgebracht[251] und zugleich verkehrt. Erscheint in ihr der Reichtum als »ungeheure Warensammlung« (MEW 23/49), so fällt an diesem Ausdruck das Additive auf. Von keiner Gestaltung des Reichtums ist die Rede. Im Bruttosozialprodukt als Kennziffer gesellschaftlichen Reichtums wird von allen Gründen und Folgen, allen Zusammenhängen und Trennungen zwischen Arbeiten abstrahiert. Dementsprechend abstrakt ist der herrschende Reichtum mit seiner Rücksichtslosigkeit gegenüber Voraussetzungen, seiner Verkehrung des Mangels des einen zur positiven Anlagefläche für den anderen, seiner Dekomponierung und seinem Verschenken symbiotischer und synergetischer Möglichkeiten. Der Reichtum der bürgerlichen Gesellschaft wird zum einen gebildet durch eine geschichtlich vorher nicht erreichte »soziale Dichte« (Durkheim), zum anderen findet sich das praktische In-Beziehung-Treten durchsetzt mit Trennungen, Abstraktionen und Indifferenzen.[252]

Dem Reichtum, der als eine Warensammlung erscheint, entspricht ein Verhältnis der Individuen zu ihm, das als »Wählen« bezeichnet werden kann. »Bedingt durch die Vermehrung der Möglichkeiten, gewinnt die Handlungsform des Wählens gegenüber der Handlungsform des Einwirkens an Boden« (Schulze 1991/55).[253] Das hat eigene Auswirkungen auf die Gestaltung von Gesell-

---

251 Vorkapitalistisch war der soziale Bezug der Menschen und ihre Arbeit eingebunden in Brauch und Sitte, die ein vorgegebenes Gemeinwesen traditionell reproduzierten. Auch die Gabe verweist auf konkrete und bindende Normen der Reziprozitätserwartungen, die sich vom Äquivalententausch unterscheiden. Die Reichweite der Handlungen war zumeist auf enge Kreise beschränkt. Allenfalls Überschüsse werden getauscht, die Ware bleibt ein Randphänomen. Der »Austausch ist ein bloß enger Kreis, der auf Nichtaustausch als seiner Basis ruht« (GR 566). Auch der Fernhandel berührte zunächst nicht die allgemeinen Lebensverhältnisse. Gegen eine soziobiologische Verallgemeinerung von Konkurrenz bei Tier und Mensch läßt sich auf das historische Novum des Kapitalismus hinweisen. Erst in ihm treten die verschiedenen Produzentengruppen system(at)isch in Konkurrenz zueinander (Nitschke 1996/147).

252 »Die Universalität der Arbeit und des Arbeitsprodukts realisieren sich also durch ihre Negation, denn auf dem Markt beziehen sich Käufer und Verkäufer nicht als gesellschaftliche Subjekte aufeinander, sondern als miteinander konkurrierende Privatindividuen« (Marmora 1983/78). Die Tendenzen zur »Universalisierung und Homogenisierung des gesellschaftlichen Lebens« und »zur Zergliederung und Individualisierung desselben« koexistieren (ebenda). S.a. GR 76.

253 »Bei Einwirken gestaltet das Subjekt eine bereits vorhandene Komponente der Situation um, was in der Regel eine gewisse Zeit beansprucht. Beim Wählen wird eine Komponente

124

schaft: »Wenn man durch ein großes, mit allen Angeboten ausgestattetes Kaufhaus schlendert, weiß man auf Anhieb nicht zu sagen, was man etwa *nicht* bekommen kann. Man ist zu sehr mit der Auswahl zwischen den gegebenen Möglichkeiten beschäftigt, als daß man viel Zeit auf die Frage verwenden könnte, was einem vorenthalten bleibt« (Schulze 1992/51).

Auch der Gebrauchswert als Gegenseite des Werts[254], der oft als Statthalter für »das Leben«, das »Sinnliche« (vs. »kalte« Abstraktion, Form, »Beton« und dergleichen mehr) herhalten muß, ist eine Gestalt des abstrakten Reichtums.[255] Bedürfnisse werden zwar in der bürgerlichen Gesellschaft entwickelt, in geschichtlich unvergleichlichem Ausmaß, aber eben als »Bedürfnisse irgendeiner Art« (MEW 23/49). Sie zu befriedigen ist die bewußt zwiespältige Auskunft, die Marx über den Gebrauchswert gibt. Im Gebrauchswert interessiert uns eine »Eigenschaft« am Gut. »Jedes einzelne Bedürfnis hat seine eigenen Objekte und seine spezifischen ›Werbeslogans‹. Jedes einzelne hat demnach auch seine eigene und besondere Befriedigung, ohne in ein kohärentes Ganzes einzutreten. Die Befriedigung unzusammenhängender Bedürfnisse durch äußerliche und unzusammenhängende Objekte bezeichnet ein charakteristisches Merkmal des neuen Privatlebens« (Lefebvre 1977 Bd. 2/98). Die Warenproduzenten gestalten das Gut, das Ware sein soll, nicht daraufhin, daß sie den Zusammenhang der Momente des Dinges, ihre Implikationen und Folgewirkungen im

---

der Situation eliminiert, ausgetauscht oder neu hinzugenommen. Meist vollzieht sich dies von einem Moment zum nächsten« (Schulze 1992/201, vgl. auch 204 und 208).

254 Ich pointiere den Gebrauchswert als innerkapitalistisches Komplementärphänomen zum Wert in Abgrenzung einerseits zu seiner Ehrenrettung als gesellschaftlich neutrale Stofflichkeit, in Kontrast andererseits zu seiner Verurteilung als überhistorisches Prinzip des schädlichen »Nutzens«. Marx' analytische Unterscheidung zwischen Gebrauchswert und Tauschwert, in der er den Gebrauchswert vorerst einklammert, um dem Tauschwert näher nachgehen zu können, hat zu einer Opposition zwischen Gebrauchs- und Tauschwert verleitet, die dem Gebrauchswert mehr an Gegensatz zum Wert auflädt, als ihm gebührt. Wie auch bei anderen Stellen ist Marx hier nicht eindeutig und liefert auch anderen Interpretationen Stoff (vgl. MEW 13/16). Zur Perspektive, den Gebrauchswert selbst schon als gesellschaftliches Verhältnis im Kapitalismus aufzufassen, im Unterschied zur vorherrschenden Interpretation, »der Kapitalismus« schränke den als positiv unterstellten Gebrauchswert negativ ein, ist Pfreundschuhs (1979) ausführliche Interpretation des ersten »Kapital«-Kapitels grundlegend.

255 »Bei vielen Linken nimmt der Gebrauchswert »ungefähr dieselbe Bedeutung an wie die Jungfernschaft in der Komödie: Er bewahrt — trotz aller Anfechtungen, Intrigen und Verleumdungen — seine strahlende Unschuld, bleibt unbefleckt, um schließlich mit seinem Bräutigam, dem Sozialismus, vermählt zu werden« (Scheit 1996/5f.).

Blick haben.[256] Für den Warenproduzenten ist relevant, nicht *wie* sich menschliche Bedürfnisse, Sinne und Fähigkeiten am produzierten Gegenstand entfalten, sondern *daß* überhaupt Nachfrage da ist (quantitativ) und, eben: irgendein Bedürfnis (qualitativ).[257]

Schon die Analyse der Warensphäre verweist auf den arbeitenden Bezug von Menschen zueinander in der Gestaltung der Arbeiten und Gegenstände der Welt. Nicht allein die Schranken[258], die den Bedürfnissen gesetzt werden, son-

---

256 Die Kritik an der Partikularisierung bezieht sich auf gesellschaftliche Strukturen, unter denen die analytische Scheidung und Kombination bestimmter Aspekte die gesellschaftlich relevante Aufmerksamkeit für die Freisetzung von Bornierungen und »Neben«effekten in den Hintergrund schiebt. Mit der Kritik an der Partikularisierung des Reichtums und des Wissens verbindet sich kein Votum für eine »Ganzheitlichkeit«, die ohne die analytische Zergliederung des Gegenstandes auskommen zu können meint. Dem Problem der Partikularisierung muß nicht aus Ansteckungsangst vor »Ganzheitlichkeit« ausgewichen werden.

257 Ein Beispiel: »Die auf dem Wuchern von Einfamilienhäusern gründende Urbanisierung nährt die Illusion, daß das Problem des Raums und des Wohnens in der Stadt eine individuelle Lösung erlaubt. Die Reihenhausvororte sind Negationen der Stadt, sie bieten jeder Familie den Schein einer nicht-kollektiven, fast ländlichen Lösung des Wohnungsproblems« (Gorz 1984/31). Die ökologischen Folgen sind beträchtlich: Die jeweils privat aneigenbaren Waren stellen eine ungeheure Verschwendung von Energie und Rohstoffen sowie ein Übermaß an Abfall im Vergleich zu kollektiv nutzbaren Gütern dar. Private Angebote werden verkaufbar, wo gesellschaftliche Problembearbeitung strukturell versperrt bleibt. Schon die Förderung der Bahn entspricht der Warenproduktion weniger als die des Autoverkehrs. Auch die private Aneignung von Haushaltsgeräten zollt einen hohen Tribut an Energie und Rohstoffen dem Besitzindividualismus sowohl für die Herstellung unterausgelasteter Geräte als auch für den Verbrauch in suboptimal kleinen Haushalten, deren Zahl durch die Individualisierung und die Verkleinerung von Familien steigt. »Während die deutsche Wirtschaft versucht, die Maschinen auch noch an Sonntagen zu nutzen, liegen Handbohr-, Fräs- oder Schleifmaschinen monatelang unbenutzt in Hobbykellern. Es ist nicht einsehbar, warum diese Maschinen nicht ähnlich Parkettschleifmaschinen ausgeliehen werden sollten« (Ewen 1993/238).

258 Die mit dem Kapitalismus eröffnete, in ihm aber verstellte Perspektive (vgl. GR 79f.) ist nicht die »Produktion für die Bedürfnisse, sondern eine Praxis der Veränderung dieser Bedürfnisse, die Produktion des Produzenten durch ihn selbst. Das macht die freie Arbeit, verstanden als Mehrarbeit, aus« (Balibar 1986/674). »Der Begriff Produktion bezeichnet hier nicht eine bloße Analogie zur materiellen Güterproduktion, vielmehr geht es um den umfassenden Begriff gesellschaftlicher Produktion, zu dem sich die materielle Güterproduktion als besondere Ausformung verhält. Wenn Marx vom ›Kommunismus als der Produktion der Verkehrsform selber‹ spricht, so bezieht er sich auf diesen allgemeinen Begriff gesellschaftlicher Produktion. ... Unter den Bedingungen der bürgerlichen Gesellschaft steht die Warenproduktion so sehr im Vordergrund, daß sie diesen allgemeinen

dern die Entfaltung des Bedürfnisses getrennt von der Gestaltung der Welt der Arbeiten und Gegenstände, die Kernspaltung zu Arbeitsteilchen und Bedürfniswesen und ihre Gleichgültigkeit gegeneinander machen die Problematik aus. Wie durch die Arbeit und die Arbeitsprodukte bestimmte Bedürfnisse geschaffen bzw. »geweckt« werden und wie dann auch diese Bedürfnisse bestimmte Arbeiten notwendig machen, wird nicht gesellschaftlich gestaltet als innerer Zusammenhang (vgl. MEW Ergbd.1/462f.), sondern vollzieht sich als Bewegung hinter dem Rücken der Leute. Unter Voraussetzung der Trennungen und Gegensätze stiftet der Austausch gleicher Werte die herrschende Einheit. Die Menschen »produzieren« einander durch die Gegenstände, an denen sich die Sinne, Fähigkeiten und Bedürfnisse entfalten können, und durch die im Vergleich zu vorherigen Gesellschaften unvergleichbar höhere Gestaltung der Arbeit (vgl. MEW 13/622ff. bzw. GR 13ff. und GR 255f.). Zugleich ist im Tausch und in der auf ihn eingerichteten Arbeit davon abstrahiert, wie Menschen durch ihre Arbeitsprodukte und ihre Arbeiten sich als Menschen »schaffen«. Dieser innere Nexus[259] ist verdrängt durch den äußeren Zusammenhang von Angebot und Nachfrage. Den gesellschaftlichen Stoffwechsel zwischen den Gegenständen, die die menschliche Zivilisation und Kultur materialisieren, den Arbeiten, den Bedürfnissen und den menschlichen Sinnen und Fähigkeiten gesellschaftlich zu gestalten, ist etwas anderes als das bloß individuelle Verhältnis zum Gebrauchswert. Es bleibt an dessen unmittelbare Gestalt gebunden, an den eigenen Feinsinn sowie den privaten Genuß und verschließt damit noch einmal subjektiv die ohnehin gesellschaftlich objektiv verschlossene Gestaltung der Konstitution von Arbeiten, Bedürfnissen und Gegenständen. Verstellt wird eine Gesellschaft, die in ihren Arbeiten und ihren Gegenständen die Entfaltung der Menschen an den Gegenständen, die gesellschaftliche Welt, die die Gegenstände mit aufbauen, und die Arbeit selbst (eben auch als »menschliche Kraftentwicklung« MEW 25/828) gestaltet, also nicht nur produktionsökonomisch,

---

Begriff der Produktion, der auch die Produktion der Lebensweise umfaßt, verdeckt. ... Produktion als Begriff der Kritik der bürgerlichen Ökonomie muß sich eng fassen, um die kapitalistische Verwertung der Arbeitskraft im Industrieprozeß zu treffen. Produktion als Begriff im Zusammenhang der Konstitution neuer Produktivkräfte und als Produktion des gattungsmäßigen Reichtums der Menschen muß dagegen weit gefaßt sein und die Produktion aller Lebensbereiche umfassen« (Negt, Kluge 1972/28 und 187).

259 Der Individualismus abstrahiert von diesem Zusammenhang und faßt das Sein des Individuums in der Gesellschaft allein als äußere Abhängigkeit, als Nutzen, als manchmal vorteilhafte, manchmal ärgerliche, immer notwendige Bedingung. Der Kollektivismus artikuliert diesen Zusammenhang, aber in der Negation zum Individualismus als den Menschen vorgeordnete und von ihnen nicht gestaltbare Emergenz.

sondern auch sozio-personell. Bedürfnis und Gegenstand, Arbeit und Gegenstand, Arbeit und Bedürfnis, Produzent und Konsument sind allein durch den Wert miteinander vermittelt.[260] Die konkreten Verhältnisse, die Gestalten der Bedürfnisse, Gegenstände usw., die sich auf dieser abstrakten Grundlage ergeben, erscheinen als ihr Grund (s.u.). Die Pseudokonkretheit verstellt die Vergegenwärtigung der Realabstraktion.

Im Unterschied zu einem Genuß von Produkten, in dem das In-der-Welt-Sein[261] und die Teilhabe an ihrer Gestaltung, die von daher bestimmte Verarbeitung von Produkten auf die Entwicklung von menschlichen Fähigkeiten und Sinnen hin genossen wird, konstituiert die selbständig für sich bestehende Produktion Gegenstände, an denen sich die Bedürfnisse nach ihnen bilden können, und eine Arbeit, die das Bedürfnis hervorbringt, von ihr absehen zu können und es auf ein Leben abzusehen, das unter Voraussetzung der Arbeit sie vergessen lassen soll und ihr und den sonstigen gesellschaftlichen Unbilden gegenüber eine Alternative zu bieten hat, komme was wolle.[262] Statt daß die Gesellschaft

---

260 »Es werden Bedürfnisse nach Sachen befriedigt, in denen der Mensch abwesend ist, die er also nach seiner Produktion verlassen hat; das sind Produkte des abwesenden, abgezogenen oder abstrakten Menschen, dessen Wesen nicht in seinen Erzeugnissen gegenständlich ist, weil es nur als Gebrauchsgut zur Existenz kommt. Der bürgerliche Reichtum existiert nur außer dem Menschen, als Mittel des Verbrauchs, als Gegenstand eines eigennützigen Bedürfnisses, in welchem das Individuum sich gegen das Bedürfnis anderer Individuen setzt« (Falk 1978/40). Daß sich die objektive und subjektive Gleichgültigkeit der Produzenten und Konsumenten gegeneinander auch aus der »Heteronomiesphäre« begründet, aus der Unmasse an Gütern und Diensten, die nur als externe Voraussetzung gelten, ist auch eine moderne Schwierigkeit der Gesellschaftsgestaltung, also vom Kapitalismus unabhängig, auch wenn er die Bearbeitung dieser Problematik blockiert. In der Heteronomie und Komplexität der Sachen, den modernen Sachzwängen und Organisationsnotwendigkeiten usw. verliert sich der Sinn von Menschen für den Sinn der Gegenstände und Arbeiten. Und die Größe der gesellschaftlichen Gestaltungsaufgabe läßt sich ermessen, wenn gilt: »Der Mensch verliert sich nur dann nicht in seinem Gegenstand, wenn dieser ihm als menschlicher Gegenstand oder gegenständlicher Mensch wird« (ebd. 541), so daß der »Gegenstand zu einem gesellschaftlichen, menschlichen, von Menschen für den Menschen herrührenden Gegenstand geworden ist« (MEW-Erg.bd. 1/540).

261 Sensu Anders 1993/XIff.

262 Schon mit der Ware ist das Interesse von Anbietern und Konsumenten daran angelegt, daß das Leben stofflich reicher ist als seine gesellschaftliche Form (Pfreundschuh 1978/XVIII). Der gesellschaftlichen Armut des In-der-Welt-Seins steht eine Reichhaltigkeit von Gütern gegenüber, die »Bedürfnisse (befriedigen), die keine andere Lebensform haben, als den individuellen Konsum selbst« (ebd.). Die Welt der Privatproduzenten produziert Arbeiten, Gegenstände und Bedürfnisse, die wie bspw. das Auto die Abwesenheit der gesellschaftlichen Gestaltung ihres Zusammenhangs (hier: als öffentliches Verkehrs-

»das Verhältnis der Produktion von Reichtum zum Dasein reicher Menschen« (Pfreundschuh 1978/XXI) selbst gestaltet, also gestaltet, wie Menschen durch Arbeit und Gegenstände werden, läßt der selbständig erscheinende Konsum die Konstitution der Sinne des Konsumenten in der Arbeit, an den Gegenständen und in der gesellschaftlichen Welt aus der Aufmerksamkeit verschwinden. Eine Koexistenz von Willkür und Abhängigkeit ist das Resultat. Die »von allem abstrahierende Reflexion« und die »Abhängigkeit von dem innerlich oder äußerlich gegebenen Inhalte und Stoffe« sind dann gleich ursprünglich (H 7/66).

Gemäß der ersten Eigentümlichkeit der für das Warenverhältnis spezifischen Relationierung wird der Gebrauchswert zur Erscheinungsform des Werts. Die Werthaftigkeit, der Nicht-Bezug der Gegenstände aufeinander, die Abstraktion des Reichtums erscheint nicht. Vielmehr erscheint der Gebrauchswert als unmittelbare Beziehung des Menschen auf die Eigenschaft(en) eines Dinges, das dazu produziert ist, ein Bedürfnis zu befriedigen, von dem man nur weiß, daß es durch diese Eigenschaft(en) befriedigt wird, ohne daß irgendein Grund des Bedürfnis noch eine Rolle spielt. Nicht also die Werthaftigkeit, der Nicht-Bezug der Dinge untereinander, erscheint; ebensowenig der Wert als das einzige, das sie verbindet, indem es gerade jede konkrete Verbindung durchstreicht – in der Gleichsetzung der Arbeiten zu abstrakten Elementen der gesellschaftlich durchschnittlichen Arbeitszeit.[263] Es erscheint nicht die »Gleichgültigkeit der Konsumierenden und Produzierenden zueinander« (GR 78f.) bzw. sie erscheint als nicht eigens der Aufmerksamkeit werte Normalität und erklärungsunbedürftige Selbstverständlichkeit. Es erscheint eine Warenansammlung, lauter Gebrauchswerte. Der konkrete Nutzen für die gebrauchswerthungrigen Menschen und der abstrakte Reichtum fallen (auf dieser abstrakten Ebene der Analyse[264])

---

system) als normal unterstellen. »Die Menschen verhalten sich nicht durch ihre Produktion zu ihren Bedürfnissen, sondern sind selbst Produkt des Bedürfnisses ihrer Produktion« (Pfreundschuh 1978/XXIV, vgl. a. MEW-Ergbd. 1/459).

263 Die negative Bestimmung, die Arbeit sei nicht bedarfsorientiert, reicht ebenso wenig wie der Hinweis auf bloß betriebswirtschaftliche Kalküle aus, um Arbeit als abstrakte zu qualifizieren. Koltan (1998) wirft Robert Kurz zu Recht vor, die Eigenlogik des Werts nur negativ in Absetzung zu subjektiven Absichten zu qualifizieren. Schon die Skizze der Vergesellschaftungsverhältnisse in der Warensphäre geht darüber hinaus. Im thematischen Horizont der Warensphäre sind aber die Bedingungen der Möglichkeit und Durchsetzung von abstrakter Arbeit nicht hinreichend zu entfalten. Sie lassen sich erst fassen aus der Differenz der verschiedenen Profitraten zur Durchschnittsprofitrate, der entsprechenden Kapitalzirkulation und den Operationen der Kapitale dafür, ihre Profitrate zu erhöhen.

264 Marx schildert in (seine Darstellung betreffend) späteren Analyseabschnitten, wie die Bedürfnisse sich an den »Notwendigkeiten« zu relativieren haben, die die Produktion des abstrakten Reichtums setzt. Damit fallen dann abstraktes Bedürfnis und abstrakter Reichtum

zusammen. Der Gebrauchswert ist die Naturalform der Ware. In ihr gilt das gebrauchsfertige Ding als ebenso unmittelbar wie das Bedürfnis. Dies wiederum mutet bei der erscheinenden Dekomponierung gesellschaftlicher Verhältnisse zu Subjekt-Objekt-Bezügen als Attribut des Subjekts an. Es nimmt die Welt von sich her wahr und nimmt, was es nehmen kann.

Wo es auf Dinge ankommt, die gesellschaftliche abstrakt notwendige Arbeitszeit überhaupt enthalten, wird für das Bewußtsein der Unterschied zwischen Gebrauchswert und Wert verwischt. Der Gebrauchswert erweist sich als Kehrseite des Werts, ist er doch ein individuelles Verhältnis zum Gut und kein gesellschaftlich gestaltetes Verhältnis zwischen Menschen, das sich auf Güter bezieht.[265]

Die Abstraktion vom gebrauchswerthaften Bezug des Subjekts auf das Objekt, wie er im den Wert ausdrückenden Bezug der Objekte zueinander stattfindet, ist die Kehrseite der Abstraktion vom werthaften Bezug der Sachen und Menschen zueinander im (Gebrauchswert-) Bezug des Subjekts auf das Objekt. In der bürgerlichen Gesellschaft trennen sich die Dimension des Stoffes und des Inhalts, die Subjekt-Objekt-Beziehung und jene zwischen den Objekten. Es existieren also zwei Abstraktionen, die aufeinander angewiesen bleiben: Die abstrakte, un-mittelbare, also ihrer Vermittlungen nicht gewisse, dafür aber sich unverbildet und ursprünglich dünkende Konkretheit (Partikularität des Gebrauchswerts) und die dem Verstand nicht erscheinende Substanz des Wertes. Besonderheit und abstrakte Allgemeinheit als gesellschaftlich konstituierte Partikularität der Bedürfnisse und Fähigkeitsverausgabungen einerseits und als Realabstraktion eines wertförmigen gesellschaftlichen Zusammenhangs andererseits sind nicht gegeneinander auszuspielen, sondern gleichursprünglich.[266]

---

auseinander. Dies ändert nichts an dem, was ihre Identität ausmacht. Die Schranke der Bedürfnisse, die sie am Lohn finden, kann nicht gegen ihre Grenze ausgespielt werden, die ihnen mit der Trennung vom In-der-Welt-Sein qua Gesellschaftsgestaltung innewohnt. Ebenso falsch wäre es, die Grenze gegen die Schranke auszuspielen, etwa im – wiederum kontextverschiebenden – Verweis darauf, Lohnforderungen vergoldeten allein die Kett(ch)en.

265 »Obwohl die Ware ein von Menschen erzeugter Gegenstand ist, ist sie nicht als dieser da. Die Ware ist Gegenstand für menschliche Bedürfnisse und äußerer Gegenstand von Menschen; sie ist menschliche Gegenständlichkeit in der Form eines Befriedigungsmittels. Sie ist von Menschen, aber als das, was sie von ihnen, ist sie nicht für sie. ... Der Ware als Ware ist es gleichgültig, wofür sie Mittel ist, aber sie ist bestimmt, überhaupt Mittel zu sein« (Pfreundschuh 1979/49).

266 Die Unmittelbarkeit der Ware, die Abstraktion von ihren Voraussetzungen und Folgen sowie das unmittelbare Verhältnis des Käufers zu ihr stellen nicht allein eine von der Dramaturgie der Darstellung inszenierte »Oberfläche« dar, deren verdeckte Voraussetzungen

In der zweiten Eigentümlichkeit der Äquivalentform (»daß konkrete Arbeit zur Erscheinungsform ihres Gegenteils, abstrakt menschlicher Arbeit wird« (MEW 23/73)) ist nun positiv enthalten, was die Substanz des Werts ausmacht: Arbeit, aber als abstrakte, als Verausgabung von Hirn, Nerven, Muskeln usw. (MEW 23/77). Es handelt sich weder um eine konkrete Erarbeitung und die Fähigkeitsentwicklung dabei, noch um die Verarbeitung eines Gutes daraufhin, wie es zur Entfaltung von Menschen beiträgt. Es verkehrt sich die menschliche Arbeit von Menschen dazu, daß die Arbeitenden zu »bloßen Organen der Arbeit« werden (MEW 13/18). Die bürgerliche Gesellschaft ist um so reicher, je mehr abstrakte, also jeweils gesellschaftlich durchschnittlich notwendige Arbeit verausgabt wird, nach der es »Bedürfnisse irgendeiner Art« (MEW 23/49) gibt. Nicht von konkreten Zwecken und einer bestimmten Gestaltung der Welt her wird nach der Optimierung des Aufwandes gefragt, sondern die konkreten Zwecke sind Anlaß dafür, möglichst viel abstrakte Arbeit zu gesellschaftlich durchschnittlichen Bedingungen abzusetzen.

Konkrete Arbeit gerät zur Erscheinungsform abstrakter Arbeit: An der Stelle, an der ein bestimmter Entschluß der Gesellschaft impliziert ist hinsichtlich der Allokation von Arbeitskräften, Rohstoffen, Energie usw., herrscht in der bürgerlichen Gesellschaft ein Durchschnittsmaß, die notwendige abstrakte gesellschaftliche Arbeit. Es kommt zur »Vergleichung an Stelle der wirklichen Gemeinschaftlichkeit und Allgemeinheit« (GR 79). Alle konkreten Zwecke sind gleich gültig und gleichgültig, insoweit sie nur dieses Maß beinhalten.

Wie die Arbeit für den Produzenten als konkrete Arbeit aussieht und für den Konsumenten als konkretes Gut, ist von dieser werthaften Gleichheit abhängig, kann aber im Bewußtsein nur an dem festgemacht werden, was erscheint: nicht also an der wirklichkeitsmächtigen abstrakten Proportionierung und Regulierung der gesellschaftlichen Gesamtarbeit, sondern an der konkreten Arbeit. Der Unterschied zwischen konkreter und abstrakter Arbeit verschwimmt für das Bewußtsein: Die konkrete Arbeit erscheint insofern abstrakt, als sie unmittelbar und gerade nicht als gesellschaftliche aufgefaßt wird. Man weiß ihre Vermittlungen nicht, welche Faktoren in sie eingehen, da die Gesellschaft diese Momente in der Hauptsache nicht gestaltet, sondern es dem frei erscheinenden Spiel der Kräfte, also Druck und Stoß auf dem Markt überläßt.

Die abstrakte Arbeit erscheint konkret, insofern die Abstraktheit von der erscheinenden Konkretheit her interpretiert wird, als technisch so und so notwen-

---

dann sukzessive aufgewiesen werden. Vielmehr gehört die Unmittelbarkeit wesentlich zur Ware selbst, bildet bereits ein Konstituens der Verbreitung der Warenform und eines ihrer Charakteristika.

dig oder auf dieses oder jenes Bedürfnis bezogen. Die bestimmte gesellschaftliche Proportionierung der verschiedenen Arbeiten erscheint in der Form ihrer konkreten Gestalt, eben als bestimmte konkrete Konstellation von Arbeiten. Warum abstrakte Arbeit zu dieser oder jener Gestalt geführt hat, wird nicht mehr sichtbar.

Die dritte Eigentümlichkeit der Warenform besteht darin, »daß Privatarbeit zur Form ihres Gegenteils wird, zu Arbeit in unmittelbar gesellschaftlicher Form« (MEW 23/73). Nehmen ist der Zweck, Geben das Mittel. Geben macht vielleicht selig, Nehmen erscheint als notwendig und ist legal nur vorgesehen als wechselseitige Aneignung, als Tausch. Im unmittelbaren, exklusiven, d.h. andere ausschließenden Privat-Interesse liegt die Wechselseitigkeit aber nicht: Ungesellschaftliche Gesellschaftlichkeit heißt: Gesellschaftliche Kooperation findet in partikularen, privaten und exklusiven Perspektiven vereinzelter Einzelner, die autonom disponieren, ihr individuelles Motiv.[267] Umgekehrt vermag sich jedes private Interesse nur über gesellschaftliche Kooperation zu realisieren.[268] Da Kooperation der konkurrierenden Privaten »im Rahmen wechselseitiger Versuche statt(findet), jenes verbindende Zusammenwirken im Sinnhorizont partikularer Ambitionen zu definieren und zu überformen« (Prodoehl 1983/75)[269], provoziert die Rede von gesellschaftlicher Allgemeinheit und Gemeinsamkeit nicht nur dort, wo es geboten erscheint, den Verdacht des Übervorteiltwerdens und überverallgemeinert das Mißtrauen bis zum Misanthropismus.

Die Gesellschaft erscheint als ungeheure Warensammlung und als solche auf vielfältige Bedürfnisse bezogen, als konkreter Nutzen und abstrakter Reichtum zugleich, als unmittelbar für den Mensch da, indem alles, was dem Individuum nutzt, auf dieser Stufe der Abstraktion auch der Gesellschaft dient: private vices, public benefits.[270] Es ist jede Arbeit berechtigt, Hauptsache sie schafft

---

267 Vgl. auch Marx' Einwand gegenüber dem in der Soziologie weit verbreiteten Lob der Reziprozität in GR 155f.

268 »Subjektive Fähigkeiten und Bedürfnisse sind nur privat verwertbar, insofern sie den Horizont privater Verwertungsberechnungen transzendieren und können gleichzeitig diesen Horizont nur dadurch transzendieren, daß sie beständig auf eben dieses Schnittmuster privaten Wertkalküls reduzierbar sind« (Prodoehl 1983/98).

269 Es »wächst mit der Entwicklung der Geldverhältnisse ... der allgemeine Zusammenhang und die allseitige Abhängigkeit in Produktion und Konsumtion zugleich mit der Unabhängigkeit und Gleichgültigkeit der Konsumierenden und Produzierenden zueinander« (GR 78f., vgl. a. 74).

270 Der Bezug von Menschen zueinander über ihre Arbeiten, über den Sinn und die Fähigkeiten, den sie in der Arbeit für die Bearbeitung der Welt und die Adressaten ihres Produkts

Arbeitsplätze, erfüllt Bedürfnisse »irgendeiner Art« (MEW 23/49) und erhöht das Bruttosozialprodukt – so ließe sich abstrakte Arbeit auf dieser Stufe übersetzen. Es erscheint als selbstverständlich, daß die Gesellschaftlichkeit der Gesellschaft (daß die Arbeiten als »Glieder der gesellschaftlichen Teilung der Arbeit ... allseitig voneinander abhängig« sind (MEW 23/89)), zugleich sich realisiert in Gestalt voneinander abgetrennt erscheinender Privatarbeiten.

Werden die Waren nur als Güter produziert, um an andere Güter heranzukommen, so ist ihre Beziehung untereinander abstrakt in dem Sinn, daß von den konkreten Gründen, Zwecken und Beziehungen der Menschen, die sie mit ihren Produkten entfalten, abgesehen wird und man es auf die abstrakte Qualität des Werts absieht. Der Tausch ist das In-Beziehung-Treten von Produzenten und Konsumenten, das zugleich von den Gründen dieses Verhältnis abstrahiert und sie dieser Gleichgültigkeit unterwirft. Die Güter fungieren als Geschäftsartikel und an ihnen ist lediglich relevant, wieviel Kaufkraft sie mobilisieren. Die Waren beziehen sich aufeinander nach Maßgabe ihres Wertes und »der Wert der Ware mißt den Grad ihrer Attraktionskraft auf alle Elemente des stofflichen Reichtums« (MEW 23/147). Mit der verallgemeinerten Warenwirtschaft ist impliziert, »daß das Individuum nur noch als Tauschwert Produzierendes Existenz hat, also schon die ganze Negation seiner natürlichen Existenz eingeschlossen ist...« (GR 159). Die Gegenstände des Bedürfnisses werden zu Mitteln der Produzenten, den Konsumenten möglichst viel Äquivalent für die hergestellten Waren abzunehmen.[271] Nicht die Befriedigung der Bedürfnisse und ihre Entfaltung an Gegenständen ist hier ausschlaggebend (vgl. MEW-Erg.Bd. 1/461), sondern der Gegensatz zwischen dem Interesse an der Optimierung des Absatzes und dem Interesse an der Senkung der Einkaufspreise.

---

durch dessen Verarbeitung realisieren, dieses arbeitende In-der-Welt-Sein bildet das ausgeschlossene Dritte der Dichotomisierung zwischen dem Privatinteresse und dem moralischen Willen. Letzterer faßt das Allgemeine und dessen Wohl aus der Perspektive seiner privaten guten Meinung heraus. Demgegenüber gilt dann: »Wir erwarten unser Essen nicht von der Wohltätigkeit des Fleischers, Brauers oder Bäckers, sondern davon, daß sie ihre eigenen Interessen wahrnehmen. Wir wenden uns nicht an ihre Menschlichkeit, sondern an ihre Eigenliebe und sprechen mit ihnen nie von unseren Bedürfnissen, sondern von ihren Vorteilen« (Smith 1978/17).

271 »Jeder Mensch spekuliert darauf, dem andern ein neues Bedürfnis zu schaffen. ... Jeder sucht eine fremde Wesenskraft über den anderen zu schaffen, um darin die Befriedigung seiner eigennützigen Bedürfnisse zu finden« (MEW-Erg.bd. 1/546f.).

II.2.1 Die Utopie des Tausches

Die »Kritische Theorie« hat den Tausch und seine Gegenseitigkeit für ein utopisches Moment erachtet, das der bürgerlichen Gesellschaft eingebaut ist und zugleich über sie hinausweist.[272] Diese Konstruktion lebt von einer sehr selektiven Darstellung. Der Tausch wird (a) allein nach der Seite der mit ihm möglichen Selbstauffassung der Bürger repräsentiert, die sich als Herren ihrer Tauschakte verstehen, und weniger nach der Seite ihrer Einordnung in eine anonym sich auf Märkten ergebende Einregulierung der Verhältnisse der Arbeiten. Der Fortschritt gegenüber »unmittelbarer Aneignung, Gewalt« (Adorno 1975/150) wird gegenüber der mit ihm verbundenen effektiveren Nutzung des Arbeitsvermögens überrepräsentiert. Die Momente, die in den Ansprüchen auf »Freiheit« und »Gleichheit« immanent bereits auf die mit dem Kapital verbundenen Unterordnungsverhältnisse verweisen, denen sie in kritischer Absicht entgegengesetzt werden, erscheinen (b) unterbestimmt.

(a) Gegenüber einer Eingebundenheit in traditionale Weltbilder und persönliche Abhängigkeitsverhältnisse beinhaltet die bürgerliche Gesellschaft ökonomisch die Freiheit des Kaufs und Verkaufs von Waren und der Anlage von Kapital. »Die Rechtsförmigkeit zielt nicht eigentlich auf die Subjekte, sondern auf die Sachen. Im Privateigentum wird demnach nicht der Eigentümer als Person geschützt, sondern als Besitzer von Waren etc. Der Schutz zielt ... auf die freie Beweglichkeit der Sache. Freiheit i.S. der ›Unabhängigkeit vom Willen eines anderen‹ ... (hat die) Funktion, daß der Besitz frei ist, sich dem Wirken des Wertgesetzes anzupassen (verkauft zu werden, so oder so ›angelegt‹ zu werden)« (Blanke, Jürgens, Kastendiek 1975/426), im Unterschied zur im Feudalismus erblich festgelegten Weitergabe von Grundherrschaft und -untertänigkeit.[273] Kapitalismus kann ohne freie, d.h. verfügbare Arbeitskräfte nicht

---

272 Adorno nennt als prominentes Beispiel für eine Ideologie, die Rechtfertigung und »Versprechen« zugleich sei, die Idee der Gerechtigkeit, »die ihr Modell am Tausch von Vergleichbarem« hat (Adorno 1979/465). Vgl. a. Adorno 1975/190, 150, 221. Auch Habermas spricht von den die metaphysisch-religiösen Weltbilder ablösenden Grundsätzen des rationalen Naturrechts. »Diese rechtfertigen den modernen Staat aus der Perspektive einer im privatrechtlich organisierten Tauschverkehr zentrierten, gewaltlosen Gesellschaftsordnung« (Habermas 1981 Bd. 2/485).

273 Die bürgerlichen Losungen von »Freiheit« und »Eigentum« wenden sich (ökonomisch) gegen die Koexistenz von Eigentum des Grundherren an Boden einerseits und Besitz (Nutzungsrecht) des Produzenten an diesem Boden andererseits. Gewohnheitsrechtlich war die Verfügungsgewalt über die Produzenten eingeschränkt durch die Schwierigkeit, den Produzenten das Nutzungsrecht einfach zu entziehen. Derart mit einer minimalen

entstehen. Erst sie stellen die für den Kapitalismus entscheidende »Sache« dar. Erst mit der Trennung der Individuen von ihren Lebensbedingungen läßt sich ihr Arbeitsvermögen optimal steigern.[274]

Gleichheit bedeutet: Staatlich wird den Bürgern freigegeben, ihre Zwecke zu verfolgen ungeachtet der Verfügung über die materiellen Bedingungen ihrer Verwirklichung. Sie fällt außerhalb des Gewährleistungsbereichs des Grundrechts auf Gleichheit, das sich weniger für die Verteilung des Reichtums als für deren Form interessiert. Auf den wechselseitigen und freien Händewechsel des Eigentums kommt es an. »Was und wieviel ich besitze (stellt) (vom Standpunkt des Eigentums gesehen) eine rechtliche Zufälligkeit« dar (H 7/§ 49).

Trennt das Recht den Willen von den Bedingungen seiner Verwirklichung, garantiert bspw. das Grundrecht auf Leben allein die pure Existenz des Individuums als Lebewesen, nicht aber die für seine Gestaltung relevanten Mittel, so erscheint die Loslösung des Willens von seinen Verwirklichungsmitteln nicht als ein akzidentieller Mangel des bürgerlichen Rechts, sondern als sein substantielles Konstituens. Die rechtliche Garantie des Privateigentums und die Abstraktion davon, wie es im jeweiligen individuellen Falle um es bestellt ist, verweisen die Mitglieder dieser Gesellschaft auf die ihnen jeweils zur Verfügung stehenden ökonomischen Mittel. In der Zufälligkeit des Stoffs des Reichtums

---

Subsistenzgarantie versehen *und* an Boden und Grundherrschaft gebunden, fällt der Produzent aus der Reihe der in Prozessen der Aneignung oder Enteignung einzubeziehenden Faktoren heraus.

Die Freiheit des Arbeiters von der feudalen örtlichen Bindung ist zugleich die Freiheit des Kapitalisten, der im Unterschied zum Grundherrn seinen Reichtum als Kapital benutzen und aus der Ausbeutung von Arbeitern an beliebigem Ort profitieren kann. »Und gleiche Exploitation der Arbeitskraft ist das erste Menschenrecht des Kapitals« (MEW 23/309, vgl.a. MEW 25/207f. und MEW 23/743). Vgl. a. Tocqueville (1959 Bd. 1/399): »Man hebt in den Vereinigten Staaten die Sklaverei nicht zum Vorteil des Neger auf, sondern zum Vorteil der Weißen.«

274 Max Weber hat die diesbezüglichen Vorzüge der Lohnarbeit bereits deutlich formuliert (vgl. WuG 60, zitiert in I.4.1). Es wende sich der moderne Kapitalismus »ungleich stärker an das Eigeninteresse« und »erzwingt« »die Freiheit der Auslese nach der Leistung«. Solche Ökonomie wirke »formal rationaler« »als jeder unmittelbare Arbeitszwang. Vorbedingung ist die Expropriation der Arbeiter von den Beschaffungsmitteln. ... Gegenüber dem unmittelbaren Arbeitszwang ist damit außer der Sorge für die Reproduktion (Familie) auch ein Teil der Sorge um die Auslese (nach der Eignung) auf die Arbeitsuchenden selbst abgewälzt.« (ebd./86f.). Weber zufolge liegen ökonomischen Grenzen der Sklavenbeschäftigung in geringer »Eigenverantwortlichkeit und Eigeninteresse« sowie in der fehlenden »Möglichkeit der Auslese: Engagement nach Probe an der Maschine und Entlassung bei Konjunkturschwankungen oder Verbrauchtheit« (WuG 95).

für die rechtlich allein interessierende Form seiner Transaktion zwischen den Individuen erscheint bereits die (im weiteren näher zu verfolgende) Tatsache angelegt, daß die Individuen zur Sicherung ihrer Existenz auf den Dienst an einem sich getrennt von ihren Kriterien bestimmenden Reichtum angewiesen sind, der ihnen als fremdes Eigentum entgegentritt, aber auch gegenüber den Eigentümern seine Abstraktionen geltend macht.

(b) Normativ betrachtet steht Tausch gegen ein nicht als Produkt von Arbeitsleistung hervorgebrachtes, sondern gewaltförmig unmittelbar angeeignetes Eigentum. Der Tausch soll freiwillig und gewaltlos vonstatten gehen und gerecht sein, insofern Gleichwertiges getauscht wird. Es »gibt jeder nur, indem er nimmt, und nimmt nur, indem er gibt« (GR 903). Daß Tausch gegenüber Zwangsarbeit (z.B. der Kriegsgefangenen) ein zivilisatorisches Moment bedeutet, ist festzuhalten. Etwas anderes ist es aber, der Wirklichkeit qua Tausch ein ihr gegenüber kritisches Ideal zuzusprechen. Im Warentausch zwischen Lohnarbeit und Kapital werden keine Gesetze der Gleichheit verletzt.[275] Die Spezifik der Arbeitskraft, »Quelle von Wert zu sein und von mehr Wert, als sie selbst hat« (MEW 23/208), führt zum Umschlag von Gleichheit in Ungleichheit.[276]

Eine Stärke der Marx'schen Formanalyse liegt darin, an hoch geschätzten Idealen wie Gerechtigkeit und Gleichheit Latenzen und Affinitäten aufzuzeigen, die auf weit weniger »schöne« soziale Realitäten verweisen. Einer dieser immanenten Gehalte von Gleichheit und Gerechtigkeit (vgl. zur Kritik MEW 18/19, 19/22) stellt die Verknüpfung von Gleichheit mit Gleichgültigkeit (vgl. GR 913, GR 153f.) dar. Es wird »der Inhalt außerhalb dieser Form ... gleichgültig; ist nicht Inhalt des Verhältnisses als sozialen Verhältnisses« (GR 178).[277] Die Abstraktion *von* den Stoffen der Transaktion ist der Gleichheit

---

275 »Der Umstand, daß die tägliche Erhaltung der Arbeitskraft nur einen halben Tag kostet, obgleich die Arbeitskraft einen ganzen Tag wirken, arbeiten kann, daß daher der Wert, den ihr Gebrauch während eines Tages schafft, doppelt so groß ist als ihr eigener Tageswert, ist ein besonderes Glück für den Käufer, aber durchaus kein Unrecht gegen den Verkäufer« (MEW 23/208).

276 »Aus dem Austausch der Waren nach dem Gesetz des Werts (der in ihnen enthaltenen Arbeitszeit) entspringt der ungleiche Austausch zwischen Kapital und lebendiger Arbeit« (MEW 26.3/8). »Daß diese besondere Ware Arbeitskraft den eigentümlichen Gebrauchswert hat, Arbeit zu liefern, also Wert zu schaffen, das kann das allgemeine Gesetz der Warenproduktion nicht berühren. ... Das Gesetz des Austausches bedingt Gleichheit nur für die Tauschwerte der gegeneinander weggegebenen Waren« (MEW 23/610f.).

277 Die Form sichert die Transaktion und die Zirkulation der in sie von außen hineintretender Stoffe, der Inhalt erscheint als außer-ökonomisch (technisch oder natürlich z.B.). Der Inhalt »fällt außerhalb der ökonomischen Formbestimmung« (GR 154). Vgl. a. GR 912.

immanent: Gleichheit kann nicht anders existieren als formal (vgl. auch MEW 19/20f.), alle sonstigen Unterschiede gehen die Gleichheit nichts an.

Wo »Vergleichung an die Stelle der wirklichen Gemeinschaftlichkeit und Allgemeinheit« tritt (GR 79), dort enthält »Gleichheit« nicht nur eine Abstraktion *von* etwas. Vielmehr ist die Gleichgültigkeit die positive Form der sozialen Verhältnisse.[278] Gleichheit heißt nicht einfach friedliche Koexistenz der verschiedenen Zwecke und Verausgabungen, nicht bloß unparteiische Urteilsenthaltung ihnen gegenüber und Freisetzung von Vielfalt, sondern Geltung der verschiedenen Inhalte allein danach, inwieweit sie Wert repräsentieren. Ein derartig abstrakter Reichtum findet seinen Maßstab nicht in der Teilhabe der Individuen an einer gemeinsamen Welt und an deren Gestaltung. Vielmehr haben die Individuen an ihm teil nach Maßgabe ihrer zahlungsfähigen Nachfrage.[279] Es wird »nicht gesehen, daß schon in der einfachen Bestimmung des Tauschwerts und des Geldes der Gegensatz von Arbeitslohn und Kapital etc. latent enthalten ist« (GR 159). Die »Verwirklichung von Gleichheit und Freiheit« stellen sich heraus »als Ungleichheit und Unfreiheit. Es ist ein ebenso frommer wie dummer Wunsch, daß der Tauschwert sich nicht zum Kapital entwickle, oder die den Tauschwert produzierende Arbeit zur Lohnarbeit« (GR 160).[280]

II.2.2 Die gestaltungspessimistische Verabsolutierung und die utopistische Relativierung der Warenanalyse

Erscheint manchenorts der Gebrauchswert als Ausweis der zivilisatorischen Leistung des Kapitals, das qua List der Vernunft trotz aller anderen manifesten Zwecke subkutan Reichtum schafft[281], so avanciert er bei Lukács und Adorno

---

278 »Wird das Wesen als Gleichheit gefaßt, so bleiben alle Einzelnen für sich, egoistisch, gleichgültig außer einander, unverbundene Einzelne; die Gleichheit hebt sie nicht auf, afficiert sie nicht, sie verlieren nicht ihr gleichgültiges Außereinander« (Feuerbach 1976/137).

279 »In der gesellschaftlichen Übereinkunft, mit dem Geld ein unverderbliches Eigentumsobjekt zu bilden, versichern sich die Individuen, daß individuelle Bedürfnisbefriedigung nicht mehr als Schranke für individuelles Eigentum gelten soll« (Knieper 1981/66).

280 Auch historisch ist gegen die Vorstellung eines freien und gleichen Tausches und gegen die auch in der Kritischen Theorie vertretene Vorstellung eines im Tausch implizierten, auf Gerechtigkeit zielenden kritischen Überschusses zu argumentieren – vgl. u.a. Knieper 1981/17f., 21.

281 Marx fällt hinter die mit seiner Warenanalyse bereits erreichte Aufmerksamkeit zurück, wenn er das durch die bürgerliche Gesellschaft geschaffene »System der allgemeinen Exploitation der menschlichen und natürlichen Eigenschaften, ein System der allgemeinen Nützlichkeit« als Leistung würdigt, mit der »das Kapital ... die universelle Aneignung der Natur wie des gesellschaftlichen Zusammenhangs selbst durch die Glieder der Gesell-

zur Einspruchsinstanz gegen den Kapitalismus. Das Besondere, Einmalige, Konkrete wird gegen das Abstrakt-Systematische, formal Gesetzhafte und Allgemeine gewendet. Lukács transponiert den Weber'schen Bürokratisierungsbefund und seine Diagnose formaler Rationalität ebenso wie Simmels Diagnose (der durch die Geldwirtschaft verursachten Nivellierung und Versachlichung sowie der Reduktion von Qualitäten auf Quantitäten) in eine Kapitalismuskritik.[282] Der Gebrauchswert erscheint nicht mehr als auf den verschiedenen Ebenen der Kapitalismusanalyse bestimmbare innergesellschaftliche Qualität[283], sondern als gegen die kapitalistische Gesellschaft zu wendende außergesellschaftliche Appellationsinstanz. Lukács' Diagnose der Aufhebung, ja Vernichtung des Gebrauchswerts im Tausch (Lukács 1970/200f.,183) bereitet den Boden für die gedankliche Sorglosigkeit, den Gebrauchswert als nicht von dieser Welt dechiffrieren zu müssen, sondern in ihm den Vorschein einer Heimat für das eigene Ideal zu gewinnen. Seine Platzhalter gewinnen eine uneigentliche Existenz. Aller Kritik an ihnen kommt die immunisierende Einschränkung zuvor, man wisse schon, daß die Mutter-Kind-Beziehung[284] oder die Kunst[285] auch *mit* dieser Gesellschaft zu tun hätten, wie es dann reflektionslogisch heißt, andererseits sei ihnen doch der Vorschein einer anderen Welt abzulesen.

Das Unterfangen, ausgehend vom Gebrauchswert eine Opposition gegen den Kapitalismus zu begründen, verweist auf zwei Mißverständnisse. Deren Kritik hilft, den Status der Warenanalyse zu klären. Die Auffassung der Ware als Abstraktion vom Gebrauchswert argumentiert auf der Ebene eines Subjekt-Objekt-

---

schaft« schaffe (GR 313). »Die Kultur aller Eigenschaften des gesellschaftlichen Menschen und Produktion desselben als möglichst bedürfnisreichen, weil Eigenschafts- und Beziehungsreichen« sei »eine Bedingung der auf das Kapital gegründeten Produktion« (GR 312f.). Aus der Aggregation von Desaggregiertem folgert Marx hier utopistisch die Herausbildung eines hinreichenden Reichtums für die Schaffung einer die bürgerliche Gesellschaft ablösenden Gesellschaft (vgl. auch die erste Anmerkung in II.4.2). Diese Folgerung erscheint umso mehr als eine kühne Verwechslung oder als leichtfertiges Überspielen eines Unterschieds, als die mit der bisherigen Analyse gezeigte Problematik darin besteht, die mit der Ware gegebenen Trennungen und Abstraktionen zu bearbeiten und zu verflüssigen. Vgl. zu diesem Unterschied a. Negt, Kluge 1981/1229, 1231, zit. in II.4.3d. Vgl. a. Debord 1971/§ 29 , zit. in III.8.

282 Vgl. dazu Dannemann 1987/61-96.

283 Vgl. MEW 19/371, GR 763, MEW 24/393.

284 »In der gelingenden Mutter-Kind-Beziehung erhalten sich Rudimente einer vorindustriellen, auf Bedürfnisbefriedigung durch reale Gebrauchswerte beruhenden Produktionsweise« (Negt, Kluge 1972/48f.).

285 »Kunstwerke sind die Statthalter der nicht länger vom Tausch verunstalteten Dinge...« (Adorno 1970/337).

Verhältnisses, in der die tauschenden Subjekte in ihrer Tauschwertorientierung von den in ihr nicht aufgehenden Qualitäten des Gebrauchswertes absehen. Daß abstrakte Arbeit und Wert herrschen, macht konkrete Arbeit und Gebrauchswert nicht zu Antagonisten dieser Herrschaft[286], sondern zum der Herrschaft unterworfenen, aber zu ihrer Konstitution beitragenden Moment. Nicht der einfache Gegensatz von Prinzip und Gegenprinzip, sondern die widerspruchsvolle Verklammerung der beiden Pole mit ihrem jeweiligen Gegenteil macht aber den Clou der Warenanalyse aus.

Das zweite einschlägige Mißverständnis betrifft den Stellenwert der Warenanalyse. Lukács[287] und Adorno machen sie zum Zentrum der bürgerlichen Welt und können damit die komplizierte Aufbauordnung der verschiedenen Ebenen des Kapitalismus (Ware, Geld, Kapital, Produktionsprozeß, Akkumulation u.a.) nicht als in sich differenzierte Einheit denken. Wer die »Tauschform als die maßgebende Struktur der Gesellschaft« auffaßt (Adorno 1969/155) und »die Attribute des Kapitalismus ... aus einer Grundkategorie ... entwickeln« möchte (Adorno 1973/93, vgl. a. Adorno 1979/209, 307), der bezieht in seine Analyse nicht ein, daß der entwickelten und verallgemeinerten Warenproduktion eine ganze Struktur von »verwickelteren Produktionsbeziehungen, ökonomische Verhältnisse derselben vorausgesetzt sind« (GR 907): Trennung der Produzenten von Produktionsmitteln, Entfaltung kapitalistischer Produktion usw.[288] Die Zirkulation ist »das Phänomen eines hinter ihr vorgehenden Prozesses« (GR 166). »Vom Standpunkt der einfachen Zirkulation aber sind diese Verhältnisse ausgelöscht« (GR 907). Erst aus deren Analyse ergibt sich, warum der Tausch als Schein erscheint, also als selbständig und dann ursprünglich erscheinendes Phänomen, das seine Konstitution nicht mehr aufscheinen läßt.

Allerdings wird dieses Argument von Kritikern der »Kritischen Theorie« auf eine unmittelbare Weise geltend gemacht, die sich politisch eher utopistisch auswirkt. Wurde bisher die Warensphäre in ihrem Geltungsbereich ungebührlich überzogen, so erscheinen nun ihre Implikationen verharmlost. Gegen den »Kurzschluß, die Welt der Warenzirkulation repräsentativ für den ganzen

---

286 »Der Tauschwert gegenüber dem Gebrauchswert, ein bloß gedachtes, herrscht über das menschliche Bedürfnis, der Schein über die Wirklichkeit« (Adorno 1979/209). Vgl. a. Adorno 1938/332.

287 Lukács faßt »die Verdinglichung als allgemeines struktives Grundproblem der bürgerlichen Gesellschaft« auf und bindet sie an die Warenform (1970/192).

288 Erst mit dem freien Verkauf der Ware Arbeitskraft »verallgemeinert sich die Warenproduktion und wird sie typische Produktionsform; erst von da an wird jedes Produkt von vornherein für den Verkauf produziert und geht aller produzierte Reichtum durch die Zirkulation hindurch« (MEW 23/613).

Kosmos kapitalistischer Entfremdung zu nehmen« (Bischoff, Menard 1990/109), wird niveaugleich die komplementäre Abstraktion gesetzt mit der Zurückführung der Warenwelt in die Bedingung ihres Allgemeinwerdens: das Kapital.[289] Mit dem richtigen Rekurs auf die Gründe des Allgemeinwerdens der Ware werden der allgemein gewordenen Ware ihre eigenen Wirkungen (s. II.2) abgesprochen. Allein die ohne Not angenommene Notwendigkeit, die bürgerliche Welt um *ein* Zentrum herum aufzubauen, führt dazu, ihre verschiedenen Sphären gegeneinander auszuspielen, statt die eigenen Wirkungen der Sphären und ihre Unterschiede im Zusammenhang ihrer Einheit zu zeigen. Dafür kann »Einheit« weder wesenslogisch-essentialistisch noch im Sinn eines gemeinsamen Nenners der Sphären ausfallen.

Wenn es sich bei der zuletzt zitierten Interpretation nicht um einen kontingenten Denkfehler, sozusagen um ein »Verrechnen« oder »Vertun« handelt, so läßt sich der Sinn des Nicht-über-die-Ware-Sprechen-Wollens an nicht begründeten Festlegungen ablesen.[290] Von den mit der Warensphäre gegebenen Trennungen, Indifferenzen und Abstraktionen muß man nicht mehr reden. Sie geben scheinbar kein eigenes Problem der Überwindung der bestehenden Gesellschaft auf. »Marktsozialismus« lautet dann die politische Perspektive.

Dabei hätten Freunde des »Marktsozialismus« dem Beispiel Jugoslawiens einige deutliche Hinweise auf die Wirkungen des Marktes ablesen können, die dann besonders »rein« hervortreten, wenn der Markt nicht einer funktionierenden kapitalistischen Ökonomie eingegliedert ist. Am Markt begegnen sich die verschiedenen (nun: genossenschaftlichen) Betriebe in Konkurrenz zueinander und beziehen sich gleichermaßen extrinsisch auf die durch sie produzierten Güter als auch auf die Nachfrager.[291] In Jugoslawien hat die Abstraktion vom

---

289 Konsequent reduktionistisch heißt es dann auch: »Mit dem Kapitalfetisch ist aber der allgemeine Grund aller (!) Unterordnungsverhältnisse herausgearbeitet und es ist historisch die Möglichkeit einer ganz neuen Konstellation von Subjektivität gegeben« (ebd./111).

290 Der Kapitalfetisch wird zur »gesamtgesellschaftlich komplizierteren und mächtigeren Form von Fetischismus« (Bischoff, Menard 1990/116) erhoben. Hier wird weniger erklärt als dekretiert. Apodiktisch ist von der »Priorität der Kapitalmystifikationen gegenüber dem Waren- und Geldfetisch« die Rede (ebd./137). »Nichts als bloß abstrakte Sphäre des kapitalistischen Gesamtreproduktionsprozeß« seien die »Verhältnisse der Warenzirkulation«, »bloße Formen der Vermittlung« usw. (ebd./108). »Die Subalternität der Subjekte und der Kapitalcharakter ihrer Verhältnisse sind ein und dasselbe« (ebd./115).

291 »Selbstverwaltung der Betriebe« stellt einen Versuch dar, die Hierarchie im Betrieb zu bearbeiten, nicht aber den Bezug der verschiedenen Arbeiten der verschiedenen Betriebe zueinander. Vgl. auch die innerjugoslawische Debatte um den »Anarcholiberalismus selbstverwalteter Gruppen« (Stojanovic 1970/130, vgl. ebd. 117ff.).

Zusammenhang als Regionenegoismus schließlich seine eigenen tödlichen Wirkungen entfaltet. Schon vorher verwiesen die am betrieblichen Erfolg ausgerichteten Einkommensinteressen[292] die Beschäftigten auf eine (Ab-)Schließung (vgl. WuG 201ff.) der Betriebe im Sinne einer möglichst geringen Zahl der Beschäftigten.[293]

Gegenüber der These, »die Überwindung des Kapitalcharakters der Produktionsmittel ... geht bei umfassender Existenz von Ware-Geld-Beziehungen« (Krüger 1990/63), ist auf die skizzierten Argumente dafür hinzuweisen, daß bereits die Ware- und Geldverhältnisse gravierende Hindernisse für Gesellschaftsgestaltung enthalten.[294] Politisch ist immer wieder, ob in der Stamokaptheorie oder bei den »Marktsozialisten«, angenommen worden, die Warensphäre und die ihr eigene Partikularisierung der Reichtumsentwicklung einhegen zu können durch – von der Reihenfolge der Darstellung im »Kapital« her gesprochen – »spätere« Strukturen, vornehmlich das Aktienkapital und Kreditwesen.[295] Aktiengesellschaften stellen einen Fortschritt an Vergesellschaftung gegenüber dem Einzelkapital dar qua Größe des Kapitals, qua Emanzipation vom Einzelkapitalisten und qua Trennung zwischen Eigentümer und Verwalter des Kapitals (vgl. MEW 25/452). Nur insofern das »Privateigentum vereinzelter Produzenten« (ebd./453), die Macht der Unternehmerpersönlichkeit und die Unabhängigkeit des an sie gebundenen einzelnen Kapitals für das Wesen des Kapitalismus erachtet werden, stellt die Aktiengesellschaft die »Aufhebung des Kapitals als Privateigentum innerhalb der Grenzen der kapitalistischen Produk-

---

292 »Seit 1961 ist der auf dem Markt erzielte Betriebserfolg das wichtigste Kriterium für die Höhe der persönlichen Einkommen. Zielgröße ist für die jugoslawischen ›Kollektivunternehmer‹ das höchstmögliche Einkommen je Arbeiter« (Leman 1976/161).
293 Vgl. Leipold 1974/30. Die »Monopolisierung der Arbeitsplätze« (Hof, Wagner 1974/117) steht in der Logik der im »Marktsozialismus« auftretenden Arbeitskollektive, die eine Intensivierung der Arbeit eher vorziehen, als ihre Erträge mit zusätzlichen Arbeitskräften zu teilen.
294 »Es kann also nichts falscher und abgeschmackter sein, als auf der Grundlage des Tauschwerts, des Geldes, die Kontrolle der vereinigten Individuen über ihre Gesamtproduktion vorauszusetzen.« (GR 76) – gerade weil der Tauschwert und das Geld Gesellschaftsgestaltung »ersetzen« und ihre grundlegende Abwesenheit aufrechterhalten und befördern (vgl. auch GR 137 und 159f., MEW 21/110). Vgl. a. GR 160, zit. am Ende von II.2.1.
295 Hingewiesen wird immer wieder auf Marx' der Analyse nichts hinzufügende politische Bewertung, die Aktiengesellschaften seien »Durchgangspunkt zur Verwandlung aller mit dem Kapitaleigentum bisher noch verknüpfter Funktionen im Reproduktionsprozeß in bloße Funktionen der assoziierten Produzenten, in gesellschaftliche Funktionen« (MEW 25/453).

tionsweise selbst« (ebd./452) dar.[296] Der Übergang von den durch ihr Profit-
interesse geeinten Aktionären zum »unmittelbaren Gesellschaftseigentum«
(ebd./453) unterschlägt die Probleme der gesellschaftlichen Synthese. Wer damit etwas anderes meint als die Fortsetzung der Gegenwart mit anderen Mitteln, der kann nicht positiv daran anknüpfen, daß die Komplexität der verschiedenen in einer Gesellschaft relevanten Belange so wegreduziert und vorselek-
tiert worden ist wie mit dem Profitkriterium – wobei auch mit ihm immer noch
genügend Zielkonflikte existieren.

Auch das Kreditwesen hat Funktionen, die die Schranken des Einzelkapitals
übersteigen. Es kann aber deshalb noch nicht als »Übergangsform zu einer neu-
en Produktionsweise« gelten (MEW 25/457), leistet es doch der alten Produktionsweise gute und keineswegs subversive Dienste.[297] »Dieser gesellschaftliche Charakter des Kapitals (anteilsmäßige Verteilung des Gesamtmehrwerts
durch die Durchschnittsprofitrate – Verf.) wird erst vermittelt und vollauf verwirklicht durch volle Entwicklung des Kredit- und Banksystems. Es hebt damit
den Privatcharakter des Kapitals auf, und erhält so an sich, aber nur an sich, die
Aufhebung des Kapitals selbst« (MEW 25/620). Dieses »an sich« behauptet
wiederum zu viel. Sinn macht das Argument der Aufhebung des »Privatcharak-
ters des Kapitals«, insofern mit der Durchschnittsprofitrate »das Wirken der
Kapitalien als einzelner aufeinander ihr Setzen als allgemeines und Aufhebung
der scheinbaren Unabhängigkeit und selbständigen Bestehens der Einzelnen«
erfolgt. »Noch mehr findet diese Aufhebung statt im Kredit« und im Aktienkapital (GR 550). Damit ist aber nur »die Illusion über die Konkurrenz als die angeblich absolute Form der freien Individualität« (GR 545) tangiert. Mit dem
»an sich« wird ein äußerer Vergleich angestellt, mit dem das »an sich« schon
Existierende als Antizipation (oder als »Vorschein«) von Gewünschtem gewer-

---

296 Zum Unterschied zwischen Schranke und Grenze: Bestimmte Eigenschaften sind einer
    Sache notwendig, andere nicht. Für Eigenschaften, die den notwendigen Eigenschaften der
    bestimmten Sache widersprechen, brauche ich eine *andere* Sache, die thematisierte Sache
    hat hier ihre Grenze. Schranke heißt: Eigenschaften werden der Sache verwehrt. Daß sie
    sie empirisch nicht hat, findet sich nicht wesentlich in ihr begründet, in ihrer Grenze. Viel-
    mehr wird sie durch äußere Umstände von diesen Eigenschaften abgehalten, beschränkt.
    Die beschränkte Sache läßt sich erweitern, die begrenzte nicht.
297 Der Kredit »vermittelt, daß das akkumulierte Kapital nicht gerade in der Sphäre ange-
    wandt wird, wo es erzeugt ist, sondern da, wo es am meisten Chance hat, verwertet zu
    werden« (MEW 26.3/483, s.a. 508). Kredite verkürzen die Umschlagszeiten des Kapitals,
    indem sie Kapitalbedarf und Geldbesitz vermitteln, so daß das Einzelkapital nicht aus
    eigenen Mitteln einen Akkumulationsfonds bilden muß und brachliegendes Geld eine Ver-
    wendung findet und nicht zum Schatz erstarrt.

tet wird, das nurmehr aus den alten Verpuppungen zu befreien sei. Der gleichen Logik entspringt auch das Lob des Banksystems, es sei »das künstlichste und ausgebildetste Produkt, wozu es die kapitalistische Produktionsweise überhaupt bringt. ... Es ist damit allerdings die Form einer allgemeinen Buchführung und Verteilung der Produktionsmittel auf gesellschaftlicher Stufenleiter gegeben, aber auch nur die Form« (MEW 25/620). Die Äquivokation sitzt hier im Begriff der »gesellschaftlichen Stufenleiter«.[298] Die Buchführung und Verteilung, die eine Bank im Kapitalismus durchführt im Dienst der allein an ihrer jeweiligen Verwertung interessierten Einzelkapitale, die dementsprechend im Gegensatz der Konkurrenz zueinander stehen, unterscheidet sich ums Ganze von jener postkapitalistischen Buchführung und Verteilung, mit der sie hier »der Form« nach gleichgesetzt wird, indem Marx (im Gegensatz zu seiner sonstigen Analyse von politischer Hoffnung geleitet) vom Inhalt und den Aufgaben der Buchführung und Verteilung absieht.

Freund und Feind verwechseln die ansteigende Staatsquote mit einer Einschränkung der Imperative der Kapitalverwertung in der Gestaltung des ökonomischen Gesamt(re)produktionsprozesses.[299] Identifiziert wird die Tatsache staatlicher Eingriffe zur Optimierung oder subsidiären Stützung der Verwertungsbedingungen von Kapitalien mit der Möglichkeit einer politischen Gestaltung. Dethematisiert wird so die »formale Politisierung« der Produktion, in der »wirtschaftliche Aufgaben zwar politisch-administrativ behandelt werden, ohne jedoch die Rationalitätskriterien privaten Marktverhaltens anzutasten« (Kitschelt 1985/191). Die der gesellschaftlichen Gestaltung abträglichen Folgewir-

---

298 Die benannte Emanzipation des Kapitals vom Einzelkapital und seinen Schranken mag als »Buchführung und Verteilung der Produktionsmittel auf gesellschaftlicher Stufenleiter« beschrieben werden. Bei dieser schwachen Version will es Marx aber augenscheinlich nicht belassen. Daraus jedoch, daß größere gesellschaftliche Reichweiten des Handelns durch das Banksystem ermöglicht werden, gewinnt man nicht die Möglichkeit, Postkapitalistisches im Kapitalismus bereits angelegt zu sehen. Und nur diese Unterstellung eigener Zielvorstellungen am falschen Ort trägt die stärkere Version, in der der Ausdruck »auf gesellschaftlicher Stufenleiter« zugleich emphatisch aufgeladen und dann wiederum als Aussage über existierende Verhältnisse relativiert wird (»Form«).

299 Bischoff und Detje (1990/19) bemühen »Unternehmenssubventionen, Steuererleichterungen und Exportförderungen« und »Regelungen des Arbeits- und Sozialrechts sowie die Auswirkungen der diversen sozialstaatlichen Transfers«, um zu behaupten: »Schon jetzt wird die Gewinnsteuerung gesellschaftlich in eine entsprechende Richtung gesteuert und gelenkt. Es ist daher möglich, die Effizienz, Kreativität und Innovationskraft des wirtschaftlichen Wettbewerbs über eine gesellschaftliche Steuerung auch für andere Zielsetzungen als für die Verfestigung einer überlieferten Macht- und Einkommensstruktur einzusetzen.«.

kungen und Implikationen der mit der Ware implizierten Abstraktionen verschwinden, wenn allein von einer »überlieferten Macht- und Einkommensstruktur« (Bischoff, Detje 1990/19 – vgl. die letzte Anmerkung) die Rede ist. Damit korrespondiert eine politizistische Übertreibung der Reichweite von Politik.[300] »Freie kapitalistische Marktwirtschaft« als »eine rein ideologische Schimäre« (ebd.) zu bezeichnen – darauf kommt man nur durch das starke Ergebnisinteresse, die Einschränkung der Autonomie von Einzelkapitalien als ihre Aufhebung umzudeuten, um dann der solcherart schon heute politisierten Ökonomie die Leitung durch eine andere Politik angedeihen zu lassen. Bank- und Kreditkapital, Aktiengesellschaften und Staatseingriffe stehen im Dienst einer Überwindung der Schranken der besonderen Kapitale, ohne die Grenzen ihrer Besonderheit anzugreifen. Nur wenn man die Implikationen der Warensphäre für die Gesellschaftsgestaltung unterbestimmt und sie als Strukturlosigkeit bespricht, lassen sich alle höherstufigen Regelungen als Zurücknahme der Anomie ansehen.[301] Daß um des Profits willen die Unabhängigkeit von kleinen Kapitalen eingeschränkt wird und Kapitale sich um ihrer eigenen Geschäftserfolge willen dem Kreditkapital unterwerfen, wird als Schritt in eine Richtung gesellschaftlicher Regelung und Planung wahrgenommen und diese wiederum als Gegensatz zur Unabhängigkeit der Kapitale und ihrer Entwicklungsperspektive per Profit gedacht. Die »Marktsozialisten« fragen: »Lassen sich also Betriebs- und Unternehmensformen befördern, in denen die Profitsteuerung nicht die ausschlaggebende Rolle spielt und verfügt die Gesellschaft nach wie vor über politische und ökonomische Parameter, um an die Stelle der Aggregatkräfte der Konkurrenz eine soziale Steuerung zu etablieren? Nach Marx stellt der Kredit einen solchen ökonomischen Parameter dar, in denen[302] ›die Formen einer allgemeinen Compatibilität und Vertheilung der Productionsmittel auf gesellschaftlicher Stufenleiter gegeben ist‹ (MEGA 4,2/661)« (Sozialistische Studiengruppen 1993/67). Die Verschiebung ist hier deutlich: Der Kredit wird erstens

---

300 Schon die »gesellschaftliche Regulierung der Arbeitszeit« wird als wesentlicher Beleg dafür genommen, daß »die Kritik der politischen Ökonomie durch praktische Eingriffe in die reale geschichtliche Entwicklung längst aus dem Status einer rein theoretischen Erkenntnis herausgehoben« worden sei (Sozialistische Studiengruppen 1993/64), als seien die Veränderungen in der Lage der Arbeiter seit 150 Jahren alleiniges Resultat des Kampfes *gegen* kapitalistische Notwendigkeiten. Vgl. die Anmerkung zum Sozialstaat in II.1. Vgl. auch II.3 zum moralisch-historischen Moment des Werts der Arbeitskraft.

301 Ebenso utopistisch wird bei Marx den Bemühungen, sich über die Aktionen anderer Kapitalisten zu informieren, ein wenigstens der Möglichkeit nach systemtranszendierendes Moment unterstellt (vgl. GR 78f.).

302 Fehler im Original.

gegen den Profit gestellt, als wäre er nicht lediglich eine speziell auf ihn bezogene Gestalt der Plusmacherei. Aus dem solcherart von seinem konstitutiven Bezug auf den Profit emanzipierten Kredit wird dann in einem zweiten Schritt ein bloßes Mittel zur gesellschaftlichen Gestaltung. Wenn auch hier wieder von den Gründen und der Entwicklungsrichtung der Gestaltung abstrahiert wird, so deshalb, um Gestaltung pur übrig zu behalten und sie derart als Vor-Schein der neuen Gesellschaftsform inmitten der alten sich entwickeln zu sehen. Aus dem (die Seite des entgegengesetzten Moments auf der jeweils anderen Seite festhaltenden) *Widerspruch*, daß die Autonomie der Kapitale Formen der Vereinigung benötigt, wird ein *Gegensatz*. In ihm erscheint die eine Seite – die der Vereinigung[303] – als Überwindung der anderen Seite. Abstrahiert wird damit hoffnungsselig vom bestimmten Charakter der Vereinigung, der faktisch auf das Gegenteil der Vereinigung, die Konkurrenz und die selbstreferentielle Verwertung des Kapitals, bezogen bleibt.

Beim Projekt, den Markt sozial wieder »einzubetten«[304], ergeben sich gravierende Probleme. Versuche, das »Gute« des Marktes und die »Vorteile« gesellschaftlicher Steuerung miteinander verbinden zu wollen, stoßen auf das Problem der (Un-) Verträglichkeit differenter Logiken. Kombinationsversuche müssen sich dem Problem ihrer gegenseitigen Hemmung bzw. Verkehrung stellen. Gegenüber einer »idealen« Kombination von Märkten und Planelementen, die beiden jeweils ihre genau begrenzte Rolle in einer Arbeits- und Gewaltenteilung zuweist und auch dafür sorgt, daß sie ihre vorgegebenen Bahnen und Arenen nicht verlassen, nichtsdestotrotz aber ihre (der jeweiligen Eigentümlichkeit geschuldeten) Vorzüge einbringen, gegenüber dieser »marktsozialistischen« Harmonie hat das ungarische Beispiel (»Neuer ökonomischer Mechanismus« ab 1968) die Tendenzen illustriert, die in einer Unterordnung des Marktes unter zentrale Gestaltungsvorgaben das Gewicht zugunsten letzterer verschieben.[305] Umgekehrt lassen sich am jugoslawischen Beispiel Probleme

---

303 Marx' utopistische Uminterpretation auch der russischen Dorfgemeinde zur Gestalt einer möglichen postkapitalistischen Vergesellschaftung (MEW 19/405) zeigt ebenfalls den Einbruch des Hoffens ins Denken. Dies tritt umso deutlicher hervor, als dieselbe Argumentationsfigur an vollkommen verschiedenem Material (Aktiengesellschaft, Dorfgemeinde) Anwendung findet.

304 »Denkbar ist ein Gesellschaftsmodell, das zwar Kapitalverwertung und Profit zuläßt, aber in einer politisch kontrollierten ... Form« (Hirsch 1990/181). »Sozialismus muß aufgefaßt werden als die Einbindung der (kapitalistischen) ökonomischen Rationalität ... in demokratisch ausgearbeitete Rahmenbedingungen zur Erreichung demokratisch festgesetzter Ziele« (Gorz 1991/114).

305 Vgl. Brus, Laski 1990/85f., 99, 101, vgl. Kornai 1986/1699f., vgl. Tardos 1986/93.

einer gesamtgesellschaftlichen Einwirkung bei großer Autonomie der Einzelbetriebe feststellen. Im Unterschied zur in den anderen Ostblockstaaten – wie modifiziert auch immer – üblichen Durchführung zentraler Entscheidungen sind die jugoslawischen Unternehmen stärker am Markt orientiert. »Ende der sechziger Jahre und Anfang der siebziger (war) die staatliche Investitionspolitik zur Bedeutungslosigkeit herabgesunken und durch die der Banken ersetzt worden« (Burger 1977/181) – ganz nach dem Geschmack jener »Marktsozialisten«, die »nicht-etatistisch« durch Kreditvergabe gegenüber partikularen Interessen die Belange der Allgemeinheit sichern wollen. Allerdings umgehen sie dabei das Problem, die Gestaltung allgemeiner sozialer Belange, durch dessen Verschiebung auf die Banken. Unklar bleibt, wie diese die soziale Synthesis bewerkstelligen sollen. Vor lauter Konzentration auf das vermeintliche Mittel, die Kreditvergabe, sinkt die Aufmerksamkeit für die Aushandlungsprozesse und die Synthesis zwischen den verschiedenen gesellschaftlichen Belangen (vgl. zu den damit verbundenen Zielkonflikten I.1).[306]

Mit einer stärkeren Relevanz qualitativer Imperative stellt sich ungleich stärker als bei Profitkriterien das Problem der Integration heterogener Belange. Daß die Banken im Kapitalismus effizient regulieren können, da sie den bei Strafe des eigenen Untergangs in der Konkurrenz erfolgenden Bezug der verschiedenen Kapitalakteure auf eine Ressource (Profit) voraussetzen, davon wird allein das Resultat festgehalten: Banken können eben überhaupt, sozusagen aus sich heraus, lenken und regulieren. Man spart sich so die Denkmühe, wie denn in der postkapitalistischen Gesellschaft das an Jugoslawien überdeutlich sich zeigende Partikularismusproblem (vgl. a. I.1 und I.6) bewältigt werden soll.[307] Es kam zu einem als »polyzentrischem Etatismus« bezeichneten Vertragssystem zwischen verschiedenen Betrieben, staatlichen Behörden, Regionen usw. Das Resultat bestand in einem »wahren Labyrinth der bürokratischen Willkür, in welchem die örtlichen Organe der allein herrschenden Partei ... die

---

306 Gerade das jugoslawische Beispiel zeigt die Schwierigkeiten der Aushandlungsprozesse in den Bankgremien aufgrund der großen Macht bestimmter Unternehmen und Kommunen gegenüber der Bank. Vgl. Brus, Laski 1990/118.

307 In Jugoslawien kam es schon deshalb nicht zu einem »richtigen« Kapitalismus, da die allgemeine Orientierung auf den Profit nicht stattfand, vielmehr die Betriebsangehörigen sich weniger an einer Reinvestition der Überschüsse als an seiner persönlichen Konsumtion orientierten (Brus, Laski 1990/121). »Die Basis für den Kapitalmarkt wird geschwächt, weil das Selbstverwaltungssystem die Gewißheit untergräbt, daß die zukünftigen Gewinne denen, die in der Gegenwart die Investitionsentscheidung treffen, zugutekommen und anstatt dessen die Möglichkeit offen läßt, daß irgend jemand anderer die Früchte des akkumulierten Vermögens erntet« (ebd./122).

größte Macht ausübten. Nicht nur, daß der sich daraus ergebende wirtschaftliche Mechanismus nicht in der Lage war, irgendeine Art von effektiver Koordination durchzuführen (›weder Markt noch Plan‹), er trug darüber zur weiteren Aufsplitterung der Volkswirtschaft« bei (Brus, Laski 1990/116).[308] Die dann den späteren Bürgerkrieg prädisponierenden Folgen liegen auf der Hand: »Die Verlagerung der wirtschaftlichen Macht weg vom Bundesstaat und hin zu den Regierungen und Regionen und verbunden damit die zunehmende Bedeutung der Marktkräfte, hat allem Anschein nach die höher entwickelten Landesteile begünstigt und damit die nationalen Konflikte verschärft« (ebd./115).

II.3. Geld und Kapital – Die abstrakte Aneignung

Gegenüber Auffassungen, die im Geld vorrangig ein optimales »Kommunikationsmedium« sehen, profiliere ich es als zweiten Strukturzusammenhang des abstrakten Reichtums, der die Abstraktionen der Warensphäre fortsetzt, sie wendet und ihnen neue hinzufügt. Die Abstraktionen, die bereits in der Warensphäre stecken, gewinnen eine eigene, der Warensphäre gegenüber scheinbar unabhängige Gestalt. Sie ordnet sich die Warensphäre unter.[309]

Daß von der Stofflichkeit der Gebrauchswerte, der Konkretheit der Arbeit und dem gesellschaftlichen Zusammenhang der Menschen im verallgemeinerten Warentausch abstrahiert wird, verweist auf eine Situation, in der der Bezug dieser drei Momente aufeinander gesellschaftlich nicht gestaltet wird.[310] Vielmehr ergibt sich dieser Zusammenhang hinter dem Rücken der Menschen als Proportion abstrakter Arbeiten.

---

308 »Aufgrund der extremen Dezentralisierung, wie sie in der jugoslawischen Verfassung festgelegt war, kam es immer wieder zu Situationen, die für einen souveränen Staat äußerst befremdlich anmuten. Ungewöhnlich ist z.B. die Tatsache, daß die Verbindungsstraße zwischen den beiden zentralen Städten Belgrad und Zagreb nie fertiggestellt wurde, während die Straßen zwischen den zwei wichtigsten serbischen, zwei kroatischen und zwei slowenischen Städten gebaut werden konnten« (Vejvoda 1993/23f.).

309 »Das Geld bringt diese Gegensätze und Widersprüche nicht hervor; sondern die Entwicklung dieser Widersprüche und Gegensätze bringt die scheinbar transzendentale Macht des Geldes hervor« (GR 65).

310 Daß bestimmte Aufgaben nicht kapitalistisch bewerkstelligt, sondern vom Staat in Regie genommen werden (s. dazu auch II.5), geschieht zur Stützung, Flankierung und Kompensation der herrschenden Kriterien des abstrakten Reichtums.

Mit dem Geld erscheint es als vollkommen selbstverständlich,

— daß eine »Wertmateriatur« existiert, die von den Gebrauchswerten der Ware absieht und den Zugang zu jedem besonderen Gebrauchswert eröffnet. Geld wird zur »absoluten Ware« (MEW 23/152, vgl. a. GR 132).

— daß nicht konkrete Arbeiten konkret aufeinander bezogen werden, sondern die bloße gegenseitige Vertretbarkeit von Arbeiten herrscht, insofern sie als Teil abstrakter Arbeit Anerkennung finden;

— daß die Existenzbedingungen des Individuums von ihm getrennt sind und es sich erst nach Maßgabe seiner Zahlungsfähigkeit mit ihnen verbinden kann;

— daß die Fähigkeiten und Sinne des Individuums nur insofern zählen, als sie in verkaufbaren Leistungen und Gütern resultieren;

— daß das unmittelbar private Verhältnis des Warentauschenden zum Geld (wieviel er hat, was er damit macht) die Form ist, in der sein gesellschaftliches Sein sich ihm vermittelt, und daß dies als Freiheitsgewinn imponiert.[311] Die notwendige Menge vorausgesetzt, ermöglicht Geld dem Individuum, sich außerhalb jeder Teilhabe an gesellschaftlicher Gestaltung von Gesellschaft als gesellschaftlich anerkanntes Subjekt aufzufassen und seinem Willen Anerkennung zu verschaffen. »Die gesellschaftliche Macht wird so zur Privatmacht der Privatperson« (MEW 23/146), da sie im Geld zur »Sache« geworden ist (GR 986f., 74f.). Die Gesellschaftlichkeit der Individuen schnurrt zusammen auf die Akte des Kaufens und Verkaufens und verwandelt sich zu einem Verhältnis von »Privatpersonen«, die die gesellschaftlich nicht gestaltbaren Verhältnisse nach individuellem Vorteil ausnutzen.[312]

---

311 Mit dem allgemeinen Äquivalent sind die Genüsse nicht mehr qualitativ festgelegt, sondern quantitativ beschränkt. Geld hat insofern eine freiheitskonstituierende Rolle. »Raubt der Sache das vollendete Geldsystem, diese gesellschaftliche Macht, und ihr müßt diese Macht unmittelbar der Person über die Person geben« (GR 987).

312 Geld ersetzt die Stelle, an der in der kapitalistischen Gesellschaft aufgrund der Vernetzung der Produkte und der Entwicklung der Menschen über Arbeiten die Frage nach einem gesellschaftlichen Leben entstehen könnte, in dem Konsumenten und Produzenten sich aufeinander beziehen, indem sie die jeweilige Gestalt der Dinge ihrer Welt auf deren Implikationen für ihr soziales Leben befragen und zur Entfaltung oder zum Verbrauch menschlicher Sinne und Fähigkeiten in der weit verstandenen Produktion ins Verhältnis setzen (vgl. dazu die »Arbeitsperspektive«). Demgegenüber verkörpert das Geld »unmittelbar zugleich das reale Gemeinwesen, insofern es die allgemeine Substanz des Bestehenden für alle ist, und zugleich das gemeinschaftliche Produkt aller. Im Gelde ist aber, wie wir gesehen haben, das Gemeinwesen zugleich bloße Abstraktion, bloß äußerliche, zufällige Sache für den Einzelnen, und zugleich bloß Mittel seiner Befriedigung als eines isolierten Einzelnen« (GR 137).

Die konkrete Tätigkeit sowie die Fähigkeiten und Sinne des Individuums und seine Geltung in der Gesellschaft stehen nun in einem zufälligen Verhältnis zueinander.[313]

Die abstrakte Gesellschaftlichkeit und der abstrakte Reichtum verknüpfen sich mit einem Gegenstand, dessen selbstverständliche Eigenschaft es zu sein scheint, für Gesellschaftlichkeit und Reichtum zu stehen, ohne daß deren abstrakter Charakter noch als von ihnen unterschiedene Qualität deutlich würde. Vor jeder Frage nach der Gestaltung von Gesellschaftlichkeit und Reichtum erscheint deren abstrakte Fassung als Voraussetzung. Die Individuen sind auf ein *individuelles* Verhältnis zu dem diese Gesellschaftlichkeit und diesen Reichtum inkarnierenden Gegenstand verwiesen.

Im Unterschied zu einer traditionellen Geldkritik kann Geld nicht als Verderbnis gelten, das von außen in eine heile (Waren-) Welt eindringt. »Die Verselbständigung des Tauschwerts der Ware im Geld ist selbst das Produkt des Austauschprozesses, der Entwicklung der in der Ware enthaltenen Widersprüche von Gebrauchswert und Tauschwert« (MEW 26.3/128). Die Konstitution des Geldes aus den Widersprüchen der Ware erscheint nicht.[314] Vielmehr ist der falsche Schein des Geldes »vollendet, sobald die allgemeine Äquivalentform mit der Naturalform einer besonderen Warenart verwachsen oder zur Geldform kristallisiert ist. Eine Ware scheint nicht erst Geld zu werden, weil die anderen Waren allseitig ihre Werte in ihr darstellen, sondern sie scheinen umgekehrt allgemein ihre Werte in ihr darzustellen, weil sie Geld ist« (MEW 23/107). Das Geld scheint den Gebrauchswert zu haben, die Relationierung der Waren auszudrücken und wird so als technisches Zirkulations- und Wertmessungs-Mittel aufgefaßt.

Soziologische Theorien der modernen Gesellschaft kaprizieren sich in ihrer Analyse des Geldes vornehmlich auf diesen Aspekt. Schon Weber (vgl. WuG 41f., sowie §10 des 2. Kapitels) und Simmel (vgl. I.2) geht es um die Vorteile der Geldwirtschaft gegenüber dem Naturalientausch, um die Vorzüge von Geld

---

313 »Der Besitz des Geldes stellt mich im Verhältnis zu dem Reichtum (dem gesellschaftlichen) ganz in dasselbe Verhältnis, worin mich der Stein der Weisen in Bezug auf die Wissenschaften stellen würde« (GR 133).

314 »Alle Eigenschaften der Ware als Tauschwert erscheinen als ein von ihr verschiedener Gegenstand, eine von ihrer natürlichen Existenzform losgelöste soziale Existenzform im Geld« (GR 63). »Der in der Ware eingehüllte innere Gegensatz von Gebrauchswert und Wert wird also dargestellt durch einen äußeren Gegensatz ..., worin die eine Ware ... unmittelbar nur als Gebrauchswert, die andere Ware hingegen ... unmittelbar nur als Tauschwert gilt« (MEW 23/75f.).

als Auskunfts- und Zirkulationsmittel. Geld verringert die Informations- und Transaktionskosten. Soweit gibt es keine Differenz zur Marx'schen Analyse. Etwas anderes ist es aber, diese Vorzüge des Geldes, also ein Prädikat des Geldes, unmittelbar zur Hauptsache zu machen, wenn über Geld im Kapitalismus gesprochen wird. Ich sehe hier ab von immanenten Problemen und Feinheiten soziologischer Geldtheorien (vgl. zu eingehenderer Kritik bspw. Ritsert 1982, Ganßmann 1986a, 1996). Mir geht es vielmehr um die Verwechslung jener analytischen Abstraktionen, die im Rahmen des Konstrukts »moderne Gesellschaft« ihr Recht haben, mit einer Analyse der kapitalistischen Ökonomie. Geld als Kommunikationsmedium und als funktionales Äquivalent für Sprache aufzufassen, wie Parsons, Luhmann und Habermas dies tun[315], begründet sich aus der Kritik an regressiven Vorstellungen, die die Komplexität moderner Wirtschaft unterschätzen. Insofern artikulieren sie ein bislang theoretisch wie praktisch ungelöstes Problem. Etwas anderes ist es aber, die Implikationen des Geldes auszublenden, die nicht in seinem Charakter als Tausch- und Zirkulationsmittel aufgehen (vgl. dazu auch Deutschmann 1999). Die Kapitalismusanalyse zeigt, daß die im ersten Teil thematisierte Synthesisform »Markt« andere Kontexte aufweist, als dies gängige soziologische Auffassungen vom Markt vermuten lassen.[316]

Das Geld zeigt (im Unterschied zu den soziologischen Meinungen über es) auch nicht einfach den Wert der Gegenstände als eine Dimension unter vielen

---

315 Vgl. Parsons 1976/233, 291 und 302, vgl. Luhmann 1970a/13, 1972a/196-198, 1975/171f., 179, 1984a/319 und Habermas 1981, Bd.2/391f.

316 Um die in der gegenwärtigen kapitalistischen Ökonomie real existierenden Märkte als Lösung des Problems der Handlungskoordination aufzufassen, muß man die Preise funktional einführen als unschuldige »Information«, was produziert und konsumiert werden kann. Weniger passend erscheint es in diesem Denkhorizont, hinter diese formelle Abstraktion zurückzugehen und sich daran zu erinnern, daß der Preis für den Anbieter die Instanz ist, welche die Transaktion zu einem Geschäft macht und für den Nachfrager die Besiegelung seiner Armut oder Vorschuß für ein Geschäft darstellt.

In der vorgestellten Manier, über den Markt zu reden, braucht und kann man nicht mehr unterscheiden zwischen dem Endverbraucher und der Geschäftswelt, die die eingekauften Maschinen, Waren und Grundstücke als Vermögen wertschätzt, als Mittel, mehr Geld zu erwirtschaften. Im Tausch der Arbeitskraft gegen Geld weist es zwei verschiedene Bestimmungen auf. Das Arbeitseinkommen setzt sich in Lebensmittel um, der für die Benutzung des Arbeitsvermögens entrichtete Betrag wird in der Perspektive bezahlt, Mehrwert zu schaffen (vgl. GR 195). Weitere Konstituentien des Konsums wie die Arbeit und die Qualität der kapitalistisch hergestellten Güter und das damit gesetzte Angebot, an dem sich die Nachfrage erst bilden kann, bleiben ebenfalls außerhalb des Thematisierungshorizonts jener Theorie, die das Geld als Kommunikationsmedium vorstellt.

an, sondern die Ware wird nach ihrer Eignung gemessen, Wert zu sein. Bilanziert wird nicht der vorhandene materielle Reichtum, sondern inwieweit die Ware als Stellvertreter des abstrakten Reichtums dieser Gesellschaft gilt.[317]

Das Geld repräsentiert nicht eine allen Waren gemeinsame Qualität, sondern verselbständigt diese gegen die Waren und unterwirft die Waren dem Zwang, vornehmlich als Repräsentanten der im Geld »inkarnierten« Substanz zu gelten (vgl. a. GR 67f.).[318] Die angeführten soziologischen Geldtheorien abstrahieren von den Trennungen und Dekomponierungen, die diejenigen Materien betreffen, die das Medium Geld zirkulieren lassen soll. Dem Mittler Geld kommt in der in Widersprüche (zwischen privater und gesellschaftlicher, konkreter und abstrakter Arbeit, Gebrauchswert und Wert) zerklüfteten gesellschaftlichen Welt eine andere Rolle zu als der Sprache, sind doch die miteinander zu vermittelnden Seiten aus gesellschaftlichen Gründen voneinander getrennt oder einander entgegengesetzt. Dies muß von den in der Sprache kommunizierten Inhalten nicht angenommen werden (vgl. GR 76). Die Abstraktheit von Geld (als Gestalt des abstrakten Reichtums) läßt Geld in einem anderen Verhältnis zu den Individuen stehen, als dies bei der Sprache der Fall ist, trennt es doch die Individuen von den Gegenständen ihrer Bedürfnisse und vermittelt sie ihnen nach Maßgabe ihrer Zahlungsfähigkeit.[319]

---

317 Im Geld erscheint den Waren ihr Wert »sowohl als ihr gemeinsames Element, wie als ein Drittes gegen sie« (GR 69). Backhaus verdeutlicht den Unterschied zwischen dem Maßstab des Werts und dem Messen einer natürlichen Eigenschaft: »Ein Quantum Wasser wird als Einheit von Schwere definiert. Das bedeutet aber keineswegs, daß die Schwere eines Dings in der räumlichen Dimension des Wassers ›erscheint‹ und sich ›realisiert‹. Nicht das Wasser als Wasser ist die Erscheinungsform von Schwere. ... Das Ding ›entzweit‹, ›verdoppelt‹ sich nicht etwa in ›Träger‹ von Schwere und Wasser – es ist nicht zugleich es selbst und sein Anderes. Eben in dieser Weise aber ist die Beziehung von Ware und Geld beschaffen« (Backhaus 1972/142). Vgl. a. Marx 1867/771.

318 Mit der Analyse des Supremats des Geldes wird nicht der Standpunkt einer Gebrauchswertbewunderung eingenommen. Die Trennungen, die im Gebrauchswert stecken (s.o.), machen das Geld vielmehr notwendig, das seinerseits vom Gebrauchswert abstrahiert. Der isolierte Gebrauchswert und das Geld sind gleich ursprünglich. Der Disparatheit der Waren zueinander als Gebrauchswerte entspricht das Ausmaß der Trennung ihrer Vermittlung von jedweder besonderen Qualität. Und beides steigert sich gegenseitig. Wo Geld als Antwort schon vor der Frage (nach Ziel und Grund der Produktion) feststeht, wird die größte Partikularität verkehrsfähig.

319 Dem auch in der Soziologie (z.B. in Theorien gesellschaftlicher Kommunikationsmedien) beliebten Vergleich von Sprache und Geld hat bereits Marx widersprochen (vgl. GR 80). »Von der Teilhabe am semantischen Reichtum der Sprache kann man in dieser Weise

Geld als Ausdruck der Warenzirkulation eröffnet ihr durch Bepreisung von Gütern einen weite(re)n Expansionsraum. Es werden selbst Materien monetarisiert, die mit der Warenproduktion nichts zu tun haben – von der Liebe bis zur Natur. Die Real-Fiktion, es handele sich um Waren, und ihre entsprechende Behandlung und der Handel mit ihnen, diese Kommodifizierung schadet den bepreisten Gütern.[320]

Das Geld spiegelt mit dem Preis und seiner Bündelung der »unüberschaubaren Fülle der Sachinformationen über Marktvorgänge und Güterbewegungen auf einen leicht handhabbaren quantitativen Informationsinhalt« (Kraemer 1997/287) eine Genauigkeit der Zuordnung von Effekten vor, die bei der Komplexität der Interdependenzen ökonomischer Handlungsketten nicht existieren kann (vgl. I.3.2). Hayeks utopistische Würdigung des Geldes als optimales Mittel zur Verwertung des Wissens in der Gesellschaft blamiert sich nicht nur vor der ökologischen Problematik. Die Komplexität des gesellschaftlichen Inhalts wächst über die Form des Geldes hinaus (vgl. I.4.2).

Der Mittler, hier: das Geld, gewinnt auch deshalb Macht über die durch ihn Vermittelten, insofern sie nicht nach anderen Möglichkeiten suchen müssen und können, ihre konkreten Arbeiten aufeinander zu beziehen, solange Geld diese Vermittlung auf sich zieht, sie auf seine Weise und zu seinen Bedingungen leistet (vgl. a. GR 65). Die Arbeit an der Vergesellschaftung wird durch die Vergesellschaftung qua Geld substituiert, ohne daß der Ersatz noch als Ersatz deutlich würde.

Die Selbständigkeit des Geldes gibt den Horizont der Entwicklung des Reichtums vor – auf abstrakte Steigerung hin. »Seine Qualität als allgemeiner Reichtum vorausgesetzt, ist kein Unterschied mehr an ihm, als der quantitative« (GR 140f.). Andere Bewegungsrichtungen sind mit den bereits in der Warensphäre enthaltenen Abstraktionen zumindest stark erschwert. Das Geld drückt diese Modellierung des sozialen Feldes durch die Ware positiv aus und steigert

---

nicht ausgeschlossen, sie kann nicht von der Erfüllung oktroierter Bedingungen abhängig gemacht werden« (Ganßmann 1986a/14).

320 »Gesundheitsschädigungen durch den Arbeitsprozeß werden durch Lohnzulagen kompensiert. Die Luftverschmutzung wird mit einem Schmutzbonus bezahlt. Die Wasserverunreinigung durch Abwässer wird durch eine Abwasserabgabe abgegolten. ... Mit Geld werden die expropriierten Zeitquanten beglichen und gleichzeitig wird der globale Raum in eine Warensammlung (z.B. von Ferienparadiesen) verwandelt, deren Elemente zur zeitweisen Nutzung gekauft werden können. ... Die Wasserverschmutzung ist in Geld bewertet mit dem in Geld ausgedrückten Verlust an Artenvielfalt oder den Kosten der Urlaubsreise vergleichbar« (Altvater 1991/276). Vgl. zur Problematik der In-Wert-Setzung von Natur auch Eisel 1989/259ff., Kraemer 1997, Kapitel IV.

sie noch. Es wird zum Ausgangspunkt einer weitergehenden Dynamik.[321] Die »Vernachlässigung der Vermögensform« beanstandet Deutschmann (1999/36ff.) v.a. an der Parsons'schen Geldtheorie, aber auch an anderen einschlägigen soziologischen Konzepten. Aus der Dekomponierung des gesellschaftlichen Reichtums zu Waren, aus der Depotenzierung der Tätigkeit zur Gleichgültigkeit, ja zum Gegensatz zwischen Produzent und Konsument und aus der selbständigen Gestalt eines Reichtums, der von den gesellschaftlichen Beziehungen der Menschen zueinander über ihre Tätigkeiten und deren Produkte abstrahiert, ergibt sich das Motiv, die Zirkulation nach dem ersten Akt (der Verwandlung der Ware in Geldform) abzubrechen und sich möglichst viel des allgemeinen Äquivalents zu sichern – um weniger produzieren zu müssen oder um mehr konsumieren zu können.[322] Geld wird hier zum Wertaufbewahrungsmittel, nachdem es bereits Maß der Werte, Zirkulations- und Kaufmittel war. Ist die Teilnahme am Stoffwechsel per Austausch notwendig, so ergibt sich das Bedürfnis nach Verfügung über Geld im Unterschied zu seiner Anwendung als Mittel zur Befriedigung der Bedürfnisse (vgl. a. Lohmann 1991/119f.).

Geld ist schon insofern kein bloßes Zirkulationsmittel im Dienst der unterschiedslos Waren Austauschenden zur Vereinfachung ihrer Transaktionen, als sich Kauf und Verkauf voneinander trennen und Geld als Mitte sich gegenüber den von ihm vermittelten Extremen verselbständigen kann. Diese Verselbständigung findet im Kaufmannsstand seine erste Gestalt (vgl. GR 114, 66f.).[323] Durch Produktivitätsveränderungen gerät das Geld in den Widerspruch, daß »es den Wert als solchen repräsentieren soll, in der Tat aber nur ein identisches Quantum von veränderlichem Wert repräsentiert« (GR 144f.). Mit der Rolle des bloßen Vermittlers der Waren verträgt sich die Eigenschaft des Geldes nicht,

---

321 »Indem der Zweck der Arbeit nicht ein besonderes Produkt ist, das in einem besonderen Verhältnis zu den besonderen Bedürfnissen des Individuums steht, sondern Geld, der Reichtum in seiner allgemeinen Form, hat erstens die Arbeitsamkeit des Individuums keine Grenze; sie ist Gleichgültigkeit gegen ihre Besonderheit, und nimmt jede Form an, die zum Zweck dient; sie ist erfinderisch im Schaffen neuer Gegenstände für das gesellschaftliche Bedürfnis« (GR 135).

322 Dem Geld ist es »immanent, seine Zwecke zu erfüllen, indem es sie zugleich negiert; sich zu verselbständigen gegen die Waren; aus einem Mittel zum Zweck zu werden; den Tauschwert der Waren zu realisieren, indem es sie von ihm lostrennt; den Austausch zu erleichtern, indem es ihn spaltet ... in demselben Grad, wie die Produzenten vom Austausch abhängig werden, den Austausch gegen die Produzenten zu verselbständigen« (GR 69).

323 Schon hier ereignet sich die Emanzipation des Geldes von der Ware, »es zeigt sich hier, daß es noch etwas andres ist außer diesem Zirkulationsinstrument, daß es auch eine selbständige Existenz außer der Zirkulation besitzt« (GR 117).

Gestalt des abstrakten Reichtums zu sein. Vielmehr verliert sich das Geld in der Bewegung Ware-Geld-Ware »als verschwindende Vermittlung, um die individuellen Bedürfnisse zu befriedigen« (GR 925). Die Abstraktionen, die in der Zirkulation und in der Warensphäre herrschen, haben im Geld eine eigene Gestalt gewonnen.[324]

Im Schatz verschärft sich die polemische Tendenz des Geldes gegen die Warensphäre. Er bleibt aber als der Zirkulation entnommene Geldmenge doch davon abhängig, schlußendlich wieder in Ware getauscht zu werden. Marx nimmt eine unmittelbare Einheit und ein Ineinanderumschlagen der Seiten (Gebrauchswert, konkret nützliche Arbeit, private Arbeit auf der einen Seite, Wert, abstrakte und gesellschaftliche Arbeit auf der anderen Seite) in der Warensphäre an.[325] Mit dem Geld fallen beide Seiten auseinander und die »abstrakte« Seite verselbständigt sich im Geld.[326] Geld kann sich zugleich nicht selbst erhalten, sondern wird immer gegen Ware weggetauscht (vgl. a. GR 165f.). »Damit das Geld sich als Geld erhalte«, muß »sein Eingehn in die Zirkulation selbst ein Moment seines Beisichbleibens, und sein Beisichbleiben ein Eingehn in die Zirkulation sein« (GR 931). Diese Forderung erfüllt Geld als Kapital (vgl. a. GR 937). Erst das Kapital ist »Geld, das aus seiner Form als Geld gleichgültig in die jeder Ware übergeht, ohne sich in ihr als Gegenwert individueller Konsumtion zu verlieren« (GR 941).

Die abstrakte Seite der Widersprüche der Ware, die im Geld die Oberhand gewinnt, täuscht manche Geldkritiker darüber, daß bereits in den Trennungen und Abstraktionen der Ware, in der Kernspaltung zwischen abstrakter und konkreter Seite, das Problem liegt und nicht auf eine abstrakte Konkretheit oder konkrete Abstraktheit gesetzt werden kann. Im Kapitalverhältnis geht die ab-

---

324 Demgegenüber erscheint in der einfachen Zirkulation oder der Warensphäre immer noch das stoffliche individuelle Bedürfnis als Ausgangs- und Endpunkt und die gesellschaftliche Bewegung als Vermittlung vorausgesetzter Extreme, die mit ihnen verschwinden. »Die Zirkulation trägt daher nicht in sich selbst das Prinzip der Selbsterneuerung. Sie geht von vorausgesetzten Momenten aus, nicht von ihr selbst gesetzten. Waren müssen stets von neuem und zwar von außen her in sie geworfen werden, wie Brennmaterial ins Feuer. Sonst erlöscht sie in Indifferenz« (GR 920).

325 Konkretion und Abstraktion bilden in der Warensphäre eine unmittelbare Einheit sich einander entgegensetzender Momente. Zugleich aber bleibt mit dieser Verschränkung ein Hindernis für die Entfaltung der Abstraktion, die in ihr angelegt ist und im Geld eine erste selbständige Gestalt gewonnen hat. »Ihre Einheit fällt noch unmittelbar auseinander, und ihr Unterschied noch unmittelbar in Eins« (GR 180).

326 »Wo sie sich selbständig gegeneinander verhalten, positiv, wie in der Ware, die Gegenstand der Konsumtion wird, hört sie auf Moment des ökonomischen Prozesses zu sein; wo negativ, wie im Geld, wird sie Verrücktheit« (GR 180) – des Schatzbildners.

strakte Seite der in der Ware enthaltenen Widersprüche, die im Kapitalverhältnis eine selbständige Gestalt erlangt hatte, eine Beziehung zur »konkreten« Seite ein, d.h. hier zur Arbeitskraft (vgl. GR 942). Die »konkrete« Seite des Widerspruchs, der in dieser Ware enthalten war, wird nun zur Durchgangsstation und zum Medium der Verwertung der abstrakten Seite. »Die einzige Nützlichkeit, die ein Gegenstand überhaupt für das Kapital haben kann, kann nur sein, es zu erhalten oder zu vermehren« (GR 181). Die konkrete Arbeit wird durch das Kapital eingerichtet daraufhin, daß sie Produkte produziert, mit denen Mehrwert realisiert werden kann, und daß sie auf eine Weise produziert, die zur Mehrwertschöpfung taugt.

Die Abstraktion von der Gestaltung des Bezugs der eigenen Arbeit auf andere Menschen, die Abstraktion von der Entfaltung eigener Fähigkeiten »zugunsten« der Depotenzierung von Tätigkeit zur Erlangung von Waren sowie die Dekomponierung der gesellschaftlichen Gegenstandswelt zu einer Ansammlung von Waren, als die der Reichtum erscheint, diese abstrakten Verhältnisse der Warensphäre greifen nun weiter auf den arbeitenden Menschen über. Anders als die Warentauschenden, die sich die Abstraktionen der Warenwelt gegenseitig antun, werden die Arbeitenden nun zum Objekt für den daraus resultierenden und sich gegen sie verselbständigenden abstrakten Reichtum.

Wer sich nur für Gebrauchswerte interessiert und sich damit die Wertvergesellschaftung einhandelt (wie in der Warensphäre), bekommt dafür in der kapitalistischen Produktionssphäre die Quittung[327], selbst nur als Gebrauchswert (hier: als abstraktes Arbeitsvermögen) interessant zu sein – für die Verwertung des aus der Wertvergesellschaftung heraus sich gegenüber den Individuen akkumulierenden Wertes. Wer sich als »Privatindividuum« für den Gegenstand »seines vereinzelten Bedürfnisses« interessiert (GR 185) und nicht für die Erarbeitung einer Welt reicher Beziehungen von Menschen über Produkte und in ihren Produktionen, der wird zum Anhängsel einer Reichtumsentwicklung, deren Bedingungen mehr umfassen als jene, die der Natur und der modernen Gesellschaft entstammen. Der Reichtum an Gebrauchswerten ist eine Armut an Inder-Welt-Sein. Der Mangel an Waren verstellt die Frage nach *dieser* Armut (vgl. GR 203). Die Aufmerksamkeit für die Schranken blockiert die Wahrnehmung der Grenzen.

---

327 Selbstverständlich handelt es sich bei dieser Feststellung um eine analytische Abstraktion. *Ein* Wirkungszusammenhang wird profiliert. Daß sich auch aus der spezifischen Weise der Arbeit in der kapitalistischen Ökonomie die Verallgemeinerung der Konsumorientierung begründet, wird in II.4 gezeigt.

In der »Kritischen Theorie« wie auch im Weberschen Verständnis von formaler Rationalität werden die Waren- und Kapitalsphäre miteinander identifiziert. Das Verhältnis des Arbeitenden zur Arbeit als Mittel seiner Reproduktion und das Verhältnis des Kapitals zur Arbeit als Mittel seiner Selbstverwertung fallen dann in *eine* Kategorie des Zweck-Mittel-Verhältnisses. Diese Interpretation verfehlt, daß die in der Warensphäre herrschende Einstellung zueinander und die damit verbundene Trennung von gegeneinander gleichgültigen bis entgegengesetzten Zwecken Abstraktionen enthält, die im Geld und im Kapital weitere Entfaltung und Gestalt gewinnen. Sie subsumieren nun die Menschen unter sich.[328] Die dem Warentausch eigene und sich jetzt auf die Vermietung der Arbeitskraft beziehende Einstellung ist dem Verhältnis zwischen Arbeitskraft und Kapital nicht angemessen, gehört aber mit dem Arbeitsvertrag zu ihm.[329]

Problematisch am Geld war nicht bzw. nicht ausschließlich, daß in ihm die abstrakte Seite der Widersprüche der Ware über die »konkrete« die Überhand gewinnt, sondern daß die Widersprüche ihre abstrakte und konkrete Seite auf eine abstrakte Weise auseinanderlegen und der Kontakt beider Seiten per Geld nur die konkrete Gestalt ihrer abstrakten Relationierung darstellt. Mit einer Gegenüberstellung von positiv konnotiertem Konkreten gegenüber negativ konnotiertem Abstrakten kommt man hier nicht weit. Das Übergewicht des Geldes über die Gebrauchswerte ist eine *Folge* dieser Spaltungen selbst. Diese Folge wird wiederum zur Voraussetzung der Verbreitung des zugrundeliegenden Verhältnisses. Ebenso wie das Geld über den Gebrauchswert gewinnt auch das

---

328 »Die Äußerung des Lebens – die Lebenstätigkeit erscheint als bloßes Mittel, die von dieser Tätigkeit abgesonderte Existenz als Zweck« (MEW 6/535). Der Lohnabhängige gibt »für die Arbeitsfähigkeit als eine vorhandene Größe ihre schöpferische Kraft« hin »wie Esau für ein Gericht Linsen sein Erstgeburtsrecht« (GR 214). Die Indifferenz des Warenverhältnisses, in dem Anbieter- und Nachfragerseite sich gleichgültig gegeneinander verhalten, greift jetzt auf das Verhältnis des Eigentümers der Ware Arbeitskraft zu sich selbst über (vgl. a. Lohmann 1991/332 und 343). Es geht hier um den Beitrag, den die Orientierung auf Arbeit als äußeres Mittel leistet für den Übergang von Ware und Geld als Gestalten des abstrakten Reichtums zu der des Kapitals. Es geht nicht um die Aussage, das Verhältnis der Arbeitenden zur Arbeit ginge in einer instrumentell-extrinsischen Orientierung auf.

329 Die Übermacht des Kapitals über die Arbeitenden relativiert die Mittel-Orientierung, die aus der Beziehung der Warentauschenden untereinander als analytische Abstraktion gewonnen wurde. Aus dem Verhältnis des Kapitals zu den Arbeitenden ist aber nicht auf ein ebenso gleichgültiges Verhältnis der Individuen, die arbeiten, zum Kapital bzw. zu sich in ihrer Arbeit zu schließen. Der arbeitende Mensch vermietet ja nicht nur seine Arbeitskraft, sondern hat sich auch damit auseinanderzusetzen, was mit seinen Fähigkeiten und Sinnen in der Arbeit wird.

Kapital die Oberhand über die Lohnarbeit. Und auch diese Macht ist nicht (anarchistisch) direkt als Macht anzugreifen, sondern gründet auf der Gleichheit von Lohnarbeit und Kapital, insofern beide Waren tauschen. Eine Stärke der hier dargestellten Theorie liegt darin, herrschafts- und machttheoretische Naivitäten zu vermeiden. Der Hauptaugenmerk liegt nicht darauf, das »oben« von »unten« zu bekämpfen, sondern die Voraussetzungen von »oben« und »unten« in den Blick geraten zu lassen: Bedingungen, die gerade nicht in dieser vertikalen Dimension zu suchen sind, sondern in der horizontalen Dimension der Vergesellschaftung, wie sie bereits mit der Warenstruktur analysiert wurde. Deren gesellschaftlich nicht gemeisterte Gestalt führt zu Verselbständigungen und diese wiederum auch zu »unten« und »oben«. Aufbauend auf dieser Gleichheit liegt in der Besonderheit der Waren der Grund für die Ungleichheit zwischen Lohnarbeit und Kapital. Von dieser Besonderheit haben die Warenbesitzer als Tauschende im Tausch gerechterweise abzusehen, insofern sie es auf Geld als abstraktes Äquivalent absehen (müssen).

In der Lohnform erscheinen Kauf und Verkauf der Ware Arbeitskraft als Vorgänge der Warenzirkulation. Damit wird die Differenz zwischen Wert und Verwertung der Arbeitskraft ebensowenig deutlich wie die Differenz des Tauschaktes Kapital-Arbeit zum Kauf und Verkauf anderer Waren.[330] Offe/Hinrichs 1984/49ff. folgend läßt sich hinweisen auf die im Vergleich zu Besitzern von Kapital bei Besitzern der Ware Arbeitskraft gegebenen Nachteile.[331]

Die Bestimmung des Arbeitslohnes durch seine Reproduktions- und Bildungskosten[332] sowie sein »historisches und moralisches Element« (MEW

---

330 Vgl. MEW 23/557, vgl. Marx 1970/57f., Marx 1970/87f.
331 Es handelt sich um die
   – größere Schwierigkeit zur Koalitionsbildung schon auf Grund der größeren Zahl,
   – geringere Möglichkeit angebotsstrategischer Zurückhaltung der eigenen Ware, um ein Überangebot zu verringern,
   – höhere und unmittelbarere Angewiesenheit auf die Erträge aus der Vermietung der Arbeitskraft,
   – geringere Rücklagenbildung der Lohnabhängigen,
   – größere Festlegung und geringere Mobilität durch bestimmte Qualifikationen und bestimmten Wohnort. Arbeitskräfte sind ungleich weniger flexibel (qua Berufswechsel, Umschulung) als Kapitale, denen es bei aller Scheu vor der Entwertung fixen Kapitals leichter fällt, in anderen Branchen und anderenorts zu investieren.
   – Schließlich können Kapitalisten unter den gegebenen Verhältnissen Arbeiter per Technik »wegrationalisieren«, nicht aber umgekehrt.
332 Zur Kritik am Vorwurf, die Kritik der Politischen Ökonomie unterbestimme den Wert der Hausarbeit, vgl. Müller 1976/22f., Rohwer 1985, Beer 1983 und das Feminismuskapitel in der »Arbeitsperspektive«.

23/185) können vor dem Hintergrund mißverstanden werden[333], daß innerhalb von Grenzen das Kräfteverhältnis entscheidet (vgl. MEW 19/252, 23/249). Insoweit beinhalten »Machttheorien« der Verteilung ein richtiges *Moment*, doch übertreiben sie den Wirkungsgrad des Kräfteverhältnisses und legen eine Unterbestimmung der Grenzen nahe, die dem Kräfteverhältnis auf kapitalistischer Grundlage gesetzt sind. Diese Grenzen bestehen in dem für den gedeihlichen Fortgang der Kapitalakkumulation erforderlichen Maß an unbezahlter Arbeit (vgl. Arndt 1957/130).

Positionen, die den Klassenkampf zur Hauptsache hypostasieren, also politizistisch das Kräfteverhältnis von den Bedingungen emanzipieren, die es in den Strukturen der kapitalistischen Reichtumsproduktion vorfindet, finden sich in den Reihen der Linksradikalen[334] *und* der Reformisten. *Beide* verwandeln aus unterschiedlichen Gründen die Marx'sche Lohntheorie in eine Machttheorie.[335] Das »moralische Element« des Arbeitslohns, seine Höhe und das Kräfteverhältnis sind nichts dem Kapitalismus Externes, sondern lassen sich beziehen

— auf die in den oben genannten Asymmetrien zwischen Kapital und Arbeit gelegenen ungleichen Chancen, die eigenen Interessen durchzusetzen,
— auf Qualifikationen und Kompetenzen der Arbeitskraft und entsprechende Anforderungen an Aufwendungen zu ihrer Konstitution und Reproduktion,
— auf die Senkung des Werts von Konsumgütern durch ihre billigere Produktion,
— auf den Bedarf zur Reproduktion, der mit der Intensität der Arbeit variiert,
— auf Bewußtseinsformen, die aus dem Kapitalverhältnis selbst hervorgehen und Maßstäbe formulieren, was als gerecht und ungerecht oder als volkswirtschaftlich unvertretbar angesehen wird. »Sparen« erscheint dann als notwendig, Krisen gelten als Resultat »überzogener« Lohnforderungen oder zu »komfortabler« Lohnnebenkosten.

Auf der Seite der Arbeitskraft konfligieren verschiedene Interessen: Das Interesse an möglichst hoher Revenue widerspricht dem Interesse an kontinuierlichem Fluss der Revenue, sobald die Lohnhöhe die Lebensfähigkeit des Kapitals

---

333 »Die Anwendung der Arbeitswerttheorie weist auf die Arbeitskraft eine Schwachstelle auf, durch welche sie prinzipiell mit jedem Lohnniveau des Arbeiters vereinbar wird. ... Diese Schwachstelle liegt darin, daß die Quantität und Qualität der Güter und Dienste, die in einer Gesellschaft als notwendig für die Erhaltung der Arbeitskraft betrachtet werden, auch für Marx von dem kulturell definierten Bedürfnisniveau abhängen und insofern keine immanenten Schranken haben« (Münch 1988/451).
334 Vgl. das operaistische Konzept vom »politischen Lohn«. Dazu Altvaters Kritik 1977.
335 Vgl. bspw. Sozialistische Studiengruppen (Bischoff u.a.) 1993/64.

gefährdet und es sich aus dem betreffenden Sektor der Produktion herauszieht. Die Lohnarbeit muß sich *gegen* das Kapital *mit* ihm reproduzieren. Aus all diesen Gründen ist es sehr wahrscheinlich, daß sich die historisch-moralische Komponente des Werts der Ware Arbeitskraft in einem Bereich bewegt, die den Mehrwert als Quelle der Kapitalakkumulation nicht gefährdet.

Die Unterschiede in der jeweiligen Teilhabe an Geld oder an Kapital mögen beklagt werden. Geld und Kapital sind damit noch nicht infragegestellt. Daß man ohne sie wirtschaften kann, erscheint unvorstellbar. Eine Kritik an der Ungleichheit relativiert sich an der Selbständigkeit des abstrakten Reichtums, die die Unterordnung der Individuen impliziert, wäre es doch ebenso farcenhaft, sich einzubilden »man könne alle Arbeiter zu Kapitalisten machen« wie »alle Katholiken zu Päpsten« (MEW 23/82). Wer sich auf den abstrakten Reichtum einläßt, läßt sich auch auf seine Verselbständigung gegen die Individuen ein. Daran relativiert sich die Kritik an der erscheinenden Ungleichheit in der Gesellschaft. Sie gilt als unschön, aber notwendig.[336]

---

336 Das Alltagsbewußtsein zeigt sich beschäftigt mit Aneignungen, die mit den Verhältnissen weniger zu tun zu haben als mit den im Horizont von Warenbesitzern durchaus verständlichen und der vermeintlich egoistischen Menschennatur anscheinend eigenen kleinen Betrügereien. Sie seien in keiner Gesellschaft letztlich zu verhindern. Die »Großen« führen diesem Bewußtsein zufolge nur die Realisierung jener Motive vor, die auch den »Kleinen« vertraut sind, die sie aber mangels Gelegenheit nicht in die Tat umzusetzen vermögen. Die Kritik an Verschwendung, Korruption, Mißmanagement usw. zielt darauf, daß die jeweiligen Manager oder Kapitaleigner den Sachgesetzen der Kapitalakkumulation gegenüber zu sehr in die eigene Tasche gewirtschaftet haben, zu wenig vorausschauend und clever sind usw. Nicht daß die Kapitalfunktionäre Funktionäre des Kapitals *sind* und was das heißt, rückt in den Vordergrund der Aufmerksamkeit, sondern daß sie dieser Aufgabe *nicht* oder zu wenig nachkommen.

II.4. Produktionsprozeß – Die kapitalistische Konstitution der »Sachzwänge« von Arbeitsorganisation und -technik

»Die Erkennung der Produkte als seiner eigenen (des Arbeitsvermögens – Verf.) und die Beurteilung der Trennung von den Bedingungen seiner Verwirklichung als einer ungehörigen, zwangsweisen – ist ein enormes Bewußtsein« (GR 366).

»Im Fortgang der kapitalistischen Produktion entwickelt sich eine Arbeiterklasse, die aus Erziehung, Tradition, Gewohnheit die Anforderungen jener Produktionsweise als selbstverständliche Naturgesetze anerkennt. Die Organisation des ausgebildeten kapitalistischen Produktionsprozesses bricht jeden Widerstand..., der stumme Zwang der ökonomischen Verhältnisse besiegelt die Herrschaft des Kapitalisten über den Arbeiter. ... Für den gewöhnlichen Gang der Dinge kann der Arbeiter den ›Naturgesetzen der Produktion‹ überlassen bleiben, d.h. seiner aus den Produktionsbedingungen selbst entspringenden, durch sie garantierten und verewigten Abhängigkeit vom Kapital« (MEW 23/765).

1) Eine über die Auffassung von Industrie und Technik als »neutrale Kräfte im Dienste der materiellen Reproduktion«[337] hinausgehende Spezifizierung der Entwicklungsrichtung der Technik und Industrie ist das Thema dieses Abschnitts. Sein Ziel ist es, im Bereich der Produktion eine Theorie kapitalistischer Ökonomie gegenüber Auffassungen zu konturieren, die sei's kritisch, sei's affirmativ die moderne Industrie als alternativlos auffassen. Ich formuliere damit ein Gegengewicht gegen die Würdigung von Hierarchie und Organisation in soziologischen Interpretationen. Die einfache Zuschreibung von Effizienz geht vom erscheinenden Konsumentenstandpunkt aus und neutralisiert die Arbeit zum Sachzwang. Demgegenüber kann die Beschreibung des Produktionsprozesses die Bilanz zwischen Kosten und Nutzen verschieben und den Nutzen des Konsumenten wenigstens partiell *auch* als Effekt zeigen eines durch den kapitalistischen Produktionsprozeß zu erklärenden Ausgesperrtseins der Arbeitenden von der Erarbeitung der eigenen Fähigkeiten und Sinne. Auf sie kommt es im Produktionsprozeß *nicht* deshalb nur sehr bedingt an, weil er nur als »Mittel« zum »Zweck« gilt. Nicht Ignoranz gegenüber den Mitteln (auf Grund von Konzentration auf den Zweck) oder Verselbständigung der Mittel gegenüber dem Zweck bildet den Dreh- und Angelpunkt. Vielmehr ist der Produktionsprozeß unter der Maßgabe für die in ihm produzierten Güter

---

337 So faßt Kunnemann (1991/217) Habermas' Auffassung von Technik und Industrie zusammen. Ein Nebeneffekt der weiteren Darstellung wird die Widerlegung der Meinung sein, die Marx ein affirmatives Produktivismusverständnis zuschreibt.

eingerichtet, sie müßten nicht nur einfach effizient hergestellt werden, sondern ihrerseits Mittel darstellen und Anlaß geben für den maßgeblichen Zweck: die Ausbeutung der Arbeitskraft. Insofern geht es auch nicht um Wachstum überhaupt der Gütererzeugung, sondern um ein spezifisches Wachstum. An manchen Gütern »hängt« sozusagen eine weniger (bzw. stärker) mehrwertversprechende Produktion als an anderen. Deshalb wächst die Produktion von Gütern sehr selektiv: Auto statt Bahn, Eigentumswohnungen vs. Mietwohnungen usw.

Bereits aus der Warensphäre und ihrer Dekomponierung gesellschaftlicher Zusammenhänge, ihrer Kompensationslogik sowie ihrer Überdifferenzierung der Güter ergaben sich Folgen für die Gestalt des unmittelbaren Produktionsprozesses. So werden die in der Technik eingeschlossenen Potentiale zu radikaler Arbeitszeitverkürzung und zur Entfaltung menschlicher Sinne und Fähigkeiten auch in der Arbeit verstellt zugunsten einer Technik, deren menschlicher Zweck nicht befragt wird, wo sie sich in immer neuen und ausgetüftelteren Varianten zur Bewerkstelligung von Defensiv- und Positionsgütereffekten verwirklicht – von der automatischen Wegfahrsperre über den Airbag bis zum »ersten ›vollautomatischen Parkhaus‹, das über einen Lift verfügt und in einem entkernten Fachwerkhaus in Duderstadt errichtet wurde« (W. Wolf in taz v. 19.8.95, S. 6), um nur einmal beim Auto zu bleiben. Die in der Analyse der Warensphäre festgehaltene Überdifferenzierung der Güter wie die Produktion von Gütern, die sich vorrangig der kapitalistischen Gesellschaftsform verdanken, binden Ressourcen in der Spezifizierung von Technik auf *diese* Zwecke und verringern Transfereffekte. Das aus der Kritik an der Raumfahrttechnologie[338] bekannte Argument geringer Übertragbarkeit der Innovationen auf andere Zwecke läßt sich hier verallgemeinern. Am ökonomischen Gewicht der Autoindustrie, von der ein Siebtel aller Arbeitsplätze der alten Bundesrepublik direkt oder indirekt abhingen, wird das Ausmaß der Fehlverwendung produktiver Ressourcen deutlich.

Im Unterschied zur soziologischerseits dominierenden Annahme von Effizienz ist diese für Marx ein Attribut der spezifisch kapitalistischen Produktion und erweist sich als von ihr abhängig. »Für das Kapital jedoch drückt sich diese (Rentabilitäts- Verf.) Grenze enger aus. Da es nicht die angewandte Arbeit zahlt, sondern den Wert der angewandten Arbeitskraft, wird ihm der Maschi-

---

338 »Angesichts der bisher im Laufe der Jahre für Raumfahrtprojekte aufgewandten Kosten gesamtwirtschaftlich nicht sehr bedeutend« seien die »Spin-offs«, also die indirekten und direkten produktiven Effekte, so das Ergebnis des für die Koordination für Luft- und Raumfahrt der Bonner Ministerien erstellte Gutachten des Unternehmensberaters Jürgen Schulte-Hillen (zit. n. Hoffmann 1989/23).

nengebrauch begrenzt durch die Differenz zwischen dem Maschinenwert und dem Wert der von ihr ersetzten Arbeitskräfte« (MEW 24/414). »Für das Kapital wird diese Produktivkraft gesteigert, nicht wenn überhaupt an der lebendigen Arbeit, sondern nur, wenn an dem bezahlten Teil der lebendigen Arbeit mehr erspart als an vergangener Arbeit zugesetzt wird« (MEW 25/272).

Die kapitalistische Einrichtung der Arbeit folgt den Zwecken, den Anteil der bezahlten Arbeit an der verausgabten Arbeit zu senken (u.a. durch Dequalifikation oder durch die Spezialisierung der Arbeitskraft, die dann nurmehr für ihr »Detailgeschick« zu bezahlen ist), die Leistung der Arbeit zu steigern (durch Intensivierung der Arbeit und Steigerung der Konkurrenz zwischen den Arbeitern und zwischen Arbeitern und Maschinerie), das individuelle Produktions- und Kontrollvermögen zu brechen (durch Scheidung zwischen qualifizierten und unqualifizierten Arbeitern sowie Hand- und Kopfarbeit). Im kapitalistischen Arbeitsprozeß existiert, trotz aller Angewiesenheit auf die Fähigkeiten von Individuen doch zur Hauptsache »das Geschick nicht im Arbeiter, sondern in der Maschinerie« (GR 427f.). Aus dem Gegensatz zwischen Kapital und Arbeit, kommt es dazu, daß »das Detailgeschick des individuellen, entleerten Maschinenarbeiters verschwindet als winziges Nebending vor der Wissenschaft, den ungeheuren Naturkräften und der gesellschaftlichen Massenarbeit, die im Maschinensystem verkörpert sind...« (MEW 23/446, vgl. a. MEW 23/382, GR 584).

Die kapitalistisch formierte und organisierte Maschinerie erweist sich als Bewegungsform des Widerspruchs des Kapitals (vgl. GR 660f.), einerseits schrankenloses Verwertungsbedürfnis zu beinhalten, andererseits von der lebendigen Arbeit als seinem Verwertungsmittel abzuhängen. Die Maschinerie erlaubt nun dem Kapital, sich von seiner Basis möglichst unabhängig zu machen (vgl. a. GR 586f.). Was das Kapital formell immer bereits ist – Aneignung der Arbeitskraft – muß es material durch die Maschinerie bewerkstelligen: »In der Maschinerie tritt die vergegenständlichte Arbeit der lebendigen Arbeit im Arbeitsprozeß selbst als die sie beherrschende Macht gegenüber, die das Kapital als Aneignung der lebendigen Arbeit seiner Form nach ist« (GR 585). Erst mit der Maschinerie wird der Arbeitsprozeß real unter das Kapital subsumiert.[339]

---

339 »Der Produktionsprozeß hat aufgehört, Arbeitsprozeß in dem Sinn zu sein, daß die Arbeit als die ihn beherrschende Einheit über ihn übergriffe. ... Das Aufnehmen des Arbeitsprozesses als bloßes Moment des Verwertungsprozesses des Kapitals ist auch der stofflichen Seite nach gesetzt durch die Verwandlung des Arbeitsmittels in Maschinerie und der lebendigen Arbeit in bloßes lebendiges Zubehör dieser Maschinerie; als Mittel ihrer Aktion« (GR 585).

Die Arbeitenden bedienen sich nicht der Maschine, vielmehr bedienen sie die Maschine bei der Produktion. Das Arbeitstempo wird dabei nicht vom Arbeitenden, sondern von der Maschine bestimmt, womit eine größere Verausgabung von Arbeitskraft einhergeht (Intensivierung der Arbeit).

Die dem Kapitalismus zugedachte »Mission« der Produktivitätssteigerung ist weiterhin dadurch nicht nur von außen eingeschränkt, sondern von innen begrenzt, daß im Kapitalismus die notwendige Arbeitszeit nur in dem Maße reduziert wird, wie sich damit der Mehrwert erhöhen läßt. Diese Verknüpfung spezifiziert die kapitalistische Produktivität: Sie verschiebt den produktiven Konsum von Hirn, Nerven und Muskelkraft nur von einer wegrationalisierten Arbeitsstelle zu einer mehrwertversprechenden anderen, wenn überhaupt. Der technische Fortschritt im Kapitalismus erweist sich als lohnkostensparend für die Kapitale und nicht unbedingt als arbeitssparend für die Arbeitenden.[340] Kapitale[341] streben danach, die notwendige Arbeit im Sinne des für die Reproduktion der Arbeitskraft notwendigen Anteils an der täglichen Arbeitszeit zu senken und damit den Mehrwert zu erhöhen. Zugleich suchen Kapitale nach Möglichkeiten, mehr Arbeitskräfte mehrwertschaffend einzustellen und mehr mehrwerterbringende Güter zu fabrizieren und abzusetzen – bei pro gegebener Produktmasse sinkendem Aufwand an lebendiger Arbeit.[342] Nach der Gebrauchswertseite steigt die Masse der Produkte[343], und es sinkt die auf das jeweilige Produkt aufgewandte lebendige Arbeit – »aber nur damit ein Maximum von Arbeit in dem Maximum solcher Gegenstände verwertet werde« (GR 589). Marx

---

340 Vgl. a. MEW 23/391, vgl. zur Diskussion über die Arbeitsbelastungen und ihre Entwicklung Löw-Beer 1981/91f., Böhle u.a. 1993/67ff. und Moldaschl 1993/139ff.

341 Kapitale als Subjekte ökonomischer Prozesse wahrzunehmen, ist eine Teilansicht, die einzugliedern ist in die umfassendere Darstellung (s. II.5), in der die den Kapitalen notwendigen Handlungskorridore und Akkumulationszwänge in den Blick kommen, über die die Kapitale nicht souverän verfügen.

342 »Es ist ... eine höchst absurde bürgerliche Phrase, daß der Arbeiter mit dem Kapitalisten teilt, weil dieser durch das capital fixe (das übrigens selbst das Produkt der Arbeit und vom Kapital nur angeeignete fremde Arbeit) ihm seine Arbeit erleichtert (er raubt ihr durch die Maschine vielmehr alle Selbständigkeit und attrayanten Charakter) oder seine Arbeit verkürzt. Das Kapital wendet die Maschine vielmehr nur an, soweit sie den Arbeiter befähigt, einen größren Teil seiner Zeit als ihm nicht gehöriger sich zu verhalten, länger für einen Anderen zu arbeiten« (GR 589).

343 »Der Preis der Arbeitskraft könnte so bei steigender Produktivität der Arbeit beständig fallen mit gleichzeitigem, fortwährendem Wachstum der Lebensmittelmasse des Arbeiters. Relativ aber, d.h. verglichen mit dem Mehrwert, sänke der Wert der Arbeitskraft beständig, und erweiterte sich also die Kluft zwischen den Lebenslagen von Arbeiter und Kapitalist« (MEW 23/546).

unterscheidet »das Reduzieren der notwendigen Arbeitszeit, um Surplusarbeit zu setzen« von der »Reduktion der notwendigen Arbeit der Gesellschaft zu einem Minimum« (GR 592ff.). Die kapitalistische Produktionsweise erhöht zwar die Produktivität der Arbeit, aber nur so, daß sie den Punkt ständig verschiebt, an dem die heteronome Arbeit abnehmen könnte. Heteronom ist Arbeit in dem Maße, wie die Menschen in der Erarbeitung ihrer Lebens*bedingungen* tätig sind (vgl. GR 79). Solange Nahrung, Kleidung, Raumwärme, Behausung, Verkehrsmittel usw. und die zu ihrer Bereitstellung notwendigen Mittel, also die »Heteronomiesphäre« sensu Gorz (vgl. I.4.3.), so viel Arbeit erfordert, daß zur Bearbeitung der Arbeit im Sinne ihrer menschenfreundlichen Gestaltung wenig Ressourcen bereitstehen, solange ist die Steigerung der Produktivität gesellschaftsformations*un*spezifisch notwendig. Um etwas anderes geht es, wenn Gegenstände produziert werden, deren Notwendigkeit sich vorrangig gesellschaftsformationsspezifisch begründet.

Sowohl auf der Seite der Techniker und Ingenieure als auch auf der Seite der Linken erscheinen die »Kosten« der Technik für die Menschen oft unterschätzt und die entsprechenden Effekte jenes Effizienzkriteriums ausgeblendet, das die sublimierte und pseudonyme Gestalt der kapitalistischen Rücksichtslosigkeit gegenüber der Arbeitskraft darstellt. Zu gering wird der Umrüstungsprozeß zur weiter unten angedeuteten »arbeiterzentrierten« Produktionstechnik veranschlagt.

Das Spezifikum des kapitalistischen Produktionsprozesses liegt in der Einrichtung und in der fortlaufenden Optimierung aller seiner Bestandteile auf die Erhöhung des zu erzielenden Mehrwerts. Bestimmte Produktionen eignen sich dafür weniger als andere und erfahren im Kapitalismus eine ihren sachlichen Notwendigkeiten nur sehr selektiv gehorchende Bearbeitung. Ich zeige dies am Beispiel der Landwirtschaft.

Das Ziel der kapitalistischen Produktion ist eine möglichst hohe Differenz zwischen dem Wert der Arbeitskraft und der ihr entstammenden Leistung. Die Fähigkeiten und Sinne kommen nur soweit in Betracht, als sie der Verwertung ein- und untergeordnet sind und sie sich in dieser Hinsicht als notwendig erweisen. Ebenso ist auch die Natur abstrakt, als Rohstoff, von Belang und nicht als jeweils in ihren eigenen Zusammenhängen zu reproduzierende Qualität.[344] »Was die Ware dem Kapitalisten kostet, und was die Produktion der Ware selbst

---

344 »Die unter der Herrschaft des Prinzips der Kapitalrentabilität entwickelte und eingesetzte Produktionstechnik ist vorab Verarbeitungstechnik, die von den Regenerationsbedingungen ihres natürlichen Milieus abstrahiert und in Gegensatz zu seiner Bewirtschaftung gerät« (Czeskleba-Dupont, Tjaden 1981/89).

kostet, sind allerdings zwei ganz verschiedene Größen. ... Die kapitalistische Kost der Ware mißt sich an der Ausgabe im Kapital, die wirkliche Kost an der Ausgabe in Arbeit« (MEW 25/34). Die Regeneration der Arbeitsvoraussetzungen müssen den Kapitalisten nichts angehen, insoweit er diese Probleme externalisieren kann bzw. diese Kosten sich nicht bepreisen lassen (s. I.3.2).

Die Erde mißrät zur Energietankstelle, zum Rohstoffreservoir und zur Mülldeponie. Gegenüber den Potenzen der Stoffausnutzung werden Prozesse der Stoffwandlung und -verformung sowie der Verbrauch fossiler Energieträger privilegiert.[345] Die Tendenz zur Zerlegung und Neukombination von Nahrungsmittelkomponenten (»Food-Design«) stellt eine weitere brisante Konkretisierung des (auch in I.2.4 und I.5 behandelten) Problems der Freisetzung analytischer Abstraktionen in die Realität dar. Der Überblick über Herkunft und Verarbeitungsweise von Naturprodukten geht verloren. Da dem Kapital die Produktion Kapital kostet und es sie an den Ausgaben an Kapital (relativ zum zu erreichenden Profit) mißt, wird die Welt zum Platz, Güter unterzubringen, an denen für das Kapital nicht deren Auswirkungen auf Natur und Mensch von Belang sind, sondern die Gelegenheit, mit der Produktion die Arbeitskraft auszubeuten.

Die an diesem Zweck orientierte Produktion von Lebensmitteln macht sich an deren Qualität bemerkbar. Die Mehrwertproduktion darf möglichst wenig Schranken weder in der Qualität der Erzeugnisse noch in der Natur der zu bearbeitenden Materien finden. Die Landwirtschaft setzt(e) diesem Ziel Schranken sowohl durch ihren arbeitsintensiven Charakter als auch durch die konkreten Qualitäten und Zusammenhänge der Natur, in der sie stattfindet. Auch vorkapitalistische Produktionsweisen waren im Umgang mit der Natur, entgegen jeder idyllisierenden retrospektiven Projektion, nicht durchweg an einem pfleglichen Umgang mit den für die Menschen dienlichen Naturbedingungen orientiert. Doch bietet erst der kapitalistische Umgang mit Natur im großen Stil sowohl Interessen als auch Kräfte dafür auf, sich von den unmittelbaren Schranken der Natur zu lösen. Nicht allein die Not, die in der Naturabhängigkeit für Menschen immer liegt, wird minimiert (vgl. MEW 25/630). Vielmehr entstehen neue Nöte und eine neue Naturabhängigkeit resultiert – aus der Mißachtung der für die Menschen dienlichen Naturbedingungen.

---

345 Die Erhöhung des Stoffausnutzungsvermögens der Produktion steigert die Produktivkraft, verringert sie doch den Stoffentzug aus der Umwelt und ihre Belastung durch Abfälle. Im Kapitalismus war demgegenüber die »Hauptrichtung der technologischen Entwicklung bislang auf gesteigerte Extraktion und Verarbeitung einzelner Stoffkomponenten ausgerichtet, wodurch unter günstigen Umweltbedingungen das Stoffumsatzvermögen der Arbeit einseitig vorangetrieben werden konnte. Dies hat dazu geführt, daß Anfang der 70er Jahre 98% der Ausgangsstoffe (der Industrie) Abfall wurden« (Roos, Streibel 1979/23).

Das nationale Kapital findet eine Schranke seiner Verwertung im höheren Preis, der mit den Ausgaben für weniger produktiv, aber pfleglicher hergestellte Lebensmittel in den Wert der Ware Arbeitskraft eingeht[346] und in der diesem höheren Preis entsprechenden niedrigeren Nachfrage sowie in den in der Landwirtschaft gebundenen und nicht profitabler einsetzbaren Arbeitskräften. Eine ökologisch ausgerichtete Landwirtschaft würde Schranken aufrichten für die Landmaschinenindustrie, für die Düngemittel, Schädlingsmittel und Pharmaka herstellende Chemieindustrie[347], für die Futtermittelindustrie sowie für die Lebensmittelindustrie und den Lebensmittelgroßhandel. Die Landwirtschaft erweist sich im Kapitalismus als zunehmend abhängig von den ihr vor- und nachgelagerten Unternehmen.[348]

Die Zurichtung der Landwirtschaft zum Einsatzgebiet für landwirtschaftliche Maschinen und chemische Erzeugnisse erfordert die Einrichtung von Mindestflächen und erklärt die Vergrößerung der Fläche landwirtschaftlicher Betriebe. Monokultureller Anbau verringert die Zahl der Arbeitskräfte, erlaubt Produktivitätssteigerung und Intensivierung der Arbeit im Unterschied zum biologischen Land- und Gartenbau[349], verringert allerdings die Bodenqualität und

---

346 Hochwertige und schadstoffarme Lebensmittel erfordern Unkrautjäten statt Chemikalieneinsatz und bringen damit auch ein höheres Risiko von Ernteausfällen mit sich. Der Arbeitsaufwand der ökologischen Landwirtschaft übersteigt den der kapitalistischen, das Erntevolumen fällt geringer aus. So ist es nicht verwunderlich, daß ökologische Landwirtschaft 1996 nur 2% des Einzelhandelsumsatz, 1,2% der Betriebe und 1,8% der landwirtschaftlichen Fläche ausmacht. Die kapitalistischen Agrarfabriken funktionieren nur unter der Bedingung hohen Verbrauchs an pharmazeutischen Produkten, um das Wachstum der Tiere zu beschleunigen, sie ruhigzustellen und den unnatürlichen Bedingungen dieser Aufzucht bzw. Tierhaltung die verkaufsabträglichen Wirkungen zu nehmen, etwa wenn Betablocker dem Herztod von Schweinen vorbeugen und verhindern sollen, daß die Qualität des Fleisches sich verschlechtert (vgl. Kolpfleisch, Maywald 1989/103f.). »Mehr als die Hälfte der gesamten Antibiotika-Produktionen der Bundesrepublik wird mittlerweile an Schlachttiere verfüttert« (ebd./104).

347 »Mehr als 90 % ihrer Mais- und Rübenkulturen decken die Bauern heute mit Herbiziden ein, um den Aufwand für das Jäten so gering wie möglich zu halten« (Kolpfleisch, Maywald 1989/106).

348 Marx (MEW 25/821) diagnostiziert die doppelte Bestimmung der Landwirtschaft durch die Unprofitablität ihrer pfleglichen Variante einerseits, die Notwendigkeit für Kapitale, auch die Landwirtschaft zum Anwendungsfall kapitalistisch produzierter Mittel zu machen, andererseits. Er kommt zu dem Ergebnis, »daß das kapitalistische System einer rationellen Agrikultur widerstrebt oder die rationelle Agrikultur unverträglich ist mit dem kapitalistischen System« (MEW 25/131, vgl. auch Mehte 1981/549-551).

349 Sie implizieren eine eine größere Vielfalt verarbeitende, arbeitsaufwendigere und insofern unprofitablere Arbeit. Im biologischen Gartenbau bspw. werden die Möhren neben die

zukünftige -produktivität. Es kommt zu einer Ausgliederung einzelner Produktionszweige der Landwirtschaft (Hähnchenmast, Eierproduktion) aus dem landwirtschaftlichen Betrieb und zu deren kapitalistischer Organisation in großen Maßstab. »Bei der Intensivhaltung ist ein Angestellter für 20.000 Hennen und mehr zuständig, beim Freilandsystem sorgt eine Arbeitskraft jedoch nur für 2.000 Hühner« (North 1988/90). Eine weitere Schranke findet das Kapital in der nicht beliebigen Herstellbarkeit, Beschleunigung und Verkürzbarkeit landwirtschaftlicher Wachstums- und Reifungsprozesse (vgl. MEW 26.2/36). Die Emanzipation des Kapitals von den Naturschranken, die eine recht spezifische Neuetablierung von Naturschranken darstellt und insofern nicht einfach als Fortschritt gelten kann, zeigt sich auch in der kapitalistischen Verwertung der Ingredenzien der Nahrung.[350]

Bestimmte Produktionszweige erweisen sich im Kapitalismus nicht allein nach dem Modus ihres Produktionsprozesses, sondern auch unter dem Gesichtspunkt der in ihnen erzeugten Gebrauchswerte als hoch spezifisch auf die Zwecke kapitalistischer Verwertung bezogen und aus ihnen begründet.[351] Hierzu zählt neben der Landwirtschaft die Nahrungsmittelindustrie (s. bspw. Kolpfleisch, Maywald 1989), die Pharmaindustrie[352], die Autoindustrie[353], die

---

Zwiebeln gepflanzt. Die Möhren sollen die Zwiebelfliege und die Zwiebeln die Möhrenfliege abhalten. Die Mischung verschiedener Pflanzen stellt ein Hindernis für Rationalisierung und Maschinisierung dar.

350 »Die neuen Techniken, Extrudieren und Aromatisieren, kommen der Industrie zusätzlich entgegen:
  – Sie erlauben, den jeweils billigsten ›Rohstoff‹ zu verwenden: Sojaeiweiß statt teurem Kasein oder pflanzliche und tierische Fette, gemischt im Milchimitat; und im Extremfall eben auch Abfallprodukte wie das Eiweiß-Kartoffelwasser.
  – Sie sparen Lagerkosten. Die Pizza mit Sojaeiweiß plus Käsearoma zu belegen bringt bares Geld, weil echter Käse mit langer Reifezeit teuer ist. Und es zahlt sich aus, ›Sojasauce‹ zu verkaufen, die mittels Chemikalien in wenigen Minuten herzustellen ist.
  – Sie erlaubt, die Produktion auszuweiten. Wir essen extrudierte Maisriegel statt Maiskolben vom Bauern, Fleischimitat statt Fleisch aus der Schlachterei – alles von der Industrie« (Klopfleisch, Maywald 1989/91).
351 Vgl. ausführlicher in der »Arbeitsperspektive«.
352 Im einschlägigen Standardwerk »Bittere Pillen« werden 17,5% der Arzneimittel auf dem deutschen Markt als »wenig zweckmäßig« und darüber hinaus 13,6% als »abzuraten« eingestuft (Langbein, Martin, Weiss 1999/16). Lt. Stiftung Warentest ist ein Viertel der häufig verschriebenen Arzneimittel ungeeignet (Der Tagesspiegel 16.3. 2000, S. 1).
353 Nach Berechnungen des Deutschen Instituts für Wirtschaft wird jede achte DM des privaten Konsums für das Auto und seine Benutzung ausgegeben (Der Tagesspiegel 2.3. 2000, S. 23).

Chemieindustrie (vgl. Fischer 1993), die Werbebranche[354], die Raumfahrtindustrie (s.o.) und die Bauindustrie.[355]

2) Gegenüber einer sei's begrüßten, sei's beklagten Gleichsetzung der gegenwärtigen Produktion, Organisation und Technik mit modernen Notwendigkeiten habe ich in einem ersten Schritt die Selektivität und Spezifität der kapitalistischen Kriterien der Produktion profiliert und werde nun komplementär dazu zeigen, wie im kapitalistischen Produktionsprozeß Potentiale entstehen, die von seiner gesellschaftlichen Form verstellt werden. Wenn Kritik dem Gegenstand nicht äußerlich bleiben soll, muß sie diese Selbstunterscheidung ausfindig machen. Gegen eine gestaltungspessimistische Identifikation von gesellschaftlicher Form und gesellschaftlichen Potenzen werden komplementär oft unmittelbar bereits bereitstehende Mittel utopistisch als Vorschein des Neuen geltend gemacht. Stoff und Form erscheinen auf eine Weise getrennt, die das konstitutive Eingehen der kapitalistischen Form in die technischen Mittel ausblendet. Die Stärke »der« Marx'schen Analyse liegt darin, daß sie im großen ganzen beide Sackgassen vermeidet (s. a. II.6). Mit ihr lassen sich hervorgebrachte Möglichkeiten zeigen sowie Gründe dafür, daß sie nicht nur nicht genutzt werden, sondern auch nicht als Möglichkeiten erscheinen. Allerdings finden sich bei Marx im Unterschied zum hier profilierten Erkenntnisgehalt seiner Analyse auch andere, utopistische Bemerkungen.[356]

---

354 Sie kostet den durchschnittlichen Einwohner Deutschlands 600 DM pro Jahr (Taz, 25. 5. 95).

355 Abgesehen von ihrem Interesse an der Erstellung von Bauten für unnütze Produktionen und Verwaltungen und abgesehen von ihrem Profitieren am Eigenheimbau (vgl. zur Kritik Bourdieu 1999, vgl. a. Gorz, zitiert in II.2) verursacht sie allein durch »Pfusch am Bau« jährlich 15 Mrd. DM Baumängel, so der Leiter des Geschäftsbereichs Bau und Qualität beim TÜV Süddeutschland, Harald Spornraft (Weser Kurier Bremen 1.10.99, S.7). »Gründe für Baumängel seien immer kürzere Bauzeiten, der Preisdruck und ein Mangel an Facharbeitskräften. ... Das Risiko, Opfer von teuren Bauschäden zu werden, bestehe nicht nur bei Neubauten. Bei der Modernisierung von Altbauten sei es noch wesentlich höher. ›Oft beschränken sich sogenannte Schnellsanierer darauf, die Fassaden optisch aufzupolieren, echte Bauschäden werden häufig nicht behoben, sondern nur zugekleistert‹, kritisierte Spornraft. ... Rupert Springenschmid von der TU München erklärte, inzwischen werde ›schadensanfälliger‹ gebaut als in der ›guten alten Zeit‹. Für die Instandsetzung von 10-30 Jahre alten Häusern werde bereits fast so viel Geld ausgegeben wie für Häuser, die seit mehr als 89 Jahren stehen« (ebd.).

356 Marx unterscheidet bisweilen zu wenig zwischen der Überlegung, mit einer anderen Technik einen anderen Reichtum gestalten zu können, einerseits, den Kosten der Umrüstung der Produktivkräfte, dem Herausarbeiten und Entwickeln der Potentiale zu handhabbaren Vorrichtungen andererseits. Gerade wenn sich das Verhältnis zwischen Kapital und Produktionsmittel nicht auf ein juristisches Eigentumsverhältnis und auf formelle Subsumtion

Die Marx'sche Analyse des Produktionsprozesses und der Industrie hat ihren kritischen Ansatzpunkt in der Diagnose, der Wert verliere an Adäquatheit als Maßstab des Reichtums.[357] Die Schlüsselstelle bei Marx lautet: »Die Arbeit erscheint nicht mehr so sehr als in den Produktionsprozeß eingeschlossen, als sich der Mensch vielmehr als Wächter und Regulator zum Produktionsprozeß selbst verhält. ... Er tritt neben den Produktionsprozeß, statt sein Hauptagent zu sein. In dieser Umwandlung ist es weder die unmittelbare Arbeit, die der Mensch selbst verrichtet, noch die Zeit, die er arbeitet, sondern die Aneignung seiner eignen allgemeinen Produktivkraft, sein Verständnis der Natur und die Beherrschung derselben durch sein Dasein als Gesellschaftskörper – in einem Wort die Entwicklung des gesellschaftlichen Individuums, die als der große Grundpfeiler der Produktion und des Reichtums erscheint. Der Diebstahl an fremder Arbeitszeit, worauf der jetzige Reichtum beruht, erscheint miserable Grundlage gegen diese neuentwickelte, durch die große Industrie selbst geschaffne« (GR 593).

Der »Widerspruch zwischen der Grundlage der bürgerlichen Produktion (Wert als Maßstab) und seiner Entwicklung« (GR 592) betrifft nicht allein die Distributionsseite der Gesellschaft, sondern vor allem ihre Produktionsseite. Sie ist davon affiziert, daß das Kapital den Reichtum an der Steigerung des Mehrwerts mißt und daß die vergegenständlichten Produkte der Arbeit als Bedingung dazu dienen, dies zu effektivieren. Alternativ dazu ginge es nicht allein um eine bessere Verwendung des vormaligen Privateigentums. Marx kritisiert die für viele Sozialismusmodelle prägend gewordene Konzentration auf die Umverteilung auf der Grundlage als gesellschaftsformationsunspezifisch-sachzwänglich

---

reduziert, ist der Hinweis, daß für eine höherstufige Art der Reichtumsgewinnung wohl »alle Bildungsmomente« existieren (GR 387), nicht ausreichend. Dadurch, daß etwas vom erkennenden Bewußtsein als Potenz für anderes erachtet wird, ist es noch nicht als fertige Realität einsetzbar. Die Schwächen einer äußeren Vermittlung von Produktivkraft und Gesellschaft, wie sie sich in Metaphern von »Kern und Hülle« (MEW 23/791) und bloß gesellschaftlich anderer »Anwendung« (GR 587) der Produktionsmittel ausdrücken, sind insbesondere im Ostmarxismus ebenso begierig legitimatorisch genutzt worden wie gesellschaftsformationsunspezifische Charakterisierungen der im Kapitalismus betriebenen Wissenschaft. Ich belasse es hier bei diesen Hinweisen auf die Marx'sche Uneindeutigkeit bzw. Selbstrevision, verzichte auf eine Auseinandersetzung mit den einschlägigen »Stellen« und konzentriere mich auf einen anderen Weg durch die Marx'sche Kapitalismusanalyse, die auch eine Kritik gestaltungspessimistischer und utopistischer Auffassungen enthält.

357 »Die allgemeinen gesellschaftlichen Produktivkräfte, wie Kooperation, Teilung der Arbeit und Wissenschaft,... (stoßen) auf die immer enger werdende Kapitalform der Produktionsmittel« (Negt, Kluge 1981/1229).

erscheinender technologischer oder organisatorischer Gesetze der Produktion (vgl. bspw. MEW 19/22). Es geht um die »Abschaffung des Systems jener anachronistischen Form der gesellschaftlichen Produktion, in welcher der Reichtum durch die Aneignung der direkten Arbeitszeit und der Arbeitskraft der Arbeiter... geschaffen wird« (Postone 1991/48). »Entfremdung« resultiert nicht allein aus der Enteignung der Arbeitsprodukte, sondern auch aus jener Arbeit, in der die Menschen sich vergegenständlichen, indem sie sich proletarisieren, insofern die Arbeitenden allein als Arbeitskraft und die Resultate der menschlichen Erfahrungen, der Intelligenz und der Fähigkeiten als Mittel fungieren, Arbeitskraft auszubeuten. »Die Voraussetzung für die Selbstabschaffung des Proletariats ist die materielle Beseitigung der konkreten Arbeit, die es verrichtet. Denn die bedeutendste Frage für den Sozialismus ist nicht die, ob die Kapitalistenklasse existiert oder nicht, sondern ob ein Proletariat weiter bestehen bleibt« (Postone 1991/52).

Marx macht einen Widerspruch aus zwischen dem Resultat der kapitalistischen Produktionsweise, immer mehr Reichtum zu vergegenständlichen in Produktivkraft, Technik und Wissenschaft, und der Maßgabe, diesen Reichtum nicht für eine den Arbeitenden lebensdienliche Gestaltung der Arbeit zu verwenden, sondern sie als Mittel zur Verwertung des Werts zu gestalten. Er radikalisiert die Kritik daran zu einem Widerspruch der Wertproduktion mit sich selbst durch die ihr notwendige Hineinnahme von Mitteln, die sich in steigendem Maße dem Wert entziehen.[358]

---

358 Das Kapital steht für Marx im Produktionsprozeß und mit der Industrie im Widerspruch, »die Arbeitszeit auf ein Minimum zu reduzieren, während es andererseits die Arbeitszeit selbst als einziges Maß und Quelle des Reichtums setzt. Es (das Kapital - Verf.) vermindert die Arbeitszeit daher in der Form der notwendigen, um sie zu vermehren in der Form der überflüssigen, setzt daher die überflüssige in wachsendem Maße als Bedingung ... für die notwendige. Nach der einen Seite hin ruft es also alle Mächte der Wissenschaft und der Natur, wie der gesellschaftlichen Kombination und des gesellschaftlichen Verkehrs ins Leben, um die Schöpfung des Reichtums unabhängig (relativ) zu machen von der auf sie angewandten Arbeitszeit. Nach der anderen Seite will es diese so geschaffenen riesigen Gesellschaftskräfte messen an der Arbeitszeit« (GR 593).
»In dem Maße aber, wie die große Industrie sich entwickelt, wird die Schöpfung des wirklichen Reichtums abhängig weniger von der Arbeitszeit und dem Quantum angewandter Arbeit als von der Macht der Agentien, die während der Arbeitszeit in Bewegung gesetzt werden und die – deren powerful effectivness (mächtige Wirksamkeit) – selbst wieder in keinem Verhältnis steht zur unmittelbaren Arbeitszeit, die ihre Produktion kostet, sondern vielmehr abhängt vom allgemeinen Stand der Wissenschaft und dem Fortschritt der Technologie.« (GR 592). »Sobald die Arbeit in unmittelbarer Form aufgehört hat, die große

Eine Kritik in dieser Perspektive muß voraussetzen, daß sich mit den Potentialen der Industrie in der Produktion selbst menschenfreundlicher produzieren ließe, als dies gegenwärtig der Fall ist.[359] An Potentialen der Industrie kann angeknüpft werden, die im Akt praktischer Kritik an der gegenwärtigen Industrie aus ihr herausgeschält werden.[360] Die Alternative ist zu überwinden, nach der die bestehende Industrie unter anderen politischen Hoheitsverhältnissen und Vorzeichen fortgesetzt werden *oder* aus »der« Industrie »ausgestiegen« werden soll.[361]

Daß eine grundlegend andere Ausschöpfung des Potentials der Industrie nicht als Möglichkeit vorstellbar wird, artikuliert sich im »Kapitalfetisch«. Er läßt die gegenwärtige, hier in ihren prinzipiellen Strukturen in bezug auf die Gesellschaftsgestaltung beschriebene Gestalt der Industrie als ihre einzige Verwirklichungsmöglichkeit erscheinen[362] und entzieht mit der praktisch durchgesetzten Übermacht der Kapitale und mit ihrer Entspezifizierung zur Realitätsmacht des Gegebenen den über sie hinausweisenden Arbeitsvermögen die praktische Realitätshaltigkeit.[363] In der Maschinerie und Industrie erscheinen Effizi-

---

Quelle des Reichtums zu sein, hört und muß aufhören die Arbeitszeit sein Maß zu sein und daher der Tauschwert (das Maß) des Gebrauchswerts« (GR 593).

359 Es geht um den »Widerspruch zwischen der Art der konkreten Arbeit, die die Menschen im Kapitalismus verrichten müssen und der Art der Arbeit, die sie tun könnten, wenn das produktive Potential, welches sich im Kapitalismus entwickelt hat, reflexiv zu Nutze gemacht würde« (Postone 1991/55, s.a. 70f.).

360 »Der industrielle Entfremdungszusammenhang, also die Mensch und Natur gleichermaßen zerstörende Wirklichkeit der Industrie kann nicht überwunden werden, wenn nicht das in der Industrie wirkende und vergegenständlichte Potential an Kraft, Wissen und Reichtum im Menschheitsinteresse, also in einer von seiner Äußerlichkeit und Abstraktheit befreiten Form, angeeignet wird. Oder: Das unter der Hülle der industriellen Entfremdung, der Kapital- und der Techno-logik verschüttete lebendige und gegenständliche Potential an Menschlichkeit kann nicht realisiert werden, ohne eben diese industrielle Entfremdung – die ›kapitalistische Produktionsweise‹ – abzuschaffen« (Hassenpflug 1990/89).

361 »Beide Stellungen zur Industrie würden auf je verschiedene, entgegengesetzte Weise die Wirklichkeit der Industrie, ihre Doppelnatur verfehlen. Diejenige Richtung, die die Industrie zu verwirklichen suchte, würde sich mit dieser den ganzen Entfremdungszusammenhang aufhalsen und diesen perpetuieren und die eindimensional-kritischen Aussteiger gerieten zu sisyphusgleichen Gestalten, die vergeblich versuchten, einem als Totalität etablierten Entfremdungszusammenhang zu entfliehen« (Hassenpflug 1990/89).

362 Diese Unterscheidung ist ein Motiv, das sich von Beginn an durch Marx' Werk durchzieht (vgl. Marx 1972/29).

363 »In einen Produktionsbetrieb in der Praxis will Bronski aber auch nicht. Dort gehören seine Ideen dem Unternehmen. Er will seine Ideen aber selbst behalten. Ohne Benutzung halten sich diese Ideen nicht. Sie schwinden ihm dahin« (Kluge 1975/147).

enz, Produktivität und Unterordnung des arbeitenden Menschen untrennbar miteinander verquickt. Mit der Bearbeitung der Heteronomie der Natur (zur Gewinnung menschlicher Lebensbedingungen) wird die den Menschen bildende Seite der Produktion überspielt und ihre Nichtthematisierung erpreßt.

Ob eine andere, die Subalternitätseffekte von Arbeitsteilung, Hierarchie und Organisation nicht beinhaltende Industrie möglich ist, kann Marx nicht positiv ausweisen.[364] Die in Teil I dargestellten Theorien verneinen dies und werfen der Kapitalismuskritik unausgewiesene utopistische Voraussetzungen vor. Von ihnen ausgehend werde die Gegenwart kritisiert, ohne sich von der Möglichkeit des in Anspruch genommenen besseren Zustandes Rechenschaft abzulegen. Kapitalismuskritisch ist demgegenüber auf die Veränderung der Welt durch die Produktivkräfte seit der industriellen Revolution zu rekurrieren, mit der vieles vorher Undenkbare und als Phantasterei Verschriene möglich und wirklich wird. In die vermeintlich realistische, gestaltungspessimistische Vorstellung des Möglichen geht eine bestehende Präferenzstruktur von Verausgabungen des gesellschaftlichen Reichtums konstitutiv ein. Das gezielte Ansetzen von monetären Ressourcen, Forschungs- und Entwicklungspotentialen usw. auf andere Projekte läßt diese verwirklichbar werden[365], auch wenn man nicht wie in der chinesischen Kulturrevolution dem Spruch frönen mag, die Amerikaner schickten den Menschen auf den Mond, mit Mao würde der neue Mensch auf der Erde geschaffen. Voluntarismus und Utopismus sind vom Objektivismus und der Sachzwangfetischisierung nur durch eine einfache Entgegensetzung verschieden. Zwischen illusionärer Leichtigkeit und behaupteter Unmöglichkeit liegt

---

364 Auch die Verallgemeinerbarkeit automatisierter Produktion, teilt man wie die PAQ (1987) ihre positive Bewertung, ist ungewiß.

365 Besonders radikal argumentiert in diesem Kontext Oberlercher (1973/16) in bezug auf die Naturwissenschaft. »Die industrielle Bourgeoisie verlangt von der Wissenschaft nicht, daß sie ihre eigene Bewegung adäquat darstelle oder gar zur Lehrweise fortentwickle, um zum einfachen und einheitlichen Bewußtsein der arbeitenden Massen zu werden. Was sie von der Wissenschaft verlangt, ist technologische Anwendbarkeit, um im Produktionsprozeß relative Mehrarbeit einzusaugen.« Oberlercher hält das extensive Wachstum der Naturwissenschaften für eine Folge auch des Desinteresses der Kapitale daran, selbstreflexiv zu einer Verdichtung und Vereinfachung zu kommen (vgl. dazu auch I.2.4). Auf die Möglichkeit dieser Perspektive schließt Oberlercher aus der Erfahrung der Vergangenheit. »Die Euklidische Geometrie war in der Antike wissenschaftlicher Gegenstand der führenden Köpfe, an der mittelalterlichen Universität war sie auf Magisterniveau und heute ist sie zum Lehrstoff der Volksschul- Unterstufe herabgesunken« (Oberlercher 1973/18, vgl. a. H3/32). Oberlercher postuliert, daß »das Absinken einer wissenschaftlichen Disziplin auf der theoretischen Niveauskala ihren Reifegrad als Wissenschaft zeigt.« (Oberlercher 1973/18).

eine Welt wirklicher Schwierigkeiten. Im Affekt gegen das »Unvorstellbare« und in jener allzu leicht sich den Fakten hingebenden Kritik am Utopismus durch die Theorien der modernen Industrie- oder Organisationsgesellschaft werden das überhaupt gesellschaftlich (sozusagen sozial-ontologisch) Unmögliche und das gesellschaftsformationsspezifisch Unmögliche nicht mehr voneinander unterschieden.

Die Steigerung des Güterausstoßes bildet hier das zentrale kapitalismusaffirmative Argument und eine der von Marx zivilisatorisch genannten Leistungen des Kapitals.[366] Zugleich können sie dem Kapital nicht derart rein zugerechnet werden, wie Weber und andere Soziologen dies tun. Sie vollziehen die Erpressung nach, die das Kapital den Arbeitenden und Verbrauchern gegenüber ausübt, wenn die Reichtumsproduktion (unter Ausnutzung aller gesellschaftlich verfügbaren Potenzen der Arbeit, Technik und Wissenschaft) gegen die Reichtumsproduzenten ausgespielt wird und als einzige Alternative zu ihr die Regression droht.

Das Kapital nutzt die Schwierigkeiten aus, die damit entstehen, daß sich die Einheit des Arbeitsprozesses in der Maschinerie vergegenständlicht (vgl. GR 584).[367] Die zivilisatorische Tendenz, dem Menschen Arbeit abzunehmen, verkehrt sich im Kapitalismus dazu, daß die Maschinerie realiter nur insofern als Mittel zur Reduktion der notwendigen Arbeitszeit fungiert, als sie die Mehrarbeit erhöht. Diese Verknüpfung schlägt sich in der technisch-organisatorischen Gestalt der Maschinerie nieder als forcierte Entwicklung ihrer mehrwertmobilisierenden Funktion gegenüber ergonomischen oder gar den Arbeiter in seinen Fähigkeiten entfaltenden Hinsichten (vgl. a. MEW 23/445).[368]

Mit der kapitalistischen Produktion wird eine analytische Zerlegung der Produktion in ihre einzelnen Momente und deren Rekombination möglich. Die Arbeitskraft wird schon in der Manufaktur so spezialisiert und fragmentiert, daß

---

366 Ich sehe hier ab von ökologischen Konzepten, die eine Bestimmung von Arbeitsproduktivität qua Produktenausstoß der Arbeit pro Zeiteinheit nachhaltig in andere Kontexte integrieren.

367 Es existiert »das Geschick nicht im Arbeiter, sondern in der Maschinerie« (GR 427f.). Daraus resultiert die »Hilflosigkeit der unmittelbaren Arbeit« (GR 584). Marx bezieht das von Simmel diagnostizierte Übergewicht objektiver über subjektive Kultur auf die Reduktion des Arbeiters zur Mehrwertquelle (vgl. a. MEW 23/382).

368 Marx unterscheidet »das Reduzieren der notwendigen Arbeitszeit, um Surplusarbeit zu setzen« von der »Reduktion der notwendigen Arbeit der Gesellschaft zu einem Minimum« (GR 592ff.). Das Kapital beruht darauf, »die freigewordene Zeit in irgendeiner vermittelten Weise wiederum zur Mehrwertproduktion und zur Kapitalisierung zu verwenden« (Negt 1985/195).

der Übertragung der abstrakter gewordenen Tätigkeiten an eine Maschine nichts mehr im Wege steht (vgl. GR 591, GR 204). Die analytische Scheidung und die ihr entsprechende Rekombination wird kapitalistisch als Macht des Verstandes gegen die Kritik an der »Auflösung des menschlichen Eigenwillens in der Arbeit« sowie gegen die Kritik an der »Zerstörung autonomer lebendiger Eigensteuerung« (Hartmann 1981/39) gewendet. Die Propaganda für die große Industrie greift die erscheinende Autonomie vorkapitalistischen Handwerks zu Recht als Moment einer Ganzheitlichkeit an, die der Scheidungs- und Rekombinationskünste des Verstandes in Wissenschaft und Technologie noch nicht mächtig war (vgl. MEW 23/510, MEW 25/630). Der in der Moderne vom Einzelnen zu zahlende Tribut bestehe darin, daß »Organisationen« intelligenter, ihre Einzelmitglieder aber relativ inkompetenter würden, der Output absolut steigt, also auch der Konsum.

Das Kapital trägt die Macht des Verstandes vor sich her und legitimiert sich mit ihm, als sei die Technologie, die nicht *ohne* den Verstand zu konstruieren sei, dessen Emanation. Überspielt werden soll so die Stellung, die das Kapital zum Verstand und seinen analytischen Scheidungen und abstrakten Rekombinationen einnimmt.[369] Wo es selbst nach Kriterien des Mehrwerts und des Profits diese Scheidungen und Rekombinationen einsetzt, sind seine Ergebnisse nicht einfach Ergebnisse des Verstandes, der Analyse und Synthese. Vielmehr gehören erst Mehrwert und Profit als Leitkriterien dazu, die menschliche Arbeitskraft als wohl besonderes, aber die anderen Momente nicht übergreifendes Element in die Reihe der den Kostpreis der Waren senkenden, damit den Wert der Ware der Arbeitskraft ebenfalls senkenden und den Mehrwert sowie u. U. den Extraprofit gegenüber Konkurrenten erhöhenden Faktoren einzuordnen. Diese Gleichsetzung des Menschen mit allen anderen Ingredenzien der Produktion ist es, die mit der lauten Propagierung des Verstandes überspielt werden soll. Die

---

369 Hier (und nicht wie bei Sohn-Rethel mit der Tauschabstraktion) läßt sich die Stelle markieren, an der die gesellschaftliche Partikularisierung und Zersplitterung des Reichtums einen entsprechenden Charakter der Naturwissenschaften (vgl. a. I.2.4) konstituiert (vgl. oben auch Oberlercher). Die kapitalismustheoretisch gebildete gesellschaftstheoretische Erkenntniskritik akzeptiert die erscheinenden Trennungen in der Erkenntnis und ihre Spezialisierungen nicht umstandslos als Resultat wissenschaftlicher Erkenntnis, sondern fragt nach den gesellschaftlichen Gründen für deren kapitalismusspezifische Diversifizierung. Die Ganzheitlichkeitsposition suggeriert die Voraussetzungslosigkeit der Einheit, die Affirmation der gegenwärtigen Wissenschaft die Voraussetzungslosigkeit der Partikularisierung des Wissens. Die gesellschaftstheoretische Erkenntniskritik argumentiert mit der analytischen Trennung gegen die mythische Einheit, aber ebenfalls dagegen, daß in der Partikularisierung des Wissens die Einheit verschwindet (vgl. a. Eisel 1989/313f.).

reflexive Wendung des Verstandes auf sich selbst soll dethematisiert und die Frage umgangen werden, wo Trennungen des Menschen und der Maschinen nötig, effektiv und produktiv sind und wo sie den Menschen zu einem »winzigen Nebending« (MEW 23/446) depotenzieren. Die Kritik der kapitalistischen Technologie unterscheidet, wo sie eigene technische Leistungssteigerungen beinhaltet, wo diese für Menschen in der Erhöhung der Produktivität sowie in der Verringerung konkreter Arbeitsmühe fruchtbar sind und welche nachteiligen Effekte mit der Arbeit einhergehen. Die Befreiung der Arbeit würde vom Prinzip befreien, »das besondere Geschick überflüssig zu machen« und es »in die toten Naturkräfte zu legen« (GR 482), das »Geschick« aus der »unmittelbaren Arbeit in die Maschine, in die tote Produktionskraft« zu übersetzen (GR 603) und den Menschen zum zwar unentbehrlichen, aber erbärmlichen Lückenbüßer geraten zu lassen, sofern man damit nur am Lohnanteil der Ausgaben sparen kann. »Das Kapital entwickelt die geistigen Potenzen der Arbeit, aber es entwickelt sie nicht als Kräfte der Arbeit, sondern als seine eigenen, ihm immanenten oder in ihm verkörperten Kräfte. ... Parallel zur ökonomischen Ausbeutung des Arbeiters vollzieht sich demnach eine in der technisch-organisatorischen Form der Produktion begründete Expropriation der geistigen und gesellschaftlichen Kräfte des Arbeiters« (Zech 1983/61).[370]

Die Einordnung der Menschen in einen gesellschaftlichen Produktionszusammenhang erscheint im Kapitalismus notwendig als Unterordnung unter ihn. Möglichkeiten wiederum einer Unterordnung des Produktionszusammenhangs unter die Assoziation der Produzenten, die den objektiven Zusammenhang der Arbeiten in der Industrie einstellen in den gesellschaftlich gestalteten Zusammenhang der Arbeitenden und Konsumierenden zueinander, sollen als Utopie erscheinen. Der kapitalistische Zusammenhang der Produktion erscheint als ihr einziger Zusammenhang. Die Kritik an ihm wird kurzgeschlossen mit der Vorstellung, ihm gegenüber können nur die mehr oder weniger isolierte, kleinformatige und erfahrungsgebundene Handwerksproduktion die Alternative darstellen. Daß der technisch etablierte gesellschaftlich-kooperative Betrieb den Einzelnen als Einzelnen subaltern macht, wird gegen die Beschäftigten ausgespielt. Die Vergesellschaftung durch das Kapital erscheint vor dem Hintergrund der Schwierigkeiten der Selbstvergesellschaftung der Arbeitenden als einzig mögliche Vergesellschaftung. Die spezifische kapitalistische Gestalt der Vergesellschaftung wird mit Vergesellschaftung schlechthin identifiziert, ebenso die

---

370 Vgl. Zech 1983/84, GR 586f., MEW 23/193.

kapitalistische Verobjektivierung des Wissens in Produktivkräften, Wissenschaft und Arbeitsorganisation mit diesen selbst.[371]

Gegen die luftige Annahme, Dynamik und Kontingenz seien *die* Charakteristika der modernen Gesellschaft, ist auf den Strukturdogmatismus der Grundfesten der kapitalistischen Ordnung bei aller Flexibilität im Besonderen hinzuweisen. Das, was hier strukturell herrscht, wird als alternativenlos angesehen. So auch bei der Gestaltung der Kooperation, Koordination und Synthesis der Arbeitenden. Im Kapitalismus wird sie den Arbeitenden als Leistung des Kapitals gegenübergestellt.[372] Daß auf das Kapital die übersummativen und synergetischen Effekte der Zusammenarbeit[373] entfallen und daß es die Schwierigkeiten einer anderen Vergesellschaftung als der von oben ausnutzt und sich als einzigen Garanten der Vergesellschaftung ausgibt (vgl. MEW 23/352f.), wird zur Denkschranke.

Mit der automatisierten Produktion »wachsen die Chancen für die Arbeitenden, die Produktion wirklich in die eigenen Hände zu nehmen« (PAQ

---

371 Die »Hilflosigkeit der unmittelbaren Arbeit« (GR 584f.) mutet als Resultat der »Industriegesellschaft« an, womit die durch das Kapitalverhältnis zugleich hervorgebrachten wie verstellten Freiheitsgrade der gesellschaftlichen Gestaltung der Industrie verschwinden. Daß sie aus Kapitalinteressen verschwinden, erscheint nicht, vielmehr erscheint die kapitalistische Form der Industrie als neutrale Gestalt der Industrie selbst. Da die »gesellschaftlichen Produktivkräfte der Arbeit oder Produktivkräfte der gesellschaftlichen Arbeit sich historisch erst mit der spezifischen kapitalistischen Produktionsweise entwickeln, (erscheinen sie) also als etwas dem Kapitalverhältnis Immanentes und von ihm Untrennbares« (Marx 1969/78). Es erscheint als selbstverständlich und technisch geboten, daß »der gesellschaftliche Geist der Arbeit eine objektive Existenz außerhalb des einzelnen Arbeiters (erhält)« (GR 427f.). »Die formale Verselbständigung dieser Arbeitsbedingungen gegenüber der Arbeit, die besondre Form dieser Verselbständigung, die sie gegenüber der Lohnarbeit besitzen, ist dann eine von ihnen als Dingen, als materiellen Produktionsbedingungen unabtrennbare Eigenschaft, ein ihnen als Produktionselementen notwendig zukommender, immanent eingewachsener Charakter. Ihr durch eine bestimmte Geschichtsepoche bestimmter sozialer Charakter im kapitalistischen Produktionsprozeß ist ein ihnen naturgemäß und sozusagen von Ewigkeit her, als Elementen des Produktionsprozesses eingeborner dinglicher Charakter« (MEW 25/833).

372 »Der Zusammenhang ihrer Funktionen und ihre Einheit als produktiver Gesamtkörper liegt außer ihnen, im Kapital, das sie zusammenhält. Der Zusammenhang ihrer Arbeiten tritt ihnen daher ideell als Plan, praktisch als Autorität des Kapitalisten gegenüber, als Macht eines fremden Willens, der ihr Tun seinem Zweck unterwirft« (GR 351).

373 Diese Effekte entstammen der kollektiven Nutzung der Produktivkräfte, der Koordination der Arbeiten, dem »Wetteifer« und der »Erregung der Lebensgeister« (MEW 23/345) in der Kooperation usw.

1987/202).[374] Die automatisierte Produktion wird dem Taylorismus und der Ingenieursideologie entgegengesetzt. Letztere vergemeinschaftet sich mit dem Mißtrauen der Kapitalseite gegenüber den Arbeitenden und dem Versuch, sich von ihnen so weit wie möglich unabhängig zu machen. Das unvorhersehbare und durch Apparate nicht substituierbare Handeln sei in der automatisierten Produktion auf besondere Weise benötigt (vgl. a. PAQ 1987/137). »Qualifizierte Tätigkeiten in neuen Produktionssystemen sperren sich gegen tayloristische Formen der Kontrolle. Je komplizierter die Arbeitsabläufe sind, je qualifizierter die Arbeit an den einzelnen Anlagen ist, desto weniger ist ein Vorgesetzter in der Lage, einzelne Tätigkeitsschritte exakt zu bestimmen und vorzuschreiben oder genau zu kontrollieren, was der Beschäftigte an der Anlage gerade macht oder machen muß, um sie in Betrieb zu halten« (Pekruhl 1995/121).[375]

Wenn das Spezifikum des Eingreifens in automatische Prozesse »das planende Handeln in Situationen der Ungewißheit« ist, dann ergeben sich damit Schwierigkeiten für die tayloristische Trennung von Planung und Ausführung der Arbeit: »Die Kriterien, nach denen die Arbeiter ihre Entscheidungen zu treffen haben, können vom jeweiligen Unternehmer nicht vollständig vorgegeben und kontrolliert werden. Die Theorieförmigkeit der Automationsarbeit, die Planung des Ungeplanten und die dafür erforderliche Intensivierung der Kommunikation und Kooperation bedarf der Herausbildung einer neuen Stufe in der Vergesellschaftung der Arbeitenden, bedarf der Entwicklung einer neuen Arbeitskultur, in der die Entscheidungen zunehmend kollektiv, in der Form der Selbstverwaltung der Produktions- und Verwaltungsprozesse, getroffen werden« (PAQ 1987/30f.).[376]

---

374 Braverman setzt ein entschiedenes Fragezeichen hinter die These von der Notwendigkeit der hierarchischen und den einzelnen Arbeitenden bornierenden Arbeitsteilung im modernen Produktionsprozeß: »Diese Tendenz, die Arbeit zu vergesellschaften und aus ihr ein Ingenieurunternehmen auf einem hohen Niveau technischer Leistung zu machen, ist – abstrakt betrachtet – ein sehr viel auffälligeres Kennzeichen der Maschinerie in ihrem voll entwickelten Stadium als irgendein anderes Merkmal« (Braverman 1977/179 – vgl. a. MEW 23/444).

375 Vgl. gleichsinnige Einschätzungen bei Schumann u.a. 1994/643f., 649f.

376 Die PAQ beschreibt damit eine Möglichkeit, die der automatisierten Produktion innewohnt und ihr gegen ihr kapitalistisches Arrangement abgewonnen werden könnte – dieser Status der Argumentation muß immer im Auge behalten werden, um nicht der bestehenden (kapitalistischen) modernisierten Produktion ihre besseren Möglichkeiten zuzuschreiben. Das Ausmaß der gegenwärtig in dieser Richtung zu reklamierenden »Gewährleistungsarbeit« bleibt hinter manchen Erwartungen zurück (vgl. Wittke 1993).

Mit der »Verwissenschaftlichung des Produktionsprozesses« und der »Intellektualisierung der Produktionsarbeit« geraten die betrieblichen Arbeitsteilungen unter Veränderungsdruck: »War es in der vorautomatischen Produktion noch verträglich, planendes, entscheidendes und entwickelndes Eingreifen in die Produktion bei Ingenieuren und Technikern zu monopolisieren, wird dies in der automatisierten Produktion zum Hemmnis. Nicht nur rücken die Ingenieure direkt in die Produktion vor, die Arbeiter gewinnen in dem Ingenieursprodukt Automation einen nicht vorausgesehenen Stellenwert. Sie machen Erfahrungen mit den Anlagen, aus denen die Ingenieure lernen können« (PAQ 1987/58).[377] Die PAQ versteht Automationsarbeit als Chance, »die menschlichen Tätigkeiten auf betrieblicher Ebene neu zusammenzusetzen, die Fähigkeiten der Individuen auf weniger herrschaftliche Weise zu vergesellschaften« (ebd./59). Die Automationstechnik integriere »horizontal und vertikal vielfältige Arbeitsfunktionen« (ebd./76).[378] Greifen die Arbeitenden zunehmend »organisierend und optimierend in automatische Abläufe ein«, werde »die Notwendigkeit allgemein, über die Denkformen zu verfügen, die in der verwissenschaftlichten Informations- und Interventionsstruktur objektiviert sind« (ebd./57).[379]

Über die bislang skizzierten Vorstellungen von einer alternativen Gestaltung der Produktion hinaus ist nicht von science-fiction-Phantasten, sondern von »gestandenen« Technikern, Ingenieuren und Wissenschaftlern (im Alternativplan von Lucas Aerospace[380] in England der 70er Jahre) die Frage nach einer

---

377 Ein mit Verachtung der Kopfarbeit gepaarter Stolz auf körperliche Arbeit wird ebenso obsolet wie ein Ingenieursbewußtsein, das Arbeit als Restkategorie und die Arbeiter als mögliche Fehlerquelle und Störgröße betrachtet. Beide, das antiintellektuelle Ressentiment und der Ingenieursdünkel, sind mit der neuen Produktion notwendigen Kooperation abträglich.

378 Wenigstens eine der vielen hier zu diskutierenden Einschränkungen oder gar Gegentendenzen sei angeführt: Die Betreuung mehrerer Apparate verkürzt unproduktive Arbeitszeiten, vergrößert die Arbeitsinhalte und erfordert eine umfassendere Qualifikation für umfassendere Tätigkeiten. Diese qualitative Erweiterung der Arbeit der Arbeiter geht zugleich einher mit der Verdichtung der Arbeitszeit, erhöhter Aufmerksamkeit und psychischer Belastung – also einer Intensivierung der Arbeit. Vgl. so schon Kern u.a. 1975/176f.

379 Vgl. PAQ 1987/57 zur mit dem Von-Hand-Fahren der Produktionsanlage »neuartigen Koppelung von praktischer Produktionstätigkeit und gedanklicher Durchdringung«.

380 Lucas Aerospace war seinerzeit Europas größtes Unternehmen für Design und Herstellung von Flugzeugsystemen und -ausrüstungen. »LA liefert Teile der Ausrüstung fast aller europäischer Flugzeugprojekte der letzten Jahre. Die Stärke von LA liegt nicht in der Massenproduktion, sondern in der Herstellung kleiner, sehr spezialisierter Serien. Dem entspricht auch die technische Ausstattung des Unternehmens, v.a. ausgedehnte Forschungs- und Entwicklungsabteilungen« (Löw-Beer 1978/9).

»arbeiterzentrierten« Technik gestellt worden, die nicht allein den Output an Gütern steigert, sondern sich die Frage nach Arbeitszeit als Lebenszeit stellt.[381] Die Umgestaltung der Arbeit könne keineswegs »in bloß organisatorischen Begriffen gesehen werden, sondern als Infragestellung der Grundsätze selbst, die die Entwicklung von Technologie bestimmen. Zu diesem Zweck schlagen die Arbeiter von Lucas eine Reihe von Geräten vor, die die historische Tendenz umkehren würden, menschliches Wissen zu objektivieren und dem Arbeiter als fremde, ihm feindliche Kraft entgegenzustellen« (Cooley 1978/208, vgl. a. GR 91f.). Es geht in einer Perspektive arbeiterzentrierter Technik darum, »die menschliche Arbeit nicht allein unter ihren funktionalen Aspekten für die Produktion zu betrachten, sondern als eigenen Bezugspunkt für die Entwicklung von Produktionskonzepten« (Pekruhl 1995/116). »Qualifikationen dienen nicht allein der Bewältigung je gegebener Arbeitsaufgaben, sondern auch der Gestaltung und Weiterentwicklung der Arbeitstätigkeit selbst« (ebd./118).[382] Gefragt wird im Lucas-Aerospace-Projekt nach einer Technologie, »die von den Arbeitern dazu verwendet werden könnte, bestimmte Bereiche ihrer Tätigkeit zu automatisieren, ohne jedoch gleichzeitig den lebendigen Arbeiter zum bloßen Anhängsel der ›lebendigen Maschinerie‹ zu degradieren« (Löw-Beer 1981/93). Es geht um eine Neuversinnlichung von Arbeit und um einen Paradigmenwandel in der Technik. Die Technik wird nun daraufhin beurteilt, inwieweit sie sensitive und intellektuelle Fähigkeiten der Arbeitenden aktiviert. »Telechirische Instrumente«[383] sollen »die historische Tendenz umkehren, die menschliche Geschicklichkeit zu vermindern oder zu verobjektivieren« (Cooley 1979).

---

381 »Ist es möglich, eine nicht weniger effiziente Technologie zu haben, die nicht die tayloristische Denkweise verkörpert, sondern die im Gegenteil die menschlichen Fähigkeiten und Qualifikationen derjenigen, die mit ihr arbeiten, akzeptiert und auf sie abgestimmt ist?« (Rosenbrock, zit. n. Löw-Beer 1981/88).

382 Wenn man dies ernst nimmt, wird deutlich, wie immens der Aufwand zur Gestaltung jener Sphäre sein dürfte, in der Menschen im Durchschnitt noch den größten zusammenhängenden Teil ihrer wachen Zeit verbringen.

383 »Telechirics« bezeichnen »ferngesteuerte Maschinen, bei denen ein Mensch einen oder mehrere Manipulatoren über seine Distanz hinweg steuert, indem er die natürliche Geschicklichkeit seiner eigenen Arme benützt und ein ›Feed-Back‹ an sensorischen Informationen von den Greifarmen und der Region, in der sie arbeiten, erhält« (Thring 1973/93). »Eine Vielzahl von Umständen des Arbeitsprozesses kann es erforderlich machen, telechirische Geräte einzusetzen: Radioaktivität, Steinschlag, Explosionsgefahr, Gift, Arbeiten im Weltall oder unter Wasser, Hitze, Kälte, Lärm, Temperaturschwankungen etc.« (Löw-Beer 1981/94).

3) Gegen die Identifizierung von moderner Industrie und Kapitalismus argumentiere ich, indem ich beide voneinander unterscheide. *Kapitalistische* Leitkriterien von Technikentwicklung wurden zunächst (1) profiliert, um zu zeigen, daß sie den Raum *moderner* Möglichkeiten nur höchst selektiv ausschöpfen. In einem zweiten Schritt skizzierte ich im kapitalistischen Modus der Produktion verstellte moderne Möglichkeiten zu einer an der Lebens- und d.h. hier Arbeitsqualität des arbeitenden Menschen orientierten Technik und Produktion. In einem dritten Schritt werden nun die Organisationsmodi kapitalistischer Arbeit Thema, also die Synthesis der verschiedenen Unternehmensabteilungen. Auch diese Organisationsmodi unterscheiden sich von bloß *modernen* Notwendigkeiten. Dies betrifft die Dimensionen

- der kompetitiv-abstrakten Leistungsbemessung (a),
- der Koordinationskosten (b),
- der Verobjektivierung von Fähigkeiten im Gegensatz zu den unmittelbar Arbeitenden im objektiven Skelett der Organisation und im Verhältnis von Hand- und Kopfarbeit (c),
- der Kontrolle und Hierarchiebildung (d).

(a) Zur Mehrwertsteigerung sind Kapitale auf eine Konkurrenz der »Kollegen« untereinander und auf Spaltungen[384] zwischen ihnen aus – so weit wie möglich.[385] Die Folgen für das Selbst- und Weltverhältnis der Arbeitenden haben bereits Durkheim in seinem Buch über die Arbeitsteilung beschäftigt. Erst die Verbindung der Arbeitenden untereinander würde sie in den Stand versetzen, ihre Vereinzelung und die Zwangsbornierung auf einen Arbeitsplatz (ohne größeren Überblick im Betrieb) zu überwinden sowie die darin eingeschlossene, den praktischen Grenzen entsprechende subjektive Anspruchsreduktion.[386] In Arbeitskämpfen wird das latente Bedürfnis nach Kooperation und Austausch unter den Arbeitenden manifest.[387]

---

384 Die im »Kapital« geäußerte Annahme einer »durch den Mechanismus des kapitalistischen Produktionsprozesses selbst geschulten, vereinten und organisierten Arbeiterklasse« (MEW 23/790f.) entstammt eher politischer Hoffnung als der Analyse. Vgl. dazu a. das Ende von II.6.

385 Zu den engen Grenzen von Gruppenarbeit und dazu, daß sie keine Überwindung der Konkurrenz darstellt, sondern eine ihrer neuen Verlaufsformen vgl. Wolf 1999, Kern 1987.

386 Die Tübinger Projektgrupppe »Entwicklung eines Informations- und Entscheidungsmodelles zur Förderung der Steuerungspotentiale von Industriearbeitern« bemerkt über ihr dreijähriges Experiment, das der Intention folgt, die Mitbestimmungsmöglichkeiten in einem mittelgroßen Betrieb der metallverarbeitenden Industrie in Baden-Württemberg auszuweiten: »Ganz grundlegend dabei war die Befriedigung darüber, überhaupt einmal – für viele

(b) Die Zerlegung der Arbeit in einfachste und elementarste Arbeiten macht einen Apparat der Rekombination und Synthetisierung der Arbeiten notwendig. »In vielen Fällen sind der Aufwand (der nötig ist, damit sich die vielen an einem Unternehmensprozeß beteiligten Fachabteilungen untereinander abstimmen) und die Reibungsverluste durch die Weitergabe über die Bereiche hinweg weitaus größer als die Ersparnisse durch Spezialisierung und Arbeitsteilung«[388] (Klotz 1994/21f.).

(c) In Arbeitskämpfen, in denen die über ihre kapitalistische Beanspruchung hinausgehenden Fähigkeiten der Menschen eine Rolle spielen (s.. LIP, Lucas Aerospace u.a.), wird das Bedürfnis nach ihrer Ausübung im Arbeitsprozeß deutlich.[389] Eine Requalifizierung der Arbeitskraft und autonomere Arbeitsgruppen drohen die Arbeitenden mit Kompetenzen, Eingriffsmöglichkeiten und

---

zum ersten Mal – individuelle Arbeitserfahrung und Arbeitsleid kollektiv zu diskutieren, Öffentlichkeit herzustellen, aus verstreuten Informationsbruchstücken den Funktions- und Sinnzusammenhang des Betriebes als ganzem überhaupt erst einmal für sich verständlich zu machen. Erst dadurch begannen die Arbeiter, sich aus der verbreiteten resignativen Apathie zu befreien und sich selbst als handlungsfähige Subjekte zu begreifen« (Girschner-Woldt 1986/140).

387 Aus einem Bericht über die besetzte Uhrenfabrik LIP in Frankeich: »Jeder hat etwas zu sagen, tritt aus der Menge heraus. ... Man trifft sich in den Fluren, in den Hallen, wechselt einige Worte; früher hat man sich das nicht getraut. Man beginnt, einander kennenzulernen. Man ist im selben Auto zum Flugblattverteilen gefahren. ... Es gibt keine Schranken mehr zwischen den Leuten vom Verkauf, von der Härterei, aus den Büros, den Forschungsabteilungen, der Endfertigung. Wir kämpfen für die gleiche Sache. Man beginnt, einander zu beachten« (Piton 1976/32f.). »Das Aktionskomitee ist ein außerordentliches Diskussionsforum, wo alle zu Wort kommen können, alles vorgebracht werden kann. Scheinbar unbedeutende Dinge entpuppen sich als bereichernde Einsichten. Wir sprechen über das Verhalten im Kampf. ... Ich bin oft erstaunt gewesen über die große Phantasie der Leute. Einige, die ich für engstirnig und egoistisch hielt, erwiesen sich als großherzig und einfallsreich. Unter uns herrschte Freundlichkeit. Man muß duldsam sein, damit jeder sich ungehemmt ausdrücken kann« (ebd./34).

388 »Statt also einzelne Aufgaben effizienter zu gestalten oder durch Technik zu automatisieren, oder statt Bürokratien bloß umzustrukturieren, gilt es, die Ursache für diese bürokratischen Strukturen zu erkennen und zu beseitigen: die Zerteilung von Arbeitsprozessen in eine Vielzahl einzelner isolierter Aufgaben. Denn erst die damit verbundene Notwendigkeit, die zersplitterten Teilarbeiten zu koordinieren und anschließend alle Teilergebnisse wieder zusammenzufügen, brachte ja überhaupt erst die bürokratischen Wasserköpfe hervor« (Klotz 1994/21f.).

389 »Wir haben in diesem Kampf erfahren, daß jeder ungeahnte Fähigkeiten entwickeln kann, wenn er nicht unterdrückt wird durch eine zusammenhanglose, aufgesplitterte Arbeitsweise« (Piton 1976/137, 271, s.a. die vorletzte Anmerkung, vgl. a. Cooley 1979/22f.).

Machtmitteln auszustatten, die dem Kapital gegenüber subversiv sein können und von ihm deshalb begrenzt werden müssen. Die Fähigkeiten der Arbeitenden versucht das Kapital ihnen zu enteignen, der Maschinerie zu inkorporieren und den Arbeitenden gegenüberzustellen (vgl. GR 585). Zu vermeiden ist bei der Beschreibung dieser Tendenz sowohl der umstandslose Schluß von den Kontrollambitionen auf deren restlose Verwirklichbarkeit im Arbeitsprozeß als auch der Schluß vom stattfindenden innerbetrieblichen Kleinkrieg um die »frontier of control« auf deren Kontingenz.[390] Ich kann hier auf die sich zwischen diesen Extremen aufspannende Debatte um Bravermans »Labor and Monopoly Capital« nicht eingehen. Die innerbetrieblichen Auseinandersetzungen sind selbst zweischneidig: Einerseits stellen sie eine ungeheure Vergeudung von menschlicher Initiative, Mut, Assoziationsvermögen und Kraft dar, andererseits werden diese in den Auseinandersetzungen oft erst z.t. aktualisiert und es ergeben sich erst durch diese Auseinandersetzungen Tendenzen zur Verringerung bzw. Überwindung der Subalternität der Arbeitenden.[391]

Zur kapitalistischen Verobjektivierung der Fähigkeiten im Gegensatz zu den Produzenten zählt auch das Verhältnis zwischen den unmittelbar Arbeitenden und Technikern und Wissenschaftlern. Die Spaltung des Gesamtarbeiters entlang dieser Linien und die Entgegensetzung der verschiedenen Momente ist schon den Arbeiten eingeschrieben, die z.B. Techniker zu verrichten haben.[392]

---

390 »Wenn man, wie Edwards, von der Fabrik als einem ›umkämpften Gelände‹ spricht, suggeriert man damit, daß die Arbeiter fortwährend die Form des kapitalistischen Arbeitsprozesses insgesamt in Frage stellen. Die Formulierung ›Kampfgelände‹ legt nahe, daß der Arbeitsplatz zwar eine Arena ist, in der Kämpfe veranstaltet werden, daß diese Kämpfe aber keineswegs notwendigerweise die kapitalistische Organisation der Arbeit insgesamt bedrohen« (Burawoy 1983/511). Vgl. auch meine Kritik an Wolf in II.6. Vgl. auch zur grundlegenden Asymmetrie zwischen Lohnarbeit und Kapital II.3.

391 In bezug auf die Gestaltung der Gesellschaft sieht Marx (MEW 9/170f.) die Subalternitätseffekte der bestehenden Arbeitssituation als so groß an, daß er Arbeitskämpfen die Aufgabe zuschreibt, die gedrückte und knechtsmäßige Mentalität zu überwinden. Die zitierten Beispiele LIP und Lucas Aerospace haben viel von ihrer Anziehungskraft derartigen – wenigstens zeitweise möglichen – Ausweitungen von Handlungs- und Assoziationsmöglichkeiten zu verdanken.

392 »Ob man es nun wahrhaben mag oder nicht, Techniker sind in der Industrie ein Instrument für die hierarchische Reglementierung, die durch die kapitalistische Arbeitsteilung notwendig wird. Ihre Rolle besteht darin, dafür zu sorgen, daß der mechanische Prozeß die lebendige Arbeit beherrscht; sie sollen dabei ein Maximum an Arbeit und Mehrwert sichern. Ihre Rolle besteht darin, die Arbeiter durch Monopolisierung der technischen und intellektuellen Fähigkeiten, die der Arbeitsprozeß verlangt, zu dequalifizieren. Sie verkörpern die Dichotomie zwischen manueller und intellektueller Arbeit, Gedanken und Ausführung.

Die kapitalistisch betriebene Verwissenschaftlichung der Produktion schlägt sich nicht vorrangig nieder in einer Bereicherung der lebendigen Arbeit, sondern vollzieht sich getrennt von ihr als Entwicklung der Produktionsmittel (vgl. GR 584, 587, MEW 23/446). [393]

(d) Im Kapitalismus konfligieren die Arbeitsaufgaben und die Interessen der Arbeitenden über das für die moderne Gesellschaft notwendige Maß hinaus.[394] Über moderne Gründe hinaus gehen die kapitalismusspezifischen Ursachen dafür, die Produktion von oben in Regie zu nehmen. In die »menschenfreundliche« Arbeit wird aus kapitalismusspezifischen Gründen nur sehr bedingt investiert. Es entsteht ein Zirkel zwischen

(1) schlechten Arbeitsbedingungen und den Arbeitenden vornehmlich[395] extrinsisch interessierenden Arbeiten,
(2) Desinteresse und Leistungszurückhaltung der Arbeitenden,
(3) Kontrolle und Disziplinierung von oben sowie Versuchen, den Arbeitenden Autonomieräume und Eingriffsmöglichkeiten zu nehmen,

---

Sie besitzen bedeutende finanzielle, gesellschaftliche und kulturelle Privilegien. Sie sind der unmittelbare Gegner der Arbeiter: sie repräsentieren die Fähigkeiten, das Wissen und die Macht, deren die Arbeiter beraubt sind. In einer Werkzeugmaschinen-Abteilung macht jeder neu eingestellte Techniker fünf, zehn oder zwanzig bis dahin als gelernte Arbeiter Eingestufte zu ungelernten Hilfsarbeitern und ermöglicht es dadurch dem Boss, sie auch als ungelernte Arbeiter zu bezahlen« (Gorz 1973/105).

393 »Obwohl technische und wissenschaftliche Arbeiter eine Menge über die technische Seite ihres spezialisierten Bereichs wissen mögen, wissen sie z.B. heutzutage sehr wenig über Möglichkeiten, den Arbeitsprozeß angenehmer zu gestalten; sie wissen sehr wenig über die ›Ergonomie‹ (d.h. wie man Anstrengungen und Ermüdung vermeidet), und sie sind nicht darauf vorbereitet, den Arbeitern zu helfen, den Arbeitsprozeß selbst zu organisieren sowie die Produktionstechnik ihren physischen und psychischen Bedürfnissen anzupassen« (Gorz 1973/97). So auch die weniger politisch radikale Tübinger Projektgruppe: »In welchem Maße die einzelnen Belastungsfaktoren sich gegenseitig in ihrer Wirkung verstärken können, erfahren zwar Arbeitnehmer schon lange am eigenen Leibe, die Erforschungen dieser Zusammenhänge durch Arbeitsmedizin und Ergonomie steckt aber noch in den Kinderschuhen« (Girschner-Woldt 1986/17f.).

394 Ein Grundmangel vieler Marxismen (a) und der soziologischen Theorie (b) ist, hier nicht zu unterscheiden (b) bzw. die eigenen modernespezifischen Probleme unter kapitalismusspezifische zu subsumieren (a), womit die Kritik einen millenaristischen Einschlag erhält und so etwas wie »Versöhnung« angezielt wird statt eine Arbeit an den Problemen der modernen Gesellschaft, die unter besseren Vorzeichen als kapitalistischen stattfindet.

395 Knapp (1981) schildert die Einschränkungen der für die Arbeitenden selbst nicht aushaltbaren nur-instrumentellen Einstellung zur Arbeit.

(4) der daraus begründeten Verstärkung von (2),

(5) darauf »reagierend« der Verstärkung von (3).

Der Gegensatz zwischen den Zwecken der Arbeitenden und den Kriterien des Kapitals führt zu einer eigenen Absorption von Reichtum in der Bildung von Hierarchien[396], die in jenen soziologischen Theorien unterbestimmt werden, die auf die Rationalität der Unterordnung des Arbeitenden im Arbeitsprozeß abheben. Die Technik findet eine Begrenzung durch den mit ihr verschränkten Kontrollzweck.[397] Kapitalismus heißt Verschwendung von Arbeitssinn und -initiative der Menschen.[398] Die niedrige Beteiligung am betrieblichen Vorschlagswesen drückt dies auch heute aus.[399]

Ein zweites Moment von Hierarchien, das Reichtum verschwendet, fällt mit der Weise an, in der in modernen betrieblichen Hierarchien Entscheidungen koordiniert werden, so daß die Verteilung und Ausführung von Aufgaben nicht unter den Gleichgestellten abgesprochen wird, sondern die Regelung bei einem Vorgesetzten liegt. Die Verantwortlichkeit von jedem gegenüber einem Nächsthöheren »stärkt auch die jeweilige Zentralgewalt, indem es den Zwischeninstanzen erschwert, sich zu verbünden und nach oben gegenzuhalten« (Bahrdt 1959/114).[400] Gegenüber der Annahme, der Taylorismus sei überwunden und der Gegensatz der Arbeitsplanung und -kontrolle von oben zur Arbeitsdurchführung verschwinde, ist Skepsis angebracht.[401]

---

396 Ich folge hier im weiteren Behrens 1983.

397 »Kontrolle und Ausbeutung sind offenbar nicht voneinander zu trennen, jedoch ist die Unterscheidung zwischen maximaler Ausbeutung und maximaler Produktion von grundlegender Bedeutung; sie impliziert, daß der Kapitalismus die effektivste Produktionstechnologie nur insoweit anwendet, wie sie mit maximaler Kontrolle und Ausbeutung vereinbar ist. Das treibende Moment des Kapitals ist ein Maximum an Profit, und weil dies erfordert, total über die Arbeitskraft verfügen zu können, kann dieses Maximum im allgemeinen durchaus auf Kosten der größtmöglichen technologischen Effizienz und Produktivität gehen« (Gorz 1973/101). »Man könnte eine ganze Geschichte der Erfindungen seit 1830 schreiben, die bloß als Kriegsmittel des Kapitals wider Arbeiteremeuten ins Leben treten« (MEW 23/459).

398 So klagte schon Bebel (1976/244) am 5.2. 1892 vor dem Reichstag: »Manche Verbesserung für den Produktionsprozeß, die ein Arbeiter entdeckt, wird nicht eingeführt. Der Arbeiter verschweigt sie, weil er fürchtet, nicht Vorteil, sondern Schaden davon zu haben.«

399 Vgl. Etzler 1986/42, vgl. Girschner-Woldt u.a. 1986/143.

400 »Generell gesehen ist es unwahrscheinlich, daß Koalitionen von Gleichgestellten sehr lange halten, wenn das ... Karrieresystem die Verfolgung individualistischer Strategien mehr belohnt« (Behrens 1983/143).

401 Vgl. Schumann 1997/14, Strutynski 1999. »Die Dominanz eines technokratisch-bürokratischen Verständnisses von Selbstorganisation belegen ebenfalls empirische Befunde aus

Ein drittes Element von Hierarchien besteht in »Herrschaft durch Karriereversprechen: jahrelanges betriebsloyales Verhalten wird durch Regelbeförderung nach Dienstjahren und Wohlverhalten belohnt« (Behrens 1983/143). Man verliert etwas, wenn man aus dem Betrieb abwandert oder in ihm widerspricht. Das Maß der vertikalen Differenzierung übersteigt aus diesem Grund die koordinationsnotwendige Differenzierung.[402] Selbst bei Entlassungen wird – wenigstens in der Stamm-, nicht in der Randbelegschaft – nicht nach dem eigentlich für kapitalistische Betriebe anzunehmenden Grundsatz vorgegangen[403], die teuere, weniger produktive, ältere Arbeitskraft gegen die jüngere »auszutauschen«.[404]

---

vorliegenden Untersuchungen. Das Management bleibt ... das Subjekt, das anders – durch offizielles Zulassen von Elementen der dezentralen Selbstkoordination und -strukturierung – und nicht weniger fremdorganisiert als früher. ... Naheliegende Formeln ... können demnach etwa ›zentralistische Dezentralisierung‹ oder ›bürokratische Entbürokratisierung‹ sein. Ähnliche Charakterisierungen dezentraler Arbeitsformen sind schon im Umlauf: ›fremdorganisierte Selbstorganisation‹ oder ›gemanagte Partizipation‹« (Wolf 1999/154). »Die Hierarchie wird nicht angetastet. Der erweiterte Zugriff auf das Arbeitsvermögen konzentriert sich darauf, zusätzliche Leistungsressourcen durch Arbeitsverrichtung zu erschließen und selektiv die Kompetenz ausgewählter Arbeiter für betriebliche Optimierung abzufragen« (Schumann u.a. 1994/18).

402 »James Champy meinte, daß 35-40% aller Manager schlicht überflüssig seien. Allerdings: Wenn Hierarchien geschleift, Krawattensilos geschlossen, Titel abgeschafft und Funktionen außer Kraft gesetzt werden, dann, so Champy weiter, ›gibt es weniger klassische Aufstiegsmöglichkeiten, da müssen wir über Arbeitsinhalte, Lob und Gehalt motivieren‹« (Klotz 1994/21 f.). Champy hat zusammen mit Michael Hammer das vieldiskutierte Buch »Reengineering the Corporation« verfaßt (dt. Übers. Frankfurt a. M. 1994).

403 Bereits Mitte der 70er Jahre verursachte jeder Arbeiterwechsel bei Volvo zusätzliche Kosten in Höhe von zwei Monatsverdiensten (Mendner 1975/24).

404 Daß ältere Arbeitskräfte nicht gegen jüngere sofort ausgetauscht werden – darin vermag Kohli (1994/224) allein einen Gegensatz gegen den Warencharakter der Arbeitskraft zu erkennen. Er verkennt damit den Zweck, der dem Hierarchiesystem innewohnt und den Kapitaleignern zugutekommt. »Ein Beförderungssystem nämlich, solange es nicht als reines Senioritätssystem dem Management aus der Hand genommen ist«, und davon kann entgegen Kohlis Suggestion in der deutschen Industrie nicht die Rede sein, »individualisiert, es senkt ganz erheblich die Kosten der Beobachtung und Kontrolle des einzelnen Beschäftigten« (Behrens 1983/145) und »verteuert für die Beschäftigten sowohl die Abwanderung aus dem Betrieb als auch Widerspruch und Unbotmäßigkeit. Es schafft für die Beschäftigten, solange das Management über die Beförderungskriterien bestimmt, Konkurrenz im Betrieb. ... Damit ist die geläufige Gegenüberstellung bürokratischer versus kapitalistischer innerbetrieblicher Herrschaft, wie sie auch Kocka 1969 in seiner Siemens-Studie noch vornimmt, sehr in Frage gestellt« (Behrens 1983/147). »Ferner ist die Aus-

Die Komplexität des Betriebes in seiner inneren Gliederung nach verschiedenen Abteilungen (Beschaffung, Fertigung, Verkauf und Rechnungsführung) beinhaltet eine Trennung des gesellschaftlichen Gesamtarbeiters, die im Kapitalismus noch über die modernespezifischen Gründe hinaus gesteigert wird. Wo es um die Gestaltung der (nicht notwendig kapitalismus-, sondern auch modernespezifischen) übersummativen und synergetischen Effekte von Technik, Organisation, Wissenschaft usw. geht, um die »Unterordnung ihrer gemeinschaftlichen Produktivität als ihres gesellschaftlichen Vermögens« (GR 75), ist ein Überschreiten des individuellen Horizonts gefragt.[405] Der Kapitalismus existiert auch deshalb so erfolgreich, weil er die Individuen in seiner Organisation der Produktion voneinander trennt und dann das Resultat dieser Trennung, die Vereinzelung, zur Prämisse eines weiteren Arguments gegen die Individuen werden läßt. Vom Standpunkt der voneinander getrennten und ihrer Assoziation beraubten Individuen erscheint das Kapital als Sachwalter der gesellschaftlichen Potenzen von Technik, Organisation und Wissenschaft, die in kein individuelles Vermögen mehr übersetzbar sind. Der kapitalistische Produktionsprozeß setzt durch seine Organisation einen Vereinzelungseffekt, demgegenüber er selbst als Inkarnation der Zivilisation (in Gestalt der Entwicklung von Technik, Organisation und Wissenschaft) gilt (vgl. MEW 23/446). Das Kapital trennt zwischen Kollegen qua Konkurrenz, zwischen verschieden qualifizierten Gruppen von Produzenten, zwischen Hand und Kopf, zwischen den Fähigkeiten der Individuen und den in der Maschinerie inkorporierten Fähigkeiten[406], zwischen der Organisation der Produktion und den Produzenten und zwischen Produzent und Konsument (u.a. durch die Marketing- und Entwicklungsabteilungen). Das Kapital trennt die verschiedenen Teile des Gesamtarbeiters voneinander, läßt keine Aushandlungsprozesse und keine Assoziation zwischen ihnen zu, die die Produktion bestimmen würde. Es gibt keine Vergesellschaftung »von unten« zwi-

---

sicht auf spätere Beförderung Anreiz für heutigen Fleiß; der heutige Fleiß muß nicht gleich entlohnt werden. Schließlich kann der Beschäftigte nie genau wissen, welche Leistungsschwäche unbemerkt bleibt; er muß sich also generell leistungsbereit zeigen« (Behrens 1983/145).

405 Vgl. a. den Schluß von III.9, vgl. a. Offe, zit. in I.6.

406 Das Problematische an dieser Trennung ist nicht die zivilisatorische Seite der Entwicklung von Technik, mit der den Menschen belastende und enervierende Arbeiten abgenommen werden. Die Entwicklung der Technik unter dem Kapital erleichtert die Arbeit nur per nichtintendiertem Nebeneffekt oder zum Zweck einer intensiveren »Bewirtschaftung« der Produktionsressource Mensch. »Selbst die Erleichterung der Arbeit wird zum Mittel der Tortur, indem die Maschine nicht den Arbeiter von der Arbeit befreit, sondern seine Arbeit vom Inhalt« (MEW 23/446).

schen den verschiedenen Produzentengruppen, die auch Qualifikationen einschließt, die heute eher »oben« im Produktionsprozeß angesiedelt sind. Eine Verflüssigung der strikten Scheidung zwischen den verschiedenen Hierarchiestufen wird von kapitalistischer Seite argwöhnisch beobachtet und aufgehalten: Die Vergesellschaftung der Produktion geschieht unter Voraussetzung dieser Trennungen und das Kapital imponiert als integrierende »Mitte« der getrennten Momente.[407] Ebenso wie in der Waren- und Geldanalyse ist auch in der Analyse des kapitalistischen Produktionsprozesses die gesellschaftliche Beziehung zwischen den Subjekten zentral – entgegen der sich überlappenden Habermas'schen Trennungen zwischen System und Lebenswelt sowie instrumenteller Arbeit und intersubjektiver Subjektivität.

Die Entgegensetzung in verschiedene Fraktionen von tätigen Menschen und die Verselbständigung der Produktivkräfte gegen die Arbeitenden stellen füreinander Resultat und Voraussetzung dar. Die Vermittlung beider Seiten ist ein analytisch neues Moment gegenüber den Bestimmungen zur Ware und zum Geld. Den Zusammenhang der Arbeitenden untereinander über ihre Arbeiten zieht das Kapital an sich – als allgemeiner Mittler (vgl. prägnant MEW 26.1/366f., GR 374,479, MEW 23/352).[408]

Die Trennung der Vergesellschaftung des Produkts von den Produzenten findet auch durch die Abteilungen der Buchführung, Kalkulation, des An- und

---

407 »Das Kapital stiftet, indem es den gesellschaftlich produzierenden Arbeitsvermögen eine von ihnen ausgehende Synthesis entzieht, eine realitätsmächtige Kombination der gesellschaftlichen Arbeitskraft. Es ist also nicht nur die gesellschaftliche Arbeit, die sich das Kapital einverleibt, sondern es sind auch die gesellschaftlichen Kombinationen der Arbeitskraft, die sich dem einzelnen Arbeiter gegenüber als soziale Mächte auftürmen« (Negt, Kluge 1981/1226).

408 So verstanden macht es Sinn, wenn Marx vom »gesellschaftlichen Individuum« spricht, das die eigene allgemeine Produktivkraft (aneignet), »sein Verständnis der Natur und die Beherrschung derselben durch sein Dasein als Gesellschaftskörper« (GR 593). Demgegenüber stellt der Mensch heute »eine Einheit, ein Zusammengesetztes dar unter dem Gesichtspunkt der Nichtemanzipation.« Er ist »unter dem Gesichtspunkt der Emanzipation ein in seinen Eigenschaften falsch Zusammengesetztes«, in dem »sich die einzelnen Eigenschaften des Menschen gar nicht aufeinander beziehen oder ... völlig ungleichgewichtig entwickelt sind, die einen treibhausmäßig zum Detailgeschick spezialisiert, die anderen brach liegend. Was hier über den einzelnen Menschen gesagt wurde, gilt in vergleichbarer Weise genauso für den Gesamtarbeiter« (Negt, Kluge 1981/1231). Die Rede von »Eigenschaften« (s. II.2.2) sagt nichts aus über deren Zusammensetzung. Die Hoffnung von Negt und Kluge ist dann: »Unter der Decke des alten Gesamtarbeiters wächst ein neuer heran, mit anderen Eigenschaften und mit neuartigen gesellschaftlichen Kombinationen« (Negt, Kluge 1981/1229). Vgl. dazu die »Arbeitsperspektive«.

Verkaufs, des Marketing, der Kundenbetreuung, Werbung usw. statt.[409] In den genannten Abteilungen wird die Marktfähigkeit von Produkten durchgeplant und das Wissen um die Entwicklung, die Voraussetzungen und Folgen der Produkte bleiben von den Kalkülen privat- autonomer Unternehmen in Beschlag genommen.

Es scheint – außer in dann immer erst nachträglich auf den Plan tretenden Verbraucherschutzinstituten – keinen anderen Ort der gesellschaftlichen Vernetzung von Produkten und Verbrauchern zu geben als in den dafür extra spezialisierten Abteilungen im Betrieb. Substituiert und verstellt werden so direkte Kontakte von Produzierenden und Konsumierenden bspw. über das zeitlich begrenzte »Eintauchen« des Produzierenden im Lebenszusammenhang des Konsumierenden oder über eine andere Vergegenwärtigung der Wirklichkeit, die von den Produkten mitproduziert wird.[410] Wo es als Geschick des Management erscheint, wie die Produktion und die Produkte geplant und entwickelt werden, erscheint der Produktionsprozeß nicht mehr als ein Netz von Entscheidungen, in die jeweils verschiedene soziale Interessen eingehen.[411] Sie werden vorrangig aus der Perspektive der profitablen Produktion wahrgenommen und »von unten« in der Verzahnung der dann immanent ineinandergreifenden verschiedenen Gründe und Folgerungen als Sachzwang erfahren. Der Produktionsprozeß

---

409 »Die Fabrikbesetzung und Uhrenproduktion (bei LIP - Verf.) in Regie der Arbeiter und von Teilen der Angestellten war über die Dauer von Jahren nur durchhaltbar über eine entsprechende Selbstorganisation der Vertriebswege« (Blume 1981/126).

410 Dies ist nicht bei allen Produktionen möglich. Die Heteronomie heteronomer Arbeit besteht auch darin, notwendige Voraussetzungen für anderes her- oder bereitzustellen, aber selbst nicht oder nur schwer in bezug auf die Gestaltung der menschlichen Welt gestaltet werden zu können. Vgl. GR 505.

411 Demgegenüber bedeutete nach dem Verständnis der Beschäftigten bei Lucas Aerospace, die den Alternativplan trugen, »angepaßte Technologie ... einen rigorosen Bruch mit dem funktionalistischen Verständnis von Technologie, d.h. mit der Meinung, für jeden Zweck gebe es nur eine einzige, ›beste‹ Technologie; statt dessen gibt es für jede beabsichtigte Verwendung (Konsumgut, Produktionsmittel, Maschine etc.) eine Fülle verschiedener Konstruktionsprinzipien, die sich voneinander in den Rohstoffen, die sie benötigen, unterscheiden, in Energieverbrauch, Patenten, Ersatzteilen, Lizenzen, Halbfertigprodukten, aber auch in der Art ihrer Bedienung bzw. Benutzung. ... Diese Betrachtungsweise ermöglicht es, die Frage nach den Interessen zu stellen, die eine bestimmte Technologie verkörpert; die Frage lautet dann: gemäß welchen Interessen wurde jede einzelne dieser ›Komponenten‹ gewählt; also z.B. welche Qualifikationsstruktur wird der fertige Gegenstand zu seiner Benutzung verlangen?« (Löw-Beer 1981/136). Das Wissen um diese Fragen und der Umgang mit ihnen erscheint als von den Produzenten getrennte Spezialbeschäftigung der genannten Abteilungen.

wird weder als soziales Verhältnis angesehen noch als selbst substantiell verschieden gestaltbare Sphäre. Die Orientierung am Konsum ist dann nicht primär, wie dies soziologische Theoretiker der modernen Gesellschaft von Weber bis Gorz glauben machen möchten, sondern abhängig von der erscheinenden Sachlichkeit und wesentlichen Unabänderlichkeit der Technik, Arbeitsorganisation und Wissenschaft im Arbeitsprozeß.

Gesellschaftlich finden Auseinandersetzungen über den Sinn von Rüstungs-, Autoproduktionen usw. statt. Über diese Auseinandersetzungen hinaus läßt sich die Frage ausweiten, inwieweit die notwendige, sozial und ergonomisch nur in schmalen Grenzen gestaltbare Arbeit im Kapitalismus durch allein aus seiner »Formationsspezifik« begründete Güter (s. II.4.1) in einem Maße ausgedehnt wird, das gegenüber anderen – aber ebenfalls modernen – Investitionen die Frage nach der Reduktion wenig anreicherbarer und wenig humanisierbarer Arbeit verstellt. Es zeigt sich dabei, wie sehr die gesellschaftliche Gestaltung der Arbeit unter ihrer erscheinenden Sachlichkeit als eigene Aufgabe verschwindet. Die Arbeit in Industrie und Organisation gilt dann aus sich selbst heraus als wenig attraktiv. Diese Tatsache gibt aber nicht ein eigenes Investitionsfeld auf, in dem Reichtum weniger zur Verwertung des Mehrwerts als zur Anreicherung bzw. Umgestaltung der unmittelbaren Arbeit selbst verausgabt wird.

Daß in die Auswahl der Güter ihre Ökobilanz eingehen solle, davon ist die Rede. Nicht aber von einer Produktionsbilanz, die deutlich werden ließe, was an – nun menschlicher – Natur für Güter verbraucht wird, inwiefern bestimmte Arbeiten einen besonders hohen Verschleiß an Nerven, Sinnen, Fähigkeiten, Motivationen usw. implizieren. Der Vergleich zwischen Konsumnutzen und Produzentenopfer kann im Kapitalismus nicht sozial praktisch angestellt werden, da sich Produzenten und Konsumenten nicht über das Verhältnis zwischen gewünschten Gütern und dafür notwendigen Arbeiten auseinandersetzen und es schwerfällt, die Fähigkeiten von ihrer kapitalistischen Beanspruchung zu unterscheiden.

4) Mit der kapitalistischen Produktion sind einige Rückkoppelungen verbunden, die in ihr herrschende Verhältnisse reproduzieren. Von großer Relevanz sind die Mängel, die bspw. die kapitalistische Strukturierung der städtischen Lebenswelt hervorbringt und die die Nachfrage nach Autos und Eigenheimen im Grünen zu einer Art »Defensivkonsum« werden lassen, um der Stadt zu entfliehen bzw. in ihr einigermaßen zurechtkommen zu können. Webers Begründung der bürokratisch verwalteten und formal rationalisierten Industrie durch das wenig heroische Interesse an Güterversorgung entnimmt dem Zusammenhang kapitalistische Produktion (1) – Folgen für die soziale Welt (2) –

Konstitution der resultierenden Nachfrage (z.B. Prestige- oder Defensivkonsum) (3) – als unabhängig und selbständig erscheinende Nachfrage (4) – Güterversorgung (5) – kapitalistische Produktion (1) allein die Teilstrecke zwischen den Momenten (4) und (5).[412]

Die Produktion produziert im manifesten Haupteffekt Dinge und im latenten »Neben«effekt Sinne und mit beiden eine bestimmte Nachfrage. Die Produktion schafft nicht nur einen Gegenstand für das Subjekt, sondern auch ein Subjekt für den Gegenstand (MEW 13/624, vgl.a. GR 14).[413]

---

412 Die eigene Struktur des kapitalistischen Selbstlaufes ist zu trennen von den Verhältnissen, die die Produzenten und Konsumenten zu ihm gewinnen. Die kapitalistische Gesellschaft ist *auch* »Konsumgesellschaft«, aber nicht vorrangig durch die »Konsummentalität« bestimmt. Vielmehr fungiert der Konsum als Mittel zur Mehrwertrealisierung. Die Arbeit, also der Ort, an dem die Menschen den größten zusammenhängenden Teil ihrer wachen Zeit verbringen, befindet sich nicht deshalb in dem den Menschen und der Gestaltung der Gesellschaft abträglichen Zustand, *weil* die Arbeit nur als Mittel zum Konsum dient. Vielmehr ist zu fragen, inwieweit der Konsum nicht allein aus den im Abschnitt über die Warensphäre gesagten Gründen so aussieht, wie er heute aussieht, sondern inwieweit er sich begründet auch aus der Formierung, der die Menschen in der Produktion unterliegen, und aus der Vernutzung der Arbeitskraft zur Mehrwertsteigerung. Sie macht einen bestimmten Konsum möglich und notwendig.

In die Kritik des Konsumismus geht insofern ein Kompliment ein, als übergangen wird, daß im Kapitalismus zugleich zu viel Güter und zu wenig (z.B. Wohnungen) produziert werden, also nicht einfach von einer konsumistischen Überflußgesellschaft geredet werden kann. Damit würde auch die gesellschaftsintern produzierte Notwendigkeit des Konsums bestimmter Güter zur Reproduktion der Arbeitskraft (vgl. bspw. der unter Umweltgesichtspunkten kritikable Naturkonsum im Tourismus) bzw. zur Überbrückung der Entfernung zwischen Arbeits- und Wohnort (Auto) deutlich. Es verhält sich nicht so, daß die Arbeitenden fröhliche Konsumbürger sind und aus diesem Überfluß, dem sie frönen, sich eine heteronome Arbeit einhandeln. Sie sind nicht in erster Linie Herren und dann auch noch Knechte und müssen nicht, weil sie Herr sein wollen, auch Knecht sein. Vielmehr motiviert die Schranke des Konsumbudgets zur Arbeit. Aus der Polarität zwischen Lohnarbeit und Kapital folgen andere Gründe des Konsums als aus der Warensphäre.

413 Wo die Arbeitenden in der Arbeit um den Genuß ihrer schöpferischen Kraft gebracht werden, sind ihre Genüsse von der Gestaltung der Welt getrennt und »kindisch« (MEW 3/400). Das Individuum »steht einem Zusammenhang gegenüber, den es mit seinen kognitiven, affektiven und praktischen Organen und Möglichkeiten nicht wirklich erfahren und erfassen kann; es erfährt lediglich die Unangemessenheit, die Ohnmacht seiner individuell verfügbaren Mittel gegenüber der Totalität. ... Dies schafft eine vehemente Gegenreaktion in den Motivationen der einzelnen Lebensläufe. Die konsumtiven Bedürfnisse treten als Forderungen eines besseren Lebens in den Vordergrund, die auf Autonomie und Selbstbestimmung sich richtenden Bedürfnisse dagegen in den Hintergrund« (Negt, Kluge 1981/102ff). Armut erscheint nun als Fehlen von gebrauchswerten Waren, nicht als »ab-

Eine weitere Rückkoppelung begründet sich aus der Ermattung aller über den status quo hinausweisender Kräfte und Initiativen der Arbeitenden.[414] Wo die Gelegenheiten zu einer anderen, den Menschen mehr entfaltenden Arbeit fehlen, machen sie das, was sie wollen, davon abhängig, was sie annehmen, »leisten« zu können. Organisationen können durch ihre eigene Arbeitsanordnung Individuen von bestimmten Handlungen fernhalten, und – weil Gelegenheiten Wünsche »machen« – dann auch von bestimmten Motiven. Ohne Gelegenheit der Betätigung bestimmter Fähigkeiten kommen die Menschen gar nicht auf die dann von interessierter Seite »dumm« genannten »dummen Gedanken«.[415] Die in der Arbeit tendenziell durchgesetzte Subalternität der Arbeitenden ist ihnen nicht noch einmal als – etwa »konsumistische« – Einstellung zuzuschreiben.[416] Die erscheinende »wesentliche« Invarianz der Produktions- und Organisationstechnik imponiert den Individuen als Grund dafür, sich an das zu halten, was für sie als Individuen zu »holen« ist. Die Einschränkung der menschlichen Sinne und Fähigkeiten in der Produktion und Arbeitsorganisation und die Akzeptanz auf Grund der ihr scheinbar innewohnenden sachzwangbegründeten Abstraktion vom Menschen bilden das Grundverhältnis. Solange sich an ihm nichts ändert in der Richtung jener alternativen Vorstellungen, wie ich sie mit Lucas Aerospace, PAQ, Pekruhl u.a. skizziert habe, stellt sich auf Grundlage dieser erscheinenden Invarianz eine sekundär verstärkende konsumistische Rückkoppelungsschleife ein. Sie ist in ihrer Bedeutung nicht zu unterschätzen.

---

solute Trennung zwischen Eigentum und Arbeit, zwischen dem lebendigen Arbeitsvermögen und den Bedingungen seiner Realisierung« (GR 356).

414 »Die Gewöhnung an weitgehend fremdbestimmte und sinnarme Arbeit fällt vielen Menschen nicht leicht. ... Da Aufbegehren gegen das scheinbar Unveränderbare aber zumeist sinnlos erscheint, gelingt es den meisten, sich zu arrangieren und ihre Ansprüche an das Leben überwiegend auf die Freizeit zu verlagern, ohne während der Arbeitszeit permanent unter Versagungen zu leiden. Diese Anpassungsleistung kostet Kraft; viele sind sich dessen bewußt und zu Recht ein bißchen stolz darauf. Nicht so bewußt sind zumeist die emotionalen Kosten, die vielfach in einer Senkung des Anspruchsniveaus und der allgemeinen Aktivitätsbereitschaft bestehen. Man regt sich nicht mehr auf, aber der Schwung von früher fehlt« (Girschner-Woldt u.a. 1986/149, vgl. a. MEW 23/765 – vgl. hieran anknüpfend III.2). »Würde man Menschen, die durch den Arbeitstag nicht schon völlig ausgelaugt sind und deshalb nur das Bedürfnis haben, sich in der Restzeit zu regenerieren, wirklich in Ruhe lassen, so bestünde immerhin die Möglichkeit, daß sie sich ihre eigenen Gedanken machen, Freizeit vielleicht sogar in praktische Freiheit umsetzen« (Negt 1984/177).

415 Elster (1982/219ff.) spricht in diesem Zusammenhang von »adaptiven Präferenzen«.

416 Vgl. bspw. Gorz, dem zufolge »die Arbeits- und Verdienstbesessenheit (!) beim Arbeiter denselben (!) Sinn hat wie die Leidenschaft des Rechenkalküls für die Entstehung des Kapitalismus.« (Gorz 1990/171). Vgl. auch M. Weber in der »Protestantischen Ethik«.

Gleichwohl sollten nicht rückwirkend verstärkende Folge einerseits und die konstitutiven Gründe für die Arbeit andererseits miteinander verwechselt und die Unterschiede zwischen den verschiedenen Ursachen und Momenten eingeebnet werden.

Wer demgegenüber die mangelnde Einsicht (in »Sein« statt »Haben«, in die Notwendigkeit einer »Kritik des Industrialismus«, in ein »anderes Naturverhältnis« usw.) als Hauptproblem handelt, argumentiert auf der Ebene der Vorstellung der Beteiligten und verdoppelt damit ihre Ferne zur Bearbeitung der zugrundeliegenden Probleme. Sie werden erst erreicht, wenn zum Thema wird

- das Verhältnis der verschiedenen Funktionsgruppen in der gesellschaftlichen Arbeit untereinander,
- das Verhältnis der Arbeitenden zu den Konsumenten,
- die Reduktion belastender notwendiger Arbeit (vgl. Zech 1983/78) bzw. ihre Umgestaltung zu attraktiver Arbeit,
- die Beanspruchung von »notwendiger« Arbeit aus gesellschaftsformationsspezifischen Gründen (Mehrwert, Produktion von gesellschaftsformationsspezifischen Gebrauchswerten[417]),
- die Arbeit an der Entmystifizierung sozialer Verhältnisse gegenüber dem im Kapitalismus überwertigen Schein organisatorisch-technischer »Sachzwänge«,
- die Verringerung des Gegensatzes zwischen subjektiver und objektiver Kultur bzw. lebendiger und toter Arbeit sowie
- die Arbeit an der Verknüpfung individuellen Bewirkens und Tätigseins mit der Gestaltung von (auch in einer nichtkapitalistischen Gesellschaft) gegenüber den Individuen selbständigen und emergenten gesellschaftlichen Strukturen und Systemen.[418]

Aneignung heißt dann nicht ein juristischer Enteignungs- oder Übernahmeakt, in dem die Stelle der Oberhoheit anders besetzt und das Anzueignende – wie eine Sache – zurück- oder in Empfang genommen wird, also bloß seinen Eigentümer wechselt. Marx fragt demgegenüber nach der Möglichkeit, die gesellschaftlichen Kräfte in *Besitz* nehmen zu können und kommt damit auf die gesellschaftlichen Verhältnisse, die den »stummen Zwang der Verhältnisse« (MEW 23/765) begründen. Sie materialisieren sich in den Produktivkräften i.w.S. und in den Verhältnissen zwischen den Menschen. Beide sind wirksamer als jede die Machtvorteile der Kapitalseite befestigende Repression, die es *auch*

---

417 Vgl. dazu die Hinweise am Ende von II.4.1.
418 Vgl. zu den beiden letzten Punkten die »Arbeitsperspektive«.

gibt. Sie spielt aber im Marx'schen Paradigma nicht die prominente Rolle (sondern nur eine »ausnahmsweise« (ebd.)), die ihr jene zuschreiben wollen, die positiv oder negativ auf die Repressionshypothese fixiert sind.

5) Das Paradigma der formalen Rationalität erscheint wenig geeignet, die Verschwendung menschlicher Fähigkeiten und Sinne zu bemerken und abzubilden. Inwieweit die stärkere Berücksichtigung des arbeitenden Menschen in der Produktion und Organisation[419] zu Produktivitätseinbußen führen muß, ist eine offene Frage. Vor ihrer Bearbeitung wird sie durch die Theorie formaler Rationalität geschlossen, wie sie den klassischen Theorien der modernen Gesellschaft eigen ist. Diese konvergieren hier mit der wirklichkeitsmächtigen kapitalistischen Tendenz, die Arbeit an dieser Frage auszuschließen oder nur im Prokrustesbett der Mehrwerttauglichkeit und Machtsicherung zuzulassen. Bei Hegemonie der Vorstellungen von formaler Rationalität und bei praktischer Herrschaft des Kapitalismus muß davon ausgegangen werden, daß die in diesen beiden Horizonten vornehmlich negativ aufscheinenden Spuren eines anderen Umganges mit Fähigkeiten und Initiativen der Arbeitenden nur sehr selektiv das freizusetzende Potential deutlich werden lassen, weil sie es auch nur selektiv nutzen können. Etwas anderes ist es aber, dogmatisch diese Grenzen mit den Grenzen der Menschheit zusammenfallen zu lassen. Soziologische Theorien moderner Gesellschaft helfen dabei, insofern sie, ohne auf den Kapitalismus zu sprechen zu kommen, zentrale Probleme – die Effizienz und Effektivität, die Kompatibilität von Impulsen in Handlungsketten, die gegenseitige Anschließbarkeit von Informationen in der »Verkehrswirtschaft« – zum Dreh- und Angelpunkt ihrer formalen Gesellschafts»synthesen« machen und dafür die Abstraktion vom involvierten Potential von Sinnen und Fähigkeiten implizieren. Marx' Theorie vom Doppelcharakter des Kapitals, das herrschaftsdienlich und mehrwerttauglich einen abstrakten Zugriff auf die Fähigkeiten der Menschen pflegt, zugleich sich aber an ihnen »verunreinigen« muß und auf sie angewiesen bleibt, ist gegenüber dem Maschinenparadigma der Organisation (vgl. Schimank 1994/244) insofern im Vorteil, als es dieser Ambivalenz zentraleren Stellenwert einräumt.

Es handelt sich nicht einfach nur um eine Verselbständigung einer Organisation auf Grund des hohen gesellschaftlichen Stellenwerts der von ihr zu erbringenden Leistung und der schwierigen gesellschaftlichen Gestaltbarkeit des zugrundeliegenden Problems. All das mag modernespezifisch ein kontributives

---

419 Vgl. die oben zitierten Vorschläge von Lucas Aerospace, der PAQ, vgl. die Tübinger Projektgruppe, vgl. Pekruhl 1995.

Moment sein, konstitutiv ist es damit noch nicht. Mit dem Kapitalverhältnis sensu Marx rückt eine stärker autokatalysatorische Struktur in den Blick. Die kapitalismusspezifischen Gründe der Verselbständigung des gesellschaftlichen Reichtums gegenüber den Gesellschaftsmitgliedern geben der Reichtumsentwicklung eine eigentümliche Richtung, die von industrie- und organisationstheoretischen Annahmen wohl zu unterscheiden ist. Die soziologische Emphase für effiziente Informationsweiterleitung, Koordination, Kommunikation und funktional spezifizierte Organisationsautomie[420], hypostasiert, insofern sie sich als Analyse des Kapitalismus versteht, die Seite der Zirkulationsnotwendigkeiten und der Autonomie der Kapitale. An Marx anschließend werden mit der Darstellung von Produktions- und Konsumtionsprozeß die Kosten genauer beschreibbar, die entstehen, wenn die Arbeitenden nur als Arbeitskräfte fungieren und die Gesellschaft in der Konsumtion Lebensbedingungen zu verdauen hat, die primär Bedingungen der Produktion kapitalistischen Reichtums sind.

Im Horizont formaler Gesellschaftssynthesis qua Markt, Hierarchie, Organisation und funktionaler Differenzierung wird keine andere Organisation der Reichtumsgestaltung vorstellbar. Die Formalisierung verschluckt begrifflich sowohl die Analyse der in der gegenwärtigen kapitalistischen Gesellschaft praktizierten Verschwendung von Reichtum wie auch die Erkenntnis der für eine andere Gesellschaftsgestaltung relevanten Ressourcen und Potenzen. Der Kapitalismus wird als Unterfall konkurrenzloser formaler Rationalität und Effizienz besprochen. Die im Horizont des Modells der formalen Synthesen deutlich werdenden Probleme erscheinen folgerichtig so, daß die negativen Effekte als vergleichsweise unangenehme aber unvermeidliche Nebenfolgen gelten. Sei's verharmlosend, sei's tragisch überhöhend, sei's schulterzuckend hinnehmend, sei's eskapistisch – in allen Fällen wird nicht am Doppelcharakter der kapitalistischen Reichtumsproduktion begrifflich gearbeitet (s.a. II.6).[421]

---

420 Allerdings begreift auch die Kritik der Politischen Ökonomie die Leitung als Koordination und als eigene, im größeren Betrieb notwendige Arbeit (vgl. MEW 18/307, zitiert in I.1.1). Die Leitung ergibt sich »aus der Natur des gesellschaftlichen Arbeitsprozesses« (MEW 23/350, vgl. auch MEW 25/397). Auch Marx kennt die Vorzüge der formalen Synthesen langer Handlungsketten. An der Manufaktur hebt er die »Gleichmäßigkeit, Regelmäßigkeit, Ordnung« (MEW 23/365) des »gegliederten Arbeitskörpers« (MEW 23/367) hervor, mit dem eine genaue Zeitorganisation möglich und notwendig wird.

421 Wie auf der Basis der fundamentalen Trennung der Organisation von den Individuen ihre Beteiligung dennoch motiviert werden kann, ist das Problem. Die Trennung von Produktionszweck und den Zwecken der Arbeitenden kommt nach der Seite ihrer Dysfunktionalität für das Produktionsergebnis in den Blick. Da der objektive Gegensatz zwischen Produktionszweck und den Zwecken der Arbeitenden die soziologisch

In dem Maße, in dem die Zusammenhänge zwischen ihnen nicht sichtbar werden, »unterschreibt« man mit der Trennung zwischen Konsumtions- und Arbeitszweck weit mehr als nur die modernespezifische Unterscheidung zwischen produktionsspezifischen Notwendigkeiten und Verbrauchergesichtspunkten. Die Abwägung, was wer an Produktionsmühen für Konsumbefriedigung inkaufzunehmen habe, stellt sich als eine abstrakte Frage heraus. Abstrahiert wird von den Zusammenhängen zwischen der Produktion abstrakten Reichtums, dem »Schicksal« der Produzenten in der Produktion, der Dethematisierung alternativer objektiver Produktionspotentiale und alternativer Verausgabung menschlicher Fähigkeiten sowie schlußendlich der erst auf dieser Grundlage entstehenden Konsumentenperspektive. Wer die einfache Alternative Produktionsmühe versus Konsumentenglück aufstellt, trennt beide Zwecke von den Strukturen, in die sie real involviert sind, und entscheidet sich – ohne es zu wissen – für die Nichtbearbeitung dieser Strukturen und für das Verbleiben in einer Alternative, die jene Nichtbearbeitung voraussetzt. Das Abwägen zwischen voneinander vermeintlich nur unterschiedenen Gesichtspunkten affirmiert unbegriffen die Trennungen und Gegensätze, die sich zwischen den verschiedenen Teilen der Gesellschaft ergeben durch die kapitalistische Form der Arbeit, Organisation und Zirkulation.

Der Vergleich zwischen Zwecken, Aufwand für die Mittel und (Neben-) Folgen unterliegt dem Wissen über die Zusammenhänge zwischen ihnen und bleibt getrennt von ihm zunächst einmal eine formelle Abstraktion. Wie weit dies Wissen reicht, entscheidet über das jeweilige Resultat des Vergleichs. Dem Vergleich als Resultat ist diese Voraussetzung nicht mehr anzusehen. Vergleich und Wissen begrenzen sich aber gegenseitig, insofern in der Form des Vergleichs nur voneinander Getrenntes unter einem abstrakten Gesichtspunkt verglichen werden kann. Das so zutage geförderte Wissen tendiert dazu, den Vergleich und damit die ihm zugrundeliegende Desaggregation zu affirmieren. Etwas anderes wäre es, nach den konstitutiven Zusammenhängen zu fragen, in denen Zwecke, Mittel und Folgen erst auseinander, aber auch aus den Folgezwängen der ökonomischen Strukturen hervorgehen (vgl. die in diesem Teil dargestellte ökonomische Aufbauordnung). Die verknöcherten und verselbständigten Teile der kapitalistischen Ökonomie, so wie sie dem ihr immanenten Verstand unmittelbar erscheinen (vgl. MEW 25/838 und MEW 26.3/490f.), da er selbst unmittelbar auf das als unmittelbar Erscheinende schaut, werden zueinander (reflektionslo-

sublimierte Grundlage (dann: der »Organisation«) bildet, kann nicht – wie bei Marx – gefragt werden, wie nicht nur psychologisch und arbeitsmotivatorisch der Gegensatz zwischen Produktionszweck und Zwecken der Arbeitenden sich verringern läßt.

gisch) in Beziehung gesetzt – etwa per Vergleich, per Nutzenkalkül und Einordnung als Zweck und Mittel. Damit lassen sich aber die entkontextualisierten Hypostasierungen nur untereinander ins Verhältnis setzen, nicht selbst begrifflich verflüssigen. Mit einer solchen Perspektive trägt dieser Verstand dazu bei, das Wissen um die gesellschaftliche Aufbauordnung zu untergraben, das den notwendigen Hintergrund darstellt, vor dem sich auch der Vergleich erst hinreichend beurteilen läßt.

Die »kritische« Produktivismusdiagnose identifiziert die menschlichen Kosten der effizienten Produktion mit Produktion und Effizienz und verabscheut schon die Rede von beiden. Das Motiv dafür liegt in einer kategorischen Ablehnung einer Nutzenorientierung, die – der Produktivismusdiagnose zufolge – den Genuß des eigenen Seins, des Eigensinns und des Selbstwerts vor lauter »Instrumentalisierung« aus den Augen verliert. Mit dieser recht prinzipiellen Weltsicht werden Nutzen, Produktion und Effizienz selbst noch einmal in einer Weise syndromatisch untrennbar vermengt, die der Selbstlegitimation der kapitalistischen Ökonomie in nichts nachsteht, auch wenn »kritischerseits« die Diagnose mit negativen Vorzeichen versehen ist. Wer sich an den sich auf das »Unterscheiden« beziehenden Wortsinn von »Kritik« erinnert, muß diese Art von Kritik unkritisch nennen. Sie muß den Effekt ausblenden, den die Arbeitenden erwarten könnten von einer Investition von technischem Sachverstand und ergonomischer Expertise auf eine menschenfreundliche Gestaltung der Arbeit. Ausgespart bleiben müssen auch die Wünsche der Arbeitenden nach Kooperation untereinander, nach Betätigung eigener Fähigkeiten und nach Bestimmung des Sinns der Produktion im Austausch mit den Konsumenten. »Anders arbeiten – anders leben« (vgl. a. Elster 1986), diese Formel markiert die eigentliche Schwierigkeit der Gestaltung der Gesellschaft unter dem besonderen Augenmerk für die Arbeit. Sie gilt es zu verändern, wenn sich die Gesellschaft im umfassenden Sinne (um)gestalten lassen soll. Horkheimer, Gorz und anderen Produktivismustheoretikern kommt der zweifelhafte Verdienst zu, schon vor jeder genaueren Beschäftigung mit den Fähigkeiten und Sinnen, die in der Produktion trotz ihrer Einrichtung zur Mehrung abstrakten Reichtums notwendig werden, diese Gesellschaftsgestaltung zu verstellen. Als wolle Adorno ein Beispiel für seine eigene Theorie der Subsumtion und Angleichung alles Besonderen an das schlecht Allgemeine liefern, wird ein Bild der Hermetik entworfen, das die Verhältnisse über Gebühr einschwärzt, aber damit die realen Schwierigkeiten ihrer Veränderung überspielt und qua Erhabenheitseffekten ästhetischen Genuß bietet angesichts der Katastrophe, die nicht erst noch drohe, sondern schon da sei. Naturwissenschaft gehe in Gewalt gegen Natur auf und liefere nicht gerade *auch* Erkenntnisse über die problematischen Effekte des Naturumgangs.[422] Arbeit gerate zur »einen, gleichen, abstrakten Arbeitsform vom Schlachtfeld bis zum Studio« (Adorno, Horkheimer 1968/243) – eine Kritik, also Unterscheidung der Zusammensetzung der Fähigkeiten, Sinne und Kräfte findet nicht statt. Die begriffliche Arbeit, Fähigkeiten, Kräfte und Potentiale ausfindig zu machen, die in den Verhältnissen gegen sie entstehen, wird in einem worst-case-Schematismus mit naiven Hoffnungen identifiziert, ohne die Naivität im einzelnen noch als solche beweisen zu müssen. Solche Pauschalkritik einer »monolithischen Gesellschaft« (Adorno 1970/262) mag als einfache Negation von pausbäckigem Technikoptimismus und Revolutionsillusionen in der Linken ihr Recht haben. Mittlerweile ist sie aber zu einer Art negativer Idylle für jene Kritiker geworden, denen Kritik zur altklugen Pose gerät.

Den Menschen wird dann pauschal die Schuld gegeben, als Kunden eben an möglichst billigen und an möglichst vielen Produkten interessiert zu sein und als Produzenten zu sich selbst ein instrumentelles Verhältnis einzunehmen.[423] Praktisch sind aus vielen einzelnen (oben angegebenen) Gründen andere Möglichkeiten des Produzierens, des Konsumierens und Lebens, der Verhältnisse der Menschen zueinander jenseits von Konkurrenz, Hierarchie, Mehrwert usw. verstellt. Die Produktivismusdiagnose findet in den sich auf dieser Grundlage ergebenden Sozialcharakteren des Konsumenten, des Arbeitenden, des Käufers usw. eine Unmittelbarkeit oder ein erstes Datum, das sie der ganzen Veranstaltung des gesellschaftlichen Lebens vorordnet. Das Derivat, das rückwirkend seinen Grund verstärkt, gerät so zum Fundament. Diese Verkehrung geht nicht ohne eine Einschmelzung der ganz verschiedenen infragestehenden Gesichtspunkte zu einem monumentalen Prinzip. Was grundlegend sein soll, muß auch

---

422 »Vernunft (bildet) die Instanz des kalkulierenden Denkens, das die Welt für die Zwecke der Selbsterhaltung zurichtet und keine anderen Funktionen kennt als die Präparierung des Gegenstandes aus bloßem Sinnenmaterial zum Material der Unterjochung. ... Das Sein wird unter dem Aspekt der Verarbeitung und Verwaltung angeschaut« (Adorno, Horkheimer 1968/103).

423 Gudrun-Axeli Knapp hat eingehend Annahmen eines Instrumentalismus in der Industriearbeit kritisiert. Der Überhang der Objektivität sei nicht selbst noch analytisch zu verdoppeln durch den Schluß »von der Arbeit auf den Arbeitenden, von Handlungsbedingungen auf Handlungspotentiale, vom Faktischen aufs Mögliche und von der Gleichgültigkeit des Kapitals gegenüber den Arbeitern auf die Gleichgültigkeit der Arbeiter gegenüber der Produktionstätigkeit« (Knapp 1981/9). Der Arbeiter könne seine Arbeit auch schon deshalb nicht instrumentalisieren, »da sie objektiv instrumentalisiert *ist*. Sie im Ernst instrumentalisieren zu können, hätte die Verfügung über ihre Realisationsbedingungen zur Voraussetzung« (Knapp 1981/20).

so prinzipiell, so fundamental und historisch übergreifend ausfallen, daß sich seine Herrschaft nicht bestreiten läßt.[424] Die Rede ist vom Produktiv*ismus*, vom Instrumental*ismus*, vom Wachstums*wahn*, vom Konsum*ismus* usw.

Die so geartete Diagnose diskutiert nicht mehr einzelne Gründe der Einrichtung der kapitalistischen Produktion und teilt praktisch mit der Affirmation kapitalistischer Technikkonstitution unter modernem Inkognito die Weigerung, an der Diagnose unausgeschöpfter bzw. alternativer Potentiale menschlicherer Produktion zu arbeiten (vgl. dazu auch II.6). Vielmehr schreibt die Produktivismuskritik der Produktion als Produktion und dem Verbrauch als Verbrauch die Strukturen zu, die sie heute aufweisen. Die Gestaltungsarbeit, die nicht auf sie aufgewendet wird, bleibt dethematisiert.[425]

Da Produktivismuskritiker die technische, ökonomische, wissenschaftliche usw. Logik der Produktion, der Technik, der Wissenschaft usw. nicht selbst auf ihrem Terrain infragestellen können, thematisieren sie sie vom Standpunkt einer anderen Wirklichkeit – als deren Verletzung. Auch vor dem Hintergrund dieser Herangehensweise müssen die eigenen Probleme (und Chancen) der Arbeit, der Kooperation, der Verbindung zwischen Konsumenten und Arbeitenden usw.

---

424 »Alles was ersten Ranges ist, muß causa sui sein. Die Herkunft aus etwas Anderem gilt als Einwand, als Wert-Anzweifelung« (Nietzsche KSA 6/76).

425 Ebensowenig wie die Produktivismusdiagnose zwischen notwendigen Härten des gesellschaftlichen Stoffwechsels mit der Natur und gesellschaftsformationsspezifischen Härten differenziert, ebensowenig unterscheidet sie zwischen adaptiven und »freien« Präferenzen. Die individuellen Gedanken und Entschlüsse bilden nicht den Grund der ihnen vorausgesetzten Notwendigkeiten. Dies gilt auch für die kapitalistisch begründete Kostenstruktur. In ihr ist manches vergleichsweise billig, insofern Wissen, Produktivkraft und Arbeit darauf investiert wurden, da sich an der entsprechenden Produktion und am massenhaften Verkauf profitieren läßt. Anderes wiederum fällt aus den entgegengesetzten Gründen nicht billig aus. Die Effizienz resultiert aus einer Profiterwartung und begründet nicht ihrerseits unmittelbar die Produktion. Die Produktivismusdiagnosen verdoppeln hier, was dem Käufer erscheint. Transparent sind ihm die Gründe nicht, warum Autos vergleichsweise billig angeboten werden können, ein wesentlich kostengünstigeres öffentliches Verkehrssystem dagegen nicht, warum eine gesunde Umwelt für das Kapital zu teuer ist usw. Es hieße, die Konsumentensouveränität zu überschätzen, wenn man ihrer Kalkulation auf der Grundlage der gegebenen Preise und der relativ größeren Nachfrage nach dem vergleichsweise Billigeren anlastet, daß auch »der Verbraucher« nur das verlangt, was »billig« ist und daraus den Zwang einführt, »effizient« zu produzieren und also abzusehen von Rücksichtnahmen auf Produzent, »Neben«-wirkungen usw. Individuelle Nachfrager stehen zudem einem konzentrierten Kapital gegenüber. Das Produkt »schafft« sich seine Kunden. Zur Konstitution jener Subjektivität und Kultur, die dem Konsum wiederum eigene Motive zuwachsen lassen, vgl. Teil III.

unterbestimmt bleiben. Die Beschreibung der Gegenwartsproblematik muß leiden, wenn sie bei Weber in das Prokrustesbett eines an Unternehmern, Wissenschaftlern und Politikern ausgerichteten heroischen Persönlichkeitsideal eingespannt wird und wenn wie bei Adorno die Kunst als Referenzmodell dient oder die Muße.[426] Andere wiederum favorisieren das Spiel.[427] Der vermeintliche Instrumentalismus kehrt in seiner Diagnose gleichsam nur umgedreht wieder: Das, was ist, bekommt seinen Grund dadurch, daß es etwas anderes nicht zuläßt: Das Spielerische (vgl. u. a. Guggenberger 1988/18f.), das Selbstzweckhafte[428], das Ästhetische[429] usw. Aus dem, was aus der Technik, der Ökonomie usw. an Schranken und Durchkreuzungen für die vermeintlichen Autonomiesphären folgt, erwächst ein Moment ihrer Immunisierung: Liegt es doch nahe, über sie aus der Perspektive eines Ideals zu sprechen, einer von der feindlichen Wirklichkeit nicht zugelassenen Eigentlichkeit. Das eigentliche Spiel, die eigentliche Kunst usw. erschweren die Desillusionierung über sie. Eine Kritik an diesen Idealen fängt der Verweis auf ihre schlechte Verwirklichung in der (schlechten) Wirklichkeit ab. Die unendliche Möglichkeit, dem Ideal das Ideale zugutezuhalten und in der Realität allerhand als dessen Vorschein auszumachen, bleibt so un(an)greifbar.

Autonomie und Herrschaft werden reflektionslogisch gegeneinander gestellt. Der Begriff für die empfundenen negativen Folgen einer der eigenen Person entgegengesetzten Macht des abstrakten Reichtums resultiert dann aus diesem Verhältnis zwischen Macht und Individuum und nicht aus den Verhältnissen, die die Individuen bei der Gewinnung ihres gesellschaftlichen Lebens eingehen. Die Macht erscheint allein als äußerer Verstoß gegen das Selbstsein, den Eigenwert usw. der Person oder gegen andere Substrate, die Schaden nehmen – und sei es der Inbegriff »des unterm Kapitalismus Unterdrückten: des Tiers, der Landschaft, der Frau« (Adorno 1970/99). Wie auch die Ideale selbst in den Prozeß involviert sind, der schlußendlich zu einer Verselbständigung des abstrakten Reichtums gegen sie führt, ist ihnen gerade auch wegen ihrer unmittelbar erscheinenden, nur vermeintlich von außen gestörten Autonomie nicht

---

426 »Rien faire comme une bête, auf dem Wasser liegen und friedlich in den Himmel schauen, ›sein und sonst nichts, ohne alle weitere Bestimmung und Erfüllung‹ könnte an Stelle von Prozeß, Tun, Erfüllen treten. ... Keiner unter den abstrakten Begriffen kommt der erfüllten Utopie näher als der vom ewigen Frieden« (Adorno 1976/207f.).

427 Vgl. zur kritischen Diskussion der Aufladung des Spiels bzw. der Spiele mit emanzipatorischen Ansprüchen Enzensberger 1981/79ff., Heinsohn, Knieper 1972, Sichtermann 1982/56f., Bubner 1982/86, Haselberg 1962/82f., Heinz 1974/1378.

428 Vgl. Adorno 1974/91: »Das unfunktionelle Selbstsein der Dinge wäre die Utopie.«

429 Vgl. z.B. Adorno 1970/14, 198, 202, 381.

anzusehen.[430] Autonomie-Postulate transportieren leicht lediglich positiv gemeint jene Hypostasierung, gegen die sie an anderer Stelle protestieren. Mit dem Besitz dieses Eigentlichen entsteht zudem eine Perspektive, der die empirische Realität zur äußeren Bedingung gerät. Ihr muß Tribut gezollt werden. Nur so erscheint der Freiraum als erreichbar bzw. als nicht gefährdet, in dem, wie nischenhaft auch immer, die Autonomie sich auszuleben vermag (vgl. dazu auch Teil III). Das aus der »Entfremdung« heraus als »unentfremdet« Erscheinende macht jenen Sinn der Teilhabe an der »Entfremdung« aus, der über die ihr immanenten »Sachzwänge« hinausweist. »Kraft der Ausklammerung einer a priori unbeschadet bleibenden Dimension (bleibt) die Herrschaft selbst unbeschadet« (Boeckelmann 1997/191).

II.5. Akkumulation – Der Zwang zur erweiterten Reproduktion

1) Eine erste Bestimmung des Wachstums der kapitalistischen Ökonomie verweist auf die Konkurrenz. Ohne ihre bspw. von Weber (vgl. I.6) betonte Notwendigkeit zu leugnen (d.h. die Möglichkeit ihrer Aufhebung zu trivialisieren), kann doch die mit ihr einhergehende Verschwendung von Arbeitskraft und gesellschaftlichen Ressourcen nicht übergangen werden – wie in den in Teil I behandelten soziologischen Theorien der modernen Gesellschaft üblich. Die Konkurrenz führt zu vertikaler und horizontaler Diversifizierung, Oberflächendifferenzierung[431], Überspezialisierung von Gütern, Leistungen allein zwecks Um-

---

430 »Das Auffinden und die Glorifizierung der eigentlichen Weiblichkeit gelingt in undurchschauten Akten der Herauslösung, Fetischisierung und Ontologisierung. Bestimmte Merkmale und Verhaltensweisen werden inmitten ihrer komplexen kulturellen Zusammenhänge isoliert und unvermittelt geschichtsphilosophisch gedeutet und gewertet. Das Hegen, Pflegen, Nähren, Hüten ... wird manipuliert, als berge es seinen Sinn in sich selbst und sei historisch desinfiziert, unbeteiligt an den Prozessen der Auslaugung materieller Ressourcen. Es ist das Gute. Was, wofür und mit welchem Hintersinn auch immer gehegt, gepflegt, genährt und gehütet worden ist – dem Reinen bleibt alles rein. ... Solche Verklärung isolierter Merkmale muß durch die Bürgschaft eines Absoluten, eines außergesellschaftlichen, außergeschichtlichen, außersprachlichen Topos gerechtfertigt werden. Dieses Absolute indes wird durch die willkürliche Durchtrennung tausendfältiger Vermittlungen selbst erst erschlichen« (Böckelmann 1997/213f.).

431 Aufmerksamkeiten und Sinne werden entlang der Vorgaben absorbiert, die die Industrie in der Entwicklung der vom Individuum zu genießenden Technik schafft. Die beim Auto, in der Unterhaltungselektronik, bei Heimcomputern usw. entwickelten technischen Standards erzeugen eine Nachfrage, die sich an *dies* Angebot hält und erst an ihm auch ihr Unter-

lenkung des Kaufkraftstroms und Verschiebung von Marktanteilen sowie zur Substitutionskonkurrenz. Weit über die für jede Wirtschaft aus Flexibilitätserfordernissen nötigen Überkapazitäten hinaus führt Konkurrenz zur Mehrspurigkeit wirtschaftlicher und technischer Entwicklung, zu mangelnder Koordination und Überschußkapazitäten. Um Extraprofit zu erreichen und Konkurrenten niederzuringen, muß ein overkill an Produktionskapazität aufgeboten werden. Sowohl in der Vernichtung fremder Kapitale als auch im überhasteten Aufbau eigener Kapazitäten zur Erzielung einer Vorzugs- oder Offensivposition erweist sich die Konkurrenz als ruinös. Bisweilen bleiben einige der Protagonisten auf der Strecke, stets aber leidet der gesellschaftliche Reichtum. Als seine Verschwendung erweist sich, was auch schon Aufholjagd oder Vernichtungsfeldzug genannt wird. Das gegenseitige Ausreizen von Kapazitäten zum Ausstechen der Konkurrenz, das Wegbeißen von Märkten und Innovationen vermehrt dabei den Reichtum, wie er im Sozialprodukt gemessen und gefeiert wird. Daß die Wirtschaftsnachrichten an Kriegsberichterstattung erinnern (vom Werbefeldzug bis zum Handelskrieg), damit enthält bereits die Sprache einen Hinweis auf das Problem in der Sache: die Konkurrenz.

»Das Sozialprodukt als quasi additives Ergebnis des Zusammenwirkens kooperativer Leistungen ist eine Vorstellung, die der kommunistischen Fiktion entspringt«, bemerkt dazu Hans Albert. »Die Beiträge, die dabei addiert werden müssen, weil sie angeblich den Güterhaufen gemeinsam vergrößern, sind in weitem Maße Leistungen, die sich im Endeffekt gegenseitig aufheben, wie z.B. die Tätigkeiten der Werbefachleute konkurrierender Unternehmen, der Steuerbeamten und der Steuerberater usw., kurz: die einander entgegenwirkenden Tätigkeiten aller möglichen faktisch rivalisierenden und miteinander streitenden Personen und Gruppen, Leistungen, die teilweise nur darin bestehen, den Kaufkraftstrom umzulenken, bestimmte Personen und Gruppen auf Kosten anderer zu begünstigen, Marktherrschaft zu erlangen usw. Es gibt ja ganze Wirtschaftszweige, die sich auf solche Tätigkeiten spezialisieren« (Albert 1975/48f.). Konkurrenz und Privatwirtschaft führen durch das Patentsystem zu weiteren Doppelspurigkeiten, zur Verschwendung von Erfindergeist in parallelen Projekten, zur Geheimhaltung der Forschungsergebnisse, zur Isolierung des patentierten Wissens, zur Verzögerung weiterer Forschung und zum suboptimalen Gebrauch des technisch Möglichen (vgl. Kapp 1988/184f.).

---

scheidungsvermögen ausbilden kann, also immanent zum Angebot dessen Leistungen im Vergleich zu anderen Leistungen im gleichen Marktsegment zu beurteilen und zum Kriterium zu erheben weiß.

Eine weitere Grenze der Reichtumsentwicklung liegt auch in der mit der Konkurrenz und der kapitalistischen Akkumulation gegebenen Verkürzung des Zeithorizonts.[432] Extraprofit und schnelle Umschlagszeiten als Gründe für Beschleunigung sind auch ökologisch desaströs, wird es doch ökonomisch für Kapitale notwendig, ununterbrochen neue Produkte aufzubieten und mit dieser Nase-vorn-Strategie überdurchschnittliche Gewinne zu erzielen – ein »Alptraum« für Ökologen« (Commoner 1973/240).[433] Verbotslisten und Auflagen bleiben wirkungslos, »weil wir das, was wir nicht kennen, nicht verbieten können«, so die damalige niedersächsische Umweltministerin Griefahn (Manager-Magazin Spezial 2/1991).

---

432 Die Verkürzung der Umschlagszeit des Kapitals erhöht den Druck, gewaltsam natürliche Prozesse zu beschleunigen bzw. zu überspringen (vgl. MEW 24/238ff., MEW 25/631).

433 Die Chemieindustrie überfordert mit der (einem enormen Produktionsdruck folgenden) rasanten Freisetzung von neuen Stoffen die Erkenntnismöglichkeiten der Giftkundler. Zu diesem Mißverhältnis vgl. a. Otmar Wassermann, Professor an der Uni Kiel (in: Alsen, Wassermann 1986/16).

»Nicht aus den Schornsteinen und Abwasserrohren der Industrie entweicht heute der größte Teil der Chemikalien, die Menschen und Umwelt gefährden. Sie stammen vor allem aus den produzierten Waren: Flammschutzmittel aus Autopolstern und Computern, Weichmacher aus Kinderspielzeug und Farben, hormonähnliche Substanzen aus Reinigungsmitteln und Unkrautvernichtern. Wo all diese Stoffe bleiben und was sie anrichten, ist weitgehend unbekannt. ›Toxic Ignorance‹ lautete der Titel einer Studie, die der U.S. Environmental Defense Fund vor einem Jahr veröffentlichte. Sie zeigte, daß amerikanische Behörden höchst wenig über die dort auf dem Markt befindlichen Chemikalien wissen. In Europa existiert zwar eine umfangreiche Gesetzgebung zum Chemikalienrecht. Doch Gerd Winter, Experte für Umweltrecht an der Uni Bremen, stellte Ende April auf der Tagung ›Reforming the European Regulation of Dangerous Chemicals‹ in Bielefeld fest: Faktisch herrscht auch hier gefährliche Unwissenheit.

Zu Beginn der achtziger Jahre hatten die EU-Staaten sich auf ein Zulassungsverfahren für neue Chemikalien verständigt. Erst 1993 erließen sie eine Regulierung für schon existierende Stoffe. Das European Inventory of Existing Chemicals (Einecs) enthält nicht weniger als 100.006 Substanzen, für die demnach Risikoüberprüfungen ... vorzunehmen sind. Wieviele davon tatsächlich auf dem Markt sind, weiß keiner so genau. ... Greenpeace schätzt bis zu 70.000 Substanzen. Davon werden 4.000 als hochproblematisch eingestuft und sollen vorrangig beurteilt werden. Doch bis heute liegen nur für etwa 300 dieser Stoffe Daten vor. So wurde eine weitere Liste mit 110 Substanzen höchster Priorität erstellt. Eine Risikobeurteilung entsprechend der EU-Richtlinie haben in den letzten 5 Jahren gerade mal 20 von ihnen durchlaufen. Für die Hälfte empfahlen die Prüfer regulierende Maßnahmen – keine einzige davon ist bisher beschlossen. Geht es in diesem Tempo weiter, rechnete Winter vor, werden die 4.000 Fälle im Jahr 3000 abgearbeitet sein« (Rögener 1999/17).

Wenn die überwiegende Mehrheit der Forschungs- und Entwicklungsprojekte den Maßgaben privatwirtschaftlicher Gewinnkalkulation folgt, so herrscht hier ein Zielkonflikt zwischen einerseits der (die Forschungs- und Entwicklungs-Aktivitäten motivierenden) Suche nach Möglichkeiten, den Kostendruck zu senken, andererseits den Kosten dafür, die innovative Kapazität zu steigern. Die Lösung dieses Widerspruchs besteht in »eher risikoarmen, defensiven F- und E-Strategien. Durch solche eng am Markt orientierten ›demand‹-Strategien wird im Unterschied zu an wissenschaftlich-technischen Möglichkeiten orientierten ›capability-push‹-Strategien die Chance auf ... radikale Neuerungen stark eingeschränkt. ... Wenn sich ca. 85-90% der Projekte in den industriellen F- und E-Abteilungen mit der Entwicklung von Scheininnovationen und defensiven Produktveränderungen befassen, weist diese Tatsache auf eine suboptimale Ausnutzung der vorhandenen Innovationskapazität hin« (Rammert 1983/160f.).

In ihrem Streben danach, möglichst viele Produktionsgelegenheiten zu finden, erhöhen Kapitale die Ersatznachfrage nach Gütern und verkürzen die Produktlebenszeiten und Nutzungszyklen.[434] Das profitable »Prinzip der eingebauten Kurzlebigkeit« (Kapp 1988/169) geht einher mit der Einsparung von Arbeit bei der Erstellung von Gütern zu Lasten der Produktqualität, mit der Verwendung von weniger wertvollen und haltbaren Materialien, mit der Konstruktion von Ersatzteilen unter der Maßgabe, »daß sie im Falle eines Defekts nur als Kompaktteile ersetzt werden können. ... Auch stofflich gesehen ist die moderne Konsumware ein rasch verbrauchtes ›Light‹- Produkt« (Kraemer 1997/62). Geplanter Verschleiß ist eine hier einschlägige Strategie. Die technisch möglichen unbegrenzt haltbaren Glühbirnen werden nicht produziert, ebensowenig das Langzeitauto, für das bspw. Porsche schon vor Jahren Pläne vorlegte.[435] Eine andere Strategie ist die des geplanten Veraltens (Obsoleszenz), der Abwertung älterer Modelle, um so ihren Ersatz zu ermöglichen. Bewerkstelligt wird dies durch Modelländerung, Oberflächeninnovation, das Vom-Markt-Nehmen älterer Modelle bzw. der Ersatzteile für sie.

2) Mit dem Wachstum entstehen für Gesellschaftsgestaltung problematische Effekte, bspw. die Sanktion, die durch die Entwertung (bei gesamtwirtschaftlicher

---

434 Die Produktlebenszeiten verkürzen sich zwischen den 70er und 90er Jahren im Anlagenbau um 28,6%, im Fahrzeugbau um 32,6%, im Maschinenbau um 40,9% in der Elektrotechnik um 46,%, in der Informationstechnik um 52,3 %, in der Chemie um 44,2% (Backhaus 1999/18).

435 Das Sinken der Lebensdauer von Produkten kann nicht durch die bei höherer Qualität notwendige Verteuerung begründet werden, vgl. Dupuy, Gerin 1975/188, vgl. auch Ewen 1993/238.

Produktivitätssteigerung) ihrer Sicherheiten jene trifft, die nicht in der Konkurrenz mitkommen. Die kapitalistische Gesellschaft ist die erste, die zur dauernden Umwälzung der Produktivkräfte gezwungen ist, in der Selbsterhaltung und Steigerung zusammenfallen.[436] Ist die kapitalistische Gesellschaft kein »fester Kristall«, sondern »beständig im Prozeß der Umwandlung begriffen« (MEW 23/16), so liegt es dem Bewußtsein nahe, Neuerungen zu totalisieren. Die jeweilige Zeit wird nach der gerade neuen Technologie charakterisiert (Atom- oder Informationszeitalter) oder soziologische Zeitdiagnosen diffundieren in das Alltagsbewußtsein der gebildeten Stände und führen zu Selbstverortungen in der »Risiko«- oder »Erlebnisgesellschaft«. Die Schnellebigkeit dieser als ultimativ geltenden Selbstthematisierungen der »Epoche« stellt in vielen Fällen eine Fehlabsorption von Bewußtsein und Gedankenarbeit dar und überdeckt vor lauter prunkender und einschüchternder Novität die nicht zu gering zu veranschlagenden Momente des Alten, das im Gewande des Neuen daherkommt. Die Novitäten erlangen einen ungerechtfertigten Bonus: »Als sei keine Stelle des Lebens so gut, daß sie nicht jederzeit verlassen werden könnte. Die Lust am Anderssein entführt, oft betrügt sie. Doch aus dem Gewohnten treibt sie allemal hinaus. Ein Neues soll kommen, das mit sich nimmt. Die meisten reizt schon der leere Unterschied zum Bisher, die Frische, gleichviel zunächst, was ihr Inhalt ist« (Bloch 1976 Bd.1/44).[437] Die Aktualität erstickt die Gegenwart (vgl. a. III.5).

3) Mit Marx läßt sich eine spezifischere Erklärung des kapitalistischen Wachstums geben, als dies mit seiner Einordnung in ein Paradigma der Effizienz und Zweck-Mittel-Rationalität möglich ist.[438] Die Vermehrung des abstrakten

---

436 Wie in bezug auf die Ware (»Eigenschaft«) und die Produktivkräfte (»andere Anwendung«) zeigt sich bei Marx auch in puncto Akkumulation eine der Hauptrichtung seiner Analyse untergeordnete, aber ihr entgegensetzte Tendenz dazu, das jeweilige Phänomen *unmittelbar* emanzipatorisch in Anspruch zu nehmen. Der Akkumulation zuzuschreiben, sie überwinde das Verharren in der jeweiligen kleinen Welt des Gegebenen, legitimiert noch nicht deren einfache Negation. Sie findet sich in der positiven Bewertung der »absoluten Bewegung des Werdens« (GR 387). Diese Bewertung bekommt in einer sonst instruktiven Darstellung des Arbeitsbegriffs in den Marx'schen Frühschriften einen theoretischen Überbau (Fraentzki 1978/186f., 222ff.).

437 Die Einschüchterung, die mit den Novitäten verbunden wird, hat Brecht (1993/729) formuliert in der »Parade des alten Neuen.«

438 Um ganz von Luhmanns (1983/29f.) »Erklärung« des Wachstums zu schweigen, die ich in der dritten Anmerkung in I.7.4 zitiert habe. Wenn das Wachstum nicht tautologisch durch eine in allen Systemen herrschende »moderne Fortschritts- und Wachstumssemantik« (Schimank 1996/212) »erklärt« werden soll, stehen Luhmann Bilder zur Verfügung, die

Reichtums wird im Kapitalismus dadurch erreicht, daß das Kapital die Ausbeutung der Arbeitskraft steigert. Die Mittel zur Erzielung relativen Mehrwerts, der auf der Verkürzung der für die Reproduktion der Arbeitskraft aufzuwendenden Arbeitszeit beruht, führen zu eigenen Widersprüchen, deren Bearbeitung wiederum zu Folgezwängen und -dynamiken.[439] Wachstum wird im Kapitalismus nötig, um

– die durch Produktivkraftsteigerung verursachte Entwertung der in den einzelnen Waren verausgabten Arbeitszeit durch Mengenwachstum zu kompensieren;
– den bei Produktivitätserhöhung relativ vergrößerten Anteil von Technik an den Produktionsfaktoren, die gestiegene Kapitalausstattung des Arbeitsplatzes, zu finanzieren;
– den durch den geringeren Anteil von lebendiger Arbeit (an den Gesamtaufwendungen für die Produktion) verursachten Fall der Profitrate (als Verhältnis zwischen Mehrwert und insgesamt aufgewandtem Kapital)[440] durch

die im folgenden material zu erklärende bestimmte Eigendynamik mit ganz anders strukturierten Eigendynamiken vergleichen, so daß sich jeder Inhalt herauskürzt und die Eigendynamik per se als Faszinosum oder Kuriosum übrig bleibt. Vgl. das Heuschreckenbeispiel in Luhmann 1983/37. »Erst wird eine Abstraktion aus einem Faktum gezogen, dann erklärt, daß dieses Faktum auf dieser Abstraktion beruhe« (MEW 3/469).

439 »Die Basis kapitalistischen Wirtschaftens ist ... nicht Rationalität, auch nicht Konkurrenz, sondern Unsicherheit. Deren Quelle ist aber nicht der ›Markt‹, sondern vielmehr die Kapitalform des Geldes. Sie bedingt den Prozeß schöpferischer Zerstörung. ... Der technische Fortschritt läßt sich der Logik der Gleichgewichtsanalyse nicht subsumieren, sondern stellt im Gegenteil einen die Herausbildung von Gleichgewichten ständig störenden und verhindernden Faktor dar« (Deutschmann 1999/134, 136). Allerdings unterbestimmt Deutschmann die im folgenden dargestellten, dem Kapitalismus immanenten Notwendigkeiten und objektiven Zugzwänge zur Akkumulation zugunsten einer Erklärung, die diese Dynamik an die subjektive, und d.h. für Deutschmann letztlich religiöse »Verheißung absoluten Reichtums« bindet.

440 Ich weise auch an dieser Stelle auf eine ökologische Implikation hin: Umweltschutzinvestitionen steigern die in die Anlagen verausgabte Kapitalmenge, verschärfen damit das Ungleichgewicht zwischen dem Wert der Anlagen und der an ihnen beschäftigten Arbeitskräfte. Die für andere Kapitale zu zahlenden höheren Kosten nach Umweltschutzinvestitionen werden allein durch Einsparungen bei der Nutzung von Rohstoffen und durch Extraprofite bei der Befriedigung entsprechender Nachfrage relativiert. Vgl. zum Thema Migge 1979. Mit der kapitalistischen Akkumulation schließt sich auch der Kreis der Bedingungen für die kapitalismusspezifische Begründung des Müllproblems. Mit der Warensphäre ließ sich die Orientierung auf isolierte Eigenschaften des Gegenstands ausmachen. Mit dem Geld wird der Schein einer präzisen Zurechnung von Schäden und Kosten

Zunahme der Profitmasse zu kompensieren (MEW 25/236). Die Nachfrage nach Arbeit müßte absolut zunehmen, weil sie relativ sinkt (MEW 26.2/469).[441]

Die Marktausdehnung ist eine in der kapitalistischen Ökonomie naheliegende Antwort. »Der innere Widerspruch sucht sich auszugleichen durch Ausdehnung des äußern Feldes der Produktion« (MEW 24/255). Die Verbilligung der Elemente des konstanten Kapitals[442], der auswärtige Handel, die Verkürzung der Umschlagszeiten des Kapitals ermöglichen ein derartiges Wachstum ebenso wie das Herunterdrücken des Arbeitslohns unter seinen Wert, die relative Überbevölkerung usw. Die stärkste Gegentendenz gegen den Fall der Profitrate ist die ökonomische Krise. Ungeheuer viel Energie wird in der Vermeidung der Krise, in Maßnahmen zu ihrer Herauszögerung, in der Konkurrenz um die Abwälzung ihrer Folgen auf andere usw. verausgabt.[443]

Im Verhältnis zwischen Produktion und Konsumtion stellt sich der Konflikt zwischen Ausdehnung und Verwertung des Kapitals dar als Widerspruch der Entwicklung der Produktivkraft »mit der engen Basis, worauf die Konsumtionsverhältnisse beruhen«, insofern nicht das Bedürfnis, sondern die zahlungsfähige Nachfrage zählt (MEW 25/254f., vgl.a. 277). Die Nachfrage gibt hier keinen Erklärungsgrund ab, bedarf vielmehr selbst der Erklärung. Sie kann – anders als Unterkonsumtionstheorien der Krise es suggerieren – nicht einfach vermehrt werden. Zwar bedarf das Kapital der Nachfrage, um den produzierten Mehrwert auch zu realisieren. Andererseits bleibt die Erhöhung der zahlungsfähigen Nachfrage abhängig von einer Produktion, in der variables Kapital so eingesetzt wird, daß es genügend Mehrwert erzeugt und erst insoweit auch Arbeitskraft beschäftigt. Nur unter diesen Bedingungen kann dann auch erst Nachfrage geschaffen werden (vgl. auch MEW 25/500).

---

erzeugt. Der short-termism der kapitalistischen Akkumulation erklärt, daß die Produkte weniger langlebig sind als ihre Abfälle. Allen Sphären gemein sind die Motive dafür, sich für die Bereitstellung, nicht für den Verbleib der Gegenstände zu interessieren.

441 Gefordert sind Prozesse, die ein »Wachstum des Gesamtkapitals in rascherer Progression als die, worin die Profitrate fällt«, bewerkstelligen (MEW 25/233).

442 Vgl. MEW 26.3/358 und 360.

443 Das Gesetz vom tendenziellen Fall der Profitrate ist »nicht durch den Nachweis eines dramatischen transkonjunkturellen Schrumpfungsprozeß der durchschnittlich erzielten Profitraten sichtbar, sondern gerade an entgegengerichteten Bemühungen und Tendenzen...« (Koczyba 1979/143).

Gemessen am immens steigenden Mehrwertbedarf kann trotz steigender Mehrwertrate[444] die Masse des Mehrwerts nicht in dem Maß erhöht werden, wie es nötig wäre, da die Intensivierung der Arbeit, die Senkung des Werts der Arbeitskraft oder die Ausdehnung des Arbeitstags auf Schranken stoßen. Der Bedarf an Profitmasse leitet sich jetzt vom gewachsenen Vorschuß ab, der bei gestiegener Kapitalgröße die Voraussetzung für Akkumulation darstellt. In dieser sich öffnenden Schere zwischen steigendem Minimalumfang der zur weiteren Akkumulation notwendigen Fonds einerseits (als Voraussetzung, um die Verwertung auf erweiterter Stufenleiter fortzusetzen), dem Erwirtschaften von Profit als Resultat der Verwertung andererseits, tritt ein Punkt ein, an dem auch die größtmögliche Mehrwertmasse, die aus der verringerten Zahl an Arbeitskräften gewonnen werden kann, nicht groß genug ist, um das akkumulierte Kapital weiterhin zu verwerten. Es tritt dann beides zusammen auf: Überproduktion von Waren und Überproduktion von Kapital, das nicht mehr profitabel angelegt werden kann. Ich sehe an dieser Stelle von einer Darstellung weiterer Momente ab, die die Krise als Möglichkeit zur wirklichen Krise vollenden.[445]

In der Krise kulminiert die Verschwendung so sichtbar, daß es schwerfällt, den Kapitalismus nicht von der Krise her, statt die Krise vom Kapitalismus aus zu denken. Der Kapitalismus schafft nicht gefragte Leistung (Arbeitslosigkeit), nicht befriedigten Bedarf – Bedarf, dem das Geld fehlt – und Geld, dem der

---

444 »Beides, Steigen der Rate des Mehrwerts und Fallen der Profits sind nur besondre Formen, worin sich wachsende Produktivität der Arbeit kapitalistisch ausdrückt« (MEW 25/250, s.a. MEW 26.2./441).

445 Gerade das Abflachen des Profitratenwachstums steigert die Hast des Kapitals und seinen Aufwand, beschleunigt zu akkumulieren (vgl. MEW 25/251). Die Konkurrenz wird umso unerbittlicher, je mehr es nicht um die Teilung der Gewinne, sondern nun um die »Teilung des Verlustes« geht (MEW 25/263). Wird während günstiger Perioden des Geschäfts investiert mit Perspektive auf Gewinn, so drängt in krisenhaften Zeiten der drohende Untergang zu Investitionen. Nicht die Aussicht auf vergrößerten Gewinn ist dann das treibende Motiv, sondern Angriff als beste Verteidigung.

Das Wachstum verselbständigt sich schlußendlich auch gegenüber dem Kapital – i.U. zum Konzept von rationaler Kapitalrechnung bei M. Weber. Wenn akkumuliert werden muß – bei Überakkumulation auch um jeden Preis, nur um irgendwie durchzukommen – , dann läßt sich nicht die Kapitalrechnung als das Wesen der Wirtschaft ausgeben. Gerechnet werden kann natürlich immer, hier aber ist Rechnen ein Begleitvorgang, wird aber von Weber als dessen Prinzip ausgegeben – ungefähr so, als würde man vom Autofahren bemerken, das Wichtigste sei die Benzinanzeige und die Überlegung, ob das Benzin denn für die Strecke reicht bzw. sich durch entsprechende Fahrweise hier etwas optimieren läßt. Gegenüber der Annahme einer Zweck-Mittel-Rationalität ist vom Widerspruch zwischen Zweck und Mittel zu sprechen (vgl. a. MEW 25/260).

Bedarf, die profitable Anlage, fehlt. Dem nicht mehrwertproduktiv anlegbaren Kapital steht eine arbeitslose Bevölkerung gegenüber (vgl. a. MEW 25/269 und 266). Abstrakte Arbeit wird unter der Drohung des praktischen Ausschlusses vom Erwerbsleben durchgesetzt. Die Wünsche nach Arbeitsqualität als Lebensqualität haben sich daran zu relativieren, daß (fast) jeder »Job« auch als Job noch besser ist als: keine Anstellung und kein Einkommen aus Arbeit. Die (drohende) Arbeitslosigkeit »schmiedet den Arbeiter fester an das Kapital als den Prometheus die Keile des Hephästos an den Felsen« (MEW 23/675).

4) Gegenüber Erklärungen des Wachstums aus der Konkurrenz (vgl. a. RS I/56) ist einzuwenden, daß sie damit zum letzten Grund avanciert (wie bei Weber der Kampf der Menschen untereinander). Damit gerät der Kapitalismus in die Rolle, lediglich die Schleusen zu öffnen und die Verlaufsformen zu regulieren für etwas, das es schon immer gegeben habe. Demgegenüber bezieht Marx die Konkurrenz auf die Weise zurück, in der der Reichtum von der Ware an im Kapitalismus strukturiert ist und sich strukturiert. Die Maßlosigkeit des Kapitals ist bereits im Geld angelegt, das Geld löst Widersprüche der Ware und führt selbst zu Widersprüchen, die wiederum – im Kapital – die Beschäftigung der Arbeitskraft nahelegen.[446] Diese schließlich führt – wie skizziert – im Zuge der Akkumulation zu neuen Widersprüchen und Bewegungsformen.

Schon in der Warensphäre hatten wir die Zergliederung des sozialen Raums in viele unabhängig und gegeneinander agierende Akteure gesehen. Das Kapital kann selbst nicht – im Unterschied zu Staatskapitalismustheorien, Theorien des »Generalkartells« (Hilferding) oder des »organisierten Kapitalismus« – als *ein* Kapital existieren (vgl. GR 324 und 317, vgl. a. Altvater 1975). Wer die Konkurrenz als Grund der ökonomischen Akkumulation auffaßt, verwechselt die Konkurrenz als Medium der Durchsetzung der inneren Gesetze des Kapitals per äußerem Druck der Kapitale aufeinander mit den inneren Gesetzen des Kapitals selbst (vgl. GR 637f.).[447] Marx zeigt demgegenüber im dritten Band des

---

446 Das »Hereinkommen der Maschinerie« erfolgt nicht »aus der Konkurrenz«, sondern ist »aus dem Verhältnis des Kapitals zur lebendigen Arbeit ohne Rücksicht auf andres Kapital zu entwickeln« (GR 662).

447 Daß »die freie Konkurrenz die immanenten Gesetze der kapitalistischen Produktion den einzelnen Kapitalisten gegenüber als äußerliches Zwangsgesetz gegenüber geltend macht« (MEW 23/286, s.a. 618, GR 545), verleitet zu zwei komplementären Mißverständnissen. Der dem Kapitalismus eigene Typus des Reichtums (als Ergebnis der verschiedenen in Teil II aufgezeigten Momente) erscheint als Ergebnis exogenen Drucks in der (internationalen) Konkurrenz *oder* das Kapital als Souverän statt als Moment einer Produktionsweise, in der auch das Kapital bestimmten Gesetzmäßigkeiten unterworfen ist. So sehr es über die von ihm Eingespannten herrschen mag, so wenig ist es doch Subjekt der Entwicklung,

»Kapital«, wie sich die Interaktion der Einzelkapitale vom allgemeinen Begriff des Kapitals unterscheidet.[448] Marx reduziert die erscheinende Bewegung in der Konkurrenz der Kapitale nicht auf ihren wesentlichen Gehalt[449] – die Verwertung des Kapitals im allgemeinen –, sondern zeigt, wie aus der Konkurrenz Handlungen der Einzelkapitale hervorgehen, die den Bezug auf das Kapital im allgemeinen nicht mehr erscheinen lassen.[450]

Erst auf der Grundlage des Selbstbezugs und der Selbstbewertung der Kapitale über die Größe des Profits stellen die Kapitale nurmehr ein Verhältnis zu sich selbst dar und emanzipieren sich vollends im (Selbst-) Verständnis der Akteure vom Bezug auf die Arbeit. In diesem Selbstverhältnis geht es darum, die Benutzung der Vorschüsse für die verschiedenen zu verausgabenden Bestandteile der Produktion zu optimieren. Sie tauchen gleichermaßen als Kosten auf – also vom Bezug auf die allein Mehrwert setzende lebendige Arbeit emanzipiert. Die Interpretation der Aktivität der Kapitale wird allein auf den Bezug auf andere Kapitale verwiesen und der Erfolg des einen Kapitals aus dem Mißerfolg des anderen erklärt bzw. aus den Aktivitäten und Begebenheiten, die die

---

die deshalb aber wiederum nicht – unter Herauskürzung ihres Inhalts – als strukturelle Unausweichlichkeit und unumgehbare Eigendynamik jedweder modernen Gesellschaft mißverstanden werden muß. Der Inhalt der kapitalistischen Entwicklung und die Weise seiner Durchsetzung sind weder gegeneinander auszuspielen noch auf einander zu reduzieren.

448 »Die fertige Gestalt der ökonomischen Verhältnisse, wie sie sich auf der Oberfläche zeigt, in ihrer realen Existenz, und daher auch in den Vorstellungen, worin die Träger und Agenten dieser Verhältnisse sich über dieselben klarzuwerden suchen, sind sehr verschieden von, und in der Tat verkehrt, gegensätzlich zu ihrer innern, wesentlichen, aber verhüllten Kerngestalt und dem ihr entsprechenden Begriff« (MEW 25/219). Die »Ausdrücke ›Erscheinung‹ und ›Oberfläche‹ selbst stellen ein Problem dar. Erscheinungen können etwas konnotieren, das ›falsch‹ ist, Oberflächenformen scheinen nicht so tief zu gehen wie ›Tiefenstrukturen‹. Diese sprachlichen Konnotationen haben den unglücklichen Effekt, daß sie uns die verschiedenen Momente in der Form mehr/weniger real, mehr/weniger wichtig anordnen lassen. Aber von einem anderen Standpunkt aus ist das, was an der Oberfläche ist, was fortwährend erscheint, gerade dasjenige, was wir immer sehen, dem wir täglich begegnen, was wir ganz selbstverständlich als die offensichtliche und manifeste Form des Prozesses annehmen« (Hall 1984/112f.).

449 Vgl. seine grundlegende methodische Kritik an der klassischen Politischen Ökonomie in MEW 26.2/100, 161, MEW 26.3/491, MEW 32/11. Vgl. a. seine Warnung vor reduktionistischen »Ableitungen« in MEW 26.1/60f.

450 Die »Bewegung des vereinzelten Kapitals« bietet »andere Phänomene dar als dieselbe Bewegung, wenn sie unter dem Gesichtspunkt eines Teils der Gesamtbewegung des gesellschaftlichen Kapitals ... betrachtet wird«. Letztere »löst Probleme, deren Lösung bei der Betrachtung des Kreislaufs eines einzelnen individuellen Kapitals vorausgesetzt werden muß, statt sich daraus zu ergeben« (MEW 24/101).

verschiedenen gegeneinander verselbständigten Momente des Kapitals betreffen (Industrie, Handel, Kredit, Boden, lebendige Arbeit usw.). Die Preise der eigenen Waren werden durch die Preise anderer Waren »erklärt« oder Nachfrage
und Zufuhr durch Preise und Preise durch Nachfrage und Zufuhr.[451] Reflektionslogisch dreht sich die Erklärung vom Bezug auf die Arbeit hin zur Interaktion der Kapitale untereinander (vgl. MEGA II 3.5/1630, MEW 25/873). Aus
der Perspektive der Einzelkapitale muß als geschicktes Wahrnehmen von Angebot und Nachfrage gelten[452], was vom Standpunkt des Kapitals im allgemeinen
den Ausgleich zur Durchschnittsprofitrate bildet. Die Gründe der Verteilung des
Gesamtmehrwerts auf die Einzelkapitale erscheinen als Gründe der Entstehung
des Gewinns (vgl. MEW 25/53).[453]

Der Gewinn des Gesamtkapitals und seine steigende Verwertung läßt sich
nicht auf der Ebene der Konkurrenz aus den Unter- oder Überbietungsbemü-
hungen der Einzelkapitale erklären. Vielmehr steigert der Kapitalist im Unter-
bieten der Preisvorgaben die Produktivkraft. Aber dies Ergebnis läßt sich nicht
als direktes Ergebnis unternehmerischen Strebens auffassen, würde doch so nur
das Ergebnis intentional in das Handeln der Subjekte übersetzt. Marx erklärt
die Orientierung an den Kosten der Produktion und an der Umschlagszeit des
Kapitals als Kriterien der Unternehmensführungen. Durch die Orientierung an
diesen Kriterien werden die Reproduktionskosten der Arbeitskraft und damit

---

451 Vgl. MEW 25/201. Es »erscheinen alle Bestimmungen umgekehrt wie in dem Kapital im
   Allgemeinen. Dort Preis bestimmt durch die Arbeit, hier Arbeit bestimmt durch den Preis«
   (GR 550).

452 Der Logik des Vergleichs folgend wird erwogen, wer in der Konkurrenz reüssiert: Wer hat
   am günstigen einge- und verkauft, am geschicktesten den Profit als Aufschlag auf den
   Kostpreis kalkuliert usw.? Der »Profit bei Veräußerung« hängt ab von »Prellerei, List,
   Sachkenntnis, Geschick und tausend Marktkonjunkturen« (MEW 25/836). Was nicht erscheint, ist das »von der persönlichen Prellerei der Capitalisten unter sich ganz unabhängige, vielmehr gegen dieselbe und in derselben sich durchführende allgemeine Gesetz«
   (MEGA 3.5./1631).

453 Die Bewegung zwischen den Sphären mit über- und unterdurchschnittlicher Verwertung
   erscheint aus der Perspektive der Einzelkapitale als Test auf die Findigkeit und Geschicklichkeit, die Initiative und Hellsichtigkeit der jeweiligen Unternehmensführung. An diesen
   Qualitäten von Unternehmern, die noch wirklich etwas unternehmen, mit Augenmaß und
   Kenntnis, also nicht als Abenteurer, Mut zum Risiko beweisen und sich mit diesen Tugenden von Bürokraten unterscheiden, machen Weber und stärker noch Schumpeter die Dynamik des Kapitalismus fest. Diese Tugenden fungieren in der Interpretation des Geschehens als eine Art von Brücke, die die Kluft zwischen den Einzelkapitalien und dem Florieren des Kapitals im allgemeinen übersteigen soll, damit aber zwei ganz verschiedene Ebenen, Akteursperspektive und systemische Selbstreproduktion, miteinander kurzschließen.

ihr Wert reduziert und der Mehrwert gesteigert, gerade weil oder obwohl sich dieses innere Gesetz der kapitalistischen Entwicklung nicht direkt in das Handeln der beteiligten Akteure umsetzt (vgl. MEW 23/430 Fn. 153). Die erscheinende Zwecksetzung verwirklicht einen anderen als den im Bewußtsein vorhandenen Zweck. Sie wissen nicht, was sie tun, aber sie tun es. Die Motive der Akteure orientieren sich an Bewegungen der Konkurrenz (Unterbietung der Preisvorteile der Konkurrenz) und damit wird eine Veränderung der Mehrwerterwirtschaftung durchgesetzt. Das einzelne Kapital kann sich nur sehr beschränkt die Erhöhung der Ausbeutung seiner Arbeitskraft zum Zweck setzen (und noch weniger das Florieren des Gesamtkapitals), da es über die dazu notwendigen Mittel (zur Verbilligung der Reproduktion der Arbeitskraft) nicht verfügt.[454] Von außen zuzurechnende Ziele (z. B. Effizienz) sagen noch nichts aus über die tatsächlichen Motive und Konstellationen, die ihre Verwirklichung bewerkstelligen.

Die Mannigfaltigkeit der Gelegenheiten in der Konkurrenz, ihre Zufälligkeit[455], läßt über die erscheinenden Disproportionalitäten die Herstellung von Proportionalität in den Hintergrund der praktischen Aufmerksamkeit rücken, zumal die Proportionalität nicht fest ist, sondern sich in ständiger Bewegung befindet (vgl. MEW 4/94). Das Hin- und Herwogen der Kapitale, die »tausend Marktkonjunkturen« (MEW 25/836), all dies versperrt den Blick auf die zugrundeliegenden Verhältnisse. Den Akteuren liegt eine Auffassung nahe, die »den Schein der Gesetzlosigkeit als das Gesetz selbst ausspricht« (MEGA 3.5./1630). Daß das Kapital akkumuliert, erscheint nicht in seiner eigenen Natur zu liegen, sondern ihm durch andere Kapitale aufgezwungen. Das Kapital gilt so als Opfer anderer Kapitale, seine eigene Aktivität lediglich als Antizipation der Konkurrenz, als geschicktes Bewegen in ihr.

5) Die über die Waren- und Produktionssphäre hinaus in ihrer Anwendung auf die kapitalistische Ökonomie nötige Relativierung des Effizienz-Begriffs und der Zweck-Mittel-Rationalität läßt sich auch entlang des Unterschied zwischen

---

454 Damit wird eine analytische Abstraktion und eine Hilfskonstruktion aus dem ersten Band des ›Kapital« aufgehoben: »Wir behandeln dies allgemeine Resultat hier so, als wäre es unmittelbares Resultat und unmittelbarer Zweck in jedem einzelnen Fall« (MEW 23/335; vgl. MEGA II.3.1./215).

455 »In der Wirklichkeit aber ist diese Sphäre die Sphäre der Konkurrenz, die, jeden einzelnen Fall betrachtet, vom Zufall beherrscht ist; wo also das innere Gesetz, das in diesen Zufällen sich durchsetzt und sie reguliert, nur sichtbar wird, sobald diese Zufälle in großen Massen zusammengefaßt werden, wo es also den einzelnen Agenten der Produktion selbst unsichtbar und unverständlich bleibt« (MEW 25/836).

staatlich betriebenen oder alimentierten und kapitalistisch veranstalteten Arbeiten fortschreiben. Bei Investitionen in die Infrastruktur (Energie, Kommunikation, Transport), in das Gesundheits- und Bildungssystem sowie bei Investitionen im Forschungs- und Entwicklungsbereich[456] liegen im Kapitalismus staatliche Ressourcenmobilisierung, -steuerung und -kontrolle nahe. Lange und risikoreiche Kapitalumschlagzeiten, hoher Personalaufwand und mangelnder Warencharakter wegen unentgeltlicher Nutzung durch die Allgemeinheit schränken die Verwertungsdynamik und Kapitalakkumulation ein. Die Produktion der betreffenden Güter und Dienste wird staatlich gewährleistet oder zumindest durch staatliche Vorleistungen profitabel gemacht. Dies gilt auch bei vielen Privatisierungen. Sie zeigen, welchen Veränderungen Vorhaben unterliegen, soll ihre Erbringung dem Profitkriterium folgen.[457]

6) Die Annahme von Effizienz und Zweck-Mittel-Rationalität prägt das Bewußtsein der Akteure, mit dem sie ihre Anliegen verfolgen und dies als zweckrational auffassen, während aus gesellschaftstheoretischer Perspektive sowohl die Ziele als auch der Umgang mit ihnen nicht im Horizont von Zweckrationalität erklärbar werden. In der gesellschaftlichen Wirklichkeit erscheinen verschiedene Gruppen mit einem qualitativ ähnlichen Interesse an einer ihnen jeweils gegebenen Einkommensquelle: Sie soll effizient genutzt werden und das heißt mit dem kleinstmöglichen Aufwand das größtmögliche Ergebnis erbrin-

---

456 Staatlich gefördert werden jene Vorhaben, die durch privatwirtschaftliche Kräfte allein nicht auf den Weg gebracht werden. Schwierigkeiten ergeben sich für sie 1) bei hohem wissenschaftlich-technischem Aufwand, 2) bei großem finanziellen Einsatz, 3) bei erst langfristig zu erzielenden Gewinnen, 4) bei Unterbewertung besserer Technologien aufgrund der Orientierung von Märkten an aktuellen Bedarfs- und Knappheitssignalen.

457 Privatisierungen führen zu
— einer Verringerung des Angebots in der Flächenversorgung vor allem in jenen Bereichen, die staatlicherseits aus Gründen der Vermeidung regionaler und lokaler Disparitäten (Bahnverkehr, gleiche Schnelligkeit der Postzulieferung) mit höherem Aufwand erbracht wurden. United Parcel Service bedient zwar auch die Fläche in der Auslieferung, hat aber nicht wie die Post Tausende von Annahmestellen zu finanzieren,
— dem Herauspicken von günstigen Angeboten (»Rosinen«) bzw. zahlungskräftiger Klientel (vgl. kapitalistisch betriebene Kliniken in den USA),
— Arbeitsplatzabbau,
— der Verschlechterung der Arbeitsbedingungen (Erhöhung der Intensität der Arbeit, niedrigere Löhne, ungünstigere Versicherung, Anstellung als Subunternehmer...),
— der Behinderung gewerkschaftlicher Aktivitäten (vgl. United Parcel Service),
— einer »günstigeren« Altersstruktur der Beschäftigten. Die privaten Paketdienste haben als relativ junge Unternehmen auch eine junge Belegschaft, die Post muß auch auf die Älteren Rücksicht nehmen.

gen. Lohnabhängige wollen möglichst viel Lohn, Angestellte und Beamte viel Gehalt, der Handel trachtet nach einer möglichst hohen Gewinnspanne zwischen Einkauf und Verkauf, Geldbesitzer zeigen sich interessiert an einem möglichst hohen Zins auf ihr verliehenes Geld, Wohnungsvermieter an einer hohen Miete, Unternehmer an einer günstigen Kostenökonomie usw.

Im »Kapital« arbeitet Marx an einer komplizierten Aufbauordnung der genannten verschiedenen Interessen. Gezeigt wird, daß

- Lohnarbeit und Kapital nicht darin aufgehen, gegenseitig füreinander Mittel zu sein[458],
- das Handelskapital nur »indirekt produktiv« ist (MEW 24/293, MEW 25/286f.)[459],
- mit der Profitrate als Orientierungsmaß der kapitalistischen Ökonomie[460]

---

458 Luhmann bleibt es demgegenüber vorbehalten, »die Arbeit« als »Parasit« des Eigentums aufzufassen. »Die Parasiten beherrschen das System, sie invertieren den Code und sie stellen das System so dar, als ob das Eigentum nur dazu da wäre, ihnen Arbeit zu beschaffen« (Luhmann 1984/222).

459 Wird dies verkannt, so gerät die Ahnung von der Ausbeutung im produktiven Sektor der Ökonomie zu einem »gleichberechtigten Moment ... neben der Vorstellung, der realisierte Überschuß stamme aus der vom Produktionsprozeß unabhängigen, aus der Zirkulation selbst entspringenden, also dem Kapital unabhängig von seinem Verhältnis zur Arbeit angehörigen Bewegung« (MEW 25/54).

460 Mit der Profitrate orientiert sich das Kapital nicht mehr am Verhältnis zwischen Mehrwert und (einzig mehrwertsetzendem) variablem Kapital, sondern an der Relation zwischen Mehrwert und insgesamt eingesetztem Kapital (vgl. MEW 25/52f.). Die Beziehung des Mehrwerts zum vorgeschossenen Gesamtkapital läßt den Mehrwert nicht mehr als Ergebnis der Ausbeutung der lebendigen Arbeit erscheinen, sondern als »Frucht des Kapitals« (MEW 25/43), damit das Kapital selbst als »Frucht bringend« (GR 631). Da allein »die Rate des Profits den Kapitalisten praktisch interessiert, (wird - Verf.) durchaus (der wirkliche - Verf.) Ursprung des Mehrwerts verdunkelt und mystifiziert. ... Da in der Profitrate der Mehrwert auf das Gesamtkapital berechnet und auf es als sein Maß bezogen wird, so erscheint der Mehrwert selbst dadurch als aus dem Gesamtkapital und zwar gleichmäßig aus allen seinen Teilen entsprungen, so daß der organische Unterschied zwischen konstantem und variablem Kapital im Begriff des Profits ausgelöscht ist« (MEW 25/176f.).
In die Bestimmung der Profitrate spielen als Begründungsmomente neben der Mehrwertrate andere Größen hinein. »Die ursprüngliche Form, worin sich Kapital und Lohnarbeit gegenüberstehen, wird verkleidet durch Einmischung scheinbar davon unabhängiger Beziehungen« (MEW 25/54). Es handelt sich dabei u.a. um:
- die Höhe der organischen Zusammensetzung des Kapitals (c/v). Einerseits entspricht einer hohen organischen Zusammensetzung eine niedrige Profitrate, andererseits kann sie günstigere Produktionsbedingungen ausdrücken;
- die Umschlagzeit des Kapitals, von der abhängt, wie schnell ein Kapital die Produk-

diese zwar einerseits als Kostenökonomie erscheint, andererseits die Verwertung der Arbeitskraft das Leitkriterium bleibt, das aber gerade in der Profitrate nicht mehr erscheint[461];

– die erscheinende Entkoppelung des Geldkapitals vom Produktivkapital auf die Schwierigkeiten profitabler Produktion verweist. Sie begründen eine Verwandlung ehemals produktiven Kapitals in Kreditangebot ebenso wie eine Steigerung der Nachfrage nach Geld seitens des in der Produktion verbleibenden Kapitals, das versucht, seine Schwierigkeiten durch Kreditaufnahme zu überwinden.[462] Der Zusammenhang zwischen Kreditkapital und fiktivem Kapital einerseits und Industriekapital andererseits erscheint nicht mehr, und die Auffassung liegt nahe, der allein kritikable Profit beziehe sich auf das Leihen und Verleihen von Geld. Kritisiert werden dann die diesem Vertragsverhältnis zugrundeliegenden Machtungleichheiten oder die Spekulation. Der kapitalistische Produktionsprozeß selbst erscheint dann als von rein technischen und organisatorischen Gesichtspunkten beherrscht (MEW 25/395). Kapitalismus gerät zum Synonym für Kredit, Zins und Börse.

Die in sich differenzierte Einheit der verschiedenen Gestalten des abstrakten Reichtums zerfällt für das betrachtende Bewußtsein. Was erscheint, ist die »Entfremdung und Verknöcherung der verschiedenen Teile des Mehrwerts gegeneinander«, »der innere Zusammenhang (ist) zerrissen und seine Quelle verschüttet« (MEW 25/838). Auf der gesellschaftlichen Oberfläche stehen sich Kapital, Boden und Arbeit »fremd und gleichgültig, als bloß verschieden, ohne Gegensatz« gegenüber. »Sie stehen also in keinem feindlichen, weil überhaupt in keinem inneren Zusammenhang« (MEW 26.2/493) wie »Notariatsgebühren, rote Rüben und Musik« (MEW 25/822).

---

tions- und Zirkulationssphäre durchläuft: »Diese fungiert zwar nur als negative Schranke der Wert- und Mehrwertbildung, hat aber den Schein, als sei sie ein ebenso positiver Grund wie die Arbeit selbst, und als bringe sie eine, aus der Natur des Kapitals hervorgehende, von der Arbeit unabhängige Bestimmung hinein« (MEW 25/836).
– Veränderung der Preise von Roh- und Hilfsstoffen,
– Ökonomie in der Anwendung des konstanten Kapitals.

461 Bei ihr kommt es darauf an, unterschiedslos alle Momente des Produktionsprozesses (lebendige Arbeit, sachliche Produktionsbedingungen, Lagerhaltung, Transportaufwand usw.) möglichst günstig einzusetzen.

462 »Schwärmende Bienen sind ... die frechste, arroganteste Form von Bienen, aber sie schwärmen nur aus, weil der Honig nicht reicht. Das Geld herrscht, weil die Produktion nicht mehr so attraktiv für das Kapital ist, aber der Honig kommt letzten Endes nur aus der Produktion« als »einziger Quelle der Selbstausdehnung des Kapitals« (Holloway 1996/106).

Mit der Dethematisierung der Verweisungsstruktur zwischen den verschiedenen Eigentumsquellen und den verschiedenen Kapitalsorten wird der positive Bezug der Individuen auf sie, der sich im Zweck-Mittel-Verhältnis artikuliert, zu einer Gestalt des erscheinenden gesellschaftlichen Bewußtseins, der durch die Kapitalismustheorie erklärt werden kann und nicht als voraussetzungslose Voraussetzung unterstellt werden muß. Daß alles als Mittel oder Bedingung des Handelns der jeweiligen Akteure erscheint, beinhaltet, daß sie sich isoliert aus ihrer Perspektive auf die gesellschaftliche Welt in gleicher Weise beziehen müssen wie auf die naturale Umgebung. Daß die Menschen aus dem ihnen Vorfindlichen das Beste machen wollen und zugleich müssen, klärt noch nicht, wie das ihnen Vorgegebene und die Struktur, in der die Menschen zueinander stehen, miteinander verbunden sind, so daß das Vorfindliche nicht (bzw. nur unter der Perspektive der Optimierung der jeweiligen Ziel-Mittel-Verhältnisse) als gesellschaftlich gestaltbar, sondern als notwendige Bedingung oder Mittel des Handelns erscheint – eben als vorgegeben, so daß man aus ihm nur das Beste machen kann. Das Beste ist aber nicht notwendigerweise gut.

Der Dienst an einem getrennt von den Menschen existierenden und eigenen Kriterien folgenden, deshalb »abstrakten« Reichtum erscheint als Bedienung von Zweck-Mittel-Kalkülen. In ihnen müssen sich die »Zwecke« an den »Mitteln« und »Umständen« sowie »Randbedingungen« des Handelns relativieren. Wir haben es hier nach Hegels Unterscheidung in der »Rechtsphilosophie« mit dem formell freien Willen zu tun, der sich der ihm gegenüberstehenden vorgefundenen Sache vorordnet, ihre Bestimmungen nur in Bezug auf sich, nicht aber in den eigenen Verweisungszusammenhängen der »Sachen« weiß und sich so insgeheim dem unterwerfen muß, was er als bloß sachlich und ebenso wenig zu ändern wie die Natur vorfindet.[463] Die eigene Vernetzung der »Mittel« (und ihre eigene Existenz unabhängig von dem ihnen zugedachten Attribut, Mittel zu sein) entgeht dem zielbeflissenen und in seiner Rationalität auf den Zweck-Mittel-Zusammenhang eingegrenzten Bewußtsein: »Es ist das Interesse der Privaten, aber dessen Inhalt, wie Form und Mittel der Verwirklichung (sind) durch von allen unabhängige gesellschaftliche Bedingungen gegeben« (GR 75).

---

463 »Die Interdependenz von Systemstruktur und Handeln wird nur noch in einer bestimmten Präformation wahrgenommen, die in der Fokussierung auf das sinnhafte Handeln angelegt ist: systemstrukturelle Phänomene erscheinen einfach als gegebene Daten für das Handeln, als Daten, die dem Handelnden gleichsam ›gegenüber‹-stehen; das Handeln erscheint zwar als autonome Instanz, aber bestimmte Daten der Handlungssituation müssen als ›äußere‹ Fakten hingenommen werden. In diesem Sinne formuliert auch Weber: ›Streng rationales Handeln, – so kann man es auch ausdrücken, – wäre glatte und restlose Anpassung an die gegebene ›Situation‹« (WL 227)« (Bader, Berger, Ganßmann 1976/281).

Die Form der scheinbar von den »Zentren der Zirkulation« (GR 322) ausgehenden Zwecksetzung der als »unabhängige Privatpersonen« (GR 909) erscheinenden Besitzer der Eigentumsquellen (Kapital, Boden, Arbeit) ließe sich unter zwei Bedingungen überwinden: Der Gestaltung der gesellschaftlichen Assoziation und Synthesis und der Überwindung der sich in der diesbezüglichen Nichtgestaltung positiv ausbreitenden Verwertung eines abstrakten Reichtums. Erst mit dieser Gestaltung würde der erscheinenden Selbständigkeit der verschiedenen gesellschaftlichen Faktoren der Boden entzogen – ebenso der formellen Abstraktion, die darin steckt, die Perspektive der Besitzer von Einkommensquellen als zweckrational aufzufassen.[464]

II.6. Grenzen der Strukturen und Formen: Doppelcharakter und Ereignis

Ich möchte den Status der Kapitalismustheorie dadurch verdeutlichen, daß ich ihre gesellschaftlichen Formen und Strukturen metatheoretisch ins Verhältnis setze zum von ihnen absorbierten, aber in ihnen nicht aufgehenden »Substrat«. Es werden dabei auch einige einschlägige Einwände gegen den in diesem Text gepflegten Theorietypus zum Thema (Funktionalismus, Objektivismus, Eindimensionalität, Geschlossenheit, Reduktionismus[465]). Daß die herrschende

---

464 Die Nützlichkeitsperspektive gleicht ihre Unkenntnis der »hauptsächlichen Verhältnisse ... unabhängig von dem Willen der Einzelnen« aus durch die Spekulation über »die Stellung der Einzelnen zu diesen gesellschaftlichen Verhältnissen, die Privat-Exploitation einer vorgefundenen Welt durch die einzelnen Individuen« (MEW 3/398). Dabei ist dieser Denkweise eigen, daß sie als formelle Abstraktion »zu leicht« als zutreffend erscheint. »Freilich kann man ex post jedem beliebigen Handlungsresultat das Prädikat des Nutzens verleihen und auf diese Weise ›sicherstellen‹, daß die Gleichung begrifflich aufgeht; aber wenn der Selbstmord dann als Handlung interpretiert wird, deren ›Nutzen‹ im Einzelfall eben höher ist als der Verbleib im Leben, oder wenn Altruismus als bloßer Grenzfall des Egoismus erscheint, so wächst der Verdacht, daß eine solche Begriffsstrategie – auch wenn sie sich konsistent durchhalten läßt – bestimmte empirische Fragen mehr oder weniger gewollt abschneidet« (Vollmer 1986/88). Die Nützlichkeitsansicht der Welt liefert jeweils »den Nachweis, daß unter den existierenden Bedingungen die jetzigen Verhältnisse der Menschen zueinander die vorteilhaftesten und gemeinnützlichsten seien« (MEW 3/399).

465 Für die hier entfaltete Kapitalismustheorie ist jene »Ebene« einschlägig, in der gilt: »Die Natur des Kapitals bleibt dieselbe, in seiner unentwickelten, wie in seinen entwickelten Formen« (MEW 23/304). Eine Analyse der verschiedenen Phasen des Kapitalismus hat

Strukturierung eine Qualität hat, die darauf hinaus läuft, der gesellschaftliche Reichtum an stofflichen Ressourcen, aber auch an Sinnen, Fähigkeiten und sozialen Verbindungen müsse, solle und könne aus diesen Formen herausgearbeitet und sie überwunden werden – dies macht den Grund der Kritik aus.[466] Ich verweise für alle Überlegungen, welche konkreten Kräfte, Konstellationen und institutionellen Alternativen die gegenwärtige moderne und kapitalistische Gesellschaft überwinden könnten, auf meine 2001 erscheinende »Arbeitsperspektive«. Es geht im folgenden darum, eine Formalstruktur für grundlegende Kritik aufzuspannen, die weder bei der Darstellung der gesellschaftlich realitätsmächtigen Strukturen die Alternative zu ihnen verschwinden läßt noch mit der Skizze des für die Alternative notwendigen, im Bestehenden angelegten, insofern nicht utopistischen »Substrats« ihre gegenwärtige Vereitelung verharmlost.

Ich beginne damit, die *herrschende* Seite des gesellschaftlichen Doppelcharakters zusammenfassend zu charakterisieren, um mich dann dem *Doppel*charakter selbst zuzuwenden: Gesellschaftliche »*Formen*«[467] bezeichnen die

---

demgegenüber einen anderen Konkretionsgrad. Vgl. bspw. die Unterscheidung zwischen verschiedenen Akkumulationsregimes und Regulationsweisen in der Regulationstheorie.

466 »Die wahre Schranke der kapitalistischen Produktion ist das Kapital selbst, ist dies: daß das Kapital und seine Selbstverwertung als Ausgangspunkt und Endpunkt, als Motiv und Zweck der Produktion erscheint; daß die Produktion nur Produktion für das Kapital ist und nicht umgekehrt die Produktionsmittel bloße Mittel für eine stets sich erweiternde Gestaltung des Lebensprozesses für die Gesellschaft der Produzenten sind« (MEW 25/260). Die »immanenten Grenzen« des Kapitalismus liegen darin, »daß der reale Reichtum eine bestimmte, von ihm selbst verschiedene Form, also nicht absolut mit ihm identische Form annehmen muß, um überhaupt Objekt der Produktion zu werden« (GR 318f.). Nicht also aus ethischen Normen, sondern aus dieser in den Schriften zum Kapital von Marx begründeten »Tatsache« oder These folgt inhaltlich (nicht biographisch) die Marx'sche Kapitalismuskritik. Und über ihre Qualität entscheidet, ob und wie sie diese These begründen kann.

467 Ihre Charakterisierung macht deutlich, daß es sich um eine letztendlich subjektfreie Selbstreproduktion handelt. Diesen Befund teilt die Marx'sche Theorie mit bestimmten soziologischen Theorien. »Das Subjekt ist, auf welcher Abstraktionsstufe auch immer, nur als in transsubjektive Strukturen eingegliedert zu denken, die zwar durch es vermittelt und modifizierbar, aber nicht restlos aus seiner Tätigkeit ableitbar sind. ... Es handelt sich um Strukturen, die nicht einem individuellen Subjekt oder seiner spekulativen Veränderung, dem ontologisierten Gattungssubjekt zuzurechnen sind, sondern die Beziehungen zwischen den gesellschaftlichen Subjekten sowie zwischen ihnen und ihrer geschichtlichen Lebenswelt vermitteln« (Arnason 1971/9). Vgl. a. Eberle 1981/119-23, 96f. Vgl. a. Kraemer 1997/166 zum subjektfreien Charakter des Marktes. Vgl. zur Kritik der Nutzenperspektive und der Zweckrationalität den Schluß von I.6, vgl. a. II.5.6.
Im Unterschied zur Engführung von Soziologie auf »Sinnwissenschaft« (Luhmann 1984/494) geht es um ein nichtnormatives Substrat von Gesellschaftsstrukturen. Marx ar-

Folgezwänge, Wirkungsverkettungen und dynamischen Selbstbezüge, die bestimmten Unterscheidungs- und Anschlußmöglichkeiten, die Verknüpfungsmuster, die einem Gegenstandsgebiet inhärieren und sich von den konkreten Einflüssen, Wirkungen und vom Spiel der Kräfte so unterscheiden, daß sie die materialen Verbindungen durch ihre Form vorselektieren. Die Rede von »Formen« drückt aus, daß relativ abstrakte Momente eines Gegenstandsgebiets (bestimmte basale Abstraktionen, Trennungen und Widersprüche) in sich selbst eine Dynamik erzeugen und Rückkoppelungen und Selbstverstärkungen in Gang setzen. Schnittmuster von Interessen, Handlungen und Verbindungen schließen, erhalten und verselbständigen sich gegenüber den jeweiligen konkreten »inputs« und lassen nur bestimmte »Materien« zirkulieren. Hinter dem Rücken der Beteiligten setzen sich durch ihr Tun Handlungsketten in Gang, die sich ihnen entziehen und in Ausgangsbedingungen und Voraussetzungen ihres Handelns, in strukturadäquaten Handlungsmöglichkeiten und -imperativen resultieren.[468] Die Verselbständigung der Strukturen gegen die Individuen ist nicht unmittelbar als Gegenteil zu ihrer vorfindlichen Subjektivität aufzufassen, insofern letztere nicht den Strukturen gegenüber exterritorial ausfällt.[469]

---

beitet bspw. in den Schemata der erweiterten Reproduktion (MEW 24) heraus: Eine kapitalistische Wirtschaft wächst nur dann, wenn der Verbrauch an Produktionsmitteln in der Konsumgüterindustrie wertmäßig kleiner ist als die Summe von variablem Kapital und dem Mehrwert der Produktionsmittelindustrie. Vgl. auch die Analyse von Zielkonflikten in der Akkumulation (s. II.5). Auch die Aussage des ersten Teils ist: Es gibt bestimmte soziale Sachverhalte, die sich zwar in Erwartungsstrukturen umsetzen, selbst aber keine solchen darstellen.

468 Die hier thematisierten Strukturen sind nicht einfach menschlichem Handeln gegenüber in der Weise heteronom wie Naturgesetze in ihrer Unaufhebbarkeit. Von Strukturen zu reden heißt nicht, von ontologisch Unvermeidlichem zu reden, wohl aber von Hindernissen einer Gesellschaftsgestaltung, die eine eigene Arbeit und eigene soziale Kräftekonstellationen zu ihrer Überwindung erfordern. Von beidem ist politisch gegenwärtig wenig zu sehen. Es handelt sich um Strukturen, die die Gestaltung von Gesellschaft erschweren, nicht um Strukturen überhaupt, die ja durchaus etwas Entlastendes und für die Individuen Nützliches haben, wie bspw. Strukturen eines Spiels, in dem auch das Gesamtarrangement seine einzelnen Elemente überwiegt, ohne daß daraus ein Gegensatz der Strukturen zu den Spielern folgt.

469 Es »tritt nämlich der Akteur nicht einer von ihm getrennten Objektivität gegenüber, vielmehr ist er schon unabhängig von seinem Wissen gleichsam in ihr enthalten. Und indem er sich verhält, reproduziert er diese Objektivität. Es ist deshalb auch durchaus als Rückschritt zu bezeichnen, wenn neuere Ansätze, die die Marx'sche Theorie mit einer Interaktionstheorie vermitteln wollen, wieder jene Disjunktion soziale Verhältnisse/Akteur einführen. Dieses Programm ist entgegen seinem Anspruch gerade als die Kehrseite eines tra-

Der hier interessierende kritische Gegensatz befindet sich nicht zwischen den Individuen und den gegen sie verselbständigten Strukturen, sondern, wenn überhaupt, zwischen einerseits jenen Strukturen, die die Menschen einander zuordnen[470] und zur Verselbständigung von Strukturen gegen sie führen, und andererseits einer allererst aufzubringenden gesellschaftlichen Kräftekonstellation und Gestaltungskraft, die sich diesen subjektfreien, nichtnormativen[471] Strukturen gewachsen zeigt. Zwischen Sozial- und Systemintegration, Handeln und Struktur, zwischen Akteursperspektive und der Eigenlogik von Strukturen muß unterschieden werden. Jeweils das letztere kann nicht in Termini des ersteren übersetzt werden. Die von Marx thematisierten kapitalistischen Strukturen stellen keine generalisierten Verhaltenserwartungen dar und sind nicht im Rahmen einer normativen Orientierung rekonstruierbar. Was sich »hinter dem Rücken der Menschen« zusammenschließt, bleibt dem handlungstheoretischen Zugriff einer »meaningful action« versperrt. Zwar geschieht alles Handeln intentional mit Sinn und Deutungen, aber nicht alles Soziale ist Handeln.

---

ditionellen Objektivismus zu bezeichnen« (Eberle 1981/123). Dies verkennt auch Görg 1994.

470 »Die Gesellschaft besteht nicht aus Individuen, sondern drückt die Summe der Beziehungen, Verhältnisse aus, worin diese Individuen zueinander stehen« (GR 176, vgl. a. GR 61). »Der gesellschaftliche Zusammenhang konstituiert sich nicht durch die Tatsache, daß Akteure interagieren ..., sondern durch eine bestimmte, schon vor und unabhängig von der Interaktion bestehende Struktur« (Eberle 1981/122).

471 Vgl. a. Adorno 1979/481f. »Das Wertgesetz der Marx'schen Theorie beschreibt den Vergesellschaftungsmodus menschlicher Arbeit innerhalb einer spezifischen historischen Produktionsweise als Struktur eines komplexen Regulationsmechanismus, der – selbst nicht intentional verfaßt – die intentionalen Handlungen von gesellschaftlichen Akteuren zu einem sich selbst reproduzierenden Ganzen kombiniert. Die expansive Dynamik der kapitalistischen Produktionsweise kann nicht aus den Absichten ihrer ›Träger‹ begriffen werden, vielmehr sind diese analytisch auf die strukturdeterminierten Handlungsmöglichkeiten und -imperative zu beziehen. Gesellschaftliche Prozesse vollziehen sich über das Handeln menschlicher Subjekte, gleichsam ›durch ihr Bewußtsein hindurch‹, ohne deshalb auf Bewußtsein und Intentionalität zurückführbar zu sein. Kennzeichnend für den Objektivitätscharakter gesellschaftlicher Strukturen ist gerade, daß sie weder qua Aufklärung reflexiv aufhebbar noch durch willentliches Handeln wie Konventionen willkürlich veränderbar sind« (Koczyba 1979/184). »Die Unintentionalität der kapitalistischen Entwicklung beruht nicht darauf, daß die Akteure nicht wissen, daß sie mit ihrem Tun diese Gesellschaft produzieren. Selbst wenn sie es wüßten, könnten sie innerhalb der institutionellen Rahmenbedingungen des Kapitalismus an der objektiven Unintentionalität der Entwicklung nichts ändern. Generell beruhen nichtbeabsichtigte Nebenfolgen des Handelns nicht darauf, daß die betreffenden Handelnden sich ihrer Folgen nicht bewußt sind, sondern auf einer bestimmten Art und Weise, in der ihre Interaktion strukturiert ist« (Eberle 1981/120).

»Unabhängig vom Willen, Vorwissen und Tun« sind bspw. die »gesellschaftlich gültigen, also objektiven Gedankenformen für die Produktionsverhältnisse dieser historisch bestimmten gesellschaftlichen Produktionsweise« (MEW 23/89f.), die den innerhalb des Kapitalismus objektiven Notwendigkeiten folgen, in ihnen pragmatisch funktionieren, ohne im Bewußtsein der Akteure reflexiv verfügbar zu sein.[472]

Das hier vorgestellte Denken, das Strukturen, das Zusammenspiel vieler Ursachen und ihr Auseinanderhervorgehen denkt, besagt nicht, daß alles schon so sein muß, wie es ist, oder daß sich alles immer ineinander fügt. In einer solchen Redeweise verschiebt sich das Thema – von bestimmten Strukturen zu Strukturen überhaupt. Das Strukturdenken sensibilisiert vielmehr dafür, daß nichts überwunden werden kann, was nicht unnötig geworden ist. Punktuelle Alternativvorschläge verfangen sich in dem Netz, das es als Netz aufzuknüpfen gilt. Gegenüber einem unmittelbaren Lob kreativen Handelns, als sei es in gesellschaftlich relevantem Maßstab in bezug auf Gesellschaftsgestaltung immer abrufbar und möglich, gilt es erst einmal die Hindernisse und Schwierigkeiten darzustellen, die ihm entgegenstehen.[473] Die anvisierten Hoffnungsträger müssen sich daran bewähren, wie sie diesen Probleme gewachsen sind.

---

472 Bei diesen in keiner Weise subjektiv fundierten Notwendigkeiten innerhalb des Kapitalismus handelt es sich bspw. um die Notwendigkeit einer Steigerungsdynamik, insofern die Produktivitätsfortschritte Mehrwert relativ zum eingesetzten Kapital verringern und dann die Nachfrage nach mehrwerthervorbringender Arbeit absolut zunehmen muß, weil sie relativ sinkt (MEW 25/236, 26.2/469, vgl. a. II.5.3). Eine weitere Notwendigkeit besteht in der ständigen Verbesserung der Verwertung als Bedingung der Erhaltung von Kapitalen. Sie wird ihnen aufgeherrscht durch die aus der Konkurrenz motivierte Bewegung des Fressens, um nicht selbst gefressen zu werden. Notwendig ist auch die Unterordnung der Menschen unter die Akkumulationsnotwendigkeiten eines abstrakten Reichtums, die als notwendige Bedingung des unter seinen Verhältnissen möglichen Lebens erscheinen. Dem entsprechen Interessen am Florieren des Kapitals. Lohnforderungen relativieren sich am Interesse am Arbeitsplatz, die Forderung nach staatlichen Leistungen findet ihre Grenze an der Gefährdung von Kapitalrenditen, von denen der Staat als Steuerstaat wiederum abhängt. Sparer sind direkt interessiert an der hohen Verwertung des Kapitals.

473 Notwendig ist die »Kategorialität einer Analytik und Metrik sozialer Verbindungs- und Trennungsenergien in ihrer jeweiligen Feldverteilung« (Fleischer 1980/418).

In bezug auf den Kapitalismus heißt dies, sich gewachsen zu zeigen gegenüber

- den der Gesellschaftsgestaltung abträglichen Trennungen, Indifferenzen und Gegensätzen zwischen den verschiedenen Fraktionen der Bevölkerung und den entsprechenden Schnittmustern ihrer Handlungen sowie von deren Aggregation und Synthese,
- der Immunisierung gesellschaftlicher Gebilde (Produktivkräfte, Organisationen, Strukturen) zum Sachzwang und der Verobjektivierung, Konzentration und Synergie des gesellschaftlichen Wissens im Gegensatz zu den Gesellschaftsmitgliedern,
- der (diesen Verobjektivierungen gegenüber komplementären) Subalternität der Individuen (geringe Reichweite und Partikularisierung der Handlungsvermögen, Kompetenz- und Zuständigkeitsdelegationen, entsprechende entmutigende Selbstwahrnehmung als inkompetent und unzuständig),
- den Interessenprofilen und Beteiligungsmotiven, die unter Voraussetzung der wesentlichen Ungestaltbarkeit der gesellschaftlichen Welt das Mitspielen der Individuen als in ihrem eigenen Interesse liegend vorstellen,
- den gesellschaftlichen Zugzwängen, Eigendynamiken und Aufschaukelungsspiralen, die die Folgebereitschaft der Individuen als für sie unumgehbar erscheinen lassen. Die Strukturen setzen ihre Träger unabhängig von ihrer Subjektivität in Bedingungen, unter denen diese normalerweise jene reproduzieren.
- dem durch diese Momente begründeten »stummen Zwang« und der Selbstreferenz der Verhältnisse, die die Reproduktion der übergreifenden gesellschaftlichen Strukturen (Gesellschaftsformation) bei allen Friktionen und Modifikationen im einzelnen wahrscheinlich machen.

Das hier vorgestellte Denken von Strukturen und Formen behandelt die Individuen nicht metatheoretisch von vornherein als Strukturelement. Vielmehr benennt es die zu lösenden Aufgaben bzw. die zu überwältigenden Hindernisse, die Thema sind, wenn gesellschaftliche Strukturen (um-)gestaltet werden sollen. Marx' Satz, eine Gesellschaftsform »geht nie unter, bevor alle Produktivkräfte entwickelt sind, für die sie weit genug ist« (MEW 13/9), verweist darauf, daß es für einen Strukturbruch neuer Produktivkräfte i.w.S.[474] bedarf, neuer

---

474 »Die besagten Produktivkräfte sind nur in zweiter Linie irgendwelche vorhandenen und verfügbaren Techniken und Maschinerien, mit denen ›man‹ dies und jenes machen kann oder könnte; primär sind das die produktiven Kräfte je bestimmter Mitgesellschafter, ›Vorzüge‹ bestimmter Individuen, Potenzen, die sie anderen voraus haben und die zum einen für sie selbst positiv, zum anderen auch für andere positiv oder negativ etwas bedeu-

Kräftekonstellationen, neuer Fähigkeiten und Bezüge zwischen den Menschen in ihrer Arbeit, eines neuen praktischen Reichtumsentwurfs, also eines Kräftefeldes, das das alte unnötig macht. Alle anderen Überwindungsversuche stellen sonst eine auf keiner neuen Produktivkraft beruhende Rebellion dar (MEW 3/417).

An der gegenwärtig prominenten Sozialtheorie von Giddens lassen sich einige Sackgassen des Denkens über das Verhältnis von Struktur und Handlung zeigen, die einen adäquaten Begriff vom nichtnormativen Substrat von Gesellschaft verstellen. Die Kritik am Behaviorismus und an der Konzeptualisierung der Akteure als passiven Opfern läßt Giddens an hermeneutische und interpretative Ansätze anknüpfen, die die Handlungsintentionalität und den Handlungssinn thematisieren.[475] Führt Giddens die Subjektivität ex negativo ein (als

---

ten, ein Vermögen des Bewirkens und Erwirkens darstellen. So haben die Stadtbürger kraft der weitreichenden Bedeutsamkeit ihrer Produktionen und Organisationsleistungen im Verlauf eines langwierigen und wechselvollen Ringens ihre gesellschaftliche Geltung und den für sie angemessenen Gestaltungsraum gegenüber der aus anderen Quellen gespeisten Macht des Grundadels durchgesetzt, und Analoges erwarteten die Vordenker der Arbeiteremanzipation von der Selbstorganisierung der Proletarier« (Fleischer 1982/28f.).

475 Daß alles durch die subjektive Verarbeitung hindurch müsse und Strukturen nicht einfach kausal menschliches Handeln determinieren, soll so festgehalten werden – eine Aussage, die bspw. für die nicht eben unmaßgeblichen Auswirkungen des Weltmarktes schon deutlich abzuschwächen wäre. Auch bezieht sich diese Aussage nicht darauf, daß das »dem« Kapitalismus zugehörige Bewußtsein alles zu interpretieren vermag, diese Interpretationen zwar im Sinne pragmatischer Kompetenz auch funktionieren, aber was *be*kannt ist, damit noch lange nicht *er*kannt ist. Bspw. können Akteure ihr ökonomisches Agieren als Nutzenmaximierung von Haushalten auffassen. Dies ist ja auch nicht einfach »falsch«, erreicht aber in der mikroökonomischen Fundierung nicht die makroökonomische Konstitution der Art und Weise, wie die Akteure die Gesetze der kapitalistischen Produktionsweise bewußt-bewußtlos durchsetzen.
Etwas ganz anderes ist es, dem schlichten Sachverhalt subjektiver bzw. imaginärer Aneignung ein bedeutungsvolles Gegengewicht gegen die Strukturen abzugewinnen: »Es bestehen funktionale Zusammenhänge (bspw. im Sinne von Reproduktionskreisläufen), die nicht reflexiv gesteuert, wohl aber erst durch das kompetente soziale Handeln der Akteure hindurch aufrecht erhalten werden« (Görg 1995/633, vgl. a. Wolf 1999). Die notwendige Bedingung von Strukturen avanciert hier zur hinreichenden Bedingung ihrer (Um-) Gestaltung. Da auch in Strukturen »kompetente soziale Akteure« notwendig seien, so diese Logik, können sie die Strukturen auch verändern. Daß der eigene, eben von Individuen unabhängige Reproduktionsnexus der Strukturen eine eigene Einwirkung, Kräftekonstellation und Bewußtheit zu ihrer Veränderung bedarf, also etwas anderes als das in den Strukturen verlaufende und durch sie vorstrukturierte Handeln »kompetenter sozialer Akteure«, bleibt ungedacht. Der Unterschied zwischen Mikro- und Makrosphäre, Akteursperspektive

Gegenmoment gegen den »Objektivismus«), so konzipiert er ebenso negativ die Strukturen der Gesellschaft. Ohne die Betonung der gesellschaftskonstitutiven Bedeutung des Alltagswissens der Laien zurückzunehmen, will Giddens den Gedanken der Reflexionsmächtigkeit der Akteure (»daß die Akteure immer ein Wissen über den strukturellen Rahmen, in dem ihr Handeln abläuft, besitzen« Giddens 1979/144) mit der eigenen Objektivität sozialer Strukturen integrieren. Er löst dieses Problem, indem er eine Beschränkung des Alltagswissens annimmt, das zwar handlungspraktisch die Strukturen konstituiert, sich aber diskursiv von ihnen und von sich nicht bzw. nur sehr eingeschränkt

---

und Systemlogik, Sozial- und Systemintegration, Handeln und Strukturen wird hier nicht deutlich. Was Hoffnung stiften soll, die Dualität zwischen System- und Akteurslogik, trägt auch dazu bei, daß es bei Hoffnungen bleibt. Die pauschale Überbewertung von sozialen Kämpfen (s.a. II.4.3c) und die Nichtunterscheidung zwischen antagonistischen und nicht-antagonistischen Widersprüchen, zwischen Auseinandersetzungen um systemimmanente Dysfunktionen und Systemüberwindung findet sich in der reformistischen und revisionistischen Linken. Für sie gilt der Sozialstaat als Paradebeispiel dafür, daß »historische Entwicklungen immer wieder in sozialen Kämpfen (zumindest partiell) gegen die strukturell angelegten Entwicklungsbedingungen und -zwänge durchgesetzt werden« (Görg 1994/109). Zur einschlägigen Immunisierungsformel »zumindest partiell« vgl. den Schluß von II.4.5, zum Sozialstaat der Hinweis auf Kritiken in II.1.
Zugrunde liegt die Manier, aus dem Geflecht der Selbstreproduktion des kapitalistischen Systems Momente zu isolieren und sie dann anderen ebensolchen Artefakten entgegenzusetzen. Die Begrenzung des Normalarbeitstages bspw. bewirkt eine Schonung der Arbeitskraft als Mehrwertquelle gegenüber ihrer vorzeitigen Erschöpfung oder Zerstörung (vgl. a. MEW 23/253f., 281). Diesem Zusammenhang wird nun bisweilen entgegengestellt: »Die über den Staat vermittelte Durchsetzung und öffentlich-rechtliche Garantie des Normalarbeitstages bedeuten, daß der Staat auch als rechtliche und materielle Verwertungsschranke des Kapitals fungiert, welche selbst Ergebnis von Klassenauseinandersetzungen ist« (Hübner, Stanger 1986/147). Die »Systemfunktionalität« der staatlichen Durchsetzung des Normalarbeitstages durch »Ambivalenz« zu charakterisieren gelingt um den Preis, den »konfliktuellen Entstehungsgrund dieser Institution« (ebd.) unmittelbar zu setzen und nicht zu vermitteln mit den wiederum in der kapitalistischen Ökonomie präjudizierten Chancen der verschiedenen Protagonisten für »Klassenauseinandersetzungen« (s. II.3, s. II.4). Auch die verschiedene Ausstattung mit konfliktrelevanten Drohmitteln sowie die ungleiche Angewiesenheit der einen Seite auf die andere zur Realisierung eigener Interessen verbietet es, »sozialen Kampf« entkontextualisiert als der kapitalistischen Ökonomie externe Variable einzuführen in der Perspektive, hier beliebig mobilisierbare Einsatzreserven zur Zivilisierung des dann wachsweich vorgestellten Kapitalismus bei seinem Fortbestehen zu verorten. Übergangen wird, daß der so bloß beschworene soziale Druck unter kapitalistischen Bedingungen sich, wenn überhaupt, nur kurzfristig entfalten kann, sich aber nicht auf Dauer stellen läßt.

Rechenschaft ablegen könne, insofern es die nichtintendierten Wirkungen und die Voraussetzungen des Handelns nicht – oder nicht adäquat – in den Blick bekomme. Der Strukturbegriff bleibt bei Giddens eigentümlich körperlos und stets reflektionslogisch zurückgebunden an die Subjekte.[476] Die in Teil I und II dargestellten Strukturen mit ihren Folgezwängen und selbstreproduktiven Effekten an Subjekte zurückzubinden stellt eine Verharmlosung des Eigenlebens der Strukturen und ihrer in sie eingebauten Selbstreferenz dar. Die normative Sorge um die Geltung der Subjekte in der gesellschaftlichen Wirklichkeit führt zu einer theoretisch-humanistischen Aufwertung der Subjekte, die als bloß imaginär gelten muß, insofern sie sich aus der Unterbestimmung der Objektivität der Strukturen speist[477] und in der Fixierung auf das Verhältnis zwischen Struktur und Akteur den Doppelcharakter von beiden übergeht.[478]

Die Marx'sche Theorie der Formen des herrschenden gesellschaftlichen Reichtums und der damit verbundenen sozialen Verhältnisse hat ihre Besonderheit darin, in der subtilen Darstellung der Selbstreproduktion des kapitalistischen Systems die Sollbruchstellen und die in ihm entstehenden, über es hinausweisenden Möglichkeiten präsent werden zu lassen. Die objektiven und subjektiven Möglichkeiten eines gesellschaftlichen Reichtums werden sichtbar, der Ware, Geld, Kapital, kapitalistische Produktion und Akkumulation unnötig werden läßt. Ein allgemeiner Widerspruch der kapitalistischen Gesellschaft

---

476 »I shall argue ... that, in social theory, the notions of action and structure presuppose one another, ... this dependence ... is a dialectical relation« (Giddens 1979/53).

477 Die strukturelle Reproduktion der Gesellschaft soll sich ausschließlich »in und vermittelt durch die reflexiv gesteuerten Handlungen situierter Aktoren« vollziehen (Giddens 1984/212). »Structure has no existence independent of the knowledge that agents have about what they do in their day-to-day activity« (ebd. 26). Vgl. a. Giddens 1984/181, 1981/17.

478 Den Doppelcharakter der kapitalistischen Ökonomie und des abstrakten Reichtums blendet auch Görg aus, indem er beide auf »funktionale Zusammenhänge« verkürzt, als handele es sich um das Habermas'sche »System« aus der »Theorie des kommunikativen Handelns«. Die Konstitution des »Handelns der Akteure« aus dem abstrakten Reichtum wird ausgeblendet, um dann den »funktionalen Zusammenhängen« gegenüber humanistisch dafür zu plädieren, es müsse »ein Verständnis des Handelns der Akteure gewonnen werden, welches ihre Selbständigkeit gegenüber den funktionalen Zusammenhängen nicht methodisch negiert« (Görg 1994/100). Verfehlt werden damit die Widersprüche *in* der »Funktion«. In den Fähigkeiten, Sinnen usw., die in der i.w.S. verstandenen Arbeit beansprucht werden, stecken zugleich Potentiale der Kritik von Arbeitsgründen, -zielen, -richtung und -bedingungen. Die Figur, das Subjekt einerseits als gesellschaftlich involviert und andererseits der Gesellschaft entgegenstehend aufzufassen, hat eine lange Tradition. Vgl. zur Kritik Schubert 1983/86ff.

verläuft zwischen der Verwertung des Kapitals als gesellschaftlichem Relevanzkriterium für den Aufbau und die Vernutzung von Fähigkeiten, Bedürfnissen, Kooperationszusammenhängen und (Er-) Kenntnissen einerseits und der andererseits dafür nötigen stofflichen sowie immateriellen Produktion und Reproduktion, Zirkulation, Distribution und Konsumtion – inklusive der darin notwendig werdenden bzw. sich daraus aufbauenden Fähigkeiten, Bedürfnisse, Kooperationszusammenhänge und (Er-) Kenntnisse.[479] Die eigene system- und sozialintegrative Reproduktion des Kapitalismus in seiner herrschenden Formseite »bewährt« sich an der Neutralisierung dieser Möglichkeiten. Auch insofern gelingt schon die Analyse der herrschenden kapitalistischen Form selbst nicht, wenn nicht in ihrer Charakterisierung der Doppelcharakter des Kapitalismus durchscheint.

Die der herrschenden Form entgegengesetzte Seite des Doppelcharakters des Kapitalismus läßt sich bestimmen aus den im und durch den Kapitalismus unausgeschöpften und verstellten, aber mit ihm entstehenden objektiven Potentialen und aus den im Kapitalismus entstehenden subjektiven Fähigkeiten und Sinnen, die eine andere Ausgestaltung der Arbeiten im Sinn haben. Objektiv unausgeschöpfte Potentiale, die Veränderung der sozialen Synthesen der Arbeitenden untereinander (s. II.4) und der Verhältnisse zwischen den Arbeitenden und den Adressaten der Arbeit (s. II.2) sowie die »Entdeckung«, daß die Arbeitenden mit ihren Fähigkeiten etwas anderes anfangen können als dies in der kapitalistischen Form möglich und notwendig ist – diese drei Momente erhalten eine »zusätzliche« Herausforderung dazu sich herauszubilden angesichts der manifesten Probleme, an deren Bearbeitung der Kapitalismus seine Leistungsgrenze erfährt (Arbeitslosigkeit, Ökologie, sog. Zivilisationskrankheiten usw.).[480]

Im Erziehungswesen legt die Sympathie für pädagogische Reformversuche davon Zeugnis ab, daß die Arbeitsfähigkeiten und -sinne von Lehrenden in

---

479 Es handelt sich um den Widerspruch zwischen den (subjektiven und objektiven) Produktivkräften, die aus der Notwendigkeit, in der Konkurrenz um den Profit nicht auf der Strecke zu bleiben, gesteigert werden, zugleich aber, um stofflich wirken zu können, Potenzen aufbauen, Vorleistungen erfordern, Nachverarbeitungen und Erfahrungen in Gang setzen, die in vielfältige Spannungen geraten können zum Verwertungskriterium. Das Widerspruchspaar Produktivkräfte/Produktionsverhältnisse eignet sich zur abkürzenden allgemeinen Bestimmung von Widersprüchen, wenn Produktivkräfte nicht eingeschränkt werden auf den »technischen Fortschritt«. Vielmehr umschließen sie auch »die produktiven Energien, Qualifikationen und Betätigungsansprüche maßgebender Produzentengruppen« (Fleischer 1987/29).
480 Zur Konkretion vgl. »Arbeitsperspektive«.

Distanz bis Widerspruch geraten zu staatlichen Kriterien für Schule. Im Gesundheitsbereich wird einer Minderheit der dort tätigen Kräfte (vgl. bspw. die Stärke der »Fraktion Gesundheit« in der Berliner Ärztekammer) deutlich, daß den Sinn für die Ursachen von Krankheiten ernstzunehmen heißt, nach gesellschaftlich vermeidbaren Gründen von Krankheit und krankheitsbegünstigenden Momenten im Gesundheitswesen zu fragen. In der »Agraropposition« von Bauern und Naturschützern ist aus den Fähigkeiten und Kenntnissen des Umgangs mit Natur eine Ahnung davon zu spüren, daß die kapitalistische Bewirtschaftung der Natur eine pflegliche Landwirtschaft nicht beinhaltet. In der Ökologie- und Nachhaltigkeitsdiskussion kommt es zu einer Mobilisierung technischer, naturwissenschaftlicher und sozialwissenschaftlicher Intelligenz und Fähigkeiten gegen die herrschenden Zustände. Baethge sieht »einen Kristallisationspunkt auch sozialer Identität und politischer Organisierung« in der »moralischen Qualität der Arbeit – das meint die Berücksichtigung von Sinnbezügen, das Interesse am Erhalt der inneren und äußeren Natur und die Herstellung diskursiver Kommunikation in der Arbeit. ... Keine Belege, wohl aber erste Indizien, daß es dafür subjektive Voraussetzungen gibt, sind die Befunde über die beträchtliche ökologische Sensibilität von Arbeitern und von hochqualifizierten Industrieangestellten (Heine/Mautz 1989; Hoff 1990; Baethge/Denkinger/Kadritzke/Lappe 1990) oder der Hinweis aus der Untersuchung von Lempert/Hoff/Lappe 1990 über die Entstehung eines postkonventionellen Moralbewußtseins bei Facharbeitern. Gewiß ist dies noch eine arg schmale empirische Basis, aber: was das Morgen ankündigt, kann heute ja kaum schon repräsentativ sein« (Baethge 1994/254).

Ich möchte die bisherigen Überlegungen unter Rückgriff auf die Figuren von Gegensatz und Widerspruch sowie Möglichkeit und Wirklichkeit weiter zuspitzen und systematisieren. Beide Seiten des Doppelcharakters sind voneinander abhängig und miteinander verschränkt. Es gibt keine Produktionsverhältnisse bzw. Formen der Vergesellschaftung ohne Produktivkräfte und umgekehrt. Die kapitalistische Ökonomie kann nicht existieren ohne eine bestimmte Maschinerie (vgl. GR 585ff., zitiert in II.4.1). Die Verschränkung der Seiten des Gegensatzes ineinander schließt auch eine Kritikstrategie aus, mit der von außen gute und schlechte Seiten unterschieden werden.[481] Aus dem polaren Gegensatz, in dem beide Seiten trotz ihrer Unvereinbarkeit aufeinander bezogen und unlösbar miteinander verknüpft sind, wird mit dieser Kritikstrategie ein konträrer Gegensatz (zwischen den beiden Endpunkten eines Kontinuums, auf dem viele Abstufungen zwischen ihnen möglich sind). Zur Äußerlichkeit

---

481 Vgl. zur Kritik dieser Kritikstrategie auch MEW 4/131f., 140.

dieser Strategie gehört, den Maßstab zur Unterscheidung von außen an die zu beurteilende Gesellschaft heranzutragen, bspw. indem Probleme fixiert und in bezug auf sie die Lösungskapazitäten sortiert werden: Die guten ins Töpfchen, die schlechten ins Kröpfchen. Diese Strategie zeigt an sich selbst ihre Äußerlichkeit darin, daß die beiden Seiten, die gute und die schlechte, miteinander nichts zu tun zu haben scheinen. Beide Äußerlichkeiten, sowohl die zwischen Problem und Problemlösungskapazitäten als auch die zwischen der guten und schlechten Seite, erweisen sich der realen Vermittlung gegenüber als ebenso unterkomplex wie die Perspektive, die »schlechte« Seite wegfallen zu lassen, die »gute« auszudehnen. Es kann dann nicht mehr gedacht werden, wie das, was es zu bearbeiten gilt, den Maßstab seiner Bearbeitung insgeheim affiziert, infiziert und invertiert. Auch entgehen einer unmittelbaren Bewertung der Gesellschaft am Maßstab ihrer Leistungskapazität zur Lösung von »Problemen« (bspw. der Arbeitslosigkeit) die innergesellschaftlich naheliegenden Interpretationen, die bspw. die Arbeitslosigkeit als sachlich unumgänglich, als Problem der Arbeitslosen selbst oder als Folge falscher politischer Entscheidungen auffassen, damit also die Gesellschaftsformation aussparen. Und der einfache Dualismus zwischen guten und schlechten Seiten umgeht das eigentliche Problem. Wenn Unglück sein soll, muß selbst das Gute Schaden bringen (Schiller, Wallenstein). Umgekehrt enthält auch die angegriffene »schlechte« Seite, gerade weil sie real nicht so einfach sich als schlecht *oder* gut auskristallisiert, wie dies dem übereiligen Ordnungseifer des Betrachters beliebt, Momente des Guten, so daß der Angriff auf sie schwer fällt (vgl. a. H 3/287).

Vom hier entfalteten Verständnis unterscheidet sich auch die Hegelsche Engführung des Verhältnis von Form und Inhalt zur Übereinstimmung der Form mit sich selbst und zu ihrer inneren Geschlossenheit. Sie hat insbesondere in ihrer kritischen Wendung durch Adorno zu einem Marxverständnis geführt, demzufolge »die Totalität« sich die Gebrauchswerte, Produktivkräfte und Individuen subsumiert. Die Schließung der Form in sich selbst verifiziert so »satanisch« (Adorno) das Hegelsche System. Dieses metatheoretische Konzept dethematisiert den »Doppelcharakter«.[482] Marx hat in ihm das »Geheimnis« sei-

---

482 Fängt die »Phänomenologie« Hegel mit einem unmittelbaren Wissen an und das »Kapital« mit einem unmittelbaren Reichtum als Warensammlung, so gleichen die Abschlüsse dieser beiden Werke jedoch gerade nicht einander. Geist verhält sich zu Wissen nicht so wie Kapital zu Reichtum. Hebt Geist das Wissen auf höherer Stufe auf, so Kapital nicht den Reichtum. Das Kapital ist nicht als absolutes Kapital mit dem Reichtum identisch, wie es Geist mit Wissen ist. Vgl. Jacoby 1982/23f., 30.

ner kritischen Auffassung gesehen (MEW 32/11). Vielen ist es auch eines geblieben.

Im Unterschied zu einer Ambivalenz[483], aber auch zu dem gänzlich anders gearteten Hegelschen »Widerspruch« ist für den in der kapitalistischen Gesellschaft herrschenden Reichtumstyp die asymmetrische Beziehung zwischen den beiden Seiten des Doppelcharakters typisch. Die kapitalistische Form übergreift und durchgreift die (begrifflich weit gefaßten) Gebrauchswerte und Produktivkräfte. Wenn für den Hegelschen Begriff des Widerspruches gilt, daß *beide* Seiten des Gegensatzes die andere Seite in sich selbst aufweisen (im Unterschied zum einfachen Gegensatz oder der Opposition), so ist dies im Kapitalismus asymmetrisch ausgeprägt. Die Produktivkräfte sind von den sozialen Formen durchdrungen, die Produktionsverhältnisse haben eine bestimmte Technik und Arbeitsorganisation wohl als notwendige Bedingung, nicht aber als hinreichende.

Die Marx'sche Kapitalismustheorie ist alles andere als eine Repressionstheorie, sondern zeigt, wie sich für die Menschen ihre Situation so vorstrukturiert, daß die gesellschaftliche Gestaltung der Gesellschaft tendenziell als Unmöglichkeit erscheint.[484] Die Subalternität der Arbeitenden gegenüber der kapitalistischen Form und ihren übermächtigen Dissoziations- und Depotenzierungstendenzen zu bemerken, heißt eine Aussage über ein *Verhältnis* zu

---

483 Vgl. bspw. Simmels Gedanken vom »Wesen des inneren Lebens ... , daß es seinen Ausdruck immer nur in Formen findet, die eine Gesetzlichkeit, einen Sinn, eine Festigkeit in sich selbst haben, in einer gewissen Abgelöstheit und Selbständigkeit gegenüber der seelischen Dynamik, die sie schuf. Das schöpferische Leben erzeugt dauernd etwas, was nicht selbst wieder Leben ist. ... Es kann sich nicht aussprechen, es sei denn in Formen, die etwas für sich, unabhängig von ihm, sind und bedeuten. – Dieser Widerspruch ist die eigentliche und durchgehende Tragödie der Kultur« (Simmel 1957/99).

484 Wolf 1999 stellt sich *diesen* Hindernissen nicht. In seiner Kritik an einer Industriesoziologie und einem Marxismus, die die Arbeiter nur als Opfer und Objekt sehen und deren subversive Selbsttätigkeit übergehen, lebt seine Argumentation von der Engführung von kapitalistischer Übermacht auf Herrschaft und von deren Reduktion wiederum auf direkte Kontrolle. Wolf weist richtig die Vorstellungen von schrankenloser Programmierbarkeit des Ausführungshandelns zurück. Demgegenüber gewinnt dann eine Aussage wie »Ohne die Selbsttätigkeit der Beherrschten funktioniert das System nicht, das sie beherrscht« (Wolf 1999/57) mehr Bedeutung, als sie wirklich hat. Die notwendige Bedingung der Produktion wird zur hinreichenden ihrer gesellschaftlichen Aneignung. Dieser Übergang wird deutlich im von Wolf affirmativ zitierten Satz »Über die Fähigkeit zur Ingangsetzung und -haltung des Produktionsapparates entwickelt sich auch die Fähigkeit zur Durchsetzung von Forderungen und Abwehr von Verhaltenszumutungen mit Hilfe des Produktionsprozesses« (Lichte 1978/39f.).

treffen: Daß die Arbeitenden sich den Arbeitsprozeß nicht gesellschaftlich aneignen können, muß nicht zurückgenommen werden, wenn man gleichzeitig hinweist auf die Fähigkeiten, die die Arbeitenden »dennoch« besitzen.[485] Die Subalternitätsthese fällt nicht mit der These zusammen, die Arbeitenden seien »reine Manipulationsobjekte des Managements oder des Systems geworden« (Wolf 1999/77). Daß sie dies nicht sind, heißt nicht, daß sie die Trennungen, Abstraktionen und Eigendynamiken überwinden können, in die sie mit dem Kapitalismus gesetzt sind.[486]

Das »Übergreifen« der kapitalistischen Form über die andere Seite des Doppelcharakters zeigt sich auch in der Relativierung des Interessenkampfes am Florieren des Kapitals (vgl. II.3): Die Arbeitenden haben sich im Kapitalismus mit

---

485 Wolfs Anliegen, diese Fähigkeiten und das Selbsthandeln zu profilieren, ist berechtigt. Allerdings bleibt sachlich unverständlich, warum er sein Anliegen mit der These unterstreicht, auch unter Anhängern der »Kritik der Politischen Ökonomie« sei die Ignoranz gegenüber diesen Fähigkeiten verbreitet. Dabei zitiert er doch selbst viele Arbeiten, die das Gegenteil belegen. Manche Arbeiten, die seine These vorwegnehmen, fehlen dagegen (z. B. Ottomeyer 1977, Schimank 1981).

486 Die These Wolfs, die Arbeitenden führten »im Arbeitsalltag einen impliziten Kampf um die Aneignung ihrer Arbeit und ihrer Selbsttätigkeit« (95f.), übergeht die Unterscheidung, ob dieser Kampf die Aneignung der Arbeit betrifft oder das subjektive Zurechtkommen, das Gewinnen von Freiräumen, die es erlauben, die Arbeit länger ohne einen die eigene Arbeitstätigkeit gefährdenden übermäßigen Kräfte- oder Motivationsverschleiß usw. abzuleisten. Wolf interpretiert die »verdeckten Kämpfe und die implizite Selbsttätigkeit, die in ihm stetig wirkt« dahingehend, daß im Arbeitsleben »verdeckt, verdrängt, pervertiert, instrumentalisiert – innerhalb der herrschenden sozialen Realität eine mögliche alternative Organisationsform: selbstbestimmte, autonome Produktion« erscheint (101): Ein voluntaristischer Sprung. Diese Nichtunterscheidung und dieser Voluntarismus hängt damit zusammen, daß Wolf den von ihm favorisierten »Kampf« nicht auf die angeführten Hindernisse der Aneignung der Arbeit bezieht.
Wer so schnell und oft von der »Dialektik von Fremd- und Selbstbestimmung im Produktionsprozeß« redet wie Wolf (67, 69), übergeht den für Gesellschaftsgestaltung nicht unambivalenten Sinn dieser »Dialektik«, derzufolge sich Knechte als »eigentliche« Herren vorkommen, insofern ohne sie nichts gehe, während die »offiziellen« Herren dies nur nicht mitbekämen bzw. nicht wahrhaben wollten. Wer wie Wolf dem »Eigensinn« der Arbeitenden ein Loblied singt, übergeht, daß dieser Eigensinn sich nicht gegen das Kapital verwirklichen muß, weil er sich ihm gegenüber eingerichtet hat. Ist »der eigene Sinn Eigensinn«, so hat er »eine Freiheit, welche noch innerhalb der Knechtschaft stehenbleibt« (H 3/155). Die systemstabilisierende Leistung von Rollendistanz (Goffman) und von Opposition und Streit (vgl. das einschlägige Kapitel in Simmels »Soziologie«) ist in der Soziologie ein so gut durchgearbeitetes Thema, daß unverständlich bleibt, warum Wolf daran einfach vorbeigeht.

dem Kapital gegen es zu erhalten. Dies »Übergreifen« der kapitalistischen Form, die von ihr ausgehende Strukturierung ihrer »Gegenseite«, ist aber nicht nur restriktiv, sondern auch »kreativ«, insofern im Kapitalismus schon auf der Formseite Subjektivitäten entstehen: das Subjekt der Zirkulation (s. II.2), die Privatperson und der über Geld vermittelte formell freie Wille (s. II.3), die mit dem kapitalistischen Arbeitsprozeß konformen Kompetenzen und Sekundärtugenden (»Destruktivqualifikationen« sensu Bammé u.a. 1976, 1982). Diese aus der Perspektive der Individuen sie zum Subjekt erhebenden Subjektivitäten sind aus der Perspektive der Selbstreproduktion der kapitalistischen Ökonomie Akzidenzien jener Substanz, die das Kapital ausmacht. Die Subjektivität der Individuen ist für das Kapital eine notwendige, aber keine hinreichende Bedingung seiner subjektfreien Struktur als eines »automatischen Subjektes« (MEW 23/169).[487] Die genannten Subjektivitäten sind von der Substanz des Kapitals evoziert, und die Überwindung des einen erfordert die Überwindung des anderen.

Beide Seiten des Doppelcharakters erzeugen auf der anderen Seite Entwicklungen, die sich als Problem für deren Selbstreproduktion erweisen. Es handelt sich dabei um Entwicklungen, die nicht einfach wegen ihres negativen Effekts abspaltbar, eindämmbar oder neutralisierbar sind, insofern sie sich nicht trennen lassen von den charakteristischen produktiven und bestandsnotwendigen Operationen der Seite, von der sie ausgehen.[488]

Weder die formmonistische Identifizierung von Form und Substrat noch die Dualisierung zwischen ihnen, die Gesellschaft zu einer Art Behälter für zwei verschiedene, einander gleichgültige »Stoffe« macht, entspricht der Problematik. Daß Form und Substrat miteinander verknüpft sind, wobei die Form das übergreifende Moment bildet, schließt nicht aus, den Unterschied zum Gegensatz zu radikalisieren. Um die Schwierigkeiten dabei geht es hier. Die Substratseite hat ihre emanzipatorischen Potentiale dafür, anders zu produzieren und zu

---

487 Die Substanz ist Subjekt, insofern sie sich aus sich selbst heraus erneuert. Die Verwertung des Kapitals ist Selbstverwertung (MEW 23/169, GR 189, 632). Zugleich hat sich die Hegelsche Einheit von Substanz und Subjekt auch *nicht* realisiert, insofern das Kapital sich nicht dadurch reproduziert, daß es dies mit Bewußtsein tut, sondern eben »automatisch« sich fortbewegt aus den Selbststeigerungsimperativen der Konkurrenz, der Widersprüche der Akkumulation usw. (s. II.5).

488 Den sozialen Formen des gesellschaftlichen Reichtums ist eine Akkumulation eingeschrieben, die zu den in II.5 gezeigten Problemen der Profitrate führt und auf der Seite der Produktivkräfte Unterauslastung, krisenhafte Nichtausnutzung, »technische« Arbeitslosigkeit usw. erzeugt. Die Produktivkräfte beinhalten Ressourcen, Fähigkeiten und Sinne, die gegen die herrschende Form des Reichtums gewendet werden können.

leben, nicht so, wie sie unmittelbar vorliegt, sondern als Möglichkeit. Sie beinhaltet ein allererst herauszuarbeitendes und aus seinen bisherigen Kontexten zu entwickelndes und zusammenzustellendes, also nicht fix und fertig bereits vorliegendes, nurmehr dornröschenhaft wachzuküssendes Substrat. Wer von Möglichkeiten spricht, spricht nicht von der faktischen Notwendigkeit, daß sie wirklich werden *müssen*. In Teil II war die Analyse der kapitalistischen Form der Arbeit dahingehend zugespitzt worden, daß die »Form« der Maschinerie oder der Organisation gegenüber nichts Äußerliches darstellt, sondern in ihr Wirklichkeit wird. Die kapitalistischen Formen gleichen keiner Schale, die vom unter ihr notwendig wachsenden Inhalt wie von einem Küken unausweichlich eines Tages abgestoßen wird. Die reale Subjektlosigkeit des kapitalistischen Prozesses verkennt, wer ihn zum insgeheimen Mittel einer List der Vernunft macht und so die empirische Wirklichkeit zum Moment eines ihr wesentlich zugrundeliegenden eigentlichen Geschehens erhebt, das die Vernunft durch alle Wirrungen hindurch sicher zu ihrer Vollendung führt.[489]

Das Verhältnis zwischen Möglichkeit und Wirklichkeit ist an dieser Stelle keines der Durchsetzung oder Anwendung von Möglichkeiten. Vielmehr unterliegen die Möglichkeiten selbst einer Wandlung in dem Maß, wie sie wirklich werden. Es geht nicht um ein identisch bleibendes, nur zu kräftigendes Substrat. In diesen Wandel ist die Kritik am Kapitalismus eingeschlossen. Diese Kritik beinhaltet nicht allein die Überwindung einer äußeren Schranke und das Niederringen des Entgegengesetzten. Wir haben es auch nicht zu tun mit einer räumlichen Anordnung, in der sozusagen ganz Frankreich besetzt ist, nur das Dorf von Asterix und den Seinen nicht. Kein räumlich verstandener »Rest« bildet ein Widerstandsterritorium.[490] Die herrschende Seite ist vielmehr an der beherrschten selbst mit präsent (Unterschied des Widerspruchs zum Gegensatz), so daß die Kritik auch Selbstkritik mit einschließt, aber wiederum den verselb-

---

489 »Die Unterstellbarkeit eines Prätendenten, dem die durchkapitalisierte Gesellschaft als Reich der Freiheit zufallen soll, rechtfertigt alle Entbehrungen. ... Der hintergründige Herr der Dinge, das Gemeinwesen, hat keinen Anlaß etwas preiszugeben. Deswegen leidet er, und das Leiden ist seine Genugtuung« (Böckelmann 1998/13).

490 Vgl. bspw. Adorno 1950/124: »Es ist gleichsam den Menschen ein immer geringerer Ausweichraum gelassen ... aus den gesellschaftlich verpflichtenden Formen, in denen sie existieren. Und dadurch ist der Druck, der Zwang, sich anzupassen, immer größer geworden und der Bereich, in dem Menschen ein Leben unabhängig von diesem gesellschaftlichen Mechanismus führen können, immer geringer geworden.« Gorz (1984/102) setzt auf den »nichtsozialisierten Teil der Existenz«.

ständigten Reichtums nicht in subjektive Verantwortung, menschliche Sünden und Fehltritte auflöst.[491]

Die Selbstveränderung der im Doppelcharakter beherrschten Seite ist nicht zuletzt deshalb notwendig, weil kein einfaches positives Substrat, keine Maschinen, keine Fähigkeiten usw. einfach »anders anzuwenden« sind und nur eine formelle Oberhoheit der Herrschaft abzuschütteln wäre wie eine parasitäre Rentiersschicht. Der Begriff der für den neuen gesellschaftlichen Reichtum notwendigen Produktivkräfte beinhaltet eigene soziale Verhältnisse der Kooperation, der Alternative zur Konkurrenz, zur warenförmigen Dekomponierung usw. Es steht an, die Trennungen, die Abstände, die Positionsegoismen und -hypostasierungen usw. zu bearbeiten, die in der Moderne und im Kapitalismus die Gesellschaft durchziehen. Es geht um eine andere soziale Synthesis der verschiedenen Tätigkeiten in der Bevölkerung.[492]

Nicht das einfache Ausdehnungswachstum des der Formseite entgegengesetzten Substrats, sondern seine qualitative Veränderung ist not-wendig.[493] Zugleich ist diese grundlegende Selbstveränderung nicht dem Wunder der Kritik geschuldet, keine Kopfgeburt eines sich selbst übersteigenden Bewußtseins[494], sondern verwirklicht jene Möglichkeiten, die in den Sinnen, Fähigkeiten und

---

491 Damit würde das nichtnormative, nicht in den Handlungen von Individuen aufgehende, nicht in einem gesellschaftlich vorherrschenden Sinngehalt zu formulierende Substrat der Verselbständigung subjektivierend und anthropomorphisierend verfremdet.

492 Inwieweit hier durch andere Foki und die Rückwendung auf die Werte eines neuen Reichtums und eines arbeitenden-In-der-Welt-Seins (s. »Arbeitsperspektive«) die Probleme überwunden werden, die vor allem in Teil I beschrieben wurden, ist eine offene Frage. Mögliche Kräfte in dieser Richtung und Institutionen, die vor dem Hintergrund der Bearbeitung der Schwierigkeiten der Gesellschaftsgestaltung in der modernen Gesellschaft und im Kapitalismus entstehen könnten und diese Schwierigkeiten einhegen, sind das Thema in der »Arbeitsperspektive«. In der »Theorie gesellschaftlicher Müdigkeit« geht es darum, die Schwierigkeiten der Gesellschaftsgestaltung in ihrem Zusammenhang darzustellen. Erst wenn sie überhaupt einmal als Metaproblem der vielen auf soziale Veränderungen gerichteten sozialen Akteure in den Blick kommen, kann die Frage nach Gesellschaftsgestaltung gestellt werden, ohne in ihr bereits naiv Lösungen vorzuschlagen, die zum Problem hinzugehören.

493 »Das jetzige Geschlecht gleicht den Juden, die Moses durch die Wüste führt. Es hat nicht nur eine neue Welt zu erobern, es muß untergehen, um den Menschen Platz zu machen, die einer neuen Welt gewachsen sind« (MEW 7/79). Zum kathartischen Charakter der Selbstkonstitution vgl. a. MEW 3/69f., 8/412, 598 und 17/343.

494 Diese »Feldzüge der reinen Kritik« sind wahrscheinlich am besten von Bruno Bauer (1968) auf den Begriff gebracht worden. In ihnen »leidet das Bewußtsein diese Gewalt, sich die beschränkte Befriedigung zu verderben, von ihm selbst« (H 3/74).

Kräften der der Formseite des Doppelcharakters entgegengesetzten Seiten impliziert sind.[495] Die qualitative Selbstveränderung geschieht um willen der Durchsetzung dieser Möglichkeiten. Zugleich schließt die qualitative Selbstveränderung nicht einfach kontinuierlich-gradualistisch an den bestehenden Potentialen an. Der herrschenden Seite liegen die Potentiale nicht unmittelbar gegenüber, sondern erst insoweit, als sie aus ihrer Kontaminierung mit den herrschenden Formen herausgearbeitet und ineins der herrschenden Form die Bedingungen ihrer Möglichkeit und Notwendigkeit entzogen wurden.

Mißverständnisse des Doppelcharakters betreffen den kategorialen Status der Möglichkeiten. Entweder werden sie, weil sie nur möglich, aber nicht wirklich sind, für unwirklich gehalten. Oder sie werden, weil die favorisierte Wirklichkeit aus ihnen entstehen *soll*, schon für wirklich gehalten. Sich auf den Standpunkt der besseren Möglichkeiten zu stellen, die im Existierenden aus ihm herausgearbeitet und gegen seine gesellschaftliche Form gestellt werden können, ohne die Realität zu mißachten, bedeutet, die Zwischenlage auszuhalten – wie bei jedem Entwicklungsprozeß, in dem man eine Vorstellung von den Momente des Neuen umrißartig hat, diese aber noch ebenso wenig zusammenpassen wie wirklichkeitsmächtig herausgearbeitet oder ent-wickelt worden sind.[496] Der Sinn für einen postkapitalistischen gesellschaftlichen Reichtum weiß um das Unwirkliche am noch nicht wirklich Gewordenen. Was bloß möglich ist, ist nicht wirklich. Die Aufmerksamkeit für die Möglichkeiten enthebt nicht der Wirklichkeitsvergewisserung und der Aufmerksamkeit für die Gründe ihres vorfindlichen Soseins. Im hier explizierten Sinn für den Doppelcharakter ist gewiß – er hat darin so etwas wie ein positives Vertrauen zur (so gefaßten) Welt (vgl. a. Horkheimer 1988/134, vgl. Tillich, zit. in III.9) –, daß das, worauf man sich positiv bezieht, nicht so da ist, wie es herausgearbeitet und entwickelt wäre in einer Gesellschaft und für eine Gesellschaft, in der die im emphatischen Sinne verstandene Arbeit zu ihrem Recht kommt. Das Nicht-so-da-Sein

---

495 »Man kann die Industrie gar nicht abschaffen, ohne sie zu verwirklichen, man kann mit ihr nicht ›fertig‹ werden, ohne das in ihr enthaltene und durch ihre Vermittlung herausprozessierte Potential an Menschlichkeit zu befreien. Und umgekehrt: Man kann die Industrie auch nicht verwirklichen, ohne sie zu überwinden« (Hassenpflug 1990/89 in Anknüpfung an MEW 1/384).

496 »Wenn wir auf der Straße wandern und wissen, daß nach dreiviertel Stunden ein Wirtshaus kommt, so ist das das vulgäre Noch-Nicht. Jedoch an der Straße, die wir in dieser prekären Welt wandern, ist das Wirtshaus, gar als rechtes, noch gar nicht gebaut« (Bloch Bd. 13/224).

wird nicht als Nicht-Sein verkannt. Das noch nicht Wirkliche unterscheidet sich vom Unmöglichen.[497]

In der Linken gab und gibt es eine Tendenz, die kapitalistische Struktur der Arbeit(en) auf äußere Zwecksetzung zu reduzieren und ein die Überwindung der herrschenden Zustände eigentlich schon verbürgendes Substrat der Arbeit und der Gebrauchswerte zu unterstellen. Gegen diesen Dualismus hat sich eine Kritik in der einfachen Negation eingerichtet. Sie weiß den Dualismus nur durch seine Antithese zu vermeiden: den Formmonismus. Arbeit fällt dann ununterscheidbar zusammen mit ihrer kapitalistischen Form. Beide Varianten, die reformistische Harmlosigkeit und die Hyperkritik, operieren im Horizont einfachen Identitätsdenkens[498], demzufolge etwas nur es selbst zu sein vermag und nicht seinen Gegensatz, wie latent auch immer, aufweisen kann. Im Dualismus wird der Widerspruch zu einer Koexistenz verwandelt, seine beiden Seiten stehen säuberlich getrennt nebeneinander. Die Gesellschaft gleicht dann einem Behälter, der beides enthält, ohne daß es noch einander affiziert. Herrschaft erscheint dann nurmehr als *Über*macht und äußerliche Schranke. Der Formmonismus wiederum vermag diesen falschen Trost nur dadurch zu vermeiden, daß er Form und Substrat als identisch stilisiert, damit aber das Substrat kassiert, um dessen willen Kritik, wenn überhaupt, Sinn macht. Wo vermeintlich alles verworfen werden muß, ist das, was existiert, als der totalen Misere gemäß gerechtfertigt.

Der Funktionalismus biegt das Sich-nicht-Durchsetzende in eine besonders raffinierte Variante der Selbstimmunisierung des Bestehenden um.[499] Er hat damit recht und unrecht zugleich. Was latent da ist, ist nicht deshalb nichts, weil es sich nicht zu einer wirklichkeitsmächtigen Gestalt entwickelt. Wer an dieser

---

497 »Darin, daß eine Möglichkeit nicht Wirklichkeit ist, drückt sich nichts anderes aus, als daß die Umstände, mit denen sie gegenwärtig verflochten ist, sie daran hindern, denn andernfalls wäre sie ja nur eine Unmöglichkeit« (Musil 1981/246).

498 Die Angelegenheit kompliziert sich noch dadurch, daß Formmonismus und Dualismus *beide* auf der Seite der Hyperkritik *und* in der Perspektive reformistischer Verbesserung auftreten. Habermas z.B. verkennt (monistisch) den Doppelcharakter der Arbeit und ordnet sie dem seines Erachtens nach »funktionalen« »System« zu, um dann dualistisch die Gesellschaft aus System *und* Lebenswelt zusammenzusetzen. Auch die Hyperkritik muß nicht nur monistisch ausfallen, sondern kann auch dualistisch auftreten, etwa in der Annahme, das System zöge sich auf engere Bereiche zurück, und in der damit verbundenen Perspektive, von den im System nicht mehr integrierten, immer größer werdenden Rändern sich etwas zu versprechen.

499 Sie erfolgt »nicht einfach gegen das Nein, sondern mit Hilfe des Neins« (Luhmann 1984/507).

Latenz festhält, tut andererseits gut daran, ihre Grenzen zu wissen und nicht überall den hoffnungsverheißenden Vorschein zu wittern oder das Gras wachsen zu hören. Was aus der Systemperspektive als irrelevant und als Absorption qua Gutmenschentum erscheint, kann aus der Akteursperspektive genau jene Fähigkeiten, Sinne und Energien beheimaten, auf die es ankäme, und die nicht einfach als Illusion zu traktieren sind. Allerdings geben sie zu ihr Anlaß, insofern die Motive der Menschen für besser als die Gesellschaft gehalten werden und Gesellschaft dann von daher mißverstanden erscheint (s. a. Teil III). Die Kritik am verkehrten Verständnis von Latenzen jedoch muß sich unterscheiden von der Häme jener »Halbklaren, die schnellmürrische Urteile über das Zerbrechlichste schon für Erfolge der Kritik halten« (Sloterdijk 1996/117).[500] Der Zyniker spielt beide Seiten des gesellschaftlichen Doppelcharakters asymmetrisch gegeneinander aus. Daß über eine Sache das bestimmt, was sie kostet, und nicht das, was sie wert ist, setzt der Zyniker scheinbar kritisch voraus. Er vereinnahmt die Kritik, um sie zu entmächtigen. Nicht mit plump affirmativem Triumphgeheul, sondern mit einer ostentativen Bitterkeit, die der eigenen Person eine Kraft des illusionslosen Blicks zugutehält, und unter der Voraussetzung des Wissens um den Gegensatz nimmt der scheinbar erfahrene und abgeklärte Zyniker dann doch den herrschenden Standpunkt ein, daß eine Sache das wert ist, was sie kostet.

Beim »kritischen« Formmonismus läuft die mangelnde Unterscheidung zwischen der Reproduktion der Form und Struktur der Gesellschaft und ihrer Einheit und Geschlossenheit einerseits, den in ihr gegen sie und über sie hinaus weisenden Kräften andererseits, auf einen Selbstwiderspruch hinaus. Vor lauter Sorge davor, mit der Rede von der Möglichkeit dieser Kräfte die Kritik am »System« qua Beschwichtigung zu schwächen, wird dessen heute dem Anschein nach vorwaltende Ultrastabilität nicht als eine immer wieder empirisch zu prüfende Angelegenheit verhandelt, sondern zur logischen Geschlossenheit hypostasiert.[501] Mit dieser wasserdichten »Systemkritik« entfällt dann aller-

---

500 »Dieser linke Radikalismus ist genau diejenige Haltung, der überhaupt keine politische Aktion mehr entspricht. Er steht links nicht von dieser oder jener Richtung, sondern ganz einfach links vom Möglichen überhaupt. Denn er hat ja von vornherein nichts anderes im Auge als in negativistischer Ruhe sich selbst zu genießen. Die Verwandlung des politischen Kampfes aus einem Zwang zur Entscheidung in einen Gegenstand des Vergnügens, aus einem Produktionsmittel in einen Konsumartikel – das ist der letzte Schlager dieser Literatur« (Benjamin 8/281).

501 Allerdings gibt es auch das umgekehrte Motiv, aus Sorge, die Widerstandspotentiale der Arbeitenden nicht begrifflich zu verschütten, die Herrschaft der Formseite zwar einerseits zu betonen (Wolf 1999/186), andererseits aber dahinter zurückzufallen und eine Art

dings jedes lebendige Motiv zu ihr, und die Kritik, die sich ohnehin »logisch« und apriorisch gibt und bereits immer vorab im Recht wähnt, mißrät zur Rechthaberei. Die merkwürdige Lust am jede Praxis vorab mit einem Apriori des Scheiterns verstellenden Kommentar richtet sich auf die interne Geschlossenheit des Denkens. Die für sich genommen noch not-wendige Desillusionierung und das Wissen um die Absorptionspotenzen der Strukturen weisen bei unmittelbarer Verwendung und Hypostasierung eine Wahlverwandtschaft auf zur Abwertung der Wirklichkeit und zum abgebrühten Mittun nach herrschenden Kriterien.[502]

Wenn die Leistungsgrenzen des Kapitalismus sich angesichts gewisser in ihm kaum lösbarer Probleme (Arbeitslosigkeit, ökologische Problematik, sog. Zivilisationskrankheiten usw.) zeigen, so ist das Nichtausschöpfen der im Kapitalismus entstehenden Potentiale nicht kritikabel vom Standpunkt einer Überbietung des Gegebenen entlang *seiner* Maßstäbe, sondern vom Standpunkt von Problemen, deren Lösung nicht als unnotwendig oder als luxuriös am immerhin Erreichten relativiert werden kann (nach dem Motto, wer mehr wolle, wolle dies auch, weil er nicht wertzuschätzen wisse, was schon geleistet sei). Die Möglichkeiten werden nicht so verwirklicht, wie dies einer in ihrer Unbestimmtheit mit allen möglichen Möglichkeiten spielenden Existenz beliebt. Vielmehr geschieht die Verwirklichung der Möglichkeiten aus dem Grunde, daß mit ihnen in der bestehenden Gesellschaftsform nicht lösbare Probleme bearbeitbar werden. Ein notwendiges Moment der gesellschaftlichen Umgestaltung dürfte darin bestehen, daß das Bedürfnis der Verwirklichung unausgeschöpfter Möglichkeiten und die wahrgenommene Notwendigkeit der Problembearbeitung aufeinander verweisen, also den Möglichkeiten aus der Notwendigkeit der Problembearbeitung eine nicht nur zusätzliche, sondern konstitutive Herausforderung ihrer Verwirklichung zuwächst.[503] Die Notwendigkeit der

---

Doppelherrschaft anzunehmen: »Nur weil seiner Subsumtions- und Entfremdungstendenz das Gegengewicht der Selbsttätigkeit der Subsumierten und Entfremdeten die Waage (! – Verf.) hält, führt er sich nicht selbst ad absurdum. Die immer wieder aufs Neue und mit anderen Programmen angestrebte Unterwerfung der Subjekte darf nie erfolgreich sein, wenn gleichzeitig die Ausschöpfung ihrer produktiven und kreativen Potentiale gelingen soll« (Wolf 1999/184).

502 Der »Gebrauchswert« dieser Sorte Rede von Strukturen ist bekannt: »Ein Kollege, einst ein Rebell, / sagt: ›Alles ist strukturell. / Man lebt in Systemen. / Was soll ich mich schämen?‹ / Der Kerl arriviert sehr schnell« (Bahrdt 1984/107).

503 Freyer überzieht eine aus der Konfrontation mit Gefahr und Sackgasse erwachsende Mutation und Transformation, drückt aber vielleicht ein Moment der aus der verfahrenen

Problembearbeitung verliert ihren Status als bloß eigentlich notwendige Aufgabe dadurch, daß ihre Erledigung nicht nur als wünschenswert, sondern als möglich erscheint. Diese Möglichkeit ist erst durch das Unnötigwerden der herrschenden Notwendigkeiten vermittelt. Mein Argument ist konditional-hypothetisch, nicht prophetisch: *Wenn* sich eine Umgestaltung ereignen soll, muß die Trennung von Möglichkeits- und Problemwahrnehmung ihrer Konvergenz weichen, und diese Konvergenz stellt *ein* Moment jener Umgestaltung dar, die sie befördert.

Die sozialpraktisch relevante Grenze der gesellschaftlichen Formen ergibt sich nicht vorrangig aus den Problemen auf der Seite der krisenhaften Entwicklung der Akkumulation, nicht aus einem postulierten ökonomischen Zusammenbruch, sondern auf der anderen Seite des Doppelcharakters. Erst in dem Maße, wie neue Fähigkeiten, Sinne und Verbindungen der Arbeitenden entstehen, die die herrschenden sozialen Formen unnötig machen, können diese überwunden werden. Dieser Gegensatz zwischen einem neuen Substrat gesell-

---

Immanenz der gesellschaftlichen Müdigkeit hinausweisenden Tendenz aus, ohne dem Handeln von vornherein gewissermaßen endogene Kreativität zu unterstellen: »Was heißt einer Situation gewachsen sein? Man muß sich zuerst auf ihre Ebene begeben und sich mit ihr einlassen, sonst begegnet man ihr nicht einmal, sondern geht an ihr vorbei. Man muß seine Perspektiven, seine Handgriffe und Widerstände auf sie einstellen, also wohl auch einiges von ihrer Seh- und Griffweise in sich haben oder in sich aufnehmen. Aber man muß etwas gegen sie einzusetzen und geltend zu machen haben, was sie nicht ist und hat. Man muß einen Rückhalt gegen sie haben oder eine Rückenfreiheit, sonst geht man in ihr auf und befindet sich einfach in ihr« (Freyer 1955/234f.). »Es handelt sich ... nicht um bereitliegende Reserven, auf die nur zurückgegriffen zu werden braucht, sondern um solche, die durch eine Umstellung der Person mobilisiert werden können, nicht um verfügbare Energien, sondern um Potenzen, die erschlossen werden müssen, nicht um eine Widerstandskraft, die man hat, sondern um eine, die man aufbringt« (ebd. 235). »Immer erst der Anspruch der Situation ruft aus ihm (dem Fonds von Möglichkeiten – Verf.) irgend etwas Bestimmteres hervor, oft so unvorhergesehen, daß es ein Geschenk der Situation zu sein scheint und beinahe sogar ist. Auch gibt es Mutationen, die aus dem Mitgebrachten Neues aufschließen lassen, ohne daß im geringsten erkennbar wäre, wo seine Wurzeln liegen. Alles Lebendige trägt diese unbestimmte Vielheit in sich, aus der auf Anruf der Situation die faktischen Möglichkeiten des Existierens erst erschlossen werden« (ebd. 235). »Die Geschichte zeigt, daß durch Wandlungen der Menschlichkeit auch weit fortgeschrittene Entfremdungen bewältigt worden sind, daß dergleichen also möglich ist – und mehr kann allerdings nicht gesagt werden« (ebd. 245). »Nur die chiliastische Fiktion schließt die Geschichte mit einem Endziel ab, über das hinaus es keine Zukunft gibt. Die wirkliche Geschichte ist an ihrer Stirnseite jederzeit offen, und auch wenn sich die Entfremdung wie eine Sackgasse zu schließen droht, sollte man nie niemals sagen« (ebd. 247).

schaftlicher Arbeit und gesellschaftlichen Reichtums einerseits und den herrschenden sozialen Formen und dem herrschenden gesellschaftlichen Reichtum andererseits ist der Gegensatz, der für die Überwindung der Gesellschaftsformation entscheidend ist, nicht der Gegensatz zwischen Lohnarbeit und Kapital.[504] Es geht nicht um einen bipolaren Antagonismus. Die Gegner befinden sich nicht auf gleicher Ebene und wollen nicht dasselbe oder das gleiche. Auch wenn ihnen der Machtkampf aufnötigt, auf gleiche Weise zu kämpfen, wuchern sie jeweils mit ganz verschiedenen Pfunden.

So sehr es sich bei diesem Verhältnis um einen Gegensatz ohne Widerspruch handelt[505], so wenig kann dieser Gegensatz vom Standpunkt der beherrschten Seite des Doppelcharakters her eine Perspektive finden und der polare Gegensatz von dieser Seite aus zum kontradiktorischen avancieren, wird sein Substrat nicht von der Amalgamierung und Kontaminierung mit der sozialen Form befreit, also seine unmittelbare Existenz selbst kritisiert. In ihr ist das neue Substrat enthalten, aber eben nur als Möglichkeit. Damit aus ihr eine Wirklichkeit wird, muß praktisch realisiert werden, daß der Gebrauchswert – vom Konsumgut bis zur Maschine – kein unmittelbar handgreifliches Produkt ist[506], sondern er, wie in Teil II gezeigt, auf soziale Verhältnisse verweist, in denen die Arbeitenden und Konsumierenden stehen.

---

504 »Sämtliche Klassenwidersprüche innerhalb der Produktionsverhältnisse können ›gären‹, doch wenn eine Entwicklung der Produktivkräfte (im weiten Sinne verstanden, s.o. – Verf.) ausbleibt, findet jener Gärungsprozeß nicht notwendig eine Lösung. (Im Gegenteil, es kann eine zyklische Reproduktion der gesellschaftlichen Konflikte, eine Stagnation oder ähnliches eintreten.)« (Godelier 1972/109).

505 »Wirkliche Extreme können nicht miteinander vermittelt werden, eben weil sie wirkliche Extreme sind. Aber sie bedürfen auch keiner Vermittlung, denn sie sind entgegengesetzten Wesens. Sie haben nichts miteinander gemein, sie verlangen einander nicht, sie ergänzen einander nicht. Das eine hat nicht in seinem eigenen Schoß die Sehnsucht, das Bedürfnis, die Antizipation des andern« (MEW 1/292). Die soziale Veränderung ähnelt nicht der Bewegung im Hegelschen Widerspruch. Dort wird die logisch höhere, weil integrativere Stufe dadurch erreicht, daß die eine Seite des Gegensatzes, indem sie dessen andere Seite bekämpft, schlußendlich bemerkt, daß das außen Bekämpfte nur ihr eigener Mangel ist.

506 Dies verkennt eine im Ostmarxismus prominent gewordene Arbeitsontologie, die dem Kapitalismus die falsche Anwendung der eigentlich schon die Vernunft materialisierenden Produktivkräfte vorwirft. Die Arbeit, die Technik, die Produktivkräfte werden als den sozialen Verhältnissen äußerliche neutrale, systemunabhängige Gestalt des zivilisatorischen Fortschritts vorgestellt, aus ihm ein Maßstab der Kritik gewonnen und dann Einschränkungen und Verzerrungen diagnostiziert. Die sozialen Formen geraten so zur hemmenden, die Produktivkräfte zur dynamischen Seite, die durch Abstoßung der ihr inadäquaten Form sich die ihr gemäße Form etabliert. Ich habe demgegenüber in II.4 gezeigt, was es heißt,

Nicht nur damit das neue Substrat herausgearbeitet werden kann aus seinen Verstrickungen und Amalgamierungen, sondern auch, damit die Gegenseite überwunden werden kann, braucht es mehr als eine Gegnerschaft. Auf der Seite der Fähigkeiten, Sinne und sozialen Verbindungen in der im herrschenden Doppelcharakter unterlegenen Seite muß nicht einfach etwas der anderen Seite entzogen, vor ihr gerettet oder von ihr gereinigt, sondern aus der einen Seite heraus auch die andere Seite unnötig gemacht werden. Insofern die Substratseite die Seite der sozialen Form an sich selbst hat, muß sie ihre eigene Verwandlung zugleich mit einer Neuorganisation der sozialen Verhältnisse betreiben. Die Erneuerung der Gesellschaftsform, die keine Modernisierung des Bestehenden ist, nimmt also von der einen Seite des herrschenden Doppelcharakters ihren Ausgang. In ihr bündeln sich die Kompetenzen, die sozialen Assoziationen des Neuanfangs.

Gegen die positivistische Abwertung von Latenzen die in der Wirklichkeit enthaltenen Möglichkeiten herauszuarbeiten ist das eine. Diese Arbeit steht aber immer in der Gefahr, d.h. sie ist nicht mit ihr gleichzusetzen, allerdings von ihr gefährdet, Möglichkeiten gegen die Wirklichkeit auszuspielen und sich bei der bloßen Vorstellung der Möglichkeit zu beruhigen.[507] Indem die Rede von Möglichkeiten Möglichkeiten anderer betrifft, ist bereits hier die Möglichkeit einer Verwechslung angelegt.[508] Die Möglichkeit unterliegt als gegenüber der Wirklichkeit unbestimmtere Kategorie weiterhin einem willkürlichen

---

daß die »Arbeitsmittel nicht nur Gradmesser der Entwicklung der menschlichen Arbeitskraft, sondern auch Anzeiger der gesellschaftlichen Verhältnisse, worin gearbeitet wird«, sind (MEW 23/194f.).

507 Er »war so ausschließlich mit seinen Hoffnungen beschäftigt, daß ihm nichts, was ihnen widersprach, jemals wahr, eindeutig und spürbar genug erschien« (Ben Johnson, zit. n. Errata 6/7 1981, S. 5).

508 »Reale Möglichkeiten ... sind durch ein wirkliches Können oder gekonntes Wirken definiert. ... Möglich ist dasjenige, was wirklich wird. Die Möglichkeit gelangt im Verwirklichen an ihre Schranke. Jenseits der Schranke mag verschiedenes liegen: Eine gedachte, für den betreffenden Akteur vorstellbare, vielleicht auch anstrebbare, aber eben nicht seine realisierbare Möglichkeit. ... Die Frage, warum man jemandem solche größeren Möglichkeiten zurechnen möchte, führt reflexiv auf denjenigen zurück, der so verfährt: Er kann es formell, weil günstigenfalls als der an Erfahrungen Reichere in der Tat über andere Möglichkeiten verfügt, warum muß er sie dem zurechnen wollen, der sie möglicherweise gar nicht hatte? Er verrät in diesem Verfahren wohl etwas von einer eigenen prekären Position. ... Das Kalkül mit dem Möglichkeits-Überschuß ist ein Räsonnement aus dem Überschuß an Möglichkeitsbewußtsein, aus dem Überschuß des Wollens und Wünschens über das Können hinaus, also eine Variante des Konfrontierens von Idee und Wirklichkeit, des Grundmodells ideologischer Kritik« (Fleischer 1977/183f.).

Gebrauch.[509] Indem die Möglichkeit eine noch nicht herausgearbeitete Realität betrifft, die eben noch nicht Wirklichkeit geworden ist, gerät sie ferner leicht zu etwas Unwirklichem, von dem nur geraunt werden kann. Bessere Möglichkeiten werden auch vorgeschützt, um sich davor bewahren zu können, die Realität als die wahrzunehmen, die sie ist (vgl. III.4, vgl. auch zur Ironie III.8). Reformistisch wird der Kapitalismus wie eine Stopfgans behandelt, in die die eigenen Wünsche hineingefingert und als Realität des Kapitalismus ausgegeben werden, der sich so zur Unkenntlichkeit verändert. Die Möglichkeiten werden schließlich leicht einem eingegrenzten Wirklichkeitsbereich abgelesen[510] und die so gewonnene Möglichkeit extrapoliert und auf einen anderen Kontext bezogen, *dessen* Möglichkeiten sie nicht sind, ohne daß diese Verwechslung der möglichkeitsbeseelten Rede noch aufginge.

Die Selbstkritik[511] oder Selbstkonstitution der Kräfte des neuen gesellschaftlichen Reichtums im Unterschied zum abstrakten Reichtum verknüpft

---

509 Die Möglichkeit hält das Moment der Identität fest, aber als einer abstrakten. Abstrakte Identitäten lassen sich viele der Wirklichkeit als ihre unterstellen und als mögliche der Verwirklichung harrend ausdenken. »Da nun aller Inhalt in diese Form gebracht werden kann und dazu nur gehört, daß derselbe von den Beziehungen, worin derselbe steht, getrennt wird, so kann auch das Absurdeste und Widersinnigste als möglich betrachtet werden. Es ist möglich, daß heute abend der Mond auf die Erde fällt, denn der Mond ist ein von der Erde getrennter Körper und kann deshalb so gut herunterfallen wie ein Stein. Je ungebildeter jemand ist, je weniger er die bestimmten Beziehungen der Gegenstände kennt, worauf er seine Betrachtung richtet, um so geneigter pflegt er zu sein, sich in allerhand leeren Möglichkeiten zu ergehen« (H 8, §143 Zus.). Ebenso wie der Verstand viele Gründe kennt für alles Mögliche, kennt er viele Möglichkeiten und erschöpft sich an ihrer Erörterung und an dem Auffinden von Gründen für ihre Nichtverwirklichung, insoweit er den Zusammenhang der Wirklichkeit nicht erkennt. Vom Standpunkt der Rede von Möglichkeiten wird die Wirklichkeit unnotwendig. Man weiß nicht, warum die jeweils so schön gedachte Möglichkeit keine Realisierung findet. So korrespondiert dem Denken im Horizont der Möglichkeiten das Auffinden von allerhand Zufällen. Wo die Wirklichkeit nicht in ihrer eigenen Struktur erkannt wird, kann sie »sein oder auch nicht sein«, und dies kennzeichnet bereits das Zufällige (ebenda).

510 »Die Motive der Individuen sind oft menschlicher als die Regeln, nach denen ihre Gesellschaft organisiert ist; deshalb halten sie es für möglich, daß diese Gesellschaft ohne eine ›radikale‹ Veränderung ihrer Organisation menschlich wird« (Lippe 1974/6).

511 »Selbstkritik« legt das Mißverständnis nahe, es handele sich hier um einen durch mehr Einsicht und Nachdenken begründeten Prozeß. Hier soll demgegenüber nur festgehalten werden, daß eine sozial grundlegende Veränderung nicht ohne den Attraktivitätsverlust dessen möglich sein dürfte, was am gegenwärtigen Zustand auch von den ihm Unterworfenen geschätzt wird, insofern es zur System- und Sozialintegration beiträgt. Dieser Attraktivitätsverlust resultiert nicht aus Nachdenken, wenn er auch ein verändertes Nachden-

zwei verschiedene Typen der Kritik, die in der Charakterisierung des »Kapital« oft gegeneinander ausgespielt worden sind. Die Kritik, die am Kapitalismus kritisiert, daß er anders erscheint als er ist, einerseits, die Kritik, daß der Kapitalismus um willen eines sich in ihm bildenden Substrats eines neuen gesellschaftlichen Reichtums zu überwinden ist, andererseits, sind miteinander vermittelt. Soll die erste Kritik nicht theoretisch bleiben, muß sie auf die zweite verweisen.[512] Soll die zweite Kritik nicht naiv Momente des verkehrt erscheinenden Kapitalismus hypostasieren und gegen ihn ausspielen, soll sie nicht mit dem Schein dem Sein ins Gehege kommen, also bspw. mit den Idealen der Realität diese selbst kritisieren, muß sie durch die Kritik des falschen Scheins, den der Kapitalismus mit sich bringt, hindurch.

An dieser Stelle ist ein Stand erreicht, mit dem wir in der Zusammenschau der Schwierigkeiten des not-wendigen Prozesses gesellschaftlicher (Um-)Gestaltung die gegenseitige Potenzierung der Schwierigkeiten vor uns haben. Wir haben es hier sozusagen mit einer Paßhöhe oder einem Engpaß zu tun, über bzw. durch den alles hindurch muß. Festgehalten werden kann, daß für die Umgestaltung auf der Produktivkräfteseite andere Fähigkeiten, eine andere soziale Assoziation und Synthesis, eine Vorstellung einer anderen Gesellschaft und die Kräfte eines Bruches mit den herrschenden Mächten und eine ihnen gewachsene Gegnerschaft not-wendig werden. An all diesen Forderungen, die eine Umgestaltung impliziert, lassen sich nicht nur die Hindernisse aufzeigen, sondern auch: wie diese sich gegenseitig verstärken.

Der Umfang des aus eigener Kraft zu Vollbringenden verringert sich, wenn auf der Seite der herrschenden sozialen Form eine Selbstlähmung eintritt, so daß von dieser Seite unverhoffte Erleichterung ausgeht. Ich formuliere damit

---

ken mitbeinhaltet. Zur Kritik an kognitivistischen Engführungen sozialen Wandels vgl. Merleau-Ponty 1966/504. Vgl. a. Kluge 1974/47f.

Insofern übersubjektive Konstellationen auch für die soziale Transformation relevant sind, läßt sie sich nicht vorrangig als Produkt der wachsenden Einsicht, der Geschulten und Wissenden begreifen, und es relativiert sich auch der Rückschluß von charakterologischen »Defiziten« auf die Chance der gesellschaftlichen Transformation durch den Hinweis auf die Ebene ihrer Emergenz. Demgegenüber fallen »für Weber die Prinzipien einer kritischen Sozialwissenschaft und die Bedingungen der Möglichkeit individueller Persönlichkeit zusammen« (Gabriel 1979/40). Die »Kritische Theorie« steht in dieser Tradition.

512 »Nur wenn, was ist, sich ändern läßt, ist das, was ist, nicht alles« (Adorno 1975/389). »Die Erfahrung vom widerspruchsvollen Charakter der gesellschaftlichen Realität ist kein beliebiger Ausgangspunkt, sondern das Motiv, das die Möglichkeit von Soziologie überhaupt erst konstituiert. Nur dem, der Gesellschaft als eine andere denken kann denn die existierende, wird sie (...) zum Problem« (Adorno 1972/142).

nach der Konvergenz von Möglichkeitsverwirklichung und Problembearbeitung eine zweite für grundlegende gesellschaftliche Strukturveränderungen notwendige Konvergenz verschiedener Prozesse: Die Beherrschten sind nicht einfach nur Knechte, sie wollen anderes als sie sollen und vor allem können sie dies andere auch.[513] An Brisanz gewinnt die Situation dann, wenn auch die Macht der Machthaber wenigstens zeitweise an Kraft verliert.

Überlegungen, die die Hindernisse von Gesellschaftsgestaltung thematisieren, stehen immer vor dem Problem, aus ihrem Motiv heraus, die Schwierigkeiten ernstzunehmen, sie nicht als hermetisch zu stilisieren. Die Kritik an Reformvorschlägen und ihrer Unangemessenheit und Harmlosigkeit – den materialen Problemen sowie den (Meta-) Problemen ihrer Bearbeitung gegenüber – kann in die Selbsteinschüchterung führen.[514] Umgekehrt wird Theorie – im

---

513 Alle umwälzenden »Sprengversuche« blieben »Donquichotterie«, »wenn wir nicht in der Gesellschaft, wie sie ist, die materiellen Produktionsbedingungen und ihnen entsprechende Verkehrsverhältnisse für eine klassenlose Gesellschaft verhüllt vorfänden« (GR 77, vgl. a. MEW 3/417). »Gegner des Systems sind hoffnungslos unterlegen – und zwar nicht deshalb, weil sie im Kampf unterliegen würden, sondern deshalb, weil sie keine entsprechenden Organisationsleistungen aufbringen können. Bestenfalls können sie Nachfolger werden – im System!« (Luhmann 1972/107)

514 Den von Hirschman (1992) herausgearbeiteten drei Grundfiguren »reaktionären Denkens« zufolge verkehrt sich das Handeln in sein Gegenteil (Sinnverkehrungsthese), bleibt vergeblich (Vergeblichkeitsthese) oder gefährdet in seinem Erfolg andere Errungenschaften, so daß der Preis für den Fortschritt nicht lohnt (Gefährdungsthese). Mit diesen Denkfiguren wird seit Burke über Pareto, Michels, Mosca u.a. bis Hayek bestritten, daß Momente der gegenwärtigen OECD-Gesellschaften wie etwa Sozialstaat, Wahlrecht und anderes einen Zugewinn an Handlungsmöglichkeiten und Lebensqualität für die Menschen darstellen. Willem van Reijen (1998) hat diese Figuren an der »Dialektik der Aufklärung« durchgespielt. Mein Thema ist ein anderes: Selbst mit den gewachsenen Handlungsmöglichkeiten können gegenwärtige gesellschaftliche Probleme nicht bewältigt werden. Sie verdanken sich Strukturen der modernen, bürgerlichen und kapitalistischen Gesellschaft. Das auf den Sozialstaat, die Demokratie und andere Einrichtungen der gegenwärtigen Gesellschaft ausgerichtete Handeln war weder vergeblich, noch verkehrte es sich in toto in sein Gegenteil, und es ist auch nicht als Nullsummenspiel zu (v)erachten. Hirschmans Darstellung einiger Bewußtseinsformen des konservativen gesellschaftsdiagnostischen Denkens in den letzten zweihundert Jahren schärft den Blick für »Fallen« und Konvergenzen. Ihnen muß ausweichen, wer in der Beschäftigung mit den Schwierigkeiten der Gesellschaftsgestaltung nicht von ihnen allzu leicht und allzu schnell auf die Unmöglichkeit und die Kontraproduktivität jedweder (auch bereits schon nur:) Idee von sozialer Veränderung schließen will. Hirschman vergegenwärtigt die Suggestivität dieses variantenreichen Schlusses, wie er im konservativen Denken ausgebildet wird, auch, um die spontane und vorbegriffliche Konvergenz zwischen reaktionärem und progressivem Denken anzugreifen, in der konser-

alltagssprachlichen Sinne – pragmatisch verwandt, um angenommenen Zielvorstellungen und Entwicklungsperspektiven eine Legitimation und einen theoretischen Unterbau zu verschaffen. Sicher lassen sich eine Theorie, die die Selbstreproduktion der Sozialintegration, die Absorption und das Kleinarbeiten von Widerständen bzw. deren Nichtzustandekommen und den für ihn bereitstehenden Verschiebebahnhof analysiert, einerseits, und Überlegungen zur Transformation von einer Gesellschaftsform zur anderen andererseits nicht auf einer Stufe verhandeln. Transformationstheorien müssen auf die (auch historisch kontingente) Zusammenballung von Widersprüchen und den (ebenfalls kontingenten) Ausfall von Integrationsmechanismen und Stärken des Systems bauen, die in seinem Normalverlauf seine Kontinuität sichern. Nicht die Verstärkung von Bedürfnisartikulation, sondern die auch nur zeitweilige Dispensierung höherstufiger Mechanismen entmotiviert den Verzicht bzw. die nicht erfolgte Entwicklung von Fähigkeiten und Bedürfnissen. Sie unterbleibt bei Mangel an Gelegenheiten. Die Fokussierung gesellschaftlicher Einheit hilft dabei, die optimale Stärke herrschender Formen in der Absorption jeder Opposition zu denken. Ausgeblendet wird die weit vor ihren Leistungsgrenzen durch besondere historische Konstellationen mögliche Verstörung der Formen bzw. das Aus-den-Fugen-Geraten[515] des sonst – bei allen Friktionen und Dysfunktionalitäten im einzelnen – funktionierenden Zusammenspiels der verschiedenen Systemmomente. Bspw. führen die Durchsetzung eines anderen »Akkumulationsregimes«, einer anderen gesellschaftlichen »Regulationsweise« oder die Verselbständigung von lange regierenden Parteien zu immanenten Störungen. Auch die Absorptions- und Neutralisierungspotenzen der wirklichkeitsmächtigen Normalstruktur(en) unterliegen jenen nichtintendierten und unabsehbaren Nebenwirkungen und deren Folgedynamiken, die jeder Funktionalismus und Idealismus ausschließen muß, bei allem Realitätsgehalt, den er von der plastischen Kraft bezieht, die der stattfindenden Reproduktion der Formkontinuität eigen ist. Selbst deren affirmative Momente können sich gegenseitig derartig blokkieren und lähmen, zersplittern und verwirren, daß aus dieser besonderen

---

vative Beschreibungen mit einer progressiven Begründung unterlegt werden und für letztere als Indiz gelten sollen. Dem spontanen Sog gilt es entgegenarbeiten, die Notwendigkeit und Dringlichkeit einer umfassenden Gestaltung im Unterschied zu einer den status quo fortschreibenden Verwaltung mit Argumenten zu unterstreichen, die zugleich bereits von ihrem Ansatz her Gestaltung ausschließen. Die gegenwärtigen Handlungsmöglichkeiten für eine Gesellschaftsgestaltung erscheinen verstellt genug, als daß der an ihnen Interessierte sich ihre zusätzliche Verstellung leisten könnte.

515 Eine Skizze verschiedener Denkansätze (zwischen »Ereignis« und »Struktur«) zur Interpretation des französischen Mai 1968 findet sich bei Ferry, Renaut 1987/48ff.

Gemengelage heraus wünschenswerte Impulse mehr Entfaltungsraum erlangen als in der herrschenden Normalform üblich.[516] Historische Umbruchszeiten setzen außer Kraft, was normalerweise normal erscheint. »In einer Krise zählen nicht die potentiell mobilisierbaren Kräfte, sondern die sofort einsetzbaren« (Debray 1986/96). Die konjunkturelle Kondition kann ereignishaft die substantielle Konstitution dispensieren. Konstitutive Formen und Strukturen festzuhalten heißt nicht, solche Ereignisse auszuschließen. Etwas anderes ist es aber zu verkennen, daß die konstitutiven Formen und Strukturen zwar vielleicht zeitweise außer Kraft gesetzt worden sind wie im Mai 1968 in Frankreich. Unnötig allerdings können sie erst dann werden, wenn eine neue Gesellschaftsordnung von Kräften und Kräftekonstellationen her möglich erscheint und sich durchsetzt. Die herrschenden Verhältnisse können erst dann nicht nur putschistisch außer Kraft gesetzt, sondern dauerhaft überwunden werden, wenn sich ihnen gegenüber produktionsökonomisch und sozio-personell eine »fortgeschrittene Art der Selbstbetätigung der Individuen« (MEW 3/72)[517] ausbildet und sich in Vergesellschaftungs- und Assoziationsformen institutionell materialisiert.[518] Erforderlich ist dafür auch ein Attraktionsverlust des herrschenden Reichtums und der mit ihm verbundenen Subjektivitätsformen und Kultur (vgl. Teil III).

Gemessen an der Reabsorption und Renormalisierung kann im nachhinein (vom Standpunkt der Formkontinuität) als unmöglich und naiv erscheinen, was in der historisch kontingenten Schwächung oder zeitweiligen Suspension von Formeffekten eine Chance für einen Strukturbruch darstellte. Die für das Ereignis relevante Eskalationsdynamik kann zu einer Dramatik führen und Prozesse in Gang setzen, die eine revolutionäre Erscheinungsform annehmen. Im nachhinein mag sie sich als Katalysator einer Modernisierung herausstellen. In solchen Zeiten liegen die ebenso gebotene Kritik an Naivitäten sowie die am Defätismus und an der affirmativen Kritik[519] dicht beieinander. Im Falle des Scheiterns ist der Gedanke suggestiv, es habe auch schon gar nichts vorgelegen, das gescheitert sei (außer Illusionen), während im Handgemenge denen, die auf die Latenz des Prozesses setzen, sie meist wiederum überwertig und euphorisch

---

516 Vgl. zum Pariser Mai 68 auch Gilcher-Holtey 1993.

517 Bei der Herausbildung höherer Formen der Selbstorganisierung von Gesellschaft ist »das ›Sozialistische‹ die Richtungsanzeige für dasjenige im modernen Gesellschaftsprozeß, was auf höheren Stufen qualifizierter ›Selbstbetätigung‹ eine größere Reichweite und Intensität von gesellschaftlicher Kooperation und Koordination ermöglicht« (Fleischer 1989/13).

518 Vgl. meine Überlegungen dazu in der »Arbeitsperspektive«.

519 Vgl. auch Türk 1995/88, zit. im Resümee von Teil I.

gewiss ist.[520] Eine Attitüde, die das Gras wachsen hört, zu vermeiden, und ebenso die von Hegel am »Sollen« kritisierte Methode, alles als einen Anfang zu nobilitieren – diese Kritik fordert einen hohen Preis, wenn sie *ihre* Negation des Systems einzig mit dem Befund auszuweisen vermag, *nichts* entgehe dem System. Die Logik der Beharrung und Systemintegration qua Absorption von Widerständigem und das Verständnis der Umwälzung unterscheiden sich voneinander. So realitätshaltig ein illusionsloses Wissen um die Ultrastabilität der herrschenden Formen ist, so wenig kann es unbedingt sein wollen, geriete es dann doch zur Emanation eines Gegenstandpunktes, dessen subsumtionslogisch-identifizierende Potenz sich dem bloßen Willen zur kritischen Identität verdankt. Sie möchte von vornherein, getrennt und jenseits der konkreten Fragen, der Verunsicherung enthoben sein, die resultiert, wenn fern der sicheren Deduktion die Gemengelage der besonderen Umstände Urteilskraft erheischt, nicht zuletzt, um vielleicht auch die Gunst der Stunde nutzen zu können.[521]

Diese Aporie – das Im-Auge-Behalten von Struktur und Form einerseits, Ereignissen und überdeterminierten Widersprüchen andererseits – führt(e) meist in eine Ambivalenz zwischen Hermetik und politizistischer Hofferei. Sie hat schon das Marx'sche Denken, erst recht aber das vieler Marxisten zu einander polar entgegengesetzten Vereinseitigungen verunstaltet. Bei Marx steht eine Untersuchung der kapitalistischen Ökonomie revolutions-»theoretischen« Ad-hoc-Annahmen gegenüber. Letztere sind das landläufig Bekannteste von Marx, der als Prophet der Revolution gilt. Dabei sprechen viele der Argumente aus seiner Kapitalismusanalyse eher für eine Ultrastabilität der kapitalistischen Produktionsweise. Marx bemüht für seine revolutionstheoretischen Annahmen (mit seiner Analyse unvermittelte) Thesen über segensreiche Wirkungen der

---

520 Karl Liebknecht (1969/71) spricht 1907 von der »zuzeiten wie ein Irrlicht verwirrenden, manchmal geradezu gefährlichen, meist höchst wertvollen Möglichkeit, in Zeiten der Erregung mehr zu erreichen als in Zeiten der Ruhe, aber ein Mehr, das bei Eintritt der Ruhe fast stets wenigstens zum Teil mit dem Übermaß an Energie, das es zu erobern half, wieder verlorengeht: Die Geschichte der Revolutionen ist dessen eine einzige fortlaufende Bestätigung.«

521 Wer den Bruch der systemischen Absorptionspotenzen an die ihnen gewachsene begriffliche Durchdringungskraft als Akteurswissen bindet, schließt die Strukturtransformation ebenso (schon kategorial) vorab aus wie durch Reinheitsgebote gegenüber den sie aktualisierenden Kräften. »Wer eine ›reine‹ soziale Revolution erwartet, der wird sie niemals erleben« (Lenin Werke Bd.22/363f.). Vgl. auch Althusser 1968 zum »überdeterminierten Widerspruch« – nur eine andere Variante, Konstellationen geltend zu machen, statt den die Strukturtransformation tragenden Kräften intentional den »Bruch mit dem Wesen« abzuverlangen, der günstigenfalls ihr Effekt darstellt (vgl. Merleau-Ponty 1966/504).

Produktivkräfte (vgl. Breuer 1977 und Oetzel 1978), Vorstellungen einer sich im Gegensatz zur kapitalistischen Ökonomie befindlichen Demokratie, die seiner eigenen Politik- und Demokratiekritik (vgl. Demirovic 1988, Wood 1982, 1988, Krölls 1988, Maihofer 1992) widersprechen, und last not least eine Konzeption des Bewußtseinsfortschritts vom Lohnkampf und der Gewerkschaft ausgehend bis zum politischen revolutionären Kampf. Diese Konzeption widerspricht seiner in der Kapitalismusanalyse eingelagerten Theorie gesellschaftlicher Bewußtseinsformen und Spaltungen diametral.[522] Ich weise darauf hin,

---

522 Kapitalismustheoretisch weist Marx auf die Relativierung von Forderungen der Arbeitenden am Florieren des Kapitals hin. Revolutionstheoretisch wird zuweilen ein einfacher Gegensatz beansprucht. Kapitalismustheoretisch wird die Gleichheit als die Asymmetrie zwischen Lohnarbeit und Kapital fundierend herausgearbeitet (vgl. II.3). Revolutions-»theoretisch« wird die Machtungleichheit zwischen Kapital und Arbeit als den proletarischen Klassenkampf steigerndes Motiv dafür bemüht, »Ungerechtigkeit« zu empfinden (MEW 16/196; MEW 19/248). Kapitalismustheoretisch erscheinen (qua »Kapitalfetisch«) viele »gute Gründe« dafür, die Ungleichheit zwischen Lohnarbeit und Kapital als Ausdruck der proletarischen Subalternität gegenüber Organisation und Technologie sowie als kapitalistische Treuhänderschaft für gesellschaftliche Vermögen zu verstehen – also bis auf gewisse »Übertreibungen« als sachlich notwendig und unvermeidbar. Kapitalismustheoretisch wird die systematische Spaltung der Arbeitenden im Arbeitsprozeß und in der Konkurrenz als Hindernis für ihr gesellschaftsgestaltendes Eingreifen aufgefaßt (vgl. II.4, vgl. u.a. MEW 16/196, MEW 4/471). Revolutionstheoretisch werden diese Probleme bisweilen überspielt (MEW 4/470, MEW 23/790f.). Selbst zwischen den verschiedenen Nationen soll es dann wenigstens bei den Proletariern keine Konkurrenz mehr geben (MEW 3/60). Niederlagen erscheinen der Revolutionstheorie allein als Durchgangsmoment einer Bewegung, die aus ihnen nur lernen, sich nur ent-täuschen, aber nicht enttäuschen kann (vgl. MEW 4/471). Teleologisch wird von den negativen Effekten eines Ausbleibens des proletarischen Klassenkampfes seine Unvermeidbarkeit erschlossen (MEW 16/149f.). An gleicher Stelle vermerkt Marx, die Kämpfe um den Lohn hätten »in 99 von 100 Fällen« nur den Sinn, den status quo zu wahren – wenn überhaupt. Die Erschöpfung und Abstumpfung von Individuen, die im Lohnsystem um den Lohn kämpfen, wird bisweilen nicht zur intellektuellen Herausforderung, die eigene Hoffnung auf den Kampf gegen das Lohnsystem als allererst wahrscheinlich begründen zu müssen. Aus dem für die Gewerkschaften notwendigen »Kampf mit (!) dem Kapital« werden die Gewerkschaften zu »Schulen für den Sozialismus« (Marx im Volksstaat Nr. 17, 1869 – ein in der MEW nicht aufgenommener Text).

Der Lernprozeß wird bisweilen ähnlich gefaßt wie das Bewußtsein in der Phänomenologie Hegels. Aus allen Schlappen und Sackgassen lernt das Bewußtsein letztendlich in tapferer Konsequenz. Im Medium des Geistes – bei Hegel – mag es schlüssig erscheinen, daß Denken zwar immer wieder hinter sich zurückfällt, aber doch die Erfahrung der vorherigen Schritte immer mehr sich vergegenwärtigt. Dies kann es nur, weil Hegel in den Bildungsgang, der ja von seinem glücklichen Ausgang her retrospektiv rekonstruiert wird, dem

um an einer ja nicht unprominenten Theorie die Problematik anzudeuten, in die man gerät, wenn man sich nicht allein auf eine Seite – entweder die der Hermetik oder die der überwindenden Bewegung(en) – stellen kann.

II.7. Resümee: Die kapitalistische Ökonomie und die Schwierigkeiten der Gesellschaftsgestaltung

Im ersten Teil war die Ambivalenz soziologischer Theorien Thema, die bemerkten menschlichen »Kosten« moderner Strukturen an deren »Nützlichkeit« zu relativieren bzw. die Kosten zu jenen »Nachteilen« zu stilisieren, die zu komplementären »Vorteilen« passen. Im zweiten Teil profiliere ich mit Marx' Kritik der Politischen Ökonomie eine andere Analyseperspektive.[523] Was Ware, Geld, Kapital und Akkumulation für die gesellschaftliche Entwicklung der Menschen heißen, läßt sich mit der Marx'schen Kapitalismustheorie deutlicher beschreiben und die erscheinende pragmatische Nützlichkeit in grundlegendere Kontexte einstellen. An der als härteste Sachzwänglichkeit imponierenden Ökonomie arbeitet Marx den Unterschied zwischen kapitalismusspezifischen und modernen Notwendigkeiten heraus, gerade weil beide untrennbar verquickt zu sein scheinen. Mit Subtraktionen (Eigentumswechsel, bloß andere Anwendung der Technik usw.) wird dies Problem nicht gemeistert. Nicht eine unnötig

---

Bewußtsein immer bestimmte Aufgaben stellt. Erst diese didaktische Leiter ermöglicht die Sequenzierung von Lernschritten, so daß aus dem jeweiligen einzelnen Schritt Bestimmtes gelernt, dies auf eine bestimmte Weise vergessen, mißverstanden und dann die Erfahrung dieses Mißverständnisses im nächsten Schritt bestimmt verarbeitet und entsprechend rekontextualisiert werden kann. Bei Marx kehrt dies wieder in der Aufstufung der Kämpfe in der anvisierten Entwicklungsgeschichte proletarischen Bewußtseins. Manche Linke haben mit allerhand vielfältig gestuften Systemen von »Übergangsforderungen« versucht, außerhalb der Laborbedingungen des Hegelschen Geistes die Randbedingungen der Lernprozesse so einzurichten, daß nicht bereits alle Aufgaben und Probleme sich gleichzeitig stellen. Die Hegelsche Dramaturgie des Bildungsprozeß simuliert Erfahrung, aus der zu lernen ist, weil auf der jeweiligen Stufe das Negationspotential der jeweiligen Welt gerade so hoch ist, daß bestimmte Negationen und Erweiterungen des Konzeptrahmens angebbar sind (s.a. I.1). Marx unterlegt die Hegelsche Selbstreflexivität und Konsequenz des Bewußtseins dem proletarischen Kampf in seiner letztendlichen Entwicklung (vgl. MEW 8/118 und 8/598).

523 Zu rationalitätstheoretischen und wirtschaftssoziologischen *Relativierungen* der Charakterisierung des Kapitalismus qua Effizienz vgl. überblicksweise a. Brentel 1994.

gewordene, nurmehr aufgepropfte, dann auch nur noch abzuschüttelnde Herr-schergewalt bildet das Problem.

Das Thema dieser Kapitalismustheorie ist nicht die pragmatische Frage, wie die erscheinenden immanenten Interessen und Zwecke der Akteure in der kapitalistischen Ökonomie besser zu bedienen sind. Vielmehr werden die gesellschaftliche Konstitution der Formen, in denen sich der gesellschaftliche Reichtum entfaltet, und die Verkehrungen in den Strukturen der Vergesellschaftung analysiert. Marx interessiert bspw. nicht vorrangig, wie das Geld den Tausch erleichtert, sondern was Tausch und Geld für gesellschaftliche Verhältnisse bedeuten. Seine Frage lautet nicht: Wie hoch ist der Wert der Ware[524], sondern: Warum hat ein Produkt überhaupt einen Wert[525] – und was heißt es für das Gut, Träger von Wert zu sein und auf Mehrwert hin produziert oder traktiert zu werden? Und was heißt es für Menschen, in einer Gesellschaft zu leben, in der der abstrakte Reichtum herrscht?

Marx vermeidet einerseits die Gleichsetzung der kapitalistischen Wirklichkeit mit der Nützlichkeitsorientierung, andererseits die Identifizierung menschlich-gesellschaftlicher Fähigkeits-, Sinnes- und Reichtumsentwicklung mit kapitalismusimmanenten Interessen. Die pragmatische Orientierung an kapitalismusspezifischen Einkommensquellen und -interessen ist Gegenstand der Kritik,

---

524 Das Wertgesetz ist für die Beschreibung oder Prognose konkreter singulärer Marktbewegungen nicht operationalisierbar, vgl. Koczyba 1979/134ff., vgl. a. Althusser, Balibar 1972/243.

525 Konstitutionsanalyse dürfte der einschlägige Begriff für Marx' Vorgehen sein (vgl. MEW 26.2/161, 26.3/490f., MEW 23/393 Anm. 89 und MEW 13/36). »Die politische Ökonomie hat... zwar, wenn auch unvollkommen, Wert und Wertgröße analysiert und den in diesen Formen versteckten Inhalt entdeckt. Sie hat sich niemals auch nur die Frage gestellt, warum dieser Inhalt jene Form annimmt, warum sich also die Arbeit im Wert ... des Arbeitsprodukts darstellt« (MEW 23/85f.). »Die Nationalökonomie geht vom Faktum des Privateigentums aus. Sie erklärt uns dasselbe nicht. ... Wenn sie z.B. das Verhältnis des Arbeitslohns zum Profit des Kapitals bestimmt, so gilt ihr als letzter Grund das Interesse des Kapitalisten; d.h. sie unterstellt, was sie entwickeln soll. Ebenso kommt überall die Konkurrenz hinein. Sie wird aus äußeren Umständen erklärt. Inwiefern diese äußeren scheinbar zufälligen Umstände nur der Ausdruck einer notwendigen Entwicklung sind, darüber lehrt uns die Nationalökonomie nichts« (MEW-Erg.bd. 1/501; vgl. a. MEW 26.2/150). »Die klassische Ökonomie... versucht oft unmittelbar, ohne die Mittelglieder, die Reduktion zu unternehmen und die Identität der Quelle der verschiednen Formen nachzuweisen. ... Sie hat nicht das Interesse, die verschiednen Formen genetisch zu entwickeln, sondern sie durch Analyse auf ihre Einheit zurückzuführen, weil sie von ihnen als gegebenen Voraussetzungen ausgeht« (MEW 26.3/491). Vgl. auch die erste und die dritte Anmerkung zu II.5.4.

um die Schäden zu vermeiden, die der mit ihnen anvisierte Nutzen bringt. Zugleich wird aus der in diesem Teil dargestellten Differenz zwischen der Eigenlogik der Strukturen und der Akteurperspektive der Status der Interessen deutlich. Der Selbstzweck Kapitalakkumulation ist nicht der Vorsatz der für den Lohn Arbeitenden. Der Kapitalismus stellt sich der großen Mehrheit der Bevölkerung, die auf Arbeit zur Sicherung ihres Lebensunterhalts angewiesen ist, als unumgänglich dar und als darüberhinaus auch noch in Maßen lohnend. Deshalb geht aber die kapitalistische Ökonomie nicht in jenen Interessen auf, die die ihr Unterworfenen in ihr zu realisieren meinen (Arbeitsplatzsicherung bspw.). In dieser Meinung ist allerdings die Selbstrelativierung des eigenen Interesses an dessen Bedingungen anerkannt: Den Anforderungen, die das Florieren des Kapitals mit sich bringt. Das Problem liegt in der Übersetzung eines von ihren Belangen getrennt funktionierenden abstrakten Reichtums in den Horizont der Zwecke der Individuen. Daß der Kapitalismus sich in Vorteilen darstellt, die die ihm Unterworfenen an ihm für sich finden, macht eine Stärke dieses Systems aus. Etwas ganz anderes ist es aber, Interesse und Subjektivität zur hinreichenden Bedingung des Kapitalismus zu erheben, statt zur notwendigen, oder gar den Kapitalismus als Frucht von Interesse und Subjektivität der Individuen aufzufassen.

Gegenüber einer pragmatischen Kritik, die die kapitalistische Ökonomie an ihren Effizienzkriterien mißt, und gegenüber einer humanistischen Kritik, die ihre Kosten für die Menschen markiert[526], geht es um einen Paradigmenwechsel, der die ökonomischen Strukturen auf das Thema des arbeitenden In-der-Welt-Seins[527] durchsichtig macht. Gefragt wird für die Charakterisierung des herrschenden Reichtumstypus u.a., wie Menschen sich in ihrer Arbeit entwickeln, an den Arbeitsprodukten, in den Beziehungen zwischen den Arbeitenden und in der Arbeitsorganisation, im Verhältnis zwischen Arbeitenden und Konsumenten, an den Produktivkräften und in der Scheidung, was als profitable Arbeit gilt und was nicht usw. Die Gesellschaft wird Thema mit den in ihr konstituierten und sie konstituierenden gesellschaftlichen Assoziationsverhältnissen zwischen den Individuen, den gesellschaftlichen Formen der Gegenstände, der

---

526 Die Sensibilität für Opfer bricht sich an der Anerkennung ihrer vermeintlichen Unumgänglichkeit und Unvermeidbarkeit.

527 Dieser Begriff wird hier (speziell in II.2 und II.4, vgl. a. III) so weit als Inbegriff der im Kapitalismus gegen ihn entstehenden Möglichkeiten für Gesellschaftsgestaltung dargestellt, wie dies für eine Theorie gesellschaftlicher *Müdigkeit* notwendig ist. Die Kritik an Vorbehalten gegenüber einem erweiterten Arbeitsbegriff und erst recht die Diskussion der Kritik an ihm als Paradigma einer *Alternative* zur modernen und kapitalistischen Gesellschaft bilden ein anderes Thema (vgl. dazu die »Arbeitsperspektive«).

Interessen, Folgebereitschaften usw. Inmitten dieser Verhältnisse und durch sie hindurch setzt sich der stumme Zwang nicht normativ oder handlungstheoretisch zu beschreibender subjektfreier Verhältnisse des abstrakten Reichtums fort und reproduziert sich selbst.

Ich arbeite einen Weg durch die Marx'sche Analyse heraus, der mir im Lichte heutiger Probleme ihre Stärken aufzuweisen scheint. Dabei stilisiere ich Marx nicht zu einem Autor, dessen Werk »aus einem Guß« ist.[528]

Mit den verschiedenen Momenten des abstrakten Reichtums werden die in Teil I analysierten modernen gesellschaftlichen Strukturen in einen anderen Kontext gestellt. In der Warenanalyse konfrontiere ich die Synthesisform »Markt« nicht nur mit ihren Kosten und Nachteilen, sondern arbeite vor allem die implizierte Vergesellschaftungsweise heraus. Im Abschnitt über den Produktionsprozeß werden die Kehrseite der Effizienz und Produktivität, der Gegensatz des Betriebs- bzw. Organisationszwecks zu den Individuen und die Folgen ihrer hierarchischen Unterordnung deutlich. Damit verbindet sich eine Kritik der Synthesisformen Hierarchie und Organisation. In beiden Abschnitten zeige ich, daß die als Lösung gesellschaftlicher Synthesis vorgestellten Modelle Markt, Hierarchie und Organisation im real existierenden Kapitalismus (im Unterschied zu marktwirtschaftlichen bzw. organisationsgesellschaftlichen Vorstellungen von ihm) Momente einer Reichtumsentwicklung sind, die mit anderen Begriffen zu fassen ist als dies im Horizont von Zweck-Mittel-Effizienz und Effektivierung (zum Unterschied I.7.3) bzw. Abstimmungsleistungen zwischen Angebot und Nachfrage gedacht wird und gedacht werden kann.[529] Mit den Abschnitten über Geld, Kapital und Akkumulation wird eine gegenüber den in Teil I genannten soziologischen Interpretamenten konsistentere und spezifischere Erklärung der Antriebs- und Steigerungsdynamik sowie Bewegungsrichtung der kapitalistischen Ökonomie deutlich. Effizienz und Zweck-Mittel-

---

528 Ich zeige ausführlich (in II.2.2., II.4.2., II.6), wie andere Interpretationen sich auf Äußerungen bei Marx stützen können, die meiner Argumentation zufolge sich eher politischen Hoffnungen verdanken und voluntaristisch dem Gegenstand utopistisch supponieren, was dessen Analyse widerspricht.

529 Auch die Theorien über nichtintendierte Effekte (vgl. überblicksweise Halfar 1987, Jokisch 1981, Wippler 1978) sensibilisieren wohl für paradoxe Wirkungen der Verknüpfungen von Handlungen und Handlungsketten, bringen aber außer einigen Rückkoppelungszirkeln und Eskalationsspiralen keine positive Bestimmung der Eigenlogik der kapitalistischen Ökonomie und ihrer gesellschaftlichen Strukturen hervor. Furth (1991/100) erhebt die nichtintendierten Effekte der Handlung, die für Gesellschaftsgestaltung *ein* Problem darstellen, zum Superproblem, dem gegenüber jede gesellschaftsformations*spezifische* Herangehensweise als zu flach erscheine.

Rationalität, jene zentralen Interpretamente soziologischer Charakterisierungen der modernen Gesellschaft, erweisen sich als Realfiktionen – erklärbar aus dem Schein, den die ökonomischen Verhältnisse notwendig aus sich hervorbringen. Daß die Kapitalismusanalyse mit der Dechiffrierung der Zweck-Mittel-Rationalität in der Erklärung kulminiert, wie sich dieser Schein der modernen Sachlichkeit und Nützlichkeit des Kapitalismus konstituiert (vgl. II.5.6.), unterstreicht den Sinn des Unterfangens, Moderne- und Kapitalismustheorie eng aufeinander zu beziehen.[530]

Marx zeigt, daß die Dekomponierung gesellschaftlicher Zusammenhänge schon in der Warensphäre nicht allein als *Des*integration und *Mangel* an Koordination – als Beschränkung des Geltungsbereichs von Rationalität – zum Problem wird.[531] Vielmehr erweist sich die Qualität der in Frage stehenden Arbeiten und Produkte als von ihren gesellschaftlichen Formen (Ware, Geld, Kapital, Profit ...) abhängig. Nicht nur die Schranken, wie vom Ostmarxismus suggeriert[532], sondern die Grenzen des Kapitalismus sind hier Thema.

Die Effizienz und Effektivität der Ausnutzung sachlicher wie lebendiger Bestandteile der Produktion als Mittel des Kapitals gliedert sich ein in Kontexte, die die vom Kapital erzielten Einsparungen, Rationalisierungen und Produktivitätserhöhungen zu einem durch andere Hinsichten relativierten oder ihnen sogar

---

530 »Erst in dem 18. Jahrhundert, in der ›bürgerlichen Gesellschaft‹, treten die verschiednen Formen des gesellschaftlichen Zusammenhangs dem Einzelnen als bloßes Mittel für seine Privatzwecke entgegen, als äußerliche Notwendigkeit. Aber diese Epoche, die diesen Standpunkt erzeugt, den des vereinzelten Einzelnen, ist gerade die der bisher entwickeltsten gesellschaftlichen ... Verhältnisse« (MEW 13/615f.).

531 In der Warensphäre wird es nicht nur deshalb nicht nötig, Mängel und Verkehrungen zu beseitigen, weil ihre Folgekosten im Preis für das Produkt nicht mehr erscheinen, also für den Markt irrelevant sind. Positiv werden die Mängel zudem zur Anlagefläche von Produzenten, die ein Interesse am Problem*bestand* haben. Warenproduzenten profitieren so doppelt an Mißständen. Die einen sparen sich die Kosten ihrer Vermeidung, anderen entsteht wiederum mit der nachträglichen Bearbeitung oder dem Angebot einer Kompensation ein eigenes Geschäft.

532 Es handelt sich dabei um alles andere als um eine bloß theoretische Unterscheidung, wenn man an das verhängnisvolle Selbstverständnis des »Ein- und Überholens« denkt, mit der sich der Ostmarxismus selbst noch einmal der Konkurrenz um die bessere Erfüllung kapitalistischer Maßstäbe unterwarf, in die er praktisch schon aufgrund des Weltmarktes gestellt war. Bei der Affirmation dieser Unterwerfung handelt es sich nicht um einen »Fehler« einer »Linie«, als wären die Ost-KPs Souveräne der von ihnen repräsentierten Entwicklung gewesen. Vielmehr müssen der Ostmarxismus und seine westlichen Anhänger als Ausdruck einer geschichtlichen Problematik gelten, in der die Distribution, nicht die Umgestaltung der Arbeit, im Vordergrund steht. Vgl. a. Heidt, Mangeng 1974/90.

untergeordneten Moment herabsetzen. Der Einsatz von Maschinerie wird nicht daran gemessen, daß er arbeitssparend ist, sondern daß an Lohnkosten gespart werden kann. Durch die kapitalistischen Bestimmungsgründe des technischen Fortschritts und dadurch, daß der Arbeitende in der Arbeit allein als Arbeitskraft interessiert, werden Arbeitssinn und -motivation verschwendet. Die kapitalistischen Modi der Produktion steigern die problematischen Effekte von Organisationen für eine Gestaltung von Gesellschaft über ihr in modernen Gesellschaften notwendiges Maß hinaus.

Der kapitalistische Umgang mit der Arbeitskraft und der Natur schafft nicht nur Kosten für die Gesellschaft (»Externalisierung«), sondern auch die Zerstörung unwiederbringlicher und insofern unbezahlbarer Güter. Die Produktion ist weiterhin gebunden an die Herstellung solcher Güter, die in einer durch die Ergebnisse kapitalistischer Ökonomie affizierten Welt nachgefragt werden. Diese Güter veranlassen eine mehrwerttaugliche Produktion, halten technologische Transfer- und Spin-off-Effekte gering und absorbieren damit große Mengen produktiven Potentials und Knowhows. Eine ungeheure Verschwendung menschlicher Initiative und Intelligenz ist der kapitalistischen Effizienz eigen.[533] Wiederum andere Güter werden in der deshalb keineswegs als Überfluß- oder Konsumgesellschaft aufzufassenden Gesellschaft aus kapitalismusspezifischen Gründen zu wenig produziert (z.B. erschwingliche Wohnungen, naturverträgliche Landwirtschaftsprodukte). Die Arbeit dehnt sich über das notwendige Maß aus, insofern Güter produziert werden, deren Gebrauchswert vorrangig sich der kapitalistischen Gesellschaftsform verdankt (s. II.4.1), und insofern Arbeiten verrichtet werden, an denen vorrangig ihre Mehrwerttauglichkeit interessiert. Pfusch, Umweltschädigung, kompensatorische Angebote u.ä. vergrößern die Menge der Arbeiten, insofern sie zusätzliche Arbeiten notwendig machen oder selbst Arbeiten darstellen, die wegfielen, wenn zugrundeliegende Probleme bearbeitet würden.[534]

---

533 Was machen die 20.000 Ingenieure in der deutschen Autoindustrie, wenn Greenpeace mit wenigen Spezialisten das 3-Liter-Auto entwickelt (1996) zu einem Zeitpunkt, als selbst dies von eben jener Branche für technisch nicht machbar erklärt wurde?

534 Die Profitabilität verhält sich deshalb zur Arbeit nicht einfach als mitlaufendes und mit der Steigerung der Gebrauchswerteigenschaften gleichsinniges Kriterium, wie Weber dies suggeriert, als ob alles produziert werden kann *und* auf die effektivste Weise, *wenn* es nur kaufkräftige Nachfrage gibt. Weber sieht in ihr eine Schranke der Produktion für die weniger Bemittelten, nicht in der gesellschaftlichen »Natur« des zu Produzierenden eine Grenze der Produktion und der Produkte. Sie resultiert aus dem Unterschied zwischen Wert- und Reichtumsproduktion.

Die kapitalistische Produktion ist dadurch charakterisiert, daß das in die Arbeit eingehende Knowhow Mittel dazu bleibt, Mehrwert zu schaffen, nicht aber daraufhin genutzt und rückbezogen wird, die Arbeit, also den zumeist immer noch größten zusammenhängenden wachen Zeitabschnitt des arbeitenden Individuums, in einer Weise zu gestalten, die ihr als Lebenszeit entspräche. Marx thematisiert die Diskrepanz zwischen der immer größeren Verobjektivierung von Arbeit in den Arbeitsmitteln und -bedingungen, der wachsenden Abhängigkeit der Arbeit von gesellschaftlichem Intellekt einerseits, der Engführung auf Mehrwertproduktion andererseits, der die Veranstaltung der Arbeit unterliegt. Diese Fehlspezifizierung der produktiven Potentiale verstellt die Arbeit der Gesellschaft daran, die Arbeiten so umzugestalten, daß nicht große Segmente der Arbeitsbevölkerung Arbeiten verrichten, die bereits in der Einseitigkeit ihrer Handlungen wie im geringen Gestaltungsgrad ihres Bezugs auf ihre Adressaten Menschen von der Gestaltung der Gesellschaft enteignen. Marx nimmt die Produktion als Konstituens relevanter Maßstäbe der Gesellschaft ernst dafür, wie in ihr mit ihren Mitgliedern als arbeitenden Wesen umgegangen werden kann, welche Produkte dabei herauskommen und welches Selbstverhältnis der Gesellschaft in bezug auf ihre Gestaltung damit impliziert ist.[535] Mehrwert als Kriterium der Produktion und Warenkonsum als Absatz mehrwertförderlich produzierter Güter sind die beiden starken kapitalistischen Magneten, die die Gesellschaft von einer Gestaltung der Heteronomiesphäre (sensu Gorz) abhalten. Die Kritik an der Fehlabsorption des auf die Gestaltung der Produktion selbst umzuwidmenden, in ihr aber heute an andere Zwecke und Notwendigkeiten gebundenen und von ihnen absorbierten Reichtums hat eine doppelte Emanzipation im Sinn: Die der Arbeitenden von der stumpfsinnigen, routineüberladenen, spezialistischen Arbeit und die der Gesellschaft von einer durch diese Arbeit affizierten Arbeitsbevölkerung. Bei ihr geht die Gesellschaftsgestaltung nicht in die Liste der Arbeitsfähigkeiten und -sinne ein. Geschieht dies nicht und fallen die Arbeitsbeanspruchungen erschöpfend aus, so sind die Arbeitenden gesellschaftlich uninteressiert, durch Vergnügungen stillzustellen und bilden ein dankbares Publikum. So gerechtfertigt Umverteilungsforderungen, ökologische

---

535 Die Kastration der Menschen, von der Marx in den Pariser Manuskripten spricht, der Verkauf der schöpferischen Kraft, die er vergleicht mit dem Verkauf des Erstgeburtsrechts für ein Gericht Linsen durch Esau (GR 214) – all dies sind deutliche Worte, die die Aufmerksamkeit auf den Zustand der Arbeit und auf ihre zentrale Relevanz richten.

und Bürgerrechtspolitik sein mögen, sie erreichen nicht den Horizont der Problematik gesellschaftlicher Müdigkeit.[536]

Daß die kapitalistische Produktion objektiv und subjektiv andere Potentiale hervorbringt, die sich gegen sie wenden lassen, macht erst die Kritik an der in ihr herrschenden Fehlspezifizierung von Ressourcen möglich und unterscheidet die Argumentation von kultur- und zivilisationskritischen Identifizierungen von Realgestalt und Potentialgehalt. Ebenso wie die Affirmation des kapitalistischen Technikeinsatzes arbeitet auch dessen Verurteilung (als »Produktivismus«, als »instrumentelle Vernunft« usw.) weder an spezifischen Gründen gesellschaftlicher Technik»wahl« noch an den Potentialen, die in der kapitalistischen Ökonomie technisch erzeugt und zugleich verkehrt bzw. marginalisiert werden. Beide Theoriesorten verstellen so die praktisch ohnehin blockierte gesellschaftliche Gestaltung von Technik noch zusätzlich theoretisch. Die Arbeit am »Doppelcharakter« vermeidet die Stilisierung des Kapitalismus zu einem widerspruchslos sich in sich schließenden System und damit die gedanklich sei's affirmative, sei's kritisch gemeinte Hypostasierung des Herrschenden zum Inbegriff des Existierenden.[537]

Ich zeige eine ökonomische Dynamik auf, die nicht in einem handlungstheoretischen, auf den gesellschaftlichen Sinn abstellenden Paradigma aufgeht. Es schreibt dem objektiven Geschehen in der gesellschaftlichen Subjektivität liegende Gründe zu bzw. macht die ökonomische Objektivität in ihrem Kontext verständlich. Dabei wird aufgenommen, daß die adaptiven Präferenzen der in den Strukturen Agierenden diese befördern. Ungedacht bleibt, wie die Strukturen sich gegenüber den Akteuren und ihrem Sinn verselbständigen und abstrakt reproduzieren[538], also ein nichtnormatives Substrat aufweisen, und wie die

---

536 Marx kann mit den Schriften zum »Kapital« auch seine ursprüngliche Einsicht (vgl. MEW 3/68f.) substanziieren, alle bisherigen Umwälzungen hätte nicht zentral die Umgestaltung der Arbeit selbst zum Thema gehabt.

537 Wie weit die Gestaltung der Gesellschaft von der Gestaltung der Technik, v.a. der in der Arbeit, abhängt, dies zu zeigen war das Argumentationsziel im entsprechend ausführlichen Unterkapitel II.4. Der Schein gesellschaftlicher Neutralität der Produktionstechnik und -organisation ist eines der härtesten Hindernisse der Gesellschaftsgestaltung. Sowohl in bezug auf die gedankliche Durchdringung als auch in bezug auf die praktisch notwendige Transformation müssen hier viele Selbstverständlichkeiten aufgelöst werden. Ökologisch ist die Warenproduktion bereits in Zweifel gezogen, die Kernspaltung des Menschen in »Kunde König« und Arbeitsteilchen sowie die Unzuständigkeitserklärung von Technikern und Investoren dafür, die Arbeit selbst zu humanisieren, ist weit weniger gesellschaftliches Thema.

538 Selbst ein Weber gegenüber affirmativer Interpret wie Weiß (1992/91) sieht hier ein Manko des Weberschen Ansatzes. Diese Grenze betrifft auch Simmel: »Die Tendenz der

Präferenzen eben adaptive Präferenzen, Beteiligungszwänge und -motive darstellen. Eine Theorie, die dies zeigt, entzieht jeder moralisierenden Kapitalismuskritik (»Konsumismus«, »Wachstumswahn«, »Raffgier« der Kapitalisten usw.) – wenigstens theoretisch – den Boden. Aus dem Geflecht der sich gegenseitig Resultat und Voraussetzung bildenden Momente des abstrakten Reichtums können nicht qua Schlüsselattitüde einzelne Punkte isoliert und wesenslogisch zum Grund, Prinzip oder unbewegten Beweger von allem erhoben werden. Die Kapitalismustheorie wird demgegenüber gerade als systemische Theorie profiliert, ohne System so formell und unspezifisch und damit alternativenlos zu fassen wie Luhmann dies tut. Kapitalismuskritik ist keine Kapitalistenkritik. Kapital und Arbeit sind Momente des sich aus sich selbst reproduzierenden Kapitalismus. Das Ineinandergreifen der verschiedenen Momente dieser Selbstreproduktion und die Emergenz der Strukturen gilt es zu denken, nicht dualistisch zwischen Herrschaftssubjekten und Opfern zu sortieren. Eine sich darauf konzentrierende Kritik des Kapitalismus bemerkt eine seiner Folgen, nicht aber das, was ihn am Leben erhält.

Die hier vorgestellte Kapitalismustheorie ist auch[539] insofern nicht funktionalistisch, als sie die Reproduktion nicht als einen finalen Grund auffasst, der die Strukturen in Gang hält. Das Resultat eines Mechanismus oder seine Funktion für etwas sind nicht die Ursache seiner Existenz. Die Kapitalismusanalyse zeigt demgegenüber, wie sich bspw. die Notwendigkeit der Kapitalakkumulation aus der »Natur« des Kapitals begründet und wie sie sich im Handeln der Akteure durch Mechanismen durchsetzt, deren Erklärung nicht darin besteht, sie dem »eigentlichen« »Wesen« funktional zuzuordnen. Die eigenen Notwendigkeiten der Erscheinungsebene werden in *ihrer* Wirklichkeit analysiert und gerade nicht einfach zum Ausdruck oder Epiphänomen des »Eigentlichen« depotenziert. Gezeigt wird weiterhin, welche Machtasymmetrien und welche Schwierigkeiten der Organisierung – bei Spaltungen, Subalternitäten und bei Vorherrschen kurzfristiger Interessen – der Sozialintegration zugrundeliegen und wie die kapitalistische Ökonomie so erscheint, daß ihre Überwindung als unmöglich oder unnötig gilt. Die Bedingungen für den Reproduktionsprozeß werden nicht nur pauschal als notwendig postuliert, sondern die spezifischen Mechanismen beschrieben, die sie zustandekommen lassen. Auch die i.w.S. verstandene Ideologie erscheint dann nicht als einfache Wiedergabe der Reali-

---

Tauschwirtschaft, über die Produkte hinaus deren Herstellungsprämissen zu ergreifen und damit zu einem ›automatischen Subjekt‹ (Marx) zusammenzuwachsen, wird von Simmel nur von der Seite ihrer subjektiven Reflexion her analysiert« (Deutschmann 1995/383).

539 Vgl. das Ende von II.1, vgl. II.6, vgl. zur Konkurrenz II.5.

tät, sondern wird in ihren Beiträgen zur Reproduktion der Verhältnisse im einzelnen analysiert.[540] Die in die bestehende Ökonomie und Reichtumskonstitution involvierten »objektiven Gedankenformen« (MEW 23/89f.) sind im Bewußtsein der Akteure nicht »reflexiv verfügbar«.[541] Diesen objektiven Gedankenformen ist eine »transkognitive Dimension« (Koczyba 1979/189) eigen. Ihr ideologischer Charakter ist nicht wie bei einem Rechenfehler einfach zu demonstrieren. Vielmehr verweisen die objektiven Gedankenformen auf die Handlungshorizonte in einem System des abstrakten Reichtums und seiner Produktion, Zirkulation, Distribution und Konsumtion.

Insgesamt schöpfen kapitalistische Strukturen den in modernen Gesellschaften möglichen Reichtum auf eine hoch selektive Weise aus. Der spezifisch kapitalistische »Pfad« der Entwicklung von Gütern, Produktionstechnik und Arbeitsorganisation hat seine eigene Produktivität. Kapitalismuskritik ist nicht vorrangig Kritik an den Schranken, die der Kapitalismus setzt, sondern an der Vitalität und dem Reichtum, der seine Stärke ausmacht. Erst die Entkräftung der Stärken ermöglicht es, die Akzeptanz der Schranken zu demotivieren. Erst die Konvergenz beider Ent-täuschungen schafft eine kritische Masse. Erst die Vergegenwärtigung der Not, die vor den Notwendigkeiten kapituliert, depotenziert die Erfolgslegenden. Kritik der kapitalistischen Produktionsweise – das bedeutet, die sachlich-neutrale Gestalt, in der die kapitalistische Produktionsweise erscheint, von ihrem Gehalt, den tatsächlichen Zwecken, Beteiligungs- und Steigerungszwängen, zu unterscheiden. Zugleich wird in dieser Unterscheidung deutlich, wie der vom realen Gehalt unterschiedene Schein (als Realfiktion) aus ihm sich konstituiert. Aus den in die Ökonomie involvierten Bewußtseinsformen läßt sich auch die Sozialintegration begründen. Die Darstellung des kapitalistischen Reichtums, die zugleich seine Kritik ist, umfaßt die Prüfung jener Argumente, die die Notwendigkeiten seiner Vergesellschaftungs-

---

540 Die Marx'sche Analyse arbeitet sehr bewußt daran, die »Mittelglieder der Analyse« nicht zu überspringen mit funktionalen Zuordnungen, mit Reduktionen auf vermeintliche »Wesen« oder mit falschen Evidenzen und Kurzschlüssen zwischen verschiedenen Ebenen. Die Werttheorie im Horizont des unmittelbaren Produktionsprozesses und die Formen der Konkurrenz widersprechen einander bspw. Sie werden nicht miteinander kurzgeschlossen. Erst mit »Produktionspreis«, »Durchschnittsprofit« usw. lassen sich beide Ebenen miteinander verbinden und Geldhandelskapital und Zins werttheoretisch erklären.

541 »Sie werden als objektive Gedankenformen in praktischen Vollzügen gesellschaftlich-ökonomischen Handelns zwar ›gelebt‹, ohne deshalb dem jeweiligen Bewußtsein notwendig ›präsent‹ zu sein – dies wäre das Ergebnis einer gleichsam sekundären Rationalisierung dieser Gedankenformen, wie sie etwa durch die Vulgärökonomie geleistet wird« (Koczyba 1979/188).

weise begründen. Bemüht werden dabei seine vermeintlich sachliche Natur, die dem Reichtum anscheinend entsprechenden oder sogar als sein Grund vorgestellten Bedürfnisse sowie die kontingenten Verknüpfungen, die im jeweils imponierenden Einzelfall eine strukturelle Erklärung unnötig und unmöglich machen. In den erscheinenden Gestalten ökonomischer Zusammenhänge werden Auffassungen nahegelegt, die sie in einer alltagspragmatisch funktionierenden, vom Erkenntnis-Standpunkt aus als unvollständig bis verkehrt geltenden Weise »erklären« und zugleich durch den Inhalt dieser »Erklärung« sozialintegrativ Akzeptanz bewirken.[542]

Den in Teil I aufgezeigten abträglichen Effekten moderner Organisationen gesellschaftlich etwas entgegenzusetzen, heißt zu vermeiden, in die modernespezifische Problematik kapitalismusspezifische Sachverhalte hinein zu vermengen. Nur so läßt sich umgehen, qua Konzept der »Organisations-«, »Kommunikationsgesellschaft« oder ähnlichem den »Kapitalismus« gar nicht mehr (oder nur im »uneigentlichen« Sinn) denken zu können. Das solcherart von der begrifflichen Befassung mit genuin kapitalistischen Strukturen emanzipierte Konstrukt »Organisationsgesellschaft« legt schon insofern Annahmen von Unabänderlichkeit nahe, als subkutan und pseudonym kapitalistische Strukturen mitthematisiert und Schwierigkeiten der Gesellschaftsgestaltung der »Organisation« zugerechnet werden, die nicht der Organisation geschuldet sind, aber so thematisiert werden, als wären sie es. Daß Organisationen und Institutionen bei ihrer gesellschaftlichen Gestaltung den Indivduen auf entlastende, aber nicht dequalifizierend-depotenzierende Weise Mühen abnehmen können[543], gerät im Kapitalismus zur Abwertung der Kritik an tatsächlichen Zwecken und Folgen der bestehenden Organisationen und Institutionen und zur erpresserischen Suggestion, wer sie kritisiere, könne nur Unmittelbarkeitsfiktionen anhängen.

Es handelt sich um eine komplizierte Verschränkung: Der Kapitalismus bildet den realen Kontext für die Ausbreitung von Märkten, Organisationen, Hierarchien zur Förderung von Produktivität und Effizienz in der Informations- und Kommunikationsverarbeitung usw. Auch sie imponieren mit ihren modernespezifischen Schwierigkeiten der Gesellschaftsgestaltung als erscheinende »Oberfläche« der Gesellschaft. Aus kapitalistischen »Gründen« bleibt die Arbeit *an*

---

542 Dabei läßt sich grob unterscheiden zwischen Interpretationen, die Probleme
 – notwendigen oder sogar gutzuheißenden Strukturen als hinzunehmende Folge zuordnen,
 – Regelverstößen oder suboptimalem Handeln von Individuen zuschreiben oder
 – als kontingente Folgen bzw. Nebenfolgen einer Zurechenbarkeit ausschließenden Komplexität auffassen.
543 Vgl. das Institutionenkapitel in der »Arbeitsperspektive«.

den für die moderne Gesellschaft spezifischen Schwierigkeiten der Gesellschaftsgestaltung aus. Sie finden dann in Kommunikationsmedien und Organisationen Bewältigungsformen, und diese erscheinen als einzige Möglichkeit, mit den Schwierigkeiten der Komplexität ... umzugehen. Festgeschrieben wird so doppelt – vom Problem und von den es unterstellenden Bewältigungsformen her – die wesentliche Ungestaltbarkeit der als »industrie-«, »organisations-« und »kommunikationsgesellschaftlich« erscheinenden Grundlagen vermeintlich jedweder modernen Gesellschaft.

Aus dem Umfang der in den kapitalistischen Strukturen involvierten und implizierten objektiven Zugzwänge und subjektiven Beteiligungen wird deutlich, daß eine wie auch immer geartete Einhegung der kapitalistischen Ökonomie (unter Beibehaltung ihres Charakters) auf große Schwierigkeiten stößt. Aus dem Tiger wird nun einmal kein Vegetarier. Der systemische und expansive (auf Akkumulation angewiesene) Charakter der Selbstreproduktion kapitalistischer Produktionsweise, den Marx materialer zu zeigen vermag als die in Teil I dargestellten soziologischen Analysen, steht einer Zurückdrängung des Kapitalismus auf einen ökonomischen Bereich und der Aufspaltung in kapitalistische Ökonomie und nichtkapitalistische Umwelt entgegen. Die Skepsis gegenüber einer Einhegung, die bei Fortexistenz der kapitalistischen Ökonomie diese in sozialere, humanere und ökologischere Kontexte einbetten soll, ist wiederum etwas anderes als ein Formmonismus, der die im Kapitalismus hervorgebrachten Potentiale mit seiner Struktur zusammenfallen läßt. Kapitalismusanalyse ist insofern Kapitalismuskritik, als sie diesen sei's affirmativ, sei's kritisch gemeinten Schein kritisiert. Sie tut das, indem sie den Doppelcharakter des Reichtums zeigt, der im Kapitalismus hervorgebracht wird und sowohl objektiv (als Ressourcen) als auch subjektiv (als menschliche Sinne, Fähigkeiten und Bewußtsein) wenigstens der Möglichkeit nach ein anderes Wirtschaften und Leben vorstellen läßt. Wie aus diesen Möglichkeiten Wirklichkeiten werden können, ist ein anderes Thema.[544]

Die vorgestellte Kapitalismusanalyse bietet nicht zuletzt auch eine paradigmatische Alternative zum in der Theorie funktionaler Differenzierung üblichen Ausspielen von Einheit und Differenzierung gegeneinander. Auch in der landläufigen Kapitalismuskritik hat sich allerdings die bei Marx noch zusammengedachte differenzierte Einheit dekomponiert. Einzelne Bestimmungen werden hypostasiert, und weltanschaulich wird alles auf das jeweilige Steckenpferd enggeführt: die Ware in Kulturkritiken, die Arbeitswelt in der »gewerkschaftlichen Orientierung«, die ihrer Spezifik beraubte und im Ökologismus zum allge-

---

544 Vgl. dafür die »Arbeitsperspektive«.

meinen Wachstum mutierte Kapitalakkumulation und die Konkurrenz in einer planungsorientierten Kritik an der kapitalistischen »Anarchie«. Eine Erklärung der kapitalistischen Ökonomie beinhaltet demgegenüber die Erkenntnis voneinander unterschiedener und sich gegenseitig jeweils auf verschiedene Weise vorbereitender, voraussetzender, bewirkender und verallgemeinernder Strukturen[545]: der Ware, des Geldes, des Kapitals, des kapitalistischen Produktionsprozesses, der kapitalistischen Akkumulation, der Konkurrenz. Im »Kapital« wird auf diffizile Weise die Differenzierung und Integration dieser Sphären material vermittelt.[546]

Die Hypostasierung von Teilausschnitten findet sich auch in der linkspopulistischen Litanei und Halbbildung[547], die zur Unattraktivität von Kapitalismuskritik beigetragen hat.[548] Die höhere Beliebtheit von Marx während der 70er

---

545 Ritsert (1973/9 f.), Halfmann, Rexroth (1976/79 ff.) und Kuhne (1995) haben überzeugend den rekursiven Charakter der Marx'schen Kapitalismustheorie (vgl. dazu auch II.1 und II.2.2) herausgearbeitet gegenüber Auffassungen, die den Kapitalismus auf ein Prinzip zurückführen.

546 Die Marxsche Kapitalismusanalyse nimmt als Bewußtseinstheorie zur Problematik der irreduziblen Vielfalt und Differenz der Perspektiven anders Stellung als die Wissenssoziologie. Thematisiert werden nicht nur die lage- und positionsspezifischen Blickwinkel (wie bspw. bei Boudon 1988) oder die Differenz zwischen Akteur und Beobachter (vgl. Vierkandt 1923/392ff.). Vielmehr rücken kapitalismustheoretisch die spezifischen Mystifikationen in den Vordergrund, die zu den gegeneinander hypostasiert erscheinenden Phänomenen des Kapitalismus gehören (vgl. a. II.5.5, vgl. MEW 24/101, 25/324f., 25/390, 26.3/445ff., 476).

547 Adornos Kritik läßt sich nicht auf den Standpunkt des Bildungsbürgers (s. III.8) engführen: »Das Halbverstandene und Halberfahrene ist nicht die Vorstufe der Bildung, sondern ihr Todfeind: Bildungselemente, die ins Bewußtsein geraten, ohne in dessen Kontinuität eingeschmolzen zu werden, verwandeln sich in böse Giftstoffe, tendenziell in Aberglauben, selbst wenn sie an sich den Aberglauben kritisieren« (Adorno 1979/111f.).

548 Einschlägig sind hier:
- die Idealisierung des Gebrauchswerts oder der Technik gegenüber ihrem sekundär-äußerlich erscheinenden kapitalistischen »Mißbrauch«,
- die Aufspaltung und Desaggregation des Kapitalismus in »produktive« und »parasitäre« Sektoren,
- die Entgegensetzung der »Planung der Produktion« zur »Anarchie der Zirkulation«,
- die Verengung von Kapitalismuskritik auf die ungleiche Distribution und auf die Konsumvorteile der Reichen, als seien mit deren Verallgemeinerung die Grenzen überwunden, die die kapitalistische Strukturierung dem gesellschaftlichen Leben setzt,
- das Unverständnis für die Gründe, warum die Ungleichverteilung des Reichtums allgemein als vielleicht höchstens bedauerlich, aber als notwendig, unvermeidlich oder produktiv gilt,

Jahre hatte *auch* zu tun mit einem metaphorischen Gebrauch zentraler Theoreme. Der geistige Gehalt sank unter den nominellen und wurde durch inflationäre Anwendung immer gehaltloser. Die früher oder später eintretende Katerstimmung, in der die Inkompetenz des eigenen *Bewußtseins* gewiss wurde, führte, auch weil sie nicht als Erfahrung mit dem *eigenen* Bewußtsein galt, zum »Abschied von Marx«, der vorrangig per Schlagwort präsent war, nicht aber zur Verabschiedung des eigenen »unreifen Gebraue halb aufgefaßter Begriffe« (H2/571). Auch die gegenwärtig in Umlauf befindlichen soziologischen Einführungs-, Überblicks- und Lehrtexte zeichnen sich meist durch eine traumwandlerische Sicherheit dabei aus, fast alle gesellschaftstheoretischen Pointen der Kritik der Politischen Ökonomie zu übergehen und die wirklichen oder vermeintlichen *politischen* Positionen des Autors derart in den Mittelpunkt zu rücken wie bei keinem anderen präsentierten *Theoretiker*.

Die Marx'sche Kapitalismuskritik zeigt die Komplexität des Ineinanderspiels verschiedener Sphären in der kapitalistischen Ökonomie, die »reiche Totalität von vielen Bestimmungen und Beziehungen« (GR 21). Jede dieser Sphären gibt eigene Schwierigkeiten der Gestaltung der Gesellschaft auf. Ein »Prinzipien-Denken«, das – sei's affirmativ (»funktionale Differenzierung«, »Organisationsgesellschaft«), sei's kritisch (»Warengesellschaft«, »instrumentelle Vernunft« oder »Kerkergewebe« (Foucault 1977/392)) – die Gesellschaft mit einem Prinzip kennzeichnet, auch um dem (»multifaktoriellen«) Eklektizismus zu entgehen oder um sich auf einen archimedischen Punkt stützen zu können, unterbestimmt die Schwierigkeiten der Gesellschaftsgestaltung. Sie liegen zum einen im Ineinandergreifen und Aufeinanderaufbauen ganz verschiedener Probleme, Zugzwänge und Folgedynamiken[549], zum anderen darin, daß die imma-

---

- die Entgegensetzung der Krise zum normalen Lauf der Geschäfte sowie die Kritik an der Nichtbenutzung von Arbeitskraft, die die Maßstäbe ihrer Benutzung in den Hintergrund rücken läßt,
- die Begründung der Krise aus Nachfragemangel und das Votum für Kaufkraftsteigerung, als wären nicht auch zu hohe Löhne, Gehälter usw. kriseninduzierend,
- die Tendenz, »alle ökonomischen Voraussetzungen der kapitalistischen Produktion selbst als ewige Formen (zu) akzeptieren und nur das Kapital streichen (zu) wollen, die Basis und zugleich die notwendige Konsequenz« (MEW 26.3/256),
- die Verwandlung sozialer Auseinandersetzung zu einem dem Kapitalismus exogenen und ihn von außen beschränkenden Faktor,
- die Entgegensetzung zwischen Kapitalismus einerseits, Demokratie und Sozialstaat andererseits.

549 Marx zeigt hier materialer als Luhmann die Vernetzung und systemische Selbstreproduktion.

nent kapitalistischen Verknotungen gewissermaßen nur einen zweiten Knoten bilden, der die Bearbeitung der »modernen« Schwierigkeiten der Gesellschaftsgestaltung (s. Teil I) blockiert, zugleich aber mit ihnen immanenter verwachsen ist, als dies die *analytische* Trennung zwischen verschiedenen »Ebenen« und das *Bild* vom »Doppelknoten« auszudrücken vermögen.

Die Kritik der Politischen Ökonomie, die durch die Kritik an den einzelnen symptomatischen Ausblendungen und Verkehrungen der vorliegenden Politischen Ökonomie über sie hinausgeht, überschreitet auch die übliche Konzeptualisierung des Objekts »Ökonomie«. Allein schon deshalb ist die »Kritik der Politischen Ökonomie« genuiner Gegenstand der Gesellschaftstheorie (vgl. Kosik 1976/185ff.). Eine Arbeitsteilung zwischen Soziologie und Kritik der Politischen Ökonomie erscheint verfehlt, in der ihre jeweiligen Objektbereiche auf »das Soziale« bzw. »die Ökonomie« zugeschnitten werden (vgl. a. Herkommer 1989). Die Kritik der Politischen Ökonomie stellt nicht den ökonomischen »Faktor« dar, mit dem andere Faktoren interagieren.[550] Nicht das Übergewicht der Ökonomie (Gorz), nicht ihr Überschreiten von Grenzen anderer Gebiete (Habermas), nicht die äußere Abhängigkeit der »Faktoren« bilden den Horizont, innerhalb dessen überhaupt erst die Kapitalismuskritik als das ausgeschöpft werden kann, was sie ist. Es geht nicht um die Herrschaft des Kapitals über die Gesellschaft, sondern um die gesellschaftlichen Verhältnisse, die auch zur Herrschaft des Kapitals führen. Es geht nicht um eine Re-Integration »der« Ökonomie in »die« Gesellschaft, sondern um die Frage, welche Strukturen zur Selbständigkeit der Ökonomie und zu ihrer Erscheinung als eigener »Faktor« führen. Es geht nicht vorrangig darum, wie das Leben der Individuen von »der Ökonomie« »bedingt«, »beeinflußt«, »beherrscht« oder »determiniert« wird, sondern darum, wie die Individuen im Kapitalismus sich in Strukturen und Formen (vgl. zur begrifflichen Erläuterung II.6) bewegen, die als kapitalistisch bestimmt werden müssen, will man sie erklären. Wenn landläufig von der Ökonomie gesprochen wird, dann als von einem »Außen«, das das soziale Leben der Individuen restringiert. Daran ist zwar richtig, daß die Strukturen des abstrakten Reichtums (»selbstreferentiell«) einen sich selbst reproduzierenden Zusammenhang bilden und weder im Bewußtsein und der Subjektivität der Individuen gründen, noch im Alltagsbewußtsein adäquat präsent sind. Problematisch an der Vorstellung von der Ökonomie als einem »Außen« ist aber die Engführung der mit ihr thematisierten gesellschaftlichen Strukturen und Formen auf einen begrenzten Bereich. Gegenüber diesem Bereich treten dann im die

---

550 Vgl. zur Kritik des Faktorendenkens am Beispiel von M. Webers »Protestantischer Ethik« Creydt 1997.

Gesellschaft denkenden Denken andere, wiederum eigenstrukturierte Bereiche auf den Plan. Die Marx'sche Kapitalismuskritik zeigt mit den Verhältnissen der Akteure in der Reichtumsproduktion und -zirkulation den abstrakten Reichtum in seinen verschiedenen Gestalten. Sie charakterisieren die Verhältnisse der Menschen zueinander und zur Natur. Diese Charakterisierung verdankt sich nicht einer normativen Setzung oder einer Dringlichkeitshierarchie, nach der die gesellschaftliche Naturaneignung an erster Stelle und Kultur usw. erst später kämen. Es geht auch nicht um funktionalistische Vorannahmen. Ihnen zufolge hätten sich alle anderen Bereiche am herrschenden »Kern« auszurichten. Auch Basis-Überbau-Schemata verfehlen mit ihrer räumlichen Metaphorik wiederum genau das Motiv dieses zweiten Teils meiner Arbeit: Die gesellschaftlichen Strukturen des abstrakten Reichtums, wiewohl sie nicht koextensiv sind mit allen erscheinenden Sphären dieser Gesellschaft, durchziehen diese[551] und implizieren zentrale Maße und Formen des gesellschaftlichen In-der-Welt-Seins.[552] Ihnen werde ich im nächsten Teil (III) mit den verschiedener Formen der Individualität weiter nachgehen und zeigen, wie sich über diese (mit den bisher geschilderten Strukturen der Gesellschaft implizierten) Schranken und Grenzen der Individualität Subjektivitätsformen erheben. Sie sind nicht primär an ihre äußeren gesellschaftlichen Abhängigkeiten und Bedingungen zu erinnern, so kathartisch der Abstieg vom Sonnendeck in den Maschinenraum sein mag. Vielmehr wird in Teil III Thema, wie gerade der Eigensinn der Subjektivität(en) auf deren gesellschaftliche Konstitution verweist. Die so charakterisierte Subjektivität entfaltet sich gerade dadurch, daß sie von ihrer Konstitution absieht.

---

551 »Es gibt keinen Begriff, Merkmalskomplex oder keine Teilmenge von Aussagen über Relationen (›Beziehungen‹), zu deren Sinn (Konnotation) nicht direkt oder über begriffliche Zwischenglieder Aussagen zur Kernvorstellung gehörten und/ oder bei denen nicht eine empirische Relation zu Momenten der Kernstruktur ausgewiesen werden könnte (empirischer Verweisungszusammenhang). Damit ist ausdrücklich nicht behauptet, die Bestimmungen aller Momente und ihrer Relationen gingen im Sinngehalt der Sätze der Kernvorstellung auf« (Ritsert 1973/38).

552 Die Auseinandersetzung wird sich dann nicht auf »das Primat« »der« Ökonomie oder Kultur, »des« Geschlechterverhältnis o.a. beziehen. Vielmehr sind die Trennungen, die selbstreferentiellen Dynamiken, die Bewegungsmöglichkeiten usw., die mit dem abstrakten Reichtum gesetzt sind, zu befragen – dahingehend, ob das als andere »Faktoren« oder »Sphären« selbständig Erscheinende sich nicht durch diese Formen konstituiert, als Verarbeitung von Erfahrungen mit diesen Formen auf ihrer Grundlage. Wer umgekehrt von Kultur, vom Geschlechterverhältnis usw. ausgeht, müßte für sie den »Gegenbeweis« antreten.

III. Entfaltete Subjektivität

III.1. Einleitung

Die moderne Gesellschaft geht in ihren in Teil I genannten Momenten Komplexität, Arbeitsteilung und Synthesisformen nicht auf. Mit diesen Strukturen allein lassen sich die in der Moderne entfaltete Subjektivität und die von ihr ausgehenden normativen Standards nicht thematisieren. Auf sie richten sich aber viele Hoffnungen. Ich möchte mich hier nicht auf eine Bilanzierung von Fortschritten und neuen Problemen für die Individuen einlassen. Meine Kritik unterscheidet an Wertegeneralisierung, Inklusion, Autonomie, Reflexivität, postmateriellem Wertewandel, Selbstverwirklichungs- und Glücksansprüchen die mit ihnen tatsächlich verbundenen Praktiken und die Versprechen, die von ihnen ausgehen. Mir geht es darum, ihre naive und »utopistische« Artikulation zu erinnern an reale Kontexte. In ihnen erweisen sich die Versprechen als Moment (oder Hypostasierung) gesellschaftlicher Wirklichkeiten, die bei nüchterner Betrachtung zu weniger Emphase Anlaß geben. Viele an die moderne Subjektivität geknüpfte Erwartungen übergehen die zu den erhofften Effekten gegensinnigen Wirkungen der individuellen Selbstabsorption. Ich thematisiere die damit verbundene eigene Sorte von Schwierigkeiten für Gesellschaftsgestaltung.[553]

Die Differenz zwischen der Eigenstruktur gesellschaftlicher Sachverhalte und der Eigenlogik individueller Existenz wird aufgrund der gesellschaftlichen

---

[553] Das Mißverhältnis zwischen Individuum und Gesellschaftsmitglied ist gravierender und systematischer begründet als von Marx zumindest in seinen utopistischen Äußerungen angenommen. Das Verhältnis des Individuums zu sich – im Unterschied zu seinem Selbstverständnis als Gesellschaftsmitglied – stellt eine Realität dar, deren Auswirkungen auf die Gestaltung von Gesellschaft zu analysieren sind. Schadet die gesellschaftliche Allgemeinheit dem Individuum und läßt sie seine »Bereicherung als Selbstverarmung« (MEW 26.3/255) ausfallen, so gerät der Bezug des Einzelnen auf seine (gesellschaftliche) Substanz und Wirklichkeit mit seinem Selbstbezug in Konflikt. Diese nicht einfach zu überwindende Differenz unterschätzt zu haben stellt einen Grundmangel der sozialistischen Fixierung auf die (dann ihrerseits verkürzt verstandene) Allgemeinheit dar und eine einfache Negation des Mobilisationsprinzips der bürgerlichen Gesellschaft (s. die übernächste Anmerkung).

Nichtbearbeitung der für die Gesellschaftsgestaltung problematischen Effekte moderner Strukturen und aufgrund der kapitalistischen Ökonomie zu einem Gegensatz radikalisiert. Maßstab ihrer Kritik auf der Seite des Individuums sind keine Versöhnungsvorstellungen, die die benannte Differenz übergehen (vgl. zur Kritik u.a. Wellmer 1986/195f., 198f., Holzkamp zit. in I.3.4, Wulff zit. in III.3). Die Kritik in Teil I und II kommt ohne einen derartigen Unmittelbarkeits-Standpunkt aus.

Subjektivität wird Thema weder als Widerspiegelung oder Ausdruck gesellschaftlicher Verhältnisse noch als deren Antagonist, sondern als individuelle Entfaltung vor dem Hintergrund der den Individuen als ebenso sachlich wie heteronom erscheinenden gesellschaftlichen Verhältnisse. Adorno, Lefebvre und andere haben hier eine These zum Zusammenhang von Subjektivität und moderner kapitalistischer Gesellschaft formuliert, deren Potential nicht ausgeschöpft ist: Gerade die erscheinende Unabhängigkeit des Individuums von der Gesellschaft erweist sich als wichtig für deren Fortbestand. Die institutionalisierte wie subjektiv hoch affektiv besetzte Unabhängigkeit hindert die Individuen, »das Getriebe zu durchschauen, und überantwortet sie der Phrase, es käme alles bloß auf den Menschen an. ... Die Undurchsichtigkeit der entfremdeten Objektivität wirft die Subjekte auf ihr beschränktes Selbst zurück und spiegelt dessen abgespaltenes Für-sich-sein, das monadologische Subjekt und dessen Psychologie, als das Wesentliche vor« (Adorno 1979/54). Aus der erscheinenden Unabhängigkeit des Individuums entwickelt es, »indem es als ein von der Gesellschaft Abgedichtetes, Abgespaltenes existiert, nochmals die Pathogenese einer gesellschaftlichen Totalität aus sich heraus« (Adorno 1979/55f.). »Der (erscheinenden − Verf.) Objektivität des technischen Prozesses (der als Industriegesellschaft erscheinenden Gesellschaftsformation − Verf.) entspricht als ihre Kehrseite die Entfesselung der Subjektivität. Die Subjektivität ermächtigt sich dessen, was man ihr übrigläßt. Sie fühlt sich zugleich alleingelassen und befreit − zum Privatleben, zum Ästhetizismus, zum Moralismus. ... In der Abstraktion und im Dualismus erblickt die Subjektivität den Grund ihrer eigenen Absenz; zugleich findet sie in in ihnen das Material, mittels dessen sie ihre Präsenz inmitten der Absenz anzeigt« (Lefebvre 1978/246).[554]

---

554 »In den Augen der Modernisten ignorierten beide Tendenzen − die mechanistische ebenso wie die sentimentale −, daß die Person sich durch die Erfahrung, mit dem Bedingungsgefüge ihrer Existenz nicht übereinzustimmen, und ihr Unvermögen, der kognitiven und emotionalen Isolation jemals gänzlich zu entkommen, selber schafft und entdeckt« (Unger 1986/47).

Das zugrundeliegende Modell bürgerlicher Subjektivität[555] ist keine Angelegenheit der Vergangenheit.[556] Die Verfallsannahmen übergehen zudem die mit diesem Ideal auch zu seiner vermeintlich vergangenen Blütezeit verbundenen problematischen Verknüpfungen. Das Ideal[557] bürgerlicher Existenz wird durch seine Verlagerung in die Vergangenheit davor gerettet, die mit ihm auch gegenwärtig implizierten problematischen Effekte für Gesellschaftsgestaltung zu offenbaren.[558] Nicht Verfall oder Abkehr von Versprechen fokussiere ich, sondern die mit der Verallgemeinerung praktisch sich realisierenden alltäglichen Implikationen der Werte. Zeitdiagnosen der Uniformierung, Vermassung und des Autonomieverlustes der Individuen zeugen vom wenig reflektierten Ideal eines autonomen Individuums. Zeitdiagnosen der kalten und egoistischen Gesellschaft, des Verfalls der Familie und der Solidarität neigen zu einer idyllisierende Verklärung der Vergangenheit[559] und unterbestimmen die Potentiale von

---

555 »Das eigentliche Mobilisationsprinzip der bürgerlichen Gesellschaft ... war der abstrakte Selbstbezug des Einzelnen. Das bedeutet theologisch gesehen das Prinzip des Protestantismus, die Unmittelbarkeit des Einzelnen zu Gott, philosophisch die Annahme einer auch individuell realisierten allgemeinen ›Vernunft‹, ökonomisch gesehen, das Recht jedes Einzelnen auf individuelle Selbstbereicherung« (Willms 1977/37).

556 Ich grenze mich von einer gestaltungspessimistischen Theorievariante ab, die die Subjektivität in der gegenwärtigen Gesellschaft beurteilt ausgehend vom Maßstab vergangener Epochen. Für Gehlen (1957) ist dies die Bauern- und Handwerkerzivilisation, für Weber (vgl. PS 63- 65, 333, vgl. auch Haferkamp 1989) die Welt der unternehmerischen freien Initiative und des mit der Gewissensfreiheit sich entfaltenden unabhängigen Geisteslebens, das sich seines Wertes im Kampf gegen seine Widersacher noch gewiß ist. Gezeigt wird im folgenden: Persönliche Initiative und Spontaneität bleiben für die Individuen möglich und notwendig – weit über jene Gruppen (Unternehmer, Politiker, Wissenschaftler, Künstler) hinaus, für die Weber sie noch wenigstens in Restbeständen annimmt. Zugleich werden auch die in persönliche Initiative und Spontaneität gesetzten Hoffnungen ent-täuscht.

557 Vgl. dazu auch das Ende von II.4

558 »Das Gewirr von klug, dumm, gemein, schön ist gerade in solchen Zeiten so dicht und verwickelt, daß es offenbar vielen Menschen einfacher erscheint, an ein Geheimnis zu glauben, weshalb sie einen unaufhaltsamen Niedergang von irgendetwas verkünden, das sich dem genauen Urteil entzieht und von feierlicher Unschärfe ist« (Musil 1981/62).

559 Eine prinzipielle Ambivalenz zwischen Verlust und Gewinn wird für die Moderne behauptet im Vergleich zu früheren Zeiten: »Freiheitsgewinne« stehen in dieser Problemanordnung dem »Verlust an Sicherheit durch Zugehörigkeit« und dem »Einssein mit der Natur« gegenüber (vgl. Bauer, Matis 1988/372, Dahrendorf 1979/52, 67). Einschlägige Hintergrundannahmen betreffen die frühere Geborgenheit und Aufgehobenheit in der christlichen Religion, die Angst bewältige, die frühere Kooperation und Nähe im dörflichen Lebenszusammenhang gegenüber heutiger Anonymität und Fremdheit und die Geborgenheit in der Großfamilie.

Kooperation und Assoziation in der Gegenwart. Meine Kritik an diesem Typus von Zeitdiagnose antwortet nicht mit einer Erinnerung an die »Zugewinne« gegenüber den »Verlusten«. Ich kritisiere vielmehr die in Verfallsdiagnosen bemühten Bewertungsfolien (Solidarität, Werte, Geborgenheit usw.), die von der Gegenwart abgesprengt (und in die Vergangenheit verlagert) werden, als koexistierten sie nicht mit ihrem Gegenteil und als seien sie mit ihm nicht (auf eine der Evidenz entzogene Weise) vermittelt.[560]

Eine zweite gestaltungspessimistische Theorievariante, die das Feld der Individualität und Subjektivität betrifft, besteht in der soziologisch von Weber und Simmel bis Habermas vertretenen Konstruktion, die Freiheiten des Individuums mit den »Kosten« der Moderne in unauflösbarer Ambivalenz zu verknüpfen – in einer Verklammerung von Unabhängig- und Abhängigkeit. Mehr oder weniger explizit imponiert in dieser Theorie eine Alternative, derzufolge die mit dem Geld- und Marktsystem verbundenen Freiheiten selbst als das non plus ultra erscheinen. Jede andere Wirtschafts- und Gesellschaftsordnung bedeute eine Regression hinter das freie Individuum und Subjekt. Die Entfremdung gehe mit der Verobjektivierung der Arbeit einher und ermögliche gerade individuelle Freiheit im Nichtarbeitsbereich und Rollendistanz auch in der Arbeit.[561]

Die Individuen haben die Kosten der Freiheit (s.u.) zu tragen und dulden dies auch deshalb, da sie selbst nur zwischen Kosten und Genuß der Freiheit differenzieren können. Andere gesellschaftliche Individualitätsformen erscheinen nicht, die die problematischen Seiten der Individualität überwinden, ohne damit die »Errungenschaften« freier Subjektivität und Individualität zu gefährden.[562] Die zugrundeliegende Dichotomie[563] verstellt den Terrainwech-

---

Alle drei Annahmen sind historisch fraglich: Delumeau (1985) zeigt das Mittelalter als einen Kontinent der Angst, Foster (1960/174ff.) weist auf die für frühere Dörfer typischen Streitigkeiten hin. Sie entstehen vor dem Hintergrund der sich vergrößernden Kluft zwischen begrenzten Ressourcen für Ernährung und Technik einerseits, Bevölkerungswachstum andererseits. Weber-Kellermann (1987/220ff., 265ff.) zeigt die alles andere als idyllischen Seiten des Umgangs mit Kindern, Ehefrau und Alten in der früheren Familie.

560 Ich habe diese drei Momente populärer Verfallsdiagnosen (die analytische Ausdünnung der Gegenwart auf ihre erscheinenden »schlechten« Seiten, die Unterbestimmung der Vermittlung des Schlechten mit dem »Guten« und seine hypostasierende historische Rückprojektion) andernorts exemplarisch an Wilhelm Heitmeyers Zeitdiagnose analysiert (Creydt 1994). Die negative Analogie bildet das einschlägige methodische Verfahren. Die Verhältnisse werden nicht aus sich heraus begriffen, sondern einzelne Phänomene aus der Gegenwart mit ebenso entkontextualisierten Erscheinungen aus der Vergangenheit verglichen und das Resultat dieses Vergleichs als Grund der Gegenwart verstanden.

561 Vgl. für eine dichte Formulierung dieses Verständnisses Ferber 1965/34-36, 40 und König 1971.

562 Vgl. für Vorschläge die »Arbeitsperspektive«.

sel, der gegenüber beiden sich alternativ gegenüberstehenden und den Raum dichotom ausfüllenden Seiten neue Konstellationen und neue Perspektiven ermöglicht.

Ich skizziere im folgenden von den Individuen in der modernen kapitalistischen Gesellschaft notwendig zu lösende Aufgaben und Konstitutionszusammenhänge ihrer Individualität und Subjektivität.[564] Sie sind erst einmal zu vergegenwärtigen, bevor die interpretativen und kreativen Leistungen der Individuen zur Sprache kommen. Wie in Teil I und II geht es auch hier darum, nicht

---

563 Die bereits bei Simmel enthaltene Ambivalenz, die Leistungsvorteile der objektiven Strukturen nicht missen zu wollen, zugleich aber sowohl die durch diese Dehumanisierung (Luhmann) der Strukturen freigesetzte als auch negativ affizierte Subjektivität zu bemerken, diese Ambivalenz legt sich bei anderen Soziologen so auseinander, daß die einen eher die Notwendigkeiten und Leistungen der selbständig-emergenten sozialen Strukturen thematisieren (Durkheim in den »Regeln«, Gehlen, Luhmann), andere eher die Kosten für die Subjektivität fokussieren (Adorno). In einem 1965 veranstalteten Rundfunk-Streitgespräch zwischen Gehlen und Adorno kommt diese einfache Entgegensetzung gut zum Ausdruck. In ihr nimmt Gehlen die Entlastung der Individuen von (luhmannesk gesprochen:) Komplexitätsbewältigung zum Argument *für* Institutionen. Adorno fokussiert die Verselbständigung der Institutionen *gegen* die Individuen und kann dem allein die bewußten und autonomen Individuen entgegensetzen (Adorno, Gehlen 1974 / insbesondere: 250). Beide haben so mit ihren isolierten Argumenten Recht gegeneinander. Beide teilen aber die Problematik, die Lage des Individuums in der Gegenwart nicht beschreiben zu können in bezug auf die Probleme der Gestaltung der Gesellschaft durch sich selbst. Gehlen stellt sich hier auf den Standpunkt einer immanenten Vernunft der Institutionen gegen die Individuen, für die es immer noch das Beste sein dürfte, sich von den Institutionen »mit Haut und Haaren konsumieren zu lassen« (Gehlen 1964/208). Adorno wiederum hält zwar an der Qualität der individuellen Existenz fest gegen deren »Instrumentalisierung«, kann aber dies nur *fordern* und nicht beziehen auf die Gestaltung der Gesellschaft durch sich selbst. Nicht die Frage, ob die Chancen für sie gut oder schlecht stehen, entscheidet bei Adorno darüber, daß er Gesellschaftsgestaltung nicht denken kann. Dies mißlingt ihm bereits auf einer dieser Einschätzung vorgelagerten Ebene − aufgrund einer grundbegrifflichen Schwäche seiner Theorie, die die eigene Struktur und Selbstreferenz gesellschaftlicher »Sachverhalte« von vornherein mit Entfremdung konvergieren läßt.
Adorno *und* Gehlen übergehen die Differenz zwischen modernen sozialen Strukturen und kapitalistischen und verstellen die daraus wenigstens analytisch gewonnene Möglichkeit, Ressourcen freizubekommen für eine Arbeit an den problematischen Effekten moderner sozialer Strukturen. Gehlen sieht die Schwäche der Individuen, ihre geringen Gestaltungskapazitäten und gewinnt als Kontrastfolie die Leistungsvorteile von Institutionen. Er fragt nicht, wie an Institutionen gearbeitet werden kann, so daß ihr Gegensatz zu den Menschen und deren Inkompetenz sich verringern.

564 Wenn Keupp (in Keupp, Höfer 1997/20) davon spricht, es gebe »in unserer Alltagswelt außer einigen Grundwerten keine unverrückbaren allgemein akzeptierten Normen mehr«, so übergeht er die in diesem Teil dargestellten Imperative, sich handlungsfähig zu halten, Besitz und Eigentum zu bilden, »eine Beziehung« und Beziehungen zu bewerkstelligen, ein gelungenes Selbstbewußtsein sich aufzubauen und zu erhalten usw.

»den einzelnen verantwortlich zu machen für Verhältnisse, deren Geschöpf er sozial bleibt, so sehr er sich auch subjektiv über sie erheben mag« (MEW 23/16). Gerade weil in Teil III diese subjektive Erhebung Thema ist, die Verwandlung von Individualität in Subjektivität, wird das Individuum in seiner privaten Lebensweise als Geschöpf der Verhältnisse gezeigt und erst von daher auch die Weise verständlich, wie es sich subjektiv über sie erheben mag.

Für den begrifflichen Status der folgenden Argumentation gilt: Die skizzierten Figuren der Individualität und Subjektivität stellen keine naturalistischen Figuren dar. Ich präpariere jeweils Konstitutionszusammenhänge der Lebensweise heraus, die in der Wirklichkeit stets mit anderen Momenten verquickt vorkommen. Die Zumutung, die im schrittweisen Entfalten von aufeinander aufbauenden Abstraktionen (auch in den anderen Teilen dieser Arbeit) liegt, besteht zunächst darin, wie auch in Teil II Verwechslungen der verschiedenen Stufen zu vermeiden. Weiterhin gilt es, weder aus der vielfältig erscheinenden Wirklichkeit in einer identifizierend-subsumtiven Sicht Momente unmittelbar aufzunehmen und als Beleg für dann ebenso entkontextualisierte Aussagen aufzunehmen, noch die Abstraktionen selbst gerade aufgrund der Gefahr ihrer pseudokonkreten Applikation zu verwerfen.[565] Es geht hier nicht um die Deskription der Lebensweise, sondern um die Probleme, die sie der Gesellschaftsgestaltung aufgibt. An zentralen Gestalten der individuellen Lebensweise zeige ich deren Selbstabsorption und Verkehrung. Insofern bewege ich mich auf dem Terrain der Psychologie, ohne mir von ihr die Frage vorgeben zu lassen, wie das Individuum *als* Individuum »gelingend« leben könne. Die subjektive Stabilisierung der individuellen Existenz ist zwar für das Individuum *als* Individuum notwendig, unterläuft zugleich aber sozial-assoziative Formen von Kooperation und Koordination.[566] Die psychologische Stabilisierung der alltäglichen Handlungsfähigkeit des Individuums steht ebenso in Diskrepanz zur Ausweitung oder Umgestaltung des gesellschaftlichen Handlungsraums wie

---

565 Vgl.auch H 4/163, 413f., vgl. H 2/275ff.

566 Das Argument lautet dabei *nicht*, ein subjektives Wohlfühlen sei Hindernis des Leides (»Nur dem, der das Glück verachtet, wird Erkenntnis« – Trakl, »Was Geist ist, erfaßt nur der Bedrängte« – Hofmannsthal) und es selbst existenzielles Motiv für Gesellschaftsgestaltung. Diese Verknüpfung ist nicht notwendig, wenn weniger von starken, autonomen Individuen als von sozialer Assoziation Gesellschaftsgestaltung erwartet wird (s. a. den Schluß von III.9). Dann erscheint die Psychologie (i.w.S.) als notwendig *und* verkehrt zugleich. Gerade das macht erst das Problem der Individualitäts- und Subjektivitätsformen für die Gesellschaftsgestaltung aus: Als Verarbeitung des In-der-Welt-Seins unter gegebenen gesellschaftlichen Verhältnissen erscheinen sie als unumgänglich, solange nicht andere Verbindungen zwischen den Individuen und andere soziale Kräftefelder möglich sind. Zugleich schlägt das Resultat zur Voraussetzung der Gesellschaft um.

das Privatinteresse zur sozialen Kooperation und Assoziation (s. I.6). Die Psychologie und die Gewerkschaft sind notwendig *und* problematisch. Notwendig, insofern sie das Überleben auf jeweiligem soziokulturellem Niveau erst ermöglichen. Zugleich verstellen sie eine gesellschaftliche Gestaltung des Lebens, insofern sie die Aufmerksamkeit binden an die Transformation des Arbeitenden zur Arbeitskraft bzw. an die Transformation des gesellschaftlichen Menschen zum vereinzelten Einzelnen, Privatbesitzer, Zwischenmensch, zur Persönlichkeit usw. Im Schutz des Individuums vor dem abstrakten Reichtum wird es in der Form festgehalten, die ihm gegenüber subaltern bleibt.

Ich klammere die Frage aus, wie die individuelle Existenz aufgrund ihrer eigenen Verletzlichkeiten und der notwendigen Grenzen individueller Aufmerksamkeit *vor* jeder gesellschaftsformationsspezifischen Überdeterminierung der Gesellschaftsgestaltung eigene Probleme aufgibt, bspw. in den pragmatischen Routinen und Wahrnehmungsvereinseitigungen des Alltagslebens (vgl. dazu bspw. Heller 1978/216ff., Almási 1977/155ff., 204ff., vgl. auch Gamm 1981).[567]

In den Individualitätsformen entmischen sich die verschiedenen Dimensionen des Daseins. Mit dem vereinzelten Einzelnen wird eine Schutzproblematik überwertig und eine Abwandlung der eigenen Zeitlichkeit aus der Enge und geringen Integrationskraft des individuellen Bewußtseins, der individuellen Fähigkeiten und Sinne.[568] Mit der Sorge und dem possessiven Individualismus räumt sich das Individuum in die Welt in einer Weise ein, in der das Nahe sich vor das Weite stellt. Dieser oknophilen Existenz kann sich wiederum ein philobater Modus entgegensetzen (vgl. Balint 1972).[569] Mit ihren not-wendenden Reaktionen auf die Verkehrungen der Zwischenmenschlichkeit geraten die Individuen in neue Probleme, so daß — anknüpfend an Riemanns (1986) grober Unterscheidung — zur Depression die Angst vor der Individuation und Unabhängigkeit von Anderen beiträgt, der schizoide Typus umgekehrt sich vor

---

567 Ich gehe nicht eigens auf das Geschlechterverhältnis ein, um der diese Arbeit sprengenden Diskussion auszuweichen, wie es sich zur modernen Gesellschaft und kapitalistischen Ökonomie verhält. Vgl. dazu das entsprechende Kapitel in der »Arbeitsperspektive«.

568 Der Enge des Raums entspricht in der Zeit das Rasche. »»Es schlägt ein‹, es fehlt eine geschichtliche Entwicklung, es wird nichts erwogen, sondern sofort entschieden. Immer ist das Rasche auch das Einförmige, welches sogleich am Ende ist, eben an der nahen Grenze der Enge; das Vielgestaltige braucht Zeit sich zu entwickeln und Raum, sich mannigfaltig in Beziehung zu setzen« (Kuhn 1951/57).

569 Der oknophile Charakter fühlt sich ohne vertraute, feste innere und äußere Objekte verloren. Geborgenheit ist ihm wichtig, während der philobate Charakter Freiheit und Unabhängigkeit präferiert und die Welt ihm aus freundlichen Weiten besteht, die mehr oder weniger mit gefährlichen und unvorhersehbaren Objekten durchsetzt sind.

Selbstverlust in der Beziehung ängstigt, in der Hysterie die Angst vor der Festlegung auf ein falsches Selbst oder einen falschen Partner und beim Zwang die Angst vor der Zufälligkeit und Unübersichtlichkeit der Zwischenmenschlichkeit eine große Rolle spielt. Sowohl vom Besitz wie der Zwischenmenschlichkeit her wird das Verhältnis zwischen Innen und Außen und die Durchlässigkeit zwischen beiden problematisch.[570] Bei der Persönlichkeit legt die Erhebung über die soziale Wirklichkeit des Individuums Maniriertheit, Verschrobenheit und Verstiegenheit nahe (vgl. Binswanger 1976). In der (weit und wenig streng verstandenen) Kultur werden eine Plastizität, das Meinen als »weiches Medium« (Hegel) und das Wünschen[571] sowie das Spiel mit den entkontextualisierten Momenten der Wirklichkeit attraktiv und prominent.

---

570 »Während der Schizophrene sich nicht in die Rolle, in die Anonymität zu entäußern vermag, kann sich der Manisch-Depressive aus den Entäußerungen in die Rolle bzw. in die Anonymität nicht wieder zurücknehmen« (A. Kraus, zit. n. Tellenbach 1983/117). Das Zitat ist an der von Tellenbach angegebenen Stelle (Alfred Kraus, Sozialverhalten und Psychose Manisch-Depressiver. Stuttgart 1977, S. 47) nicht aufzufinden.

571 Freuds Lustprinzip entstammt Binswangers Auffassung zufolge einer bestimmten Weise menschlichen Existierens, nämlich derjenigen »im ›idios‹-Kosmos, in der Rückbezogenheit auf seine Privatwelt« (1947/186). Binswanger folgt Heraklits Bestimmungen dieser Seinsform durch »das Schlafen und Träumen, das Aufgehen in der Leidenschaftlichkeit und dem Sinnengenuß. Hier handelt es sich um eine Form des Selbstseins, in der das Selbst noch nicht in seiner Geschichtlichkeit präsentisch durchsichtig wird oder sich wiederholt, sondern sich nur ›momentan‹ aufhält und verfängt, mit anderen Worten um die Seinsform des Überwältigt- oder Übermächtigtwerdens. Es ist also die Form der Passivität, des passiven Hingegebenseins des Menschen an sein momentanes Sein, des ›pathischen Müssens‹ im Sinne von Klages« (ebd./186f.). »An Stelle eines selbständigen, d.h. auf sich selbst gegründeten oder selbständigen Selbst, das immer nur reifen kann in arbeitender Auseinandersetzung mit der Welt, tritt hier eben ein unselbständiges, von seinen Bildern, Wünschen und Trieben mitgerissenes Selbst« (ebd./187). Vgl. auch Binswanger (1933/58f.) zum Optimismus in der Ideenflucht.

III.2. Der vereinzelte Einzelne - Die defensive Existenz

>»Das menschliche Leben ist zu kurz, um lange Hoffnungen zu haben« (Horaz)

Das unter widersprüchlichen Anforderungen[572] stehende, überforderte und gleichzeitig zu allerlei Entscheidungen aufgeforderte Individuum muß vieles abblenden und »abblocken«.[573] Diese Form von »Komplexitätsreduktion« ist die erste und formellste Weise jener individuellen Existenz, die auf die dem Individuum gegenüber heteronomen Strukturen antwortet und zugleich einen Beitrag zu ihnen leistet.

Die Gründe der basalen Verunsicherung des Individuums habe ich in Teil I und II thematisiert.[574] Wer Angst davor haben muß, aus tragenden Strukturen

---

572 Allein in der Arbeit stehen sich gegensätzlich gegenüber: Gleichgültigkeit und Identifikation, Verausgabung und Erhalt von Arbeitskraft, Unterordnung und Selbständigkeit, Konkurrenz und Kooperation, Anpassung an die aktuelle Situation und langfristige Planung, Wahrnehmung von Interessen und Anpassung (Kaplonek und Schroeter 1979). Hinzu tritt der Widerspruch zwischen Überforderung und Leistungserfüllung sowie zwischen Unterforderung und Aufmerksamkeit, zwischen Vermehrung der Arbeitsleistung und dem damit günstigstenfalls einhergehenden höheren Arbeitseinkommen einerseits, der Untergrabung des erhofften Genusses durch Mangel an Zeit, Kraft und Konzentration andererseits. Die Stilisierung des erscheinenden Geschehens durch das Individuum zur Tatsache, über die man sich ebensowenig aufregen soll wie über das Wetter, geht einher mit Hilflosigkeit und geringer Verantwortungsübernahme. Die versubjektivierende Verantwortungsübernahme führt günstigstenfalls zu einem geringeren Gefühl von Machtlosigkeit, aber einer höheren Chance von Versagens- und Schuldgefühlen.

573 Leithäuser und Volmerg (1977/112f.) unterscheiden hier: »Ausgrenzung potentieller Themen ..., Nivellierung von Widersprüchen, Harmonisierung, Indifferenz, Heterogenität (Schwäche zur Synthese), Austauschbarkeit (Beliebigkeit) der Meinungen, Reduktion der Widersprüche auf bloße Meinungsverschiedenheiten...; Reduktion auf standardisierte Praxisfiguren; Ontologisierung (Naturalisierung und Enthistorisierung gesellschaftlicher Verhältnisse), Trivialisierung und Vereinfachung, konkretistische Merkmalsfixierung, Psychologisierung, Familialismus, Personalisierung..., pragmatische Orientierung: Funktionalisierung, Instrumentalisierung, Entdifferenzierung der Qualitäten von Dingen und Personen.« Zur Bedeutung der an ähnliche Formen anknüpfenden »Bedingungen und Mechanismen der Neutralisation« für kollektive Gewalt vgl. Jäger 1989/187ff.

574 Ich klammere eine Analyse (vgl. etwa Ottomeyer 1977, 1987, 1991) aus, die das schon aus der Zirkulationssphäre begründete ein- oder gegenseitige Ausnutzen von Schwächen (vgl. a. MEW Ergbd.I, S. 546f.), die dagegen notwendige Verschlossenheit und Fassade sowie das Mißtrauen ebenso zum Gegenstand macht wie dessen Überlistung durch liebenswürdigen Schein, das damit wiederum sich steigernde Mißtrauen und die Verwirrung und schließlich die Verringerung des Mißtrauens in Kooperationsbeziehungen und den Erfolgsdruck auf die Zwischenmenschlichkeit. Vgl. auch Ottomeyers Kritik an der bei vielen Interaktions- und Kommunikationstheoretikern zu findenden Beschränkung des Lernziel-

der Gesellschaft herauszufallen, vermeidet alles, was das Einvernehmen mit Arbeit-»gebern«, Kunden, Kollegen oder Förderern stören könnte. Dominant sind dann in dieser restringierten Handlungsfähigkeit eine »Anpassung an die vorgegebenen Erwartungen« und ein »Sich-Einrichten in den zugestandenen Freiräumen«, inklusive der Konkurrenz und Vorteilsnahme zulasten anderer. »Angesichts der Anstrengungen und Skrupellosigkeit, die es kostet, selbst nach oben zu kommen oder oben zu bleiben, wird man im allgemeinen an diejenigen, die auf der Strecke bleiben, keine Gedanken verschwenden« (Holzkamp-Osterkamp 1984/47f.). Eine erweiterte Handlungsfähigkeit steht im Gegensatz zur kurzfristigen, d.h. individuellen Absicherung der bestehenden Lebensmöglichkeiten (vgl. a. I.6)[575], insofern »mit dem Versuch, ein höheres Handlungsfähigkeitsniveau durch Erweiterung der Möglichkeitsbedingungen der Handlungen zu erreichen, tatsächlich das gegenwärtige Niveau relativer Handlungsfähigkeit und Bedürfnisbefriedigung auch noch verloren gehen (kann – Verf.)« (Holzkamp 1983/372).[576]
Die Kritik an objektiven Strukturen findet ihre Grenze in der Selbstinfragestellung des Individuums und mancherlei subjektivierender Interpretation, die das Individuum unmittelbar für Effekte objektiver Strukturen verantwortlich macht. Soweit Alternativen als praktisch undurchsetzbar erscheinen, muß das

---

katalogs »für das Sozialverhalten in der heutigen Gesellschaft ... auf die Herstellung von ganz allgemeinen und formalen Voraussetzungen für zwischenmenschliches Handeln überhaupt (Grundqualifikationen von Rollenhandeln), die von allen bestimmten gegenständlichen Bezügen abgelöst und gegenüber jeder inhaltlichen Füllung offen und gleichgültig sind. ... Mit diesen allgemeinen Fähigkeiten zum sozialen Auftritt kann ich aber ebensogut Leute als Konkurrenten in einer besonders erfolgreichen Weise ökonomisch zugrunde richten, wie ihnen behilflich sein; sie ebensogut betrügen und für meine egoistischen Zwecke instrumentalisieren, wie mich mit ihnen auf gemeinsame Ziele lebenswichtiger oder auch belangloser Natur verständigen« (Ottomeyer 1977/181f.). In diesem Kontext weisen Werte wie Normenflexibilität, Rollendistanz, Rollenflexibilität, Frustrationstoleranz, Empathie und Ambiguitätstoleranz einen ambivalenten Charakter auf. Vgl. dazu a. Ottomeyer, Scheer 1976.

575 »So nimmt z.B. in der aktuellen Krisensituation im allgemeinen das Konkurrenzverhalten der Kollegen untereinander spontan zu, womit sich zugleich ihre potentielle Widerstandskraft gegenüber den bedrohlichen Maßnahmen des Kapitals reduziert. Oder auf den privaten Bereich übertragen: Um die Beziehung mit dem Partner nicht zu gefährden, klammere ich alle konfliktträchtigen Stoffe aus und trage so aktiv dazu bei, daß die Basis der Beziehung im Laufe der Zeit immer schmaler und damit brüchiger wird« (ebd./50f.).

576 »Meine Instrumentalisierung des anderen impliziert notwendig, daß auch der andere mich instrumentalisiert. Indem ich mich von ihm isoliere, isoliert er mich von sich. Damit bin ich, im Versuch, mich durch die Kontrolle anderer abzusichern, immer mehr auf mich selbst zurückgeworfen, also immer ohnmächtiger den von mir unverfügbaren Lebensbedingungen ausgeliefert« (ebd./377).

Individuum sich – schon für seine psychische Ausgeglichenheit – mit der Arbeit und seinen sonstigen Lebensverhältnissen einigermaßen identifizieren. »Man kann seiner eigenen Zeit nicht böse sein, ohne selbst Schaden zu nehmen, fühlte Ulrich« (Musil 1981/59). Der vereinzelte Einzelne muß Themen ausgrenzen und Widersprüche nivellieren. Das Fehlen bspw. von emotionaler Selbstwahrnehmung (Intrazeption) ist auch von den realen Handlungsmöglichkeiten her zu begreifen.[577]

Insgesamt muß es dem vereinzelten Einzelnen[578] auf eine Ich-Einschränkung ankommen. In ihr geht es darum, »aktuelle unlustvolle Außenwelteindrücke ab(zuwehren), die das Wiederaufleben vergangener unlustvoller Umwelteindrücke zur Folge hätten« (Anna Freud, zit. n. Horn 1973/65). »Ohne Zielsetzungen und ohne Veränderungsversuche entstehen keine Symptome. Wer sich eingerichtet und eingenistet hat, dort bleiben will, wo er angekommen ist, wer die Wege nach vorn und rückwärts so begrenzt hat, daß der ausgebaute Schutz für kleine progressive und regressive Unternehmen ausreicht, der entwickelt keine auffälligen Verhaltensstörungen. Seine Stabilität ist aber eine Funktion seiner Standpunkttreue und seiner Immobilität ... Nur wer sich freimachen, freispielen will, produktive und passive Möglichkeiten ausweiten will, erfährt, wie vollständig er gefesselt ist« (Lüders 1974/55, vgl. a. Pfänder 1933/266f.). Im Unterschied zu einer Verdrängungstheorie, die mit dem zu Verdrängenden bestehende Wirklichkeiten meint, fokussiert Viktor von Weizsäckers (1947/179ff., 1956/249f.) Begriff des »ungelebten Leben« die verpaßten, nicht ausgeschöpften, also auch nicht allererst im Maße ihres Erprobens und Wirklichwerdens konkretisierten Möglichkeiten.[579] Von ihnen will und darf nicht nur die ölhäutige Gelassenheit nichts wissen.

---

577 »Den Satz etwa ›Wenn jemand Probleme oder Sorgen hat, sollte er am besten nicht darüber nachdenken, sondern sich mit erfreulicheren Dingen beschäftigen‹ können ökonomisch Benachteiligte nur dann ablehnen, wenn sie sich selbst verleugnen. Für sie ist es durchaus vernünftig, sich von angenehmen Dingen ablenken zu lassen, anstatt durch fruchtlose individuelle Reflexionen sich ihre Lage noch mehr zu erschweren« (Jaerisch 1975/158).

578 Hausfrauen sind mit weitgehend von ihnen erledigter Hausarbeit und Kindererziehung von der Isolation stärker betroffen als Männer, die eher Arbeitskollegen haben. Als Gegentendenz zur besonderen Betroffenheit der Frauen von Vereinzelung ist die vielfach mitgeteilte Beobachtung zu nennen, Frauen seien trotz aller Rivalitäten und Konkurrenz (vgl. zu deren eher spezifisch weiblichen Verlaufsformen Kramer 1993) geschickter, soziale Netzwerke zu organisieren.

579 »Die getöteten Söhne, die ungeborenen Kinder, sind sie nicht wirksamer als alles andere? Auch die unmöglichen Pläne, die nie getanen Taten, sind sie nicht wirksamer als alles, was geschehen ist?« (Weizsäcker 1950/191)

Mit dem Kapitalismus ergibt sich ein gesellschaftliches Übermaß an Ich-Einschränkung (s. Teil II), findet in ihm doch einerseits die gesellschaftliche Produktion von Möglichkeiten zu einem anderen Reichtum als dem abstrakten statt, deren Dekomposition durch die Formen des abstrakten Reichtums andererseits. Das Problem, Möglichkeiten der eigenen subjektiven Existenz zu verschenken oder zu verdämmern, läßt sich nicht mit einem formellen Möglichkeitsbegriff trivialisieren. Ihm zufolge werde groß nur, wer sich zu beschränken wisse. Diese gegen die Beliebigkeit eines abstrakt freien Willen berechtigte Vorstellung wird gewöhnlicher- wie unpassenderweise an jener Stelle geltend gemacht, an der das »Verschenken« höchst realer und zugleich – weil nicht gesellschaftlich unterstützter, entwickelter und nachgefragter – unwirklich bleibender Möglichkeiten das Thema ist. Um sie geht es, weil die Existenz, die diese Möglichkeiten übergeht, von der Ahnung des Verlustes überschattet bleibt. Die »Senkung des Anspruchsniveaus und der allgemeinen Aktivitätsbereitschaft« sind die Folgen. »Man regt sich nicht mehr auf, aber der Schwung von früher fehlt« (Girschner-Woldt u.a. 1986/149 – vgl. auch II.4.4).

Der Alltag ist zugleich der Ort der Komplexitätsreduktion und ein »Angebot« für sie. In der »Sorge« des Alltags[580] ist das Individuum verstrickt in viele ihn jeweils mit ihrer Unmittelbarkeit erdrückenden Notwendigkeiten. Es »erledigt« viel und kommt schon deshalb nicht zum »Gestalten«. Es »weiß Bescheid« und hat keine Ahnung – oder der Ahnungen zuviel.[581] Das Individuen ist oft damit beschäftigt, den status quo wieder herzustellen. Am deutlichsten wird dies im Kampf der Hausfrau mit Schmutz und Unordnung[582] Es kommt zu einer »Tyrannei kleiner Entscheidungen« (Kahn 1966). Gegenüber den alltäglichen Notwendigkeiten höherstufige und weiterreichende Wünsche finden angesichts des Tag für Tag zu Bewältigenden keine Durchlässigkeit und verkümmern so zu nicht auf Handlungen beziehbaren Wunschvorstellungen, zu einem abstrakten Wert im Unterschied zu dem, was sich hier und jetzt für mich in den alltäglich vorgegebenen Handlungsimperativen aufdrängt und mir in diesem

---

580 Luhmann drückt den Blick aus der Perspektive des vereinzelten Einzelnen nach dem Ende des zweiten Weltkrieges affirmativ so aus: »Vorher schien alles in Ordnung zu sein und hinterher schien alles in Ordnung zu sein, alles war anders und alles war dasselbe. Man hatte vorher seine Probleme mit dem Regime und hinterher war es nicht so, wie man es sich erwartet hatte. ... Das erste ..., was ich in der amerikanischen Gefangenschaft erlebte, war, daß man mir meine Uhr von Arm nahm und daß ich geprügelt wurde. Es war überhaupt nicht so, wie ich vorher gedacht hatte. ... Auf jeden Fall ist die Erfahrung mit dem Nazi-Regime für mich keine moralische gewesen, sondern eher eine Erfahrung des Willkürlichen, der Macht, der Ausweichtaktiken des kleinen Mannes« (Luhmann 1987/128f.).

581 Günther Anders (1984/81) spricht vom »Deutungsfuror« als »Stigma der Entmächtigten«.

582 Vgl. die klassische Analyse von Beauvoir 1976/428ff.

Rahmen als das Beste erscheint.[583] »Das Morgige, dessen das alltägliche Besorgen gewärtig bleibt, ist das ewig ›Gestrige‹« (Heidegger 1979/371). Gegen diese Dauer ohne Werden werden wiederum abenteuerliche[584] und manische[585] Fluchten attraktiv. Die Besonderheit der vielen Erledigungen und Besorgungen des Alltags schiebt sich in der Aufmerksamkeit vor die (wiederum auch anderwärtig – s. Teil I und II – verstellte) Frage nach den gesellschaftlich herrschenden Strukturen. Die gesellschaftliche Intelligenz und Arbeit wird nicht daraufhin verwendet, die Zersplitterung und Verzettelung des Lebens und die bornierenden Elemente des Alltags zu minimieren. Hantieren und Manipulieren im Bestehenden stellen die dem Individuum als vereinzeltem Einzelnen aufgegebene Praxis dar. Es ist in die im wesentlichen als unabänderlich erscheinenden Einrichtungen und Apparaturen eingespannt. Die Verstelltheit gesellschaftlicher Arbeit am Alltag erscheint nicht, vielmehr erscheint der vorgefundene Zustand des Alltags die Natur der Alltäglichkeit auszudrücken. »Alltag« und »Sorge« werden zum Synonym und zur Chiffre, in der Gründe verschiedenster gesellschaftlicher Provenienz im gleichen Resultat enden. Diese Nivellierung steigert die Schwierigkeiten, die gesellschaftsformations*spezifische* Konstitution des Alltags zu begreifen. Und da es in diesem Alltag um unmittelbar Praktisches geht, wären solche Gedanken auch ganz unpraktisch. In der Sorge des Alltags geht es um Kenntnisse, nicht um Erkenntnisse, man (und Frau[586]) weiß mit den Gegebenheiten umzugehen, ohne wissen zu müssen, um was es sich dabei

---

583 Vgl. zur damit verbundenen Willensschwäche Wolf 1999.

584 Spieler wollen die »unbedingte Gegenwärtigkeit« erreichen, »das Aufschnellen des Lebensprozesses zu einem Punkt, der weder Vergangenheit noch Zukunft hat und deshalb das Leben mit einer Intensität in sich sammelt, der gegenüber der Stoff des Vorgangs oft relativ gleichgültig wird« (Simmel 14/181). Zum Abenteuer vgl. a. H 14/211ff.

585 Das manische und süchtige In-der-Welt-Sein hypertrophiert den Augenblick und wendet sich gegen Vergangenheit und Zukunft, insofern die Zukunft nur als Verlängerung der Vergangenheit erscheint. Vergangenheit und Gegenwart verlieren ihren Sinn mit dem Verlust der Unterscheidung zwischen ihnen. Der Überwindungsversuch mißlingt dann zu einer Verwechselung von Gegenwart und Aktualität. »Der kommende Moment wird erst gar nicht erwartet, sondern stets vorweggenommen. ... (Es) mangelt dem Kranken die Fähigkeit, auch einmal innezuhalten, etwas auf sich zukommen zu lassen, etwas zu erwarten. ... Der ausschließliche Zukunftsbezug ist die Grundlage der Sorglosigkeit des manisch Kranken. ... (Es eilt) die Ich-Zeit der Welt-Zeit voraus. ... Der manisch Kranke ist nur noch Werden, sein Werdelauf ist kein Stagnieren, sondern ein Rasen, ist ausschließliches Ergreifen der Zukunft. Der manische Kranke ergreift und gestaltet die Welt, ohne sich im Gegenzug von ihr korrigierend bestimmen zu lassen« (Zacher 1982/270f.). Vgl. auch zum Drogenrausch Wulff 1995/12ff.

586 Vgl. zur traditionell weiblichen Variante der Sorge Schrader-Klebert 1969/27ff. und Beauvoir 1968.

handelt. Der Pragmatismus des Alltagslebens ist von tausenderlei Besonderheiten präokkupiert, »wie etwas geht«, was man wann machen muß, welche Gelegenheiten zu nutzen sind usw. Die einzelfallgebundene Gelegenheitsvernunft erscheint als einzig nützliche Form der Vernunft.[587]

Die Sorge um sich selbst wird besonders dort dilemmatisch, wo die Individuen gesellschaftlich vorgefundene Streß-Situationen durch »Risikoverhalten« (Rauchen, Alkohol usw.) auszugleichen suchen. Sie kommen hier in die Zwickmühle, individuell die Bewältigung von subjektiv nicht produzierten Problemen mit »Methoden« zu betreiben, deren längere Anwendung selbst wiederum dysfunktional ist. Als ob es im Alltag primär um die Gesundheit und nicht um die Bewältigung des Alltags ginge, werden die Individuen mit diesem Bewältigungsverhalten Objekt eines Schulddiskurses, der schlechte Gesundheit den Individuen anlastet[588] und nicht sozialen Verhältnissen. Zu ihnen gehören nicht nur die Gesundheitsschädigungen, sondern auch die schädlichen Bewältigungsmittel. Die Kritik ihres individuellen Konsums läßt gewöhnlicherweise die zugehörige Produktion außer acht.

Gegenüber einem Alltag, in dem das Durchkommen und Überleben (selbstverständlich auf dem jeweils gegebenen soziokulturellen Niveau) einen großen Teil der individuellen Energie absorbiert, erlangen kleine und große Fluchten Anziehungskraft. Sie sollen die Ordnung und Routine des Alltags durchbrechen. Nicht die gesellschaftlichen Gründe dieses Alltags werden praktisch kritisiert, sondern den Alltag wenigstens augenblicksweise zu durchkreuzen und zu

---

587 In der Sorge dominiert die (von Holzkamp 1983/388ff.) als orientierend-deutend beschriebene Variante des Denkens (i.w.S.) mit ihren Merkmalen:
 – Fixierung auf die unmittelbaren (positionsspezifisch ausschnitthaften) Lebensbedingungen,
 – fragloses Sichzurechtfinden in einer in ihren übergreifenden Zusammenhängen unbegriffenen Realität,
 – Hinnahme der Wirklichkeit als gegebenes Faktum, Ausblendung jener Möglichkeiten, die per gesellschaftlicher Gestaltung aus den sie verstellenden gesellschaftlichen Formen herausgearbeitet werden könnten.
588 Statistische Zusammenhänge – z.B. zwischen Bluthochdruck, Rauchen, erhöhtem Cholesterinspiegel einerseits, Herzinfarkt andererseits – werden als Kausalbeziehungen verstanden. Würde alternativ dazu nach einem »gemeinsamen Dritten« gefragt, kämen bspw. chronische Überlastung und Nervosität in den Blick, die sowohl Zigarettenkonsum nahelegen, als auch Herz und Gefäße durch neurohormonale Dauerstreßreaktionen schädigen (vgl. Eberstein 1991/134). Gewiß bleibt Rauchen gesundheitsschädlich, im Interesse von Prävention würde aber der Reduktion von Belastungen und Beanspruchungen eine größere Aufmerksamkeit zuteil werden. Demgegenüber legt das Risikofaktorenkonzept nahe, sich auf die dem Individuum selbst verfügbaren Belastungsquellen zu konzentrieren. Vgl. zur Psychologisierung von Krankheit Maschewsky 1988, 1989, Eckart 1994.

entmächtigen ist die Devise. Auch selbstschädigendes Verhalten entfaltet dann gegenüber dem ebenso verantwortungsvollen wie realitätsbeflissenen Selbstmanagement seinen Reiz.

Restringierte Handlungsfähigkeit, Icheinschränkung, adaptive Präferenzen (s. II), Sorge-Orientierung, Demoralisierung[589] und Angst[590] – diese Charakteristika des vereinzelten Einzelnen relativieren Hypothesen der Anspruchsinflation, des Wertewandels oder des allgemeinen Sich-Einlassens auf »Diskurse«. Die Vernunft wird als Bote für die schlechten Nachrichten verantwortlich gemacht. Beiden ist gezielt auszuweichen.[591]

III.3. Der Privateigentümer und -besitzer

Auf die Abwehr der Überforderung folgt die Ausgestaltung der eigenen Nische zu Reservat und Revier. Das Individuum positiviert den Ort in der Welt, den es hat finden können, und hat ihn nicht mehr allein als Zuflucht, sondern als Besitz.[592] Die Eigentums- und Besitzorientierung wandelt die Beschränkung um zu einer positiven Selbstverwirklichung – wenigstens »ein Stück (Besitz) weit« erscheint sie möglich. Mit der Verallgemeinerung des Besitzindividualismus entstehen neue Probleme: Im Besitz werden die Ressourcen der Welt zu einer faktischen, im Eigentum zu einer rechtlichen Individualfunktion. Durch das Eigentum als ausschließende Zueignung wird der Grund des Eigentums, die gegenseitige Bestreitung und die Schwäche von Assoziation und Kooperation, noch verschärft, nicht zuletzt durch die Aufwertung des Eigentums ob seiner Gefährdung. Eigentum existiert nicht nur an Dingen, sondern auch an Meinun-

---

589 Im Gegensatz zur u.a. von Luhmann (1981) bemühten »Anspruchsinflation« bezeichnet eine US-amerikanische Studie etwa ein Drittel der Bevölkerung als »demoralisiert«, also affiziert von Gefühlen geringen Selbstwerts, Hilf- und Hoffnungslosigkeit, unbestimmten Zukunftsängsten und allgemein gedrückter Grundstimmung sowie mangelndem Vertrauens, sich für oder gegen etwas einzusetzen (Dohrenwend, Gould 1980).

590 Das »rationale ökonomische Verhalten des Individuums (kommt) nicht bloß durch den ökonomischen Kalkül zustande. ... Wesentlicher als subjektives Motiv der objektiven Rationalität ist die Angst«, die sich »angesichts des Mißverhältnisses zwischen der Macht der Institutionen und der Ohnmacht der einzelnen ... verallgemeinert« (Adorno 1979/46-48). Angst herrscht vor der »Ersetzbarkeit und Abschaffbarkeit eines jeden Einzelnen« (Adorno, Gehlen 1974/249, vgl. auch Brückner 1978/122).

591 Vgl. a. Enzensberger 1982/60-62.

592 Vgl. zu den eher traditionell weiblichen Varianten der Besitzorientierung (»Besitz« des Kindes, des Heimes u.a.) Beauvoir 1968/497ff., Schrader-Klebert 1969/27-29, 36.

gen oder Sinnen und überantwortet so das als ganz subjektiv Vorgestellte der gegenseitigen Bestreitung.[593] Der Gedanke oder Sinn wird in der »subjektiven Wahrheit« nicht mehr nach der Seite seines Gegenstandes sondern seines Urhebers interessant. Nicht erst gegenüber diskursethischen Ansprüchen heißt es dann: »Tu mi ned traktiern« (Cardorff 1991/92). Aufklärungstheoretiker ignorieren, wie gerade das Denken zum Mittel gerät, mit dem das Individuum wenigstens von seinen Meinungen sagen kann, sie seien seine eigenen.[594]

Eigentum und Besitz – das heißt, ein Stück Welt sich anzueignen, und sei es als Bastler – mit einer Tätigkeit, die gesellschaftlich nichts zählt und wenig Spuren hinterläßt, abgedrängt aufs Kleine und Private (vgl. Lefebvre 1978/245f.). Der Besitzindividualismus greift auf vergleichsweise attraktive Tätigkeiten in der Arbeit über.[595] Für Berufsmenschen wird die Arbeit von ihrer subjektiven Seite her Selbstzweck. Die subjektive Verausgabung ist das, worauf es dem Individuum (neben der extrinsischen Belohnung) ankommt, und dies überwuchert die Aufmerksamkeit für das, was die Arbeit sozial ist.[596]

Zum Standpunkt von Besitz und Eigentum paßt die Bereichsabgrenzung, die »Schließung« (WuG 201f.). Es gibt eine Fülle von Literatur über die Vielfalt von Schliessungsformen vornehmlich entlang sozialer Ungleichheit und

---

593 Gegenüber einer neokonservativen Gleichsetzung von weltanschaulichem Pluralismus und Partikularismus mit Gesellschaftszerfall sind die zwar für Gesellschaftsgestaltung, nicht aber für die Systemintegration abträglichen Folgen des Meinungskampfes der Bürger untereinander festzuhalten: »Während ... kleine Leute in heimlicher Übereinstimmung sich auseinander reden, geht die große Politik den normalen Gang: Was unten als Ernstfall gehandelt wird, ist oben Spielmaterial. ... Selbstbefriedigung des gemeinen Mannes, fern von den Orten realer Macht« (Fach 1992/47). Diversifizieren sich die Legitimationsvorstellungen, so wächst deren Flexibilität und es sinkt die Angewiesenheit des Systems auf eine bestimmte Überzeugung, an der gleichsam alles hängt. Abstraktere Strukturen benötigen elastischere und plurale Sinnsysteme und Erwartungen.

594 »Die Welt ist nun *meine* geworden, meine Vorstellung, ja sie hat sich, wenn man das Wort ›Vorstellung‹ einmal im Doppelsinne: nicht nur im Schopenhauerschen, sondern im Theatersinne, zu verstehen bereit ist, in eine ›Vorstellung für mich‹ verwandelt. In diesem ›für mich‹ besteht nun das idealistische Element. Denn ›idealistisch‹ im breitesten Sinne ist jede Attitüde, die die Welt in Meines, in Unseres, in etwas Verfügbares, kurz in ein Possessivum verwandelt« (Anders 1980/112; vgl. auch Heidegger 1979/169 über das »Gerede«).

595 Die Monopolisierung attraktiver Tätigkeiten stellt auch Bahro (1977) als zentrales Hindernis der Gesellschaftsgestaltung dar.

596 So ist bspw. zu beobachten, wie Ingenieure sich gleichgültig gegenüber Zweck und Grund des Produktes und der sozialen Form der Produktion (z.B. Entlassungen) verhalten, wenn es ihnen nur selbst gelingt, sich mit einer Tätigkeit geltend zu machen, in der sie sich, wie es so heißt, »einbringen« können. Auch die Konkurrenz um die interessanten Arbeitsaufgaben verdirbt die Atmosphäre (vgl. Leithäuser u.a. 1987/203f.).

zwischen den Segmenten des Arbeitsmarktes (vgl. überblicksweise Lentz 1995). Prodoehl (1983/142f.) faßt Schließungen molekularer mit dem Begriff des Reservats. Reservate bezeichnen »vom Umfeld der nicht-reservierten Dinge abschließbare bzw. abgrenzbare Domänen privater Souveränität« und »die Schaffung mikrokosmischer Enklaven, die von den jeweiligen Privatindividuen beherrscht, gestaltet und kontrolliert werden können.«[597]

Dem Individuum, das sein In-der-Welt-Sein nicht als es erfüllende Teilnahme und -habe an der gesellschaftlichen Gestaltung realisieren kann, muß die Welt als Fülle von Möglichkeiten und Gefahren vorkommen, aus der es auszuwählen hat.[598] Die dem Individuum dann als Aggregat erscheinende und als Ansammlung von Waren sowie als Menge von »Rollen« imponierende Wirklichkeit wird von ihm zur Vielfalt formalisiert. Seine bornierende Festlegung auf eine besondere Tätigkeit, einen besonderen Besitz usw. erscheint als Beschluß, mit dem es »reif« die Unentschlossenheit und das Sich-Ergehen in der Unendlichkeit der Möglichkeiten abschließt und sich in eine realitätstüchtige Einzelheit überführt. Das materialer und bestimmter zu thematisierende Sein des Individuums in der Welt wird entspezifiziert zu einem Abwägen zwischen Abstraktionen: Einem Schwelgen in nicht realisierten und beliebigen Möglichkeiten einerseits, sich überidentifizierender Festlegung andererseits.[599]

Die Besitz- und Reservatbildung stellt ein Gegenmoment gegen die von Parsons thematisierte »Wertegeneralisierung« und »Inklusion« dar. Die Individuen sind nicht mehr einzelnen Bereichen exklusiv zugeordnet. Auch Arbeiter verfügen über politische Wahlrechte und adlige Männer finden keinen besseren Zugang zur militärischen Karriere als andere. Luhmann (vgl. prägnant 1981) befürchtet angesichts dieser Entwicklung eine maßlose Anspruchshaltung und begründet auch aus ihr seinen Gestaltungspessimismus. Habermas hingegen knüpft an die Wertegeneralisierung und die Inklusion für die Gesellschaftsgestaltung günstige Erwartungen. Er rekurriert auf die Emanzipation des kommunikativen Handelns von konkreten und überlieferten Verhaltensmustern und Normen (1981 II/268) sowie auf die Aufspaltung der Sittlichkeit in Legalität

---

597 »Zwar ist die Schaffung von Reservaten in vielen Fällen (z.B. bei der Aneignung von Konsumtionsmitteln im Nichtarbeitsbereich) von geldvermitteltem Warentausch abhängig«, muß aber nicht an sie gebunden bleiben. Auch »bestimmte Dispositionschancen über Arbeitsmittel, Arbeitsgegenstände, Arbeitsbedingungen und Arbeitsräume«, oft »vermittelt über die Aneignung spezifischer Qualifikationen« eröffnen Spielräume und Reservate, in denen die Individuen »abgeschirmt von Marktzufällen und Fremdsteuerungen bestimmte Fähigkeiten zur mikrokosmischen Realitätskontrolle zu entwickeln vermögen« (Prodoehl 1983/142f.).

598 Vgl. zum Wählen der Beginn von II.2.1.

599 So auch bei Hegel, vgl. Rechtsphilosophie §6, §13 Zus., §140.

und Moralität (1981 II/428).[600] Habermas unterscheidet nicht zwischen den verschiedenen Graden der Verbindlichkeit, den ethische Normen aufweisen. Aber schon innerhalb der Nationen tritt die prinzipiell nicht bestrittene Gleichheit (als Menschen) zurück hinter (auf einem anderen Abstraktionsniveau angesiedelte) Erklärungen der sozialen Ungleichheit.[601]

Habermas argumentiert auf der Ebene abstraktester kognitiver Rahmenbestimmungen der Ethik, nicht auf der Ebene des gelebten Ethos. Allgemeinste Regeln von Handlungen, nicht deren Beweggründe kommen in den Blick. Es muß gar nicht die Gleichheit der Menschen bestritten werden, um in konkreteren Argumentationen Unterscheidungen zu treffen, die die eigene Verantwortung auf praktische Handlungsfelder rückbeziehen und beschränken. Um deren praktische Ausweitung ginge es dann. Dafür müßten die Schranken und Grenzen gesellschaftlicher Handlungsfähigkeiten sowie ihre Reichweiten Thema werden. Das hieße darüber zu sprechen, wie sich Trennungen und Spaltungen durch Hierarchien, durch Bereichsabgrenzungen der funktionalen Differenzierung, durch regionale, lokale und verwandtschaftliche Nähen aufrichten. Zwar sind alle Menschen gleich, manche sind mir aber näher als andere.[602]

Wer mit seinem Besitz beschäftigt ist, steht unter Bedingungen der Bedrohtheit und Knappheit des Besitzes zu anderen Menschen im Verhältnis der Konkurrenz, der Angst, des Neides, der Eifersucht, des Ressentiments usw.[603]

---

600 Erst weiche die »Kleingruppenmoral« einer »abstrakteren Sittlichkeit der politisch organisierten Großgruppe« (Habermas 1986/206), dann die staatsbürgerliche Moral einem universalistischen Ethos (ebd. 208). Habermas folgt hier der (Parsons'schen) These der Wertegeneralisierung, derzufolge es zu einer »fortschreitenden Universalisierung und Internalisierung von Wertsystemen« kommt (ebd. 206).

601 Habermas' Geheimnis bleibt, wie von der Vorstellung, daß es sich bspw. bei Ausländern nicht um »Abartige« oder um »Minderwertige« handelt, übergegangen werden können soll zu einer Kritik jener Unterschiede, die sozial der modernen Gesellschaft und dem Kapitalismus eigen sind. Weiterhin gehört zur Internationalisierung und Verallgemeinerung des Kapitalverhältnisses eine Tendenz der »Zellteilung und tausendfachen Segmentierung« als »Schmiermittel, um diese Internationalisierung durchsetzen zu können«, und als Ergebnis der ungleichen Durchsetzung bzw. Ausformung des Kapitalismus in den verschiedenen Ländern und Regionen sowie als Resultat ihrer unterschiedlichen Positionen in der Konkurrenz. »Auf dem Universalismus sitzt die Differenz drauf, und es ist nur beides zusammen zu denken« (Jakob 1983/251).

602 »Es ist Pflicht, das Gute zu tun, das man tun kann, nicht aber alles Unglück in der Welt aufzuheben. ... Die Pflicht geht gerade so weit als die Kraft« (Schopenhauer 1985 II/11).

603 Ein gegenüber gesellschaftskritischer Theorie einschlägiges Vorurteil lautet, sie präferiere sozusagen apriori das Verändern gegenüber dem Seinlassen. Demgegenüber hat Erich Wulff geltend gemacht, *eine* Kritik der gegenwärtigen Gesellschaft fokussiere gerade den Mangel für die Individuen, erfahren zu können, daß sie »›das Ihre‹ und damit genug ... getan haben« (1994/522). In der gegenwärtigen gesellschaftlichen Verfaßtheit des »Le-

Habermas' Überbeschäftigung mit der zivilisierenden Wirkung der rechtlichen Form, in der Bürger interagieren, enthebt der Beschäftigung mit den Nachteilen, die sie sich gegenseitig beibringen, indem sie jeweils ihren Vorteil suchen. Die seit Parsons hoffnungsfrohe Theorie der Wertegeneralisierung umgeht allzu leicht gegenläufige Entwicklungen. Die sich seit dem 8. Jahrhundert herausbildende religiöse Großgemeinschaft des mittelalterlichen Christentums war von prinzipiell unbegrenzter Reichweite und beinhaltete bei allen blutigen Unterwerfungs- und Bekehrungsambitionen immerhin die Möglichkeit der Integration des »anderen«. Jeder Makel war mit Taufwasser zu beseitigen (Poliakov u.a. 1984/63). Am Ende der Auflösung dieser Großordnung standen neue, weniger leicht überbrückbare Spaltungen: Nationen, Ethnien und Rassen. Erst mit der Aufklärung werden »Rasse« und »Volk« populär, die Hierarchie zwischen ihnen und deren Erklärung durch den vermeintlich unterschiedlichen Stand beim Sich-Herausarbeiten aus der Natur. Die Tendenzen zur »Universalisierung und Homogenisierung des gesellschaftlichen Lebens« und »zur Zergliederung und Individualisierung desselben« koexistieren (Marmora 1983/78).[604]

Die Begründungen dafür, Ungleichheiten positiv zu besetzen, beziehen sich auf Fähigkeiten und Leistungen, wie imaginär diese auch immer konzipiert werden. Hierarchien, Bereichsabgrenzungen in der funktionalen Differenzierung, Generation, Geschlecht, räumliche Nähe bzw. Ferne – an allen sozialen

---

bensgewinnungsprozeß« ist es (vgl. Teil II) nur sehr bedingt und unsicher möglich, sich über den eigenen begrenzten Anteil an der Daseinsvorsorge und -gestaltung zu beruhigen. Diese Ruhe und Gelassenheit kommt in dem Maße zustande (oder eben nicht), wie es möglich erscheint, anderen dahingehend zu vertrauen, sie würden dem gemeinsamen Werk zuarbeiten und es fortsetzen in einem gemeinsamen Sinn. Dieses Vertrauen wird umso mehr gefordert, desto unbekannter und unbestimmter die anderen sind, denen ich etwas überlasse, ohne genau zu wissen, was sie damit anstellen. »Hinterfragende, explizierende, bewußt machende Kontrolle muß immer irgendwo, in einem der Kontrolle nicht mehr zugänglichen Vertrauen-Können, ihr Ende und ihre Fundierung finden, wenn Kooperationsbeziehungen nicht in einem inquisitorischen Prozeß, jeder gegen jeden, die Basis entzogen werden soll. Es ist schwer, sagt Wittgenstein, ›am Anfang anzufangen. Und nicht zu versuchen, weiter zurückzugehen.‹ ... Zur Eröffnung der eigenen Passivität – die die subjektbildenden Voraussetzungen für jedes bewußte aktive Handeln überhaupt erst schafft – gehört aber auch, trotz dieser Gefahren, dem anderen gegenüber offen zu sein, auf sein Dasein zu vertrauen, und zwar nicht nur dem Dasein einzelner anderer Individuen, sondern dem weiter nicht mehr identifizierbaren, verfolgbaren Produkt ihrer aller Arbeit, das im gesellschaftlichen Erbe, das wir übernehmen und an dem wir Anteil haben, in Form von notwendigerweise immer auch randunscharfen Bedeutungen niedergelegt ist« (Wulff 1994/526).

604 Auch Marx und Engels (MEW 4/479) übergehen den in der Logik ihrer eigenen Analyse liegenden Partikularisierungsbefund, wenn sie mit der Entwicklung des Weltmarktes »Absonderungen und Gegensätze der Völker« verschwinden sehen.

Unterschieden können sich »Schließungen« (vgl. Weber, Parkin, Murphy) ankristallisieren. Die einschlägigen Mystifikationen sind unendlich, die diese Unterschiede legitimieren oder kompensieren. Oder es werden keine *bestimmte* Erklärung in Anspruch nehmende Zufälle (z.B.: »Wer zuerst da ist, mahlt zuerst«) geltend gemacht sowie die Hintergrundannahme, die egoistisch eingestellten anderen Menschen würden im umgekehrten Fall auch nicht anders zu handeln trachten als man selbst, nämlich: sozial asymmetrisch. Ungleichheit muß nicht aus prinzipieller Ungleichheit der Menschen begründet werden. Entscheidend ist vielmehr, daß für alle nicht »genug« vorhanden zu sein scheint und so erst eine eigene – wie auch immer bestimmte – »Leistung« Anrechte sichert. Mißerfolg beinhaltet keinen Angriff auf die Menschenrechte[605] der weniger Erfolgreichen.[606] Der Besitzindividualismus und die Verkehrung des In-der-Welt-Seins zum Reservat individueller Handlungsfähigkeit und Freiraumbildung ist in ihren spaltenden Wirkungen nicht zu unterschätzen.

Im Gegensatz zu Theorien, die ethnische Ausschlußpraktiken als *vor*modern bezeichnen, müssen diese auch als Versuch der Subjekte aufgefaßt werden, nicht nur handfest Vorteile zu erreichen, sondern darüberhinaus imaginär wenigstens noch als Subjekt einer Wirklichkeit zu gelten, die »zu einem gehört«. Die Überfremdungsparolen übersetzen Entfremdung in das sichtbare Verschulden von dingfest zu machenden Fremden – als subjektive Tat, gegen die man selbst wiederum »etwas tun« kann. Die Welt wird auch so um den (imaginär entspezifizierten) Privatbesitz und das Eigentum gereiht (vgl. a. Creydt 1999).

---

605 »Der Großkapitalist richtet den kleinen Kapitalisten ›bona fide‹ zugrunde, ohne dabei die absolute Wertigkeit seiner Persönlichkeit irgendwie anzutasten. Die Persönlichkeit des Proletariers ist der Persönlichkeit des Kapitalisten ›prinzipiell gleichwertig‹, dieser Umstand finde seinen Ausdruck in der Tatsache des ›freien‹ Arbeitsvertrags« (Paschukanis 1929/139).

606 Ihrem Recht auf Selbstbestimmung entspricht es darüber hinaus, verschiedene Meinungen davon zu haben, was wie sehr wertzuschätzen sei. Die populäre Vorstellung einer nahezu gleich bleibenden Gesamtbilanz der Genüsse und eines Nullsummenspiels von Gewinnen und Verlusten läßt sich auch durch Entbehrungen (z.B. in der sog. Dritten Welt) nicht beirren. Vielmehr werden Zusatzannahmen bemüht, die etwa die Kosten der Zivilisation und den Segen der glücklicheren südlichen Lebensart betreffen. Einer von einem Professor der Londoner School of Economics (Robert Worcester) mitverfaßten Studie zufolge stehen im Länderranking das Wohlempfinden der Menschen betreffend Bangladesh, Aserbaidschan, Nigeria, Philippinien, Indien, Ghana auf den Plätzen 1-6, Großbritannien auf Platz 32, die BRD auf Platz 42 (BZ 7.12.98, S. 3).

III.4. Privatperson und Zwischen-Menschlichkeit

Mit Besitz und Eigentum werden private Belange aus dem öffentlichen Leben ausgegrenzt – und umgekehrt. Von der Existenz des Menschen in der Außenwelt trennt sich die emotionale Innenwelt, die jeder als »homo clausus« ganz für sich hat. Als Privatperson steht das Individuum sowohl in Gegensätzen zwischen privater und öffentlicher Sphäre als auch zwischen den verschiedenen Lebensbereichen.[607] Ein gravierendes Problem der Zwischenmenschlichkeit besteht in der Inkompatibilität und gegenseitigen Intransparenz von verschiedenen gesellschaftlichen Tätigkeiten und Sphären.[608] In der bürgerlichen Gesellschaft entstehen zuhauf Partikularismen und kleine Welten. Die schnelle Umwälzung, in der sich die Gesellschaft befindet, resultiert aus dem Interesse an der Erzeugung und aus der Abstraktion vom weiteren Schicksal des Erzeugten. Kenntnisse, Mentalitäten, Erfahrungen veralten rasant und mit ihnen die Menschen. Die enormen Verständigungsschwierigkeiten zwischen den Generationen erscheinen dann als natürlich.

Ist das Leben der Privatpersonen durch Trennungen zwischen ihnen gekennzeichnet, so braucht ihre Verbindung ein Gespür für innere Welten. »Die Proletarisierung zog eine Trennungslinie zwischen der äußerlichen Welt der entfremdeten Arbeit und einer inneren Welt der persönlichen Gefühle. ... In der ganzen Geschichte sind individuelle menschliche Beziehungen und das Kultivieren der eigenen Persönlichkeit auf die begüterten Klassen beschränkt gewesen. ... Im Kapitalismus wurde eine Ethik der Selbstverwirklichung zum Besitztum der Masse der Bevölkerung. ... Die Selbstbeobachtung verstärkte und vertiefte sich, als die Menschen in sich selbst die einzige Kohärenz, die einzige Beständigkeit und Einheit zu suchen begannen, die in der Lage war, die Zerstückelung des gesellschaftlichen Lebens aufzuheben. Die romantische Betonung des einzigartigen Wertes des Individuums begann mit den tatsächlichen Bedingungen des proletarischen Lebens zusammenzufallen. ... Das einzige ›Eigentum‹ aber, das das Proletariat hat, liegt in ihm selbst: unser inneres Leben, unsere sozialen

---

607 »Jede gesellschaftliche Sphäre legt einen anderen und entgegengesetzten Maßstab an mich, einen andren die Moral, einen andren die Nationalökonomie, weil jede eine bestimmte Entfremdung des Menschen ist und einen besonderen Kreis der entfremdeten Wesenstätigkeit fixiert, jede sich entfremdet zur andren Entfremdung verhält« (MEW Erg.bd. 1/551).

608 Teilen bspw. Ehepartner nicht eine gemeinsame Erwerbsarbeit, so kennen sie »die Schwierigkeiten, Vorgesetzten, Kollegen und Konkurrenten des anderen nur als unrealistische, durch die aufgestauten Gefühle des Erzählers verzerrte Figuren in einem für sie eigentlich unverständlichen Spiel« (Ottomeyer 1977/129).

Fähigkeiten, unsere Träume, unsere Sehnsüchte, unsere Ängste« (Zaretsky 1978/29f., 66, 76).[609]

Die Ungegenständlichkeit und Abstraktheit der Sinne hatte zunächst ihren Grund darin gefunden, daß die Arbeit i.w.S. nicht »Mittel für eine stets sich erweiternde Gestaltung des Lebensprozesses« ist (MEW 25/260). Diese Ungegenständlichkeit und Abstraktheit ermöglicht nun ihrerseits Subjektivität auf eine nicht-triviale Weise, die über die durchaus emanzipatorische Distanz zu den Lebensbedingungen weit hinausgeht. »In der Abstraktion und im Dualismus erblickt die Subjektivität den Grund ihrer eigenen Absenz; zugleich findet sie in ihnen den Vorwand für ihre bedingungslose Befreiung sowie das Material, mittels dessen sie ihre Präsenz inmitten der Absenz anzeigt. Sie ist nicht dort, wo das Abstrakte, die Technik, das Definierte und das Finite herrschen. Also ist sie unbegrenzt, infinit. Sie ist nicht, und sie ist« (Lefebvre 1978/246).

Das »Innen« ist selbst keine feste Wirklichkeit, keine Innerlichkeit, die sich dem »Außen« entziehen könnte, baut sich vielmehr auf Sinnen auf, die in der Welt der Produktion, der Stadtbauwelt usw. geweckt und produziert, aber gleichzeitig nicht absorbiert werden. Es resultieren unter Voraussetzung der abstrakt und sachlich erscheinenden gesellschaftlichen Welt als Bedingung der freien Existenz des Individuums ein »ungegenständliches Wesen« (MEW Erg.bd.1/579), eine »objektlose Subjektivität« oder »bloß subjektive Existenz« (GR 367). Ich werde im Abschnitt über die Kultur ästhetisierter Sinne (III.8) den Faden an dieser Stelle wieder aufnehmen und wende mich nun der Zwischenmenschlichkeit zu, in der die Gefühle der Privatperson ihre Heimat finden.

An die Zwischenmenschlichkeit knüpfen sich utopistische Hoffnungen und Verheißungen. Der Besitzindividualismus und die subjekthafte Selbststilisierung zur autonomen Persönlichkeit sollen H. E. Richter (1974/74ff.) zufolge durch eine in der Zwischenmenschlichkeit bereits angelegte Orientierung auf die Verwirklichung zusammen mit anderen Menschen abgelöst werden. Andere verbinden diese Perspektive damit, einer bereits immer schon von Frauen gelebten Mitmenschlichkeit endlich auch gesellschaftlich die ihr angemessene Anerkennung zukommen zu lassen. Sie gebühre ihr, insofern allgemein gewiß

---

609 Ich klammere hier als spezifisch weiblich beschriebene Formen der Kultivierung von Emotionen, Phantasien, Imaginärem aus und diskutiere nicht die Prämissen bzw. Implikationen von diesbezüglichen Beschreibungen, wie sie etwa Beauvoir (1968/567ff., 608ff., vgl. a. 487ff., 497ff.), Sichtermann (1987/55ff.), Schrader-Klebert (1969/29f.) oder Bovenschen (1979) vorlegen.

werde, wie mit der Zwischenmenschlichkeit eine alternative Lebensweise[610] existiere zur monologisch-instrumentellen männlichen Orientierung (vgl. u.a. Schachtner 1994) die dem »Wachstumswahn« und »Produktivismus« zugrundeliege. Ökonomisch habe ich diese Interpretamente in II.4 und II.5 kritisiert. Hier geht es mir darum, die auch bei Habermas (in der Kritik an der Bewußtseinsphilosophie und im Kommunikationsparadigma) latente Aufladung der Zwischenmenschlichkeit mit emanzipatorischen Hoffnungen als utopistisch zu kritisieren. Sie übergeht zentrale Schwierigkeiten, in die sich die Menschen in der gegenwärtigen Zwischenmenschlichkeit verwickeln müssen. Die Ich-Du-Beziehung, die Interaktion und Kommunikation werden aus der gesellschaftlichen Gefügeordnung herausgetrennt und der Subjekt-Objekt-Beziehung sowie der verfahrensförmigen Abstraktion von den Individuen gegenübergestellt. Vor lauter Aufmerksamkeit für die Unterschiede zwischen beiden Sphären gerät dieser »Hofferei« (G. Anders) die Frage nach ihrer Einheit in den Hintergrund. Ebensowenig wird gefragt, wie die erscheinende vergleichsweise »gute« Seite von Interaktion und Kommunikation in dasjenige involviert ist, zu dessen Kur sie beitragen soll.

So sehr engere zwischenmenschliche Beziehungen auch Rückhalt gewähren, so sehr »entlasten« sie die Menschen auch davon, sich mit den Bedingungen ihrer Existenz aktiv auseinanderzusetzen. Der »Partner« oder die »guten Freunde« erscheinen als Auffangreserve zuständig dafür, auch jene Not zu wenden, die sich so nicht bearbeiten läßt. Ein zwischenmenschlicher Verschiebebahnhof entsteht, in dem die Probleme des einen auf andere abgewälzt werden und sich die »Partner« zerstreiten, ent- und überlasten.

Die moderne Zwischenmenschlichkeit entsteht historisch mit der Trennung zwischen Arbeit und Wohnen und dem Fortfall von Produktionsaufgaben für die Familie. Beziehungen sind nicht mehr nur oder in erster Linie durch tägliche Arbeitserfordernisse geprägt. Insgesamt befördern Häuslichkeit, romantische Partnerwahl, Gattenliebe und Intimisierung von Eltern/Kind-Beziehung die Emotionalisierung und Privatisierung des familialen Lebens. Die Entstehung familiärer Zwischenmenschlichkeit ereignet sich in den verschiedenen Klassen zeitversetzt.

---

610 Vgl. Carol Gilligans (1984) Gegenüberstellung einer (ihr als humaner geltenden) weiblichen Moral der Fürsorge und Anteilnahme, der Verantwortung und Bindung einerseits, männlicher Gerechtigkeit und instrumentellem Aktivismus andererseits. Vgl. zur Kritik Althof und Garz (1988). Döbert und Nunner-Winkler (1986) arbeiten die Dominanz der Nähe zu einem Problem für dessen Bearbeitung gegenüber der Geschlechtszugehörigkeit heraus. Nicht abstrakt, sondern kontextuell argumentieren Mädchen im Hinblick auf die Abtreibung, Jungen aber bezüglich der Kriegsdienstverweigerung sensibler.

An Objekten kann sich die Subjektivität nur im Sinne eines einseitigen, nicht erwiderten Verhältnisses bestätigen. Ebensowenig ist die Subjektivität in der Wertschätzung einer Eigenschaft oder Rolle des Menschen anerkannt.[611] Liebe verwirklicht Subjektivität, aber kann nur »ebenso entgegenkommen, als sie genommen wird« (H3/271). In der Zwischenmenschlichkeit gewinnt Ego sein Selbstbewußtsein durch Alter – und umgekehrt (H3/272). Liebe, als das von der Subjektivität zu ihrer Verwirklichung Erhoffte, muß die Erfahrung machen, daß »die Verwirklichung dieses Zweckes«, »der Einheit beider selbständiger Selbstbewußtsein(e)« »das Aufheben desselben« ist (H3/272). Die Subjektivität wird nicht Gegenstand »als dieses Einzelne, sondern vielmehr (zwischenmenschlich – Verf.) als Einheit seiner selbst und des anderen Selbstbewußtseins« (ebd.). Der in der Beziehung Bestätigte ist durch andere bestätigt, aber nur insofern der andere auch der andere der Beziehung ist. »›Aufgehoben‹ sind sie nicht ›beim andern‹, sondern in dem ›Beieinander‹. Oder: Sie leben nicht ›mit dem anderen‹, sondern im ›Beieinander‹. Nicht ›auf‹ den anderen sind sie bezogen, sondern auf die ›Beziehung‹. ... Das Individuum, das zunächst ganz auf sich selbst gestellt war, hat aufgehört, sich selber anzugehören, und ist, infolge seines Versuchs, sich seiner selbst gewiß zu werden, der Angehörige eines Verhältnisses geworden« (Boettcher-Achenbach 1984/150).

Die Mystifikationen und Verkehrungen der Zwischenmenschlichkeit sowie die Schwierigkeiten für die Orientierung in ihr liegen darin, daß hier das Tun des einen das Tun des anderen ist. Ich nehme den anderen sinnlich wahr, aber ich habe etwas von meiner Wahrheit erst an ihm und durch ihn, so wie ich ihn wahrnehme und mich dabei empfinde. Aber auch er nimmt und hat mich wahr. Die Rückkoppelungsschleifen verschlingen sich ineinander. In ihnen eröffnen sich unendliche Attribuierungs- und Interpretationsmöglichkeiten (vgl. Willi 1985/24f.).

»Der Grund, weshalb es so schwierig und scheinbar unmöglich ist zu bestimmen, inwiefern etwas und einer auch an sich selbst etwas ist«, liegt in einer Welt, die wesentlich zwischenmenschliche Mit-Welt ist. »In einem derartig verselbständigten Verhältnis ist nicht mehr alternativ entscheidbar, bei wem die Initiative liegt, denn indem sich der eine primär nach dem andern richtet, richtet sich ja auch schon der andere primär nach ihm.« So »entspringt die Initiative ihres Tuns und Lassens eigentlich weder beim einen noch beim andern, sondern

---

611 »Für irgendeinen bin auch ich nur irgendeiner und genau nicht dieser Einzelne. Der im emphatischen Verständnis Einzelne ist überhaupt nicht der, der ›unverwechselbar‹, sondern einzig der, der ›unersetzbar‹ ist. Nur insofern ich für einen andern ›unersetzbar‹ bin, bin ich als dieses ›Selbst‹, als ›Sein‹ bestätigt, anerkannt, während ich für einen Fremden oder X- beliebigen ein ›So- Sein‹ ... bin« (Boettcher-Achenbach 1984/113).

aus ihrem Verhältnis als solchem« (Löwith 1962/69, 83, 85).[612] Der andere kann nicht erkannt werden, weil er schon – wie auch immer – zu mir gehört. Die Zirkularität[613] der Zwischenmenschlichkeit bedeutet die Ermüdung der in ihr Agierenden: Neben bzw. über zwischenmenschliche Ausbeutung tritt ein Metaproblem: Schwächung durch Nichtzuordnung, Unklarheit der Attribution, Ohnmacht der wahrnehmenden Sinne[614], unmittelbare Vergewisserung von Ego durch Alter in einer Form, die kurzschlüssige Verhältnisse zwischen den Individuen nahelegt.

Die Zirkularität der Zwischenmenschlichkeit findet darin ihre Schranke, daß jede(r) der Beteiligten auch etwas für sich ist, und dies zwar einerseits mangels gegenständlicher gemeinsamer praktischer Reflexionsmöglichkeit[615] über andere zu erkennen und anzubinden hat, andererseits genau dies aber auch deshalb nicht kann, weil die Totalisierung des Individuums zur Persönlichkeit (s. III.6) die Unmittelbarkeit und Hypostasierung sich jeweils zur Ganzheit aufspreizender Individuen beinhaltet. Das Individuum schwankt zwischen Zwischenmenschlichkeit und Persönlichkeit hin und her, ist als Persönlichkeit nicht im sozialen Stoffwechsel und als Zwischen-Mensch in der Gefahr, sich von sich als Persönlichkeit zu entfremden.[616] Das Problem des Individuums kann sich darstellen als Problem seiner Beziehungen und umgekehrt. Die Erkenntnis der Beziehung ist gebrochen durch den Selbstzweifel, inwieweit man in ihr primär eine eigene Thematik abhandelt. Die Selbsterkenntnis ist verstellt durch die Möglichkeit, Beziehungen für den jeweiligen Zustand verantwortlich zu machen. Beides tritt mit gleichem Recht auf. Das Individuum steht nicht nur zwischen sich und dem jeweiligen anderen, sondern auch zwischen sich und der Zwischenmenschlichkeit. Es kann schwer unterscheiden, was es für sich ist und was mit-menschlich.

Die Individuen geraten als Zwischen-Menschen in die Gemengelage der Kräftefelder, die sich zwischen ihnen aufbauen. »Was dem einzelnen zu äußern nötig ist, gilt für die andern eben nur als daseiende Äußerung. So wird ihnen

---

612 Vgl. auch Theunissen 1977/69, 83, 85, 194.

613 »Dominierender und Induktor sind nicht einfach gleichzusetzen; oft genug befindet sich letzterer in einer scheinbar schwachen, unterlegenen Position. Das ›Opfer‹ z.B. stellt nicht selten den unbewußten Code des Paares auf und zwingt – paradoxerweise – seinem Partner die Rolle des ›Tyrannen‹ auf, sofern dieser eine gewisse Veranlagung dazu zeigt. ... Der Induktor ist nicht der Herr der Induktion, sondern lediglich der wirksamere Vertreter« (Lemaire 1980/135).

614 Vgl. auch Kluges (1984/556ff.) Geschichte »Ursprüngliche Uneinigkeit«.

615 Vgl. dazu zur Lippe 1974/16f., vgl. a. Ottomeyer 1977, 1987, 1991.

616 Von einer einfachen Ablösung des Selbst durch die Beziehung, die Gergen (1996) annimmt und postuliert, kann keine Rede sein.

ihre Äußerung zugleich äußerlich. Dem einzelnen ist das zueigen, was ihm in der Beziehung auf andere fremd ist. Was er für sich bildet, ist ihm durch andere zugleich genommen« (Pfreundschuh 1982b/43). Deutlich wird nicht (weil real unüberschaubar), welche Abschattungen im Spiel waren, welche Ideen der andere verlebendigt, was für Vorbilder den Raum verstellen und andere Möglichkeiten ausschließen, wie aus dem Abstand Unterschiede verschwimmen usw. Es kommt zu einer Mehrwertigkeit und einem Verweisungsreichtum an Querimpulsen und traversierenden Neben- und Hintergrundsbedeutungen.[617] Die gegenseitige Verfremdung ist nicht vorrangig als Egoismus der jeweiligen Seite zu kritisieren oder als Ausbeutung.[618] Jeder meint es ernst mit dem, was er am Anderen sieht.[619]

Die Zwischenmenschlichkeit lebt zugleich auch von ihrem Unterschied zur Öffentlichkeit und zur Welt der verobjektivierten Leistung. Sie lebt von den Möglichkeiten des Menschen, die sie gegenseitig erkennen oder in sich hineinsehen. Gegen die faktischen Resultate einer individuellen Existenz werden zwischenmenschlich Gaben, Fähigkeiten und der »gute Kern« geschätzt, bemüht und beschworen. Dabei entsteht ein Vorschuß, der Menschen beflügeln kann, und gleichzeitig die Möglichkeit, sich gegenseitig mehr zuzurechnen als voneinander zu erwarten ist[620]: Ein Leben im Anspruch und in der »Hofferei« (G. Anders) schützt sich gegen die Erkenntnis.[621]

---

617 Es handelt sich um Impulse, die sich gegenseitig bremsen, ablenken, verfilzen. Es entstehen Brechungen, Umleitungen, gegenseitige Allianzen und Attraktionen. Es werden Plätze besetzt, die anderen Sinnen dann nicht mehr zur Verfügung stehen. Es kristallisieren sich an starke Verbindungen andere Sinne an. Es kommt zu Folgeverkettungen, Nebenfolgen, Konsequenzverschränkungen, Querverbindungen, Vermischungen, Metonymien usw. Diese Realität zwischen den Menschen steigert noch die bereits in der Zirkularität und Interdependenz erschwerte Zurechnungsunübersichtlichkeit (vgl. a. Elias 1972/30). Vgl. a. Pfreundschuh 1978/XXXIVf., zit. in III.8.

618 »Die Entschiedenheit, mit welcher die ... moderne Dialogik in ihren prägnantesten Gestalten Buber und Binswanger das Sein des sog. Einzelnen als ein Sein durch den Anderen bestimmte, wurde in den psychoanalytischen Introjektions-Theorien nicht erreicht« (Kisker 1970/49).

619 Die gegenseitige Enteignung und Entfremdung wird überdies pessimistisch auf die (als Summe von Interaktionen mißverstandene) Gesellschaft bezogen und damit die Sozialität als Terrain verödet. Ein theoretischer Reflex findet sich bspw. in der Blickanalyse in Sartres »Sein und Nichts«.

620 »Gewiß schmücken wir jemanden, an den wir glauben, oft nur mit unseren eigenen Schätzen, aber was er uns leistet, ist, daß wir diese Schätze überhaupt ausgraben« (Simmel 10/71). »Jeder Mensch, der uns fasziniert, liebt etwas aus uns heraus, spricht etwas in unserer Psyche an, was dann ins Leben hereingeholt werden kann. ... Vielleicht entsteht Liebe nur dann ..., wenn wir in einen geliebten Menschen seine besten Möglichkeiten hineinsehen und diese aus ihm herauslieben können, Möglichkeiten, die ihn über die Enge

Die Verwirrung in der Zwischenmenschlichkeit steigert sich noch, wenn man sie in ihrem Verhältnis zur ihr fremd gegenüberstehenden gesellschaftlichen »Außenwelt« betrachtet. Für die Diskussion von Gestaltungspessimismus und Utopismus ist damit ein zentrales Argument tangiert, das entweder mit emanzipatorischen Hoffnungen (etwa wie bei Horkheimer[622]) oder gestaltungspessimistisch mit Sorge um den Erhalt der Gesellschaft (wie bei Gehlen[623]) den Gegensatz der klassischen bürgerlichen Familie (und speziell der Existenz der Frau in ihr) zur Gesellschaft fokussiert.

In der Familie soll verdaut werden, was aus der Familie heraus nicht verstanden oder aufgefaßt werden kann.[624] Die Entfremdung der Arbeitenden muß den Privatpersonen auch in dem Maße nicht Gegenstand werden, in dem die Existenz des Arbeitenden als Familienmensch die Arbeit um- und übergreift. Die familiäre Existenz erscheint als Ausgangs- und Zielpunkt der (Erwerbs- und Haus-) Arbeiten, insofern sie als Arbeiten *für* die Familie gelten und ihnen von daher Sinn zuwächst.

Die idealiter positive Einstellung auf die persönlichen Besonderheiten in der Familie ermöglicht es v.a. den Eltern, in der Familie die sonst in der Welt nicht äußerbaren Eigenarten ausleben zu können (vgl. a. Zorn 1977/41f.).[625] Jeder ist zugleich ganz *und* muß sich gleichzeitig über die anderen erst heraus-stellen,

---

des bisherigen Gewordenseins hinaustragen, die sein Leben für etwas öffnen, was er nicht für möglich gehalten hat« (Karst 1985/13, 15).

621 »Gesundheit« im pragmatischen Sinne heißt dann nicht, »daß der Patient lernt, unabhängig von Bezugspersonen und Umwelt seine Konflikte zu lösen, sondern daß er lernt, seine Umwelt in konstruktivem Sinn zu seiner Konfliktregulation zu benützen. Man kann den Gesunden definieren als jenen Neurotiker, dem es gelingt, seine Umgebung so zu konstellieren, daß er von ihr gesunderhalten wird« (Willi 1985/169).

622 Die bürgerliche Familie wird als Ort angesehen, »wo sich das Leid frei ausgesprochen und das verletzte Interesse der Individuen einen Hort des Widerstands gefunden hat«. Ganz im Sinne eines populären Feminismus wird die »völlige Entseelung der Welt« dem Mann zugeschrieben, der »Hort des Widerstands« der Frau (Horkheimer 1936/63, 67). Vgl. kritisch dazu auch Windaus-Walser 1989. Vgl. zu einer Kritik von Idealisierungen der »weiblichen Erziehungsarbeit« auch die »Arbeitsperspektive«.

623 Der Konflikt zwischen familialer »Logik« und staatlichem Recht bereitet schon seit der Antigone Konservativen Kummer. Vgl. z.B. Gehlen 1969/148-50.

624 Besonders eklatant findet dies in der Erziehung der Kinder statt, in der »das Verhältnis der Kinder zu den Eltern zugleich dafür benutzt wird, daß die Kinder für eine bestimmte Gesellschaft »lebenstüchtig« werden sollen.« Die Familie wird so praktisch zum »Ort, wo sich die Objektivität unserer Gesellschaft unmittelbar mit dem, was die Menschen für sich sind, verbünden muß« (Pfreundschuh 1980/84).

625 »Nirgendwo sonst kann ein Mensch gefahrlos nach seiner Stimmung und Laune handeln, als in der Familie. Und nirgendwo sonst hat sein Lebensgefühl eine so abgeschlossene und zugleich anerkannte Wirkung auf andere« (Pfreundschuh 1984/41).

wird so, wie er mit den anderen zusammen kann, je nachdem, wie sich in der Familie die Eigenschaften verteilen, gegeneinander polarisieren und ergänzen, für welche dann Raum und Resonanz da ist.[626] Die Familie ist die Heimat der Zwischenmenschen und bringt erst Privatpersonen hervor. Sie brauchen nicht ihre Innenwelt zu überwinden, sondern haben diese unmittelbar vergemeinschaftet. Sie hat sich nur so ergeben können, wie es in der Familie zusammenpasste.

Probleme gibt es dabei besonders für die Kinder, werden sie doch nicht »auf die Welt gebracht, sondern vor allem in eine Familie gesetzt« (Pfreundschuh 1984/40). Die Arbeit an diesem Unterschied ist den Individuen ebenso aufgegeben wie erschwert. »In den verschiedenen Familienwelten (liegen) spezifischere Wirklichkeitskonstruktionen vor, die gar nicht so einfach mit der Fiktion einer gesamtgesellschaftlichen Alltagswirklichkeit in Einklang zu bringen sind, weil sie einen einzigartigen, privaten Charakter haben, der auch ihre schlichte Mitteilbarkeit und Zugänglichkeit für andere erschwert« (Loch 1975/338f. – vgl. auch Berger, Kellner 1965/225). Spitzenphänomene der jeweiligen Familienwelt mögen erkennbar sein, sie selbst aber ist in ihrer Unauffälligkeit eingesogen mit der Muttermilch, erscheint als selbstverständlich. Die Familienbande erhalten sich auch dadurch, daß sie als Struktur und Lebensraum verschwinden, subjektiv aber fortexistieren. Wenn die Zwischenmenschlichkeit schon zwischen Erwachsenen Verwirrung bedeutet, so steigert sich dies noch im Verhältnis zwischen Eltern und Kindern. Letztere erscheinen als immer latent undankbare Nutznießer dieses Verhältnisses.[627] Andererseits erlauben Kinder Eltern Ideen und Ideologien, über die sie sich als Menschen erfahren, von denen nun einmal wirklich etwas abhängt. Die Kinder sind der Kompetenzbeweis dafür. So müssen sie für einiges herhalten und vieles zeigen und beweisen, beglaubigen und ermöglichen. »Es ist daher das ursprünglichste Verhältnis, das die

---

626 »Jede Person gilt sich selbst als eigenes Wesen durch das Wesen anderer, im Unterschied zur Eigenschaftlichkeit anderer Menschen. … Die Identität des Eigenen im Gemeinen hat die individuelle Allgemeinheit, das individuelle Wesen als Allgemeinwesen. Das menschliche Wesen erscheint nun überhaupt als Person der Familie. … Somit wird jeder Sinn und jede Liebe zur Selbstliebe, denn jede Person hat sich in einer Allgemeinheit, die in der Familie gewärtig ist und worin jeder die Selbstverständlichkeit seiner selbst als Lebensform hat. Das Geliebtsein ist identisch mit der liebenden Beziehung und von daher ist ein Zwischenmensch geboren, der keinen Unterschied mehr zwischen sich und anderen erkennen kann: Narziß hat sein Leben gefunden« (Pfreundschuh 1979a/5).

627 »Es ist zu bemerken, daß im ganzen die Kinder die Eltern weniger lieben als die Eltern die Kinder, denn sie gehen der Selbständigkeit entgegen und erstarken, haben also die Eltern hinter sich…« (H 7/329).

Kinder zu sich selbst haben jenes, das die Eltern auch zu ihrem eigenen Leben und hierdurch zu ihren Kindern haben; denn innerhalb der Familie teilen sich die Bedeutungen so mit, wie sie jedem zuteil werden. Allein die Eltern können die Teilung dieses Lebens in der Familie erkennen, denn diese ist die Antwort und Form ihrer Lebensnot. Den Kindern teilt sich dies nur in dem Gefühl mit, was sie für ihre Eltern sind, wie sie sich also in der Familie fühlen können« (Pfreundschuh 1980/39f.). Nicht nur in der Zwischenmenschlichkeit, sondern auch in der Familie entstehen neue Verwicklungen und Fehlabsorptionen der Menschen. Konfliktverleugnung, Harmonisierung, Pseudo-Gegenseitigkeit, privatsprachliche Familienwelten und Heuchelei ergeben sich, wenn die Beteiligten einander zwischen-menschlich die negativen Folgen der gesellschaftlichen Welt auszugleichen versuchen, aber weder über die Mittel noch über das Verständnis verfügen. Wenn sie schließlich als füreinander verantwortlich und für ihr Glück zuständig gelten, schreiben sich die Mitmenschen die Schuld an unglücklichen Lebensverhältnissen zu und machen sich gegenseitig für das Ausbleiben des Glücks haftbar und sich selbst ein schlechtes Gewissen.

III.5. Das Konkurrenzsubjekt – Distinktion und Erfolgsbewußtsein

Die Konkurrenz (am und um den Arbeitsplatz, um Leistung, in der Schule usw.) wird als Gelegenheit gedeutet, in der das Individuum zeigen könne, was in ihm steckt. Die Position in der Konkurrenz wird entweder dem individuellen Geschick positiv bzw. negativ oder Verstößen gegen die Konkurrenz bzw. ihrem eingeschränkten Zustandekommen zugeschrieben. Inwieweit die Konkurrenten auf das Ergebnis Einfluß haben, hängt nicht allein von ihnen ab, sondern von der Zahl der Bewerber, den Renditeerwartungen bei äquivalenten oder anderen Investitionen usw. Aus der Froschperspektive derjenigen, die über die Bestimmung der Geschäfte ebensowenig zu wissen wie zu entscheiden haben, zählt dies nicht. Sie halten sich an das Nächstliegende: sich selbst. Der eigene Erfolg oder Mißerfolg in der Konkurrenz wird zum Urteil über die eigene Person: An der eigenen Leistung hat es gelegen – so oder so, positiv oder negativ. Wer sich nicht in der Gesellschaft und in seiner Welt auffassen kann, sondern sich aus sich selbst heraus verstehen muß, versteht sich auch selbst nicht und die Erklärung für den Erfolg gerät dann tautologisch: Über den Erfolg entscheidet die Erfolgsfähigkeit, »Gewinner« gewinnen, »Verlierer« verlieren, »Versager« versagen.

Wenn erst einmal Erfolg und Mißerfolg über den Wert der Person entscheiden, und umso weniger das Individuum Bewußtsein über wirkliche Verhältnisse hat, desto mehr müssen Gelegenheiten imaginärer Erfolge und entsprechender Selbstdarstellungen aufgesucht werden, um die Bilanz des Selbstbewußtseins in Ordnung zu bringen. Auch die Gegebenheiten der Arbeits- und Geschäftswelt können zwar uminterpretiert werden – schließlich bringt »Geld kein Glück«, »zerstört den Charakter« usw. Noch viel weiter aber reichen die Freiheitsgrade der Interpretation und Imagination im Privatleben. Vom »Ich bin aber besser« über »Ich bin aber auch wer« bis »Ich bin etwas wert, denn sie sind hinter mir her« geht die Variationsbreite.

Aus der Ahnung um die negativen Effekte von Demotivierung und Selbstbeschuldigung ergibt sich nun das pauschale Gegenteil. Da heißt es »positiv« denken, und das Selbstbewußtsein avanciert wenigstens imaginär zur Voraussetzung wirklichen Erfolgs.[628] Damit geht aber wiederum eine Ausdehnung des Selbstbewußtseins einher. War zunächst der Einfluß der eigenen Stärken und Schwächen für den Erfolg bzw. Mißerfolg überschätzt worden, so wird nun alles zu einer Interpretationssache. An allem läßt sich noch etwas Positives finden, würde man sich doch sonst nur selbst »fertigmachen«. Wem diese positive Umwertung nicht gelingt, der kann die Konkurrenz gewissermaßen verschoben praktizieren. Distinktion hat mit der Errichtung von Hierarchien zu tun neben der gesellschaftlich maßgeblichen Konkurrenz in Arbeits- und Geschäftswelt und in Absetzung zu ihr. In Kleidung, Geschmack, Ansichten über dies und jenes findet sich das Material, mit dem sich Konkurrenzsubjekte als höherstehend, humaner, scharfsinniger, gebildeter, kultivierter, gewitzter, zeitgemäßer, ausgeglichener usw. verstehen können als andere. Im Wunsch, etwas Besonderes sein bzw. darstellen zu wollen, wird eine Not zur Tugend verkehrt. Der Blick fürs Ganze bricht sich im Prisma der bunten Besonderheiten. Die die gesellschaftsgestaltende Assoziation der Menschen untergrabende gegenseitige Abwertung mit allerhand Vergleichen, in denen Mann bzw. Frau dann als schöner, klüger, stärker, menschlicher usw. dasteht, findet auch im Geschlechterver-

---

628 Was als positives Denken heute propagiert wird, das kann mit leichten Kontextverschiebungen als psychisch problematisch beschrieben werden: »In der Manie ist der Inhalt der Annahmen das Gegenteil von demjenigen der Depression. Die Regeln werden in einer Weise formuliert, die den Gewinn übertreibt und die Selbstachtung hebt: ›Wenn mich die Leute anschauen, bewundern sie mich‹. ›Wenn man mir eine Aufgabe gibt, löse ich sie hervorragend.‹ ›Jeder Erfolg beweist aufs neue meine Überlegenheit‹« (Aaron T. Beck 1979/ 85).

hältnis statt (vgl. Miller 1976, vgl. Beauvoir, vgl. Schrader-Klebert 1969/36).[629] Mit Distinktion amalgamiert sich auch die Frage, wie richtig zu leben sei. Die zur Unterscheidung zwischen richtig und falsch notwendige Kritik verkehrt sich erst zum Unterscheidungskriterium und dann zum Reklamemittel für unmittelbar lebbare Vorschläge. Das »Falsche« als Gegenteil des »Richtigen« erscheint trivialisiert zum individuell Abwendbaren. Und vom »Richtigen« bleibt Entscheidendes ignoriert: »Ein richtiges Leben gibt es überhaupt nur im Falschen« (Cardorff 1991/50).

In einem letzten Schritt definieren manche der Beteiligten die Konkurrenz gleich so, daß sie in ihr Sieger sind. Besonders bei Jugendlichen, aber auch im sog. abweichenden Verhalten gibt es eine Tendenz dazu, sich neben der gesellschaftlich eingerichteten Konkurrenz zu bewegen und Auseinandersetzungen zu provozieren, bei denen man als Sieger bereits feststeht. Per körperlicher Gewalt etablieren Jugendliche eine alternative Hierarchie. Andere meinen mit wiederum eigenen Werteskalen, in denen nun *sie* sich auszeichnen, die gesellschaftlichen Ansprüche vernachlässigen und ihnen sich entziehen zu können. Die gängigen Maßstäbe von Gerechtigkeit und Anstand in der Konkurrenz verlieren dort an Wert, wo die Kränkung des Selbstbewußtseins beim Mißerfolg in der Konkurrenz wichtiger erscheint als die damit verbundenen materiellen Einbußen. Die Konkurrenz wird nun von diesen Anliegen getrennt und um das beraubt, was sie als Konkurrenz ausmacht: Daß es Sieger und Verlierer gibt. Nun geht es um die Entscheidung des Vergleichs rücksichtslos zugunsten der eigenen Person.[630] Sich als Konkurrent der Konkurrenz zu entziehen, um über sie erhaben zu sein, heißt, den Bezug auf sie zu unterstellen und zugleich zu negieren.

Die Überfüllung des Verstandes mit Besonderheiten und das geringe Wissen um die Zusammenhänge der Einheit und die Aufbauordnung der verschiedenen gesellschaftlichen Sphären in ihrem Verhältnis zueinander, kurz: die Existenz in

---

629 Vgl. auch die Kritik an der im Feminismus weitverbreiteten Annahme eines normativen Vorrangs zwischenmenschlicher Beziehungen in III.3 und die Feminismuskritik in der »Arbeitsperspektive«.

630 »Die Absicht, unbedingt Sieger zu sein und als überlegene Person anerkannt zu werden, hat keinen anderen Inhalt als eben diesen. Diese (bspw. gewalttätigen – Verf.) Jugendlichen wollen ganz abstrakt die Überlegenen sein. Wo der Vergleich in der bürgerlichen Konkurrenz die Entscheidung über die Versetzung, einen Arbeitsplatz oder den Geschäftserfolg bringt, da kehrt sich bei ihnen alles um: Die Vergleichsinhalte – die Kleidung, die Gossensprache, die Körperkraft, die Waffen etc. – taugen nur soviel, wie sie das Ziel, im Vergleich den eigenen Sieg sicherzustellen, auch garantieren. Ihre Maßstäbe heißen also schlicht ›Sieg‹, ›Macht‹ über andere – ohne ein davon getrenntes ›wofür‹ und ›in welcher Hinsicht‹« (Huisken 1996/16).

einer Welt, in der es auf Arbeits- und Konsumteilchen ankommt, diese Not wiederum erlaubt die Selbst- und Welt-Interpretation aus der Froschperspektive der Besonderheit und die – zumindest zeitweise – Einhausung im jeweiligen symbolischen Teiluniversum. Praktisch folgen daraus das (Aus-) Stellen einer Besonderheit gegen die andere und die relativ unendlichen Möglichkeiten, wenigstens so eine Heimat zu finden oder sich wenigstens auf diesem Weg zu einer Elite zählen und ausgezeichnet sehen zu dürfen.

Ökonomisch ist die Überdifferenzierung, die Fassadendifferenzierung, die künstliche Diversifizierung, die Überspezialisierung bekannt – eine ungeheuere Verschwendung des Reichtums. Die gleiche Erscheinung findet sich im Narzißmus der kleinen Differenz. Statt in der Welt orientiert man sich im Vergleich und in der Abgrenzung gegen andere. In Akklamationszirkeln auf Gegenseitigkeit wird sich der jeweiligen vermeintlichen Erlesenheit und Auszeichnung versichert. »Eine kritische und psychoaffektive Verarmung liegt in der Luft, nachdem das Recht auf Unterschied hochgejubelt worden ist und Hunderte von sektoriellen und exklusiven Apartheiten geschaffen hat« (Errata 1979/7). Auch sich kritisch und rebellisch dünkende Subkulturen weisen diesen affirmativen Effekt auf. Die Partikularität des jeweiligen Sonderanliegens ist eng und die integrative Kompetenz des Bewußtseins, der Sinne und Fähigkeiten gering.[631]

Die Distinktion weist in bezug auf die Gesellschaftsgestaltung abträgliche Spaltungseffekte auf. Schulze (1992/405) spricht von einem »Klima von Indifferenz oder achselzuckender Verächtlichkeit, nicht geregelt und hierarchisiert durch eine umfassende Semantik des Oben und Unten« zwischen den Geschmacksmilieugruppen und von einem »Frieden gegenseitigen Nichtverstehens« (ebd./408). Die Selbstverortung in der Differenz zu anderen Stilgruppen erbringt Distinktions-»gewinn« im »Spiel sich gegenseitig ablehnender Ablehnungen« (Bourdieu 1982/107). Rückt die erscheinende Unmittelbarkeit des Geschmacks zu einem »Artmerkmal« auf, kann die aggressive Distanzierung von anderen dann als »anders«- oder gar »abartig« erscheinenden Geschmacksgruppen mit »Ekel« und »Abscheu« einhergehen (Bourdieu) und ihren eigenen (ästhetischen) Beitrag zu einem »differentiellen Rassismus« leisten: »Die ästhetische Intoleranz kann durchaus gewalttätig werden« (Bourdieu 1982/105).

Auch in der Dimension der Zeit läßt sich Selbstbewußtsein per Unterscheidung gewinnen. Das Überbieten avanciert zum Überholen. Die Konstitution des

---

631 »Die Tatsache, daß ... viel mehr Gedanken an die Öffentlichkeit kommen, als die Aufnahmefähigen selbst bei bestem Willen verarbeiten können, zwingt dazu, jeden Gedanken nicht zu prägen, was sehr nützlich wäre, sondern ihn überscharf zu profilieren. ... (so) daß der Gedanke von all seinen unendlich vielen Brüdern von vornherein sich mehr abhebt, als es von Haus aus in seinem Wesen steckt« (Bry 1988/37).

abstrakten Reichtums qua Diversifizierung und Kontrastprofilierung, qua Überbieten und Wegbeißen von Konkurrenten wird nicht in ihrer zerstörerischen Wirkung begriffen. Trendwieselig und aktualitätsbeflissen will man vor lauter Novitäten den Dogmatismus der Verhältnisse nicht wahrzunehmen brauchen. Das (im Wechsel der Moden und Meinungen zerhackte) geduldige Arbeiten am Selbst- und Weltverständnis wird geringgeschätzt[632], das Nach- und Mitschwätzen der jeweils aktuellen conversation pieces und die Hast als eigene Gegenwart imaginiert, diese wiederum mit Aktualität verwechselt. Ein Konformismus und Opportunismus, der sich nicht an festen Lagern orientiert, sondern an der immer wieder neu sich konstellierenden »Anschlußfähigkeit«, ängstigt sich davor, sie zu versäumen, als lauere dahinter der Ausschluß aus dem Kollektiv. Nicht viel läßt sich in dem Milieu mehr klären, in dem alles schon einmal gehört, vieles bekannt ist, aber gerade darum weniges erkannt werden muß. Die Beschleunigung und das Überbieten sowie das aus diesen Quellen gewonnene Selbstbewußtsein finden sich sozial verallgemeinert in der Mode. In ihr treiben sich das Bedürfnis nach Absonderung und Unterscheidung einerseits, die Anlehnung an Gruppen andererseits gegenseitig voran (vgl. Simmel 11/847).[633]

Für Erfahrungen muß sich der Mensch auf die Verläßlichkeit und Wiedererkennbarkeit seiner Welt verlassen. Das fröhliche Mittun bei der Beschleunigung hält niemand lange durch. Davon sieht eine Eitelkeit der Jugend ab (vgl. zu ihr

---

632 Der gegenwärtig »chronische Gedächtnisverlust der Menschen« und die »Beschleunigung im Wechsel von Moden und Konzeptionen (tragen) wesentlich dazu bei, daß keine neuen Orientierungen auf eine Konzeption der humanen Gesellschaft politische Gestalt annehmen können: Was in der alten Arbeiterbewegung vielleicht etwas zuviel vorhanden war, nämlich die Beharrlichkeit, sich durch den unmittelbaren Situationsdruck nicht verwirren zu lassen, ist hier ins Gegenteil umgeschlagen. Nichts wird wirklich ausgetragen; wenn etwas in kurzer Zeit nicht klappt, wird es verabschiedet und man setzt auf ein neues Pferd« (Negt 1989/266f.).

633 Gegen die »Nivellierungserfahrung« wenden sich die Individuen mit einem »exaggerierten Subjektivismus« (Simmel 8/382). Hier macht sich die Kehrseite der Arbeitsteilung geltend, die zwar das Individuum allein mit einem zur Austauschbarkeit objektivierten Segment seiner selbst beansprucht. Zugleich aber »saugt« das verobjektivierte Ganze »seine Elemente nicht so vollständig in sich ein, daß nicht ein jedes noch ein Sonderleben mit Sonderinteressen führte« (Simmel 6/629f.), in dem der »Rest« zur Geltung zu bringen ist, der das Individuum ausfüllt neben der in der Arbeitsteilung beanspruchten Seite. Auf diesen Rest kaprizieren sich nun Simmel zufolge die Individuen. Sie steigern »das verbleibende Privateigentum des geistigen Ich zu um so eifersüchtigerer Ausschließlichkeit« (Simmel 6/653). In der Mode gewinnt das Individuum eine gewisse Überindividualität. Modebewußtsein ist »der eigentliche Tummelplatz für Individuen ..., welche innerlich unselbständig und anlehnungsbedürftig sind, deren Selbstgefühl aber doch zugleich einer gewissen Auszeichnung, Aufmerksamkeit, Besonderung bedarf« (Simmel 10/18f., vgl. a. 30f.).

auch Simmel 5/97f., 14/180f.), die ihre Daseinsweise auf Dauer stellen will.[634] Die wachsende Beschleunigung geht einher mit Erschöpfung einerseits, einer ebenso steigenden Vergangenheitsbezogenheit andererseits, die vom Museum bis zum Denkmalschutz etwas Bleibendes soll festhalten helfen. Das affirmative Verhältnis zur Beschleunigung mißachtet die Folgen beschleunigten sozialen und kulturellen Wandels: Die Zeit schrumpft, über die Menschen behaupten können, es sei ihre Gegenwart. Schneller gelten Menschen mit ihren Fähigkeiten und Sinnen als veraltet. Weniger läßt sich aus der Vergangenheit für die jeweils immer schneller zur Vergangenheit herabgesetzte Gegenwart lernen. Die »natürlichen« Reifungsprozesse und ihre Dauer zu überspringen – dies Bestreben (vgl. II.5) tangiert nicht nur die Natur, sondern auch die Kultur.[635]

An der Konkurrenz ist neben ihrer Kurzatmigkeit (short-terminism) und ihrer Verschwendung menschlicher Kräfte auch die Orientierung am »Oben« problematisch. Sie hat Effekte für das öffentlich als wissenswert und als relevant Geltende. Mit der Orientierung nach »oben« und am »Erfolg« ergibt sich eine eigene für die Gesellschaftsgestaltung abträgliche und für gesellschaftliche Müdigkeit förderliche Politik der Wahrheit.[636] Wem es gelingt, die nicht selbst in ihren Gründen transparente Nachfrage zu befriedigen, vermag im jeweiligen Segment, sei es der Populärkultur, sei es der Kunst, der Wissenschaft oder Politik Anerkennung auf sich zu ziehen. Deren Zuflüsse verschwinden im Effekt dieser Anerkennung. Er marginalisiert und depotenziert die Aufmerksamkeit für andere Leistungen. Dies gilt für den Zeitgeist ebenso wie für die »weicheren Wissenschaften«. Aber selbst auch für die naturwissenschaftlichen »Laborwissenschaften« hat Knorr-Cetina (1984) beschrieben, wie Karrieremuster, zufällig vorhandene Geräte oder Opportunismus gegenüber Höherstehenden die Forschung lenken. »Das motivkräftige Streben nach Reputation kann den Informationsfluß beträchtlich belasten. Es führt zu Überfülle von unausgereiften und unnötigen Publikationen. ›Getting things into print becomes a symbolic equivalent to making a significant discovery‹, bemerkt Merton. Die Auswahl von Themen und Mitteilungsweisen wird reputationstaktisch und nicht allein an Wahr-

---

634 »Die Jugend überschätzt das Neueste, weil sie sich mit ihm gleichaltrig fühlt« (Musil 1978/852).

635 Es »führt das Gebot, Neuheiten zu bringen, zu einer ähnlichen Umkehrung, zu einer mechanischen Wiederholung des Alten, wie man dies seit einigen Jahren auf dem französischen Ideologiemarkt verfolgen kann, wo jeder Sprung nach rückwärts bei der Exhumierung der Vorfahren sich als die Neuentdeckung der Saison ausgibt. ... Wenn man in der Kultur systematisch Partei für das ›Neue‹ ergreift, ist man noch kein Neuerer, sondern ein Anfänger« (Debray 1981/131f.).

636 Ich rezipiere hier im folgenden weder das für das Thema einschlägige 6. Kapitel aus Negt/Kluge 1981 noch Foucaults Diskursanalyse.

heit oder Klarheit orientiert. Die Originalität als Bedingung des Erlangens von Reputation führt ... zu raschem Wechsel der Modethemen, zu unerledigtem Liegenlassen vielbehandelter Probleme, zur Oberflächendifferenzierung der Terminologien, zur Verschlüsselung von Banalitäten usw.« (Luhmann 1970/243). In der gegenwärtigen Gesellschaft gibt es nicht nur ein höheres Einkommen und höheren Status für den, der sich bei der Befriedigung dieser Nachfrage durch besondere technische Leistungen, kulturelle Genußmittel, Unterhaltungseffekte und intellektuelle Conversationpieces hervortut. Hinzu kommt der Sog, der vom Erfolg bei gegebener Ungewißheit über den menschlich-gesellschaftlichen Wert der eigenen Tätigkeiten und Produkte ausgeht. Ihr »Ankommen« beim Publikum strahlt auf ihren Wert aus[637], ohne daß deutlich würde, was hier Menschen für Menschen erarbeiten. Erfolg geht dann nicht in den materiellen Gratifikationen auf, sondern verleiht jenen, die ihn haben, den Nimbus einer höheren Wirksamkeit und Wirklichkeit. *Etwas* zu erreichen, gleich wie der Zweck beschaffen ist und der gesellschaftliche Grund seiner Nachfrage, dies macht die subjektive Faszinationsgestalt abstrakter Arbeit aus. Diejenigen, die diesen Filtrierungsanlagen an mittlerer bis oberer Stelle als Personal dienen und sie als Mittel für *ihren* Erfolg nutzen, haben im Gegenzug ihren Verstand auf das immanente Bedienen der einschlägigen Mechanismen und Arrangements festgelegt und trainiert. Schon von der subjektiv empfundenen Notwendigkeit her, *hier* Erfolg zu erzielen, werden sie nicht von einem Urteil über das Sieb auf die Ergebnisse der Auslese schließen[638], sondern allenfalls aus dem eigenen Mißerfolg auf kontingente, besondere Mängel dieses oder jenes einzelnen erfolgreicheren Konkurrenten.

Dementsprechend stark fallen die Attraktionskräfte aus, die vom Erfolghaben, vom Dazugehören, vom (mehr oder weniger weit) Oben-Mitmischen ausgehen. Die Arbeit an der mühseligen Entwicklung und Vernetzung der den kapitalistischen Formen in Arbeit, Wissenschaft, Kultur usw. entgegenstehenden bzw. kapitalistisch nur selektiv genutzten Fähigkeiten, Sinnen und Erkenntnissen, die Arbeit an einer Vergesellschaftung von unten kann diese Prämien nicht erbringen und muß in dieser Konkurrenz in ihrem Normalverlauf (vgl. II.6)

---

637 »Dieser Mensch ist z.B. nur König, weil sich andere Menschen als Untertanen zu ihm verhalten. Sie glauben umgekehrt Untertanen zu sein, weil er König ist« (MEW 23/62f.). Es ereignet sich der Effekt, den Andersen in seinem Märchen »Des Kaisers neue Kleider« schildert. Zwar gab es diese neuen Kleider nicht. Nun herrschte aber unter den Höflingen die Meinung, wer die neuen Kleider nicht sehe, sei für seine Position wenig geeignet – und so lobten (fast) alle Stoff und Schnitt.

638 »Das Milieu wirkt wie ein Sieb; ist das Sieb schlecht, so ist es auch die Auslese« (Müller-Lyer 1920/83).

unterliegen. Wer den Doppelcharakter der gegenwärtigen Wirklichkeit nicht wahrnimmt und pragmatisch oder emphatisch sie als einzig mögliche Realität und als (mehr oder weniger) vernünftig auffaßt, dem gilt Kritik als Ressentiment, Neid usw. Wem allein die Konkurrenz als Struktur der Orientierung zur Verfügung steht, der wird noch die Kritik *an* ihr *aus* ihr mühelos deduzieren müssen und personalisieren mögen – eben als Unart *schlechter* Verlierer. Nicht nur die materielle Abhängigkeit absorbiert das kritische Potential dort, wo um die knappen Stellen konkurriert wird, sondern auch die Überhöhung der im Faktischen gegebenen Notwendigkeiten zur Gelegenheit dafür zu zeigen, was in einem steckt. Ein widerspruchsminimierendes Selbstmanagment schließt sich an in der Sorge dafür, die selbst mit eigenen Sinnen und Fähigkeiten auszufüllenden notwendigen Arbeitsleistungen nicht allzu sehr in Widerspruch zur eigenen Person geraten zu lassen. Ein Motiv zum Mitmachen ergibt sich auch dem Fehlen des Sinns für die eigene Arbeit in der Welt und aus der Einübung in die immanenten Fingerfertigkeiten und Folgezwänge der jeweils in ihrer Konstitution nicht mehr wahrgenommenen Einzelwissenschaft, der medialen Öffentlichkeit, der Politik usw. Die gegenseitige Verstärkung des bei allen Differenzen im Detail gemeinsamen Weltbildes eint die jeweilige Szene.[639]

Die ab einem bestimmten Alter anzutreffende Blasiertheit, die die Frage nach dem menschlich-gesellschaftlichen Wert des jeweiligen Tuns mit dem Hinweis auf die zu befriedigende Nachfrage erledigt, erweist sich als eine subjektiv wohltuende Komplexitätsreduktion. Sie schließt an ähnliche Effekte der Arbeitsteilung und Hierarchie an mit ihrer Portionierung von Verantwortung und Erfolg sowie ihrer Minimierung von Fragen nach den weiterreichenden Folgen und Voraussetzungen des eigenen Tuns.[640] Sekundärtugenden werden

---

639 »Der gefüllte Terminkalender wehrt die – für Mitglieder der philosophischen Fakultät besonders aufdringliche – Frage ab, wozu die eigene Tätigkeit denn gut sei: Man wird gebraucht, und damit übernehmen jene Institutionen die Verantwortung, die zu Konferenzen und Publikationen einladen. Etwas, wofür bezahlt wird (und hier genügt bereits ein symbolischer Beitrag), kann nicht ganz unnütz sein. Nicht durch den Tausch von Äquivalenten, sondern durch die gegenseitig zugestandene Vortäuschung eines Äquivalententausches funktioniert der Jahrmarkt der Geisteswissenschaften. Von ihrer Unnützlichkeit überzeugt, hoffen sie, durch Mimikry in der Welt der Nützlichkeit zu überleben. Die Betriebsamkeit der Wissenschaftsrepräsentanten verschafft ihren Repräsentanten eine solche Beruhigung, daß sie dafür gerne die Geruhsamkeit des Gelehrtenlebens opfern« (Schlaffer 1986/610f.).

640 Dies gilt nicht nur für die »Macher«, sondern auch für ihr Publikum: »Man hat gewisse Fragen den Menschen aus dem Herzen genommen. Man hat für hochfliegende Gedanken eine Art Geflügelfarm geschaffen, die man Philosophie, Theologie oder Literatur nennt, und dort vermehren sie sich in ihrer Weise immer unübersichtlicher, und das ist ganz recht

nun zum Kriterium: Fleiß[641], Aktualität, Schnelligkeit der Erstellung des Produkts wie der Spürsinn, es zu lancieren, auf sich aufmerksam zu machen, die Geschicklichkeit, sich selbst »Kontakte« (eine weitere Realabstraktion[642]) einzufädeln usw. Die solcherart Arrivierten wissen – einem Wort Max Webers zufolge – von allem den Preis, aber nicht den Wert. Welchen Sinn die eigene Arbeit in der Welt von und für Menschen hat, diese Frage wird auffallend energisch als nicht klärbar, als nicht sinnvoll usw. tabuisiert – oder man versteht sich auf Antworten, wie sie im jeweiligen Feld – sozusagen unter den Eingeborenen – immanent sind. Die so sei's in dekretistischer Diktion als lächerlich und unreif, sei's verständnislos als semantisch oder pragmatisch sinnlos weggewischte Frage bleibt weiter subkutan anwesend und zeugt von ihrer Anwesenheit, ja ihrem Nachdrängen noch im Aufwand, der zu ihrer Verdrängung anscheinend doch noch nötig bleibt. Der Zynismus, mit dem vermeintlich oder wirklich Arrivierte ihre früheren, wenigstens etwas inhaltlicheren und noch nicht ganz so vom inhaltlosen »Oben«, vom »Erfolg« und vom »Dazugehören« in Beschlag genommenen Ansprüche[643] als Ansprücheleien und Jugendsünden zu belächeln wissen, zeigt, wie sehr man sich die gegenwärtige Wirklichkeit gegenseitig affirmieren muß. Das Individuum muß dann in seinem Willen nach Gegenwart das Gegenwärtige selbst wollen (Hegel).

Die entsprechende Selbstbeweihräucherung auf Gegenseitigkeit[644] erstreckt sich auch auf die Verteidigung »eigener« Disziplingrenzen und das Zusammenhalten über alle sonstigen Differenzen hinweg gegen jene, die von ihrer Arbeit her dies infragestellen. Die Vor- und Rücksichten überwuchern das eigene Denken. Die Sätze hängen eher miteinander zusammen als mit ihren Gegenstän-

---

so, denn kein Mensch braucht sich bei dieser Ausbreitung mehr vorzuwerfen, daß er sich nicht persönlich um sie kümmern kann« (Musil 1981/358f., vgl.a. 509).

641 Der »entfesselte Erkenntnistrieb, der immer nach dem Grade der Sicherheit urteilt und immer kleinere Objekte sucht ..., das Kleine soll auch ewig sein, weil es erkennbar ist« (Nietzsche KSA 7/429, 430). »Allmählich entsteht eine gelehrtenhafte Gewohnheit, die Sammelwut tritt ein, völlige Verwirrung der menschlichen Aufgaben: bedeutende Naturen verlieren sich in bibliographischen Fragen usw. In summa Ruin des Lebendigen...« (KSA 7/683).

642 Ich werde in III.6 »Glück« als mit dem »Erfolg« in einer Reihe stehende Realabstraktion analysieren.

643 Vgl. a. Musil 1981/116f.

644 »Es scheint geradezu eine Funktion der Visite zu sein – abzulesen an ihrem chronisch optimistischen Tenor – Erfolg zu demonstrieren: kaum ein Patient, der keine Fortschritte macht, der nicht schon ›besser geworden ist‹«, mit dem Effekt, »den Patienten, und damit auch sich selbst, stets aufs neue den Erfolg psychiatrischen Handelns vorzuführen und sich damit wechselseitig den Sinn der eigenen Tätigkeit zu bestätigen« (Hohl 1981/61f.).

den.[645] Das Übermaß an Immanenz[646], an Anknüpfen am Gegebenem und der Arbeit an der Konsonanz sowie der schicklichen eigenen Kontrastprofilierung inklusive »konstruktiver Kritik«[647], das die Aufsteiger haben hinter sich bringen müssen, um sich einzufädeln, um sich als Nachwuchs zu empfehlen, um zu zeigen, »ich kann Eure Maßstäbe so gut erfüllen und ehre Euch, indem ich sie anerkenne und von Euch aufgenommen werden möchte« – dieses Produzieren von Bewerbungsunterlagen bis zur endlich ersehnten »Stelle« (in den Universitäten und in der Psychotherapieausbildung geht dies bis ins fünfte Lebensjahrzehnt) soll ja schließlich nicht umsonst gewesen sein, will nun ausgestellt und verteidigt werden. Man hat sich solange bearbeitet und hergerichtet, daß man nurmehr der ist, der *damit* Erfolg gehabt hat und nurmehr *darauf* sich versteht.[648] Dem eingeschliffenen Fortsetzungsverhalten wächst eine eigene Legitimation zu. Zwar lehnt sich Hans Castorp im schweizerischen Sanatorium zunächst gegen das lebensfremde Milieu auf. Er macht sie zunächst notgedrungen mit, ist sodann von ihrer Schönheit überzeugt und schließlich davon, daß er eigentlich stets sie gewollt habe. Am wirksamsten wird der Mensch durch seine eigene Taten manipuliert.

---

645 »Viele Fehler ... entstehen dadurch, daß man die Redenden nicht oder zu wenig unterbricht. So entsteht leicht ein trügerisches Ganzes, das, da es ganz ist, was niemand bezweifeln kann, auch in seinen einzelnen Teilen zu stimmen scheint. Obwohl doch die einzelnen Teile nur zu dem Ganzen stimmen« (Brecht 1972/106). »Philosophen werden meist sehr böse, wenn man ihre Sätze aus dem Zusammenhang reißt. Me-ti empfahl es. Er sagt: Sätze von Systemen hängen aneinander wie Mitglieder von Verbrecherbanden. Einzeln überwältigt man sie leichter. Man muß sie einzeln der Wirklichkeit gegenüberstellen, damit sie erkannt werden« (Brecht 1971/59, vgl.a. 51).

646 »Es wäre darum eine eigenartige Weise zu leben, wenn man einmal versuchen würde, sich nicht so zu benehmen wie ein bestimmter Mensch in einer bestimmten Welt, in der, möchte ich sagen, nur ein paar Knöpfe zu verschieben sind, was man Entwicklung nennt; sondern von vornherein so wie ein zum Verändern geborener Mensch, der von einer zum Verändern geschaffenen Welt eingeschlossen wird« (Musil 1981/273).

647 Kritik über Detailwidersprüche kommt dem Kritisierten entgegen, ermöglicht es ihm, sich in der Auseinandersetzung über Kleinigkeiten zu profilieren. Den kritischen Punkt trifft keine punktuelle Kritik. Die Argumente erreichen dann nicht den Kern, sondern nur die Schranken, weiten diese aus, widerlegen jenen nicht. Sie bekämpfen den Drachen nicht, sie trainieren ihn. Noch die kritische Rezeption ist ... Rezeption.

648 Vgl. auch Margherita v. Brentano (1987/23f.) über die Sozialisation im »Mittelbau« der Universitäten bei vorherrschender »Protektionswirtschaft« und durch sie bewirkter »selbstverschuldeter Unmündigkeit. Daß auch andere Leute als diejenigen, die an einem Professor hängen, eine Chance bei Bewerbungen haben, daß es einigermaßen objektiv zugeht, das ist im Moment sehr, sehr schwierig. ... Erst muß man so sein, daß keiner etwas auszusetzen hat; und ob sie es dann schaffen, sich als Professor später freizuschwimmen, ist fraglich.« Vgl. auch zu den entsprechenden Habitus- und Arrivierungsformen im universitären Milieu Schmidt 1995/121ff.

Die eigene Kooptation ins Reich der Verwalter, Kommentatoren, Hofnarren des Gegebenen nach entsprechender Ochsentour und nach entsprechender Selbstzurichtung zum begeisterten Arbeitsteilchen erscheint bei eigener Selbstverflachung[649] und bei Verkommenlassen eigener Möglichkeiten[650] – ihr unreifer Zustand wird als Grund der Verabschiedung genommen und nicht als Anstoß zu ihrer Entwicklung – als Resultat jener Kräfte und Fähigkeiten, die man nunmehr ausgebildet hat. In ihnen lassen sich Erfolgs- und Leistungstüchtigkeit (Ichheiser 1930) nicht mehr voneinander unterscheiden. Die Fähigkeiten beziehen sich auf die Vertiefung, Fortsetzung und Ausschmückung des Gegebenen, nicht auf seine Gestaltung.[651]

Ein Argument übrigens für den Umkehrschluß, mit dem sich der Hinterhofnarr vor dem Hofnarr schadlos halten möchte, entsteht daraus nicht.[652] Gerade daß Vergesellschaftung unter diesem Stern steht, beschädigt noch die Formen, ihr gegenüber einen Vorbehalt anzumelden und sich abseits zu halten. »Notwendig verkehrt« – diese Kennzeichnung von praktischer Ideologie weist darauf hin, daß mehr nötig ist als ein guter Willen, um die eben nicht von Subjekten abhängigen öffentlichen Thematisierungsstrukturen zu überwinden.

Die subjektive Verselbständigung der genannten erfolgsfördernden Fertigkeiten zum Eigenwert und der Stolz darauf, auf dieser Klaviatur spielen zu können, und die Faszination, wenigstens in den so veranstalteten Konzerten »präsent« zu sein, all das stellt kein kleines Hindernis für die Erarbeitung einer Kultur dar, in der die ihrer gesellschaftlichen Konstitution bewußte und gewisse Arbeit und die Gesellschaftsgestaltung herrschen. Die berufliche Anerkennung, die Gefühle von Kompetenz[653], von Sicherheit und Überlegenheit usw. sind

---

649 »Das eine ist, daß die Neugier verschwindet, und das zweite, daß die Ahnungslosigkeit wächst. ... Sie stellen nur noch die Fragen, die im Paradigma ihres Faches zugelassen und möglich sind. ... Sie stellen nichts wirklich zur Debatte.« Es sind Studenten, »die nichts aus der Fassung bringt, nichts rührt, die keine Fragen stellen, aber alle Antworten geben können« (Schuller 1989/21).

650 Vgl. III.1 zum »ungelebten Leben«.

651 »Es gibt Menschen, die sich ändern, weil sie sich entwickeln, und solche, die sich ändern, weil sich die anderen entwickeln. Die letztern sind die Erfolgreichen, nicht weil der Erfolg zu ihnen kommt, sondern weil sie dahin laufen, wo der Erfolg schon ist« (Brupbacher 1979/122).

652 Brecht läßt in den »Flüchtlingsgesprächen« Ziffel gegen die Instrumentalisierung das Wissen zum privaten Selbstzweck erheben und zeigt die Komplementarität beider Positionen. Dem schlechten Nutzen kann nicht die gute Nutzlosigkeit entgegengesetzt werden.

653 »Die Neutralisierung der Vernunft, die sie jeder Beziehung auf einen objektiven Inhalt und der Kraft, diesen zu beurteilen, beraubt und sie zu einem ausführenden Vermögen degradiert, das mehr mit dem Wie als mit dem Was befaßt ist, überführt sie in stets wachsendem Maße in einen bloßen stumpfsinnigen Apparat zum Registrieren von Fakten.

zudem Prämien, die Institutionen und Professionen über die materiellen Gratifikationen hinaus zu vergeben haben.

Die Gesellschaftlichkeit verkehrt sich gegen die Individuen, wo aus dem richtigen Votum gegen egomanische Ansprücheleien und sonderlingshafte Verstiegenheiten sich nun nur mehr Beiträge und Ergänzungen zum Bestehenden zugetraut werden.[654] Eine Erkenntnis oder gar Kritik der herrschenden konstitutiven Denkformen und -inhalte[655] erscheint als Amtsanmaßung. In vorauslaufendem Gehorsam werden die Professionen und Disziplinen von denjenigen, die als Nachrücker trainieren, verteidigt und legitimatorisch ausgestellt, als habe es keine Kritik gegeben: an der Divergenz zwischen diesen Disziplinen und Professionen einerseits, den Sachgehalten, die sie bearbeiten, andererseits.[656] Der jeweilige Korpsgeist darf nicht verletzt werden. »Bald schnattern alle Enten im Teich auf der gleichen Skala; und wenn die eine oder andere nicht mitmacht, so erklärt die öffentliche Meinung des betreffenden Teiches, sie habe nicht die nötige Begabung« (Chargaff, zit. n. Richter 1990/169). Man braucht sich gegenseitig – als Schüler oder Lehrer, als Anhänger, als Repräsentant des Faches, als Teilnehmer am Zitierkartell, als satisfaktionsfähiger Gegner usw., der in der Einheit den Gegensatz als belebendes Moment von symbolischen Teiluniversen praktiziert. Hier ist alles erlaubt, solange nur keine wirkliche Infragestellung zustandekommt. Von ihr unterscheiden sich die Anbauten, Umstellungen und Reformen, die den Zeitgeist auf der Höhe *seiner* Zeit halten.

Im Willen, *sich* einzufädeln und »anschlußfähig« zu sein (nicht ohne Grund eines der Lieblingsworte Luhmanns), wird affirmiert und stabilisiert, was als öffentliches Denken bzw. Denken im öffentlichen Dienst herrscht. Die zu kooptierenden Nachrücker zeichnen sich dadurch aus, daß sie die Gewähr zu bieten

---

Die subjektive Vernunft verliert alle Spontaneität, Produktivität, die Kraft, Inhalte neuer Art zu entdecken und geltend zu machen – sie verliert, was ihre Subjektivität ausmacht. Wie eine zu häufig geschärfte Rasierklinge wird dieses ›Instrument‹ zu dünn und ist schließlich sogar außerstande, die rein formalistischen Aufgaben zu bewältigen, auf die sie beschränkt ist. Das läuft parallel zu der allgemeinen gesellschaftlichen Tendenz zur Zerstörung von Produktivkräften, gerade in einer Periode ungeheuren Wachstums dieser Kräfte« (Horkheimer 1974/60f.).

654 Alles soll nur eine Meinung sein, als Teil der Vielfalt gelten und sich nicht gegen sie aufspreizen. »Der Fetisch der Kommunikation macht sich selbständig gegenüber allem, was kommuniziert zu werden lohnt« (Steinfeld 1991/94).

655 Einige diesbezügliche Standard-»fehler« habe ich in bezug auf die Soziologie skizziert in Creydt 1997a.

656 »Je weniger solche Institutionen die ihnen vorgegebenen Funktionen tatsächlich erfüllen, desto mehr neigen sie zum Ritualismus, desto ausgeprägter ist ihre Tendenz, den ausbleibenden Handlungssinn durch einen leerlaufenden ritualistischen Aktionismus zu substituieren: Rituale sind die Beschäftigungstherapie der Institutionen« (Hohl 1981/75).

scheinen, wichtig zu finden, was in der Zunft »angesagt« wird, und als irrelevant zu erachten, was die Arrangements der jeweiligen Szene ausschliessen. Die jeweiligen Ersatzmannschaften müssen, bevor sie selbst zum Einsatz kommen, Zeugnis davon ablegen, daß sie nicht nur instrumentell, sondern in ihrer ganzen Mentalität sich positiv dazu (und darauf) verstehen, die jeweilige Profession als Gewerbe fortzusetzen, »das jede nicht inkorporierte Bemühung um Wissen zensiert oder sich an ihre Stelle setzt« (Steinfeld 1991/28). Die Gesinnung der Dienstfertigkeit und Geschicklichkeit (Kant)[657] trägt den Status ein, als Repräsentant des jeweiligen Faches gelten und sich auch selbst so fühlen und aufführen zu dürfen. Auch so verstärkt sich eine Wirklichkeit, die durch ein Mißverhältnis zwischen der luxurierenden Verausgabung von Intelligenz und ihrer Not-Wendigkeit charakterisiert ist (vgl. Fleischer 1987/231, zit. in der Einleitung). »Wenn alles, was wird, interessant, des Studiums würdig erachtet wird, so fehlt bald für alles, was man tun soll, der Maßstab und das Gefühl« (Nietzsche KSA 7/638). Das »skeptische Bewußtsein herrscht, daß es jedenfalls gut sei, alles Geschehene zu wissen, weil es zu spät dafür sei, etwas Besseres zu tun« (KSA 1/305).

---

657 Kant (Bd.4/701) unterscheidet in der »Kritik der reinen Vernunft« den »Schulbegriff« der Wissenschaft, der sich auf sie als »eine Geschicklichkeit zu gewissen beliebigen Zwecken« bezieht, vom »Weltbegriff« der Wissenschaften, der »das betrifft, was jedermann notwendig interessiert.«

III.6. Die Persönlichkeit – Das Glück des Selbstbewußtseins

>»Man mäkelt an der Persönlichkeit,
>Vernünftig, ohne Scheu;
>Was habt ihr denn aber, was euch erfreut,
>Als eure liebe Persönlichkeit?
>Sie sei auch, wie sie sei« (Goethe: Zahme Xenien III)

>»Volk und Knecht und Überwinder
>Sie gestehn, zu jeder Zeit:
>Höchstes Glück der Erdenkinder
>Sei nur die Persönlichkeit.
>Jedes Leben sei zu führen,
>Wenn man sich nicht selbst vermißt;
>Alles könne man verlieren,
>Wenn man bliebe, was man ist« (Goethe 1961/64)

>»Das Bewußtsein vermag nicht, das Wimmelnde, Leuchtende der Welt in Ordnung zu bringen, denn je schärfer es ist, desto grenzenloser wird, wenigstens vorläufig, die Welt; das Selbstbewußtsein aber tritt hinein wie ein Regisseur und macht eine künstliche Einheit des Glücks daraus« (Musil 1981/645).

Mit der Persönlichkeit wird jener Selbstbezug des Individuums zum Thema, der die Vereinzelung, den Privatbesitz und das Privateigentum sowie die Welten der Privatperson und der Zwischen-Menschen übersteigt zur Autonomie des Individuums als Subjekt. In ihr weiß sich das Individuum begabt mit Selbstreflexion, Unabhängigkeit und Selbständigkeit bei allen (eben dann:) äußeren Abhängigkeiten. Die Hoffnungen, mit der Autonomie des Subjekts den gesellschaftlichen Strukturen eine Art von Grenze zu setzen, erweisen sich als naiv angesichts des Übergangs von der Autonomie zur Selbstverwirklichung in und mit dem Gegebenen.[658] Der freie Willen geht über zum selbstbewußten Sich-Einräumen, zum Sich-Einbringen in die Verhältnisse und zum selbstwertdienlichen imaginären Wegarbeiten der »Probleme« des Individuums. »Der Mensch will in seiner Gegenwart das Gegenwärtige selbst« (H 14/196).

---

658 Die erscheinende Gestalt von Selbstverwirklichungsambitionen kann ob ihrer manifesten Egozentrik nicht als Gegensatz zur bestehenden Gesellschaft gewertet werden, eher schon zu ihrer ausstehenden gesellschaftlichen Gestaltung. Auch im therapeutischen Raum wird »durch Entstellung, Unkenntlichmachung, Uminterpretation der ausgeklammerten Realität ... deren Präsenz als etwas anderes« gesichert, wie Wimmer (1979/143) ebenso kurz wie luzide skizziert.

»Die Grundprobleme eines Systems werden durch die Systemstrukturen nicht gelöst ..., sie werden ... als Verhaltenslast den Handelnden auferlegt« (Luhmann 1970/40). Es geht um das Sichbewähren als der Bezahlung würdige Arbeitskraft und die damit zusammenhängenden Kompetenzen, zwischen verschiedenen Angeboten zu wählen, Übervorteilungsversuchen standzuhalten usw. Notwendig ist die individuelle Reproduktion des Arbeitsvermögens und die Integration der verschiedenen Lebensbereiche (Arbeit, Regeneration, Privatleben, Kultur...). Auch die psychische »Ökonomie« muß »stimmen«. Die auf diesen Hintergrund bezogene Handlungsfähigkeit und Selbstintegration des Individuums erscheint unabhängig von diesem Bezug und selbständig: als Ausweis der Persönlichkeit und ihrer »Identität«. Als Identität wird gesucht und gepflegt, was zugleich den Zwang darstellt, die stattfindende individuelle Existenz als »eigenes« Leben anzueignen, wenn nicht sogar zum eigenen »Entwurf« umzudeuten, wenigstens aber subjektiv Ordnung zu bewerkstelligen – bei objektiv-gesellschaftlicher Unordnung und untereinander nur schwer oder nicht zu vereinbarenden Handlungsanforderungen sowie undurchsichtigen Voraussetzungen und unabsehbaren Konsequenzen. Die leistungssteigernden Effekte der Selbstbestimmung[659] kulminieren mit der Verknüpfung von Selbstbestimmung, Selbstverantwortung und Selbstbeherrschung.

Neu ist in der zweiten Hälfte des 20. Jahrhunderts, »daß das, was früher wenigen zugemutet wurde – ein eigenes Leben zu führen –, nun mehr und mehr Menschen, im Grenzfall allen abverlangt wird« (Beck, Beck-Gernsheim 1994/21). Wo Individuen gefordert sind, selbst Entscheidungen zu treffen, verlagert sich der Fokus der subjektiven Aufmerksamkeit auf das Selbst. Vor lauter Optionenvielfalt und Entscheidungsrisiko verschwinden die durch das soziale Feld gesetzten Vorstrukturierungen des Handelns aus dem Blickfeld.[660]

Der Bürger hat es in der Selbstverantwortung damit zu tun, daß er Genuß und Aufwand nicht genügend abstimmt, seine Kräfte oder sein Budget falsch einteilt, Gelegenheiten versäumt, über seine Verhältnisse lebt usw. »Die Menschen wurden frei gedacht, um gerichtet, um gestraft werden zu können – um schuldig werden zu können: folglich mußte jede Handlung als gewollt, der Ursprung jeder Handlung als gewollt, der Ursprung jeder Handlung als im

---

659 Die Vermeidung von Bestrafung motiviert weniger zur Arbeit als Konsumchancen und die Selbstverantwortung für das eigene Wohlergehen. Vgl. Marx 1970/57, 59, GR 25. Vgl. Weber, zitiert in II.2.a.

660 Die Freiheit zu entscheiden, erscheint überwertig – sowohl positiv in der Freude über die Optionenvielfalt (vgl. zum Wählen II.2.1) als auch negativ in der Angst vor der »falschen Entscheidung«, die zum Umgehen und Hinausschieben von Entscheidungen führe und zur »Furcht vor der Freiheit«.

Bewußtsein liegend gedacht werden...« (Nietzsche KSA 6/95). Es geht nicht allein um das Erfüllen von Pflichten, sondern um ein Selbstverhältnis, in dem der Unterschied einzuebnen ist, der daraus entsteht, daß ein Individuum ein gesellschaftlich bestimmtes Leben zu leben hat und daß es sich um *sein* Leben handelt.

Die Persönlichkeit ist das, was sie ist, dadurch, daß sie ihre Welt aus sich selbst hervorzubringen scheint.[661] Ihr Talent und ihr Geschick scheinen zu entscheiden.[662] Sie meint, sich von den Lebensverhältnissen abheben zu können und für sich selbst Maß und Ziel ihres Lebens zu sein. Das Individuum, das sich als vereinzelter Einzelner, als Privatbesitzer und -person vor dem Eindruck schützen mußte, es sei nicht seine Welt, in der es lebe, gewinnt als Persönlichkeit aus genau dieser Erfahrung sein Selbstgefühl. »Denn die Reflexion über die Determiniertheit des Lebens weist uns wieder in die Freiheit zurück. Aus dem Bewußtsein, daß wir zu solcher Reflexion fähig sind, schaffen wir uns einen Freiraum des Selbst, eine Domäne der Identität, ... ein Gefühl des Abstands zu den Aktivitäten des Lebens, das die anderen, die sich unreflektiert den Regelhaftigkeiten überlassen, nicht genießen« (Cohen, Taylor 1977/34). Mit der Maxime, kein typischer Vertreter des jeweiligen Berufs, der jeweiligen Tätigkeit usw. zu sein, »weisen wir die Welt in die Schranken, halten sie uns vom Leib und beobachten sie mit unterschiedlichem Maß an Ablehnung und Vorbehalt« (ebd./37). Die Rollendistanz fördert das Mitmachen, indem sie es mit einer anderen Interpretation und einem folgenlosen geistigen Abstand versieht. Die Erfahrung, daß die anderen unter Umständen auf ihre Weise ebenfalls beanspruchen, mehr zu sein als sie zu sein scheinen, führt zu »immer komplizierteren Spiralen der Bewußtheit, der Distanz und der Distanz von der Distanz« (ebd./40).[663]

---

661 »Wir ziehen es immer noch bei weitem vor, die Ursache und Ur-Sache in den Kraftfeldern des Gefühls zu sein, die uns umgeben; selbst wenn unsereiner zugibt, er mache einen anderen nach, drückt er es so aus, als ob das eine aktive Leistung wäre!« (Musil 1981/473)

662 Worüber sich die Persönlichkeit täuschen muß, ist dies: »In Wahrheit ist aber das persönliche Glück (oder Gleichgewicht, Zufriedenheit oder wie immer man das automatische innerste Ziel der Person nennen mag) nur soweit in sich selbst abgeschlossen, wie es ein Stein in einer Mauer oder ein Tropfen in einem Fluß ist, durch die Kräfte und Spannungen des Ganzen gehen. Was ein Mensch selbst tut und empfindet, ist geringfügig, im Vergleich mit allem, wovon er voraussetzen muß, daß es andere für ihn in ordentlicher Weise tun und empfinden. Kein Mensch lebt nur auf sein eigenes Gleichgewicht, sondern jeder stützt sich auf das der Schichten, die ihn umfassen« (Musil 1981/523f.).

663 »Zum Rollenbegriff kommt es überall dort, wo Handlungsabläufe und Situationseinschätzungen mit dem Bewußtsein verbunden sind, es könnte auch anders gehen, aber zugleich dies Bewußtsein nicht zu einem Handeln findet, das Änderung der als Fessel empfundenen sozialen Verhältnisse herbeiführen könnte, sondern reflexiv bleibt und die

Mit der Existenz des Individuums als Persönlichkeit erhöhen sich die Anforderungen an es. Die Persönlichkeit muß sich alles, was sie ist, zum positiven Zweck machen. Sie soll ihre Existenz »verarbeitet« haben und nicht einfach abblenden, was sie als »zu viel« empfindet. Das Individuum wird qua Persönlichkeit nicht einfach »reicher«, sondern gewinnt neue spezifische Formen einer Wirklichkeitsaufbereitung: Es geht nicht mehr um das Bestimmte, das ein Individuum tut, verbindet und im Sinn hat, sondern darum, ob es sich insgesamt wohl befindet. Die Persönlichkeit muß verliebt sein ins Gelingen. Wo die Auffassung herrscht, das Individuum sei es (als Persönlichkeit), das aus seinem Leben etwas machen könne und solle, dort bedroht Unglück das Selbstwertgefühl. Die Arbeit an Problemen findet ihre Schranke dann nicht nur in mangelnder Problembearbeitungskapazität. Das Ideal der Persönlichkeit, mit allem umgehen zu können, wird wichtiger als die Aufmerksamkeit für die realen Nöte. Wenn vom Individuum alles abzuhängen scheint, was es selbst erreichen kann[664], muß das Selbstbewußtsein das Bewußtsein übergreifen und das Bewußtsein darf das Selbstbewußtsein nicht verstören. Unter dieser Maßgabe muß sich kognitive Konsonanz finden lassen.[665] Ausgewogenheit heißt, »der mächtigsten Gruppe innerer Leistungen die übrigen an(zu)passen« (Musil 1981/247).

Das Individuum kann sich als Persönlichkeit zu seinem eigenen Leben nicht wirklich theoretisch verobjektivierend verhalten, oder diese Herangehensweise stellt nicht mehr eine Reflexion aus und in der Lebenspraxis dar, sondern ersetzt diese tendenziell mit einer Art Protoprofessionalisierung (vgl. Oevermann 1985). Was das Individuum ist und kann, das vermag es nur in Abhängigkeit von den eigenen Kräften, Sinnen und sozialen Verbindungen infragezustellen – es hat nichts anderes. Das Selbstverständnis der Persönlichkeit steht unter dem Kriterium, mit sich – und das heißt, mit dem vom Individuum angeeigneten Stück Welt[666] – *seinen* Frieden zu schließen (und sei es in den Sinnstiftungen, die noch die psychopathologischen Prozesse eröffnen). Die Auseinandersetzung mit und die Gestaltung von Welt erhalten damit eine weitere Grenze durch die

---

Distanz zwischen Handelndem und Handlung, zwischen Person und sozialer Lage, Spontaneität und institutioneller Ordnung zum Prinzip fixiert« (Furth 1971/496).

664 Der Persönlichkeit geht es darum, das Leben, das das Individuum lebt, als sein *eigenes* Leben zu verstehen und von diesem (wie implizit auch immer verbleibenden) Verständnis her, das Leben zu *führen*. Die Persönlichkeit bewegt sich auf der Spur »des allgemeinsten ideologischen Subjekteffektes, der eben darin besteht, daß das Individuum für sich sein ›Schicksal‹ nach innen nimmt und die Verhältnisse von innen nach außen lebt und verantwortet« (Haug 1993/135).

665 Vgl. ausführlicher dazu Prodoehl 1983.

666 »Die Individualität ist, was ihre Welt als die ihrige ist« – Binswanger (1957/149) zitiert diesen Hegelsatz gern, ohne die kritische Pointe mitzureflektieren.

Maßgabe, die Lebenskonstruktionen der Persönlichkeit nicht zu verstören.[667] Statt positiver Entfaltung von Kräften und Sinnen in der Welt geht es darum Glückseffekte zu bewerkstelligen – gegen das Leid an den Beschwerlichkeiten der Existenz bzw. an dem, was so erscheint. Das Glück gerät selbst unter Druck, fungiert es doch als Lebensmittel. Das »Unvermögen«, Spaß zu empfinden, schmälert das Selbstwertgefühl.

Bereits die Möglichkeiten, das eigene Glück imaginär in Welten der Phantasie zu suchen, relativieren die emanzipatorischen Hoffnungen auf die Konfrontation zwischen Glücksverheißungen und prosaischer Realität. Die emanzipatorische Hoffnung auf den Glücksanspruch, der in der modernen Lebensweise und im Konsum steckt (vgl. III.1), sieht vom Druck ab, unter den das Individuum gerät, wenn es als Subjekt und Persönlichkeit die Autonomie und damit die Verantwortung erhält, ein gelingendes Leben zu führen. Die Grenzen der Gesellschaftsgestaltung, die schon beim vereinzelten Einzelnen darin lagen, daß er es sich mit der Kritik an sozialen Verhältnissen nicht »leisten« kann, die Bedrückung noch drückender zu machen, verstärken sich, wenn das Individuum als Persönlichkeit das eigene Nichtgelingen als narzißtische Kränkung erfährt. Die Persönlichkeit wird ehrpusselig.[668]

---

667 Das von Habermas als befreiend gehandelte höhere Reflexionsniveau des Individuums (vgl. zur Kritik Giegel 1988/226ff.) erscheint in diesem Kontext eher an die Entfaltung von Subjektivität in bestimmten Subjektformen rückgebunden oder mit Freigeisterei verbunden jenseits der wirklichen Verhältnisse.

668 Gewiß ist hier nur eine Variante von Subjektivität aufgenommen. Der Versubjektivierung der Welt zum Eldorado der (geschickten, »zu leben verstehenden«) Persönlichkeit steht immer die Verobjektivierung der Welt zur »ganz sachlich« Ansprüche der Individuen enttäuschenden Angelegenheit zur Seite. Die pseudosachliche, in Wirklichkeit zu den in Teil II kritisierten Hypostasierungen sich affirmativ verhaltende Absage an die Dramatik der Ehre kann so nicht als Alternative, oder: *nur* als niveaugleiche Alternative gelten. Zu einem anderen Entwicklungspfad (Entdramatisierung, Coolness) vgl. III.7.
Ich fasse Ehre hier nicht in dem spezifisch historischen Sinn, in dem (bspw. von Berger, Berger, Kellner 1987/75-85) argumentiert wird, Ehre werde durch Würde abgelöst. In der Ehre »betrifft die Verletzung nicht den sachlichen realen Wert, Eigentum, Stand, Pflicht usf., sondern die Persönlichkeit als solche und deren Vorstellung von sich selbst, den Wert, den das Subjekt sich für sich selber zuschreibt. ... Der Maßstab der Ehre geht also nicht auf das, was das Subjekt wirklich ist, sondern auf das, was in dieser Vorstellung ist. Die Vorstellung aber macht jedes Besondere zu der Allgemeinheit, daß meine ganze Subjektivität in diesem Besonderen, die mein ist, liegt. ... Dieser Mangel an tieferem Inhalt tritt besonders hervor, wenn die Spitzfindigkeit der Reflexion an sich selbst Zufälliges und Unbedeutendes, das mit dem Subjekt in Berührung steht, mit in den Umfang der Ehre hineinzieht. An Stoff fehlt es dann niemals, denn die Spitzfindigkeit analysiert mit großer Subtilität der Unterscheidungsgabe, und da können viele Seiten, die für sich genommen

Nichts ist unrealistischer als eine vom frühen Marx (wirklich nur) »angedachte« Katharsisstrategie (vgl. u.a. MEW 1/337), nach der die Schmach durch deren Kritik noch schmachvoller gemacht werden müsse, um die Individuen zu Subjekten gesellschaftlicher Umwälzung zu läutern.[669] Aus der Meinungsforschung ist vielmehr die Diskrepanz zwischen der Einschätzung der allgemeinen Lage und der persönlichen Lebenssituation bekannt. Letztere wird notorisch als besser beurteilt als erstere. Die Selbstintegration in dem Grad, der die Versicherung glaubhaft erscheinen läßt, es gehe einem gut, verschafft wiederum positive Zuwendung von anderen. Ausdruck und Eindruck befinden sich hier zu einer Acht verschlungen in einem Verhältnis von Selbstbeeindruckung durch den eigenen Ausdruck und durch den Eindruck, den man mit ihm bei anderen machen kann. Das solcherart interaktiv gespiegelte und verstärkte Selbstbewußtsein dient wiederum als Voraussetzung weiterer Kontakte. Angesichts der vom Individuum zu erleidenden gesellschaftlichen Zumutungen und seiner eigenen Schwäche muß das Individuum sich als Persönlichkeit selbst imponieren. Das glückliche Bewußtsein, das ein Selbst sich zu bereiten vermag, wird zur notwendigen »Gegenstabilisierung« (Luhmann). »Wer sich selbst achtet und damit zum Ausdruck bringt, daß er den eigenen Ego/Alter-Synthesen traut, hat die Achtung anderer schon halb gewonnen« (Luhmann 1978/48).[670]

Im Unterschied zur Charakterisierung von psychischer Gesundheit durch realistische Wirklichkeitswahrnehmung verdeutlicht Taylor (1993) die ganz normale durchschnittliche Existenz »positiver Illusionen«. Diese Illusionen beinhalten:

- »Selbsterhöhung oder die Wahrnehmung des Selbst ... als positiver, als es tatsächlich der Fall ist;
- übertriebener Glaube an die eigene Fähigkeit zur Kontrolle, der die Einschätzung, man könne primär positive Ergebnisse herbeiführen, einschließt;
- unrealistischer Optimismus, vor allem Wahrnehmungen, daß die Zukunft

---

ganz gleichgültig sind, herausgefunden und zum Gegenstand der Ehre gemacht werden« (H 14/177-179).

669 Vgl. für eine ebenso affirmative wie dichte Darlegung dieser Katharsisstrategie: Initiative Sozialistisches Forum (1984/284ff.).

670 »Alle Welt ist viel zu angelegentlich mit sich selbst beschäftigt, als daß man ernstlich eine Meinung über einen anderen zu haben vermöchte; man akzeptiert mit träger Bereitwilligkeit den Grad von Respekt, den du die Sicherheit hast, von dir selbst an den Tag zu legen. Sei wie du willst, lebe wie du willst, aber zeige kecke Zuversicht und kein böses Gewissen, und niemand wird moralisch genug sein, dich zu verachten. Erlebe es andererseits, die Einigkeit mit dir zu verlieren, die Selbstgefälligkeit einzubüßen, zeige, daß du dich verachtest, und blindlings wird man dir recht geben« (Thomas Mann 1987/154).

eine unrealistisch große Zahl von guten Möglichkeiten und keine widrigen Ereignisse mit sich bringen werde« (Taylor 1993/24f.).[671]

Positive Erlebnisse werden dem Individuum als Urheber zugeschrieben, negative den unbeeinflussbaren äußeren Umständen (ebd./38) – so bleibt das Individuum wenigstens imaginär Arrangeur seiner Lebensbedingungen und muß an ihnen nichts wirklich ändern.[672] Lediglich seine Feinabstimmung mit seiner sozialen Umgebung bleibt ihm aufgegeben, genauso wie schwere Lasten ziehendes Vieh durch Rütteln und Schütteln die bequemste Stelle im Joch sucht. Pragmatisch konzentriert sich die Persönlichkeit auf das, was von ihr abhängt. Wenn etwas die Persönlichkeit schmerzt, dann weniger, *was* sie erleidet, als *daß* sie sich darin als Persönlichkeit durch einen Verlust an (und sei es: imaginärer) Kontrolle depotenziert sieht (vgl. ebd./57). Die Handlungsfähigkeit der Persönlichkeit fokussiert weniger spezifische Ziele in der Welt als die Vorstellung des Individuums, in jedem Falle handlungsfähig zu bleiben, *etwas* kontrollieren zu können – die Objekte der Handlungsfähigkeit allerdings bestimmen sich dann nach *dieser* Maßgabe.

Der Persönlichkeit scheint ihre Initiative, Urteilskraft, Geduld, Frohsinn usw. zu entscheiden. Sein Verhältnis zu sich selbst gilt dem Individuum implizit als maßgeblich für den Erfolg seiner Handlungen in der Welt. Gewiß mögen äußere Umstände, in denen es steht, ihm zusetzen. Die Aufgabe bleibt, aus ihnen etwas zu machen. Und aus sich. Aber wie es dies tut, fällt wiederum ganz in die Talente und das Temperament des Individuums. Den eigenen Willen hat es mit Initiative, Augenmaß, Geduld und Frohsinn zu verfolgen. Ein solches Ich mit diesen Vermögen erscheint als Grund seiner Erfolge oder Mißerfolge. Die Maßgaben, denen das Individuum zu gehorchen hat, werden von ihm – qua Selbstbewußtsein – als Ansprüche behandelt, deren Erfüllung es seinem intakten Selbst schuldig ist. Diese Verformung des Individuums zur Persönlichkeit, die *ihr* Leben lebt, eröffnet keineswegs notwendig ein anspruchsvolles Sich-den-Verhältnissen-Gegenüberstellen. Vielmehr gefährdet die Differenz

---

671 Ein unrealistischer Optimismus, demzufolge sich die Dinge auch ohne das eigene Zutun zum Guten wenden, ist bei Taylor nicht gemeint. Die positiven Illusionen beziehen sich auf das Individuum und nicht auf die Welt (vgl. Taylor 1993/72). Die eigenen Fähigkeiten werden in ihrem Wert übertrieben, der Mangel an eigenem Talent auf anderen Gebieten als weitverbreitet angesehen. Eine übergroße Mehrheit der Autofahrer schätzt sich als besser als der Durchschnitt ein (ebd./29f.).

672 »Die Auswirkungen ihrer Handlungen auf die Umwelt sind Menschen weit stärker bewußt als die Einwirkung der Umwelt auf ihr Handeln. Wir unterschätzen, in welchem Ausmaß unser Verhalten von sozialen und natürlichen Kräften bestimmt wird, die nicht nur unkontrollierbar sind, sondern sich der Bewußtheit oft gänzlich entziehen« (Taylor 1993/49).

zwischen den Fähigkeiten und Sinnen des Individuums einerseits, den realen von ihm erreichten Zielen andererseits zunächst einmal das Selbstbewußtsein der Persönlichkeit.

»Glück« als Imperativ und als Maß der Selbstwahrnehmung reagiert auf die gegensätzlichen Anforderungen an das Individuum und auf die Divergenzen zwischen dem Individuum und den Anforderungen an es in der formellsten Weise: »Glück« stellt eine Relation von Zwecken und deren Erfüllung dar, die weder etwas über die Welt noch über die Zwecke aussagt, können doch die Zwecke gering sein und gelingen, und muß umgekehrt ihr Mißlingen nicht unbedingt etwas über die Qualität der Zwecke aussagen, sondern über die »Aussenwelt«. Die psychologische Empfehlung lautet dann auch: »Wenn Glück, nach einer Formel von William James, der Quotient ist aus dem, was wir erreicht haben, und dem, was wir wollten, so kommt es letztlich darauf an, entweder die Ansprüche abzusenken oder die Anstrengungen zu intensivieren – und jeweils zu erkennen, welche Strategie die beste ist« (Ernst 1997/24).

Wenn die Integration der Persönlichkeit inklusive Abspaltungen und Resignationen ihm Glück eröffnen muß, da es auch nur so (»Kraft durch Freude«) handlungsfähig bleibt, dann wird Glück zum Maßstab des eigenen Lebens statt zu einem seiner Attribute. Nichts möchte sich die Persönlichkeit weniger nachsagen lassen als die durchaus nicht unrealistische Wahrnehmung, es habe sein eigenes Leben »nicht im Griff« und »meistere« dessen Umstände nicht. Überlegen über das zu sein, wovon man abhängt, daraus macht die Persönlichkeit eine theoretische Maxime ihres Selbst- und Weltverständnis. Wer zuhause bleiben muß, macht »Balkonferien«. Und wenn es regnet, läßt man sich das Singen trotzdem nicht verbieten.[673] In »falschen« Verhältnissen ist das »falsche Bewußtsein« lebenspraktisch relevant. Die Laune sich nicht verderben zu lassen, das ist die mehr oder minder angestrengte Maxime von kleinen und großen Lebenskünstlern, die realisieren, daß der Verdruß zuallererst sie selbst ungenießbar macht. Das emotionale Gleichgewicht avanciert zum Kriterium, das dem Bewußtsein und Selbstbewußtsein maßgebend vorgeordnet ist. Mit seinem

---

673 Ich spreche hier (s. III.1) von gesellschaftlichen Folgen individueller Lebensweise und wäge nicht ab, was für das Individuum als Individuum notwendig ist. Thema ist hier das individuelle Verhältnis zu Versagungen, nicht, daß sie empirisch *das* Charakteristikum der gegenwärtigen Lebensweise ausmachen. Zu unterscheiden wäre zwischen basalen Versagungen (die Arbeit, das Verhältnis der Menschen zueinander, die Umwelt usw. betreffend) und Schranken, die die konsumtive Kompensation beim Bemühen findet, das undeutliche Unbehagen in der Gesellschaft zu überspielen. Die Kritik an den Schranken des Konsums, so berechtigt sie sein mag, erreicht nicht die Grenze der gegenwärtigen Lebensweise. Vgl. zum Unterschied zwischen »Schranken« und »Grenzen« auch meine Anmerkung in II.2.2.

Involviertsein in die gesellschaftlichen Verhältnisse soll dem Selbstbewußtsein als gelingender Persönlichkeit kein unlösbares Problem entstehen. Im Gegenteil möchte die Persönlichkeit sich selbst so ansehen, als ob sie eine sei, zu der all das paßt, was das Individuum als Lebensbedingungen vorfindet. Weniger Zufriedenheit als Militanz gegen Zweifel drückt die dem Individuum bitter nötige Betriebszufriedenheit aus. Die Persönlichkeit ist dauernd mit dem Vergleich mit (ihrer Auffassung nach) »minder bemittelten« Zeitgenossen beschäftigt[674], die leider weniger gut zu leben verstehen als sie selbst, wogegen man selbst es prächtig getroffen habe, wenigstens vergleichsweise. Kritik erscheint dann als Ressentiment (vgl. zu letzterem Horkheimer 1934/53).

Wo das positive Selbstgefühl bei Ausbleiben praktisch-materiell vorzeigbarer »Erfolge« das Beste zu sein scheint, was das Individuum für sich tun kann, muß das Individuum so lange an sich arbeiten, bis es dies Selbstbewußtsein erreichen kann. Dem Begründer der Gesprächstherapie, Rogers, zufolge sind »die Selbst-Elemente die Aspekte der Situation, die er (der Klient – Verf.) potentiell unter Kontrolle hat. Er spürt darüber hinaus ebenfalls, daß er mit den äußeren Aspekten seines Problems einigermaßen erfolgreich fertig werden könnte, wenn er in bezug auf seine Absichten und Ziele in sich eins und klar wäre« (Gilles 1980/68, vgl.a. 69).

Die Beschränkung gerät zur Gelegenheit, der Zwang zum Angebot, die gesellschaftliche Zumutung zur individuellen Bewährungsprobe, die Vereinseitigung wird als Zuständigkeit und Reife umgewertet. Das Individuum findet dann immer etwas Positives an den Lebensverhältnissen[675], da es nolens volens *seine* Lebensverhältnisse sind, die es (analytisch – nicht zeitlich – gesprochen) zunächst »objektiv« nicht zu übersteigen oder zu erweitern vermag. Dazu leisten dann auch subjektiv seine persönlichen Lebenskonstruktionen ihren Beitrag.[676]

---

674 Und mit der Bewunderung bzw. Abwertung der »Gewinner«.

675 Wienerisch heißt es dann: »Wenn S'ned schlaf'n können, gengan S' als Nachtportier!« (Cardorff 1991)

676 Hegel hat diese Umdeutung des In-der-Welt-Seins zum Ausdruck des Individuums kritisiert: Gegenüber dem als Ausdruck des Individuums und seiner Selbstverwirklichung verstandenen »Werk« finde »überhaupt weder Erhebung, noch Klage, noch Reue statt; denn dergleichen alles kommt aus dem Gedanken her, der sich einen anderen Inhalt ... einbildet, als die ursprüngliche Natur des Individuums und ihre in der Wirklichkeit vorhandene Ausführung ist« (H3/299). Das Individuum findet nur sich und sein Werk, es hat ein »ehrliches Bewußtsein«, das, insofern es sich im Werk selbst zu äußern und darüber zu prüfen können meint, zugleich im dafür verfügbaren Wissen lediglich auf sein eigenes zurückzugreifen weiß. So verknüpft sich die Ehrlichkeit dieses Bewußtseins qua gegenseitiger Spiegelung von Werk und Individuum damit, sich alles vormachen zu können: »Das Individuum kann also, da es weiß, daß es in seiner Wirklichkeit nichts anderes finden kann als ihre Einheit mit ihm oder nur die Gewißheit seiner selbst in ihrer Wahrheit, und daß es

Die Schäden und Verkehrungen, die das eigene In-der-Welt-Sein aufweist, können immer in einer Art Kosten-Verlust-Rechnung dahingehend interpretiert werden, daß im Vergleich zu den angenommenen Schäden anderer Lebensweisen das eigene Leben – und sei es moralisch – deutliche Vorzüge aufweise.[677] So kann das Individuum im Vergleich durch allerhand Abwertungen der anderen wenigstens die Bilanz seines Selbstbewußtseins in Ordnung halten.

Das integrierte Selbstbewußtsein und die Selbstachtung reagieren auf die Häßlichkeiten des Neides, des Eifers, des Ressentiments usw., indem sie die Veranlassungen dazu mit den psychisch abträglichen Effekten dieser Gefühle ins Verhältnis setzen. Vor der eigenen Selbstachtung ist all dies dann *unter* der eigenen Würde. Die Selbstachtung wird damit auf eine Weise gerettet, die sie immer mehr von allen einzelnen Handlungen in der Welt und allen besonderen Sozialkontakten trennt. Zwar kann in einem konsequent zuendegedachten Konstrukt des individuellen menschlichen »Eigenwerts« (z.B. bei Ellis[678] 1993/126ff.) erreicht werden, den äußeren Erfolg, die mitmenschliche Anerkennung oder selbst das eigene Glück nicht zum Maßstab für den eigenen Wert geraten zu lassen.[679] Die Schwierigkeiten, die eigenen Fähigkeiten und Sinne in der kapitalistischen Gesellschaft zu identifizieren, ohne gleich wieder in deren Maßstäbe zu verfallen, werden hier auf eine Weise umgangen, die einerseits zu

---

also immer seinen Zweck erreicht, nur Freude an sich erleben« (H3/299f.). Hegel führt nun verschiedene Varianten des Individuums aus, sich über sein Werk etwas vorzumachen, gerade weil der Selbst(!)ausdruck und die Selbstverwirklichung der Dimension entbehrt, eine soziale Welt der Gegenstand ihrer selbst ist und diese Vergegenständlichung auch bewußt als Gesellschaftsgestaltung betreibt. »Bringt es einen Zweck nicht zur Wirklichkeit, so hat es ihn doch gewollt, d.h. es macht den Zweck als Zweck, das reine Tun, welches nichts tut, zur Sache selbst und kann sich daher so ausdrücken und trösten, daß doch immer etwas getan und getrieben worden ist. Da das Allgemeine selbst das Negative oder das Verschwinden unter sich enthält, so ist auch dies, daß das Werk sich vernichtet, selbst sein Tun; es hat die anderen dazu gereizt und findet in dem Verschwinden seiner Wirklichkeit noch die Befriedigung, wie böse Jungen in der Ohrfeige, die sie erhalten, sich selbst genießen, nämlich als Ursache derselben. Oder es hat die Sache selbst auszuführen auch nicht einmal versucht und gar nichts getan, so hat es nicht gemocht; die Sache selbst ist ihm eben Einheit seines Entschlusses und der Realität; es behauptet, daß die Wirklichkeit nichts anderes wäre als sein Mögen« (H3/306).

677 Vgl. eine Skizze verschiedener Lebensstile in bezug auf die Erwerbsarbeit bei Billerbeck, Giegel 1988.

678 Albert Ellis ist der Begründer der i.U. zu vielen anderen Therapien als weniger erbaulich denn pragmatisch wirksam eingeschätzten (vgl. Grawe u.a. 1995/441f.) und v.a. in den USA weit verbreiteten Rational-Emotiven Verhaltenstherapie.

679 Hohes Selbstvertrauen und hohe Selbstachtung korrelieren nicht notwendig mit der Achtung der Mitwelt – und umgekehrt (vgl. Ellis 1993/128).

einer sehr formellen Bestimmung führt[680], andererseits semantisch das Problem auflöst.[681] Unentscheidbar wird, inwieweit der Abstand des intrinsischen Werts des Individuums zu allen weltlichen Verwirklichungen ihn vor der Gleichsetzung von gesellschaftlichen Maßstäben mit der eigenen Selbstanerkennung bewahrt *oder* das Individuum befähigt, empirisch alles auszuhalten, indem es sich zu den Zumutungen aufsagt und einredet, sie tangierten seinen (letztendlich empirisch nicht fassbaren)[682] Eigenwert nicht. Diese stoische Strategie, der viele Psychotherapien nahestehen[683], führt zu einer Selbstgenügsamkeit, die den »Gewinn« der Unantastbarkeit des Selbst mit einer Abwertung der Selbstentäußerung bezahlt, was wiederum eigene Probleme nach sich zieht.

Die Persönlichkeit mag sich in der Arbeit, der Familie, in Hobbies usw. als gelingend auffassen. Erreicht das Individuum dies nicht, kann sich die Persönlichkeit in einer Distanz zu den Verhältnissen einrichten, die nicht als Kritik an ihnen mißzuverstehen ist. Die beiden Seiten sind dann die als schlecht stilisierte Welt und das Subjekt, das sich auf die Schulter klopft, weil es dennoch »gute Laune« hat, sich »nicht unterkriegen läßt« usw. Irgendetwas wird dann schließlich doch noch gefunden, wo einem »keiner was kann«. Der progressiverseits so gelobte Eigensinn gerät zu einem immer präsenten Ausfallbürgen und zu einem schier unerschöpflichen Rohstoff. In der Ontologisierung der Welt zur schlechten Welt eröffnet sich gerade die Wohltat, jede Kritik am eigenen Tun abzuwerten, weil das, was man tut, negativ bestimmt wird. Das Tun wird nicht nach seinen bestimmten Beweggründen, Bezugnahmen und Zwecken wahrgenommen, sondern auf einer Metaebene gewertet. In ihr zählt, daß man die gute Meinung von sich selbst nicht aufgibt, nicht »resigniert«. So ringen die

---

680 »Die Existenz oder das Sein eines Menschen ist, wie die Existenzialisten betonen, niemals etwas Statisches, sondern schließt die Möglichkeit seines Werdens ein: Er kann in schöpferischer Weise etwas anderes aus sich formen, als was er zu einem beliebigen Zeitpunkt ist. Nicht so sehr das Produkt seines Werdens davon, daß er geworden ist, sondern eher der Prozeß des Werdens dürfte wohl der wichtigste Aspekt seiner Existenz sein. ... Und solange sein Lebendigsein ihm auch nur die geringste Möglichkeit bietet, sich zu verändern und sich zu entwickeln, kann man wohl kaum sagen, daß er keinen Eigenwert hat« (Ellis 1993/130f.).

681 »So etwas wie intrinsischen Wert oder intrinsische Wertlosigkeit gibt es eigentlich gar nicht, denn Wert oder Wertlosigkeit sind Begriffe, mit denen sich nur extrinsische, äußerliche Dinge und Ereignisse sinnvoll beurteilen lassen. ... Kann man die Existenz selbst, das Sein und Werden eines Menschen, in angemessener Weise bewerten?« (Ellis 1993/134)

682 »What I call my ›self‹ is a Kantian thing-in-itself, and therefore unperceivable and unratable« (Ellis 1981/14).

683 Bei allen durchaus wahrgenommenen Unterschieden zwischen antikem Kosmos und moderner Welt (vgl. Geier 1997) beziehen sich ganz verschiedene Schulen von Psychologie und Psychotherapie auf den Stoizismus, vgl. bspw. Hoellen (1986), Binder-Raith (1981).

Individuen der widerspenstigen Welt den Erfolg ab, daß sie wenigstens selbst in ihrer Aufmerksamkeit für sich nicht nachlassen. Mindestens vor ihrem eigenen Geschmacksurteil bestehen sie so als Meister der Situation. Attribute der eigenen Integrität, Würde, Standfestigkeit usw. werden geltend gemacht, die schlechthin nicht scheitern können. Darin und in der Interpretation der Handlungen als persönlicher Ausdruck besteht der imaginäre Sieg der Persönlichkeit über die Wirklichkeit, die zum Hintergrund der allfälligen Selbstbehauptung depotenziert wird. Selbstbehauptung muß nicht mit einer »Gewinner«-Persönlichkeit zusammenfallen: »Hüte dich vor den Bescheidenen – du ahnst nicht, mit welch gerührtem Stolz sie ihre Schwächen hegen« (Schnitzler 1967/15).

Die in der Selbstbehauptung depotenzierte Wirklichkeit kehrt auf der Seite der Persönlichkeit wieder. Wo das Selbstvertrauen nicht glücken mag, kommt es – auf der Grundlage der abgeblendeten unpersönlichen Wirklichkeit – zu einer psychischen Selbstkritik. In ihr kehrt sich die Selbstreferenzialität gegen das Individuum. Daß ihm kein glückendes Selbst gelingt, lastet es nun sich selbst an. In der gelingenden Persönlichkeit wie beim finanziellen Erfolg wird nicht gefragt, womit jemand »Erfolg« hat, was die Qualität seiner Handlung, ihre Beweggründe, ihre menschliche Bezogenheit auf andere beinhaltet. Die Tatsache des Erfolgs läßt dessen Konstitution und Genese in ihrem Resultat verschwinden.[684] Diese Abstraktion, die Anerkennung des Erfolgs getrennt und unabhängig von der Frage, aus welcher menschlichen Tätigkeit er resultiert – extreme »Ausreißer« einmal ausgeklammert – rächt sich, wo es der Persönlichkeit selbst unter Aufbietung allerhand ideologischer Manöver mißlingt, die eigene Erfolglosigkeit ungünstigen Umständen, unfairen Konkurrenten oder anderen »objektiven« Gegebenheiten zuzuschreiben. Die Nicht-Unterscheidung zwischen Fähigkeiten und ihrer gesellschaftlichen Form fördert bei gegebener Individualisierung und subjektiver Verantwortung Entmutigung, Selbstverurteilung und Herabsetzung. Wo selbstwertdienlich die besondere Handlung, die zum Erfolg führte, zum positiven Selbstwertgefühl verallgemeinert wurde, läßt sich ähnlich falsch aus der zum Mißerfolg führenden besonderen Handlung, fallen andere verobjektivierende Erklärungen aus, auf das Individuum als Versager schliessen.[685]

---

684 »Der Prozeß erlischt im Produkt« (MEW 23/195) – auch hier.

685 »Selbstwertvertrauen und Minderwertigkeitsgefühle sind eng miteinander verknüpft; Selbstachtung ist ohne Selbsterniedrigung, ein starkes Ego ohne Ich-Schwäche nicht denkbar. Das eine scheint ohne das andere nicht möglich zu sein. Wenn Sie mit sich selbst zufrieden sind, weil Sie richtig, gut oder beispielhaft gehandelt haben, hassen oder verachten Sie sich auch, wenn Sie etwas falsch, schlecht oder sogar nur mittelmäßig gemacht haben«

In dem Maße, wie sich mit der modernen Gesellschaft durchaus auch emanzipativ die Selbstreflexion und -referenz des Individuums ergibt, trägt sie zu einer Überlastung des Individuums bei: mit Unglück, das es als Persönlichkeit nicht wahrhaben kann. Lange bevor sich Unglück einstellt, beginnen zur zweiten Natur des Individuums gewordene Verarbeitungsformen zu greifen, die selbstwertdienlich die Wahrnehmung umformen. Allerdings kann sich auch eine persönliche Sinnstiftung ergeben per »schmerzseligem« Genuß. In dem Maße nun, wie gesellschaftlich nicht am »granitenen Sockel des existenziell unvermeidlichen Leids« (Habermas) gearbeitet wird, muß die individuelle Selbstreflexion und die Sorge des Individuums für sich selbst sich indifferent zu gesellschaftlicher Gestaltung bewegen. Daß das Individuum sich selbst am nächsten und wichtigsten ist, führt zu einer Selbstabsorption und zur strukturellen Wahrnehmungssperre gegen die nicht im Horizont von Subjekten zu denkenden gesellschaftlichen Strukturen. Noch die Aufmerksamkeit für das eigene Leid gerät paradoxerweise zu einem Trost, der selbst der Arbeit an diesem Leid entgegensteht[686], rückt doch die leidende Individualität derart in den Mittelpunkt ihrer Welt und der durch ihre Klagen Beeindruckbaren, daß sich damit und mit dem dies sublimierenden Pessimismus eine Vergrößerung der Sphäre des Ichs ereignet[687], auch wenn sie am grundsätzlich dysphorischen Modus dieser Art von Selbstverwirklichung nichts ändert.

Hegel charakterisiert das Leitbild der persönlichen Selbstwahrnehmung: »Was auf die Individualität Einfluß[688] nimmt und welchen Einfluß es haben

---

(Ellis 1987/82f.). »Sich mit Hilfe der Selbstachtung mehr Zufriedenheit zu verschaffen, ist keine befriedigende oder langfristig wirksame Lösung« (ebd./85).

686 »Die intensive Beschäftigung mit sich selbst, das Gefühl des Sich-Verzehrens, die Selbstüberhebung und die große (wengleich negativ ausgerichtete) Aufmerksamkeit, die man von außen bekommt, erzeugt einen Zustand, der sich wunderbar schrecklich, köstlich abstoßend, ekstatisch quälend ausnimmt« (Carter-Scott 1990/74).

687 »Beides, sowohl die pessimistischen Sentenzen wie die Miene des Dulders pflegen ein Interesse an der Persönlichkeit, einen scheuen Respekt vor ihrer Bedeutsamkeit und Tiefe zu erzeugen, die den entgegengesetzten Erscheinungen erst unvergleichlich größerer Erheblichkeit zuteil werden. Es ist sehr merkwürdig, zu wieviel unkeuscher Arroganz gerade das Leiden – nicht nur das eingebildete, sondern auch das wirkliche – verführt. Nicht viele sind so selbstbewußt, zu glauben: so etwas leistet doch kein anderer! Aber viele sind so anmaßend, zu glauben und auszusprechen: so etwas leidet doch kein anderer!« (Simmel 5/550f.).

688 Als äußerer *Einfluß*, als ebensolche *Bedingung* wird in der Thematisierung verfehlt, wie, abkürzend gesprochen, sich die Individualitäten und Subjektivitäten gesellschaftlich *konstituieren*. Der psychologischen Konzession an Gesellschaftstheorie, Gesellschaft als Bedingung des eigentlich psychologisch zu Klärenden ebenso anzuführen wie zu marginali-

soll – was eigentlich gleichbedeutend ist –, hängt darum nur von der Individualität selbst ab. ... So ist die Welt des Individuums nur aus diesem selbst zu begreifen, und der Einfluß der Wirklichkeit, welche als an und für sich seiend vorgestellt wird, auf das Individuum erhält durch dieses absolut den entgegengesetzten Sinn, daß es entweder den Strom der einfließenden Wirklichkeit an ihm gewähren läßt oder daß es ihn abbricht und verkehrt. ... Es fällt hiermit das Sein hinweg, welches an und für sich wäre« (H3/231f.). Im Verstand der persönlichen Selbstbesinnung wird die Wirklichkeit vom Individuum aus wahrgenommen, nach Maßgabe seiner Innenwelt.[689]

Wem es in diesen Verhältnissen v.a. darauf ankommt, sich als Individuum zu sich selbst in ein das Wohlgefühl ermöglichendes Verhältnis zu setzen, dem schließt sich das Bewußtsein in sich selbst und begründet sich in seiner Selbstref/verenz. Weil die Subjekte das, was sie über die Wirklichkeit und das eigene Sein in ihr denken und spüren, nicht an ihr festmachen können, gibt das Wohlbefinden das Maß dafür ab, was das Individuum als Persönlichkeit wahrhaben kann. Die inhaltliche Beliebigkeit der Selbst-Deutung stört nicht. Was die Selbstbesinnung hauptsächlich erzielen muß, ist lediglich die für das Individuum subjektiv funktionierende, »stimmige« Selbst-Deutung. Die verschiedenen Formen der Selbstbesinnung (von der alltäglichen Lebenskunst über den psychologischen Verstand bis zur Religion) kultivieren die Flexibilität dabei, sich mit Inhalten zu bedienen, die ihr Maß vom Gelingen des Selbstbewußtseins her beziehen, wenn nötig auch auf Kosten des Bewußtseins.

Es geht um die Souveränität der in sich ruhenden Persönlichkeit. Alle äußeren Formen des besonderen Besitzes oder der eigenen Selbstaufwertung über die Abwertung einzelner anderer usw. hat die Persönlichkeit idealiter hinter sich, weiß sie doch um die Schwächen, die solchen Positionsgewinnen innewohnen. Die wirkliche Selbstintegration, die als Ideal hoch im Kurs steht, weiß sich über äußere Abhängigkeiten ebenso erhaben wie über den vielfältigen Ärger des Alltags und die gegenseitigen Minorisierungen in der Konkurrenz. Der Übergang von der Ehre mit ihren Verletzbarkeiten zur Würde ist an dieser Stelle Thema.

Die Probleme des Vergleichs[690] werden genutzt, um Unvergleichbarkeit zu fingieren. Nicht die Selbstauf- oder abwertung zählt mehr als Modus, in dem

---

sieren, entspricht eine Gesellschaftstheorie, der die Individualitäts- und Subjektivitätsformen als zu vernachlässigende »weiche« und »subjektive« Materie vorkommen.

689 Vgl. zu einer diesbezüglichen Kritik der Psychoanalyse Castel 1976/220.

690 Vergleiche sind selten vollständig (Übersehen positiver oder negativer »Seiten«) und implizieren Schätzwerte von nur schwer (Vergleich des bekannten eigenen Lebens mit der Phantasie vom Leben anderer) oder gar nicht Einschätzbarem: Die Kontingenz des indivi-

Individuen als Subjekte zur Geltung kommen, sondern nun gilt: Es gibt so viele Dimensionen, daß das Urteil darüber in eine unerreichbare Ferne rückt, was letztendlich glücklicher mache oder »wertvoller« sei. Der Schmerz oder Zweifel über das eigene nicht oder nur gering zustandekommende Wohlergehen wird mit der unbestimmten Ahnung verknüpft, bei den anderen wisse man nicht, wie es dort wirklich aussehe. Unbekannt sei, womit der andere sein Glück »bezahle« und ob er bei allem auf den ersten Blick Imponierendem *wirklich* glücklich sei.

Distinktion und Vergleich halten einen Bezug von Alter auf Ego noch, wie verkehrt auch immer, aufrecht. Nun verabschiedet man sich von den negativen Folgen dieser Orientierung – um den Preis einer Selbstschließung des Individuums. Es führt seinen Schmerz darauf zurück, daß es sich mit anderen vergleicht, die Maßstäbe anderer übernimmt und nicht *sein* eigenes Leben führt. Der Vergleich wird also noch immer unterstellt, aber negativ, und dafür genutzt, ein Selbstwertgefühl auf eine ganz undeutliche Weise zu gewinnen, in der die Schwäche des Bewußtseins, sich selbst in der Welt zu verorten, vorausgesetzt bleibt. Aus dem Derivat dieser Schwäche, dem Vergleich, wird mit seiner Undurchführbarkeit eine Art relativistischer oder agnostizistischer Trost gewonnen. Mit dem Verschwinden intersubjektiver Maßstäbe fallen Gelegenheiten weg, die eigene Unzulänglichkeit an harten »facts« festzumachen und dem weichen Element des Meinens und selbstwertdienlichen Uminterpretierens wird mehr und mehr überantwortet. Die Lebenskunst des Individuums weist sich an der durchgehenden Interpretation aus, in der es mit seinen Gedanken immer nur wieder auf Gedanken stößt, so daß keine wirkliche Enttäuschung stattfindet, sondern alles schon mit selbstwertdienlichen Interpretationen überschrieben ist.

Die implizite Perspektive besteht darin, mit dem eigenen Leben so zu verfahren wie in einem Kunstwerk: alle problematischen Seiten werden so geschickt in die Komposition eingearbeitet, »bis ein Jedes als Kunst und Vernunft erscheint und auch die Schwäche noch das Auge entzückt. ... Hier ist das Häßliche, welches sich nicht abtragen ließ, versteckt, dort ist es in's Erhabene umgedeutet« (Nietzsche KSA 3/530f.[691], vgl. auch Musil 1981/194). Die Selbstbesinnung der Persönlichkeit idealisiert die harten Bedingungen des Erfolgs zu

---

duellen Lebens verwandelt die auf die Zukunft berechnete Sparsamkeit des einen bei dessen vorzeitigem Tod zur Lebens-»dummheit« im Vergleich mit der schönen Zeit, die sich ein weniger zukunftsorientierter Mensch bereitet. Vergleiche erfordern in ihrer Bewertung eindeutige Rangskalen und die Vergleichbarkeit von untereinander Heterogenem (»Äpfel und Birnen«).

691 Foucault (1987/274) bezieht sich positiv auf diesen Abschnitt der »Fröhlichen Wissenschaft« für sein Projekt einer Ästhetik der Existenz. Vgl. zu dessen Kritik Brieler 1992.

dessen Mitteln. Alles wird auf einer zweiten Ebene noch einmal so aufgefaßt, daß es zu etwas nütze und sinnvoll ist. Das Individuum macht sich als Persönlichkeit zu einem »guten Acker« zurecht: »Alles Abweisen und Negieren zeigt einen Mangel an Fruchtbarkeit an: im Grunde, wenn wir nur gutes Ackerland wären, dürften wir Nichts unbenützt umkommen lassen und in jedem Dinge, Ereignisse und Menschen willkommenen Dünger, Regen oder Sonnenschein sehen« (Nietzsche KSA 2/515). Der Persönlichkeit wird ihr Umgang mit dem individuellen In-der-Welt-Sein zur Hauptsache. Dies ermöglicht – Du bist nichts, Dein Selbst ist alles – viel inneres Wachstum.[692]

Psychologisch profan heißt dies »Umzentrierung von ›Risiko‹ nach ›Chance‹« (Binder-Raith 1981/64).[693] Insgesamt ergibt sich eine Art Erpressung mit dem Elend. Das Leid wird darauf verwiesen, daß man über es auch bei früheren Gelegenheiten hinweggekommen sei. Die Psychologie und -therapie »ist entstanden aus den Problemen und Fragen, die die menschliche Seele aufwirft, und hat insofern von vornherein ein von ihr getrenntes Entwicklungsinteresse.[694] Das inhaltliche Verlangen der seelischen Entwicklung ist ihr gleichgültig, weil sie mit dem Ziel ihm entgegentritt, daß es einen in der Welt bestimmten Frieden finden solle. ... Sie hat allein ein Existenzinteresse *am* seelischen Leben, kein wirkliches seelisches Interesse. ... Die Psychologie verkehrt menschliches Leiden, indem sie die Sinne der Menschen benutzt, um deren Elend aufzulösen. ... Hierdurch zerstört sie jeglichen sinnlichen Gehalt des menschlichen Lebens, denn Sinne, die dafür taugen sollen, daß ein Unsinn nicht sichtbar wird, also kein Elend bekommt, können nichts mehr erkennen, weil sie die Abstraktion, die Absehung von sich selbst, zu ihrem Inhalt haben« (Arbeitsgruppe Psychologie München 1978/1).

Als Persönlichkeit assimiliert sich das Individuum die Schranken und Grenzen seines In-der-Welt-Seins als Ausdruck oder Eigenschaft der persönlichen Besonderheit. In der psychopathologischen Selbstkritik fallen Selbst und Welt auseinander und dies Auseinanderfallen wirft sich das Individuum als schuldhaftes Versagen vor, keine rechte Persönlichkeit zu *sein*. Das psychotherapierte

---

692 »Nur im Leiden empfinden wir recht vollkommen die großen Eigenschaften, die nötig sind, um es zu ertragen« (Goethe, Wahlverwandtschaften, 2. Teil, 16. Kapitel). »Erst der große Schmerz, jener lange langsame Schmerz, in dem wir gleichsam wie mit grünem Holz verbrannt werden, der sich Zeit nimmt, zwingt uns Philosophen in die letzte Tiefe zu steigen. ... Ich zweifle, ob ein solcher Schmerz verbessert, aber ich weiß, daß er uns vertieft« (Nietzsche KSA 3/350).

693 In dieser Hinsicht instruktiv hat Döhlemann (1996) verschiedene Umdeutungs- und Verarbeitungsweisen von sozialem Abstieg zusammengestellt.

694 »Wer über bestimmte Dinge nicht den Verstand verliert, zeigt, daß er keinen zu verlieren hat« (Lessing, Emilia Galotti IV,7) – Verf.

Individuum nun hält am Vorhaben der Persönlichkeit fest, die Grenzen des eigenen In-der-Welt-Seins so mit den Grenzen der Persönlichkeit zusammenfallen zu lassen, daß möglichst wenig Unterschied wahrnehmbar ist und schon deshalb die Welt, alle Einschränkungen abgezogen, die auf *ihr* Konto gehen, als die des Individuums erscheint. Allerdings wird dies nun vom psychotherapierten Individuum nicht auf naive Weise[695] erreicht. Vielmehr nutzt es die Fremd- und Selbstkritik an den Schranken und Grenzen der eigenen Existenz gerade, indem sie nicht verleugnet oder verdrängt, sondern selbstbewußt uminterpretiert werden als einzige Möglichkeit reflektierten In-der-Welt-Seins, das sich aller Überansprüchigkeiten, aller unreifen Flausen usw. entschlagen hat.[696] Psychologie und -therapie explizieren oft nur, was das Alltagswissen implizit enthält, auch wenn durch das explizite Veranstalten des sonst naturwüchsig Ablaufenden dem nun »Gemachten« ein formeller Charakter anhaftet.

Der Standpunkt von Zwischenmenschlichkeit, Familiarität, Politik, Kultur usw. ist die prinzipielle Möglichkeit des Wohlergehens des Individuums unter gegebenen Verhältnissen, wenn es nur überansprüchige Erwartungen abstreift und unangemessenen Symptomstress vermeidet – also sein Elend aus dem Leid über das Leid versteht und mit diesem Verständnis vermindert.[697] Die Wirklichkeit wird als eine aufgefaßt, in der sich Menschen günstigstenfalls mit guten Absichten für ihre Ideale einsetzen, aber eine zähe (gesellschaftliche) Natur und Außenwelt als ihr Gegenspieler nicht nur Widerstand leistet, sondern auch immer wieder vieles schon Erreichte zurückdrängt, so daß ihr jeder Millimeter abzuringen ist.[698] Die Glücksansprüche und die Maßstäbe des Wohlergehens

---

695 Die bedeutungsgravitätische Variante des histrionischen Modus hat Adorno treffend charakterisiert mit dem sich »Aufspielenden, Prätentiösen, sich selbst als wichtig Setzenden. Persönlichkeiten waren Leute, die auf die Reden an ihrem Grabe hin lebten, den Anschein verbreiteten, Großes zu bewirken. Ihnen gelang es, ihre äußere, soziale Geltung auf sich überschreiben zu lassen, wie wenn, wozu es einer in dieser Welt gebracht hat, ihn rechtfertige; wie wenn sein Erfolg und sein eigenes Wesen notwendig in Einklang stünden, während doch jener gegen diese zunächst Mißtrauen weckt« (Adorno 1969/51).

696 »Wer psychoanalysierte Leute kennt, mag prüfen, ob das Therapieergebnis etwa so zu kennzeichnen ist: Wirkungsloser Widerspruchsgeist, leicht aggressiv-frustrierte Grundstimmung, hohe Selbstakzeptanz, geringe Neigung, seine offensichtlich unsozialen Haltungen zu verdecken oder gar zu problematisieren. Eben – Unbehagen in der Kultur, geordnetes Leben auf resignierter Grundlage« (Burmeister 1976/1f. – vgl. a. Adorno 1976/78ff.).

697 Am deutlichsten artikuliert dies die Rational-Emotive Verhaltenstherapie.

698 Mit dieser Unendlichkeit des Sollens erscheint nun schon (fast) jeder Schritt als ein Schritt in die richtige Richtung. »Daß es mit der moralischen Vollendung nicht Ernst ist, spricht das Bewußtsein unmittelbar selbst darin aus, daß es sie in die Unendlichkeit hinaus verstellt, d.h. sie als niemals vollendet behauptet« (H 3/ 458). Und »die Behauptung eines In-

fallen also relativ bescheiden aus. Denn Bescheidenheit komme von Bescheidwissen, so nicht erst Freud (im »Abriß der Psychoanalyse«). Dem dann doch erfolgenden Scheitern wird jeder wirkliche und notwendige Grund abgesprochen. Nicht die Wirklichkeit, sondern das Ideal des Umgangs mit ihr steht im Vordergrund.[699] Auch in dieser defensiven Variante scheint der Persönlichkeit alles von ihr abzuhängen. Scheitern erscheint als Verfehlen des Wohlergehens. Auch wenn das Ideal nicht selbst erreicht wird, ist doch das Streben nach ihm als Weg das Ziel und pragmatisch erscheint es als einzig möglich, die Mittel zur Annäherung an das Wohlergehen zu nutzen. Es wird nicht das Bestehende verändert, die Wirklichkeit bearbeitet und gebildet, sondern der Schmerz an ihr erscheint als Resultat davon, daß das Individuum das Leben verfehlt, das zu den in Teil I und II geschilderten modernen und kapitalistischen Strukturen die Gegenseite bildet (eben als Familie, Zwischenmenschlichkeit, Kultur, Politik usw.). Vor dem Hintergrund der Not wird das angebotene Mittel gegen sie prominent. Die Antwort ist vor der Erarbeitung der Frage da. Wer Zweifel am positiven Angebot hat, dem wird zu verstehen gegeben, daß sie aus dem Verhaftetsein im alten Zustand herrühren. Wer sich nicht auf die angebotenen Wege zum Wohlbefinden einläßt, der habe doch bislang gesehen, wo er hinkomme, wenn er so »uneigentlich« weiter lebe.[700] Den Helfern, den Heilern, den »Schönheitsärzten«[701] und den Vorbildern geht das Prestige voraus, daß sie vermitteln können, was die minder Bemittelten und Begabten in Sachen Lebenskunst verpatzen.

Der psychologisierte bzw. therapierte Mensch ist der, der das Leben unter der Maßgabe behandelt, in ihm, wenn schon nicht symptomfrei, so doch frei

---

dividuums als eines unmoralischen fällt, indem die Moralität überhaupt unvollendet ist, an sich hinweg, hat also nur einen willkürlichen Grund« (H3/ 459). Es ist der Moral mit ihrer »Vollendung nicht Ernst, sondern vielmehr mit dem Mittelzustand« (ebd.). Vgl. auch Hegel zum »ehrlichen Bewußtsein«, zit. in III.6.

699 »Wenn es aber um Gesundheit gehen soll, dann heißt das, daß man nicht von der Krankheit ausgeht, nicht darin arbeitet, sondern daß Krankheit selbst nicht sein darf, weil Gesundheit sein muß. ... Wo die Gesundheit wichtiger als die Krankheit ist, ist das Ideal eines Lebenszustandes wichtiger als die realen Nöte des Lebens selbst« (Pfreundschuh 1981/31f.).

700 »Die Therapeuten sagen dem Patienten, daß sie ihm helfen könnten, wenn er nur Vertrauen hätte und nicht so aggressiv wäre. Sie fordern also das Verschwinden des Symptoms als Bedingung für ihre Hilfe gegen das Symptom« (Winiarski 1985/55). »Es gibt nur die subjektive Wahrheit des Patienten, aber das, was er sagt was er sei, wird nicht für voll genommen, da er noch nicht so spricht, wie man es muß, wenn man weiß, was man ist« (Wimmer 1979/146).

701 Clarisse im »Mann ohne Eigenschaften« spricht vom Maler als »Schönheitsarzt« (Musil 1981/291).

von Stress über die Symptome zu bleiben. Er sieht diese Differenz gegenüber dem Kranken und gegenüber seiner bspw. neurotischeren Vergangenheit als Haupt- und Leit-Differenz an. Die Kongruenz von Selbstkonzept und realem Ich, das Ausbleiben der frappierendsten Ambivalenzen und Hemmungen erscheinen dem Bürger als psychische Gesundheit. Wo allein das normale Unglück[702] gewonnen wurde, wird der Patient in es hineingeführt wie ins gelobte Land. Daß das, was der Gesunde macht, machbar ist, ist ihm wichtig, nicht, was er macht. Er muß unbedingt wissen, was er will, nur bedingt wollen, was er weiß oder gar das als richtig Gewußte wollen. Gerade letzteres wäre wenig »realitätstüchtig«. Es scheint gerade das Absehen von vielem die Bedingung der Möglichkeit einer gesunden Existenz zu sein. Realitätstüchtig zu sein, heißt dann, ein Leben so anzugehen, daß die Anliegen schon von vornherein unter der Maßgabe stehen, sie möchten in dieser Gesellschaft nicht scheitern können.[703]

Psychologisch richtig bewältigte Selbstverantwortung bearbeitet die demoralisierenden Effekte einer Selbstverantwortung, die in der Versubjektivierung objektiver Tatbestände das Individuum dazu zu führen droht, sich selbst den alltäglichen Lebensmut einzuschränken, den es gerade dringend braucht. Die Selbstbestimmung als von innen her gelebte und aufgefaßte Praxis des Mitmachens und die Selbstverantwortung als subjektive Zurechnung der unendlichen Möglichkeiten, sich dabei falsch zu verhalten, kommen einander in die Quere. Der psychologische Pragmatismus plädiert für eine Selbstverantwortung in einer solchen Dosis, die die Überforderung des Individuums vermeidet, zugleich seine Anstrengungsbereitschaft nicht von vornherein vor jeder Herausforderung schützt. Die Persönlichkeit in ihrer Überhebung über die Verhältnisse funktionieren zu lassen, ohne die Konsequenzen der Persönlichkeit als Untergraben ihrer Voraussetzungen (als neurotische Verschrobenheit, histrionische Manieriertheit und psychotische Verstiegenheit, den Binswangerschen »drei Formen mißglückten Daseins« (1976)) gewärtigen zu müssen, ist die Aufgabe.

---

702 »Sie werden sich überzeugen, daß viel damit gewonnen ist, wenn es uns gelingt, Ihr hysterisches Elend in gemeines Unglück zu verwandeln« (Freud 1982/97).

703 »Wo das individuelle Sein zum persönlichen Wesen erhoben ist, gilt alles andere eben auch als unpersönlich, die Welt als fremd, sachlich, materiell … und da erscheint eben gerade die Seelenwelt als das Überleben des Menschlichen über der Sachlichkeit. Diese wird aber dadurch auch zur Lebensnotwendigkeit festgeschrieben. Denn ohne Sache kann keine Seele sein. Und was als solche fremde Welt, als ›Außenwelt‹ so ungut empfunden wird, wird zugleich umso nötiger anerkannt als Lebensmittel der Innenwelt. Deshalb *muß* das Innere eines Menschen, die sog. Seele, mit der Außenwelt auskommen« (Pfreundschuh 1982a/39).

Das Maß der Umdeutung, -wertung und -formung des realen In-der-Welt-Seins des Individuums zur Kompatibilität mit dem Selbstverständnis der Persönlichkeit hängt davon ab, wie weit sich das Individuum in seiner Teilhabe an der gesellschaftlichen Gestaltung der Welt von dieser her verstehen kann, oder gegenüber einer ihm tendenziell undurchschaubaren Welt sich auf sich selbst verlassen muß. Die Parteilichkeit in eigener Sache kommt der Auseinandersetzung mit der Gestaltung der gesellschaftlichen Sache in die Quere. In der Persönlichkeit kulminiert die Tendenz, von den gesellschaftlichen Formen abzusehen, in denen Individuen sich in der modernen und kapitalistischen Gesellschaft bewegen. In ihnen muß das Individuum es darauf absehen, als Persönlichkeit zu leben. Das In-der-Welt-Seins wird zum Attribut der Persönlichkeit umgedeutet und die Freiheit des abstrakten Bewußtseins besteht dann auch darin, beim realen Mitmachen zu meinen, das Individuum kümmere sich um sich selbst und vermöge auf seine Weise stille Triumphe einer eingebildeten Souveränität zu erleben. Psychopathologisch endet es bisweilen so, daß das Individuum die nicht erfolgende Einlösung dieses Persönlichkeitsideals sich zu Herzen nimmt. Auch verleiten das eigene hypostasierte Selbstbild und Ideal dazu, nur noch im Kontrast zur Wirklichkeit Gefallen an sich selbst zu finden. Die Selbstwertdienlichkeit des Selbstbewußtseins geht nun radikal zu Lasten des Bewußtseins. Die Selbstauffassung bestimmt nun darüber, was dem Individuum als Wirklichkeit gilt, macht es also u.U. realitätsuntauglich.

Die Individualisierungsdebatte knüpft an einem anderen Moment der Persönlichkeit an. Die seit Beginn der Soziologie beschriebene Dichotomisierung zwischen Kosten und Freiheiten des modernen Subjekts kehrt hier wieder einerseits als Belastung der Individuen, in von ihnen abstrahierenden und ihnen entgegengesetzten Verhältnissen »ihr« Leben selbst leben zu müssen, und andererseits als Zugewinn an »Subjektivität« und »Kreativität«. Beck sieht die Persönlichkeit in Abhängigkeit von allerlei sozialen Strukturen (Arbeitsmarkt, Sozialstaat …), er überbewertet aber in einer handlungstheoretischen Engführung die Integrationsarbeit des Individuums.[704] Aus dem Wegfall sozialer Vorgaben einer qua Brauch und Sitte subjektiv integrierten Lebensweise folgt für Beck und andere der Übergang zum Individuum als »lebensweltlicher Reproduktionseinheit des Sozialen« (Beck 1986/209). Andere (Peter Gross und Ronald Hitzler bspw.) überhöhen dies wiederum in der Feier einer vor Kreativität strotzenden »Bastelexistenz«. Diese Sichtweise bindet sich an die subjektive

---

704 »In der individualisierten Gesellschaft muß der einzelne entsprechend bei Strafe seiner permanenten Benachteiligung lernen, sich selbst als Handlungszentrum, als Planungsbüro in bezug auf seinen eigenen Lebenslauf, seine Fähigkeiten, Orientierungen, Partnerschaften usw. zu begreifen« (Beck 1986/217).

Selbstwahrnehmung der Persönlichkeit, die sie in den Momenten aufweist, wenn sie meint, frei entscheiden zu können. Sie sieht dann von den zwar nicht mehr subjektiv per Brauch oder Sitte präsenten, aber implizit entscheidungsentlastenden Formen ab, die der individuellen Existenz nur bestimmte Handlungsverknüpfungen erlauben. Es handelt sich dabei um die in diesem Teil charakterisierten Subjektivitäts*formen*. Die Integrationsbemühungen und die Identitätsarbeit werden in der Individualisierungsdebatte ebenso in der Klage über sie wie in der Feier der durch sie herausgeforderten Kreativität des Individuums hypertrophiert, als ob die erscheinende Pluralität alle Gemeinsamkeiten auflösen und sich das Individuum tagtäglich Entscheidungen existenzieller Tragweite vorlegen würde. Ebensowenig sind für es alle Möglichkeiten gleich nah und relevant, wie bspw. Gergen (1996/30, 136, 238f., 332) suggeriert. Zugrundeliegende Gemeinsamkeiten bei allen Besonderheiten im einzelnen beziehen sich demgegenüber auf soziale Praktiken und Muster sinnhafter Deutungen, wie sie durch die soziale Hierarchie (vgl. u.a. Scherr 1994), durch große Lebensstilmilieus (vgl. Schulze 1992) und durch die in diesem Teil thematisierten Formen von Individualität und Subjektivität gegeben sind. Umgekehrt wird in der Individualisierungsdebatte »das bescheidene Stück Freiheit, das bleibt, bei der Ausgestaltung der Privatsphäre ... zum einen als Freiheit schlechthin stilisiert. Dies aber nur, um damit das Bild totaler Orientierungslosigkeit zu gewinnen und diese als Sinn- und Wertverlust zu brandmarken« (Bösel 1993/89).[705]

Der Sache nach dürfte deutlich geworden sein, daß die hier skizzierte Individualitäts- und Subjektivitätsform »Persönlichkeit« nicht antiquiert ist. Theorien, die dagegen diese Antiquiertheitsthese zu begründen suchen, teilen das postmoderne Individuum in viele »Teilselbste«, »Potentiale« (Gergen 1996/296, 298) o. ä. auf, die nacheinander in den Vorder- oder Hintergrund treten (vgl. a. ebd./392).[706] Solche Theorien reagieren auf die Vielfältigkeit der »Aufgaben«,

---

705 Bösel zeigt die Übertreibungen in dieser Richtung material (vor dem Hintergrund neuerer familiensoziologischer Befunde) an Becks Annahmen einer »vollmobilen Singlegesellschaft« (Beck 1986/199). »Wird z.B. der Arbeitsplatz des Mannes aufgrund privatwirtschaftlicher Kalkulationen in eine andere Stadt verlegt, dann wird innerfamilial über Umzug oder Wochenendehe nachgedacht, nicht aber per se über Scheidung, wie Beck dies nahelegt. Wollen beide Ehepartner Kinder haben und eine Familie gründen, ohne ihre jeweilige berufliche Tätigkeit aufgeben zu müssen, dann steht nicht Trennung an, sondern – zumindest für die Frauen – die Frage nach der Vereinbarkeit von Beruf und Familie« (Bösel 1993/89).

706 Ich verzichte hier darauf, die emphatischen Plädoyers für Multiphrenie zurückzubeziehen auf reale Verhaltensanforderungen eines inkrementalistisch-opportunistischen Komplexitätsmanagements. In ihm kommt es darauf an, sich nicht festzulegen, geschmeidig »Diffe-

die das Individuum zu bewältigen hat, scheinen aber schon die *objektiven* Notwendigkeiten unterzubestimmen, die sich für das Individuum mit biographisch wie zufällig auch immer sich ereignenden Festlegungen, Vereinseitigungen, anderes ausschließenden Folgedynamiken und Zugzwängen ergeben.[707] Auch *subjektiv*-psychologisch mag zwar ein Spiel mit verschiedenen »Anteilen« und »Potentialen« zwangshafte Vereinheitlichung vermeiden. Auch flexiblere Modi bei ihrer Bewerkstelligung (vgl. bspw. Schulz von Thun 1998) dispensieren aber nicht von der Aufgabe subjektiver Integration, wie imaginär, mit Abspaltungen, Ausblendungen und Uminterpretationen sie auch immer bewerkstelligt werden mag. Theorien postmoderner Vielfalt und postmodernen Wandels (inklusive der Feier eines von R. J. Lifton artikulierten »proteanischen Lebensstils« bei Gergen 1996/392) verstellen die Diskrepanzen und Gegensätze zwischen den verschiedenen »Teilen«. Sie lassen sich auch mit geschicktem »Teilemanagement« nicht notwendig zu gedeihlichem Miteinanderauskommen aufstellen. Durch den Rekurs auf eher für das Individuum periphere Phänomene und die bei ihnen mögliche Vielfalt übergehen die Vielfaltstheorien die zugrundeliegenden Tiefenstrukturen von Bewußtsein, Psyche, Habitus usw. und suggerieren von der objektiven wie der subjektiven Seite her desorientierende »Alles ist möglich«-Phantasien (s. bspw. bei Gergen 1996/296).[708]

---

renzen auszuhalten, sie nicht zu nivellieren, sondern produktiv zu nutzen«, eine »undogmatische Gewandtheit« an den Tag zu legen, »mehrsprachig zu kommunizieren ..., Ungleichnamiges zu kombinieren und konträre Wirklichkeiten zu verkreuzen« (Homuth 1992/29). Man denke an die Flexibilität von allseits verwendungsfähigem Managementpersonal auf der Suche nach neuen Einsätzen. Risiken erscheinen als Herausforderung des positiven Verhältnis, in das man sich zum Unerwarteten setzt. Lebensweltlich »zirkulieren unsere immateriellen Ressourcen als Waren: zerlegt und zu Lebensstilelementen konfektioniert, kombinierbar, zum Verbrauch bestimmt, mediatisiert und austauschfähig« (ebd. 33) bis zum »kulturellen Vampirismus und Ekklektizismus« (ebd. 70). Vgl. a. Radtke (1990/104) zum »kulinarisch-zynischen Multikulturalismus« als »Mittelschichtsprojekt der jungen Dienstleister und Modernisierungsgewinner. ... Wurzellosigkeit wird zum verzweifelt-fröhlichen Programm der Individualisierung, Kosmopolitismus die Voraussetzung eines entfesselten Karrierismus und Konsumismus, der für ›Rassestreitigkeiten, die am Geldverdienen hindern würden‹, keine Zeit mehr hat. «

707 Die Kritik an substanzialistischen Identitätskonzepten und das Plädoyer für den unabgeschlossenen Charakter der »Identitätsarbeit heute« führt im Band gleichen Titels (Keupp, Höfer 1997) bisweilen dazu, die vom Individuum aneigenbare Vielfalt und Abwechslung nicht nur zu überschätzen, sondern geradezu schönzureden.

708 Gergen zufolge (1996/140) »entsteht ein multiphrener Zustand, in dem man in sich ständig verlagernden, verketteten und widerstreitenden Seinsströmungen schwimmt.« Dies ist wie das folgende ganz affirmativ gemeint: »Kontinuität wird durch Eventualität ersetzt, Einheit durch Fragmentierung und Authentizität durch Künstlichkeit« (ebd. 293). Und: »Das Leben wird zu einem Süßwarenladen für jeden Appetit, den wir entwickeln« (ebd.

Theorien der Pluralität von »Personen« innerhalb eines Individuums neigen dazu, die realen Widersprüche, die Individuen betreffen, in eine Angelegenheit der Vielfalt miteinander flexibel kooperierender Teil-Selbste zu übersetzen (vgl. bspw. Bilden 1998). Zwar wird die Gefahr des Kampfes oder Kommunikationsabbruchs zwischen den Teilselbsten, von Dissoziation und Fragmentierung gesehen und die Notwendigkeit der »Fähigkeit, Kohärenz aufrechtzuerhalten bzw. herzustellen« (ebd. 18). Aber die gesellschaftliche Bearbeitung der die Individuen betreffenden Widersprüche rückt in den Hintergrund zugunsten der Option eher für »Kooperation« der Teilselbste als für »Integration« (19), für Ambivalenz, Toleranz und »Aushandeln« und für die »Anerkennung der Multiplizität« des Individuums (20). Und die Vielfalt der verschiedenen für Individuen relevanten Aspekte wird von der Seite der Verschiedenheit festgehalten. Demgegenüber arbeite ich in diesem Text an einem integrativen Bewußtsein, das die Hypostasierung der Verschiedenheit durchgreift, ihr gegenüber nicht ins einfache Gegenteil des Holismus verfällt, sondern Differenz *und* Einheit in einer gesellschaftlichen Aufbauordnung denkt. Die verschiedenen Sorten der Stellungnahme zueinander und zum Erfahrenen sind ins Verhältnis zu setzen – vgl. bspw. die Differenzen zwischen den verschiedenen Subjektivitätsformen (dazu III.8). Auch Moral, Politik, Psychologie, Kunst usw. nehmen jeweils nicht direkt Stellung, sondern in Absetzung zu anderen Modi der Stellungnahme.[709]

---

247). Nicht nur der deskriptive Wert dieser Aussage ist beschränkt und ihre Wertung problematisch, v.a. lebt sie von der einfachen Entgegensetzung zu einem Konstrukt eines einheitlichen substanzialistischen Ichs, das von seinem idealisierenden Anspruch her, nicht von seiner Wirklichkeit her gedacht wird. Dem aber auch eben nur gegenüber, in einer Art Gegenfixierung, entsteht dann der Reiz eines nüchtern-ekstatischen Pluralismus: »Unsere Privatsphäre hat aufgehört, die Bühne zu sein, auf der das Drama des Hauptakteurs ... aufgeführt wird; als Bühnenautoren oder Schauspieler existieren wir nicht mehr, sondern als Terminal multipler Netzwerke« (Baudrillard, zit. n. Gergen 1996/116) oder als »mittelpunktloses Netz« (Welsch 1996/835). Wer der Persönlichkeit aufs Wort glaubt, wird dies auch bei jenen tun, die als Verwandlungskünstler und Multitalente imponieren wollen. Und war es nicht eine Utopie der Persönlichkeit, sich alles zu eigen (oder zumindest zunutze) zu machen (und sei es nur in der Mode, vgl. Barthes 1986/260-262)?

709 Vgl. zur Kritik an Pluralität, Vielfalt und Differenz als Leitbilder die »Arbeitsperspektive«. Vgl. hier II.5.5, II.7, MEW-Erg.bd. 1/551, zit. in der ersten Anmerkung in III.4.

III.7. Narzißtische Sensibilität und Indifferenz

Die Individualitäts- und Subjektivitätsformen finden in dem per Distinktion gewonnenen Erfolgsbewußtsein und im Selbstbewußtsein der integrierten Persönlichkeit nicht ihre einzige Konsequenz. Es ist auch eine andere Variante möglich: »legitime Indifferenz« zwischen den mit ihrer Selbstfindung und Selbstsorge beschäftigten Individuen. In Anknüpfung an Lipovetskys (1995) sozialpsychologische Zeitdiagnose lassen sich unter dem Fokus eines breit gefaßten Narzißmusbegriffes zusammenführen:

— die auf Anregungen ausgerichtete zerstreute Aufmerksamkeit, in der die Absage an Ausschließlichkeitsansprüche und die oberflächliche Sensibilisierung mit einer tiefen Gleichgültigkeit koexistieren,
— die Schwierigkeiten der Individuen, die Selbstbezogenheit zu verlassen und sich von anderen bzw. anderem positiv berühren zu lassen,
— die erhöhte Lässigkeit der von traditionellen Festlegungen befreiten Individuen, die die Individuen öffnet und entwaffnet gegenüber passageren Einflüssen,
— die Ablehnung von Gigantismus, Zentralismus und harten Ideologien bei Bedeutungsgewinn von Entdramatisierung, Entpathetisierung und Entkrampfung,
— die Gleichgültigkeit plural selbstgenügsam nebeneinander existierender Paralleluniversen partikularer Lebensstile und Lebensstilgruppen mit entsprechenden »special-interest-Medien«,
— die Aufmerksamkeit für die Einschränkung dieses Pluralismus und die Sensibilität für den Schmerz des anderen, aber eben als: abstraktes Individuum, sozusagen als Mensch der Menschenrechte (vgl. Creydt 2000), im Unterschied zu sei's ideologischen, sei's wirklichkeitsbezogenen Vorstellungen einer (anderen) sozialeren Assoziation und der Gestaltung der gesellschaftlichen Aufbauordnung. Es koexistieren die Indifferenz- und Unverbindlichkeitsseite der Gleichgültigkeit und die Verteidigung gegen ihre »untolerante« Einschränkung.
— der Bedeutungsgewinn von Unterhaltung und Freizeitorientierung gegenüber politischen Aufmerksamkeiten.

Die gesellschaftlichen Hintergründe des Narzißmus lassen sich verorten

— in der mit der Entwicklung der Konsumsphäre entfalteten Diversifizierung von Lebensstilen und dem Bedeutungsgewinn des wählenden und wählerischen Selbst gegenüber den zu beurteilenden Materien (vgl. a. II.2),

- in der warenförmigen und bürokratischen Dekomponierung gesellschaftlicher Zusammenhänge zugunsten partikularisierter und unmittelbar erscheinender »Betroffenheiten« und »Zuständigkeiten«,
- in der Komplexitätssteigerung der Lebensführung (Integration, Orientierung, Regeneration)710, die bei zunehmender Privatisierung das Individuum stärker auf sich selbst verweist,
- in der geringeren Möglichkeiten, sich in der gesellschaftlichen Wirklichkeit zu verorten, und in der steigenden Wahrscheinlichkeit tendenziell endlosen Kreisens des Individuums um sich selbst in Selbstbeobachtung, Selbstsorge, Selbstfindung usw.,
- in der Beschleunigung von Informationen und Botschaften, die die tiefere und kontinuierliche »Besetzung« von Wirklichkeit untergräbt und in der damit einhergehenden perspektivlosen Sensibilisierung.

Ich belasse es hier aus Raumgründen bei dieser Aufzählung und verweise auf meine a.a.O. erschienene ausführliche Darstellung und Diskussion von Lipovetskys Diagnose und der hier nur angeschnittenen Fragestellungen (Creydt 1999a).

III.8. Die Kultur ästhetisierter Sinne

Die im folgenden skizzierte Kultur ästhetisierter Sinne verschafft den dargestellten Formen der Individualität und Subjektivität weiteren Stoff und Bewegungsraum. In dieser Kultur kulminiert die für die Individualitäts- und Subjektivitätsformen eigentümliche Tendenz, das »Eigentliche« der individuellen Existenz als Subjektivität von den gesellschaftlichen Verhältnissen abzuheben, zu verselbständigen und an ihnen imaginär nicht bestimmte Strukturen, sondern Gesellschaft überhaupt abzuwerten. Diese Tendenz findet Schranken im Alltag, in den die Subjektivitätsformen eingebunden sind. In der Kultur ästhetisierter Sinne geht es um die Emanzipation der Subjektivität von der gesellschaftlichen Welt vor dem Hintergrund ihres als unabänderbar *und* der Änderung nicht würdig erscheinenden Zustandes. Ich profiliere zunächst die Kultur ästhetisierter Sinne gegenüber einigen einschlägigen Verwechslungen und das Feld besetzenden Diskursen, um mich dann den zentralen Operationsmodi der Kultur ästhetisierter Sinne zuzuwenden.

---

710 Vgl. Luhmann 1970/40, zit. zu Beginn von III.6.

Die Kultur ästhetisierter Sinne bezieht sich in einer anderen Weise auf die Gestaltung der Gesellschaft, als dies in gestaltungspessimistischen Kulturauffassungen (»Verfall des Kulturniveaus«, kulturindustrielle Manipulation usw.) oder in utopistischen Plädoyers (Kultur als Wegbereiterin der Emanzipation) gedacht wird. Mir geht es nicht um eine den Rahmen dieser Arbeit sprengende ausgewogene Würdigung von Theorien über die Kultur oder die Kunst.[711] Schon dieser Kollektivsingular enthält gewiß unzulässige Verallgemeinerungen. Dem Konzept des negativen Grundes folgend frage ich nicht, was Kultur i. w. S. gegenwärtig *ist*, sondern profiliere einige mit ihr verbundene, für Gesellschaftsgestaltung abträgliche Effekte. Ich überlasse es dem Leser, diese negativen Effekte ins Verhältnis zu setzen zu Begründungen, warum »eine gründliche Rehabilitierung der Ästhetik an der Zeit wäre« (Kamper 1996/146). Die von mir skizzierten Kultureffekte verdichten sich zu einer Tendenz, die bei der gegenwärtigen Kulturaffirmation zu wenig Aufmerksamkeit erlangt und insofern hier einseitig pointiert wird. Jede theoretische Affirmation[712] der sich hoher Wertschätzung erfreuenden Kultur wäre an ihrem Verhältnis zu den im folgenden gezeigten problematischen Implikationen der Kultur ästhetisierter Sinne zu messen. Ästhetisierung als Gravitationszentrum der im folgenden herangezogenen Phänomene zu verstehen[713] behauptet nicht, diese Phänomene gingen in der Ästhetisierung auf.[714]

Gestaltungspessimistische Kulturtheorien neigen dazu, heutige Kultur an einem elitären Begriff von Hochkultur zu messen, unterstellen fragwürdige Manipulationsannahmen und extrapolieren Tendenzen als bereits an ihr Ende gekommen (bspw. die Nichtunterscheidbarkeit zwischen Fiktion und Realität).

---

711 Ebensowenig sind hier Überlegungen zum Ort von Kunst und Kultur in einer von der gesellschaftlichen Müdigkeit befreiten, durch gesellschaftliche Gestaltung charakterisierten Gesellschaft Thema. Vgl. z.B. Piet Mondrian: »Die Kunst wird in dem Maße verschwinden, als das Leben mehr Gleichgewicht haben wird« (zit. n. Hoffmann 1979/17).

712 »Der ästhetischen Kultur steht noch der fundamentale Zweifel, die systematische Kritik, die alle spezialisierten Kultursphären der modernen Welt – Wirtschaft, Staat, Wissenschaft, Technik etc. – längst ereilte, bevor. Die Krisen, die die moderne Welt erschüttern, scheinen der Kunst unbeschränkten Kredit zukommen zu lassen« (Kuhlmann 1991). »Das Ästhetische ist eine so bedeutsame soziale Macht, daß jeder, der es mit ihm aufnimmt, sich einzuschmeicheln versucht« (Demirovic 1982/161).

713 »Wird dieses Konzept dabei überzogen, so erscheint das dadurch gerechtfertigt, daß unter Umständen nur durch Überbelichtung bestimmte durchlaufende Kategorien sichtbar gemacht werden können, ebenso, wie dadurch vielleicht auch ihr Nichtvorhandensein nachgewiesen wird« (Claessens 1993/98).

714 Natürlich weisen bspw. Hysterie oder Geselligkeit (s.u.) andere als ästhetisierende Momente auf, aber es kommt hier auf die Konstellation an, in der die Momente eingebunden werden, und darauf, daß diese Konstellation an den Momenten anknüpfen kann.

Sie laden der Kultur im Negativen mehr auf, als sie zu verantworten hat, und nehmen einen Teil der Gesellschaft für das Ganze, unterbestimmen gegenteilige Momente. Hypertrophierte Annahmen eines Schwundes der Sekundärtugenden durch den Vormarsch des Hedonismus, Annahmen über den Verfall der Bildung und den Sieg der Unterhaltung über sie stellen einige der dann fälligen Zeitdiagnosen dar. Auch bei Adorno/Horkheimer bilden die autonome Kunst und die ihres Erachtens immerhin noch Ansprüche und Kriterien formulierende Ideologie den Maßstab der Kritik an der Kulturindustrie (vgl. zur Kritik daran Müller-Sachse 1981/155-179, Erd 1989). Ich gehe hier nicht auf die m.E. utopistischen Annahmen zur Kunst ein und verweise dazu vor allem auf Christian Enzensberger (1981).[715]

---

715 Gegenüber einer dem Individuum trotz aller gedanklichen Aufbereitung dennoch disparat, undurchschaubar und kontingent anmutenden Wirklichkeit stiftet Kunstgenuß – Christian Enzensbergers Ästhetik (1977 bzw. 1981) zufolge – eine erlebbare sinnfällige oder doch zumindest bedeutungshafte Bezogenheit aller Teile des Kunstwerks untereinander sowie auf ihr Ganzes. Alle Details stehen in einem quasiursächlichen und quasifinalen teleologischen Verhältnis einsichtiger Notwendigkeit zueinander – und sei es ex negativo. Der sich an die ästhetische Form heftende Sinn überschreibt die inhaltlich annoncierte »Problemdarstellung«. Die Kunstwerke mögen sinnlos erscheinen, ihr Sinn besteht in ihrer Abgeschlossenheit und Stimmigkeit. Ästhetische Produkte ermöglichen die Selbstwahrnehmung des Individuums als »reiches Subjekt«, kann es doch vorzugsweise an ihnen vieles unterscheiden und verbinden in seiner Kennerschaft und in seinem Gespür für den jeweilige ästhetische »Einheit« arrangierenden Stil. Das Subjekt genießt das Zusammenspiel seiner Vermögen Einbildungskraft und Verstand. Es genießt weniger die »Botschaften« als die Funktion seiner durch die ästhetischen Objekte affizierten Vermögen. Im Genuß des ästhetischen Produkts konstellieren sich Sinne und Gedanken zu einem »Gewebe«, das mißverstanden wäre als Schleier, hinter dem sich die Wahrheit aufhält (Barthes 1974/94). Genossen wird das ständige »Flechten« (ebd.) in und mit der Polyvalenz der Symbole. »Was sie interessieren wird, sind die Variationen der in den Werken angelegten und gewissermaßen angelegten Bedeutungen« (Barthes 1967/68). Die Sprachmusik läßt sich durch keine Instanz und keine inhaltliche Referenz mehr weder erlauben noch verbieten und stützt sich allein auf ihr eigenes Erklingen. Nicht das Fehlen inhaltlicher Referenzen wird damit behauptet. Ihr Vorkommen findet sein Maß im Gelingen der ästhetischen Gestalt. Sie muß nicht als harmonisch vorgestellt werden. Gerade die zunächst erscheinende Kompliziertheit fordert den ästhetischen Genuß heraus, durch alle Zerrissenheit hindurch doch noch so etwas wie eine Verdichtung zu (emp)finden – im »paradoxen Versuch«, »am Gebilde noch durch seinen Abbruch zu bauen« (Benjamin 1/87). Mit den in der ideologischen Synthetisierungsarbeit anfallenden Lücken, Brüchen und Verschiebungen gewinnen die ästhetische Produktion und der ästhetische Genuß ihren Stoff. Als Konkurrentin der Ideologie bietet die Kunst als »Fiktionsweise *mit* Phantasie« (Herkommer 1985/73 – eine Anspielung auf MEW 26.3/445) ein weicheres Medium und eine elastischere Einheit an als die Ideologie. Deren »Treue« zum wie verquer auch immer in den Bewußtseinsgestalten (Ware, Geld, Kapital, Technik usw. betreffend) noch enthaltenen Gegenstandsbezug geht (nicht historisch verstanden) »mehr und mehr in die Brüche« in

In der utopistischen Einschätzung der Kultur wird mit ihr ein Bereich angenommen, der die Sphäre des Arbeits- und Geschäftslebens unter den Druck gewachsener Ansprüche setzt. Die Entwicklung von Subjektivität im Nichtarbeitsbereich laufe den Restriktionen der Individualität im Erwerbsleben zuwider.[716] Dem Konsum wird ein emanzipatorisches Glücksversprechen zugeschrieben.[717] Ich zeige im folgenden, daß diese überschüssigen Bedürfnisse andere Implikationen nach sich ziehen, als dies linke Hoffnungen erwarte(te)n.[718] Es wird deutlich werden, daß sich mit »Ersatzbefriedigung« oder »Betrug« die Kultur ästhetisierter Sinne ebensowenig begreifen läßt wie mit der These, »die Kulturindustrie betrügt die Massen um *das* Glück«, »das sie ihnen vorschwindelt« (Adorno).[719] Ich setze mich im folgenden nicht eigens mit diesen Kultureinschätzungen auseinander, sondern gebe vielmehr eine eigene Skizze einiger Momente der Kultur der ästhetisierten Sinne, die sich der gestaltungspessi-

---

der Verfolgung des ideologischen Zieles »eines in sich zusammenhängenden Ausdrucks, der sich nicht durch innere Widersprüche selbst ins Gesicht schlägt« (MEW 37/491). Vom ästhetischen Standpunkt erscheint diese Gewaltsamkeit der Ideologie als mutwilliger Irrwitz der Ratio, dem eine Verstandes-, Sinnes- und Einbildungskräfte integrierende Weise der Weltaneignung entgegenzutreten habe. Operiert die Ideologie schon mit dekontextualisierten Gedankenabstrakta, so findet sich dies in der ästhetischen Sphäre kritisiert und gesteigert zugleich. Die in der ideologischen Perspektive störenden Widersprüche und Lücken verwandeln sich zu ästhetischen Gelegenheiten einer »Verfremdung der Dinge und der Komplizierung der Form, um die Wahrnehmung zu erschweren und ihre Dauer zu verlängern. Denn in der Kunst ist der Wahrnehmungsprozeß ein Ziel in sich und muß verlängert werden« (Sklovskij 1966/14).

716 »Die vermehrte Freizeit hat die Menschen auf den Geschmack gebracht, selbstbestimmt leben und nicht mehr nur ökonomisch zweckbestimmt arbeiten zu wollen« (Schneider 1992/389). Gesetzt wird auf die »Diskrepanz zwischen den erweiterten Möglichkeiten des körperlichen Genusses (Sport, Urlaub), zwischen dem Gebrauch des Verstandes und der Sinne im Konsum einerseits, und der Entgeistigung und Intensivierung der Tätigkeit im Arbeitsleben andererseits« (Bischoff, Maldaner 1980/13).

717 Es würden »mehr an Wünschen und Hoffnungen« erzeugt, als der Konsum »befriedigen kann; dieses überschüssige Element von Bewußtsein, Bedürfnissen und Lebenserwartungen bildet eine wesentliche Chance von Emanzipation« (Negt 1984/60). Vgl. a. Haug 1971/158.

718 Mit einer anderen emanzipatorischen Erwartung setzt der alte Horkheimer (1985/63) die Kultur dem Neid, dem Rivalisierenmüssen und der Eifersucht entgegen, als wolle er den von Alfred Adler theoretisierten Minderwertigkeitskomplex durch Kultur überwinden. Horkheimers Argument führt eine populäre Perspektive psychologisch-ethischer Läuterung per Kultur vor, die auch gegenwärtig vertreten wird (vgl. Ziehe 1992, vgl. Schmid 1993).

719 »Die Ersatzbefriedigung, die die Kulturindustrie den Massen bereitet, indem sie das Wohlgefühl erweckt, die Welt sei in eben der Ordnung, die sie ihnen suggerieren will, betrügt sie um das Glück, das sie ihnen vorschwindelt« (Adorno 1977/345).

mistisch-verfallstheoretischen Variante wie der utopistischen Perspektive entzieht.

Die »Persönlichkeit« stellt jene Gestalt der Individualität dar, in der das Individuum sich am weitesten von der Wirklichkeit abhebt, der Kontakt mit der Wirklichkeit zum Zweck der Anreicherung der ihr gegenüber selbständig erscheinenden Persönlichkeit stattfindet. Dafür muß möglichst viel Stoff der Welt wenigstens imaginär so umgeformt und die Existenz ästhetisiert werden, daß sie zum Ausdruck der Persönlichkeit und zu ihrer Beeindruckung taugt.[720] Die Welt gilt nun dem Individuum so viel, wie es in ihr Anlaß und Gelegenheit findet, die Schönheit und den Reichtum der eigenen Sinne und Gedanken zu empfinden, ohne daß es noch darauf ankäme, was die Sinne und Gedanken in der prosaischen Wirklichkeit diese gestaltend sind. Vom Standpunkt einer Erarbeitung von sozialer Wirklichkeit gegen die ihr von kapitalistischer Seite mitgegebenen und gegen die aus ihren modernen Strukturen aufgegebenen Schwierigkeiten der Gesellschaftsgestaltung, von diesem Standpunkt aus eröffnet die Ästhetisierung einen zu leichten Ausweg, der die Not auf eine Weise wendet, die von ihrer Bearbeitung befreit: »Die Enttäuschungen und Rückschläge, die die Seele auf den Wegen der Technik, der Wissenschaft, der Gesellschaftsverfassung ... unvermeidlich erfährt, haben die Sehnsucht nach der Kunst ins Unangemessene gesteigert, bis zu der Leidenschaft, unser ganzes äußeres Milieu mit Kunst zu tränken« (Simmel 7/96f.).[721]

---

720 Die Seele »hat das zum Ziel, worin sich ein Mensch im bürgerlichen Bewußtsein einig fühlen kann, gegen all die Launen und Zwänge der Wirklichkeit, die ihm willkürlich erscheinen. In der Seele gewinnt sich das Bewußtsein zu einer absoluten Existenz. ... (Sie) befreit das Bewußtsein von der Wirklichkeit, ohne deren Existenz zu kennen. ... Die Seele gibt allen Gegenständen der Wahrnehmung Bedeutungen, die sie für sich selbst nicht haben, sondern die sie nur tragen können. ... Die Seele ist hierdurch das von seiner Wirklichkeit gereinigte Subjekt, das sich all das zu eigen macht, was es an der Objektivität bemängelt. Es kennt keinen objektiven Mangel, sondern ist schon subjektiv aufgehobene Ohnmacht« (Pfreundschuh 1976/57).

721 Simmel gibt einen interessanten Hinweis zur Relevanz des Ästhetischen in der modernen Gesellschaft mit der Suche der Individuen nach einem sicheren Bereich »jenseits aller Schwankungen und der Unvollständigkeit der alltäglichen Existenz«, um der »Kompliziertheit des Lebens und der ständigen Unruhe« zu entrinnen. Für viele nimmt das Leben einen ästhetischen Charakter an. »Sie scheinen in der künstlerischen Wahrnehmung der Dinge eine Erlösung vom Fragmentarischen und Leidvollen des wirklichen Lebens zu finden. ... Enttäuscht von einer bruchstückhaften Wissenschaft, die zu allem Endgültigen schweigt, und enttäuscht von sozial-altruistischen Aktivitäten, die die innere, selbstbezogene Vollendung der geistigen Entwicklung vernachlässigen, hat sich der transzendentale Impuls in der Ästhetik ein Ventil gesucht; aber er wird erfahren, daß auch dieses Feld zu begrenzt ist« (Simmel 1902/176f.). Vgl. a. Weber (RS I/555).

Ausgehend von der Unterscheidung zwischen Kunst und Kultur einerseits, Ästhetisierung andererseits, ist die Ästhetisierung nicht damit begriffen, sie dehne etwas für sich genommen Unproblematisches über dessen legitimen Geltungsbereich hinaus aus. Auch sorge ich mich nicht darum, inwieweit die Ästhetisierung durch Inflationierung und Banalisierung Kunst selbst entwertet. Die Kultur ästhetisierter Sinne ist ein gegenüber der Kunst und Kultur selbständiges und emergentes Phänomen. Daß mit dessen Charakterisierung auch Licht und Schatten auf Kunst und Kultur fallen, ist weder unbeabsichtigt, noch bildet es hier das vorrangige Thema.

Die Kultur ästhetisierter Sinne teilt die auch in der Ökonomie, im Recht und im Privatleben übliche »Freiheit« als privatisierte Realitäts-»kontrolle« (qua Geld, Recht, Macht und Nische oder Reservat, vgl. III.3). Die Individuen begreifen sich auf der Grundlage sachlicher Abhängigkeit als persönlich Freie. Beide Seiten werden in Ökonomie, Politik, Recht usw. verschieden aufeinander bezogen. Die Kultur nimmt ihren Ausgang von der Selbstauffassung des Individuums als nicht wesentlich involviert in eine Gesellschaft, die als ein bloß äußerer gesellschaftlicher Zusammenhang und als »ärgerliche Tatsache« (Dahrendorf) erscheint. In besonderem Maße verspürt das Individuum seine Freiheit in seinen geistigen Tätigkeiten (Reflektieren, Phantasieren...) und sieht hier die Möglichkeit, sich von der profanen Welt zu emanzipieren.[722] Das Individuelle wird überhöht, da mit der Vorstellung von Freiheit verbunden. Das Gesellschaftliche erscheint undeutlicher, stellt es doch den abstrakten Hintergrund im Unterschied zur Konkretheit des Individuum dar und fällt als sachliche »Bedingung« des Handelns nicht in seinen Gestaltungsbereich und positiven Aufmerksamkeitshorizont. Das Individuum sucht einerseits jenseits der sachlich und weitgehend unabänderlich erscheinenden Strukturen der »modernen Industriegesellschaft«, andererseits auf ihrer Grundlage nach einem Bereich, in dem es nur sich gehorcht, und findet dieses Objekt seines Verlangens in der Kultur.

»Um den Kern von gesellschaftlicher Wirklichkeit beraubt ... (müssen die Menschen – Verf.) Wirklichkeit für sich konstituieren« im »Kampf um eine gegengesellschaftliche Identität, die bei Sperrung des ökonomischen Zentrums nur über Kultur zu erobern« ist (Hoffmann-Axthelm 1984/343).[723] Diese

---

722 »Denn nur wenn das Imaginäre gegen den Rest spricht, kann es ideologische Macht generieren« (Haug 1993/149).

723 Das Primat toter über lebendige Arbeit verlangt vom Individuum »eine kühle, rationale und distanzierte Beziehung zu dem, was nun als Wirklichkeit gilt: den Tatsachen. ... Die Möglichkeiten des Mensch zu emotionaler Beteiligung, affektiver Disposition, leiblicher Organisation ... haben nicht mehr hier ihr Feld. Sie werden vielmehr ausgelebt in den imaginären Welten der Kunstproduktion und der Unterhaltungsindustrie. Wir sehen uns in

gegengesellschaftliche Identität ist der Gesellschaft selbst eingebaut, insofern die bürgerliche Gesellschaft nicht umfangsgleich ist mit kapitalistischer Ökonomie. Letztere wird schon aufgrund des in ihr konstituierten Bewußtseins (vgl. Teil II) als sachliche Bedingung des eigenen und des eigentlichen Lebens wahrgenommen. Das Individuum kann nun in einer formellen Negation der Ökonomie auf ihrer Grundlage imaginär sein eigenes Wesen gründen und ausgestalten. Es kommt in dieser Kultur zu einem Überhang weicher Realität (Phantasie, Erwartungen, Ideologien, Emotionen) über die harte Wirklichkeit. Die Kultur ästhetisierter Sinne stellt nun die Verkehrung dar, daß das für die Individuen nicht Fassbare im Selbstbezug der Subjektivität verdaut wird, zugleich also Material zur Steigerung der Subjektivität abgibt – und dies wiederum in *der* Welt, vor der sich das Individuum nun nicht mehr wie der Privatmensch zurückzieht, sondern in der es Persönlichkeit ist, aber nicht im imaginären Triumpf der Persönlichkeit über die Welt. Vielmehr bewegt sich mit der Existenz der Kultur ästhetisierter Sinne das kultivierte Individuum in seinem Element – in der kultivierten Welt. Diese Kultur hat zwei gleichursprüngliche Ausgangspunkte: Die zu verdauenden Probleme, die sich den Menschen entziehende soziale Welt *und* die sich selbständig dünkende Subjektivität, das Elend der Zusammenhangslosigkeit *und* die Möglichkeiten, die sich durch die Selbständigkeit der Sinne ergeben. Der kulturelle Sinn »produziert die Ungegenständlichkeit der Sinne genauso, wie er die Gegenstandslosigkeit der Sinne leidet« (Pfreundschuh 1978/XXXII. Vgl. a. Lefebvre 1978/246, zitiert in III.1).[724]

Schon die Kunst, weit mehr noch die viel umfassendere Kultur ästhetisierter Sinne, enthebt das Individuum der Arbeit an seiner Gesellschaft. In der Kunst wird alles »gleichsam in große Buchstaben gesetzt, wie immer sein Inhalt sonst beschaffen sein mag« (Musil 1981/387). Die Antizipation der Versöhnung im Kulturgenuß stellt sich gegen die Arbeit für eine soziale Wirklichkeit, die die Verheißung einer Versöhnung nicht mehr nötig hätte.[725]

---

der technischen Zivilisation mit einer Situation konfrontiert, in der der Großteil menschlicher Emotionen in imaginären Welten gelebt wird« (Böhme 1985/18).

724 Luhmann (1984/289) affirmiert das durch eine Dichotomisierung, in der das Individuum zur Umwelt der Gesellschaft wird und damit »höhere Freiheiten« erhält. Die Möglichkeit von Freiheit wird an jener Stelle geltend gemacht, an der es um eine konkretere Wirklichkeit der Selbstabsorption geht. Vgl. zur eingehenden Kritik der Luhmannschen Vorstellung des Verhältnisses von Individuum und Gesellschaft Giegel 1987.

725 »Indem man im Zauberspiegel der Illusion die Verklärung des Endlichen schaut, wird man emporgehoben in eine andere Welt, in der man sich selbst wiederfindet, befreit von den Banden, die hienieden die unendliche Psyche gebunden halten. Aber indem man sich so in der Welt der Schönheit in die Unendlichkeit des Ideals vertieft und in dessen magischer Beleuchtung das ganze Leben anticipando aufnimmt, werden die Zwischenglieder über-

Zur Kritik der Kultur ästhetisierter Sinne gehört die Kritik eines Mißverständnisses der Kulturkritik. Sie läuft nicht auf die Affirmation des Gegebenen hinaus, dem gegenüber sich die Kultur einrichtet. Es »muß zur Korrektur überschüssiger Wünsche auf die Härte des Realitätsprinzips zurückgegangen werden, doch nicht, um es gegen Irrealismen und Irrationalismen auszuspielen, sondern um einen anderen Begriff von Wirklichkeit zu gewinnen« (Kamper 1983/70).

Die Kultur ästhetisierter Sinne im letzten Kapitel der Individualitäts- und Subjektivitätsformen zu thematisieren heißt nicht, alles vorher Gesagte in dieser Kultur kulminieren zu lassen oder »aufzuheben«. In welchem Verhältnis sich die verschiedenen Individualitäts- und Subjektivitätsformen im einzelnen Individuum zusammensetzen und wie dies in verschiedenen sozialen Schichten und zu verschiedenen Zeiten variiert, bleibt hier ausgeklammert.[726] Ohne sozialstrukturelle Differenzierungen geringzuschätzen, interessiert hier eher die Eigenlogik basaler Formen der Individualität und ihrer imaginären Umwandlung zu Gestalten der Subjektivität vor dem Hintergrund einer modernen und kapitalistischen Gesellschaft.[727]

Die kapitalistische Ökonomie lebt insofern von der Kultur ästhetisierter Sinne, als sich das Gewicht von der Produktionsmittel produzierenden Abteilung der Volkswirtschaft zur Konsumgüter produzierenden verschob. Die Schlüsselprodukte Auto, langanhaltende Konsumgüter, Unterhaltungselektronik usw. verweisen darauf, daß hier die Gesellschaft das Bewußtsein und die Idee ihrer selbst, eine gesellschaftliche Lebensweise (Individualverkehr, Eigenheim, Medien ...) konsumiert – im Unterschied zu früheren Schlüsselprodukten, die

---

sprungen, durch die sich das persönliche Leben erst zur Versöhnung vorzuarbeiten hat; und insofern muß die ästhetische Versöhnung abstrakt genannt werden« (Hagen (1843) 1979/109, 111).

726 »Unsere Studie zeigt deutlich und an vielen Stellen, daß von allen Problemen am stärksten die Probleme der Arbeitswelt die Jugend beschäftigen...« (Jugendwerk der Deutschen Shell 1997/13f.). Natürlich ist der Kontext einer solchen Äußerung zu interpretieren. Der Einspruch gegen einen unmittelbaren Kulturalismus sollte nicht die Frage verstellen, inwieweit auch Arbeit, ohne darin aufzugehen, ihren Stellenwert für die Subjekte verändert, wenn im Nichtarbeitsbereich die Entfaltung der Subjektivität bis zur Kultur verselbständigter Sinne herrscht.

727 Die Ausblendung sozialstruktureller Unterschiede verdankt sich dem Interesse an der Frage, wie die hier skizzierten Formen von Individualität und Subjektivität die Gesellschaftsgestaltung erschweren. Die sozialstrukturelle Analyse hat oft eine Affinität zu spontanen Sympathien für als widerständig oder zumindest diskriminiert angesehene Teilkulturen oder zum Nachweis, daß auch an der Individualität und Subjektivität gravierende soziale Unterschiede aufzufinden sind. Im Unterschied dazu geht es hier darum, die eigenen Effekte von Individualität und Subjektivität selbst erst einmal zu fokussieren.

eher Bedingungen der Herausbildung von moderner Produktion überhaupt darstellten. Das Auto ist eben nicht nur Produkt einer durch eine bestimmte Verkehrspolitik erzeugten Nachfrage, in ihm inkarnieren sich auch gesellschaftliche Leitbilder: Mobilität, Technizität, Geschwindigkeit usw. Erst diese Selbstreferenzialität ermöglicht – von ökologischen und durch die Mehrwertrealisierung gesetzten Schranken abgesehen – ein virtuell schrankenloses ökonomisches Wachstum bürgerlicher Ökonomie innerhalb *ihrer* Grenzen.[728]

Nach dem allgemeinen Vorausblick auf die Kultur ästhetisierter Sinne unterscheide ich einige Transformationen, die in dieser Kultur stattfinden. Komplementär zur erscheinenden Unbesetzbarkeit, Gestaltungsverschlossenheit und Sachgesetzlichkeit der gesellschaftlichen Welt und aufbauend auf der Individualisierung und Subjektivierung konstituiert die Kultivierung der Sinne und des Bewußtseins eine eigene Sphäre. Ein erstes Charakteristikum dieser Kultur ist die Verkehrung des in der Welt Wahrgenommenen zum Anlaß für den Selbstgenuß der Sinne und des Bewußtseins.[729] Der Rückzug der individuellen Interessen »aus der Arbeitsseite des sozialen Zusammenhangs« (Gehlen 1957/110)[730] kulminiert in der bildungsbürgerlichen oder kulturbeflissenen Distanzierung von Apparat und Beruf. Es wird »auf den kulturellen Lebensgebieten die geistige Lebendigkeit« gesucht, »die aus den Gewohnheiten des Alltags entwichen ist. Eine so verstandene Orientierung an kulturellen Freizeitmaterien kann nur rezeptiv und nur ästhetisch gelingen, sie würde auf einen ›feinen geistigen Egoismus‹ (Gervinus) hinauslaufen und in Interessen enden, die, trotz jeden Grades möglicher Sublimierung, doch Konsuminteressen höherer Ordnung sind« (Gehlen 1957/111, vgl. ebd./63, 112).

Im »Erleben« verschmelzen außen- und innenbezogene Erfahrungen zu einer unterschiedslosen Subjektivität. Das Erleben impliziert ein okkasionalistisches Verhältnis zur Welt, wie es Carl Schmitt an der Romantik charakteri-

---

728 »Die Reise- und Tourismusbranche verkauft heute mehr als die Auto- und Stahlindustrie zusammengenommen. Und die touristisch vermittelten Erfahrungen, inklusive der Fabrikation von lokalen Mythen durch die Reisenden selbst, verweisen deutlich auf ästhetische und expressive Dimensionen« (Lash 1992/274, vgl. auch Schulze 1992/428).

729 Eine eigene Arbeit wäre es, Simmels Beschreibung, Antizipation und Verkörperung der Kultur ästhetisierter Sinne nachzugehen. »Das Wesen der Moderne überhaupt ist Psychologismus, das Erleben und Deuten der Welt gemäß den Reaktionen unseres Inneren und eigentlich als Sinnenwelt, die Auflösung der festen Inhalte in das flüssige Element der Seele, aus der alle Substanz geläutert ist« (Simmel 1909/27).

730 Gehlens konvervative politische Gesinnung hat ihn nicht daran gehindert, 1960 ein auch in (post-)modernen Kreisen hochgeschätztes Buch über »die Soziologie und Ästhetik moderner Malerei« zu veröffentlichen, so daß Klischees über »konservative Kulturkritik« nicht zur Rezeptionssperre geraten sollten.

siert.[731] Für das Individuum bedeutet dies, Subjekt über »eine einfache Umkehrung« zu werden: »Es bezeichnet nur das als Welt, was ihm als Anlaß eines Erlebnisses diente« (Schmitt 1919/138). Selbst Weltkrieg oder Revolution geraten so zum »Anlaß eines großen Erlebnisses, eines genialen Aperçus oder sonst einer romantischen Schöpfung«. Zwar erscheint, was die Sinne aus der Welt machen, als Leistung der Subjektivität. Zugleich stellt sich aber das Vermögen als geliehen und die Subjektivität als »affektmäßiger Widerhall fremder Aktivität«, als »Begleitaffekt« heraus (ebd./135).

In einer nicht vom abstrakten Reichtum gekennzeichneten modernen Gesellschaft beziehen sich Menschen unter gesellschaftlichen Bedingungen, die dies erlauben, in ihren Arbeiten aufeinander (vgl. MEW Ergbd.1/462f., vgl. GR 13f., 255f.). Die Schwierigkeiten und Hindernisse, die dem entgegenstehen, sind Thema dieses Buches. In dem gelingenden, also selbst gestalteten Bezug von Menschen in Arbeiten aufeinander, in der Bearbeitung und Gestaltung ihrer gesellschaftlichen Welt entfalten sich die Sinne und Fähigkeiten der Individuen als Moment ihres In-der-Welt-Seins. Genossen wird dann auch die über die richtige Zweckerfüllung und sachgemäße Bewältigung hinausgehende, die Sinne und Fähigkeiten entfaltende Gestalt der Verobjektivierungen. Das Hinausgehen der Individuen in ihren Sinnen und Fähigkeiten über sich selbst, ihr arbeitender Bezug auf Gegenstände, auf Adressaten, Exponenten, mittelbar und unmittelbar Betroffene der Arbeiten stellt dann auch ein Zurückgehen der Menschen zu sich selbst, einen Genuß an dieser Wirklichkeit ihres Bewirkens und ihrer beantworteten Tätigkeit dar (vgl. die »Arbeitsperspektive«).[732] Etwas

---

731 »Die äußere Welt und die historische Wirklichkeit ist für die romantische Leistung nur insofern von Interesse, als sie, um jenen Ausdruck des Novalis zu gebrauchen, Anfang eines Romans sein kann: das gegebene Faktum wird nicht in einem politischen, historischen, rechtlichen oder moralischen Zusammenhang sachlich betrachtet, sondern ist Gegenstand ästhetisch-gefühlsmäßigen Interesses, etwas, woran der romantische Enthusiasmus sich entzündet. Für eine derartige Produktivität liegt das, worauf es ihr ankommt, so sehr im Subjektiven, in dem, was das romantische Ich aus Eigenem hinzutut, daß, richtig betrachtet, von Objekt oder Gegenstand nicht mehr gesprochen werden kann, weil der Gegenstand zum bloßen ›Anlaß‹ wird, zum ›Anfang‹, ›elastischen Punkt‹, ›Inzitament‹, ›Vehikel‹ oder wie die Umschreibungen der occasio bei den Romantikern lauten. Wie F. v. Schlegel seinem Bruder schreibt: alles, was wir Höheres in der Geliebten finden, ist unser eigenes Werk, die Geliebte hat keinen Verdienst daran, ›sie war nur der Anlaß‹« (Schmitt 1919/122).

732 Arbeit geht in ihren externen Zwecken nicht auf. Und auch die Ideologisierungen der Arbeit sollten nicht davon abhalten, der Arbeit die Möglichkeit zuzuschreiben, »in der Betätigung unseres Arbeitsvermögens, in einem aneignenden Austausch mit der Wirklichkeit zu sein. ... Dieses wie immer unscheinbare ›die Welt bewirken‹ ist nun kein Zweck *außerhalb* des arbeitenden Tuns, wie ihn die Handelnden mit ihren *jeweiligen* Arbeitstätigkeiten

anderes aber ist es, das In-der-Welt-Sein so zu interpunktieren, zu konfigurieren und einzustellen, daß der Selbstgenuß der Sinne und Fähigkeiten im Mittelpunkt steht, er sozusagen das Worum-willen des Tuns ist. Dies wird erst dann notwendig, wenn das Individuum sich von seinem In-der-Welt-Sein so zu unterscheiden hat, daß es gegen dessen versagenden, verwirrenden und die Menschen aussperrenden Charakter, gegen die Weltlosigkeit seines In-der-Welt-Seins, das dann nur ein Sein-innerhalb-der-Welt ist (Anders 1993/XII), eine eigene Heimat gründen muß. Die erscheinenden Splitter der Außenwelt avancieren dann zum Baumaterial eigener künstlicher Gegenwart. Daß Fähigkeiten und Sinne sich genießen, wenn sie sich gelingend auf andere Menschen beziehen, auf Arbeiten, die von Menschen das sind, was sie für Menschen sind, und daß die Fähigkeiten und Sinne sich *in* dieser Welthaftigkeit erst entfalten und *diese* Entfaltung genießen, muß von einem ästhetisierenden Genuß unterschieden werden. Ihm sind die Verkehrungen eigen, inmitten der Weltlosigkeit ein gelingendes Sinnesleben zu fingieren und die Teilhabe und -nahme an der Welt daraufhin zu durchlaufen, sie abzutasten nach den Gelegenheiten zu diesem Genuß, und unter Voraussetzung der dann nurmehr als kulturfern erscheinenden Weltlosigkeit ästhetische Verausgabungen zu schaffen und zu konsumieren.[733]

Die Notwendigkeit einer Kultur ästhetisierter Sinne imponiert als Freiheit des Subjekts zu und in ihr. »Interesseloses« und »notwendiges Wohlgefallen« faszinieren dann als »Schönheit« (Kant 10/124, 130, 160). Der »Gemeinsinn« und die »ästhetische Idee« (ebd. 157 und 250) fungieren als inhaltliche

---

notwendigerweise verfolgen, es ist vielmehr ein Zweck *innerhalb* jedes ungezwungenen instrumentellen Handelns selbst« (Seel 1995/147).

733 Vgl. a. Pfreundschuh 1978/2f. über den Unterschied der Sinne als Moment eines sich selbst gesellschaftlich gestaltenden In-der-Welt-Seins zur Selbständigkeit der Sinne, die doppelt frei, los und ledig sind von ihrer Tätigkeit »und daher gebunden an ihre Existenz. ... In der Wahrnehmung existiert also nicht das Gehörte, das Gesehene, das Gerochene usw. ..., sondern es existiert darin der Sinn des Gehörten, Gesehenen usw., es existiert darin das, was eine Person als Sinn von sich in ihren Sinnen hat. ... Die Wahrnehmung unterstellt also die Existenz sich stofflich verwirklichender Sinne, von welcher sie aber getrennt ist und daher ihr eigenes Dasein hat, ... die Sinne als Form ihrer selbst. ... Wer etwas wahrnimmt, kann wirklich meinen, daß er es eben nur anschaut. Derweil ist er von dem Gewordensein und Werden des Gegenstands praktisch und sinnlich unberührt. Aber während er von daher Wahrheit in der Form seiner Anschauung nimmt, wird ihm der Sinn des Gegenstands zugleich fremd, dem Bewußtsein entzogen. Ihn gibt es, aber er wird nicht erkannt. Somit wird durch die Wahrnehmung dem Erkennen der Sinn und den Sinnen der Stoff genommen. Was vom Gegenstand der Wahrnehmung daher zum reinen Stoff herabgesetzt wird, wird andererseits für die Sinne zum reinen Geist. Der Geist in dieser Abgetrenntheit vom Stoff existiert ausschließlich seelisch und der Stoff ausschließlich sachlich« (Pfreundschuh 1983/47).

Bestimmung für das, womit gegen die Unbilden ästhetisches Schönheitsempfinden entstehen kann, ohne daß diese Bestimmung jeweils in einer ästhetischen Verausgabung eingeholt werden könnte.[734]

Die Absage an die tätige Arbeit in der Welt und die Gestaltung der Welt in diesen Arbeiten und durch sie (vgl. auch »Arbeitsperspektive«) ist der Kultur ästhetisierter Sinne eigen. Sie distanziert sich von der nichtästhetisierten Welt in der Identifizierung von deren erscheinender mit ihrer notwendigen Struktur (vgl. zur Kritik der gedanklichen Voraussetzungen Teil II). Daß die in Teil I und II beschriebene Welt eine beträchtliche Denkarbeit schon allein zur Entwirrung der aufeinander aufbauenden Abstraktionen und Verkehrungen notwendig macht, spaltet die Menschen als sinnlich-individuelle Existenz ab und fordert von dieser Seite einen integrativen Willen heraus. Für ihn verschwimmen das seinem Gegenstand entsprechend abstrakte Denken und die Realabstraktionen zu *einem* Phänomen. Ihm gegenüber erlangt dann eine vermeintlich sinnlichere und integrierendere Aneignungsweise an Anziehungskraft.[735] In den Hintergrund tritt, wie diese Aneignungsweise sich schon selbst als Weg das Ziel ist und sich überall mitbringt, um auszuräumen und imaginär zu entmächtigen, was ihr entgegensteht.

Ein zweites Charakteristikum dieser Kultur besteht in der Perspektive, die Sinne und das mit ihnen implizierte bzw. mit ihnen verbundene Bewußtsein nicht nur selbst zu genießen unter Abstraktion davon, was diese Sinne in der Welt sind. Vielmehr bezieht diese eigene Entität ästhetisierter Sinne auch ihren Maßstab aus der eigenen Reichhaltigkeit der Sinne und des Bewußtseins selbst und aus *ihrer* Steigerung. Die Verdinglichung der Sinne zur Sinnlich*keit* ist schon selbst die eine problematische Seite eines problematischen Verhältnisses. Eine abstrakte Konkretheit stellt sich der in der gesellschaftlichen Außenwelt erscheinenden Abstraktheit entgegen.[736] Gegenüber der Fixierung des progres-

---

734 »Unter einer ästhetischen Idee aber verstehe ich diejenige Vorstellung der Einbildungskraft, die viel zu denken veranlaßt, ohne daß ihr doch irgend ein bestimmter Gedanke, d.i. Begriff adäquat sein kann, die folglich keine Sprache völlig erreicht und verständlich machen kann« (Kant 1975/250).

735 Der »wahrhaft ästhetisch erlebende Mensch (hat) eine Abneigung gegen das Begriffliche. Es erscheint ihm arm, ohne Plastik, ohne Farbe, eine Austrocknung des Lebens« (Spranger 1925/170). »Es gibt, wie wir auch durch die Kunst der Gegenwart erfahren, eine Art von ptolemäischer Rationalität, eine Vernunft der Naivität, ein irreduzibles Recht der Phänomene, eine primäre Würde des Sonnenaufganges...« (Sloterdijk 1987/68). Vgl. a. Bloch, zit. in I.2.4.

736 Sinnlich*keit* abstrahiert die Sinne aus dem gesellschaftlichen In-der-Welt-Sein der Individuen und fixiert sie zu einer eigenen Größe. Es macht keinen Sinn, vom Reichtum der Sinne zu reden außer dem Reichtum der menschlichen Existenz. Die Genüsse fallen »ent-

siven Verstandes auf die Unterdrückung von Sinnlichkeit und Emotionalität in der bürgerlichen Gesellschaft ist die Dissoziation von Denken und Fühlen und die getrennte Steigerung beider hervorzuheben.[737] Die Konstitution von Gefühlen durch Gedanken erscheint ebensowenig wie die Konstitution beider in der übergreifenden gesellschaftlichen Wirklichkeit.

Die Verkehrung der Außenwelt zum Anlaß, die Stimmungen des Individuums, seine Einbildungskraft, die Tiefe seiner Empfindungen, die Vielfalt und Buntheit seiner Eindrücke usw. zu entfalten, geht einher mit der besitzindividualistischen Tendenz des Eigentümers und Besitzers, die Stoffe seiner Welt zu genießen und die Welt im Horizont der privat kumulierbaren Stoffe wahrzunehmen. In dieser Stoffseligkeit[738] überwuchern die den Sinnen imponierende Reichhaltigkeit der Stoffe sowie die Anhäufung der Kostbarkeiten die Wahrnehmung ihrer Inhalte, menschlichen Verbindungen, gesellschaftlichen Implikationen usw. Dieser Reichhaltigkeitsgenuß findet ebenso bei der allenthalben hypertrophierten Aufmerksamkeit für den »schönen Stil« statt wie beim Genuß unendlicher Bildungsstoffe oder beim Genuß des betriebenen Aufwands in den

---

weder kindisch, ermüdend oder brutal« aus, insofern sie »von der gesamten Lebenstätigkeit, dem eigentlichen Inhalt des Lebens der Individuen getrennt« sind (MEW 3/404, vgl. GR 507).
Die Vorstellung, die Sinnlichkeit solle gesteigert und differenziert werden, unterstellt, es handele sich um ein direktes Verhältnis zwischen Subjekt und Objekt. Eine Schärfung der Sinne als Sinne betrifft nicht deren spezifisch menschliche, d.h. gesellschaftliche Vermitteltheit: »Der Adler sieht viel weiter als der Mensch, aber des Menschen Auge sieht viel mehr an den Dingen als das des Adlers. Der Hund hat eine weit feinere Spürnase als der Mensch, aber er unterscheidet nicht den hundertsten Teil der Gerüche, die für diesen bestimmte Merkmale verschiedner Dinge sind« (MEW 20/447f.). Das pornographische, die Sinne aus ihrer menschlichen Wirklichkeit heraustrennende Verständnis von »Sinnlichkeit« geht über den Bereich der Pornographie i.e.S. hinaus. Ebensowenig wie Stellungsakrobatik die erotische Beziehung zu ersetzen vermag, ebensowenig hilft auch die Steigerung der »Sinnlichkeit« gegen die Welt- und Arbeitslosigkeit des Bürgers.

737 »Ungefähr gleichzeitig« treten »die europäische Industrieperiode, die Psychologie als Wissenschaft und die sentimentalpsychologische Literatur ... in Erscheinung: um die Mitte des 18. Jahrhunderts« (Gehlen 1957/63). So ist zwar einerseits »die Postulierung der Rationalität als höchster Ausdruck gesellschaftlichen Wandels ... Ausdruck des Verschwindens eines bestimmten Typus von Gesellschaft. Aber schon die Gegenaufklärung hatte die ›irrationalen‹ Seiten des Lebens betont: ich nenne nur die Rolle der ›passions‹ bei Hume, die ›Logik des Herzens‹ bei Pascal oder Rousseaus Kultivierung des ›Naturgefühls‹, die Literatur der Empfindsamkeit...« (Kahle 1981/284).

738 Dem Phänomen des »Kitsch« wäre in diesem Kontext nachzugehen. Vgl. u.a. Pross 1985, Friedländer 1984.

Medien. Die Armut des eigenen In-der-Welt-Seins[739] wird vor dem Hintergrund dieses vermeintlichen Reichtums nicht mehr gewiß.

Auch die Toleranz gegenüber anderen Religionen bzw. ihre »multikulturelle« Stilisierung zum menschlichen Reichtum steht in einer Verbindung zur ästhetisierenden Verdrängung des bestimmten Glaubensinhalts. »Kultur ist das Revier des ungültig Gewordenen oder des von vornherein Ungültigen« (Anders 1993/XX) oder der »Inbegriff des Unverbindlichen« (Anders 1987/107). Der Reiz des »einer bestimmten ›Religion‹ oder einer bestimmten Weltanschauung entstammenden und zugehörigen Produkts« darf sich »nicht mehr von einem (stets limitierten oder elitären oder verpflichtenden) Wahrheitsanspruch herleiten. Vielmehr muß seine Appell- und Attraktionskraft in etwas Unverbindlichem bestehen: in seiner Schönheit oder in seiner angeblichen Bildungseignung oder in seinem Unterhaltungswert oder in seiner Interessantheit – auf jeden Fall in einer Qualität, die schlechthin jedem Produkt zukommen könnte: kongolesischen Holzgötzen ebenso gut wie gregorianischen Chorplatten wie Reproduktionen von Picassos Guernica-Gemälde oder wie Minibikinis. ... Wir sind deshalb tolerant und gleichgültig etc., weil jedes Objekt, wofür (für welchen ›Gott‹) immer dieses steht, in seiner Eigenschaft als Ware gleiches Recht zu genießen, also gleich gültig zu sein, beansprucht« (Anders 1993/XXII). Dem Reichtum der Kultur ästhetisierter Sinne ist der Pluralismus eigen. Er möchte vergessen machen, daß die moderne Weltlosigkeit »den Menschen im Zeitalter des kulturellen Pluralismus« bezeichnet, »denjenigen Menschen, der, weil er an vielen, an zu vielen Welten gleichzeitig, teilnimmt, keine bestimmte, und damit auch keine, Welt hat« (Anders 1993/XV).[740] Der Wahrheitsanspruch der tolerierten Positionen wird nicht ernstgenommen, »mit Achselzucken« übergangen. »Polykosmismus« führt zum »Akosmismus« (ebd./XVI).

Auf die Geschäftigkeit der Sinne kommt es an. Enzensberger verdeutlicht dies am Beispiel eines sechsmonatigen Kindes, das vor einem laufenden Videogerät sitzt. Zwar sei es unfähig, die Bilder aufzulösen und zu entschlüsseln. Die Frage, ob sie irgend etwas »bedeuten«, stelle sich so nicht. Dies tue dem Genuß aber keinen Abbruch. Im Gegenteil »rufen, ganz unabhängig davon, was auf dem Schirm erscheint, die bunten, flackernden, leuchtenden Flecke unfehlbar

---

739 Vgl. Benjamin (11/396ff. und 4/213ff.) über den »destruktiven Charakter« bzw. zu »Erfahrung und Armut«.

740 »Das nahezu sakrale Schlüsselwort des Zeitalters lautet ›und‹« als Oberbegriff zu dem Reichtum, dessen Verbindungen im »Sowohl-als-auch« oder der »Juxtaposition von Inhalten, Weltanschauungen oder -stimmungen« bestehen. Letztere scheinen, »obwohl einander fremd, oft sogar widersprechend, sonderbarerweise einander nicht zu stören« (ebd./XVII).

und dauerhaft ein inniges, man möchte sagen, ein wollüstiges Interesse aus. Der Wahrnehmungsapparat des Kindes ist wunderbar beschäftigt. Die Wirkung ist hypnotisch« (Enzensberger 1991/96f.).[741]

Dafür, daß Inhalte des In-der-Welt-Seins als Anlaß der Sinnes- und Bewußtseinsproduktivität dienen können, muß das Wahrgenommene nicht nach den Kriterien einer Gestaltung der Gesellschaft durch sich selbst und der befriedigenden Teilnahme und -habe daran verarbeitet werden, sondern vor dem Hintergrund der erscheinenden Verschlossenheit dieses In-der-Welt-Seins nach Kriterien eines getrennt und unabhängig davon imponierenden reichen Sinnes- und Bewußtseinslebens. Dies heißt für das Wahrgenommene, daß es nach fremden Kriterien ausgefiltert, aufgesucht, kultiviert usw. wird. Prodoehls Fassung des Begriffes der Modulation ist für die Darstellung dieser dritten Eigenschaft der Kultur ästhetisierter Sinne hilfreich: »Modulation«[742] beinhaltet die »systematische Transformation von Handlungen bzw. Ereignissen, die bereits im Rahmen eines grundlegenden Deutungsschemas sinnvoll sind, in ein Bezugssystem, das gegenüber jenem primären Deutungsschema einen anderen Sinnhorizont vorgibt. ... Modulierte Wirklichkeiten sind Aktivitätsenklaven, in denen das Äußere entwirklicht, da als Kulisse einer eigensinnigen Realitätsebene instrumentalisiert wird« (Prodoehl 1983/188f.).

Eine erste Modulation läßt sich mit den Effekten beschreiben, die die »Aussenwelt« im Leben der Sinne und des Bewußtseins ermöglichen. Es geht um Unterhaltung, Beeindruckung, Anregung, Erhebung, Zerstreuung usw. Es geht um Meinungsbildung, die ihren Maßstab daran findet, die aufdämmernde Ahnung um die eigene Weltlosigkeit mit Ahnungen um ein Koordinatennetz der Orientierung niederzuhalten. Die anregende Unterhaltung und Geschäftigkeit der Sinne ersetzt und verstellt die Erarbeitung von Fähigkeiten, Urteilskraft,

---

741 Enzensberger zieht eine Verbindung zur modernen Kunst und ihrer Tendenz, ihre Werke von jeder Bedeutung zu reinigen. Der intellektuelle Höhepunkt der Kultur ästhetisierter Sinne findet sich in der abstrakten Kunst: »Die Auseinandersetzung des Menschen mit der Wirklichkeit, die Kultur heißt, nimmt an Totalität und innerer Fülle ab, an Breite jedoch und in der Selbständigkeit der Auseinandersetzungswege, ihrer Unabhängigkeit voneinander, nimmt sie zu« (Gehlen 1986/16). Das abstrakte Bild ist gewissermaßen in sich nicht lebensfähig und erfordert einen ästhetischen Diskurs und Kommentar. »Das abstrakte Bild fungiert wie das Wasser des Narziß – es spiegelt immer seinen Betrachter in vollkommener Stille; es selbst schweigt, sagt nichts. Die Moderne hört auf, Ausdruckskunst zu sein, ist die Kunst der Selbstbespiegelung und ihrer ironischen Aufhebung« (Liessmann 1993/189). Vgl. zur Verselbständigung der Stoffe und Techniken auch Pfreundschuh 1978/52, Freyer 1987/125.

742 Zu diesem Begriff, seiner Anknüpfung an Goffman und der Modifikation ihm gegenüber vgl. Prodoehl 1983/188f.

Wissen und Erkenntnis. Unterhaltung ist kein Gegenbegriff gegen Information, Kunst, Bildung, Aufklärung oder Erkenntnis, sondern droht sie zu durchgreifen. Auch Information, Bildung usw. werden als unterhaltsam rezipiert, auf ihre sog. interessanten, spannenden Inszenierungs- oder Präsentationseffekte hin.[743] Genossen wird das technisch perfekte Arrangement, die sichtbare Aufwendigkeit und Reichhaltigkeit (vgl. Böckelmann 1975/80f.), das Frappante und Pikante. Lebendige, schnelle, effektive Bilder und ein dionysischer Zeichenrausch reißen uns aus den engen Räumen des Alltagslebens heraus.

Nicht daß es *auch* Unterhaltung gibt, sondern daß sie die Maßstäbe für die Rezeption und Produktion zu setzen droht, ist problematisch. »Wenn der leichte Schaumstoff jeden Hohlraum füllt, der sich auftut, dann wird die Luft für anderes knapp. ... Politik, Wissenschaft, Sport und Kultur sind geneigt oder längst dabei, sich lecker-locker-leicht zu machen für eine Kundschaft, die vermeintlich nur noch zwischendurch und nebenbei etwas zu sich nimmt. ... Wie man in der Werbung und im Showbusiness die Reize streut und die Stimmung konfektioniert, das läßt sich lernen, und das macht Schule ringsherum« (Kraft 1987/39, vgl. auch Debrays Journalismuskritik 1981). Zwar wird meist nicht die Realität mit der Medienwirklichkeit verwechselt[744], lebt letztere doch von dem Unterschied zwischen beiden, wohl aber steigert die Unterhaltung die »Platznot im Universum der Aufmerksamkeiten« (Sichtermann 1988). Die unterhaltsame Aufbereitung von Informationen geht weiterhin einher mit einer Fiktionalisierung. Die Isolation der »Nachrichten« und ihre Aneinanderreihung, in der Erschreckendes neben Trivialem steht, lockern den Kontakt zur Wirklichkeit und verstärken die individuelle Selbstgenügsamkeit.[745]

---

743 »Wenn man sagt, ›ich interessiere mich‹ für dies oder das, bedeutet das fast dasselbe wie ›ich habe darüber keine sehr entschiedene Meinung, aber es ist mir auch nicht völlig gleichgültig‹. Dieses Wort gehört also zu den Tarnbegriffen, die mangelnde Intensität verbergen und so vage sind, daß sie fast alles bezeichnen können. ... Ein neugieriger Mensch ist grundsätzlich passiv. Er will mit Kenntnissen und Empfindungen gefüttert werden und kann nie genug davon bekommen, weil ihm die Informationsmenge als Ersatz für die Tiefenqualität der Erkenntnis dient. Die wichtigste Technik zur Befriedigung der Neugier ist daher der Klatsch« (Fromm 1980/321).

744 Zur Kritik an Baudrillards extrapolierender These von der Agonie des Realen Meyer 1992/138 - 141, 116ff.

745 Die »Veranschaulichung von Grenzsituationen, reduziert auf sekundenlange, hintereinander geschaltete Episoden, (ist) zur täglichen Routine geworden. Auf Distanz gehalten durch den Tonfall des Sprechers und durch die Einbettung der Nachricht in andere Erlebnisangebote (Spielfilme, Quiz, Werbung, Popmusik usw.), gerät das Unglück in die Sphäre des Unwirklichen, kaum noch unterscheidbar von einer Verfolgungsjagd in einer beliebigen Actionserie« (Schulze 1992/69). Die mediale Leidüberschwemmung stumpft das Mitleid ab oder führt zu seiner Symbolisierung bzw. Entledigung in der Spende. Es

Medien ermöglichen eine Präsenz der Menschen, in der sie sich eher auf »das Geredete« als auf »das beredete Seiende« (Heidegger 1979/168) verstehen, in der die Bewegung in der Sprache sich vor die Arbeit in und an der Wirklichkeit schiebt, und sei es nur oder immerhin: eine Erkenntnisarbeit. Eine eigentümliche Wonne kennzeichnet den Umgang mit Aussagen und die ihnen eigene Ablösung von Handlungszusammenhängen, in der alles dadurch als angeeignet gilt, daß man etwas *dazu* sagt. Die Rede biegt sich um in den Kontext des Geredeten. Den Medien ist die mangelnde Bearbeitung der darin liegenden Gefahr konstitutiv, mit Spielmarken umzugehen, die zwar auf komplexe Zusammenhänge verweisen, aber in ihrer Verwendung gerade die Auseinandersetzung[746] verstellen. Die abkürzende Repräsentation verleitet dazu, Denken und gesellschaftliche Gestaltungsarbeit einzusparen und den Raum mit Worten zuzustellen. Wo Gedanken fehlen, stellt schnell ein Wort sich ein. Mit Worten läßt sich trefflich streiten... Gerede bedeutet die Nichtbewältigung einer Gefahr, nicht notwendig das Produkt absichtlicher Täuschung. Wohl aber machen die Medien sich die Schwäche der Menschen in dieser Hinsicht zunutze. Medien erlauben ihren Rezipienten die Selbstaufwertung mit der Möglichkeit, »alles zu verstehen ohne vorgängige Zueignung der Sache« (Heidegger 1979/169).[747]

Eine zweite Modulation besteht in der eigenen Verausgabung von Sinnen und Bewußtsein, das die Wahrnehmung einbaut in das, was sich aus ihr machen läßt. War die Außenwelt zunächst Anlaß, sich von ihr rezeptiv unterhalten, beeindruckt usw. zu zeigen, so ist sie nun Anlaß für eine eigene Kreativität der Sinne und des Bewußtseins. In der rezeptiven Hälfte war die Außenwelt Anlaß für eine getrennt von ihr bestehende Kreativität des Konsums, für einen Fein-

---

kommt zu einer wohlig empfundenen Anspruchsreduktion ob der bloßen Tatsache des Fortdauerns der eigenen Existenz und zur stillen Rührung darüber, im Unterschied zu den Opfern es selbst gut »erwischt« zu haben. »Und immer – ob beim Mord, Selbstmord oder Massentod – kommt bei uns selbst sofort die Frage: Wenn mir das passiert wäre? ... Und so gesehen werden die Schreckensnachrichten indirekt für uns selbst wirksam: Denn indem wir wieder unsere Verwundbarkeit spüren, werden wir, ob wir wollen oder nicht, demütiger und menschlicher« (Bild, 17.4.1977).

746 »Während dieser Jahre habe ich das ›Kapital‹ und die ›Deutsche Ideologie‹ gelesen: ich verstand alles glänzend, und doch absolut nichts. Denn verstehen heißt, sich ändern, über sich selbst hinausgehen: diese Lektüre änderte mich nicht« (Sartre 1975/18).

747 »Das Gerede behütet schon vor der Gefahr, bei einer solchen Zueignung zu scheitern. Das Gerede, das jeder aufraffen kann, entbindet nicht nur von der Aufgabe echten Verstehens, sondern bildet eine indifferente Verständlichkeit aus, der nichts mehr verschlossen bleibt« (ebd. /169). Ununterscheidbar wird am Gerede, »was in echtem Verstehen erschlossen ist und was nicht. ... Alles sieht so aus wie echt verstanden, ergriffen und gesprochen und ist es im Grunde doch nicht, oder es sieht nicht so aus und ist es im Grunde doch« (Heidegger 1979/173).

sinn, der an sich selbst den Maßstab gewinnt, und dem dann nichts zu klein oder zu groß ist, um es nicht zum Objekt seines Gefallens zu transformieren, und sei es ex negativo. In der produktiven Hälfte wird alles von dem Gesichtspunkt her interessant, inwieweit es zu einem Sinnesausdruck, zu einer ästhetischen Produktivität i.w.S. nutzbar ist. Auch diese Kreativität transformiert die ihm zugrundeliegenden Inhalte.[748] Die Gefühle werden nicht auf ihr In-der-Welt-Sein bezogen, sondern an ihnen ihre eigene Großartigkeit, Intensität usw. bewundert.[749]

Dem »Gerede« korrespondiert der »schöne Stil«, die eingängige Schreibe, die die Probleme in der Sache mit blendender Rhetorik überspielt[750] und weiß, wie man unterhält und animiert. Seinen Höhepunkt findet dies Kunsthandwerk in prunkvollen Feuilletons und Festreden.[751] Im Zustand der Bildung und des

748 Ästhetische Produktion und ästhetischer Genuß entlasten als Darstellung der Negativität vom Standpunkt des »Könnensbewußtseins« durch eine »Negation der Negation, welche auf dem Darstellenkönnen als einer befreienden Tätigkeit beruht« (Schulze 1985/393 und 396). Selbst noch die schockierendsten Sachverhalte geraten so zu ästhetisch Goutierbarem.

749 »Er (der Ironiker – Verf.) begeistert sich an aufopfernder Tugend, so wie ein Zuschauer im Theater sich daran begeistert. ... Er bereut sogar, aber er bereut ästhetisch, nicht moralisch. Er ist im Augenblick der Reue ästhetisch über seine Reue hinweg, prüft, ob sie poetisch richtig sei, ob sie geeignet sei zur dramatischen Erwiderung im Munde einer poetischen Figur« (Kierkegaard 1984/289). Noch die Selbstkritik des Dichters, die Broch im »Tod des Vergil« zur Darstellung bringt, »ist gierig, berauscht sich an der eigenen Fülle, schlägt um in dithyrambische Preisung des Versäumten, also der Welt und wird damit zum erneuten Versäumnis der eigenen Bestimmung. ... In der Verzweifelung über den Unernst dichterischer Existenz macht er (Broch – Verf.) diese Verzweifelung selbst zum Gedicht. Statt der Lösung der Schwierigkeit gibt er uns die Schwierigkeit in lyrischer Form« (Anders 1993/196).

750 »Der Rennradfahrer oder gar der Motorradfahrer weiß genau, daß er seine souveräne Gleichgültigkeit gegen kleine Unebenheiten des Bodens in Wirklichkeit nur seinem Tempo verdankt. So schützt der flüssige, ja manchmal schon dünnflüssige Stil den Schreibenden zwar vor der Konfrontation mit dem Boden seiner Sprache, aber nur, indem er ihn zugleich der Möglichkeit beraubt, die Einzelheiten der Beschaffenheit dieses Bodens und der von ihm zu fremd und nur wie auf der Flucht durchhasteten Landschaft noch kennenzulernen ...« (Erich Fried, zit.n. Zwiebelfisch Wagenbach Almanach 1990/91, S. 10f.). Vgl. a. Matt, zit. in der Einleitung.

751 »Er ließ seine warme Stimme in Wellen gepflegter Modulation über die Zuhörer rollen. Eine halbe Stunde lang schon hatte er sie mit dem Rauschen seiner Beredsamkeit eingelullt; sie folgten ihm jetzt überall hin und fraßen ihm aus der Hand. Und er führte sie in die Zauberwälder historischer Lebensformen, in die Höhlensysteme vergangener Mentalitäten und in die intellektuellen Labyrinthe bizarrer Denkmuster, bis er sie so verwirrt hatte, daß sich für die Dauer einer halben Stunde ihr vertrauter Alltag im Halbdunkel dieses rhetorischen Schattenreiches auflöste und den Blick auf eine Hinterwelt freigab, in der intensive, aber opake Bedeutungen wie Edelsteine aus dem Erdinneren hervorleuchteten. Seine Zu-

Bildungsdünkels denken Menschen nicht vorrangig etwas Bestimmtes und kommunizieren nicht mit anderen darüber. Denken und Kommunikation werden vielmehr zum Anlaß, Bildung zu verausgaben und auszustellen, die sich dann auch an diesem ego-zentrisch verbleibenden Horizont bemißt, nicht an dem, was sie in der Welt ist und erkennt.[752] Im gebildeten Kommentar zählt weniger die Sache und das Begreifen als das (unendliche) Abtragen der Selbstverpflichtung, sich auch ja als Meinungssubjekt nichts schuldig geblieben zu sein, ja keine Urteilsvakanzen und kein Brachland des Individuellen zuzulassen. Ich beschreibe mit »Bildung« einen Effekt, der die Inhalte des Thematisierten überwuchert und durchwächst. Wie der Clown sein Kostüm bedient, so folgt das ästhetisierende Denken seinen Stoffen, ihren Verselbständigungen, eigenen Verkettungen usw.[753] Auf der Grundlage der praktischen sowie intellektuellen sozialen Inkompetenz, das Aufbaugefüge der Gesellschaft zu erkennen oder gar bewußt zu gestalten, können die verschiedenen Sphären und Partikel der Wirklichkeit quer zu ihrer realen Ordnung miteinander kombiniert werden.[754]

Eine weitere Variante entsteht, wenn Produzent und Konsument des Kulturgenusses gewissermaßen in eine Person fallen, bspw. bei physiologisch indirekt

---

hörer waren in den Fängen ihrer Hingabebereitschaft. Sie traten aus ihren Chefbüros, aus den Konferenzsälen und Repräsentationsräumen ihrer Versicherungsimperien und Bankkonsortien und wollten nun, daß die Korridore von den Echos der Bedeutung widerhallten. Welcher Bedeutung war gleichgültig. Nur passen mußte sie zu ihrer Welt. Sie mußte sie mit Aura umhüllen, sie gleichsam doubeln durch eine zweite Welt der Hintersinnigkeit und Doppelbödigkeit. Geheime Türen mußten sich in der Tapete öffnen und überraschende Zugänge zu neuen Zimmerfluchten der Signifikanz eröffnen. Und Hanno verstand es, diese Türen mit der genau dosierten Geste erwarteter Überraschungen aufzustoßen. Das verlangte Takt, instinktives Balancegefühl und genaue Einschätzung des Gleichgewichts zwischen dem Zumutbaren und dem Stimulationsbedarf« (Schwanitz 1995/ 17f.).

752 »Überall schießen die ›Ideen‹ hervor, mit denen sich nichts anderes anfangen läßt, als sie zu diskutieren, die Diskussion ist die zugeordnete, angemessene Form der Außenverarbeitung. Diese Intellektualisierung und Subjektivierung einer vom Handeln abgefilterten Kultur ist das welthistorisch Neue, das ist die Luft, in der wir atmen« (Gehlen 1957/58). Vgl. a. Ruge 1985/567ff.

753 Merkel (1983/177) spricht von einer »impressionistischen Bilderoffensive«, die »in der Philosophie selten Schönheit, aber fast immer Verwüstung schaffe«, aber ein populäres Publikumsbedürfnis bediene, »dem noch die eigene Gedankenleere unter fremden Wortkaskaden zum kosmischen Erlebnis wird«. Der Strom der Bilder trage »über jenen geistigen Rand hinaus, an dem Gedanken und Logik abbrechen, um die Sprache als spukhaft entleerten Klangrausch weiterziehen zu lassen«.

754 Dabei läßt sich inzwischen auf die ganze Weltgeschichte zurückgreifen: »Nur dadurch, daß wir uns mit fremden Zeiten, Sitten, Künsten, Philosophien, Religionen, Erkenntnissen anfüllen und überfüllen, werden wir zu etwas Beachtungswertem, nämlich zu wandelnden Enzyklopädien« (Nietzsche KSA 1/273f.).

wirkenden sportlichen Betätigungen (vgl. Rittner 1983/236, 252[755]) und bei mit zusätzlichen Hilfsmitteln vom Walkman[756] bis zur Droge erzielten Effekten. Der Selbstgenuß des Individuums an seinen Sinnen, ihrer Sensibilität, Sentimentalität, Reichhaltigkeit, Brillianz usw. findet auch dort statt, wo im moralischen Raisonnement, in der menschlich-humanistischen Problematisierung hoher Bildungsgüter, im Politisieren usw. Inhalte Thema sind, die Weise ihrer Thematisierung aber wiederum weniger die menschlich-soziale gesellschaftliche Wirklichkeit wahrnehmen läßt, sondern die moralische Vortrefflichkeit und Güte der eigenen Absichten[757], die Gebildetheit und die politische Informiertheit oder Ausgewogenheit den Inhalt jener Erwägungskultur ausmachen. In ihr geraten alle bestimmten Inhalte aus der Welt zum Anlaß und Betriebsstoff nun wiederum dieser Kultur und ihrer beziehungsreichen Anspielungen. Noch die härtesten Zumutungen avancieren so zu einem lohnenden Gegenüber, das dieser Kultur als inspirativer Anlaß für Erörterungen und Kunstwerke fungiert. Für die Endlosigkeit des Kommentars, der Gesinnungsturnerei und moralischer Schönheitswettbewerbe ist also gesorgt. Jenseits und getrennt von den Gründen der starr-flexiblen Reproduktion der herrschenden gesellschaftlichen Wirklichkeit schlagen Intellektuelle Kapriolen um sie herum. Bildung ist vielleicht sensibel, bleibt aber ratlos – wenn auch auf hohem Niveau.[758]

---

755 Sportliche Betätigungen haben den »Nutzen, Realität zu schaffen, größere Anteile der Personen zu mobilisieren, Eigenschaften nahezu aus dem Nichts zu schöpfen und zu pflegen« (Rittner 1983/234). »Ist der Körper erst einmal plausibel in Bewegung gebracht, so verwickelt er das Ich unweigerlich und schnell in Ereignisse, Symptome, Zeichen und Erlebnisse und beschäftigt die Aufmerksamkeit« (ebd. 236).

756 »Die Alltagsgeräusche, der Krach aus der Umwelt, werden unterdrückt. Der Walkman-Benutzer empfindet die Musik, als sei sie in ihm. Es gibt keine lokalisierbaren Schallquellen, keine großen Lautsprecher, niemand, der mit Instrumenten Musik macht. ... Der Kontakt zur Umwelt wird nun vermehrt über das Auge hergestellt. Die Bedeutung des Sehens nimmt für den Walkman-Hörer subjektiv zu. ... Das Leben wird für den Walkman-Hörer zu einem Kinoerlebnis: Der Realitätsbezug nimmt ab, er kommt sich vor wie der Zuschauer eines Films. ... Und gerade dies ist es, was den Walkman so attraktiv macht, die rauschhafte Verfremdung des Alltags. Die Musik wird bewußtseinserfüllend wahrgenommen, der kognitive Anteil am Erleben, das bewußte Denken tritt in den Hintergrund. ... Der Walkman erlaubt es seinem Benutzer, im Alltag Stimmung zu schaffen, sich selbst zu inszenieren« (Möbius; Annen-Michel 1991/35).

757 Eine moralische Eitelkeit besteht darin, an allen Weltereignissen festzustellen, sie entsprächen den eigenen guten Absichten nicht. Die Vorstellung von den eigenen Idealen erlaubt bereits, von allen wirklichen Zusammenhängen abzusehen, ist man mit ihnen doch qua moralischem Bannspruch vorab fertig. Nicht die Arbeit für das gewöhnliche Gute ist hier Thema, sondern die Aufregung über das ungewöhnliche Böse wird genossen.

758 Sie thematisiert »das Substantielle nach der Seite der Uneinigkeit und des Widerstreits ... aber nicht nach der Seite dieser Einigkeit«, »versteht« also, »das Substantielle sehr gut zu

Neben der Beeindruckung und Anregung der Sinne und ihrem Ausdruck geschieht eine dritte Modulation im Gefühl. In der Empfindung steht die Lebendigkeit der Sinne im Vordergrund[759] nach Maßgabe ihres diätetischen Selbstverhältnisses. Das den Sinnen als bloßes Stimulanz Erscheinende solle nicht zur Überreizung, aber auch nicht zur Reizarmut geraten. Was von den Sinnen empfunden wird, was es damit in der Welt auf sich hat, verschwindet vor dem Resultat der Unterhaltung, der Anregung, Erregung usw. Die Bedingungen der Möglichkeit dafür, daß etwas anklingt in der Empfindung, verschwinden vor diesem Klang selbst. Im Gefühl nun bewertet das Individuum seine Empfindungen. Welche Bedeutung ein Ereignis für das Individuum hat, welche Gedanken, Aspekte und Vorstellungen es mit ihm verbindet, was bei der Begegnung mit der Umwelt für das eigene Wohlergehen als relevant bewertet wird und wie die Person die Hilfsquellen, die Kontroll- und Bewältigungsmöglichkeiten für die Situation einschätzt, all dies konstituiert das Gefühl. Die konstitutive Rolle von Kognitionen für Gefühle impliziert keine bewußte Reflexion oder Bewußtheit. Mit dem Gefühl verbindet sich die Mystifikation, es selbst zu etwas Unwidersprechlichem zu erheben und ihm eine autonome Quelle der Gewißheit zuzuschreiben. Gegenüber Gedanken, die das Individuum sich sozusagen gewollt und künstlich zueigen macht, kann das Gefühl auf die dem Individuum »eigenen«, ihm aber nicht notwendig unmittelbar bewußten Ansichten hinweisen. Dies zu bemerken ist etwas anderes als dem Gefühl eine eigene und auch dann noch tiefere Wahrheit im Vergleich zum Gedanken zuzuschreiben. Gewiß kann das Individuum sich nicht in jeder Situation weder seine Maßstäbe und Ansichten noch die Bewertung der Situation bewußt machen, die in das Gefühlsurteil eingehen. Das heißt aber nicht, in der Erklärung des Gefühls von dieser maßgeblichen Rolle der Kognitionen i.w.S. zu abstrahieren.[760]

In der Stimmung kommen die verschiedenen Sinne des Individuums zu einem Verhältnis untereinander, und es wird gefühlt, ob die Sinne harmonieren,

---

beurteilen, aber hat die Fähigkeit verloren, es zu fassen« (H3/390, vgl. MEW 23/528 Fn. 324). In den entsprechenden Erörterungen »ist eben darum so viele Selbstbefriedigung, weil das Bewußtsein dabei ... in unmittelbarem Selbstgespräch mit sich, nur sich selbst genießt, dabei zwar etwas anderes zu treiben scheint, aber in der Tat sich nur mit sich selbst herumtreibt« (H3/134). Ich verzichte hier auf die lohnende Rezeption von Nietzsches Bildungskritik. Vgl. Fleiter 1986.

759 Aufgesucht wird ein ähnlicher Effekt, wie Kant ihn am Traum bemerkt. Dieser sei »eine weise Veranstaltung der Natur zur Erregung der Lebenskraft durch Affekte«. Die »Lebenskraft« wird durch Träume »immer rege gehalten« (Kant 12/477).

760 Ich klammere hier eine eingehendere Diskussion verschiedener Gefühlstheorien aus und verweise auf Arbeiten, die dabei die konstitutive Rolle von Kognitionen für Gefühle darstellen: Schelp/Kemmler 1998, Petzold 1995, dort besonders der Aufsatz von Hoellen.

sich integrieren können, die einen Sinne die anderen stören usw. Auch hier wieder wird vom In-der-Welt-Sein der Sinne abstrahiert, und ihre Verträglichkeit untereinander sowie die Proportionen ihres Harmonierens avancieren zum Maßstab, der zurückwirkt auf das, was im Wahrgenommenen nun emotional für wahr gehabt wird.[761] Steht das Individuum unter dem Imperativ, daß es, insoweit es auf sich allein gestellt ist, in sich alles finden muß und dies auch intern zusammenstimmen soll, erwächst daraus wiederum eine Forderung. Auch hier stellt sich die Emergenz gegen ihre Momente. Nicht das, worauf sich sein Gefühl bezieht, sondern daß dieses Gefühl die gewünschte Stimmung nicht stören möge, wird dann zum Kriterium.

Eine vierte Modulation bezieht sich auf die intersubjektive oder gar gesellschaftliche Integration, nicht mehr nur die individuelle. Zwischen institutionalisierten Megastrukturen und unterinstitutionalisierter Privatsphäre ist die Gesellschaft durchzogen von Verknüpfungen der Sinne, die selbst zum Maßstab, zur inhaltlichen Vorgabe und zum Kriterium avancieren.[762] So entsteht ein Gemeinsinn von dem, was als Vitalität, Geschmack, Urbanität, Weiblichkeit, Männlichkeit, Jugendlichkeit usw. imponiert. Hinter dem Rücken der Menschen vernetzen und synthetisieren sich ihre hypostasierten und partikularisierten Erkenntnisvermögen, Sinne und Fähigkeiten, und die Resultate dieser Vernetzung geraten zur Voraussetzung der Verträglichkeit und allgemeinen Anerkennung der Sinne in ihrem gesellschaftlichen Stoffwechsel. Daß sich dieser Gemeinsinn heute zu vielen Sonderkulturen aufsplittert, die sich in einfacher Negation voneinander absetzen, daß sich ein ganzes multiperspektivisches Aggregat dieser Differenzen, Abzweigungen, Weiterverarbeitungen von Erfahrungsverarbeitungen usw. ergibt, ändert nichts an der Tatsache, daß hier ein und dieselbe Welt allerdings an verschiedenen ihrer Orte aus jeweils begrenzten Horizonten und hypostasierend auf andere Hypostasierungen blickend

---

761 Im Gefühl und in der Stimmung ist »nicht das von Bedeutung, *was* ein Mensch empfindet, sondern *wie* hierbei seine Befindlichkeit ist. Im Befinden eines Menschen wird so von der Empfindung abgesehen. Das heißt: dem Befinden wird ein anderes Sein als dem Empfinden zugesprochen. Beides wird voneinander getrennt und zu selbständigen Qualitäten gebracht. ... Das Befinden wäre wohl auch nur das Gefühl dessen, wo man sich befindet, wenn es darin nicht selbst schon um die Überwundenheit einer Empfindung ginge, einer Empfindung eben jener Isolation. ... Das Ziel des Befindens kann nur Wohlbefinden sein« (Pfreundschuh 1982b/41).

762 »Ihre Wahrnehmungen, Empfindungen und Gefühle werden selbst zum Bestandteil ihres ›gesellschaftlichen Verkehrs‹ und somit der Erkenntnis entzogen. Das Problem in der Kultur ist nicht nur die Beherrschung des Menschen durch die Sache, sondern v.a. die Beherrschung des Menschen durch die Versachlichung seiner Sinne« (Pfreundschuh 1984/43).

verarbeitet wird (vgl. a. II.7).[763] Welche Abstraktionen und Verbindungen in die Jugendlichkeit, Weiblichkeit usw. eingehen und weiterwuchern, was sich in ihnen wie verortet, welche Abstände, Anspielungen, Allianzen die Stärke des jeweiligen Gemeinsinns ausmachen, verschwindet vor der mit diesen Resultaten entstehenden Emergenz, die die Substantialität des Gemeinsinns ausmacht.[764]

Eine fünfte Modulation ergibt sich in Verhältnis der Individuen zum Gemeinsinn. Sie setzen ihn nie einfach um, sondern ihr Bemühen darum, ihr gefühlsmäßiges, ahnungsvolles und empfindungsreiches Partizipieren am Gemeinsinn ist bereits der Modus seiner Anwesenheit. Der Gemeinsinn läßt sich gewissermaßen nicht verwirklichen und bewahrheiten, weil das Streben nach ihm, sein Echo im Empfinden sowie die Erfüllung der Gefühle durch ihn schon seine subjektiv-individuelle Wirklichkeit und Wahrheit darstellt.

Die Menschen nehmen in einer Gesellschaft, die durch den abstrakten Reichtum bestimmt ist, dessen negative Folgen für sie nur abstrakt wahr. Sie sind gezwungen, dagegen eine Lebenswelt sich zu errichten, die sich nicht nur nicht durch die Gegenseite stören lassen darf, sondern auch diese noch zur Bedingung und zum Mittel ihrer eigenen Existenz stilisieren muß. Wogegen die Beteiligten sich richten, dies bleibt ebenso abstrakt im Modus der Vorstellung und Ahnung wie das, wofür sie in vermeintlich eigener Sache eintreten. Die Konkurrenz, die Anonymität, die Indifferenz in der Außenwelt wird bspw. mit einer familial-zwischenmenschlichen Gegenwelt des Miteinander, Füreinander und Zusammen beantwortet. Nicht nur »Außenwelt« und »Heimat« bleiben zueinander in einem abstrakten Verhältnis. Unter gegebenen Bedingungen des abstrakten Reichtums sind auch die Mittel gar nicht dafür vorhanden, die schein-

---

763 »Die so entstehenden Szenen, Lebensstilgruppen etc. organisieren sich um die jeweils angewandte Verarbeitungsweise gesellschaftlicher Probleme und die zugrunde liegenden Problemdefinitionen herum; sie realisieren sich als Effekt verschiedener Interpretationen, erscheinen aber als Ausdruck subjektiver Eigentlichkeit, wenigstens jedoch als Befreiungsversuch von Uniformität, Bevormundung, als authentische Suchbewegung« (Homuth 1992/71f.).

764 »Man erkennt, daß sich ein kulturelles Netz über den städtischen Sozialkörper legt, das soziale Konflikte und gesellschaftliche Polarisierungen nur ausschnitthaft und mehrfach gebrochen darstellt. ... Das Kulturelle gewinnt die Bedeutung eines pseudokonkreten Orientierungssystems« (Homuth 1987/104f.). Pfreundschuh faßt die Kultur ästhetisierter Sinne als »Sein von Erkenntnis, also nicht als erkennend, aber als Erkenntnis enthaltend. ... Menschliche Erkenntnis tritt in der Kultur nur geteilt auf, weil die Kultur aus getrennten Sinnen besteht. Die Sinne werden in ihrer selbständigen Daseinsform in das Verhältnis gebracht, das sich nur außer ihnen darstellt und entfaltet« (Pfreundschuh 1979/1). »Es ist der Sinn, der sich in dem Leben bewährt, worin sich die Menschen ihres Lebens ungewiß sein müssen, aber zugleich der Sinn, den sie darin haben müssen« (Pfreundschuh 1978/XXXII).

bare Heimat zu errichten. So biegt sich die Aufmerksamkeit der Menschen zurück auf das, was sie tun, damit das, was sie wollen, realisiert wird. Da das Bewußtsein von den Hindernissen, von den Zielen und von den Mitteln abstrakt
ist, von allem nur Ahnungen, Vorstellungen, Bilder usw. existieren, bleibt allein
die Bedeutungshandlung übrig. Nicht die konkrete Familie hat sie im Sinn, sondern die Familiarität. Nicht das bestimmte Begreifen eines Problems oder die
bestimmte Erkenntnis, sondern die Verständnishaftigkeit oder Begrifflich- und
Wissenschaftlichkeit.[765] Nicht Gegenstand, Mittel, Gründe, Probleme des Tuns,
sondern die Engagiertheit.[766] Die Familie und Zwischenmenschlichkeit werden
zum Symbol für ein Füreinander, die Arbeit zum Symbol für eine sinnvolle Tätigkeit[767], technische Kompetenzen zum Symbol für die Gegenwart des eigenen
Könnens (vgl. Lefebvre 1978/245f., Harms 1982/73f.), Politik[768] zum Symbol
für Gestaltung usw. Die Individuen rücken zu ganzen Personen auf – in einer
Art jubilatorischer Identifikation mit jener imaginierten Ganzheit, die dem

---

765 »Reflexionshaltige, an Reflexion appellierende Formulierungenn treten haufenweise auf.
Fast verheddert man sich darin oder spürt zuweilen die Gefahr, daß Reflexion zur Geste
wird, zum Als-ob« (Narr 1991/224).

766 Vgl. Hegels in III.6 zitierten Bemerkungen zur Moral.

767 Nicht nur in der Behindertenwerkstatt wird dann Arbeit von ihren Wirkungen auf das Subjekt nur nutzbar gemacht und zum Symbol ihrer selbst. »In ihrem Ausgreifen geht sie die
Trennung an. In ihrer Tätigkeit beendet sie den passiven Zustand. In ihrem Formieren ersetzt sie die Mächte durch ihr eigenes Werk« (Drüe 1976/366).

768 Die Politik wirft die Stilisierung des Individuums zum Subjekt voll »eingebildeter Souveränität« und »unwirklicher Allgemeinheit« (MEW 1/355) ab – »der Mensch als allegori-
sche, moralische Person« (MEW 1/370). Politische Arbeit an und in der Gesellschaft, die
nicht auf diese »Selbstkonsekration« (Bourdieu 1992/180) achtgibt, verkehrt sich zum mit
guten Vorsätzen begleiteten Dienst am Politischen. Die Demut der Dienstmänner ihrer jeweiligen großen Sache gegenüber und der Dünkel, wenigstens *ihr* Knecht zu sein, schlagen ineinander um. Für die vom Politischen Erfüllten hat sich die politische Befreiung
(MEW 1/354f.) schon ereignet – im Citoyenenthusiasmus: Die Politik erhebt zu einer
»Sphäre des Gemeinwesens, der allgemeinen Volksangelegenheit in idealer Unabhängigkeit von jenen besonderen Elementen des bürgerlichen Lebens« (MEW 1, 368). Schon der
politische Blick auf die Welt verbindet sich mit einer Pseudosouveränität (vgl. Negt,
Kluge 1981/816, 818, Bourdieu 1982, 8. Kapitel, insbesondere 699). Diese »Transsub-
stantiation« (MEW 1/280) ereignet sich auch im Recht und in der Moral, beides Sphären,
in die die Beteiligten »versetzt« werden (MEW 18/237), die die Angelegenheiten des
Alltags »transponieren«, so daß die Menschen sich aus ihnen herauszuarbeiten haben. In
bezug auf bspw. das Recht können sie ihre »Lebenslage nur vollständig selbst erkennen,
wenn sie die Dinge ohne juristisch gefärbte Brille in ihrer Wirklichkeit anschau(en)«
(MEW 21/494).

Individuum durch Partizipation an der jeweiligen Gestalt des Gemeinsinns zuteil wird.[769]

So stark ist der Druck, gegenüber den gesellschaftlichen Abstraktionen und Verselbständigungen eine menschliche Gegenwart zu erzielen, daß eine andere als pragmatische Kritik nicht nur nicht möglich erscheint, sondern als ausdrücklich unerwünscht gilt. Wer anders bspw. an die Familie herangehe, so heißt es, brauche sie erst gar nicht zu gründen. Die Individuen betätigen sich als kleine Konstruktivisten. Die Kritik, die nach der Wirklichkeit, nach dem tatsächlichen Bewirken, nach den Gründen von Wirkungen und Tätigkeiten usw. fragt, gilt als Grund dafür, daß nicht zustandekommt, worauf man es absieht. Der Wille zum Auskommen mit dem Bestehenden zwingt zur imaginären Abspaltung des nicht subjektiv Lebbaren. Der Wille zum Genuß fokussiert das Genießbare, baut Genußmöglichkeiten auf, und ihm gilt als Lebensklugheit, vom Ungenießbaren abzusehen und für jeden erhofften Effekt das richtige Stimulans zu kennen.[770] Der Wille zum Verstehen der abstrakten Wirklichkeit macht sie verständlich und verlagert seinen Verstand an die Stelle des zu Begreifenden. Die Vorstellung, daß der Verstand die Welt verständlich und die Familie und Zwischenmenschlichkeit die Welt lebbar machen, wendet sich gegen jede Befragung, die nicht nur einem Optimierungsinteresse folgt, sondern grundlegend ansetzt.

Die Vorstellungen vom zu Genießenden werden selbst genossen und machen das Genußobjekt zum Anlaß ihrer Veranstaltung. »Der Tourist in Venedig verschlingt nicht Venedig, sondern Reden über Venedig. Dem Tourismus, dem Konsumenten in der Masse, den Zuschauern liefert man die Stadt, die Schönheit, die Natur oder die Naturalität.« Diese »Rede« »enthält die Wesen, die Entitäten, die Formen, indem sie vorgibt, daß man zu ihnen Zutritt hat. ... Der

---

769 Im Gefühl und im Gemeinsinn sind Bewußtseinsinhalte über Beziehung, Familie, Kultur, Arbeit usw. unterstellt. Wenn Gefühl und Gemeinsinn hier innerhalb einer Skizze der Kultur ästhetisierter Sinne Thema sind, so nicht, um sie darin aufgehen zu lassen. Ebensowenig ist zu übergehen, wie die bereits skizzierten Individualitäts- und Subjektivitätsformen Gefühle und Gemeinsinn konstituieren. Vielmehr soll auf die ästhetisierenden Momente an vermeintlich bspw. als nur moralisch erscheinenden Auffassungen hingewiesen werden. Ohne diese ästhetisierenden Momente fehlt den genannten Bewußtseinsinhalten das, was den spezifischen Modus ihrer subjektiven Präsenz ausmacht. Er geht in den Urteilen, die in jeder Lebensform impliziert sind, nicht auf. Das Bewußtsein bezieht sich über i.w.S. ästhetisierende Formen auf die Wirklichkeit und auf sich selbst. »Die ästhetische Abstraktion löst Sinnlichkeit und Sinn der Sache von dieser ab und macht sie getrennt verfügbar« (Haug 1970/152). Vgl. auch Link 1982ff zu einer Teilmenge davon, den rhetorischen und dichterischen Momenten der Kollektivsymbolik.

770 Vgl. Brupbacher 1979/29ff. zu einem Verständnis von Rezeption, das gewiß nicht den anspruchsvollen Kunstgenuß trifft, aber dafür dessen »seelendiätetische Verwendung.«

Metasprache und ihrem Gebrauch durch und für den Konsumenten entspricht die neuplatonische Vision« (Lefebvre 1972/186f.).[771] Aus der Psychoanalyse ist bekannt, daß die beharrliche theoriegeleitete Besprechung der Träume diese selbst verändert. Die Scherzfrage lautet dann: »Träumen Sie nach Freud oder Jung?«[772]

Das Leben im Bild[773] und in der Vorstellung, das Im-Bilde-Sein und das Sein in der Metasprache wollen es nicht zu genau wissen, um autoplastisch das Gemüt zum Ausgangs- und Endpunkt der Aktivitäten des Individuums zu machen. Nicht die konkreten Verbindungen in der Familie und Zwischenmenschlichkeit, sondern ihre Stimmungen und Verheißungen sind dann Thema. Wer es so bei der Vorstellung einer Sache beläßt, möchte an ihrem Image partizipieren und sich ihre Verheißungen nicht zerstören.[774] Der Wille zum Gelingen formt die Aufmerksamkeit für das eigene Tun so, daß es das Tun und den Weg selbst schon zum Ziel erhebt. Die auf ihr reales Ziel, das selbst nur eine Vorstellung ist, nur im Modus der Vorstellung bezogene Tätigkeit wird zum Symbol ihrer selbst. Und wer auf dem Weg ist, sich bemüht, der muß nicht etwas erst realisieren, er hat ja schon das realisiert, was sich realisieren läßt. Beim Bewirkenwollen sei die technizistische Machbarkeitsillusion nicht fern. Sie verfehle, was sich nur ereignen könne, insbesondere jene Zustände, die allein als Neben-

---

771 »Die Rede wird, als Form der Kommunikation, auch zu deren Instrument und Inhalt. ... Je mehr das Referentielle verschwimmt, um so mehr wächst die Bedeutung der Metasprache. Die Metasprache verdrängt die Referentiellen und löst sie auf, da sie Operationen zweiten Grades auf die Rede ausführt. ... Jedes fallende Referentielle befreit freigelegte, losgelöste und infolgedessen verfügbare Signifikanten. Die Metasprache bemächtigt sich dieser Signifikanten« (Lefebvre 1972/164, 181).

772 Vgl. die umfassende Kritik am Fiktionalismus der Psychoanalyse bei Pohlen, Bautz-Holzherr 1995. Castel bemerkt, in der Psychoanalyse werde der Sex »so stark von Zeichen und Symbolen überdeckt, daß er seinerseits mehr Zeichen und Symbol ist denn Wunschposition. ... Die Psychoanalyse ist vielleicht dabei, neue Daseinsformen, einen neuen Lebensmodus zu erfinden: die durch und entsprechend dem Modus des Diskurses erlebte Sexualität. Auch die Angst und die anderen Effekte werden im wesentlichen als Diskurs erlebt. ... Bedeutet dies nun, daß ›das Unbewußte wie eine Sprache strukturiert‹ ist oder daß die Sprache als Existenzmodus das Unbewußte und die Existenz verschlingt?« (Castel 1976/90)

773 »Weltbild ... meint daher nicht ein Bild von der Welt, sondern die Welt als Bild begriffen. Das Seiende im Ganzen wird jetzt so genommen, daß es erst und nur seiend ist, sofern es durch den vorstellend-herstellenden Menschen gestellt ist« (Heidegger 1980/87). »Vorstellen bedeutet hier: das Vorhandene als ein Entgegenstehendes vor sich bringen, auf sich, den Vorstellenden, zu beziehen und in diesen Bezug zu sich als den maßgebenden Bereich zurückzwingen« (ebd. 89).

774 »Überfüllung des Vorstellungsraumes« bei gleichzeitiger »Verarmung des Handlungsumkreis« (Freyer 1957/295).

produkt (Elster 1987)[775] Wirklichkeit erlangen können. Auch alle »kritischen« Auswege scheinen wiederum nur in *Bilder* des Aufrührerischen[776] und der Distanz[777] zu führen.

Als weiteres, viertes Charakteristikum der Kultur ästhetisierter Sinne ergibt sich aus dem bisher Gesagten die Isolation ihrer Gehalte.[778] Der Kulturgenuß sieht es auf Stoffe ab, die absehen von ihrer Konstitution in der Welt.[779] »Formgebung, das ist auch eine Art der Verleugnung des wahren Charakters von Gesellschaft und sozialen Beziehungen« (Bourdieu 1982/317). Die Äußerung wird vom Äußernden getrennt, die Beeindruckung vom Beeindruckten und die Wirkung ebenso als Effekt von dem, was sie zeitigt, wie von dem, der eben nur mit ihm ankommt.[780] Wie beim abstrakten Reichtum nisten sich in die Indifferen-

---

775 Pothast (1998/254) kritisiert zu Recht an diesem Ausdruck, daß er nicht zwischen gesetzmäßig und unerwartet zustandegekommenen Effekten unterscheidet. Ich klammere die in diesem Buch enthaltenen Anregungen für Teil III aus.

776 »Rocker, Freaks und Pop-Stars gehören naht- und nietenlos zusammen als Ausdruck dieses stilisierten Aufrührerischen, das seinen Beweis nur in schwarz gerahmten Bildern oder Starpostern ... gibt. ... Diese ewig selben dummen Sprüche der Musikstars (Ich hab's im Gefühl, wir müssen da was ändern, mir fehlen aber die Worte)...« (Revolte 18/19 1977/4). Vgl. auch zur Ästhetisierung des Protests Jürgens 1970. »Der Sinn einer Publikumsbeschimpfung ist nicht, das Publikum zu beschimpfen, sondern den Zustand ›Publikumsbeschimpfung‹ zu schaffen. So wie das Ziel der Forderung ›Alles weg‹ nicht ist, alles abzuschaffen, sondern alles so zu belasssen, wie es ist, mit mir selbst inmitten, ›Alles weg‹ fordernd« (Cardorff 1992/57f.).

777 Vgl. bspw. die »hoffnungslose Sehnsucht, schnoddrig lässiger Hochstapler und Allroundman sanft dahinströmenden Lebens zu sein«, wie sie Boeckelmann (1976/182f.) 1964 an Elvis Presley und Peter Kraus bemerkt: »das Leben mit der linken Hand, das mühelose Siegen, die tänzelnde Selbstsicherheit und die müden Genüsse des Lebenskünstlers und Schwerenöters. ... Wurschtigkeit gegenüber allen Ereignissen« (ebd.).

778 Vgl. auch Bohrers (1981) Analyse der Augenblicklichkeit und Plötzlichkeit des Kunstgenusses. Die Gegenwart durch die Hofferei auf die Zukunft und das Schwelgen in der Vergangenheit oder ihrer grüblerischen Vergegenwärtigung zu verfehlen ist das eine, dies durch eine Hypostasierung des schönen Moments zu beantworten das andere. Vgl. dazu auch II.4.

779 Vgl. oben Anders' Bemerkung über die ästhetische Wahrnehmung von Religionen. Vgl. Lefebvre 1972/183: »Was erkennt man nicht alles auf Ihrer (Picassos - Verf.) Leinwand? Velasquez, die spanische Malerei und Negerkunst, den griechischen Geist und das Mittelmeer und Minotaurus und was noch? Entkommt Ihnen nur der Ozean? Sie sind das verwirklichte imaginäre Museum persönlich. Sie machen einer Welt ein Ende. ... Hier sind die Jahrhunderte vor Ihnen, auf ihre Elemente reduziert, geschleift, aus den Fugen gebracht, großartiges und trügerisches Spiel.«

780 Im Unterschied zu einer Gesellschaft, in der es keine Maler gibt, höchstens Menschen, die auch malen (MEW 3/379), ist es heute »ein Unterschied, ob ein Mensch ein Lied singt, oder ob er als Sänger unter den Personen erkannt wird. Sein Schicksal ist dann nämlich, daß er nur als Sänger eine Seele hat, daß er also durch den Gesang beseelt gilt, und somit

zen Abstraktionen ein, die die Akteure in einen sich ihnen gegenüber verselbständigenden Prozeß verstricken. Die Ignoranz des Konsumenten gegenüber den Gründen, die den Produzenten produzieren lassen, steigert sich beim Kulturkonsumenten noch.[781] Kultur beinhaltet »die wechselseitige Beziehung der Inhalte, die für sich Epochen, Abschnitte oder Momente eines sich selbst ungewissen Lebens wären. In ihr und durch sie wird gerade der Lebensinhalt des einen zur sinnlichen Form des Lebens für den andern« (Pfreundschuh XXXIVf.). »Das Spektakel vereint, was getrennt ist, aber nur als getrennt« (Debord 1971/ § 29).

Ihre Vollendung findet die Theorie der gesellschaftlichen Verselbständigung in der Verselbständigung der Sinne[782], in der »die Sinne getrennt von ihrer eigenen Wirklichkeit und Wirkung als Form des Menschen für sich existieren« (Pfreundschuh 1978/XXXII). Die Komplexität und Widersprüchlichkeit der Beanspruchungen der Individuen in einer Welt, die durch den abstrakten Reichtum strukturiert ist, führt zu einer Hypostasierung von Sinnen. Einzelne menschliche Sinne werden treibhausmäßig entfaltet, andere bleiben un- oder unterentwickelt. Manches bleibt dem Bewußtsein entzogen und geht geheime Verbin-

---

z.B. vom Denken, Reden usw. getrennt ist. Es ist genauso wenig seltsam, wenn ein Mensch denkt oder wenn er spricht usw.; aber als Denker oder Redner usw. ist er nurmehr Teilhaber einer Persönlichkeit, welche in keiner Person existiert, aber durch alle Personen gebildet wird« (Pfreundschuh 1978/12f.).

781 »Was ist ein Dichter? Ein unglücklicher Mensch, der tiefe Qualen birgt in seinem Herzen, aber seine Lippen sind so gebildet, daß, derweil Seufzen und Schreien über sie hinströmt, es tönt gleich einer schönen Musik. Es geht ihm gleich den Unglücklichen, die man im Ochsen Phalaris langsam peinigte mit sanftem Feuer, ihr Schrei konnte nicht hindringen zum Ohre des Tyrannen, ihn zu erschrecken, für ihn tönte es gleich einer süßen Musik. Und die Menschen scharen sich um den Dichter und sprechen zu ihm: Singe bald wieder, das will heißen: möchten doch neue Leiden deine Seele martern, und möchten deine Lippen beständig gebildet sein wie bisher; denn das Schreien würde uns bloß ängstigen, aber die Musik, die ist lieblich« (Kierkegaard 1979a/19). »Er arbeitet nicht wie jemand, der arbeitet, um zu leben, sondern wie einer, der nichts will als arbeiten, weil er sich als lebendigen Menschen für nichts achtet, nur als Schaffender in Betracht zu kommen wünscht und im übrigen grau und unauffällig umhergeht, wie ein abgeschminkter Schauspieler, der nichts ist, solange er nichts darzustellen hat. ... Gute Werke (entstehen) nur unter dem Druck eines schlimmen Lebens«, so »daß, wer lebt, nicht arbeitet, und daß man gestorben sein muß, um ganz ein Schaffender zu sein«, so Thomas Mann (1986/321) in »Tonio Kröger«. Diese Charakterisierung weist auch auf ein weitverbreitetes aktivistisches Mißverständnis des arbeitenden In-der-Welt-Seins hin. Vgl. a. die Gestalt des Malers Frenhofer in Jacques Rivettes Film »Die schöne Querulantin«.

782 Mit Feuerbach (1978) wäre zu diskutieren, inwieweit die christliche Religion bereits die Verselbständigung und den eigenen Genuß des Gemüts (ebd. 99f., 197f., 203), der Phantasie und Einbildungskraft (211, 213, 223) und des Bildes (8, 26, 136, 140, 280) darstellt.

dungen ein. Was nicht bewältigt wird, verelbständigt sich, arbeitet oder spukt weiter. Es kommt zur »Überschwemmung mit fremdgesetzten Reizen« und zur »Affektüberlastung.« Beide »werden durch eine Innenverarbeitung und ›Psychisierung‹ bewältigt, die außenprovoziert ist, ohne es zu wissen. Die Affekte können ja auch gar nicht mehr an der Außenwelt festgemacht werden, weil diese viel zu versachlicht und symbolentleert ist« (Gehlen 1957/58).

Die Kultur ästhetisierter Sinne ist eine gigantische Wiederaufbereitungsanlage. Was an Fähigkeiten und Sinnen in der gesellschaftlichen Maschinerie vernutzt und verunstaltet wird, gerät in seiner Erschöpfung, Zersplitterung und Innerviertheit als Resultat zur Voraussetzung eines zweiten Prozesses, in dem aus der Armut des In-der-Welt-Seins und aus der Disparatheit der in den abstrakten Reichtum eingespannten menschlichen Sinne die Fülle und Verdichtung eigener Gegenwart entsteht. Vieles von dem, was sich auf der Seite der Individualitätsform als Vereinseitigung, als Isolation, als Verwirrung, als Weltlosigkeit des Individuums zeigt, avanciert in den Subjektivitätsformen des Kulturgenusses zur Quelle ästhetischer Fremd- und Selbstbeeindruckung. Der Nachhall von etwas, dessen Konstitution gesellschaftlich nicht gestaltet und nicht erkannt wird, gewinnt ebenso zauberhafte Qualität wie die Vorstellung und das Bild von etwas, das wir nur von ferne und von seiner Außenseite her wahrnehmen.[783] Die Verankerung eines realen In-der-Welt-Seins entfällt bzw. wird dem Fühlen, Wahrnehmen, Denken, Empfinden usw. nicht mehr präsent. Es wird nicht mehr als Moment des tätigen und kooperativen gesellschaftlichen In-der-Welt-Seins aufgefaßt, sondern als Resultat ohne Vergegenwärtigung seiner Konstitution. Dieser Schein gewinnt nun eigenständige Qualität. Das ästhetisch

---

783 Ich klammere hier die Auseinandersetzung darüber aus, was die Bilderflut der Medien impliziert. Für Günther Anders (1980 Bd.2/250) heißt die »Hauptkategorie, das Hauptverhängnis unseres heutigen Daseins *Bild*.« Mediale Bilder gehen einher mit einer Selbstbeglaubigung, vermeintlichen Offensichtlichkeit und hohen Einprägsamkeit. Sie suggerieren Nähe und absentieren mit ihrer Telepräsenz die für Wahrnehmung und Reflexion nötige Distanz. Vgl. auch Anders' (1980, Bd. I) Analysen der künstlichen Nähe der Rezipienten zu den Phänomenen, deren »Verbiederung« (ebd. 116ff.), der in der erscheinenden Unmittelbarkeit nicht mehr aufscheinenden Selektivität und Konstitution des Bildes, der Wahrnehmung von Wirklichkeit nach Maßgabe ihrer Eignung zu medialer Präsenz (vgl. ebd. 190f.), der Verwandlung des Abgebildeten nicht nur zu einer »Vorstellung«, sondern zu einer »Vorstellung für mich« – inklusive »der Attitüde, die Welt, in Meines, in Unseres, in etwas Verfügbares, kurz in ein Possessivum verwandelt« (ebd. 112). »Wenn die Welt zu uns kommt, statt wir zu ihr, so sind wir nicht mehr ›in der Welt‹, sondern ausschließlich deren schlaraffenartige Konsumenten. ... Wenn sie zu uns kommt, aber doch nur als Bild, ist sie halb an- und halb abwesend, also phantomhaft. ... Wenn sie uns vernehmbar ist, aber nur das, also nicht behandelbar, sind wir in Lauscher und Voyeurs verwandelt...« (ebd. 111) und in »Massenermiten« (ebd. 102). Vgl. auch Anders 1980, Bd. II/248ff.

i.w.S. genossene Gebilde, dessen Konstitution nicht gewiss wird, führt zur Auseinandersetzung mit dessen eigener Materialität. Der Nachhall, die Vorstellung, das Bild, der Eindruck und der Affekt setzen nun eine eigene Produktivität frei bzw. geben zu ihr Anlaß.[784]

Gerade diese Fragmentierung stellt sich von der Seite ästhetischer Produktivität als günstiges Material an zu verfremdenden Stoffen oder Stoffen der Verfremdung dar. Die Außenwahrnehmung ermöglicht das Spiel mit dem Schein, die Kultivierung der Vorstellung und des Bildes. Der Abstand zur Welt und die Weltlosigkeit eröffnen gerade neue Welten der Ahnung, Anspielung und Andeutung. »Jede Seite der Trennung schließt die andere, die ihr Imaginäres wird, aus« (Baudrillard 1982/210). Die Distanz wird gefeiert als ästhetisch produktive Form menschlichen Kontakts[785], die Außenwahrnehmung avanciert als

---

784 Es kommt zu einer allgemeinen Hysterisierung, zu einer gebärdenhaften Isolation des Ausdrucks und zu einer Kultivierung der Selbststilisierung und der Auftritte. Ohne den Unterschied zwischen der Beschreibung eines Krankheitsgeschehens und der Skizze einer kulturellen Basisströmung zu übergehen läßt sich doch deren Richtung unter Rekurs auf psychologische Charakterisierungen verdeutlichen. »Der Affekt, insbesondere in seiner Verstärkung und Grenzenlosigkeit, wird unbewußt für defensive Ziele eingesetzt oder ausgenutzt, um der kognitiven Einsicht emotional getönter Vorgänge und der rationalen Anerkennung aufklärender Zusammenhänge zu entgehen« (Valenstein zit. n. Hoffmann 1979/218). »Die Emotionalisierung, die Exaltiertheit, das Sichhineinsteigern in angeblich heftige Affekte usw. (haben) hauptsächlich die Funktion, eine gefühlsmäßige innere Leere zu kompensieren. Man gewinnt den Eindruck, daß solche Menschen, weil sie wenig erlebnisfähig sind, einen ausgesprochenen Erlebnishunger haben oder sogar emotions- und sensationssüchtig werden« (Mentzos 1980/84f., vgl. a. 52). Allerdings ist Hysterie nicht einfach Normabweichung oder Abwehrmechanismus, sondern auch »polare Gegenbewegung gegen eine in diesem Fall übermäßig auf Echtheit, Seins-Identität, ›Identitäts-Verfassung‹ ausgerichtete Lebenskonzeption – ähnlich derjenigen, die Kraus (1977) im Anschluß an Tellenbach (1976) für den Typus melancholicus‹ herausgearbeitet hat« (Blankenburg 1977/177).
Hysterisierung ergibt sich auch als Effekt einer »Sensibilisierung bzw. artifiziellen Durchgestaltung von sonst weitgehend automatisch ablaufenden Funktionen«, z.B. der Atmung und der Sprache. Diese Verselbständigung von Sinnen und Fähigkeiten läßt »einen funktionellen Leerraum entstehen, den sich nicht nur das bewußte Ich etwa zur Steigerung der künstlerischen Ausdrucksfähigkeit zunutze machen kann, sondern auch ungewußte Egoität«. Die »Dissoziation einzelner Funktionen« in Ausbildungen bspw. zum Gesangspädagogen, Stimmbildner, Atemtherapeut, Schaupieler usw. erklärt mit, warum »in den zuletzt genannten Berufen Persönlichkeiten mit hysterischem Einschlag überrepräsentiert zu sein scheinen« (Blankenburg 1980/354). In der kulturellen Hysterisierung hat sich dieses Phänomen über die beschriebenen Berufsgruppen hinaus verallgemeinert.

785 Die Geselligkeit ist »eine leichte, meist flüchtige Bindung der Menschen, in der weder die realen Bedürfnisse noch die Berufsangelegenheiten voranstehen, sondern nur die fremde Art des Aufnehmens und Sichdarstellens genossen wird. Menschen berühren sich hier durch das Medium von Ausdruck und Eindruck; es entsteht für den Moment eine Syn-

Bild ästhetisch zum Ausgangspunkt. Diese Kultur spielt mit dem Schein als den Resultaten, deren Konstitution ihnen nicht mehr ansichtig ist. Ästhetische Werte sind »nicht Werte, die uns mit Aufgaben belasten, an denen ein Sollen, eine Tendenz zur Realisation zur Verwirklichung hängt« (Hartmann 1952/184). Diesen ästhetischen Werten entspricht ein voyeuristischer Genuß »ohne das moralische Interesse, ohne Verantwortlichkeit und ohne das Interesse am Besitz der Sache, am Habenwollen« (ebd./186).[786]

So »fremd unsere Not« den Kulturdingen ist, »so fremd ist sie in solchen Augenblicken uns selbst. Die Welt als Vorstellung ist dann allein noch übrig, und die Welt als Wille ist verschwunden« (Schopenhauer 1986/283). Das Individuum weiß sich von seinen Interessen und dessen Schädigungen distanziert. In der Kultur läßt sich alles kultivieren und ästhetisieren, also isolieren, verfremden, zum Genußstoff aufbereiten – bis hin zum Krieg.[787] Dieser »Drang der ästhetischen Ausbeutung jeglichen Erlebens ohne Rücksicht auf seine Herkunft« war grenzenlos. Sich selbst überbietend reicht er bis zur »Zurücknahme der Kunst selber, da auch sie ... noch durch ein Abstraktes, Allgemeines, durch Sinn entfremdet erscheint. ... An die Stelle der Kunst treten direkt und formlos zu lebende ästhetische Zustände, geschaffen durch den Rückgang in eine hermetische Innenwelt objektloser Gleichgewichtszustände; das ist ein ästhetischer Vitalismus, in dem der ›Chauvinismus des imaginativen Ich‹ (Bohrer) die Wiederkehr des Gleichen erzwingen will« (Furth 1991/84).

---

these, eine Seelenverschmelzung; aber sie ist völlig ›unverbindlich‹ und erinnert an das Schmetterlingsspiel« (Spranger 1925/176). Plessner (Grenzen der Gemeinschaft) und Sennett (Die Tyrannei der Intimität) werten diese Form auf.

786 »Alles ästhetische Verhalten (ist) begehrungslos.« Es geht um »ein rein seelisches Schauen, ein Wandern und Sichwandeln der Seele in der Mannigfaltigkeit der gegebenen oder geträumten Gegenstände. Die reale Berührung mit der Welt ist immer leidenschaftlich; in ihr tobt der Kampf ums Dasein, der materielle wie der geistige. Aber es gibt ein zweites Erleben, in dem der Schmerz ebenso genußvoll wird wie der Jubel, das Leiden ebenso beseligend wie das Frohsein« (Spranger 1925/166). Das »Licht«, das dem Tragiker im Kampf mit dem Dunklen zu unterliegen scheint, »leuchtet aber noch mit ästhetischem Glanze nach« (ebd. 191). Karl Förster (Erinnerung und Hoffnung): »Was vergangen ist, kehrt nicht wieder./Aber ging es leuchtend nieder,/leuchtet es noch lang zurück.«

787 Vgl. zur Ästhetisierung des Krieges Marinettis Manifest zum äthiopischen Kolonialkrieg (zit. bei Benjamin 2/507) und E. Jüngers Notiz im zweiten Pariser Tagebuch vom 27.5. 1944 zum Bombardement von Paris. Menke (1996/288ff.) arbeitet an einer anderen Tagebuchpassage Jüngers heraus, daß die ästhetische Wahrnehmung nicht die spezifische Einklammerung eines ethisch sensiblen Wahrnehmens bedeutet, dies nicht einfach hintanstellt und zeitweise dispensiert, sondern vielmehr aktiv suspendiert. Vgl. auch zur Kälte des ästhetischen Genusses Hoffmann-Axthelm 1974/54f., vgl. auch Weber RS I/204, 555, zit. am Schluß von III.8.

Wo die kulturell genossenen »Phänomene« nicht in der Welt verstanden werden, aus der sie sich konstituieren, sondern eine eigene Welt aus ihrer eigenen erscheinenden Materialität konstituieren, entsteht ein Verstand, der ihnen immanent bleibt. Zur Isolation tritt die autoplastische Ergänzung zur guten Gestalt aus eigenem Stoff. Die Isolation und Abstraktion ist nicht allein nur privativ, sondern arbeitet weiter und wird schließlich selbstreferentiell. »Alles, was einem Menschen gewiß sein kann, wird zur reflektierten Form: Das Leben als Erlebnis gefaßt, das Fühlen als Gefühl, das Begreifen als Begrifflichkeit, der Verstand als Verständnishaftigkeit wird zum Attribut des Umgangs und zugleich zu einem Gegenstand, mit dem man umgehen kann« (Pfreundschuh 1982b/41).[788] Was in der Individualität noch als Schranke verspürt wurde, zieht in der Subjektivität als Ausdruck des eigenen Selbstseins Bejahung auf sich. Der Maßstab der Subjektivität ist die Überwindung des Schmerzes, den die Individualität mit ihrem Involviertsein in die Welt mit sich bringt. Bei jedem In-der-Welt-Sein läuft die Selbstreferenz des Individuums mit, wie es sich in seinem Involviertsein in die gesellschaftliche Gestaltung entwickelt. Etwas anderes aber ist es, eine Selbstreferentialität zu fokussieren, die sich gegen die Stoffe ihrer Gegenseite aufbaut, sich gerade gegen deren verstörende, zerreissende, vereinseitigende usw. Qualität wendet, aber nicht, indem sie nun an dieser Verselbständigung bzw. gegen sie zu arbeiten anfängt. Vielmehr wird kulturell auf ihrer Grundlage die Abstraktheit und Trennung genutzt, ein eigenes Reich zu gründen.

Die Trennung der Sinne voneinander und von ihrem realen gesellschaftlichen Stoffwechsel in der Welt sowie das abstrakte, also auch in sich nur formell synthetisierte Bewußtsein[789] erlauben eine Neuvernetzung der getrennten

---

788 Erst diese Selbstreferentialität ermöglicht ein reiches Gefühlsleben. »Gefühle haben ihre eigene Wesenheit bekommen. Sie gelten inzwischen eher als eine besondere persönliche Qualität, als Begabung, als Offenbarung, als Ausdruck des Innenlebens, als Schimmer und Widerschein der Seele. Durch solche Gefühle sind sich die Menschen in ihren Empfindungen selbst eine Insel ihres Gemüts, ihrer Stimmungen und Launen und wollen auch als solche sein« (Pfreundschuh 1982b/41).

789 Im formellen Modus der (nicht emphatisch, sondern pragmatisch verstandenen) Integration steckt bereits die Möglichkeit ihres Nichtgelingens und der Zersplitterung der Sinne und Bewußtseinsmomente sowie darauf aufbauender individueller Selbstheilungsversuche und Restitutionen, die das Individuum qua »formschaffender Formwidrigkeit« (Binswanger 1955/287) noch weiter von der gesellschaftlich geteilten Wirklichkeit entfernen. Ich klammere hier Überlegungen dazu aus, wie »gesundes« *und* »krankes« Bewußtsein sich *innerhalb* des abstrakten Bewußtseins und der abstrakten Sinne unterscheiden und wie die Analyse Einheit und Unterschied nicht gegeneinander ausspielt. Es bleibt hier unthematisiert, welche Ausformungen des abstrakten Bewußtseins und der abstrakten Sinne in bestimmten Lebenssituationen und in deren Verarbeitung zu psychischer Krankheit führen

Partikel zu kreativen Konstellationen, Kräftefeldern, Parteiungen usw. Die Sinne beeindrucken sich nun selbst durch allerhand Analogien (vgl. Kracauer 1977/220), Allegorisierungen und Symbolisierungen, durch Metonymien und Metaphern, durch Tiefsinn und Feinsinn.[790]

Die Sinne geraten zur Form und zur Abstraktion ihrer selbst. Sie sind dann nicht bestimmte Sinne und Fähigkeiten, die in einer bestimmten Wirklichkeit etwas Bestimmtes im Sinn haben und bewirken, mit bestimmten anderen Menschen verbunden sind und an bestimmten Problemen arbeiten. Vielmehr gelten sie »als Besonderung des Menschseins, wie etwa Gottes Sohn als Besonderung Gottes gilt« (Pfreundschuh 1982b/42). Nicht etwas Bestimmtes wird

---

und wie sich dabei die Abstraktheit des abstrakten Bewußtseins und der abstrakten Sinne gegen sie selbst wendet (vgl. zu beiden Themen Creydt 1989). Die härteste Herausforderung liegt darin, die Unverständlichkeit des Wahnsinns weder als uneinfühlbar und unfaßbar zu erklären noch ihn »als eine Form allgemein-menschlicher Möglichkeiten vorzeitig« zu »befrieden« »und damit das Irrationale, ja Skandalöse an ihm zum Verschwinden« zu bringen und es »humanitär zu entschärfen« (Wulff 1995/36). Es geht vielmehr darum, das »Rätsel der Unverständlichkeit und Uneinfühlbarkeit« nicht auf »eine dahinter versteckte und aufzudeckende Klarheit und Deutlichkeit einer Bedeutung oder einer Beziehung« zu beziehen, sondern vielmehr den »Sinngehalt und die ›Mechanik‹ des Vorganges ihrer Unverständlichmachung selber, als solchen« aufzuklären, »unabhängig davon, was sich an möglicherweise Verständlichem noch dahinter verbergen mag« (ebd. 161). Vgl. dazu Wulff 1995/180ff.

790 »Ein Gefühl wird dadurch kultiviert, daß es für sich wirkt, daß es also in seiner Wirkung genutzt wird – z.B. als ästhetisches Gefühl in der Mode, als religiöses Gefühl im Gottesglauben oder als Selbstgefühl im Selbsterlebnis. Indem die Menschen an der Wirkung solcher Gefühle teilnehmen, ist ihnen auch ihre Selbstverlorenheit, ihre Angst und Ohnmacht vergangen. In kultivierten Gefühlen erhalten sie das, was sie sonst erzeugen müßten, und sie werden, was sie für ihr Selbstgefühl sein müssen: schön, erhaben, groß, sicher usf.« (Pfreundschuh 1984/42). Die Veranstaltung von Sinnesempfindungen, die es außerhalb der Veranstaltungen nicht gibt, ist bei der Psycho- und Workshopkultur besonders auffällig: »Die Empfindungslosigkeit des modernen Menschen wird ... verschärft, indem ihm eigene Empfindungen erzeugt werden in einem Zusammenhang, in dem er gar keine Welt seiner Empfindungen hat. So wurde bei einem ESG-Festival z.B. in einer massenhaften Sensibilisierungsveranstaltung die Empfindung des Eingesperrtseins durch Papiersäcke vermittelt, in die jeder reinkriechen mußte, während er Dias von hungernden Menschen aus der 3. Welt ansah. Weil er schon wirklich keine Empfindung mehr bei diesen Bildern hat, werden Empfindungen über Instrumente vermittelt, die nicht mehr mit der Beziehung zu tun haben, die darin angesprochen ist.« In bezug auf Selbsterfahrungsgruppen fragt sich, »ob nicht Prozesse ablaufen, die lediglich das einlösen, was durch Rollenspiele und Trainingsformen zuvor eingegeben wurde« (Arbeitsgruppe Psychologie München 1977/14f.). Auch gegenüber der Szene Wohlmeinende sehen die Gefahr, es käme »zum bloßen Zelebrieren objektloser Gefühlsausbrüche«, und Gefühle würden so die »Orientierungsfunktion im Kontaktprozeß, in der kooperativen Praxis wie im sorgenden Füreinander«, verlieren (Dreitzel 1981/195).

empfunden, auf andere bezogen, bearbeitet usw., sondern das Hauptwort darin, die Substanz wird fokussiert, das Attribut zum Subjekt seiner selbst gemacht. Der bestimmte Schmerz wird tröstend auf die Notwendigkeit des Leidens überhaupt bezogen. Die vage Vorstellung von einer Auflösung der diffus geahnten Widersprüche der Welt wird als Schönheit – wo irgend möglich – wiedergefunden und vergegenwärtigt. Empirisch-Sinnliches avanciert zum Symbol für die höheren Gefühle, die das Individuum sich gönnt und mit denen es der Bearbeitung des prosaischen Alltags enthoben ist. Man freut sich dann nicht über etwas Bestimmtes, sondern das Bestimmte ist nur der Anlaß, die eigene Freude zu entfalten. Der Symbolismus der Wahrnehmung findet seine dem Individuum wohltuende Konsequenz in impliziten Annahmen einer Solidarität, Übereinstimmung oder Komplizenschaft zwischen unserem Geist und der Welt.[791] Romantik als Alltag – ein Widerspruch, dessen Bewegungsform die Transformationen in einer Kultur ästhetisierter Sinne darstellen: »Indem ich dem Gemeinen einen hohen Sinn, dem Gewöhnlichen ein geheimnisvolles Ansehen, dem Bekannten die Würde des Unbekannten, dem Endlichen einen unendlichen Schein gebe, so romantisiere ich es« (Novalis 1907 Bd.II/304f.).[792]

Die Kultur ästhetisierter Sinne bringt nicht nur mannigfache Vernetzungen in ihrem Binnenraum hervor, die ihren Genuß ausmachen. Dieser Genuß steigert sich noch durch das Selbstverhältnis der Kultur, das ihr sechstes Charakteristikum ausmacht. Dieses Selbstverhältnis beinhaltet den Selbstgenuß des Kultur-

---

791 Es entsteht eine »anthropozentrische Atmosphäre, die unbestimmt ist, aber alle Dinge einschließt, jedem Ding seine angebliche Bedeutung verleiht, d.h. es von innen mit einem mehr oder weniger heimlichen Gefüge von Gefühlen und Ideen versieht« (Robbe-Grillet 1965/53). Es genügt dem humanistischen Standpunkt nicht, »den Menschen da zu zeigen, wo er ist: man muß noch dazu verkünden, daß der Mensch überall sei« (ebd./55). Dafür ist »die Steigerung des deskriptiven Wertes hier nun nur ein Alibi: den wahren Freunden der Metapher liegt nur daran, die Idee einer Kommunikation aufzudrängen. ... Die Höhe des Berges wäre nichts für sie, böte sie nicht das moralische Schauspiel des ›Majestätischen‹« (ebd./57).

792 Die Verdoppelung des Gegenstands in sich selbst und die aus ihm gezogene Abstraktion eröffnet besondere Genüsse: »Der moderne Intellektuelle ... nimmt ... das Abstrakte, den Begriff oder die Idee an der Sache selbst gar nicht mehr wahr, als etwas, was an ihr ist, und zugleich von ihr verschieden. Seinem Bewußtsein gilt das Abstrakte als mit der Sache Vermischtes, beide werden miteinander verwechselt...« (Lefebvre 1977/127f.). Ohne den »Nervenschock dieser besonderen Duplizität ... finden das Interesse, die Begierde, die Liebe kein Objekt mehr. Sie sind unfähig zu leben, die menschlichen Wesen zu begreifen und zu lieben, wenn sie keinen ambivalenten, äquivoken oder berauschenden Charakter haben – kein Extra, keinen doppelten Boden präsentieren. Die Dualität von Geist und Materie, von Idee und Wirklichkeit, Absolutem und Relativem, Metaphysischem und Sinnlichem, des Übernatürlichen und der Natur ist zur praktizierten Duplizität geworden ... unter dem Deckmantel des Denkens, der Poesie, der Kunst« (ebd./131).

genusses, die Kennerschaft, das ironische Spiel, die Idealisierung der Kultur als Ausdruck eines besseren Lebens und das Verhältnis der Kultur zum sich ihr Entziehenden.

Die Kultur nutzt nun Symbole, Metaphern usw. nicht nur zu ihrer internen Vernetzung, sondern sie avanciert selbst zum Symbol eines guten Lebens und verstellt auch damit die gesellschaftliche Gestaltung. »Im Spektakel stellt sich ein Teil der Welt vor der Welt dar, über die er erhaben ist« (Debord 1971 § 29). In der Kultur feiert sich der kulturell Genießende und Produzierende selbst. Die frenetische Bejubelung humanistischer Sentenzen (»Alle Menschen werden Brüder«) meint keineswegs ein praktisches gesellschaftliches Tun oder vielmehr allein »unverbindlich, konsequenzlos, risikolos und – genußreich«, sondern gilt dem eigenen erhebenden Gefühl. »Was sie meinen und applaudieren, ist bestenfalls ihr eigenes ganz scheinhaftes Fraternisieren mit dieser Welt. Von einem wirklichen Bezug zur Welt kann also keine Rede sein. Abermals drängt sich der sich immer wieder anbietende Terminus ›Menschen ohne Welt‹ auf« (Anders 1993/XXf.).[793] Auf die Kultur ist die Bewunderung der Kunst und die Selbstadelung in der Teilhabe an ihr übergegangen, die André Heller mit der Sentenz kolportiert: »Gott denkt in den Genies, träumt in den Dichtern und schläft in den übrigen Menschen.«

Der Genuß wird selbstreflexiv und genießt seine eigene Raffiniertheit und Kennerschaft. Innerhalb der kulturell-ästhetischen zweiten Welt, von der hohen Kultur bis zur Unterhaltung, lassen sich vielerlei Differenzierungen vornehmen. Im Reichtum des Kennens rückt das Wie vor das Was.[794] Aufgesucht und

---

793 »Als sich selbst genügende Lebensform bietet Popkultur ihren Teilnehmern das angenehme Gefühl, über Wahrheit, Urteilsvermögen, Geschmack, sowie über einen kulturellen Raum zu verfügen, der ›lebbar ist gegen diese herrschende Kultur, die einfach nicht lebenswert ist‹ (Techno-Autor Philipp Anz): Dieses *unbestimmte Dagegensein*, das ohne einen Begriff vom geschichtlichen Status einer Produktionsweise auskommt, muß nicht praktisch werden« (Jacob 1997/214).

794 Nicht einsichtig wird bei Schulze (»Erlebnisgesellschaft«), warum er die folgenden Beobachtungen allein auf eines mehrerer Milieus, auf das »Niveaumilieu« beschränkt: »Es geht nicht primär um Inhalte, sondern um die Mittel, Inhalte auszudrücken: Virtuosität, Charisma, Eloquenz, Gedächtnisleistung, neuartige Auffassungen, formale Originalität, Schlagfertigkeit, Intelligenz. Weniger wichtig ist die Frage, ob solche Kompetenzen eingesetzt werden, um Hoffnung auszudrücken oder Verzweiflung, Affirmation oder Kritik, Schönes oder Häßliches. Im Vordergrund steht die Frage, wie die Darstellung gemacht ist, nicht, worauf sie hinaus will« (Schulze 1992/288). »Man begeistert sich an Perfektion, man redet mehr über Interpretation als über Werke, man betrachtet Theater als Inszenierung von Regie-Gags« (ebd./149). »Mehr und mehr überlagern Nebenattribute und Oberflächenreize inhaltliche Tiefenstrukturen. Oft genügt die bloße Suggestion von Bedeutsamkeit, das Einstreuen von Signalen der Besonderheit, die symbolische Versicherung,

gefunden wird eine »unterschwellige Wahrnehmung (eine Art 6. Sinn) der Tricks, der Montage, der Szenarios, von der Überbelichtung der Realität bis zum Ausleuchten der Modelle« (Baudrillard 1982/118). Jeder Mensch ein kleiner Filmkritiker, Gourmet, Connaisseur – geistreich und sensibel sie alle. Allen gemeinsam die »ungeheure Mischung aus Schärfe im Einzelnen und Gleichgültigkeit im Ganzen« (Musil). Sie »spielen mit der Abbreviatur und schmeicheln Narziß im Akt des Wiedererkennens« (Guggenberger 1993/68). Die Kennerschaft genießt sich selbst, weniger die Inhalte als ihre Einordnung sind dann von Belang. Auch in der Kunst wird eine Tendenz zur Selbstbezüglichkeit stark, die Werke daraufhin zu verfertigen.[795]

Im synkretistischen Kulturverstand, der jenseits und getrennt der Aufbauordnung der gesellschaftlichen Wirklichkeit mit deren entkontextualisierten Splittern Kombinationen vornimmt und über sie Erörterungen anstellt[796], läßt es sich nicht nur skeptisch-zweiflerisch oder ironisch leben. Beide Varianten sind Energiequellen der erweiterten Reproduktion, wenn nicht Steigerung der Kultur.[797]

---

daß sich der Urheber etwas gedacht habe. ... Es zählt die raffinierte formale Idee, der prickelnde kleine Schock noch unverbrauchter Stilbrüche, die Eindrücklichkeit der Aufmachung« (ebd./546). Wieland (1984/138f.) hat diese Verkehrung in seiner »Geschichte der Abderiten« charakterisiert.

795 Vgl. für Beispiele Guggenberger 1993/69.

796 Kracauers Bemerkung über Simmel liest sich in diesem Kontext weit weniger positiv, als sie zunächst erscheint: »Von jedem Punkt der Totalität aus kann man zu jedem anderen Punkt gelangen, ein Phänomen trägt und stützt das andere, es gibt nichts Absolutes, das unverbunden mit den übrigen Erscheinungen existiert. ... Leicht und sicher bewegt sich sein Geist hinüber und herüber durch diese mannigfachen Sphären, und überall blitzen Verwandtschaften und Ähnlichkeiten« (Kracauer 1977/239).
»In moralischer Beziehung zeigte sich dann eine wahrhaft große Gleichgültigkeit und Gleichwertigkeit; es war nichts klein und nichts groß, ein Gedicht und ein Kuß auf eine Frauenhand wogen ebensoviel wie ein mehrbändiges Werk oder eine politische Großtat, und alles Böse war so sinnlos, wie im Grund auch alles Gute in diesem Umfangensein von der zärtlichen Urverwandtschaft aller Wesen überfüssig wurde« (Musil 1981/386).

797 In der ironischen Variante der Bildung heißt es: »Ich bin auch dabei und darin, aber auch noch weiter als ihr, ich bin auch darüber hinaus und kann es so oder so machen. Nicht die Sache ist das Vortreffliche, sondern Ich bin der Vortreffliche und bin der Meister über das Gesetz und die Sache, der damit, als mit seinem Belieben, nur spielt, und in diesem ironischen Bewußtsein, in welchem Ich das Höchste untergehen lasse, nur mich genießt« (H7/279). Die Ironie weist nicht nur Querverbindungen zur Distinktion (s. III.5) auf, sondern auch eine Aversion gegen das arbeitende In-der-Welt-Sein. Mit der Ironie läßt sich, »statt neue Wirklichkeiten zu schaffen, die eine Wirklichkeit gegen andere ausspielen, um die jeweils gegenwärtige, begrenzte zu paralysieren. Ironisch entzieht er (der Romantiker – Verf.) sich der beengenden Objektivität und schützt sich davor, auf irgend etwas festgelegt zu werden; in der Ironie liegt der Vorbehalt aller unendlichen Möglichkeiten. So

Die Kultur ästhetisierter Sinne kann schon aus ihrem Verhältnis zu sich selbst nicht gegen die prosaische Wirklichkeit gestellt werden: »Glück« wird als von Natur aus schnell vergängliches und momenthaftes Ereignis aufgefaßt. Als Aufhellung eines Daseins, das nicht aus seiner gesellschaftlichen Form heraus die Menschen wenig anzieht, sondern als Alltag per se hinzunehmen ist. Aber gerade ohne daß sich daraus eine »Alternative« ergeben könnte, wird die prosaische Ordnung der Welt in einer reizvollen Weise entwirklicht. Der Bürger will sich überraschen lassen. Als Individuum, dessen Selbstverwirklichung, wie sehr er auch nach ihr sucht, ihm doch zugleich noch viel zu pathetisch erscheint, möchte es sich für die ihm auferlegten Unbilden schadlos halten durch die Empfänglichkeit für die kleinen Stimulantien des Nichtalltäglichen. Sie sind die Batterien seiner Lebenskraft. Die Kultur ästhetisierter Sinne ist nicht das Ideal, das der Wirklichkeit zuerst entgegengehalten wird und dann ihr festes Reservat bekommt und wie der Sonntag mit dem Werktag im ruhigen Wechsel koexistiert. Die Kultur gleicht vielmehr dem romantischen »Interessanten«, das »niemals ein befriedigtes Bedürfnis, ein erreichtes Ziel oder eine erfüllte Mission« darstellt, sondern »alles, was die Öde des Daseins mit der Würze des Niedagewesenen auffrischt« (Bruckner, Finkielkraut 1981/195). Anders als in der Flüchtigkeit könne – so heißt es – das Glück ohnehin nicht existieren. Die kulturellen Kleinigkeiten veredeln unser Leben und geben dem Bürger seine tagtäglichen »Kicks«. Sie zu erlangen flaniert er in den Straßen, blättert in den Zeitschriften, besucht die Kulturveranstaltungen oder stöbert durch die TV- oder Videoprogramme. Der Bürger will unreif sein, damit er erstaunen kann. Wie im Aberglauben und in der Esoterik wird die Welt zum interessanten Geheimnis, wenn man sich nur selbst gehörig naiv stellt.[798] Die Kultur ästhetisierter Sinne erinnert an »Klavierspielen, d.h. an alle diese Melancholien, Freudensprünge, Zornausbrüche, die man dabei durchrast, ohne daß es doch ganz wirkliche Leidenschaften wären« (Musil 1981/444, s.a. 48). Der Bürger will nicht nüchtern und realistisch sein, braucht er doch zum Überleben seine tägliche Dosis Glück. Er will sich verführen und verzaubern lassen, kann er so doch endlich von sich absehen: Das Ästhetische dient ihm dabei als »ein flexibles

---

wahrt er sich seine innere, geniale Freiheit, die darin besteht, keine Möglichkeiten aufzugeben« (Schmitt 1919/66). Vgl. zum ästhetischen Prestige der Möglichkeit auch Kierkegaard 1979b/19, 26, vgl. zur nicht nur romantischen Liebe zur Möglichkeit Schmitt 1919/98-106.

798 »»Ich will nicht Realismus, ich will Magie‹, sagt Blanche Dubois in ›Endstation Sehnsucht‹« (Cohen, Taylor 1977/70). Der »Zustand« der Zauberei ist »sinnliche Betäubung, wo der besondere Wille vergessen, ausgelöscht und das abstrakt-sinnliche Bewußtsein aufs höchste gesteigert wird« (H16/301).

Medium ..., die Dinge in Suspens zu nehmen« (Bubner 1989/102). Gemeint ist »kein riesiger Edelstein, den man in kleine Teil zerschnitten und sparsam verteilt hätte, sondern ein glitzernder Diamantenstaub, der sich über alle Menschen ergossen hat. Als wäre unsere sichtbare Welt verklammert mit einer anderen, normalerweise unsichtbaren Welt, deren sporadische, aber stets unerwartete Intervention sie als einzige von ihrer Gleichförmigkeit zu retten vermag« (Bruckner, Finkielkraut 1981/290).

Es wird in kleiner Münze und verstreut ausgeteilt, was früher kompakter als Kunst daherkam: »Die Schönheit allein beglückt alle Welt, und jedes Wesen vergißt seine Schranken, solang es ihren Zauber erfährt« (Schiller 1967/668). Die Kultur ermöglicht die Vorstellung einer metaphysischen »Gunst«, die dem Mensch »dennoch« entgegenkommt. »Trotz allem« sind ihm Glücksmomente möglich, und er kann von vielem absehen, solange es ihm auf sie ankommt. Die Kultur löst so das Postulat ein, »daß die Natur wenigstens eine Spur zeige, oder einen Wink gebe, sie enthalte in sich irgend einen Grund, eine ... Übereinstimmung ihrer Produkte zu unserem von allem Interesse unabhängigen Wohlgefallen ... anzunehmen« (Kant 5/397f.). Zuckerbäckerei ist damit nicht intendiert. Das Schöne soll nicht geschönt sein zu einer negativen Sauberkeit, so schon Rosenkranz in seiner »Ästhetik des Häßlichen« 1853. Vielmehr muß ihm anzumerken sein, daß das Häßliche die Gefahr ist, die dem Schönen von ihm selbst droht (Rosenkranz). Das unwidersprochene Schöne verlöre seinen Reiz. Dem Schönen muß die Gefahr seiner Vernichtung angesehen werden können.[799] Indem die Kultur den Gegensatz von Schönem und Häßlichem in sich hineinnimmt, erreicht sie einen weiteren Fortschritt ihrer Immunisierung.[800]

Das Glück der Ent-täuschung kulminiert in der Einsicht, »nur als ästhetisches Phänomen (sei) das Dasein und die Welt ewig gerechtfertigt« (Nietzsche KSA 1/47). »Wir haben die Kunst, damit wir nicht an der Wahrheit zugrunde gehen« (Nietzsche, Ausgabe Schlechta Bd. III, 832). »Alles ist nur so lange schön, als es uns nichts angeht. ... Das Leben ist nie schön, sondern nur die Bilder des Lebens« (Schopenhauer 1937/428).

Die »positiven Illusionen« (s. III.6) emanzipieren sich von ihrem Dienst an der Alltagsbewältigung. Nun geht es um Fiktionen, die getrennt und neben dem Alltag vielmehr eine »eigentliche« Existenz genießen lassen, zu der der Alltag nurmehr das notwendige äußere Mittel und die Bedingung darstellt. Nicht mehr *im* Alltag muß das Individuum beweisen, daß es mehr ist als sein Alltag. Der

---

799 Zum strukturgleichen Verhältnis zwischen Gutem und Bösem sowie Liebe und Haß vgl. Feuerbach (1976/141f.).

800 Vgl. auch Benjamin, Gesammelte Schriften Bd.1/87, zitiert in der fünften Anmerkung zu III.8.

Vorhang soll öfter aufgehen, und wir sollen uns öfter in eine andere Welt versetzen können. Daß der Vorhang dann wieder fällt, spricht einzig dafür, daß er bald wieder aufgeht. Mit der Kultur ästhetisierter Sinne verbreitet sich eine Art Glauben, daß »die Realität ein netter Ausflugsort ist, aber niemand würde dort leben wollen« (John Barth, zit. n. Cohen, Taylor 1977/26).[801]

Die Befreiung vom religiösen, metaphysischen und wissenschaftlichen Schein geschieht bei Nietzsche um des ästhetischen Scheins willen, der sich darin überlegen weiß, die Kräfte der Individuen zu steigern. »Oberflächlich – aus Tiefe« (Nietzsche KSA 3/352). Ästhetisch entsteht eine Autonomie, der die Welt scheinbar nichts anzuhaben vermag.[802] Diesem Kulturgenuß wird die Verdinglichung unentbehrlich. Der einschlägige Verstand tilgt aus jener Welt, die ihm mit einem verdinglichten Begriff von Verdinglichung (s. II.6) konvergiert, alles, was das In-der-Welt-Sein im Sinne einer Gesellschaftsgestaltung ansprechend macht. »Entfremdung« ist dann nicht nur, sie soll sein.[803] Sie ist nicht

---

801 Von der Andersartigkeit der Kultur, die den Alltag gerade zu beleben weiß, indem sie das andere seiner selbst darstellt und nicht an seinen Maßstäben zu messen ist, muß allerdings der Übergang zu einem Kulturgebrauch unterschieden werden, der die »Nutzer« untauglich für die Bewältigung des Alltags macht. Oft wird mit diesem Gegensatz nur kokettiert (vgl. bspw. kritisch dazu Safranski 1990/127ff.), und die *in* der Kultur grassierende Überbietungsmanier wird sozusagen *auf* die Kultur angewandt.

802 In einem U-Bahnabteil während des Berufsverkehrs, in dieser »Fleischbüchse auf Rädern«, läßt Tom Wolfe einen Mensch in ein Buch versinken und formuliert, wie dieser Leser eine eigene »Aura von Unverletzlichkeit« um sich herum entstehen läßt: »»Man kann mich zwar in diese Rattentretmühle zwängen, in diesen ekligen menschlichen Brei, aber ich muß noch längst nicht ein Teil davon werden. Ich lebe in meinem eigenen Universum, das besser ist. Ich kann das alles ignorieren.‹« (Wolfe 1985/30).

803 Um so weiter die gesellschaftliche Wirklichkeit sich dem rationalen Begreifen zu entziehen scheine, »desto mehr gewinnt die Arbeit der Phantasie wieder an Umfang und verstärkt sich die Neigung, der symbolhaften Allegorisierung des Geschehens mehr Raum zuzugestehen als der rationalen Analyse« (Kofler 1970/70). Umgekehrt steigert die ästhetische Stilisierung der Wirklichkeit deren Unbegreifbarkeit, kommt also nicht nur als deren Resultat, sondern auch als sie verstärkende Wirkung vor: »Der starre und monotone Eigensinn des modernen Künstlers erkennt nicht Individuen, sondern *das* Individuum, nicht gesellschaftliche Differenzierung, sondern *die* Gesellschaft, nicht historische Konkretionen, sondern *den* Menschen in *der* Geschichte. Und da es all dies nicht gibt, kann es nur symbolisch dargestellt werden. Da der gewöhnliche symbolische Ausdruck zudem nicht ausreicht ... steigert er die Symbolik ins Mythifizierend-Allegorische. Erst hier kommt er zur Ruhe im täuschenden Bewußtsein, endlich das gesagt zu haben, was er ›eigentlich‹ sagen wollte, nämlich das von ihm selbst nicht Verstandene und ihm Dunkle, daher nur mit Unverständlichem Ausdrückbare« (ebd./81).

nur Bedingung des ästhetischen Genusses, in seiner theoretisch anspruchsvollsten Form soll sie selbst genossen werden.[804]

Die erscheinende Undurchschaubarkeit und Fragmentierung der sozialen Wirklichkeit wird allein durch die für die ästhetische Dimension konstitutive Isolierung des Inhalts aus seinen Zusammenhängen ästhetisierend »überwunden«. Von ihnen sieht ab, wer es auf »interesseloses Wohlgefallen« abgesehen hat. Inhalte erscheinen dann als Vehikel oder Anlaß des ästhetischen Genusses. Er geht einher mit einer »eigentümlichen Verantwortungslosigkeit« (Jaspers 1985/69). Der Umformung »ethisch gemeinter Werturteile in Geschmacksurteile ..., deren Inappellabilität die Diskussion ausschließt«, korrespondiert eine »Lieblosigkeit« der ästhetischen Sphäre (RS/555). Im Unterschied zur Freude über die reich entfaltete Subjektivität ist hier die Rede von »Fachmenschen ohne Geist, Genußmenschen ohne Herz« (ebd. 204).

Ästhetische Produkte steigern die Freiheit des Subjekts in seiner imaginären Emanzipation von den Gründen, Inhalten und Anliegen seines In-der-Welt-Seins.[805] Die ästhetische Sphäre scheint der Autonomie des Subjekts im Vergleich zu Politik und Moral mehr Stoff und Bewegungsspielraum dafür zu geben, Heteronomes in vom Individuum Assimilierbares zu überführen.[806] Wo

---

804 »Es geht nicht an, denselben Geist, den man angeblich verabscheut, wenn er den Menschen in Wirklichkeit erniedrigt, narrt, verhöhnt und quält, zu loben und zu bewundern, wenn er im Schein der Kunst den Menschen geistig erniedrigt und quält. Die moderne Kunst... ist ein Lieblingskind jener unsicheren Humanisten, die gerne mit dem Ungeheuren spielen, aber entrüstet nach Hilfe schreien, wenn es ausbricht« (Sedlmayer 1948/212f.). Sloterdijk (1987) sieht einen »infernalischen Wettbewerb mit dem Äußersten« (42), in dem die Kunst »die Entfremdung ganz in sich aufnimmt und überbietet, das Schlimme mit dem Schlimmeren beantwortet« (44).

805 »Die moderne Avantgarde zielte auf Erlebnissteigerung, auf Rebellion gegen Konventionen, auf Intensität der Erfahrung – sie war individualistisch, anarchistisch, amoralisch und in ihrem Kern asozial. ... Das Verhältnis des dionysischen Typus zu jeder Ordnung ist wesentlich negativ bestimmt: Er sieht in ihr einen Widerstand gegen seine ins Grenzenlose gerichtete Selbstbewegung. Sein höchstes Ziel ist die vollständige Freiheit, nicht etwa, um autonom eine neue Welt zu erschaffen, sondern um die gegebene vollständig zu verzehren. Das dionysische Individuum setzt implizit seine Erfolglosigkeit voraus« (Sieferle 1994/158, 161).

806 »Die ästhetische Betrachtung – die als bloße Funktion jeglichem Gegenstande gegenüber möglich und dem ›Schönen‹ gegenüber nur besonders leicht ist – beseitigt am gründlichsten die Schranke zwischen dem Ich und den Objekten; sie läßt die Vorstellung der letzteren so leicht, mühelos, harmonisch abrollen, als ob sie von den Wesensgesetzen des ersteren allein bestimmt wären. Daher das Gefühl der Befreiung, das die ästhetische Stimmung mit sich führt, die Erlösung von dem dumpfen Druck der Dinge, die Expansion des Ichs mit all seiner Freude und Freiheit in die Dinge hinein, von deren Realität es sonst vergewaltigt wurde« (Simmel 6/441f.).

die Lust des Scheins den Schmerz des Seins brechen soll, entwirklicht sich das Individuum in der Steigerung der Erlebbarkeit von Geschehnissen über alles wirklich Erlebbare hinaus. Das Erdichtete gerät intensiver als das Reale[807] und die Realität zu einer lachhaften Kopie unserer großen Romane (Arno Schmidt).

Mit der Ästhetisierung geht eine sei's kontemplative, sei's erlebnisorientierte Konzeption des Lebens sowie eine Abwertung des Handelns in der Welt einher: Hamlet und der ästhetische Mensch haben beide »einmal einen wahren Blick in das Wesen der Dinge getan, sie haben erkannt, und es ekelt sie zu handeln; denn ihre Handlung kann nichts am ewigen Wesen der Dinge ändern, sie empfinden es als lächerlich oder schmachvoll, daß ihnen zugemutet wird, die Welt, die aus den Fugen ist, wieder einzurichten. Hier, in dieser höchsten Gefahr des Willens, naht sich, als rettende, heilkundige Zauberin die Kunst; sie allein vermag jene Ekelgedanken über das Entsetzliche oder Absurde des Daseins in Vorstellungen umzubiegen, mit denen sich leben läßt« (Nietzsche KSA 1/56ff.).

III.9. Resümee: Stufen der Versubjektivierung

In Teil I und II ging es um die Verobjektivierung gesellschaftlicher Phänomene zur unvermeidbaren, sachgerechten und dann auch in Maßen nützlichen Objektivität. In Teil III zeige ich die dazu komplementäre Versubjektivierung der für die Individuen relevanten Lebenswelt zu einer Angelegenheit der Individualität und Subjektivität und der damit einhergehenden Selbstverhältnisse.

Das gesellschaftlich in modernen kapitalistischen Gesellschaften vorherrschende Bewußtsein kann nicht (wie in I und II demonstriert) zwischen modernen und kapitalistischen Strukturen unterscheiden. Das individuelle Ge- oder Mißlingen macht das Individuum sich verständlich unter Rückgriff auf (von dieser Nichtunterscheidung imprägnierte) Erklärungen der allgemeinen Lage (1)[808] oder in bezug auf eigene, sozial verschieden verteilte, persönliche »Eigenschaften« und Fähigkeiten (2). Letzteres wird aus drei Gründen

---

807 »Die Literatur verwandelt ihre Abbilder in existentiell überzeichnete (hypermimetische) Überabbilder« (Enzensberger 1977/83). Die Erfahrungen in der Literatur »stimmen nicht, weil darin alles stimmt« (Enzensberger 1981/139). Dieses »Überbewußtsein« (Stockhausen 1971/292) ist der Effekt von Kunst als »eigentlicher metaphysischer Tätigkeit.«

808 Die folgenden Schritte beziehen sich nicht auf die Unterkapitel von Teil III, nicht auf die verschiedenen Individualitäts- und Subjektivitätsformen, sondern auf einige ihnen gemeinsame, hier noch einmal zusammenzuführende, aufeinander aufbauende Implikationen für die Gesellschaftsgestaltung bzw. die gesellschaftliche Müdigkeit.

wahrscheinlich: Das Individuum ist im Kapitalismus erstens als Interessensubjekt positiv anerkannt. Das sagt allerdings noch nichts über die Befriedigung dieser Interessen aus. Das Individuum geht von sich aus, von »*seinen*« Interessen, und nimmt die gesellschaftlichen Einrichtungen (Ware, Geld, Lohnarbeit usw.) des Kapitalismus als Mittel seiner Existenz wahr. Erfolg erscheint ihm wenigstens von dieser objektiven Seite her prinzipiell möglich. Für das eigene Ge- oder Mißlingen liegt es so nahe, sich an sich selbst, die subjektive Seite, zu halten und allerhand Vergleiche anzustellen – zwischen »Gewinnern« und »Verlierern«. Die Kosten des Erfolgs und seine Qualität kommen dann weniger ins Bewußtsein als wer ihn hat und ob dies zu Recht so ist, wie es ist, oder nicht.

Zweitens liegt die Selbstzurechnung von Erfolg oder Mißerfolg umso näher, als in historisch vorher unerreichtem Ausmaß isolierte Individuen für sich bestimmte strukturell erzeugte Probleme zu verarbeiten haben. Individuelle Wahl und Entscheidung werden freigesetzt, Selbstzurechnung und -verantwortung herrschen. Gesellschaftliche Organisationen, Apparate und Institutionen nutzen Flexibilität, Dynamik und Eigenengagement der Individuen.

Drittens gewinnt das Selbstverhältnis des Individuums auch in dem Maße an Bedeutung, wie die Erklärungen der allgemeinen gesellschaftlichen Lage, der Reichtumsentwicklung, der Marktkonjunktur, der Arbeitslosigkeit usw. als theoretischer Kommentar verbleiben und pragmatisch in den Hintergrund rücken. Wo praktisch das Individuum – wenn überhaupt – nur auf sich selbst und seinesgleichen Einfluß zu haben scheint, da avanciert das Selbstbewußtsein zu einer Größe, die die Aufmerksamkeit für gesellschaftliche Strukturen in den Hintergrund rücken läßt.

Es hat sich damit bereits implizit die Aufmerksamkeit von dem, was man ist oder kann (im Vergleich zu anderen), zum Selbstverhältnis verschoben. Dieses Selbstverhältnis erscheint zunächst negativ bestimmt, durch allerhand externe Verstöße gegen es. Auf dieser Ebene (3) bezieht sich die Erklärung des eigenen Orts in der Welt auf »eigentlich«, bei allgemeiner Befolgung, allen ihr gerechtes Wohlergehen sichernde Normen. Moralisch verwerfliches Handeln von Alter erscheint dann als Grund dafür, daß Ego nicht zu zeigen (oder schon erst gar nicht auszubilden) vermag, was in ihm steckt. Ich gehe auf die Moral und ihre Implikationen für die Individualität und Subjektivität in dieser Arbeit nicht ein. Wer sich als Opfer sieht, kann sich in Konkurrenz begeben zu anderen Opfern. Das Involviertsein in übergreifende Strukturen und deren alle gemeinsam betreffenden Implikationen (des abstrakten Reichtums und der modernen Gesellschaft) treten zurück hinter die Aufmerksamkeit für die Verschiedenheit der Positionen und »Privilegien« in diesen Verhältnissen. Wo selbst hiervon keine wie auch immer strukturierte gesellschaftsbezogene Vorstellung besteht, halten sich die Individuen mit ihren pauschalen Entschädigungsansprüchen an die Nächsten. Alle haben noch irgendeine Rechnung gegen andere offen. Das soziale Klima fällt dann entsprechend aus.

Die gesellschaftlichen Formen der Individualität – als vereinzelter Einzelner, als Besitzer und Eigentümer, in der Zwischenmenschlichkeit, als Persönlichkeit, Konkurrenz- und Kultursubjekt[809] – erscheinen dem Alltagsbewußtsein nicht als Formen, in denen objektive Strukturprobleme individuell verarbeitet werden. Vielmehr erscheint eine selbständige conditio humana (4), in der jeder bestimmte Bezug zur kapitalistischen Gesellschaft verschwunden ist – ebenso wie in den in Teil I dargestellten soziologischen Interpretamenten der modernen Gesellschaft. Einer anthropologisierend-ontologisierenden Interpretation gelten darüber hinaus die Individualitäts- und Subjektivitätsformen als im wesentlichen zeitlos und scheinen gesellschaftlich dann nur äußere Modifikationen zu erfahren. So z.B. der »Alltag«, der die Menschen »auffrisst«. Besitzindividualismus und Neid erscheinen ebenfalls – bis auf wenige exotische Ausnahmen – als überhistorisch (vgl. z.B. Schoeck 1987).[810] So weit ist das subjektive Selbstverhältnis vom In-der-Welt-Sein, das eine bestimmte Arbeit an ihr erfordert, getrennt, daß quer aus dem Material von Jahrtausenden, beginnend mit der Stoa und dem Buddhismus, die Menschen sich von der Kalenderblattphilosophie bis zur Psychotherapie mit Rezepten versorgen, Glück zu erreichen. Wo die Individualitäts- und Subjektivitätsformen nicht als gesellschaftlich konstituiert erscheinen, sondern als Wahrheit des Menschen schlechthin, da liegt es nahe, die Gesellschaft wiederum aus dieser conditio humana zu begründen. Notwendige gesellschaftliche Zusammenhänge müssen dann nicht mehr erscheinen, nicht einmal verkehrt wie in Teil I; vielmehr erscheinen in bezug auf beklagenswerte gesellschaftliche Zustände überflüssige Verfehlungen und unmässiges

---

809 Diese Aufstufung ist nicht vollständig. Es fehlen etwa das moralische, das politische, das psychologische und das religiöse, besonders das christliche In-der-Welt-Sein oder jene Sittlichkeit der Bürger, die Drescher, Esser und Fach (1986) pointiert darstellen, sowie die kriminelle und die Rauschwirklichkeit, deren Nähe zueinander Wulff (1987) aufzeigt. Ebenso bleibt eine Differenzierung zwischen verschiedenen psychisch manifest problematischen Daseinsweisen ausgespart, die die hier skizzierten basalen Individualitäts- und Subjektivitätsformen weiter verarbeiten. Vgl. die hier aus Platzgründen nicht wieder aufgenommenen Überlegungen zur Angst- und Zwangsneurose, zur Depression, Hysterie und Schizophrenie als Verarbeitung von Erfahrungen in und mit der bürgerlichen Gesellschaft in Creydt 1989/30f., 44f., 56-95.

810 Derart natürlich erscheint die Trennung der Welt von ihren Individuen und so unmittelbar ist ihnen die Notwendigkeit aufgegeben, mit Leid umzugehen, daß im Begriff des »Coping« das Fertig-Werden mit dem Verlust enger Familienangehöriger im Krieg und mit Behinderung gleichgesetzt wird. Vgl. bspw. die frühere Familienministerin Lehr 1991/175, vgl. a. Prodoehls (1983) Kritik an Goffman.

Verhalten.[811] Da es aber Individuen sind, die als Verursacher dieser Probleme gelten, findet sich eine Notwendigkeit aller Zufälle in der launischen und fehlbaren Menschennatur. Die gesellschaftlichen Probleme werden als menschliche übersetzt, als Angelegenheit bestimmter Persönlichkeits- oder Gruppenmerkmale, menschlicher Schwächen usw.[812] Damit läßt sich endgültig alles interpretieren und nichts begreifen.

Das zeitlose Verständnis der conditio humana koexistiert aufs friedlichste mit einem schon eher moderne und bürgerliche Verhältnisse ausdrückenden Selbstverständnis. In ihm erscheint nun das Selbstverhältnis der Individuen als Grund dafür, was man in der Welt ist. Ich wende mich nach der Würdigung des unspezifischen Scheins der Subjektivitätsformen nun ihrem »positiven« Moment (5) zu. Verschiedene Varianten ergeben sich, auf der Grundlage der einesteils den Individuen als sachlich-unabänderbar, anderteils als nützlich erscheinenden gesellschaftlichen Bedingungen scheinbar getrennt von ihnen ein Leben zu führen, in dem man sich als Subjekt selbst treu sein kann.

Mit den in der modernen und kapitalistischen Gesellschaft notwendigen und hervorgebrachten Sinnen, Fähigkeiten und Bedürfnissen werden Weisen des In-der-Welt-Seins beschrieben, die – verquickt mit dem zwar pragmatisch in den Verhältnissen »funktionierenden«, aber sich von ihnen lösenden und verselbständigenden Bewußtsein über die gesellschaftlichen Verhältnisse immer schon hinaus zu sein *scheinen*. Diese den gesellschaftlichen Verhältnissen immanente Transzendenz, die von ihnen nichts mehr wissen will, ist das Thema dieses Teils. Der Eigensinn subjektiver und kultureller Phänomene wird nicht reduktionistisch unterschätzt. Vielmehr führt gerade der Eigensinn als Eigensinn zur Affirmation der gesellschaftlichen Heteronomie.

Sukzessive werden die aus Teil I und II folgenden Schranken und Grenzen der Individualität in Teil III ebenso gezeigt wie ihre Umwandlung zu Gelegenheiten, wenigstens dem Selbstverständnis zufolge tendenziell grenzenlos Subjektivität zu verausgaben, die nurmehr extern beschränkt erscheint. Das, womit

---

811 Dementsprechend legt die Öffentlichkeit die Stirn in Falten über die »Gleichgültigkeit der im Erwerbsleben stehenden gegen die aus dem Erwerbsleben ausgeschiedenen Altersgruppen, die Vernachlässigung orientierungsbedürftiger Jugendlicher durch verantwortungslose Erwachsene, die Benachteiligung des ›schwächeren‹ durch das ›stärkere‹ Geschlecht, die Feindseligkeit der zur Gruppe Gehörigen gegenüber Gruppenfremden« (Enderwitz 1990/59). »Was die Stahlkrise verschuldet, ist die Kurzsichtigkeit oder Unbeweglichkeit innovationsunfähiger Unternehmer oder Manager; was hinter den gefährlichen Tiefflügen steckt, sind schlechter Führungsstil und unflexible Ausbildungskonzepte; was für die Not der Alten verantwortlich gemacht werden muß, ist die Fühllosigkeit der Mitmenschen« (ebd./71).

812 Vgl. zur Psychologisierung sozialer Probleme auch Joepen 1997/91, 98, 131.

immer schon subjektiv umgegangen wird, wird weniger wichtig als die im Umgang aufgebotenen Fähigkeiten und Sinne. Zwar bleiben diesem Umgang die nurmehr als »außen« wahrgenommenen »Bedingungen« bewußt. Als viel relevanter muß aber gelten, was man aus ihnen subjektiv »machen kann«. Diese Umwandlung verschiebt das Gewicht immer weiter von den Schranken der Individualität zur Selbstentfaltung der Subjektivität. Beim vereinzelten Einzelnen mit seiner »Sorge« und restriktiven Handlungsfähigkeit ist der Bezug auf die Gesellschaft noch deutlicher spürbar als bei der Persönlichkeit und bei der Kultur ästhetisierter Sinne. Was den Individuen in der Gesellschaft abverlangt ist, erscheint als Pflicht der Individuen sich selbst gegenüber. Die ausgeblendeten gesellschaftlichen Abstraktionen tauchen nun subkutan, inkognito und pseudonym im Selbstbezug der Individuen auf als Probleme, die das Individuum mit sich und mit anderen hat.

Ich zeige dies gegen Annahmen, die ihren Gestaltungsoptimismus aus der Subjektivität beziehen. Als Bedingungs- und Restriktionsanalyse verdoppeln die entsprechenden Theorien das für die Subjektivitätsformen konstitutive Bewußtsein von Gesellschaft: Sie wird als äußere, ärgerliche Tatsache (Dahrendorf) angesehen. Wie aber die Freiräume, die sie lediglich zu beschränken scheint, intern gestaltet werden, und wie aus ihnen heraus mit den äußeren Bedingungen umgegangen wird, das fällt, so erscheint es, in das Vermögen der Subjektivität. Sie scheint sich somit in ihrer Verarbeitung dessen, wovon sie abhängt, über es zu stellen. Demgegenüber war zu zeigen, wie sich aus der Gesellschaft das von ihr unabhängig Scheinende konstituiert und gerade diese erscheinende Unabhängigkeit der Subjektivität von der Gesellschaft die Wirksamkeit des Scheins ausmacht.[813] Die Subjektivität transformiert viele der ihr vorgegebenen Einschränkungen zum Ausdruck ihrer eigenen Vermögen. Die Dekomponierung der Welt in Waren erscheint ihr positiv als Besitz, die objektiv gegebene Konkurrenz eignen Mann wie Frau sich als Distinktion an. Die angesichts der wenig durchschaubaren objektiven gesellschaftlichen Wirklichkeit entsprechend gegeneinander verselbständigten und hypostasierten Gedanken- und Sinnesinhalte werden in der Kultur noch einmal entkontextualisiert und derealisiert und ermöglichen dann auf dieser Grundlage neue Konstellationen und Synthesen. Sie avancieren zum Anlaß für Kreativität und Urteilskraft und eröffnen einen Genuß, der viel Tiefsinn, Ein- und Ausdruck beinhaltet.

In der Sorge um sich, in der Ausgestaltung des individuellen Besitzes und im Gewirr sowie in der Zirkularität der zwischen-menschlichen Beziehungen werden so viel Aufmerksamkeit und so viele Gedanken absorbiert, daß die Verselb-

---

813 Vgl. zusammenfassend die in III.1 vorangestellten These von Adorno, Lefebvre, Unger.

ständigung des Selbstbewußtseins von der gelingenden Bewältigung dieses Alltags zum Ausgangs- und Zielpunkt des Alltags naheliegt – wenigstens im subjektiven Selbstverständnis. Das Individuum bringt sich selbst in allen Lebensbereichen zur Geltung und faßt mit dieser Position eigener Zuständigkeit die Kritik an gesellschaftlichen Strukturen und Formen dieser Bereiche unmittelbar als eine Kritik an sich selbst auf.

Eine weitere Stufe der Selbstabsorption wird erreicht, wenn die Individuen sich gegenseitig traktieren, indem sie jeweils eine Subjektivitätsform gegen die andere halten (6).[814] Vom Standpunkt des Besitzes erscheint der vereinzelte Einzelne als zu defensiv und zu arm. Die Persönlichkeit überwindet die Zirkularität der Zwischenmenschlichkeit, muß sich aber aus ihrer Perspektive eine Tendenz zum Narzißmus nachsagen lassen. Die Ambition, *ihr* Leben zu *führen*, für es »Verantwortung« zu übernehmen und dementsprechend an die – wie auch immer geartete – erfolgreiche »Identität« die eigene Ehre oder Würde zu binden, diese problematische Seite der Persönlichkeit erscheint als Gegenposition zu Mentalitäten des vereinzelten Einzelnen motiviert, die ein unauffälliges Durchkommen, ein problemvermeidendes Sichanpassen und ein passives Sichanlehnen beinhalten. Dem Privatmenschen und der Persönlichkeit erscheinen der sorgenvolle Alltagsmensch, der Eigentümer und Besitzer als zu flach. Vom Standpunkt der Persönlichkeit mutet der Besitzer als zu extrovertiert und die Privatperson als zu introvertiert an. Erst die Persönlichkeit schaffe eine Integration. Der Persönlichkeit läßt sich nun wiederum vom Standpunkt der Kultur aus vorwerfen, die Integration und Selbstreferenzialität profiliere die Dimension der Kompatibilität der Sinne untereinander zu Lasten der Dimension ihres Ausgreifens und ihrer Reichhaltigkeit. Die Veranstaltung der Ichidentität erscheint dann als der Ungezwungenheit abträglich. Vom Standpunkt des Kultur ästhetisierter Sinne erscheint die Selbstschließung der Persönlichkeit als problematisch, als zu sehr auf die Feier der eigenen Existenz gerichtet, als zu bemüht, zu eingeengt auf selbstwertdienliche Strategien und das Selbstgefühl.[815] Erst die Kultur ästhetisierter Sinne verheißt dem Individuum Urlaub vom Selbst und

---

814 Es »reizt die Unfähigkeit, sich selbst zu begreifen dazu, die anderen auf der Grundlage ihrer negativen Darstellungen, ihrer Rollen zu begreifen; sie wie Gegenstände abzuschätzen. ... Die Welt durch ein Schlüsselloch betrachten« (Vaneigem 1980/173). Das allgemeine Herumkritteln, Herabsetzen und Am-Zeug-Flicken kann allerdings auch übergehen in die abstrakte Verzeihung. »Lustig, Freundchen, hilf mir lachen, / Du bist elend, so wie ich. / Alle sind die Brut des Drachen, / Drum ist keiner fürchterlich« (Rosenkranz 1875 Bd.4/71).

815 Die Kultur wendet sich idealiter gegen das unendliche Einbehaltenbleiben von allem in die Persönlichkeit, dagegen, daß alle Stoffe in die »Eindrehung« des Subjekts einbezogen werden sollen.

ermöglicht mehr Zerstreuung, Diversifizierung und Bewußtseinserweiterung. Vom Standpunkt der anderen Subjektivitätsformen aus (mit Ausnahme der auch schon, aber nur die privaten Sinne und Phantasien *inwendig* ausbreitenden Privatperson) steht die Kultur unter dem Verdikt der Schöngeisterei, demgegenüber es dem Privatbesitzer und Zwischenmenschen um Handfestes (Besitz, Beziehungen usw.) gehe. Angesichts der eher lockeren Aggregationsqualität der kulturellen Bewußtseinserweiterung wird die Einheit geltend gemacht und umgekehrt. Gegenüber der der Kultur eigenen latenten Dissoziation nicht nur vom Alltag, sondern von der gesellschaftlichen Wirklichkeit gewinnen wiederum Gewöhnlich- und Alltäglichkeit an Attraktivität[816] und an Pathos.[817] Die Aufstufung der Subjektivitätsformen beinhaltet keine Aufhebung (von der Reihenfolge der Darstellung her gesehen) früherer Stufen in späteren. Alle Subjektivitätsformen machen vielmehr gegen einander ihre Beschränktheit geltend und müssen sie auch gegen sich geltend machen lassen, ohne daß es zu einem Überstieg in ein Niveau käme, das eine höhere (»aufhebende«) integrative Potenz besäße.[818]

An die beschriebenen Subjektivitätsformen kristallieren sich (7) zwei verschiedene Bewußtseinsgestalten an, die die Gesellschaftsgestaltung erschweren und gesellschaftliche Müdigkeit fördern. Die eine bezieht sich auf die Perspektive, die sich aus den Subjektivitätsformen auf die Gesellschaftsgestaltung ergibt (a), die andere darauf, wie sich die Individuen gegenseitig in bezug auf die Gesellschaftsgestaltung abwertend einschätzen (b).

Mit der Subjektivität als Verarbeitungsform der individuellen Existenz ergeben sich (a) eigene Maßstäbe gelingenden Lebens, die zum einen die Individuen wiederum in Probleme stürzen (s. Zwischenmenschlichkeit), zum anderen eine Depotenzierung des In-der-Welt-Seins mit sich führen. Ansprüche sind impliziert, welche in ihrer Unwirklichkeit mit der herrschenden gesellschaftlichen Wirklichkeit friedlich koexistieren, auch wenn dem einzelnen Individuum die

---

816 »Nicht selten ..., daß Menschen, die von der Unheimlichkeit des Lebens gebannt sind und daran leiden, eine große Liebe zu kleinen, nichtssagenden Dingen haben, daß sie sich mit liebevollem Humor in den Alltag versenken. Es ist ihre Rettung vor dem Unerträglichen« (Lucka 1916/198).

817 Vgl. Drescher, Esser, Fach 1986/30 und 37. Vgl. auch Wolf (1998/26): »Du bist das, *wie* du es bist. Erfolg ist nicht unbedingt das Maß aller Dinge, wenn es um die biographische Bewältigung und Bewertung eines Lebens geht. James Hillman (The Soul's Code, New York 1997) entdeckt große Charaktere gerade bei den ›kleinen Leuten‹, die in ihrem unspektakulären Alltag etwas scheinbar Banales mit Stil und Würde tun. Sie beweisen Mut, Festigkeit, Treue und viele andere Tugenden ...«.

818 Ich gehe hier nicht auf die Probleme der gegenseitigen Wahrnehmung qua Eigenschaft und Typus ein, vgl. dazu u.a. Schmidt 1995/54ff.

Sphärentrennung zwischen dem In-dieser-Welt-Sein und dem Nicht-von-dieser-Welt-Sein manchmal mißlingen mag und dies zu Konfusionen führt. Die Arbeit an der gesellschaftlichen Gestaltung der Welt kommt in einen Zangengriff zwischen der *Über*forderung, die sie für jene darstellt, die darauf angewiesen sind, in den existierenden gesellschaftlichen Verhältnissen ihren Frieden zu finden, einerseits, und der *Unter*forderung andererseits, als die den im Imaginären schwelgenden und kultivierten Menschen die Arbeit an der Gesellschaftsgestaltung erscheinen muß.[819]

Das Individuum, das die gesellschaftliche Welt als seine Schranke erfährt, hat mit seiner Freiheit des Fühlens, Sehnens, Sinnens und Meinens seinen »wahren« Daseinszweck gefunden. In der gesellschaftlichen Außenwelt sind dann nurmehr Mittel des Einkommens zu suchen und Weisen des Auskommens mit der Welt. Beide wiederum scheinen mit den spezifischen Tätigkeiten und Pflichten, die sie den Individuen abverlangen, ihre subjektive Kreativität nicht zu verunmöglichen, sei es in der Umwertung des Arbeits- und Geschäftslebens zur Gelegenheit dafür, eigene entsprechende Fähigkeiten und Sinne auszuleben, sei es in der subjektiven Entfaltung jenseits dieser Sphären. Diese eigenen Betätigungen schützen dem individuellen Selbstverständnis zufolge das Individuum vor seinem gesellschaftliches In-der-Welt-Sein. Beide Reiche, die der Welt und das des Individuums, erscheinen ihm letztlich inkommensurabel. Idealiter kann dann keines das andere wirklich affizieren, höchstens restringieren. Und die Subjektivität soll ihrem Selbstverständnis zufolge die übergreifende Seite darstellen. Sie kommt sich als »das Lebendige« vor, das »einer unorganischen Seite gegenübersteht, zu welcher es sich als dessen Macht verhält und die es sich assimiliert. ... Das Lebendige erweist sich als übergreifend über sein Anderes« (H8/§ 219 Zus.).

Nach den eher euphorischen Modi der Subjektivitätsformen kommen nun (b) die eher dysphorischen in den Blick: Der Schutz und die Ich-Einschränkung vieler Menschen als vereinzelte Einzelne erscheinen als Grund ihres Mißlingens: Sie »gehen nicht aus sich heraus«, gelten als »subaltern«, »gehemmt« usw. Die »Spießigkeit« der Masse erscheint als ebenso ewig wie ihr Egoismus. Die individuelle Besitzorientierung, die entsprechenden Ressentiments und der Neid scheinen anthropologisch eine Menschennatur anzuzeigen, mit der nicht viel Kooperation und Assoziation möglich wird und an der keine Gesellschaftsform Wesentliches zu verändern vermag. Den Beschränkungen gegenüber, denen das Individuum unterliegt, zeigt es sich einsichtig, gelten sie ihm doch

---

819 Vgl. a. Simmels (3/421) Darstellung jenes »Widerwillens gegen den Sozialismus in unseren höheren Kreisen«, der »zum Teil ästhetischer Natur« ist.

angesichts der angenommenen Uneinsichtigkeit der jeweils anderen als notwendig. Ebenso wie die »Hemmung« der Schlüsselbegriff einer einflußreichen Populärversion der Psychoanalyse war (Schultz-Hencke), ebenso werden in der nicht minder einflußreichen (Adler'schen) Individualpsychologie das Geltungsstreben und die Selbstüberhöhung zu Themen, die die gesellschaftliche Konstitution des zugrundeliegenden Realphänomens (hier: des Konkurrenzsubjekts, der Distinktion und des Erfolgs) nicht mehr erscheinen lassen. Demgegenüber führt die gezeigte Kritik am Sich-wichtig-nehmen der Persönlichkeit, des Konkurrenz- und Kultursubjekts nicht auf eine allgemeine Demut und Verzeihung (»alles nur Menschen«) hin, sondern darauf, wie das Sich-wichtig-nehmen und -machen das Sich-ernstnehmen verhindert. Der Blick für das In-der-Welt-Sein und die wirkliche Fähigkeitsausbildung, die Arbeit am gesellschaftlichen Doppelcharakter der entfalteten und zugleich abstrakt formierten Fähigkeiten werden durchkreuzt durch selbstwertdienliche Stilisierungen, imaginäre Befriedigungen, Überhöhungen und Überhebungen.[820] Ebensowenig wie Kapitalismustheorie etwa in der unternehmensberaterischen Frage aufgehen muß, wie Krisen vermieden, abgemildert oder besser durchgestanden werden könnten, ebensowenig läßt sich die Analyse der Subjektitäts- und Kultivierungsgestalten ihren Blick von der Sorge um das Gelingen von Subjektivität und Kultivierung und von Fragen der Lebensberatung vorgeben. Ebensowenig wie die »Auswüchse« des Kapitalismus einfach Extreme sind, die mit der Sache selbst nur im Modus ihrer Verfälschung etwas zu tun haben, ebensowenig wie aber auch diese Extreme für die ihnen zugrundeliegende »Sache« selbst stehen, ebensowenig läßt sich aus den immanenten Problemen der Individualität und Subjektivität unmittelbar deren konstitutive Verwobenheit in die Gesellschaft vergegenwärtigen.

---

820 Um ganz zu schweigen vom Streit der Bürger um die gegenseitige Entlarvung innerhalb dieser Formen. In diesem Streit werden weniger die gesellschaftlichen Formen der Individualität und Subjektivität Thema als vielmehr das Geschick oder Ungeschick, mit dem sich Individuen in ihnen bewegen. Der Argwohn gegen die Übertreibungen, die outrierten Maniriertheiten und Verstiegenheiten subjektiver und kultureller Verausgabungen bildet zunächst nur eine Manöverkritik. Die zugrundeliegende Ersatzproduktion vor dem Hintergrund eines diffusen Mangelgefühls bei Abwesenheit eines klaren Bewußtseins von dem, was fehlt, dieser grundlegende Mangel der Selbstentfaltung und Kultivierung führt immer wieder auch dazu, daß sich Individuen Jacken anziehen, die ihnen zu groß oder zu klein sind. Auf ge- oder mißlingende Feinabstimmung aber Urteilskraft zu verwenden, dies dethematisiert jene dilemmatische Erfahrungsverarbeitung, die die skizzierten Subjektivitätsformen selbst darstellen.

In ihrer Resignation, nicht mehr an »den Menschen« zu »glauben«, bringen die enttäuschten Bürger ihre Anhänglichkeit gegenüber den versubjektivierenden und individualisierenden Subjektivitätsformen zum Ausdruck. Die gesellschaftlich so hervorgetriebenen Misanthropismen und die Schmallippigkeit »menschlich enttäuschter« Individuen sind kein kleines Hindernis für die Gesellschaftsgestaltung. Jeder grundlegenden Änderung entgegen steht dann die scheinbar abgeklärte Haltung, in der jeweils die anderen dafür herhalten müssen, daß die »eigentlich« einzusehenden guten Vorsätze als nicht verwirklichbar erscheinen. Die Bevölkerung spricht über sich in der dritten Person.

Die Individualitäts- und Subjektivitätsformen bieten vielfältigen Anlaß für Gestaltungspessimismus. Insofern ist meine Kritik »positiv«, als sie die Gestalten der Selbst- und Fremdabwertung nicht in ihrer menschlichen Unmittelbarkeit stehen läßt, sondern auf ihre gesellschaftliche Konstitution bezieht. Dem Alltagsbewußtsein liegt umgekehrt nahe, gesellschaftliche Strukturen aus den Verarbeitungsformen und Wendungen zu erklären, die den Individuen nötig sind und die sie zur Kultivierung ihrer Subjektivität umwenden und umwerten. Insofern geht es mir nicht allein um die Kritik an falscher Affirmation der Verhältnisse, sondern auch um die Kritik an falscher Kritik an ihnen, die zu den Verhältnissen dazugehört und ihnen immanent ist. Zu dieser falschen Kritik gehört vor allem, ich knüpfe hier an Teil II an, das mangelnde Verständnis für den Doppelcharakter der in den gesellschaftlichen Formen zwar strukturierten, in ihnen aber nicht aufgehenden Aufmerksamkeiten, Fähigkeiten und Sinne der Menschen. Die Selbstachtung der Menschen[821] bezieht sich von diesen Fähigkeiten und Sinnen her und wird empfindlich dadurch »gestört«, daß der Reichtum der Gesellschaft abstrakt bestimmt und nicht auf die Entwicklung der menschlichen Fähigkeiten und Sinne ausgelegt ist. Aufgrund dieser Störung des gesellschaftlichen Stoffwechselprozesses ist auch die Aufmerksamkeit für die Störung gestört. Der herrschende Gebrauch des Lebens läßt die Vorstellung davon verlorengehen, was das Leben sein könnte. Es liegen Subjektivitätsformen nahe, in denen die Individuen getrennt und neben der Welt der gesellschaftlichen Arbeit, Organisation und Verwaltung sich eigene Welten gestalten.

Ich habe in diesem Teil III geschildert, welche abträglichen Wirkungen die Individualitäts- und Subjektformen für die Gesellschaftsgestaltung aufweisen.

---

821 »Der Mut, man selbst zu sein, hat ... den Charakter einer Bejahung des individuellen Selbst als individuelles Selbst trotz der Elemente des Nichtseins, die es bedrohen. Die Angst vor dem Schicksal wird besiegt durch die Selbstbejahung des Individuums als eines unendlich bedeutsamen mikrokosmischen Repräsentanten des Universums. Das Individuum ist ein Mittler der Seinsmächtigkeiten, die in ihm konzentriert sind« (Tillich 1991/94). Vgl. a. Horkheimer 1988/134.

Ich habe mich auf die Selbstabsorption in den diversen Selbstverwirklichungen konzentriert, um ein Gegengewicht zu formulieren gegen die allgemein verbreiteten Hoffnungen in bezug auf Subjektivität(en) und ihre Kreativität. Die Selbstverwirklichungen des Individuums partizipieren noch in der Entgegensetzung gegen die »Heteronomiesphäre« (Gorz) an der Abstraktheit des herrschenden abstrakten Reichtums, indem sie ganz aus sich heraus eigene subjektive Modi zu ihm beisteuern. Diese Kritik wäre aber mißverstanden, wenn mit ihr ausgeschlossen würde, daß auch in den Subjektivitätsformen Sinne und Fähigkeiten entstehen, die zum Anknüpfungspunkt für eine Kritik an gesellschaftlich herrschenden Formen werden können. Im Besitz handelt es sich auch um den Sinn der Menschen für die Vergegenständlichung. In der Zwischenmenschlichkeit entsteht auch eine Sensibilität für den Mitmenschen, aus der eine Aufmerksamkeit für verkehrte Formen der Repräsentation von alter in ego entstehen kann.[822] Der Rechtsstandpunkt der Reziprozität wird überschritten zugunsten einer Anteilnahme am Anderen und einem Interesse *für* ihn, das das einseitige Interesse *an* ihm übersteigt. In der »Persönlichkeit« wird auch eine Ahnung um eine Entfaltung des Individuums im Unterschied zu seiner Bewertung nach Leistung, Prestige und Vermögen deutlich. Gewiß sind alle diese »positiven« Sinne und Fähigkeiten auf die gezeigte Art und Weise involviert in Konstellationen, in denen sie nicht einfach »positiv« sich scheiden lassen von den problematischen Kontexten, die sie mit aufbauen.[823] Wie dekomponierend, abstrakt trennend und unausgewogen auch die Fähigkeiten und Sinne der Menschen in den gegenwärtigen gesellschaftlichen Formen zusammengesetzt und gemischt sind – die Kritik daran ist nicht notwendig verwerfende Kritik oder einfache Negation, die mit dem Resultat die in es eingehenden Kräfte, mit der gegenwärtigen Wirklichkeit die in ihr anwesenden Möglichkeiten übersieht und übergeht. Damit würde man sich nur in einer Art Gegenidentifikation zur schönen Fassade einrichten und sich darauf festlegen, ex negativo Anhänger ihres Scheins sein zu müssen.

Die Verwirrung über das Ineinanderübergehen menschlicher Sinne und Fähigkeiten und ihrer hier mit ihrer eigenen Produktivität skizzierten Formen, Konstellationen und Zusammensetzungen bildet nicht allein eine Schwierigkeit

---

822 In der »aufrechten inneren Repräsentation« bereitet fremde Freude eigene Freude, fremdes Leid eigenes Leid, in der »verkehrten inneren Repräsentation« führt fremde Freude zu eigenem Verdruß, »Neid, Haß, Mißgunst. ... Die Nichtigkeit des anderen wird zum Sockel der eigenen Lust und Größe« (Suhr 1975/295). Zur »theozentrischen inneren Repräsentation« vgl. Suhr 1975/294ff.

823 Vgl. bspw. die Kritik an den utopistischen Hoffnungen in bezug auf die Zwischenmenschlichkeit in III.4.

ihrer Analyse, sondern ein Moment ihrer Wirklichkeit. Zwischenmenschlich z.B. wird gerade an problematischen Verbindungen festgehalten, *indem* auf die guten »Seiten« oder den guten »Kern« des Anderen gesetzt wird. Umgekehrt zeigt auch die epidemische Verbreitung emotionaler Verstimmung und Verhangenheit, wie schwer es ist, gegenüber positivem Denken, Selbstaufwertung und -stilisierung zu einer Achtung jener Fähigkeiten und Sinne zu kommen, die in den verkehrten Formen dennoch – und sei es nur ansatzweise – existieren. Die Selbstabwertungen der Individuen können nicht allein als Derivat und Komplement der in diesem Teil im Vordergrund stehenden Überhebungen und Selbstverwirklichungen gelten, sondern auch als Resultat der Schwierigkeiten dabei, die eigenen Fähigkeiten und Sinne sich zu vergegenwärtigen und die der anderen.

Mit den Subjektivitätsformen und der Kultur ästhetisierter Sinne droht die Gesellschaftsgestaltung als Arbeit gegen die in Teil I und II dargestellten Formen der Gesellschaft endgültig zur Utopie zu geraten. Nicht die einfache Abwendung von der Realität (»Flucht«) ist das Problem[824], sondern daß die gesellschaftliche Wirklichkeit aus ihrem eigenen Zustand ihre Bearbeitung verstellt und die Gesellschaftsgestaltung ideologisch kleinarbeitet bzw. verschwinden läßt. Der herrschende Gebrauch, der vom gesellschaftlichen Leben gemacht wird, erscheint als der einzig mögliche. Die Empfindung des Mangels wird ob diverser Sachzwänge als falsche Erwartung hinwegdisputiert, bleibt aber als Empfindung bestehen. Die abstrakte Wahrnehmung der gesellschaftlichen Abstraktionen trägt zur Konstitution innerweltlicher Gegenwelten qua Subjektivität und Kultur ästhetisierter Sinne bei. Das abgeklärte Bewußtsein bleibt in seiner augenzwinkernden Verteidigung der »kleinen und großen Fluchten« ebenso ihnen gegenüber unbewußt wie auch gegenüber dem, was ihm als »die Realität« gilt. Mit dem Verlust der diesbezüglichen Verlusterfahrung konvergiert die lebensweltliche Erfüllung jenseits der Gestaltung der gesellschaftlichen Welt. Die Empfindung des Mangels der als Außenwelt geltenden gesellschaftlichen Realität wirft dann idealiter keine Frage nach ihrer Gestaltung auf, sondern wird immer schon subjektiv von den Antworten her wahrgenommen, die die Subjektivitätsformen geben.

Eine der Gesellschaftsgestaltung nicht abträgliche Perspektive für die Subjektivität hängt letztendlich davon ab, daß sie sich ihrer Verwirklichung als Abwendung von den (in Teil I und II gezeigten) sich der gesellschaftlichen Gestaltung entziehenden und ihr gegenüber verselbständigenden Strukturen usw.

---

824 »Die Forderung, die Illusionen über einen Zustand aufzuheben, ist die Forderung, einen Zustand aufzuheben, der Illusionen bedarf« (MEW 1/379).

gewahr wird. Diese Abwendung geht einher mit einer Überhebung der Subjektivität über das, wovon sie sich abwendet, ohne daß der erscheinenden Subjektivität das die Abwendung Veranlassende und ihre eigene Verwirklichung in der Abwendung und Überhebung als das, was sie sind, gewiss werden. Im Unterschied zu einer Idealisierung von individueller Selbstbestimmung und Autonomie (vgl. a. zur Kritik Negt/Kluge 1981/510) geht es um die Öffnung der eifersüchtig auf ihre Selbstverwirklichung erpichten Individuen zu einer sozialassoziativen koevolutiven Selbststeuerung und Gesellschaftsgestaltung.[825]

Besonders die Kapitalismusanalyse zeigt, wie durch die soziale Indifferenz der Warensphäre, den formell freien Willen des Geldsubjekts, die Indifferenz oder feindliche Entgegensetzung zwischen den verschiedenen Bevölkerungsgruppen usw. gesellschaftliche Assoziation[826] verhindert wird, obwohl die Dichte des gesellschaftlichen Verkehrs wächst. Die Grenzen der Autonomie vereinzelter Einzelner sind in derart verschiedenen Theorien Thema (rational-choice-Theorien[827], Moraltheorie[828], Demokratietheorie[829], Subjektivitätstheo-

---

825 »Die Emanzipation des Individuums ist keine Emanzipation von der Gesellschaft, sondern die Erlösung der Gesellschaft von der Atomisierung« (Horkheimer 1974/130). Das Mißverhältnis zwischen der Kraft des einzelnen und den Kräften, über die er technisch gebietet, besteht so lange, wie die »individualistische Organisationsform der Gesellschaft kollektive Verhaltensweisen ausschließt, die vielleicht subjektiv dem Stand der objektiv-technischen Produktivkräfte gewachsen sind« (Adorno 1958/145).

826 Zum Unterschied zur »Gemeinschaft« vgl. III.4 und Creydt 1994. Im bloßen Mit- und Füreinander liegt keine Kritik an der Konkurrenz und an den gesellschaftlichen Indifferenzen und Gegensätzen. Auf der Basis des Unverständnis für ihre Gründe muß der Wunsch nach ihrer Überwindung zur Norm des Umgangs geraten und sich gegen die Individuen richten, soweit sie als Hindernis der Gemeinschaft gelten. Genauso wie die Alternative zu Krieg nicht Frieden ist, sondern ein Zustand, in welchem nicht im Frieden die Gründe für den nächsten Krieg entstehen, genauso wenig Sinn macht es, dem Individualismus mit der Gemeinschaft beikommen zu wollen, als ob nicht ständig die Mängel der einen Seite die andere attraktiv machen. Individualismus und Gemeinschaft als Selbstthematisierung gehen an den wirklichen gesellschaftlichen Gründen und Schwierigkeiten vorbei, die Menschen aneinander binden oder voneinander trennen und einander entgegensetzen.

827 Entscheidungen unter Bedingungen von Komplexität und Unsicherheit, mangelnder Abstimmung, unzureichender Kommunikation und Kooperation der Beteiligten führen zu »suboptimalen Ergebnissen«. Nicht die Moralisierung des Individuums, sondern die Arbeit an den Strukturen ihrer Verhältnisse zueinander erscheinen dann relevant. Kooperation, intersubjektive Verläßlichkeit und kollektive Lernfähigkeit brauchen geeignete Rahmenbedingungen und institutionelle Unterfütterung. Ich stelle in dieser Arbeit ihre Hindernisse dar, für vor diesem Hintergrund mögliche positive Vorschläge vgl. die »Arbeitsperspektive«.

828 Das Gewissen kann gerade, weil jeder mit ihm allein ist, in die Irre führen. Arendt gestand Eichmann ein durchaus funktionierendes Gewissen zu. Das moralische Urteil bedarf über

rie[830]), daß sich auch dies als Symptom für die Notwendigkeit grundlegender Transformationen geradezu aufdrängt.

Hypertrophe Arbeitsteilung und Ich-Kleinstaaterei erscheinen insbesondere dann unangemessen, wenn »das Produkt dieses Produktions- oder Bildungsprozesses nicht eine materielle Ware, sondern das bewußte Sein des Menschen selber ist« (Kilian 1971/197). Und diese Aufgabe stellt sich angesichts des Veraltens nicht nur des jeweiligen besonderen individuellen menschlichen Selbstbewußtseins, sondern eines »Entwicklungsverzugs des kollektiven Bewußtseins

---

die logische Widerspruchslosigkeit und innere Übereinstimmung hinaus aber der Fähigkeit, aus der Sicht anderer zu denken (Arendt 1958/1142).

829 Im Horizont der Demokratie ist eine gesellschaftliche Assoziation der Menschen nicht zu bewerkstelligen, in der sie die Probleme der Gesellschaftsgestaltung bearbeiten können. »Das ›politische Recht‹ ist Ausdruck der Atomisierung der bürgerlichen Gesellschaft auf private Individuen mit ihrem ›freien Willen‹, die aber in Wirklichkeit nur ›frei von‹ sind, frei von Leibeigenschaft und feudalem Zwang, aber auch frei von jeder Form der Vereinigung, die ihnen die Freiheit von Ausbeutung und gesellschaftlicher Vereinsamung sichert« (Supek 1978/88). »Deshalb handelt es sich, wenn im ›Kommunistischen Manifest‹ von der Überwindung der bürgerlichen Gesellschaft die Rede ist, nicht um die Ausdehnung des Prinzips der bürgerlichen Demokratie oder der repräsentativen Demokratie auf die Sphäre der Wirtschaft, sondern um die Überwindung der bürgerlichen Organisation in der einen und in der anderen Sphären, denn sie bedingen sich gegenseitig, und der Schlüssel zu dieser Überwindung ist in der Idee der Assoziation zu finden« (ebenda 90). Vgl. auch Offe 1989/760ff. und Offe, zit. in I.6.

830 Bei über Arbeit(en) im weitesten Sinne verbundenen Subjekten weiß ich »meine Lebensziele als etwas, das von seinen (des Mitmenschen – Verf.) Fähigkeiten ermöglicht oder bereichert wird. ... Sich in diesem Sinne symmetrisch wertzuschätzen heißt, sich reziprok im Lichte von Werten zu betrachten, die die Fähigkeiten und Eigenschaften des jeweils anderen als bedeutsam für die gemeinsame Praxis erscheinen lassen. Beziehungen solcher Art sind ›solidarisch‹ zu nennen, weil sie nicht nur passive Toleranz gegenüber, sondern affektive Anteilnahme an dem individuellen Besonderen der anderen Person wecken: Denn nur in dem Maße, in dem ich aktiv dafür Sorge trage, daß sich ihre mir fremden Eigenschaften zu entfalten vermögen, sind die uns gemeinsamen Ziele zu verwirklichen« (Honneth 1993/263 und 169). Solidarität in diesem Sinne wäre notwendig, um ein wesentliches Hindernis von Selbstgestaltung von Gesellschaft zu verringern: die psychische Selbstabsorption der Individuen. Für die Individuen meint »Ungezwungenheit« nicht einfach »Abwesenheit von externem Zwang oder Einfluß, sondern muß zugleich auch das Fehlen von inneren Blockierungen und Hemmungen bedeuten; diese zweite Form der Freiheit aber ist nur als das durch die Wertschätzung anderer erworbene Vertrauen zu verstehen, das den eigenen Fähigkeiten und Eigenschaften entgegengebracht wird. Insofern hängt die Freiheit der Selbstverwirklichung von der Voraussetzung von Gemeinschaften ab, in denen die Subjekte sich im Lichte gemeinsam geteilter Ziele wechselseitig wertschätzen« (Honneth 1993/264).

einer ganzen Gesellschaft« (ebd. 7).[831] Die »zeitgenössischen Generationen leben inmitten einer kollektiven Identitätskrise, ohne daß die betroffenen Menschen die positive Aussicht auf eine sich neu bildende kollektive Identität und auf einen Zuwachs an kollektiver ›Menschlichkeit‹ wahrnehmen können« (Ebd. 22).

---

831 »Eine dauerhafte ›Ordnung‹ und ein relatives Gleichgewicht werden in Zukunft nur noch in dem Maße zu begründen und zu bewahren sein, wie der Mensch eine prozeßgerechte Selbststeuerung der individuellen und kollektiven Entwicklung erlernt. ... Das egozentrische Weltbild ist angesichts der Amplifikation des gesellschaftlichen Feldes tatsächlich zum Weltbild eines ›unterentwickelten‹ Bewußtseins abgesunken, welches angesichts seines Mangels an integrativer Kompetenz und systemtranszendierender Potenz eher als das herrschende ›Unbewußtsein‹ denn als das herrschende ›Bewußtsein‹ der Gegenwart bezeichnet werden sollte« (Ebd. 21, 171).

Schlußwort

Den Ausgangspunkt dieser Arbeit bildet das Mißverhältnis zwischen gesellschaftlichen Problemen und Problemlösungskapazitäten. Es charakterisiert tragende Strukturen der gegenwärtig führenden Länder. Drei verschiedene Sphären wirken zusammen: Die moderne Welt der Organisationen, Administrationen und »Verkehrswirtschaft« (Weber) (I), der Kapitalismus (II) und die moderne Entfaltung von Subjektivität(en) (III). Nicht diese drei Sphären gegeneinander auszuspielen oder sie »multifaktoriell« zu kombinieren, sondern ihren konstitutiven Zusammenhang zu denken, ist das integrative Anliegen. Dafür werden von innen Grenzen soziologischer Theorien der Moderne geöffnet, die Analysen des »Kapital« vom »Marxismus« unterschieden und die Subjektivität betreffende Theoreme auf das In-der-Welt-Sein der Individuen durchsichtig gemacht.

Eine Tendenz des vorherrschenden Denkens idealisiert die den dargestellten drei Sphären eigenen Problemlösungskapazitäten und »Errungenschaften«. Dieser Utopismus läßt grundlegende Gesellschafts(um)gestaltung als unnötig erscheinen. Deren Möglichkeit wiederum schließt die gestaltungspessimistische Tendenz der Gesellschaftstheorie aus. Die der gegenwärtigen Gesellschaft eigenen Grenzen ihrer Gestaltung *und* das gängige Denken über sie verursachen gesellschaftliche Müdigkeit. Ich zeige, wie die für die moderne Gesellschaft einschlägigen Strukturen die Gesellschaftsgestaltung, d.h. Einwirkungen der Gesellschaft auf sich selbst zur Bearbeitung drängender Gegenwartsprobleme, verstellen. Der Beitrag dieser Strukturen zur gesellschaftlichen Müdigkeit in Sachen Gesellschaftsgestaltung stellt ein erstes zentrales Thema dieser Arbeit dar.[832]

---

832 Zusammenfassend wären hier zu nennen:
  – Komplexität, die Gestaltungswünsche aufgrund nicht beherrschbarer nichtintendierter Effekte entmutigt und individuelle Informationsverarbeitung überfordert,
  – Ansprüche abweisende »Sachgesetze«, Zuschreibungen von Zuständigkeiten und Unzuständigkeiten, gegenseitige Steigerung von Subalternität und »Kompetenz«, sachge-

Einen zweiten Schwerpunkt bildet die Frage, wie eng die Leistungs*vorteile* zentraler gesellschaftlicher Strukturen (Effizienz, Effektivität und formale Rationalität sowie die Akkumulation kapitalistischen Reichtums betreffend) mit ihren die Gesellschaftsgestaltung *erschwerenden* Effekten verknüpft sind. Das Wissen um die kapitalistische Ökonomie ermöglicht es analytisch, fehlspezifizierte Potentiale und Ressourcen ebenso wie eine Überproduktion von Komplexität aufzuspüren. Kapitalismus-, nicht modernespezifische Indifferenzen, Gegensätze und Eigendynamiken in der Vergesellschaftung geraten in den Blick. Damit eröffnen sich wenigstens analytisch Freiheiten, mit den Strukturen moderner Vergesellschaftung umzugehen. An der kapitalistischen Ökonomie erscheinen Irrationalitäten und Verschwendungen, die nicht in den Bereich der »modernen Rationalität« fallen. Die Aporie, die produktive »Effizienz« nicht entbehren zu wollen, aber ihre problematischen sozialen Effekte nicht vermeiden zu können, macht eine notorische Verlegenheit klassischer Theorien über moderne Gesellschaft (Weber, Simmel) aus, die auch zeitgenössische Soziologen nicht überwunden haben. Diese enge Verknüpfung von »Nutzen« und »Kosten« kann unter Rekurs auf die Marx'sche Kapitalismusanalyse gelockert und auseinandergezogen werden.

rechte und sachfremde Legitimationen von Fremdwissenabhängigkeit und Weisungsbefugnis sowie die Schwierigkeit, zwischen beiden zu unterscheiden;
- Spaltungen zwischen den verschiedenen Bevölkerungssegmenten und eine Partikularisierung und Aufsplitterung von Betroffenheiten und Aufmerksamkeiten;
- gegenseitige Intransparenz der verschiedenen Bereiche und schwierige Übersetzbarkeit zwischen partikularen Perspektiven bis hin zum babylonischen Sprachgewirr;
- Interessendivergenzen und -gegensätze, soziale Schließungen und Konkurrenzen;
- Differenzen zwischen kurz- und langfristigen Interessen, Chancen für Externalisierung und Vorteilnahme zu Lasten anderer und für Trittbrettfahrerverhalten, Absorption sozialer Energie in Nullsummenspielen; Auszahlungs- und Rückkoppelungsordnungen, die unkooperatives Handeln belohnen;
- enggestellte Selektionsfilter, die allein durch ebenso sachfremde wie komplexitätsreduzierende Formalisierungen und Neutralisierungen in den Medien der gesellschaftlichen Synthesis gesellschaftliche Kohärenz erlauben;
- ein Mißverhältnis zwischen dem in gesellschaftliche Organisationen und Produktivkräfte investierten Reichtum und dem Vermögen der Gesellschaftsmitglieder, die Reichtumsproduktion, -organisation, -zirkulation und -administration auf eine Weise gesellschaftlich zu gestalten, die nicht auf eine Verselbständigung des Reichtums gegen die Menschen hinausläuft. Auch aus diesem Mißverhältnis erwachsen Machtgefälle sowie der Gesellschaftsgestaltung abträgliche Einschüchterungs- und Entmutigungseffekte.
- sich selbst verstärkende und reproduzierende Strukturen, die sich *gegen* die Individuen verselbständigen.

Einen dritten Schwerpunkt dieser Arbeit stellen verschiedene Modi des Selbstverhältnisses von Individuen dar, die sich vor dem Hintergrund der in Teil I und II dargestellten Strukturen erheben und durch den subjektiven Eigensinn, ihnen Leben abzutrotzen, wiederum die Gesellschaftsgestaltung erschweren. Die Entfaltung von menschlichen Sinnen und Fähigkeiten erweist sich als Entwicklung menschlicher Lebensgeister angesichts der »Dehumanisierung« (Luhmann) sozialer Strukturen, wie sie in I und II dargestellt wurde. Deren gesellschaftliche Einhegung bzw. Überwindung erfordert auch die Selbstunterscheidung bzw. -kritik menschlicher Entfaltung. Noch in der Entgegensetzung zu den ebenso belastend wie unumgänglich, ebenso produktiv wie heteronom erscheinenden modernen und kapitalistischen Strukturen weist die »Subjektivität« an sich selbst den Mangel der Nichtbearbeitung jener Strukturen auf, gerade indem sie sich über ihn hinweg *setzt*. Für die Gesellschaftsgestaltung werden die menschlichen Entfaltungen, die die Nichtgestaltung der Heteronomiesphäre zur Grundlage haben und sich mit ihr häuslich einrichten, so gut dies eben geht und für Individuen auch allein möglich ist, samt der ihnen eigenen Kreativität zum Problem, nicht zuletzt, insofern diese Selbstverwirklichung die Individuen imaginär ihrer gesellschaftlichen Wirklichkeit enthebt und dann Probleme der Subjektivität mit sich selbst produziert.

Die in Teil I und II dargestellten Bewußtseinsformen, die die moderne und kapitalistische Gesellschaft als sachlich erscheinen lassen, und die Subjektivitätsformen (III) greifen ineinander in der Tendenz, das arbeitende In-der-Welt-Sein im Sinne der Gesellschaftsgestaltung zu einem unmöglichen Begriff zu machen und den Raum durch instrumentelles, kommunikatives und expressives Handeln auszufüllen. Gesellschaftsgestaltung erscheint nicht nur auf der Seite der gesellschaftlichen Außenwelt als weitgehend unmöglich, sondern auch subjektiv als unattraktiv vor dem Hintergrund der Weise, wie sich die Individuen in der Lebenswelt verausgaben und selbstverwirklichen. Weder die Beschränkung des Systems durch die Lebenswelt noch die Kritik an der Subjektivität vom Standpunkt der Außenwelt bieten eine Perspektive. Gesellschaftliche Müdigkeit wird erst überwunden, wenn die Kritik, d.h. die Unterscheidung des zu Überwindenden, des Anzueignenden und des Umzugestaltenden, in System sowie Lebenwelt aufeinander verweist und auf das Zusammenspiel beider gerade in ihrer Differenz.

Theoriebezogen zeige ich im Bereich der Soziologie Konvergenzen auf und arbeite im Unterschied zur grassierenden multiplen Paradigmastase eine Problemkontinuität heraus. An der Marx'schen Kapitalismusanalyse profiliere ich ihren Charakter als Theorie der Vergesellschaftung. Sie übersteigt eine im Arbeiter- oder Unterprivilegierteninteresse gedachte Ökonomietheorie.

Weiterhin skizziere ich Ansätze bei Marx zu einer nicht auf kapitalismusspezifische Strukturen zu reduzierenden allgemeinen Theorie der Herrschaft. Ich arbeite bei Marx jeweils die Widersprüche zwischen analytischer Tiefenschärfe und voluntaristischer politischer Tendenzliteratur heraus.

Die Kapitalismusanalyse sensibilisiert dafür, nicht unter modernem Pseudonym genuin Kapitalistisches festzuschreiben. Umgekehrt hilft die soziologische Analyse moderner Strukturen dabei, zu unterscheiden zwischen der sachlichen Substanz der Kapitalismustheorie einerseits, ihrer sachfremden Verknüpfung mit unterkomplexen Befreiungs- und Versöhnungsphantasien sowie revolutionstheoretischen Naivitäten andererseits. Marx hat aus der Kritik der kapitalistischen Ökonomie die Not-Wendigkeit einer anderen, befreiten Gesellschaft gefolgert, aber deren Möglichkeit – wenn überhaupt – allein aus dem Kapitalismus abgeleitet und nicht gefragt, ob das, was ihm not-wendig erscheint, denn unter Bedingungen der modernen Gesellschaft auch möglich ist. Nach einer Geschichte gegenseitiger Vereinnahmungen, Reduktionen und Abwertungen geht es mir darum, das *Verhältnis* zwischen soziologischem modernetheoretischen und Marx'schem kapitalismuskritischen Strukturwissen zu denken.

Insgesamt geht es im Zusammenhang der drei Kritiken (der modernen und kapitalistischen Gesellschaft sowie ihrer Subjektivität) um eine Theorie, die die Alternative hinter sich läßt, derzufolge Einheit und Differenzierung gegeneinander ausgespielt werden. Die Theorie der funktionalen Differenzierung und das postmodernen Plädoyer für die Vielfalt hypostasieren das Moment der erscheinenden Unterschiede, ohne sie in einer in sich gegliederten herrschenden gesellschaftlichen Aufbauordnung denken zu können. Die erscheinende Differenziertheit der gegenwärtigen Gesellschaft, in der tatsächlich kein in alle Bereiche »ausstrahlendes« »Zentrum« oder »Wesen« herrscht, verleitet Differenzierungstheorien zu einer Unterbestimmung gesellschaftlicher Einheit.[833] Die Theorie funktionaler Differenzierung sowie der Reduktionismus bleiben füreinander Wunschgegner. Beiden ist eine geringe Integrationskraft des Bewußtseins eigen, das die vorfindlichen Trennungen und Abstraktionen entweder *nicht* zu durchgreifen vermag oder *nur* kurzschlüssig-gewaltsam. Beide versagen vor der Aufgabe, die verschiedenen gesellschaftlichen Sphären als eigenständige und zusammenhängende, in ihrem Aufbauen aufeinander sich gegen einander reflektierende und sich zumindest im Bewußtsein der Beteiligten verselbständigende zu analysieren. Integration und Differenzierung werden nicht mitein-

---

833 Differenzierungs- und Pluralismustheorien folgen dann Vorstellungen einer »Ansammlung von Teilsystemen, die einander gewissermaßen auf gleicher Ebene gegenüberstehen, ohne von sich aus viel voneinander wissen zu wollen« (so ganz affirmativ Schimank 1996/189).

ander material vermittelt, sondern gegeneinander ausgespielt. Integration mißrät dann zum Reduktionismus, Differenzierung zur Aggregation.

Als »methodische« Essentials möchte ich drei Konzepte hervorheben: den Doppelcharakter, den negativen Grund und die Konstitutionsordnung. Mit dem »*Doppelcharakter*« als zentralem Begriff der Marx'schen Kapitalismustheorie ist das Verhältnis zwischen den kapitalistischen Formen und den in ihnen nicht aufgehenden Kräften und Potentialen Thema – im Unterschied zu einem die Kongruenz von Struktur und Substrat annehmenden Formmonismus oder einer Vorstellung bloß »äußerer« Überformung und Instrumentalisierung bei »innerer« Unbescholtenheit. Gegen jeden Funktionalismus sind bei aller gesellschaftsformationsspezifischen Konstitution von subjektiven Fähigkeiten, Sinnen und Vermögen die Chancen mitzudenken, wie deren Potentiale sich sozusagen jenseits der für sie vorgesehenen »Spur« ereignishaft in einer Weise zusammensetzen und neue Verbindungen miteinander eingehen können, die den gegenwärtig herrschenden gesellschaftlichen Formen widersprechen und ihr gegenüber zu einer kritischen Masse avancieren. Der »Doppelcharakter« stellt ebenso wie das »Ereignis«, die besondere Konstellation der Verknüpfung von Widersprüchen, eine Grenze des Formdiskurses und eines systematisch abschlußhaften Theoretisierens dar. Mit dem »Doppelcharakter« wird ein Verhältnis von theoretischer Darstellung und Kritik überwunden, das zur gesellschaftlichen Müdigkeit beiträgt, indem die Kritik allein von außen zu kommen scheint und in der soziologischen Aufklärung sich Erklärung, Verständnis, Resignation, Akzeptanz und Affirmation miteinander vermischen.

Mit dem Konzept des »*negativen Grundes*« vermeide ich, die Selbstreproduktion und -regeneration des Bestehenden den Interessen und der Stärke der Herrschenden, der Schwäche und dem Bewußtsein, der Mentalität, der Psyche usw. der Beherrschten oder einer allgegenwärtigen »Macht« zuzuschreiben, sondern beziehe alle diese Phänomene auf den Hintergrund der erscheinenden Unersetzbarkeit der beschriebenen modernen und kapitalistischen Strukturen bzw. auf die als immens erscheinenden Kosten ihrer Transformation. Das Konzept des negativen Grundes erlaubt es mir, für Gesellschaftsgestaltung abträgliche Effekte der Subjektivität(en) zu beschreiben, ohne Substanzaussagen über »das Subjekt« oder »die Kultur« treffen zu müssen. Präzisieren lassen sich so Probleme, vor denen alle emphatischen Plädoyers für Subjektivität(en) und Kultur(en) stehen.

Mein Vorschlag, das Verhältnis der Subjektivitätsformen zu den in Teil I und II beschriebenen modernen bzw. kapitalistischen Strukturen zu denken, beansprucht, umrißhaft eine Konzeption anzugeben, mit der die verschiedenen Bereiche der Gesellschaft zueinander ins Verhältnis gesetzt werden können

(»*Konstitutionsordnung*«). Ihr Vorzug besteht darin, weder in die an dieser Stelle einschlägigen Probleme des Reduktionismus, des Ausdrucks- oder Widerspiegelungsdenkens zu geraten, noch in Determinismus, Funktionalismus oder cui-bono-Argumentationen. Vielmehr sind verschiedene Momente aufeinander zu beziehen:

— der Schein, gesellschaftliche Produktion, Organisation, Zirkulation und Administration seien für menschliche Sinne und Fähigkeiten zwar eine Bedingung, aber ihrer Entfaltung notwendig heteronom-abweisend bis feindlich (»Dehumanisierung«), bei allen sekundär möglichen Besetzungen;
— die nicht erscheinende Konstitution menschlicher Sinne und Fähigkeiten in diesen Sphären;
— Zwischenmenschlichkeit, Freizeit und Kultur als scheinbar selbstverständliche eigene Orte und Heimat einer »vollen« Verwirklichung menschlicher Sinne und Fähigkeiten;
— die Profilierung dieser Autonomiesphären gegenüber der Heteronomie der in den Teilen I und II beschriebenen Strukturen, die Umwertung dieser Heteronomie zum günstigen Abhebungshintergrund zur eigenen Selbststeigerung;
— die Substantialisierung der so entstandenen Sinne und Fähigkeiten zur »Subjektivität«, zu einem eigenen Vermögen, das sich selbst zum Ursprung und zur Ursache wird und den Umgang mit den in I und II thematisierten Strukturen zum Attribut des eigenen Selbstbezuges und der eigenen Selbstverwirklichung umwendet;
— der Schein einer Souveränität dieser Autonomiesphäre über das, wovon sie nur äußerlich abzuhängen scheint;
— die interne Ausdifferenzierung verschiedener Gestalten, mit der sich Innen-Außen-Differenzen zu internen Differenzen verwandeln.[834]

Zum Verständnis der Konstitutionsordnung gehört das des Scheins. Wenn »*Schein*« das für das Zustandekommen eines Phänomens zentrale Nichtgewahrwerden seiner Konstitution in der Welt sowie die Orientierung an der Gestalt des Erscheinenden bedeutet, so sind damit weder eigene Effekte noch unfunktionale Verselbständigungen ausgeschlossen. Analytisch auf »Schein« zu

---

834 Vgl. auch das Resümee zu III. »Der Moralismus heilt vom Ästhetizismus (oder umgekehrt); die ontologische Enttäuschung kann an die Moral appellieren« (Lefebvre 1978/251). »Eine Partei bewährt sich erst dadurch als die siegende, daß sie in zwei Parteien zerfällt; denn darin zeigt sie das Prinzip, das sie bekämpfte, an ihr selbst zu besitzen und hiermit die Einseitigkeit aufgehoben zu haben, in der sie vorher auftrat. Das Interesse, das sich zwischen ihr und der anderen teilte, fällt nun ganz in sie und vergißt der anderen, weil es in ihr selbst den Gegensatz findet, der es beschäftigt« (H3/425).

bestehen, begründet sich aus der These, die infragestehenden Phänomene seien nicht anders als im Rekurs auf gesellschaftliche Leitprobleme und gesellschaftlich beherrschende Strukturen zu erklären, womit durchaus keine Deduktion oder Reduktion sämtlicher Merkmale impliziert ist. Allerdings verdankt sich die Weise der Erfahrungsverarbeitung und -umwendung dem, wovon sie sich bei aller wahrnehmbaren äußerlichen Restriktion innerlich unabhängig dünkt. Die Probleme der Gestaltung der Gesellschaft, wie sie mit modernen und kapitalistischen Strukturen in I und II festgehalten wurden, legen bestimmte Verarbeitungen und Wendungen nahe. Zu ihrer Vitalität gehört, daß ihnen oft nicht mehr angesehen werden kann, was verarbeitet und gewendet wird und wie das zu Verarbeitende die Verarbeitung selbst präjudiziert. Die gesellschaftlich herrschenden Schnittmuster der Handlungen und ihrer Synthetisierung, die gesellschaftlich herrschenden Formen der Gegenstände, Interessen und Beteiligungsmotive sowie die gesellschaftlichen Eigendynamiken konstituieren auch die Subjektivität. Konstitution geht nicht in Determination, Restriktion, Bedingung, Ausdruck usw. auf. Auch durch Unkenntlichmachung, Entstellung und Uminterpretation setzt sich die ausgeklammerte moderne und kapitalistische objektiv-strukturelle Realität fort im von ihr Verschiedenen, der Lebenswelt. Dies gilt umso mehr, als die Subjektivität mit dem (dann zudem *ihr*) Erscheinenden in der Perspektive ihrer Entfaltungsmöglichkeiten umzugehen, es auszugleichen, es zu überspielen sucht. Die individuellen Selbstheilungsversuche und Glückssuchen beinhalten Sinne und Fähigkeiten, die das, womit sie umgehen, zum Moment ihrer subjektiven Selbstentfaltung und dann der Verwirklichung ihres Eigenwerts wenden. Diese Verkehrung ist aber selbst vor einem doppelten Hintergrund zu erklären, den das bildet, was an gesellschaftlichen »Tatsachen« erscheint, sowie das, was in ihnen als Subjektivität gleichzeitig aufgebaut und nun in ihrer eigenen Sphäre zur individuellen Selbstverwirklichung freigesetzt wird. Diese Subjektivität ist doppelt frei, einerseits los und ledig von der Verortung in einem gesellschaftsgestaltenden In-der-Welt-Sein, andererseits frei zur Verwirklichung einer Autonomie, deren Kreativität die Abstraktheit des Bewußtseins und der Sinne nutzt und dabei neue Sinne und Fähigkeiten herausbildet. Die erscheinende Unabhängigkeit und Selbständigkeit ist nicht nur selbst konstitutionstheoretisch zu erklären, sondern macht auch die eigene »Produktivität« und den »Überschuß« der Subjektivität aus und bildet die Ressource, die andernorts wiederum be- bzw. vernutzt wird. Das Denken ihrer Konstitution schließt die Würdigung ihrer eigenen Wirksamkeit und Kreativität nicht aus, sondern ein. Die Kreativität des Scheins liegt darin, daß aufgrund der erscheinenden Versperrtheit von Handlungsmöglichkeiten und der erscheinenden Erklärungsunbedürftigkeit der Gründe dafür sich eine Unmittelbarkeit und

Selbstverständlichkeit etablieren. Die solcherart sich zugleich nur und erst eigentlich als Menschen vorkommenden Individuen nehmen nun qua Besitz, Zwischenmenschlichkeit, Kultur ästhetisierter Sinne usw. »das Leben« auf dieser Grundlage »selbst« »in die Hand«.

All dies hat etwas von einer Art Symptom, das sich vor dem Hintergrund einer nicht gelösten Problematik ergibt. Sie betrifft die Bearbeitung der Gründe für die negativen Folgen moderner und kapitalistischer Gesellschaftsstrukturen. Diese Nichtgestaltung bildet den Haftungs- und Nährboden, auf dem sich dann eine eigene Subjektivität ergibt. Sie wiederum steigert die vorausgesetzten Schwierigkeiten, ganz ebenso wie das Symptom die zugrundeliegende Schwierigkeit noch dadurch erhöht, daß es Energie von ihrer Bearbeitung abzieht. Die Kreativität des Symptoms geht nicht auf in der Schwäche oder in dem Unvermögen, das zugrundeliegende Bezugsproblem zu bearbeiten. Sinne und Fähigkeiten werden gewissermaßen am anderen Orte investiert. Es entstehen neue Entfaltungen und Notwendigkeiten. Schein zu denken heißt die Konvergenz von zweierlei zu begreifen: Der Unzurückführbarkeit des Scheins in seiner Emergenz, seinem Eigensinn und Eigenleben auf seine Konstituenten einerseits, der Scheinhaftigkeit jeden Verständnisses andererseits, das die erscheinende Selbständigkeit und Unmittelbarkeit beim Wort nimmt und nicht auf ihre Konstitution bezieht.

Das Verhältnis zwischen den gesellschaftlichen Strukturen und dem in ihnen ebenso hervorgebrachten wie nicht aufgehenden Reichtum stellt die Unruhe oder das Movens dieser Arbeit dar – ein Verhältnis, das weder auf eine seiner Seiten zu reduzieren ist, noch seinen Abschluß in der Zufriedenheit über die Ambivalenz finden kann. Gestaltungspessimismus und Utopismus arbeite ich dort heraus, wo sie landläufig wenig vermutet werden. Die Kapitalismusanalyse von Marx erteilt nach der einen Seite des von ihr herausgearbeiteten Doppelcharakters, der Formseite, naiven Hoffnungen und Utopien eine Absage. Marx' Kapitalismusanalyse arbeitet die Ultrastabilität der kapitalistischen Ökonomie nach den Seiten der System- und Sozialintegration, also »objektiv« wie »subjektiv«, heraus, ohne zu einem Formmonismus zu gelangen, sei dieser nun affirmativ (Luhmann) oder kritisch gemeint (Kritische Theorie). Soziologische Theorien der Moderne, die sich eher mit Gestaltungspessimismus verbinden, erscheinen selbst wiederum nicht vor Utopismus gefeit, bei aller ostentativen Nüchternheit und Abgeklärtheit. Zwar ermäßigt der Gestaltungspessimismus nicht utopistisch die Schwierigkeit, sich eine Alternative zum Bestehenden vorzustellen und deren Durchsetzung zu denken. Dennoch ereignet sich die gleiche (bloß theoretische) Verringerung der Differenz zwischen Sollen und Sein wie beim Utopismus nur auf andere Weise auch beim Gestaltungspessimismus: Der nur gegenüber der historischen Veränderung auf gesellschaftliche Gestaltung hin pessimistische Gestaltungspessimismus ist sonst so pessimistisch und skeptisch nicht, wenn er sich in der antithetischen Fixierung auf naive Reform- und Revolutionsvorstellungen häuslich einrichtet. In der Verwerfung der utopistischen Alternativen als problematische Antworten auf die bestehende Gesellschaft wird die Not-Wendigkeit der zugrundeliegenden Fragen gleich mit erledigt oder dethematisiert. Der Gestaltungspessimismus erweist sich als ebenso utopistisch wie optimistisch darin, daß er das (in den von ihm angegriffenen Positionen immerhin enthaltene) Wissen um die Not-Wendigkeit einer einschneidenden Veränderung hin zu gesellschaftlicher Gestaltung ersetzt durch Annahmen einer bereits bestehenden Lösungskapazität für die Probleme.[835] Der Spott über »die Utopie des restlos utopielosen Denkens, das geschlossene (theoretische) System der »offenen Gesellschaft«, die in metaphysische Unendlichkeit ausgreifende Geschichtsphilosophie vom Ende der Geschichte« (Knoell 1992/9) bleibt dann nicht aus. Die utopistische Aufladung und Schönung des Bestehenden erweist sich als Kehrseite und analytische Achillesferse des soziologischen Gestaltungspessimismus.[836]

---

835 Dies führt zu Aporien, wenn der für den Gestaltungspessimismus nicht unprominente Hermann Lübbe einerseits den Mangel »an Kenntnis naturaler und sozialer Wirkungszusammenhänge sowie an Kapazitäten ihrer organisationstechnischen und politischen Steuerbarkeit« als Grund der »Steuerungskrise« und diese wiederum als Charakteristikum der Krise unserer Zivilisation auffaßt. »Die Zivilisationslasten, die uns bedrücken, haben überwiegend die handlungstheoretische Charakteristik von Nebenfolgen.« »Die Qualifizierung von Nebenfolgen soll »nicht ein geringes Gewicht dieser Lasten insinuieren, sondern lediglich geltend machen, daß zur Erklärung dieser Lasten der moralisierende Rekurs auf den bösen Willen der handelnd Beteiligten im Regelfall gar nicht weiterhilft, vielmehr einzig unsere kausalanalytische Einsicht in das, was wir, indem wir tun, was durchaus einvernehmlich als nötig oder als zweckmäßig gilt, unvorhergesehenerweise, ja unvorhersehbar außerdem noch anrichten« (Lübbe 1987/80ff.). Keine vier Jahre später nimmt er plan an, daß »in liberalen Systemen die Kräfte des Eigeninteresses, die sich ökologisch schädigend auswirken müßten, durch ordnungspolitische Maßnahmen auf Zwecke des Gemeinwohls beziehen ... lassen« (Lübbe 1991/26).
836 Sie beginnt bereits bei Webers Einordnung des Kapitalismus unter die Zweckrationalität (vgl. I.4 und I. 5.), gilt für die das Geld allein auf die Komplexität der Kommunikation und nicht *auch* auf die Dynamik des abstrakten Reichtums beziehenden soziologischen Geldtheorien (vgl. II.3), umfaßt auch eine die menschlichen Implikationen und sozialen Konsequenzen des Produktionsprozesses und des Technikeinsatzes unterschätzende Techniktheorie (vgl. II.4) ebenso wie das Problem banalisierende soziologische Vorstellungen vom Wirtschaftswachstum (vgl. II.5). Der Utopismus soziologischer Modernetheoreme betrifft weiterhin die Vorstellung, mit Inklusion, Wertegeneralisierung, Lebenswelt usw. die Gestaltungshindernisse moderner und kapitalistischer Gesellschaften im Prinzip überwunden zu haben – das Ideal wird hier der Wirklichkeit imputiert (vgl. kritisch dazu III).

Meine Thematisierung des Gegenstands schließt die theoretischen Motive dafür ein, ihn in der einen oder anderen Weise zu verfehlen. Utopistisch werden die Leistungsvorzüge moderner Gesellschaftsstrukturen übertrieben und die mit ihnen verbundenen Probleme unterschätzt, als ob nur so die Versuchung vermieden werden könnte, mit der Darstellung der Probleme die Würdigung der Strukturen aufzugeben. Gestaltungspessimistisch wird die Ultrastabilität bzw. -flexibilität moderner Strukturen hypostasiert und hypertrophiert. Als ob nur so ernstgenommen werden könnte, wie schwer moderne Strukturen ersetzbar sind, geht die Darstellung ihrer Leistungsvorzüge über zum Dogma ihrer Alternativenlosigkeit. Als ob die Naivitäten vieler Gesellschaftskritiker mit einer komplementären Vereinseitigung beantwortet werden müßten, werden die Schwierigkeiten, moderne Strukturen zu überwinden (und ihre Effekte, potentiell auf ihre Überwindung gerichtete Kräfte »klein«-zuarbeiten) ins Extrem extrapoliert. Schwierigkeiten der Gesellschaftsgestaltung zu beschreiben, kann nur gelingen, wenn die Schwierigkeiten nicht gestaltungspessimistisch überprägnant zur Hermetik stilisiert werden, so daß sich schon die *Frage* nach der Gesellschaftsgestaltung erübrigt. Umgekehrt mißlingt die Frage nach den *Schwierigkeiten* der Gesellschaftsgestaltung, wenn im Interesse ihrer gedanklichen Bewerkstelligung seien es die zu bewältigenden materialen Probleme, seien es die Probleme der Gesellschaftsgestaltung hofferisch-utopistisch verharmlost werden.

Literaturverzeichnis

Ich verwende folgende Abkürzungen:

Benjamin: Benjamin,Walter: Gesammelte Schriften. Hg. v. Rolf Tiedemann und Hermann Schweppenhäuser, Frankfurt a. M. 1980

GASS: Weber, Max: Gesammelte Aufsätze zur Soziologie und Sozialpolitik. Tübingen 1988

GR: Marx, Karl: Grundrisse der Kritik der Politischen Ökonomie. Berlin/DDR 1974

H: Hegel, Georg Wilhelm Friedrich: Werke. Hg. v. Moldenhauer/Michel 20 Bde. Frankfurt a. M. 1971

Kant: Kant, Immanuel: Werke, Hg. v. Wilhelm Weischedel. Darmstadt 1966

KSA: Nietzsche, Friedrich: Kommentierte Studienausgabe, hg. v. Colli/Montinari. München 1980ff.

MEW: Marx, Karl; Engels, Friedrich: Werke. Berlin/DDR 1956 ff.

PS: Weber, Max: Gesammelte Politische Schriften. Tübingen 1980

RS: Weber, Max: Gesammelte Aufsätze zur Religionssoziologie Bd I. Tübingen

Simmel: Georg Simmel Gesamtausgabe. Herausgegeben von Otthein Rammstedt: Frankfurt a. M.

WL: Weber, Max: Gesammelte Aufsätze zur Wissenschaftslehre. Tübingen 1982

WuG: Weber, Max: Wirtschaft und Gesellschaft. Tübingen 1976

Aus den Werkausgaben zitiere ich durch die angegebene Abkürzung, Bandnummer /Seitenzahl.

Adorno, Theodor W. (1938): Über den Fetischcharakter in der Musik. In: *Zeitschrift für Sozialforschung* Jg. 7

Adorno, Theodor W. (1950): Die verwaltete Welt oder: Die Krise des Individuums. Ein Gespräch zwischen Adorno, Eugen Kogon und Max Horkheimer. In: Horkheimer, Max (1989): *Gesammelte Schriften*, Bd. 13. Frankfurt a. M.

Adorno, Theodor W. (1958): *Philosophie der neuen Musik*. Frankfurt a. M.

Adorno, Theodor W. (1962): *Kierkegaard, Konstruktion des Ästhetischen*. Frankfurt a. M.

Adorno, Theodor W. (1967): *Ohne Leitbild*. Frankfurt a. M.

Adorno, Theodor W. (1969): *Stichworte. Kritische Modelle 2*. Frankfurt a. M.

Adorno, Theodor W. (1970): *Ästhetische Theorie*. Frankfurt a. M.

Adorno, Theodor W. (1972): Zur Logik der Sozialwissenschaften. In: Ders., Albert, Hans; Dahrendorf, Ralf u.a.: *Der Positivismusstreit in der deutschen Soziologie*. Darmstadt

Adorno, Theodor W. (1973): *Vorlesung zur Einleitung in die Soziologie* (im Sommersemester 1968), Raubdruck Frankfurt a. M.

Adorno, Theodor W. (1974): *Jargon der Eigentlichkeit*. Frankfurt a. M. 7.Aufl.

Adorno, Theodor W. (1975): *Negative Dialektik*. Frankfurt a. M.

Adorno, Theodor W. (1976): *Minima Moralia*. Frankfurt a. M.

Adorno, Theodor W. (1977): Resümee über Kulturindustrie. In: Ders.: *Gesammelte Schriften* Bd. 10.1. Frankfurt a. M.

Adorno, Theodor W. (1979): *Soziologische Schriften*. Bd. 1. Frankfurt a. M.

Adorno, Theodor W. (1985): *Philosophie der neuen Musik*. Frankfurt a. M.

Adorno, Theodor W. Horkheimer, Max (1968): *Dialektik der Aufklärung*. Fotomechanische Reproduktion der Erstauflage 1944. Amsterdam

Adorno, Theodor; Gehlen, Arnold (1974): Ist die Soziologie eine Wissenschaft vom Menschen? Ein Streitgespräch (von 1965). In: Grenz, Friedemann: *Adornos Philosophie in Grundbegriffen*. Frankfurt a. M.

Albert, Hans (1954): *Ökonomische Ideologie und politische Theorie*. Göttingen

Albert, Hans (1975): Die Problematik der ökonomischen Perspektive. In: Fischer-Winkelmann, W., Rock, R.: *Markt und Konsument. Zur Kritik der Markt- und Marketingtheorie*. Teilband I. München

Almási, Miklós (1977): *Phänomenologie des Scheins*. Budapest

Alsen, Carsten; Wassermann, Otmar (1986): *Die gesellschaftspolitische Relevanz der Umwelttoxikologie*. IIUG-rep-86-5, Berlin

Althof, Wolfgang; Garz, Detlef (1988): Sind Frauen die besseren Menschen? In: *Psychologie Heute*, H. 9, 58-65

Althusser, Louis (1968): *Für Marx*. Frankfurt a. M.

Althusser, Louis; Balibar, Etienne (1972): *Das Kapital lesen*. Reinbek bei Hamburg

Altvater, Elmar (1975): Wertgesetz und Monopolmacht. In: Argument-Sonderbd. 6, *Zur Theorie des Monopols*. Berlin

Altvater, Elmar (1977): Staat und gesellschaftliche Reproduktion. Anmerkungen zur Diskussion um den ›Planstaat‹. In: Brandes, V.; Hoffmann, J.; Jürgens, U. (Hg.): *Handbuch Staat*. Frankfurt a. M.

Altvater, Elmar (1991): *Die Zukunft des Marktes*. Münster

Amann, Anton (1991): *Soziologie*. Wien

Anders, Günther (1980): *Die Antiquiertheit des Menschen*. München

Anders, Günther (1987): *Günther Anders antwortet. Interviews & Erklärungen*. Westberlin

Anders, Günther (1993): *Mensch ohne Welt – Schriften zur Kunst und Literatur*. München

Arbeitsgruppe Psychologie München (1977): *Zur Geschichte der Selbsterfahrungsgruppen im Therapeutischen Club*. München. Vervielfältigtes Typoskript

Arbeitsgruppe Psychologie München (1978): *Protokolle zu den Statuten*. Vervielfältigtes Typoskript

Arendt, Hannah (1958): Kultur und Politik. In: *Merkur* Jg. 12, H. 130

Árnason, J.P. (1971): *Von Marcuse zu Marx*. Neuwied und Berlin

Arndt, E. (1957): *Theoretische Grundlagen der Lohnpolitik*. Tübingen

Backhaus, Klaus (1999): Im Geschwindigkeitsrausch. In: *Aus Politik und Zeitgeschichte*, H. 31

Bader, Veit Michael; Berger, Johannes; Ganßmann, Heiner u.a. (1976): *Einführung in die Gesellschaftstheorie.* Frankfurt a. M.

Baethge, Martin (1994): Arbeit und Identität. In: Beck, Ulrich und Beck-Gernsheim, Elisabeth (Hg.): *Riskante Freiheiten.* Frankfurt a. M.

Bahrdt, Hans Paul (1959): Die Krise der Hierarchie im Wandel der Kooperationsformen. In: Dt. Ges. f. Soziologie: *Verhandlungen des 14. Soziologentages.* Stuttgart 1959

Bahrdt, Hans Paul (1984): *Schlüsselbegriffe der Soziologie.* München

Bahro, Rudolf (1977): *Die Alternative.* Köln

Balibar, Etienne (1986): Stichwort ›Kommunismus‹. In: *Kritisches Wörterbuch des Marxismus.* Berlin

Balint, Michael (1972): *Angstlust und Regression.* Reinbek bei Hamburg

Bammé, Arno; Deutschmann, Manfred; Holling, Eggert (1976): *Erziehung zu beruflicher Mobilität. Ein Beitrag zur Sozialpsychologie mobilen Verhaltens.* Berlin

Bammé, Arno; Feuerstein, Günter; Holling, Eggert (1982): *Destruktiv-Qualifikationen: Zur Ambivalenz psychosozialer Fähigkeiten.* Bensheim

Baran, Paul A. (1968): Das Engagement der Intellektuellen. In: Ders. u.a.: *Intellektuelle und Sozialismus.* West-Berlin

Barben, Daniel (1995): *Theorietechnik und Politik bei N. Luhmann.* Diss. Potsdam

Barthes, Roland (1967): *Kritik und Wahrheit.* Frankfurt a. M.

Barthes, Roland (1974): *Die Lust am Text.* Frankfurt a. M.

Barthes, Roland (1976): *Mythen des Alltags.* Frankfurt a. M.

Barthes, Roland (1986): *Die Sprache der Mode.* Frankfurt a. M.

Bartning, Constantin (Oktoberdruck) (1983): Lohnarbeit und Kollektiv. In: *Selbstverwaltete Betriebe und Projekte im ›Wende‹-Zeitalter.* Hg. v. d. Arbeiterselbsthilfe-Krebsmühle Oberursel bei Frankfurt. Wiederabdruck in Schwendter, Rolf (1986): *Die Mühen der Ebenen – Grundlegungen zur alternativen Ökonomie* Bd. 1. München

Baudrillard, Jean (1982): *Der symbolische Tausch und der Tod.* München

Bauer, Bruno (1968): *Feldzüge der reinen Kritik.* Frankfurt a. M.

Bauer, Leonhard; Matis, Herbert (1988): *Geburt der Neuzeit.* München

Beauvoir, Simone de (1968): *Das andere Geschlecht.* Reinbek bei Hamburg

Bebel, August (1976): *Politik als Theorie und Praxis.* Köln

Bechmann, Gotthard u.a. (1988): Frühwarnung vor technikbedingten Gefahren? In: Bungard, Walter; Lenk, Hans (Hg.): *Technikbewertung.* Frankfurt a. M.

Bechmann, Gotthard; Gloede, Fritz (1991): Erkennen und Anerkennen: Über die Grenzen der Idee der ›Frühwarnung‹. In: Petermann, Thomas (Hg.): *Technikfolgen-Abschätzung als Technikforschung und Politikberatung.* Frankfurt a. M.

Beck, Aaron T. (1979): *Wahrnehmung der Wirklichkeit und Neurose – Kognitive Psychotherapie emotionaler Störungen.* München

Beck, Ulrich (Hg.) (1991): *Politik in der Risikogesellschaft.* Frankfurt a. M.

Beck, Ulrich (1986): *Risikogesellschaft.* Frankfurt a. M.

Beck, Ulrich; Beck-Gernsheim, Elisabeth (1994): Individualisierung in modernen Gesellschaften. In: Dies. (Hg.): *Riskante Freiheiten.* Frankfurt a. M.

Beer, Ursula (1983): Marx auf die Füße gestellt? In: *Prokla 50*

Behrens, Johann (1983): Die Reservearmee im Betrieb. In: Jürgens, Ulrich; Naschold, Frieder (Hg.): >Arbeitspolitik< (Leviathan-Sonderbd. 5). Berlin

Bell, Daniel (1975): *Die nachindustrielle Gesellschaft*. Frankf./M., New York

Bendel, Klaus (1993): Funktionale Differenzierung und gesellschaftliche Rationalität. In: *Zeitschrift für Soziologie* Jg. 22, H. 4

Benjamin, Walter (1973): *Der Begriff der Kunstkritik in der deutschen Romantik*. Frankfurt a. M.

Benn, Gottfried (1989): *Essays und Reden*. Hg. von Bruno Hillebrandt, Frankfurt a. M.

Berger, Johannes (1978): Intersubjektive Sinnkonstitution und Sozialstruktur. Zur Kritik handlungstheoretischer Ansätze der Soziologie. In: *Zeitschrift für Soziologie* Jg. 7, H. 4

Berger, Johannes (1987): Autopoiesis: Wie >systemisch< ist die Theorie sozialer Systeme? In: Haferkamp, Schmid (1987)

Berger, Johannes (1995): Warum arbeiten die Arbeiter? In: *Zeitschrift für Soziologie* Jg.24, H.6, 407ff.

Berger, Peter L.; Berger, Brigitte; Kellner, Hanfried (1987): *Das Unbehagen in der Modernität*. Frankfurt a. M.

Berger, Peter L.; Kellner, H. (1965): Die Ehe und die Konstruktion der Wirklichkeit. In: *Soziale Welt* Jg. 16

Bergmann, Eckhard; Krischausky, Dietmar (1985): Wirtschaftsreform – die verlorene Utopie? In: Lohmann, Karl-Ernst (Hg.): *Alternative Wirtschaftspolitik*. Argument-Sonderbd. 135

Bilden, Helga (1998): Jenseits des Identitätsdenkens. Psychologische Konzepte zum Verständnis >postmoderner< Subjektivitäten. In: *Verhaltenstherapie und psychosoziale Praxis* Jg. 30, H. 1.

Billerbeck, Uli; Giegel, Hans-Joachim (1988): Arbeiteridentität: Typenbildung, Strukturen des Typenfeldes und Konstitutionsbedingungen kollektiven Handelns. In: Rudi Schmiede (Hg.): *Arbeit und Subjektivität*. Bonn

Binder-Raith, Eva (1981): *Selbst- und Weltbild bei depressiven und sozial-ängstlichen Menschen*. Frankfurt. M.

Binswanger, Ludwig (1933): *Über Ideenflucht*. Zürich

Binswanger, Ludwig (1947): *Ausgewählte Vorträge und Aufsätze* Bd. 1 Bern

Binswanger, Ludwig (1955): Daseinsanalytik und Psychiatrie. In: *Ausgewählte Vorträge und Aufsätze* Bd. 2

Binswanger, Ludwig (1957): *Schizophrenie*. Pfullingen

Binswanger, Ludwig (1976): *Drei Formen mißglückten Daseins*. Tübingen

Bischoff, Joachim; Detje, Richard (1990): Historisches Erbe und moderner Sozialismus. In: *Sozialismus* H. 9

Bischoff, Joachim; Maldaner, Karlheinz (Hg.) (1980): *Kulturindustrie und Ideologie*. Hamburg Bd. 1

Bischoff, Joachim; Menard, Michael (1990): *Marktwirtschaft und Sozialismus*. Hamburg

Blanke, Bernhard; Jürgens, Ulrich, Kastendiek, Hans (1975): *Kritik der Politischen Wissenschaft*. Frankfurt a. M.

Blankenburg, Wolfgang (1977): Anthropologisch orientierte Psychiatrie. In: Eicke, D. (Hg.): *Die Psychologie des Zwanzigsten Jahrhunderts*, Bd. 3. Zürich

Blankenburg, Wolfgang (1980): Hysterie in anthropologischer Sicht. In: Bräutigam, W. (Hg.): *Medizinisch-psychologische Anthropologie*. Darmstadt

Blecher, Michael (1991): *Zu einer Ethik der Selbstreferenz oder: Theorie als Compassion*. Berlin

Bloch, Ernst (1972): *Subjekt Objekt*. Frankfurt a. M.

Bloch, Ernst (1976): *Das Prinzip Hoffnung*. Frankfurt a. M.

Blume, Andreas (1981): *Die Fabrik*. Gießen

Böckelmann (1998): *Über Marx und Adorno*. Freiburg

Böckelmann, Frank (1969): Die Möglichkeit ist die Unmöglichkeit. In: W.F. Schoeller (Hg.): *Die neue Linke nach Adorno*. München

Böckelmann, Frank (1975): *Theorie der Massenkommunikation*. Frankfurt a. M.

Böckelmann, Frank (1997): *Begriffe versenken*. Bodenheim

Boeckelmann, Frank (1976): Im Rhythmus unserer Zeit. In: Ders.; H. Nagel (Hg.): *Subversive Aktion*. Frankf. a. M. Ursprünglich in: *Anschlag* 1, (1964)

Boettcher-Achenbach, Gerd (1984): *Selbstverwirklichung − Lust und Notwendigkeit*. Diss. Gießen

Böhle, Fritz; Moldaschl, Manfred; Rose, Helmuth u.a. (1993): Neue Belastungen und Risiken bei qualifizierter Produktionsarbeit. In: *Jahrbuch Sozialwissenschaftliche Technikberichterstattung*. Berlin

Böhme, Gernot (1985): *Anthropologie in pragmatischer Hinsicht*. Frankfurt a. M.

Böhme, Gernot; v.d. Daele, Wolfgang (1977): *Experimentelle Philosophie*. Frankfurt a. M.

Bohrer, Karl Heinz (1980): Der Irrtum des Don Quixote oder Der Schein der Kunst ist ihre Grenze. In: *Literaturmagazin* Bd. 12, Reinbek bei Hamburg

Bohrer, Karl Heinz (1981): *Plötzlichkeit. Zum Augenblick des ästhetischen Scheins*. Frankfurt a. M.

Bollinger, Heinrich; Brockhaus; Gudrun; Hohl, Joachim u.a. (1981): *Medizinerwelten − Die Deformation des Arztes als berufliche Qualifikation*. München

Bösel, Monika (1993): Die gesellschaftliche Konstruktion alternativer Lebensformen. Neuere familiensoziologische Beiträge. In: *Sozialwissenschaftliche Literaturrundschau* H. 26

Bosetzky, Horst (1970): *Grundzüge einer Soziologie der Industrieverwaltung*. Stuttgart

Boudon, Raymond (1988): *Ideologie − Geschichte und Kritik eines Begriffes*. Reinbek bei Hamburg

Bourdieu, Pierre (1982): *Die feinen Unterschiede*. Frankfurt a. M.

Bourdieu, Pierre (1992): Delegation und politischer Fetischismus. In: Ders.. *Rede und Antwort*. Frankfurt a. M.

Bourdieu, Pierre (1999): *Der Einzige und sein Eigenheim*. Hamburg

Bovenschen, Silvia (1979): *Die imaginierte Weiblichkeit*. Frankfurt a. M.

Braverman, Harry (1977): *Die Arbeit im modernen Produktionsprozeß*. Frankfurt a. M.

Brecht, Bertold (1971): *Me-ti. Buch der Wendungen*. Frankfurt a. M.

Brecht, Bertolt (1972): *Geschichten vom Herrn Keuner*. Frankfurt a. M.

Brecht, Bertolt (1993): *Die Gedichte von Bertolt Brecht in einem Band*. Frankfurt a. M.

Brentano, Margherita von (1971): Wissenschaftspluralismus als Kampfbegriff. In: *Das Argument* H. 66

Brentano, Margherita von (1987): Interview. In: *Minerva* H. 1, Berlin

Brentel, Helmut (1994): Soziale Rationalitäten. In: Görg, Christoph (Hg.): *Gesellschaft im Übergang*. Darmstadt

Breuer, Stefan (1977): *Die Krise der Revolutionstheorie. Negative Vergesellschaftung und Arbeitsmetaphysik bei Herbert Marcuse*. Frankfurt a. M.

Breuer, Stefan (1986): Ist Umweltzerstörung überhaupt vermeidbar? In: *Merkur* H. 450

Breuer, Stefan (1987): Adorno, Luhmann. Konvergenzen und Divergenzen von kritischer Theorie und Systemtheorie. In: *Leviathan*

Breuer, Stefan (1990): Der Kuß der Spinnenfrau (Rezension von Luhmanns ›Die Wissenschaft der Gesellschaft‹). In: *FAZ*

Breuer, Stefan (1991): *M. Webers Herrschaftssoziologie*. Frankfurt a. M.

Brieler, Ulrich (1992): Ein richtiges Leben im falschen? Zur Begründung einer ›Philosophie der Lebenskunst‹ durch Wilhelm Schmid. In: *Kommune* H. 4, Jg. 10

Bruckmeier, Karl (1988): *Theorie der Organisationsgesellschaft*. Münster

Bruckner, Pascal; Finkielkraut, Alain (1981): *Das Abenteuer gleich um die Ecke*. München

Brückner, Peter (1978): Über Krisen von Identität und Theorie. In: *Konkursbuch* 1. Tübingen

Brückner, Peter (1984): *Versuch uns und anderen die Bundesrepublik zu erklären*. Westberlin

Brupbacher, Fritz (1979): *Hingabe an die Wahrheit*. Berlin

Brus, Wlodzimierz; Laski, Kazimierz (1990): *Von Marx zum Markt*. Marburg

Bry, Carl Christian (1988): *Verkappte Religionen*. Nördlingen (Erstausgabe 1924)

Bubner, Rüdiger (1981): Ist eine transzendentale Begründung der Gesellschaft möglich? In: Henrich, Dieter (Hg.): *Kant oder Hegel. Stuttgarter Hegel-Kongreß*

Bubner, Rüdiger (1982): *Handlung, Sprache und Vernunft*. Frankfurt a. M.

Bubner, Rüdiger (1989): *Ästhetische Erfahrung*. Frankfurt a. M.

Bühl, Walter L. (1972): *Funktion und Struktur*. München

Bühl, Walter L. (1987): Grenzen der Autopoiesis. In: *Kölner Zeitschrift für Soziologie und Sozialpsychologie*, H. 2.

Burawoy, Michael (1983): Fabrik und Staat im Kapitalismus und im Sozialismus. In: *Das Argument* H. 140, Jg. 25

Burger, W. u.a. (1977): *Self Management and Investment Control in Yugoslavia*. The Hague

Burmeister, Jürgen (1976): *Thesen zur Berufspraxis des therapeutisch-beratenden Psychologen*. Bochum (Typoskript)

Buß, Eugen; Schöps, Martina (1979): Die gesellschaftliche Entdifferenzierung. In: *Zeitschrift für Soziologie*, Jg. 8, H. 4

Cardorff, Peter (1992): *Die Kunst des Abservierens – Tractatus logico-austriacus*. Hamburg

Carter-Scott, Cherie (1990): *Negaholiker: Der Hang zum Negativen*. Frankfurt a. M.

Castel, Robert (1976): *Psychoanalyse und gesellschaftliche Macht*. Kronberg

Chargaff, Erwin (1980): *Das Feuer des Heraklit*. Stuttgart

Chargaff, Erwin (1984): Die verfolgte Wahrheit. In: *Kursbuch* 78. Berlin

Claessens, Dieter (1993): Weltverlust als psychologisches und soziologisches Problem. In: Ders.: *Freude an soziologischem Denken*. Berlin

Cohen, Stanley; Taylor, Laurie (1977): *Ausbruchsversuche. Identität und Widerstand in der modernen Lebenswelt*. Frankfurt a. M.

Commoner, Barry (1973): *Wachstumswahn und Umweltkrise*. Gütersloh, Wien

Comte, August (1923): *Soziologie* (Soziologie von August Comte, hg. v. Dorn , 2. Aufl., Bd. I-III), Jena

Cooley, Mike (1978): Design, technology and production for social needs. In: K. Coates (ed.) *The Right to Useful Work*. Nottingham

Cooley, Mike (1979): Entwurf, Technologie und Produktion für gesellschaftliche Bedürfnisse. In: *Wechselwirkung* Heft 0, Berlin

Cooley, Mike (1982): *Produktion für das Leben statt Waffen für den Tod*. Reinbek bei Hamburg

Cremerius, Johannes (1987): Wenn wir als Psychoanalytiker die psychoanalytische Ausbildung organisieren, müssen wir sie psychoanalytisch organisieren. In: *Psyche*, S. 1067ff.

Creydt, Meinhard (1989): *Überlegungen zum Krankheits- und Therapieverständnis in Anknüpfung an den Therapeutischen Club München und unter Bezug auf die anthropologisch-daseinsanalytische Psychiatrie*. Berlin (Psycholog. Diplomarbeit)

Creydt, Meinhard (1993): Ästhetisierung und Ideologie. In: H. Ganßmann (Hg.): *Produktion Klassentheorie*. Hamburg

Creydt, Meinhard (1994): ›Individualisierung‹ als Ursache rassistischer Gewalt? Zu Heitmeyers Diagnose des Verfalls von Werten und Sozialintegration. In: *Das Argument*, H. 205

Creydt, Meinhard (1996): Die Grenzen des Konstrukts funktionale Differenzierung. In: *Kommune* H. 12., Jg. 14

Creydt, Meinhard (1997): Protestantische Ethik als gesellschaftlicher Weichensteller? Zur Kritik an M. Webers pluralistischer Interdependenztheorie. In: *Das Argument* H. 222

Creydt, Meinhard (1997a): Regeln (nicht nur) der soziologischen Methode. In: *Das Argument* H. 222

Creydt, Meinhard (1997b): Dritter Sektor, Genossenschaftliches und Gemeinwesenorientiertes Wirtschaften. In: *Widerspruch* (Zürich) H. 2

Creydt, Meinhard (1998): Luhmanns System. In: *Kommune* H. 1, Jg. 16

Creydt, Meinhard (1998a): David, Goliath und ein Psychologe – Über Mißerfolgsbewältigung und gradualistische Strategien in der Umweltpolitik. In: *Kommune* H. 5 (Andere Varianten In: *Berliner Debatte Initial* Jg. 9, H. 5 und in *Psychologie- und Gesellschaftskritik*, Jg. 22, H. 4)

Creydt, Meinhard (1999): Das Fernste nah – das Nächste fern? Gesellschaftliche Raumordnung als Brennpunkt gegenwärtiger Debatten. In: *Kommune* H. 1 (auch In: *Weg und Ziel*, Wien H.5/97).

Creydt, Meinhard (1999a): Narzißtische Indifferenz und Sensibilität. In: Leidig, Holger u.a. (Hg.): *Kritisierte Gesellschaft*. Berlin

Creydt, Meinhard 2000): Kriegsakzeptanz und Kosovokrieg. Eine Untersuchung der Argumentationsfiguren. In: *Berliner Debatte Initial* 11. Jg., H. 2

Cyert, R.M.; March J.G. (1963): *A Behavioral Theory of the Firm*. Englewood Cliffs/New Jersey

Czeskleba-Dupont, Ralf; Tjaden, K.H. (1981): Probleme des Übergangs von der kapitalistischen Naturzerstörung zu vernünftig-gesellschaftlicher Naturaneignung. In: *Alternative Umweltpolitik* (Argument-Sonderbd. 56)

D'Aveni, Richard A.; Gunther, Robert (1994): *Hypercompetition. Managing the Dynamics of Strategic Manoeuvering*. London

399

Daheim, Hansjürgen (1973): Professionalisierung. Begriff und einige latente Makrofunktionen. In: Albrecht, Günter; Daheim; Sack, Fritz (Hg.): *Soziologie* (FS R. König). Opladen

Dahrendorf, Ralf (1965): Soziologie und menschliche Natur. Anhang I zu: Ders.: *Homo Sociologicus* (5. Aufl.). Köln und Opladen,

Dahrendorf, Ralf (1967): *Industrie- und Betriebssoziologie.* 4. Aufl. Berlin

Dahrendorf, Ralf (1979): *Lebenschancen. Anläufe zur sozialen und politischen Theorie.* Frankfurt a. M.

Dannemann, Rüdiger (1987): *Das Prinzip Verdinglichung.* Frankfurt a. M.

Day, George S. (1990): *Market Driven Strategy. Processes for creating Value.* Macmillan

Debord, Guy (1971): *Die Gesellschaft des Spektakels.* Düsseldorf (Paris 1968)

Debray, Régis (1981): ›*Voltaire verhaftet man nicht!‹ Die Intellektuellen und die Macht in Frankreich.* Köln-Lövenich

Debray, Régis (1986): *Die Weltmächte gegen Europa.* Reinbek bei Hamburg

Delumeau, Jean (1985): *Angst im Abendland.* Reinbek

Demirovic, Alex (1982): *Jenseits der Ästhetik.* Frankfurt a. M.

Demirovic, Alex (1988): Die Demokratietheorie von Marx. In: *Das Argument* H. 172, 30. Jg..

Deutschmann, Christoph (1995): Geld als soziales Konstrukt. Zur Aktualität von Marx und Simmel. In: *Leviathan* H. 3

Deutschmann, Christoph (1998): Technikkonstruktivismus und Kritik der politischen Ökonomie. In: Hirsch-Kreinsen, Hartmut; Wolf, Harald (Hg.): *Orientierungen wider den Zeitgeist.* Berlin

Deutschmann, Christoph (1999): *Die Verheißung des absoluten Reichtums. Zur religiösen Natur des Kapitalismus.* Frankfurt a. M.

Dinnebier (1985): Biokybernetik, Ökostadt und Valium - Ballungsgebiete in der Krise und ihre Rettung durch Frederic Vester. In: Hammann. Winfried, Kluge, Thomas (Hg.): *In Zukunft. Berichte über den Wandel des Fortschritts.* Reinbek bei Hamburg

Döbert, Rainer (1989): M. Webers Handlungstheorie und die Ebenen des Rationalitätskomplexes. In: Weiß, Johannes (Hg.): *Max Weber heute.* Frankfurt a. M.

Döbert, Rainer; Nunner-Winkler, Gertrud (1986): Wertewandel und Moral. In: Bertram, H. (Hg.): *Gesellschaftlicher Zwang und moralische Autonomie.* Frankfurt a. M.

Dohrenwend, Bruce u.a. (1980): *Mental Illness in the United States. Epidemiological estimates.* New York

Dörner, Dietrich (1992): *Die Logik des Mißlingens. Strategisches Denken in komplexen Situationen.* Reinbek bei Hamburg

Dreitzel, Hans-Peter (1981): Körperkontrolle und Affektverdrängung. In: *Integrative Therapie,* H. 2/3

Drescher, Anne; Esser, Josef; Fach, Wolfgang (1986): *Die politische Ökonomie der Liebe.* Frankfurt a. M.

Drüe, Hermann (1976): *Psychologie aus dem Begriff. Hegels Persönlichkeitstheorie.* Berlin

Dülfer, Eberhard (1980): Produktivgenossenschaften. In: Mändle, Eduard; Winter, Hans Werner (Hg.): *Handwörterbuch des Genossenschaftswesens.* Wiesbaden

Dupuy, J.P.; Gerin, P. (1975): Produktveraltung – Auto und Medikament. In: F. Duve (Hg.): *Technologie und Politik* Bd. 1. Reinbek bei Hamburg

Durkheim, Emile (1977): *Über die Teilung der sozialen Arbeit.* Frankfurt a. M.

Durkheim, Emile (1984): *Die Regeln der soziologischen Methode*. Frankfurt a. M.

Durkheim, Emile (1984a): *Die elementaren Formen des religiösen Lebens*. Frankfurt a. M.

Eberle, Friedrich (1981): *Intentionales Handeln und gesellschaftliche Entwicklung*. Frankfurt a. M.

Eberstein, Benita von (1991): Neue Technologien und Zivilisationskrankheiten. In: *Jahrbuch für kritische Medizin* 17. Hamburg

Eckart, Wolfgang U. (1994): Entpolitisierung durch Psychologisierung – Verdrängung der Sozialhygiene im Nachkriegsdeutschland. In: *Forum Wissenschaft* H. 4, 24-29

Edwards, David V. (1988): *The American Political Experience. An Introduction to Government*. Englewood Cliffs, New Jersey

Eisel, Ulrich (1989): *Gesellschaftswissenschaftliche Grundlagen der Landschaftsplanung*. Gedrucktes Vorlesungsskript, Institut für Landschaftsökonomie der TU Berlin

Elias, Norbert (1972): Soziologie und Psychiatrie. In: Wehler, Hans Ulrich (Hg.): *Soziologie und Psychoanalyse*. Stuttgart

Ellis, Albert (1981): The place of Immanuel Kant in cognitive psychotherapy. In: *Rational Living* 16 (1)

Ellis, Albert (1987): *Wut – Die Kunst sich richtig zu ärgern*. München

Ellis, Albert (1993): *Die rational-emotive Therapie*. München

Elster, Jon (1982): Sour grapes – Utilitarism and the genesis of wants. In: Sen, A.; Williams , B. (eds.): *Utilitarism and beyond*. Cambridge

Elster, Jon (1986): Self-Realization in Work and Politics. The Marxist Conception of Good Life. In: Paul, Ellen Frankel et al (eds.): *Marxism and Liberalism*. Oxford

Elster, Jon (1987): *Subversion der Rationalität*. Frankfurt a. M.

Enderwitz, Ulrich (1990): *Die Medien und ihre Information*. Berlin

Enzensberger, Christian (1977): *Literatur und Interesse*. München

Enzensberger, Christian (1981): *Literatur und Interesse*. Zweite, fortgeschriebene Fassung. Frankfurt a. M.

Enzensberger, Hans Magnus (1968): Glosse zu F. Engels' Text ›Von der Autorität‹. In: *Kursbuch* H. 14. Frankfurt a. M.

Enzensberger, Hans Magnus (1982): Verteidigung der Normalität. In: *Kursbuch* H. 68

Erd, Rainer (1989): Kulturgesellschaft oder Kulturindustrie. In: Ders.; Hoß, Dietrich; Jacobi, Otto u.a. (Hg.): *Kritische Theorie und Kultur*. Frankfurt a. M.

Ernst, Heiko (1997): Wer ist glücklich ? In: *Psychologie Heute*, 24. Jg., H. 3

Ernst, Heiko (1998): Was will ich wirklich wissen? In: *Psychologie Heute* H. 7

Errata-Redaktion (1979): Stunden der Wahrheit. In: *Errata - Halbjahreszeitschrift für kritische Sozialität*. H. 5. Düsseldorf

Etzler, Beate (1986): Gute Ideen – schlecht bezahlt. In: *Die Zeit* Nr. 41, 3.10.1986

Evers, Tilman (1977): *Bürgerliche Herrschaft in der Dritten Welt*. Köln

Ewen, C. (1993): Alles Müll– oder was? In: *Blätter f. dt. u. int. Politik* H. 2

Fach, Wolfgang (1992): Der Zeuge Tocqueville. In: Zahlmann, Christel (Hg.): *Kommunitarismus in der Diskussion*. Berlin

Falk, Gerhard (1978): *›Entäußerung‹ und ›Entfremdung‹ in den Pariser Manuskripten von Karl Marx*. München

Ferber, Christian von (1965): *Individuum und Gesellschaft – Die liberale Konzeption.* Hannover

Feuerbach, Ludwig (1976): *Vorlesungen über Logik und Metaphysik.* Darmstadt

Feuerbach, Ludwig (1978): *Das Wesen des Christentums.* Stuttgart

Fischer, Hermann (1993): *Plädoyer für Sanfte Chemie.* Heidelberg

Fischer, Klaus (1992): Die Risiken des wissenschaftlichen und technischen Fortschritts. In: *Aus Politik und Zeitgeschichte* H. 15.

Fleischer, Helmut (1977): Warum eigentlich Materialismus? In: Jaeggi, Urs; Honneth, Axel (Hg.): *Theorien des historischen Materialismus.* Frankfurt a. M.

Fleischer, Helmut (1980): Über die normative Kraft im Wirklichen. In: Jaeggi, Urs; Honneth, Axel (Hg.): *Arbeit, Handlung, Normativität.* Frankfurt a. M.

Fleischer, Helmut (1982): Begreifen der Praxis. In: Grauer, Michael; Schmied-Kowarzik, Wolfdietrich (Hg.): *Grundlinien und Perspektiven einer Philosophie der Praxis.* Kasseler Philos. Schriften Bd. 7. Kassel

Fleischer, Helmut (1987): *Ethik ohne Imperativ. Zur Kritik des moralischen Bewußtseins.* Frankfurt a. M.

Fleischer, Helmut (1987a): Der lange Abschied der populistischen Linken. In: *Kommune* H. 2

Fleischer, Helmut (1989): Zur Historisierung des Sowjetsozialismus. In: *Universitas* H. 7

Fleiter, Michael (1986): *Wider den Kult des Realen.* Frankfurt a. M.

Flieger, Burghard (1996): *Produktivgenossenschaften als fortschrittsfähige Organisation.* Marburg

Foster, George M. (1960): Interpersonal Relations in Peasant Society. In: *Human Organization* Vol. 19, Nr. 4

Foucault, Michel (1977): *Überwachen und Strafen.* Frankfurt a. M.

Foucault, Michel (1987): Interview zur Genealogie der Ethik. In: Dreyfus, H.L.; Rabinov, P.: *Michel Foucault. Jenseits von Strukturalismus und Hermeneutik.* Frankfurt a. M.

Fraentzki, Ekkehard (1978): *Der missverstandene Marx.* Pfullingen

Freud, Sigmund (1982): Massenpsychologie und Ich-Analyse. In: *Studienausgabe* (hg. v. A. Mitscherlich u.a.) Bd. IX. Frankfurt a. M.

Freyer, Hans (1955): *Theorie des gegenwärtigen Zeitalters.* Stuttgart

Freyer, Hans (1957): Philosophie und Urkultur. In: *Merkur* Jg. 11

Freyer, Hans (1987): Über das Dominantwerden technischer Kategorien in der Lebenswelt der industriellen Gesellschaft (1960). In: Ders.: *Herrschaft, Planung und Technik* (Hg. v. Elfriede Üner). Weinheim

Friedländer, Saul (1984): *Kitsch und Tod – Der Widerschein des Nazismus.* München

Fritsch, Michael (1983): *Ökonomische Ansätze zur Legitimation kollektiven Handelns.* Berlin

Fromm, Erich (1980): Die Revolution der Hoffnung. In *Gesamtausgabe* Bd. 4. Stuttgart

Fuchs, Peter (1992): *Die Erreichbarkeit der Gesellschaft.* Frankfurt a. M.

Furth, Peter (1971): Nachträgliche Warnung vor dem Rollenbegriff. In: *Das Argument,* H. 66

Furth, Peter (1985): Eine konservative Verteidigung des Marxismus. In: *Düsseldorfer Debatte* H. 10

Furth, Peter (1991): *Phänomenologie der Enttäuschungen.* Frankfurt a. M.

Gabriel, Karl (1979): *Analysen der Organisationsgesellschaft.* Frankfurt a. M.

Gamm, Gerhard (1981): *Der Wahnsinn in der Vernunft*. Bonn

Ganßmann, Heiner (1986): Kommunikation und Reproduktion. In: *Leviathan* H. 1, S. 143ff.

Ganßmann, Heiner (1986a): Geld – ein symbolisch generalisiertes Medium der Kommunikation? Zur Geldlehre in der neueren Soziologie. In: *Prokla* H. 63

Ganßmann, Heiner (1996): *Geld und Arbeit. Wirtschaftssoziologische Grundlagen einer Theorie der modernen Gesellschaft*. Frankfurt a. M.

Gay, Peter (1954): *Das Dilemma des deutschen Sozialismus*. Nürnberg

Gehlen, Arnold (1957): *Die Seele im technischen Zeitalter. Sozialpsychologische Probleme in der modernen Gesellschaft*. Hamburg

Gehlen, Arnold (1964): *Urmensch und Spätkultur*. Frankfurt a. M., Bonn

Gehlen, Arnold (1969): *Moral und Hypermoral*. Frankfurt a. M.

Gehlen, Arnold (1986): *Zeit-Bilder. Zur Soziologie und Ästhetik der modernen Malerei*. Frankfurt a. M.

Geier, Manfred (1997): *Das Glück der Gleichgültigen. Von der stoischen Seelenruhe zur postmodernen Indifferenz*. Reinbek bei Hamburg

Gergen, Kenneth J. (1996): *Das übersättigte Selbst*. Heidelberg

Geser, Hans (1983): *Strukturformen und Funktionsleistungen sozialer Systeme*. Opladen

Giddens, Anthony (1979): *Central Problems in Social Theory*. London

Giddens, Anthony (1982): *Sociology. A Brief but Critical Introduction*. London

Giddens, Anthony (1984): *The Constitution of Society*. Cambridge

Giegel, Hans-Joachim (1987): Interpenetration und reflexive Bestimmung des Verhältnisses von psychischem und sozialem System. In: Haferkamp, Schmid (1987)

Giegel, Hans-Joachim (1988): Konventionelle und reflexive Steuerung der eigenen Lebensgeschichte. In: H.G. Brose, B. Hildenbrand (Hg.): *Vom Ende des Individuums zur Individualität ohne Ende*. Opladen

Giegel, Hans-Joachim (1992): Diskursive Verständigung und systemische Selbststeuerung. In: Ders. (Hg.): *Kommunikation und Konsens in modernen Gesellschaften*. Frankfurt a. M.

Gilcher-Holtey, Ingrid (1993): 1968 in Frankreich: Die große Parallelaktion. In: *Berliner Journal für Soziologie*, H. 4.

Gilles, Astrid (1980): Rogers auf dem pädagogischen Prüfstand – Kritische Bemerkungen zur Therapie und Praxis der Gesprächspsychotherapie. *Neue Praxis*

Gilligan, Carol (1984): *Die andere Stimme. Lebenskonflikte und Moral der Frau*. München

Girschner-Woldt, Ingrid; Bahnmüller, Reinhard; Bargmann, Holger u.a. (1986): *Beteiligung von Arbeitern an betrieblichen Planungs- und Entscheidungsprozessen. Das Tübinger Beteiligungs-Modell*. Frankfurt a. M.

Godelier, Maurice (1972): *Rationalität und Irrationalität in der Ökonomie*. Frankfurt a. M.

Goethe, Johann Wolfgang (1961): Der west-östliche Divan. In: *Gesamtausgabe* Bd.5 . München

Goode, William J. (1972): Professionen und die Gesellschaft. In: Luckmann, T.; Sprondel, W. (Hg.): *Berufssoziologie*. Köln

Görg, Christoph (1994): Krise und Institution. In: J. Esser, C. Görg, J. Hirsch (Hg.): *Politik, Institutionen und Staat*. Hamburg

Görg, Christoph (1995): Plädoyer für Gesellschaftstheorie. In: *Prokla* H. 101, Münster

Gorz, André (1973): Technische Intelligenz und kapitalitische Arbeitsteilung. In: Vahrenkamp, Richard (Hg.): *Technologie und Kapital*. Frankfurt a. M.

Gorz, André (1977): *Ökologie und Politik*. Reinbek bei Hamburg

Gorz, André (1980): *Abschied vom Proletariat*. Frankfurt a. M.

Gorz, André (1984): *Wege ins Paradies*. Berlin

Gorz, André (1990): *Kritik der ökonomischen Vernunft*. Berlin

Gottschalch, W. (1962): *Strukturveränderungen der Gesellschaft und politisches Handeln in den Lehren R. Hilferdings*. Westberlin

Grawe, Klaus; Donati, Ruth; Bernauer, Friederike (1995): *Psychotherapie im Wandel – Von der Konfession zur Profession*. Göttingen

Grünberger, Hans (1975): Organisation statt Gesellschaft. In: H. G. Backhaus u.a. (Hg.) *Beiträge zur Marxschen Theorie*. Bd. 3, Frankfurt a. M.

Grünberger, Hans (1981): *Die Perfektion des Mitglieds*. Berlin

Guggenberger, Bernd (1988): *Wenn uns die Arbeit ausgeht*. München

Guggenberger, Bernd (1993): Der ästhetische Augenblick und die Schatten der Vergangenheit. In: *Neue Rundschau* H. 1

Habermas, Jürgen (1973): *Legitimationsprobleme im Spätkapitalismus*. Frankfurt a. M.

Habermas, Jürgen (1981): *Theorie des kommunikativen Handelns*. Bd. 1 und Bd. 2. Frankfurt a. M.

Habermas, Jürgen (1986): Gerechtigkeit und Solidarität. In: Edelstein, W.; Nunner-Winkler, G. (Hg.): *Zur Bestimmung der Moral. Philosophische und sozialwissenschaftliche Beiträge zur Moralforschung*. Frankfurt a. M.

Habermas, Jürgen; Luhmann, Niklas (1971): *Theorie der Gesellschaft oder Sozialtechnologie*. Frankfurt a. M.

Hack, Lothar (1994): ›Wer Verantwortung nachmacht oder verfälscht...‹ In: *Forum Wissenschaft* H. 2

Haferkamp, Hans (1989): ›Individualismus‹ und ›Uniformierung‹ – Über eine Paradoxie in Max Webers Theorie der gesellschaftlichen Entwicklung. In: Weiß, Johannes (Hg.) (1989): *Max Weber heute*. Frankfurt a. M.

Haferkamp, Hans und Schmid, Michael (Hg.) (1987): Sinn, Kommunikation und soziale Differenzierung. *Beiträge zu Luhmanns Theorie sozialer Systeme*. Frankfurt a. M.

Hagen, Johan Frederik (1979 (1843)): Furcht und Zittern. In: Theunissen, Michael; Greve, Wilfried (Hg.)): *Materialien zur Philosophie Sören Kierkegaards*. Frankfurt a. M.

Halfar, Bernd (1987): *Nicht-intendierte Handlungsfolgen*. Stuttgart

Halfmann, Jost; Rexroth, Tillman (1976): *Marxismus als Erkenntnistheorie. Sohn-Rethels Revision der Werttheorie und die produktiven Folgen eines Mißverständnisses*. München

Halfmann, Jost; Japp, Klaus P. (1981): Grenzen sozialer Differenzierung – Grenzen des Wachstums öffentlicher Sozialdienste. In: *Zeitschrift für Soziologie* Jg. 10, H. 3

Hall; Stuart (1984): Ideologie und Ökonomie. In: Projekt Ideologietheorie (Hg.): *Die camera obscura der Ideologie*. Berlin

Hammer, Michael; Champy, James (1994): *Business Reengineering. Die Radikalkur für das Unternehmen*. Frankfurt a. M.

Hardin, Garrett (1988): The Tragedy of the Commons. In: *Science*, Vol. 162, S. 1243-48

Harms, Imma u.a. (1982): Momentaufnahmen aus dem Familienalbum der Technik. In: *Ästhetik und Kommunikation* H. 48, Jg. 13

Hartmann, Detlef (1981): *Die Alternative: Leben als Sabotage. Zur Krise der technologischen Gewalt.* Köln

Hartmann, H. (1964): *Funktionale Autorität. Systematische Abhandlung zu einem soziologischen Begriff.* Stuttgart

Hartmann, Nikolai (1952): *Einführung in die Philosophie.* Osnabrück

Haselberg, Peter von (1962): *Funktionalismus und Irrationalität.* Frankfurt a. M.

Hassenpflug, Dieter (1990): *Die Natur der Industrie.* Frankfurt a. M.

Hauck, Gerhard (1992): *Einführung in die Ideologiekritik.* Hamburg

Haug, Wolfgang Fritz (1970): Zur Kritik der Warenästhetik. In: *Kursbuch* H. 20

Haug, Wolfgang Fritz (1971): *Kritik der Warenästhetik.* Frankfurt a. M.

Haug, Wolfgang Fritz (1993): *Elemente einer Theorie des Ideologischen.* Hamburg

Hayek, Friedrich August (1969): Grundsätze einer liberalen Gesellschaftsordnung. In: Ders.: *Freiburger Studien.* Tübingen

Hayek, Friedrich August (1976): *Individualismus und wirtschaftliche Ordnung.* Salzburg

Hegel, Georg Wilhelm Friedrich (1967): *Jenaer Realphilosophie.* Hamburg

Hegel, Georg Wilhelm Friedrich (1969): *Briefe von und an Hegel,* hrsg. v. J. Hoffmeister und F. Nicolin . Hamburg Bd. I

Hegel, Georg Wilhelm Friedrich (1974): *Frühe politische Systeme* (Hg. Göhler, G.). Frankfurt a. M.

Heidegger, Martin (1979): *Sein und Zeit.* Tübingen.

Heidegger, Martin (1980): Die Zeit des Weltbildes. In: Ders.: *Holzwege.* Frankfurt a. M.

Heidt, Ulrich; Mangeng, Elisabeth (1974): Parteivergesellschaftung. In: Schulze, Peter W. (Hg.) *Übergangsgesellschaft: Herrschaftsform und Praxis am Beispiel der Sowjetunion.* Frankfurt a. M.

Heimann, Siegfried; Zeuner, Bodo (1974): Eine neue Integrationsideologie. Zu den Thesen zur Strategie und Taktik des demokratischen Sozialismus des Peter von Oertzen. In: *Prokla* H. 14/15 Jg. 4

Heinrich, Michael: (1991): Die Wissenschaft vom Wert. Hamburg

Heinsohn, Gunnar; Knieper, Barbara M. C. (1975): *Theorie des Kindergartens und der Spielpädagogik.* Frankfurt a. M.

Heinz, Rudolf (1974): Artikel ›Spiel‹. In: Krings, Hermann; Baumgartner, Hans Michael; Wild, Christoph (Hg.): *Handbuch philosophischer Grundbegriffe.* Bd. 5. München

Heller, Agnes (1978): *Das Alltagsleben.* Frankfurt a. M.

Henrich, Dieter (1967): *Hegel im Kontext.* Frankfurt a. M.

Herkommer, Sebastian (1985): *Einführung Ideologie.* Hamburg

Herkommer, Sebastian (1989): Pfade ins Ungewisse. Brauchen wir eine marxistische Soziologie? In: *Sozialismus* H. 4

Hildebrand, Helmut (1991): Luhmanns Theorie sozialer Systeme und die Entwicklung des bundesrepublikanischen Gesundheitswesens: Eine Kritik. In: *Psychologie und Gesellschaftskritik.* Jg. 15, H. 2. Wiederabdruck In: Hörmann, Georg (Hg.) (1994): *Im System gefangen. Zur Kritik systemischer Konzepte in den Sozialwissenschaften.* Münster

Hinrichs, Karl; Offe, Claus (1977): Sozialökonomie des Arbeitsmarktes und die Lage ›benachteiligter‹ Gruppen von Arbeitsnehmern. In: Offe, Claus; Projektgruppe Arbeitsmarktpolitik (Hg.): *Opfer des Arbeitsmarktes*. Neuwied und Darmstadt

Hirsch, Joachim (1990): *Kapitalismus ohne Alternative?* Hamburg

Hirsch, Joachim (1994): Politischer Form, politische Institution und Staat. In: Esser, Josef; Hirsch, Joachim; Görg, Christoph (Hg.): *Politik, Institutionen und Staat*. Hamburg

Hirschman, Albert O. (1984): *Engagement und Enttäuschung. Über das Schwanken der Bürger zwischen Privatwohl und Gemeinwohl*. Frankfurt a. M.

Hirschman, Albert O. (1992): *Denken gegen die Zukunft*. Frankfurt a. M.

Hirschman, Albert O. (1993): *Entwicklung, Markt und Moral*. Frankfurt a. M.

Hitzler, Ronald (1992): Der Goffmensch. In: *Soziale Welt* Jg. 43

Hochberger, Hunno (1974): Probleme einer materialistischen Bestimmung des Staates. In: *Gesellschaft, Beiträge zur Marxschen Theorie*, Bd. 2. Frankfurt a. M.

Hoellen, Burkhard (1986): *Stoizismus und rational-emotive Therapie – Ein Vergleich*. Pfaffenweiler

Hoellen, Burkhard (1995): Emotionen in der RET. In: Petzold 1995

Hof, Wagner (1974): Probleme der Beschäftigungspolitik bei Arbeiterselbstverwaltung. In: Hamel, H. (Hg.): *Arbeiterselbstverwaltung in Jugoslawien*. München

Hoffmann Sven O. (1979): *Charakter und Neurose*. Frankfurt a. M.

Hoffmann, Hilmar (1979): *Kunst für alle*. Frankfurt a. M.

Hoffmann, Jürgen (1991): Freiheit und Demokratie gegen Ökologie? In: *Prokla* 84

Hoffmann, Wolfgang (1989): Folklore im All. Die Bundesregierung ließ vergeblich nach sinnvollen Nebenprodukten der Raumfahrt suchen. In: *Die Zeit* Nr. 40, 29.9.1989, S. 23

Hoffmann-Axthelm, Dieter (1974): *Theorie künstlerischer Arbeit*. Frankfurt a. M.

Hoffmann-Axthelm, Dieter (1984): *Sinnesarbeit*. Frankfurt a. M.

Hohl, Joachim (1981): Erfahrungen in der Psychiatrie – Die sozialisatorische Kraft von Institutionen. In: Bollinger, Heinrich; Brockhaus, Gudrun; Hohl, Joachim u.a.: *Medizinerwelten – Die Deformation des Arztes als berufliche Qualifikation*. München

Hollis, Martin; Lukes, Steven (1982): *Rationality and Relativism*. Oxford

Holloway, John (1993): Reform des Staates: Globales Kapital und nationaler Staat. In: *Prokla* H. 90

Holloway, John (1996): Globales Kapital und Nationalstaat. In: *Wildcat-Zirkular* H. 28/29 Mannheim.

Holzkamp, Klaus (1983): *Grundlegung der Psychologie*. Frankfurt a. M.

Holzkamp-Osterkamp, Ute (1984): Marxismus – Feminismus – Arbeiterbewegung. In: *Forum Kritische Psychologie 13*, Argument Sonderbd. 106

Holzkamp-Osterkamp, Ute (1986): ›Persönlichkeit‹ – Selbstverwirklichung und Verantwortungsübernahme. In: *Marxistische Studien, Jahrbuch des IMSF* Bd. 10, Frankfurt a. M.

Holzkamp-Osterkamp, Ute (1991): Rassismus und Alltagsdenken. In: *Forum Kritische Psychologie 28*. Hamburg

Homuth, Karl (1987): Identität und soziale Ordnung. In: *Prokla* H. 68

Homuth, Karl (1992): *Identität und Differenz – Sozialisation in der multikulturellen Gesellschaft*. Diss. Berlin

Hondrich, Karl Otto (1987): Die andere Seite der Differenzierung. In: Haferkamp, Hans; Schmid, Michael (Hg.): *Sinn, Kommunikation und soziale Differenzierung*. Frankfurt a. M.

Honneth, Axel (1993): Posttraditionale Gemeinschaften. In: M. Brumlik, H. Brunkhorst (Hg.): *Gemeinschaft und Gerechtigkeit*. Frankfurt a. M.

Horkheimer, Max (1934): *Dämmerung*. Zürich

Horkheimer, Max (1936): Theoretische Entwürfe über Autorität und Familie. Allgemeiner Teil. In: *Studien über Autorität und Familie*. Paris

Horkheimer, Max (1974): *Zur Kritik der instrumentellen Vernunft*. Frankfurt a. M.

Horkheimer, Max (1985): Gedanken zur politischen Erziehung (1960). In: Ders.: *Gesammelte Schriften*. Bd. 8 Frankfurt a. M.

Horkheimer, Max (1988): Materialismus und Moral. In: *Gesammelte Schriften*. Bd.3 Frankfurt a. M.

Hörmann, Georg; Langer, Klaus (1991): Psychosomatische Störungen. In: Hörmann; Körner, Wilhelm (Hg.): *Klinische Psychologie*. Reinbek bei Hamburg

Horn, Klaus (1973): Einleitung. In: Ders. (Hg.): *Gruppendynamik*. Frankfurt a. M.

Hübner, Kurt; Stanger, Michael (1986): Funktionalismus, methodischer Individualismus und marxistische Theorie. In: *Prokla* H. 62

Huisken, Freerk (1996): *Jugendgewalt – Der Kult des Selbstbewußtseins und seine unerwünschten Früchtchen*. Hamburg

Ichheiser, Gustav (1930): *Kritik des Erfolges – Eine soziologische Untersuchung*. Leipzig

Illich, Ivan (1979): Entmündigende Expertenherrschaft. In: Ders. u.a.: *Entmündigung durch Experten*. Reinbek bei Hamburg

Initiative Sozialistisches Forum Freiburg (Hg.) (1984): *Frieden – Zur Kritik einer deutschen Friedensbewegung*. Freiburg i. Br.

Jacob, Günter (1997): Anmerkungen zu ›Mainstream der Minderheiten‹. In: *Testcard – Beiträge zur Popgeschichte*. H. 4

Jacoby, Edmund (1982): *Wissen und Reichtum*. Frankfurt a. M.

Jacoby, Henry (1969): *Die Bürokratisierung der Welt*. Neuwied

Jaerisch, Ursula (1975): *Sind Arbeiter autoritär?* Frankfurt a. M.

Jäger, Herbert (1989): *Makrokriminalität: Studien zur Kriminologie kollektiver Gewalt*. Frankfurt a. M.

Jahoda, Marie; Lazarsfeld, Paul; Zeisel, Hans (1960 (1932)): *Die Arbeitslosen von Marienthal*. Bonn

Jakob, Günter (1993): Diskussionsbeitrag. In: Schneider, Wolfgang; Gründahl, Boris (Hg.): *Was tun? – Konkret- Kongreß Protokoll*. Hamburg

Jänicke, Martin (1986): *Staatsversagen. Die Ohnmacht der Politik in der Industriegesellschaft*. München

Jaspers, Karl (1985): *Psychologie der Weltanschauungen*. München

Jervis, Giovanni (1974): *Psychotherapie und Klassenkampf*. Berlin

Joepen, Karl-Heinz (1997): *Die Psychofalle – Über die Verdrängung der Wirklichkeit bei der Suche nach dem wahren Selbst*. Hamburg

Jokisch, Rodrigo (1981): Die nichtintentionalen Effekte menschlicher Handlungen. In: *Kölner Zeitschrift für Soziologie und Sozialpsychologie* Jg. 33, 533ff.

Jonas, Hans (1990): Diskussion über Ethik und Politik heute. In: Engholm, Björn; Röhrich, Wilfried (Hg.): *Ethik und Politik heute. Verantwortliches Handeln in der technisch-industriellen Welt.* Opladen

Jugendwerk der Deutschen Shell (Hg.) (1997): *Jugend '97 – Zukunftsperspektiven, gesellschaftliches Engagement und politische Orientierungen.* Opladen

Jürgens, Martin (1970): Der Staat als Kunstwerk. Bemerkungen zur ›Ästhetisierung der Politik‹. In: *Kursbuch* H. 20, Frankfurt a. M.

Jürgens, Ulrich (1990): Entwicklungslinien der staatstheoretischen Diskussion seit den siebziger Jahren. In: *Aus Politik und Zeitgeschichte,* Beilage von ›Das Parlament‹ vom 23.2.

Kahle, G. (Hg.) (1981): *Logik des Herzens.* Frankfurt a. M.

Kahn; A. E. (1966): The Tyranny of Small Decisions: Market Failures, Imperfections and the Limits of Economics. In: *Kyklos* 19, S. 23-45

Kamper, Dietmar (1983): *Das gefangene Einhorn – Texte aus der Zeit des Wartens.* München

Kamper, Dietmar (1996): *Abgang vom Kreuz.* München

Kamper, Dietmar (1998): *von wegen.* München

Kaplonek, H.; Schroeter, R. (1979): Psychische Probleme als Problem der Lebensbewältigung. In: Keupp, Heiner (Hg.): *Normalität und Abweichung.* München

Kapp, Karl William (1988): *Soziale Kosten der Marktwirtschaft.* Frankfurt a. M.

Karst, Veronika (1985): *Paare.* Stuttgart

Käsler, Dirk (1984): Soziologie: Flug über den Wolken. In: *Der Spiegel* H. 50, 10.12.1984 (Rezension von Luhmanns ›Soziale Systeme‹)

Kern, Horst; Brumlop, Eva; Heine, Hartwich u.a. (1975): *Neue Formen betrieblicher Arbeitsgestaltung.* Göttingen, Hannover

Kern, Horst; Schumann, Michael (1984): *Das Ende der Arbeitsteilung.* München

Kern, Peter (1987): Trojanisches Pferd oder nur Modernisierungspakt. Über Gruppenarbeit und -dynamik in den Betrieben. In: *links* H. 4

Kessler, Wolfgang (1997): Keine soziale und ökologische Utopie. In: *Politische Ökologie* H. 53

Keupp, Heiner; Höfer, Renate (Hg.) (1997): *Identitätsarbeit heute – Klassische und aktuelle Perspektiven der Identitätsforschung.* Frankfurt a. M.

Kierkegaard, Sören (1979a): *Entweder - Oder.* I/1

Kierkegaard, Sören (1979b): Abschließende unwissenschaftliche Nachschrift zu den Philosophischen Brocken II. Beide in: *Gesammelte Werke,* hg v. Emanuel Hirsch und Hayo Gerdes. Gütersloh ab 1979

Kierkegaard, Sören (1984): Über den Begriff der Ironie unter ständiger Rücksicht auf Sokrates. *Gesammelte Werke,* 3 (1. Abtlg.) Gütersloh

Kilian, Hans (1971): *Das enteignete Bewußtsein.* Neuwied und Berlin

Kind, Christoph (1994): Rostende Banknoten. Silvio Gesell und die Freiwirtschaftsbewegung. In: *Die Beute* H. 4

Kisker, Klaus Peter (1970): *Dialogik der Verrücktheit.* Den Haag

Kitschelt, Herbert (1985): Materiale Politisierung der Produktion. In: *Zeitschrift für Soziologie.* Jg. 14

Klages, H.; Hippler H.-J.; Herbert, W. (Hg.) (1992): *Werte und Wandel. Ergebnisse und Methoden einer Forschungstradition.* Frankfurt a. M.

Klaus, Georg; Buhr, Manfred (1972): *Marxistisch-leninistisches Wörterbuch der Philosophie.* Reinbek bei Hamburg Bd. 2.

Klopfleisch, Reinhard; Maywald, Armin (1989): *Es ist angerichtet. Wie die Lebensmittelindustrie uns künstlich ernähren will.* Hamburg

Klotz, Ulrich (1994): Business Reengineering. Die Neukonstruktion des Unternehmens als Herausforderung für die Gewerkschaften. In: *Wechselwirkung* H. 68

Kluge, Alexander (1974): *Kritische Theorie und Marxismus.* Gravenhage

Kluge, Alexander (1975): *Gelegenheitsarbeit einer Sklavin.* Frankfurt a. M.

Kluge, Alexander (1984): *Die Macht der Gefühle.* Frankfurt a. M.

Knapp, Gudrun-Axeli (1981): *Industriearbeit und Instrumentalismus − Zur Geschichte eines Vor-Urteils.* Bonn

Kneer, Georg (1993): Ironie, Selbstreferenz und Supervision. In: *Sozialwissenschaftliche Literaturrundschau* Jg. 16

Knieper, Rolf (1981): *Zwang, Vernunft, Freiheit: Studien zur juristischen Konstruktion der bürgerlichen Gesellschaft.* Frankfurt a. M.

Knoell, Dieter R. (1992): *Kritik der deutschen Wendeköpfe.* Münster

Knorr-Cetina, Karin (1984): *Die Fabrikation von Erkenntnis.* Frankfurt a. M.

Knorr-Cetina, Karin (1992): Zur Unterkomplexität der Differenzierungstheorie. In: *Zeitschrift für Soziologie,* Jg. 21, H.6

Koczyba, Hermann (1979): *Widerspruch und Theoriestruktur.* Frankfurt a. M.

Koehler, Hartmut (1986): Systemtheorie und Ökosystemforschung. In: Regelmann, Johann-Peter; Schramm, Engelbert (Hg.): *Wissenschaft der Wendezeit: Systemtheorie als Alternative?* Frankfurt a. M.

Kohli, Martin (1994): Institutionalisierung und Individualisierung. In: U. Beck und E. Beck-Gernsheim (Hg.): *Riskante Freiheiten.* Frankfurt a. M.

Koltan, Michael T. (1998): Leninismus ohne Arbeiterklasse. In: *Archiv für die Geschichte der Arbeit und des Widerstands,* Bd. 14. Bochum

König, René (1971): Freiheit und Selbstentfremdung in soziologischer Sicht. In: Ders.: *Studien zur Soziologie.* Frankfurt a. M. und Hamburg

Kornai, Janos (1986): The Hungarian Reform Process. In: *Journal of Economic Literature.*

Kosik, Karel (1976): *Dialektik des Konkreten.* Frankfurt a. M.

Kostede, Norbert (1976): Die neuere marxistische Diskussion über den bürgerlichen Staat. In: *Gesellschaft* H. 8/9 Frankfurt a. M.

Kostede, Norbert (1982): Luhmann im Wohlfahrtsstaat. In: *Das Argument* H. 132

Kracauer, Siegfried (1977): *Das Ornament der Masse.* Frankfurt a. M.

Kraemer, Klaus (1997): *Der Markt der Gesellschaft.* Opladen

Kraetke, Michael (1991): Steuergewalt, Versicherungszwang und ökonomisches Gesetz. In: *Prokla* H. 82, 21. Jg.

Kraetke, Michael (1998): Wie politisch ist Marx' ›Politische Ökonomie‹ (II). In: *Z - Zeitschr. Marxistische Erneuerung,* H. 34, 9. Jg.

Kraft, Jörn (1987): Vorwärts in die Showdiktatur − Die Unterhaltung unterjocht alle möglichen Lebensbereiche. In: *Die Zeit* v. 14.8.1987, S. 39

Kramer, Gisela (1993): *Wer ist die Beste im ganzen Land? Konkurrenz unter Frauen.* Frankfurt a. M.

Krämer-Badoni, Thomas (1994): Das Leben ohne Auto. In: *Kommune* H. 8

Krätke, Michael (1991): Politische Ökonomie ohne Marx? In: *Das Argument* H. 188

Krölls, Albert (1988): *Das Grundgesetz als Verfassung des staatlich organisierten Kapitalismus.* Wiesbaden

Krüger, Hans-Peter (1993): *Perspektivenwechsel – Autopoiese, Moderne und Postmoderne im kommunikationsorientierten Vergleich.* Berlin

Krüger, Stephan (1984): *Allgemeine Theorie der Kapitalakkumulation.* Hamburg

Krüger, Stephan (1990): Marktsozialismus – eine moderne Sozialismus-Konzeption für entwickelte Länder. In: Heine, Michael; Herr, Hansjörg; Westphal, Andreas u.a.: *Die Zukunft der DDR-Wirtschaft.* Reinbek bei Hamburg

Kudera, Sabine (1977): Organisationsstrukturen und Gesellschaftsstrukturen. In: *Soziale Welt* 28. Jg.

Kuhlmann, Andreas (1991): Krise und Kultur – Wider das gute Gewissen der Kunst. In: *FR* 1.6.1991 S. ZB 2

Kuhn, Roland (1951): Daseinsanalyse im therapeutischen Gespräch. In: *Schweizer Archiv für Neurologie und Psychiatrie* Jg. 67, H. 1

Kuhne, Frank (1995): *Begriff und Zitat bei Marx. Die idealistische Struktur des Kapitals und ihre nicht-idealistische Darstellung.* Lüneburg

Kunneman, Harry (1990): *Der Wahrheitstrichter. Habermas und die Postmoderne.* Frankfurt a. M.

Künzler, Jan (1989): *Medien und Gesellschaft. Die Medienkonzepte von T. Parsons, J. Habermas und N. Luhmann.* Stuttgart

Landmann, Michael (1963): *Die absolute Dichtung.* Stuttgart

Langbein, Kurt; Martin, Hans-Peter; Weiss, Hans (1999): *Bittere Pillen.* Köln

Lange, Ernst Michael (1980): *Das Prinzip Arbeit.* Frankfurt a. M.

Lange, Hartmut (1983): *Deutsche Empfindungen. Tagebuch eines Melancholikers.* Berlin

Lash, Scott (1992): Ästhetische Dimensionen reflexiver Modernisierung. In: *Soziale Welt* H. 3, Jg. 43

Lefebvre, Henri (1972): *Das Alltagsleben in der modernen Welt.* Frankfurt a. M.

Lefebvre, Henri (1977): *Kritik des Alltagslebens.* Kronberg Ts.

Lefebvre, Henri (1978): *Einführung in die Modernität.* Frankfurt a. M.

Lehr, Ursula; Thomae, Hans (1991): *Alltagspsychologie.* Darmstadt

Leipold, Helmut. (1974): *Betriebsdemokratie – ökonomische Systemrationalität.* Stuttgart

Leithäuser, Thomas u.a. (1987): *Lebenswelt Betrieb.* Opladen

Leithäuser, Thomas; Volmerg, Birgit (1977): Die Entwicklung einer empirischen Forschungsperspektive aus der Theorie des Alltagsbewußtseins. In: Dies.; Salje, Gunther u.a.: *Entwurf zu einer Empirie des Alltagsbewußtseins.* Frankfurt a. M.

Lemaire, Jean G. (1980): *Leben als Paar.* Olten und Freiburg i.Br.

Lemân, Gudrun (1976): *Das jugoslawische Modell.* Frankfurt a. M.

Lenhardt; Gero (1984): *Schule und bürokratische Rationalität.* Frankfurt a. M.

Lenin, W. I. (1970): Staat und Revolution. In: *Ausgewählte Werke* in 6 Bd., Bd. III

Lenin, W. I. (1970a): Die drohende Katastrophe und wie man sie bekämpfen soll. In: Ebenda Bd. III

Lentz, Astrid (1995): *Ethnizität und Macht. Ethnische Differenzierung als Struktur und Prozeß sozialer Schließung im Kapitalismus.* Köln

Lichte, Rainer (1978): *Betriebsalltag von Industriearbeitern.* Frankfurt a. M.

Liebknecht, Karl (1969): *Ausgewählte Reden und Schriften.* Bd. 1 (Hg. v. H. Böhme). Frankfurt a. M.

Liessmann, Konrad Paul (1993): *Philosophie der neuen Kunst.* Wien

Lindblom, Charles E. (1975): Inkrementalismus. Die Lehre vom ›Sich-Durchwursteln‹. In: Narr, W.D.; Offe, C. (Hg.): *Wohlfahrtsstaat und Massenloyalität.* Köln

Lindblom, Charles E. (1983): *Jenseits von Markt und Staat.* Frankfurt a. M., Berlin, Wien

Link, Jürgen (1982): Kollektivsymbolik und Mediendiskurse. In: *Kultur-Revolution – Zeitschrift für angewandte Diskurstheorie,* H. 1

Lipovetsky, Gilles (1995): *Der Narziß oder die Leere.* Hamburg

Lipp; Wolfgang (1987): Autopoiesis biologisch, Autopoiesis soziologisch. Wohin führt Luhmanns Paradigmenwechsel? *Kölner Zeitschrift für Soziologie und Sozialpsychologie* Jg. 39

Lippe, Rudolf zur (1974): Objektiver Faktor Subjektivität. In: *Kursbuch* H. 35

Lippe, Rudolf zur (1991): *Freiheit, die wir meinen.* Reinbek bei Hamburg

Loch, Werner (1975): Nachwort zu: Hess, Richard D.; Handel, Gerald: *Familienwelten.* Düsseldorf

Lohmann, Georg (1991): *Indifferenz und Gesellschaft.* Frankfurt a. M.

Löw-Beer, Peter (1978): Arbeiterautonomie und Technologiekritik. Lucas Aerospace. In: *Politikon* H. 61. Göttingen

Löw-Beer, Peter (1981): *Industrie und Glück. Der Alternativplan von Lucas Aerospace.* Berlin

Löwith, Karl (1962): *Das Individuum in der Rolle des Mitmenschen.* Darmstadt

Lübbe, Hermann (1987): *Politischer Moralismus – Der Triumpf der Gesinnung über die Urteilskraft.* Berlin

Lübbe, Hermann (1991): *Freiheit statt Emanzipationszwang.* Zürich

Lucka, Emil (1916): *Die Grenzen der Seele.* Leipzig

Lüders, Wolfgang (1974): *Psychotherapeutische Beratung.* Göttingen

Luhmann, Niklas (1964): *Funktionen und Folgen formaler Organisation.* Berlin

Luhmann, Niklas (1968): *Zweckbegriff und Systemrationalität.* Tübingen

Luhmann, Niklas (1969): *Legitimation durch Verfahren.* Neuwied und Berlin

Luhmann, Niklas (1969): *Moderne Systemtheorien als Formen gesamtgesellschaftlicher Analyse. In: Spätkapitalismus oder Industriegesellschaft.* Stuttgart

Luhmann, Niklas (1970): *Soziologische Aufklärung* Bd. 1. Opladen

Luhmann, Niklas (1970a): Wirtschaft als soziales System. In: Ders.: *Soziologische Aufklärung* Bd. 1. Opladen

Luhmann, Niklas (1970b): Institutionalisierung – Funktion und Mechanismus im sozialen System der Gesellschaft. In: Schelsky, Helmut (Hg.): *Zur Theorie der Institution.* Düsseldorf

Luhmann, Niklas (1972): Systemtheoretische Ansätze zur Analyse von Macht. In: R. Kurzrock (Hg.): *Systemtheorie.* Berlin

Luhmann, Niklas (1972a): Knappheit, Geld und die bürgerliche Gesellschaft. In: *Jahrbuch für Sozialwissenschaft* Jg. 23

Luhmann, Niklas (1972b): Organisierbarkeit von Religion und Kirche. In: Wössner, Jakobus (Hg.): *Religion im Umbruch.* Stuttgart

Luhmann, Niklas (1973): *Zweckbegriff und Systemrationalität.* Frankfurt a. M. (Tübingen 1968)

Luhmann, Niklas (1975): *Macht.* Stuttgart

Luhmann, Niklas (1975a): Opportunismus und Programmatik in der öffentlichen Verwaltung. In: Luhmann: *Politische Planung.* Opladen

Luhmann, Niklas (1977): *Funktion der Religion.* Frankfurt a. M.

Luhmann, Niklas (1978): Soziologie der Moral. In: Luhmann, Niklas; Pfürtner, S. H. (Hg.): *Theorietechnik und Moral.* Frankfurt a. M.

Luhmann, Niklas (1981): *Politische Theorie im Wohlfahrtsstaat.* München

Luhmann, Niklas (1981a): Gesellschaftsstrukturelle Bedingungen und Folgeprobleme des naturwissenschaftlich-technischen Fortschritts. In: Löw, Reinhard (Hg.): *Fortschritt ohne Maß?* München

Luhmann, Niklas (1983): Anspruchsinflation im Krankheitssystem. Eine Stellungnahme aus gesellschaftstheoretischer Sicht. In: Herder-Dorneich, Philipp; Schuller, Alexander (Hg.): *Die Anspruchsspirale.* Stuttgart

Luhmann, Niklas (1984): *Soziale Systeme. Grundriß einer allgemeinen Theorie.* Frankfurt a. M.

Luhmann, Niklas (1984a): Die Wirtschaft der Gesellschaft als autopoietisches System. In: *Zeitschr. f. Soziologie* Jg. 13, H. 4

Luhmann, Niklas (1984a): The Self-Description of Society: Crisis Fashion and Sociological Theory. In: *International Journal of Comparative Sociology,* Bd. 25, 59ff.

Luhmann, Niklas (1985): Zum Begriff der sozialen Klasse, In: Ders. (Hg.): *Soziale Differenzierung. Zur Geschichte einer Idee.* Opladen

Luhmann, Niklas (1985b): Die Autopoiesis des Bewußtseins. In: *Soziale Welt,* 36

Luhmann, Niklas (1986): *Ökologische Kommunikation. Kann die moderne Gesellschaft sich auf ökologische Gefährdungen einstellen?* Opladen

Luhmann, Niklas (1987): *Archimedes und wir.* West-Berlin

Luhmann, Niklas (1987a): *Soziologische Aufklärung* Bd. 4. Opladen

Luhmann, Niklas (1988): *Die Wirtschaft der Gesellschaft.* Frankfurt a. M.

Luhmann, Niklas (1990): *Soziologische Aufklärung* Bd. 5. Opladen

Luhmann, Niklas (1991): *Soziologie des Risiko.* Berlin, New York

Luhmann, Niklas (1992): *Beobachtungen der Moderne.* Opladen

Luhmann, Niklas (1995): *Soziologische Aufklärung* Bd. 6. Opladen

Luhmann, Niklas; Schorr, Eberhard (1979): *Reflexionsprobleme im Erziehungssystem.* Stuttgart

Lukács, Georg (1970): *Geschichte und Klassenbewußtsein.* Neuwied und Berlin

Lukács, Georg (1974): *Zerstörung der Vernunft,* Bd. II. Darmstadt und Neuwied

Maier, Ferdinand (1982): *Zur Herrschaftslogik des sozialen Handelns. Eine kritische Rekonstruktion von M. Webers Gesellschaftstheorie.* Königstein/Ts.

Maihofer, Andrea (1992): *Das Recht bei Marx.* Baden-Baden

Mandel, Ernest (1991): *Kontroversen um ›Das Kapital‹.* Berlin

Mann, Thomas (1986): *Die Erzählungen.* Frankfurt a. M.

Mann, Thomas (1987): *Der Wille zum Glück.* Frankfurt a. M.

Mármora, Leopoldo (1983): *Nation und Internationalismus.* Bremen

Marshall, Thomas H. (1992): *Bürgerrechte und soziale Klassen.* Frankfurt a. M.

Marx, Karl (1969): *Resultate des unmittelbaren Produktionsprozesses.* Frankfurt a. M.

Marx, Karl (1972): *Kritik an Friedrich Lists Buch ›Das nationale System der politischen Ökonomie‹.* Berlin

Maschewsky, W. (1988): *Psychosomatisch oder neurotoxisch?* Argument Sonderbd. 155 Berlin

Maschewsky, W. (1989): Was macht krank: Psyche oder Gesundheit? In: *Psychologie Heute* H.1

Masuch, Michael (1981): *Kritik der Planung.* Darmstadt und Neuwied

Matt, Peter von (1993): Schick wie Designer-Jeans (über M. Walsers ›Ohne einander‹). In: *Der Spiegel* H.31, S. 138-140

Mattfeld, H (1974): Einige Betrachtungen zur Bedeutung des systemtheoretischen Ansatzes von Luhmann für die Nationalökonomie. In: *Jahrbuch für Sozialwissenschaft*

Maturana, H., R. (1982): *Erkennen: Die Organisation und Verkörperung von Wirklichkeit.* Braunschweig

May, Thomas (1978): Die Physik vom Kopf auf die Quanten gestellt. Kritik an der Naturwissenschaftsauffassung der MG. In: Bremer Basisgruppen (Hg.): *Beiträge zur Kritik der MG.* Bremen

Mayntz, Renate (1971): M. Webers Idealtypus der Bürokratie und die Organisationssoziologie. In: Dies. (Hg.): *Bürokratische Organisation.* Köln, Berlin

Mayntz, Renate (1988): Funktionelle Teilsysteme in der Theorie sozialer Differenzierung. In: Dies. u.a.: *Differenzierung und Verselbständigung.* Frankfurt a. M.

Mayntz, Renate (1995): Zum Status der Theorie sozialer Differenzierung als Theorie sozialen Wandels. In: Müller, H.-P.; Schmid, M. (Hg.): *Sozialer Wandel: Modellbildung und theoretische Ansätze.* Frankfurt a. M.

Mehte, Wolfgang (1981): *Ökologie und Marxismus.* Hannover

Menard, Michael (1989): Die Widersprüche der Arbeitsgesellschaft. In: *Sozialismus* H. 5 Jg. 15

Mendner, Jürgen H. (1975): ›Humanisierung der Arbeit‹ als gewerkschaftspolitisches Problem. In: *Mehrwert* H. 9 Berlin.

Menke, Christoph (1996): *Tragödie im Sittlichen: Gerechtigkeit und Freiheit nach Hegel.* Frankfurt a. M.

Mentzos, Stavros (1980): *Hysterie – Zur Psychodynamik unbewußter Inszenierungen.* München

Meyer, Thomas (1992): *Die Inszenierung des Scheins.* Frankfurt a. M.

Michel, Karl Markus (1969): Herrschaftsfreie Institutionen. In: *Kursbuch* H. 19. Frankfurt a. M.

Michels, Robert (1957): *Soziologie des Parteiwesens.* Stuttgart

Migge, Helmut (1979): Kapitalakkumulation, Umweltschutz und gesellschaftliche Interessen. In: *Prokla* H. 34, Jg. 9

Miller, Jean Baker (1976): *Die Stärke weiblicher Schwäche.* Frankfurt a. M.

Möbius, Horst; Annen-Michel, Barbara (1991): Der Walkman: Dem Alltag Farbe geben. In: *Psychologie Heute* 18. Jg., H. 5.

Moldaschl, Manfred (1993): Restriktive Arbeit: Formen, Verbreitung, Tendenzen der Belastungsentwicklung. In: *Jahrbuch sozialwissenschaftlicher Technikberichterstattung.* Berlin

Mommsen, Wolfgang (1959): *M. Weber und die deutsche Politik.* Tübingen

Mommsen, Wolfgang (1982): *M. Weber. Gesellschaft, Politik und Geschichte.* Frankfurt a. M.

Müller, Ludmilla (1976): Die Wertlosigkeit der Arbeit der Kinderaufzucht im Kapitalismus. In: *Prokla* 22

Müller, Wolfgang; Neusüß, Christel (1970): Die Sozialstaatsillusion und der Widerspruch von Lohnarbeit und Kapital. In: *Probleme des Klassenkampfs,* Sonderheft 1

Müller-Lyer, Franz (1918): *Die Zähmung der Normen.* München

Müller-Sachse, Karl H. (1981): *Unterhaltungssyndrom: Massenmediale Praxis und medientheoretischer Diskurs.* Frankfurt a. M.

Münch, Richard (1984): *Die Struktur der Moderne.* Frankfurt a. M.

Münch, Richard (1988): *Theorie des Handelns.* Frankfurt a. M.

Münch, Richard (1990): Die Wirtschaft der Gesellschaft. In: *Soziologische Revue* H. 4, Jg. 13

Münch, Richard (1991): *Dialektik der Kommunikationsgesellschaft.* Frankfurt a. M.

Musil, Robert (1978): *Gesammelte Werke. Prosa und Stücke.* Reinbek bei Hamburg

Musil, Robert (1981): *Der Mann ohne Eigenschaften.* Reinbek bei Hamburg

Nahamowitz, Peter (1988): Autopoiesis oder ökonomischer Staatsinterventionismus? In: *Zeitschrift für Rechtssoziologie,* H. 1.

Narr, Wolf-Dieter (1994): Aspekte struktureller Verantwortungslosigkeit aus sozialwissenschaftlicher Sicht. In: Hans-Jürgen Fischbeck, Regine Kollek (Hg.): *Fortschritt wohin?* Münster

Narr, Wolf-Dieter (1991): Vom Liberalismus der Erschöpften. In: *Blätter für deutsche und internationale Politik* H. 2.

Naschold, Frieder (1969): *Organisation und Demokratie.* Stuttgart

Negt, Oskar (1984): *Lebendige Arbeit, enteignete Zeit. Politische und kulturelle Dimensionen des Kampfes um die Arbeitszeit.* Frankfurt a. M. 1984 (2. Aufl. 1985)

Negt, Oskar (1989): *Die Herausforderung der Gewerkschaften.* Frankf. a. M.

Negt, Oskar; Kluge, Alexander (1972): *Öffentlichkeit und Erfahrung.* Frankfurt a. M.

Negt, Oskar; Kluge, Alexander (1981): *Geschichte und Eigensinn.* Frankfurt a. M.

Neusüß, Christel (1978): Produktivkraftentwicklung, Arbeiterbewegung und Schranken sozialer Emanzipation. In: *Prokla* H. 31, 8. Jg.

Nissen, Ulrich; Friedel, Andreas (1994): Prädikat: mangelhaft. Ökobilanzen versagen bei technischen Geräten. In: *Politische Ökologie* H. 38

Nitschke, August (1996): Bedenkliche Argumentationen und eine einseitige Evolutionstheorie. In: *Ethik und Sozialwissenschaft* Jg. 7, H. 1.

North, Richard (1988): *Wer bezahlt die Rechnung? Die wirklichen Kosten unseres Wohlstands.* Wuppertal

Novalis (1907): *Schriften,* hg. v. J. Minor, Jena

Oberlercher, Reinhold (1973): *Zur Didaktik der Politischen Ökonomie.* Hamburg

Oetzel, Klaus Dieter (1978): *Wertabstraktion und Erfahrung.* Frankfurt a. M.

Oevermann, Ulrich (1985): ›Versozialwissenschaftlichung der Identitätsformation‹ und die Verweigerung von Lebenspraxis: Eine aktuelle Variante der Dialektik der Aufklärung. In: Lutz, Burkhard (Hg.): *Soziologie und gesellschaftliche Entwicklung*. Frankfurt a. M.

Offe, Claus (1972): Politische Herrschaft und Klassenherrschaft. In: G. Kress und D. Senghaas, *Politikwissenschaft*. Frankfurt a. M.

Offe, Claus (1972a): *Strukturprobleme des kapitalistischen Staates*. Frankfurt a. M.

Offe, Claus (1986): Die Utopie der Nulloption. In: P. Koslowski u.a. (Hg.): *Moderne oder Postmoderne*. Weinheim

Offe, Claus (1986a): Demokratie und ›höhere Amoralität‹. Akademie der Künste Westberlin (Hg.): *Der Traum der Vernunft*. Darmstadt

Offe, Claus (1989): Bindung, Fessel, Bremse. In: Honneth, Axel u.a. (Hg.): *Zwischenbetrachtungen. Im Prozeß der Aufklärung*. Frankfurt a. M.

Offe, Claus (1996): Moderne ›Barbarei‹: Der Naturzustand im Kleinformat. In: Miller, Max; Soeffner, Hans-Georg (Hg.): *Modernität und Barbarei*. Frankfurt a. M.

Olson, Mancur (1968): *Die Logik kollektiven Handelns*. Tübingen

Opp, Karl-Dieter (1994): Der ›rational-choice‹-Ansatz und die Soziologie sozialer Bewegungen. In: *Forschungsjournal Neue Soziale Bewegungen* H. 2.

Ottomeyer, Klaus (1977): Ökonomische Zwänge und menschliche Beziehungen. *Soziales Verhalten im Kapitalismus*. Reinbek bei Hamburg

Ottomeyer, Klaus (1987): *Lebensdrama und Gesellschaft. Szenisch-materialistische Psychologie für soziale Arbeit und politische Kultur*. Wien

Ottomeyer, Klaus (1991): Gesellschaftstheorien in der Sozialisationsforschung. In: Hurrelmann, Klaus; Ulrich, Dieter (Hg.): *Neues Handbuch der Sozialisationsforschung* (4. neubearbeitete Auflage) Weinheim, Basel

Ottomeyer, Klaus und Klaus-Dieter Scheer (1976): Rollendistanz und Emanzipation. In: K. J. Bruder u.a.: *Kritik der pädagogischen Psychologie*. Reinbek

PAQ (Projektgruppe Automation und Qualifikation) (1987): *Widersprüche der Automationsarbeit — Ein Handbuch*. Berlin

Parsons, Talcott (1976): *Zur Theorie sozialer Systeme*. Hg. S. Jensen. Opladen

Parsons, Talcott (1985): *Das System moderner Gesellschaften*. Weinheim und München

Paschukanis, Eugen B. (1929): *Allgemeine Rechtslehre und Marxismus*. Wien, Berlin

Pekruhl, Ulrich (1995): Lean Production und anthropozentrische Produktionskonzepte — Ein Spannungsverhältnis? In: Cattero, Bruno; Hurrle, Gerd; Lutz, Stefan u.a. (Hg.)): *Zwischen Schweden und Japan. Lean Production aus europäischer Sicht*. Münster

Perrow, Charles (1988): *Normale Katastrophen. Die unvermeidbaren Risiken der Großtechnik*. Frankfurt a. M.

Perrow, Charles (1991): A society of organizations. In: *Theory and Society*, Vol. 20, H. 6.

Petzold, Hilarion G. (Hg.) (1995): *Die Wiederentdeckung des Gefühls*. Paderborn.

Pfänder, Alexander (1933): *Die Seele des Menschen*. Halle a. S.

Pfreundschuh, Wolfram (1976): *Der Therapeutische Club — Ausarbeitung einer Konzeption*. München

Pfreundschuh, Wolfram (1978): *Die Kultur. Erster Teil: Der Entstehungs- und Entwicklungsprozeß der Privatperson oder Das Selbst*. München

Pfreundschuh, Wolfram (1979): *Der Reichtum der bürgerlichen Gesellschaft.* München

Pfreundschuh, Wolfram (1979a): *Skizzen und einige allgemeine Aussagen zur psychischen Krankheit.* München (als Typoskript vervielfältigt)

Pfreundschuh, Wolfram (1980): *Arbeit am Wahnsinn.* München. Vervielfältigtes Typoskript

Pfreundschuh, Wolfram (1981): Für eine Selbstorganisation der Psychisch Kranken. In: *Türspalt - Psychiatriezeitung,* H. 4. München

Pfreundschuh, Wolfram (1982a): Was heißt da psychisch krank. Teil 1. In: *Türspalt* H. 7. München

Pfreundschuh, Wolfram (1982b): Teil 2 der Artikelserie ›Was heißt da...‹. In: *Türspalt* H. 8.

Pfreundschuh, Wolfram (1983a): Teil 3. In: *Türspalt* H. 9.

Pfreundschuh, Wolfram (1984): Teil 4. In: *Türspalt* H. 10.

Piton, Monique (1976): *Anders leben. Chronik eines Arbeitskampfes: LIP Besancon.* Frankfurt a. M.

Pohlen, Manfred; Bautz-Holzherr, Margarethe (1995): *Psychoanalyse – das Ende einer Deutungsmacht.* Reinbek bei Hamburg

Pohrt, Wolfgang (1976): *Theorie des Gebrauchswerts.* Frankfurt a. M.

Poliakov, L.; Delampagne, Chr.; Girard, P. (1984): Über den Rassismus. Frankfurt a. M.

Popitz, Heinrich (1968): *Prozesse der Machtbildung.* Tübingen

Postone, Moishe: Notwendigkeit, Arbeit und Zeit: Eine Reinterpretation der Marx'schen Kapitalismuskritik. (Übers. aus Social Research 1978, 4, 739-788). In: *Krisis-Rundbrief* 1991. Nürnberg

Pothast, Ulrich (1998): *Lebendige Vernünftigkeit.* Frankfurt a. M.

Preuss, Ulrich K. (1979): *Die Internalisierung des Subjekts.* Frankfurt a. M.

Prodoehl, Hans Gerd (1983): *Theorie des Alltags.* Berlin

Prokop, Ulrike (1976): *Weiblicher Lebenszusammenhang.* Frankfurt a. M.

Pross, Harry (Hg.) (1985): *Kitsch – Soziale und politische Aspekte einer Geschmacksfrage.* München

Przeworski, A. (1990): Irrationalität des Kapitalismus – Unmöglichkeit des Sozialismus. In: *Prokla* H. 78, 20. Jg.

Radtke, Frank-Olaf (1990): Marktwirtschaft, Multikulturalismus und Sozialstaat. In: *Die Neue Gesellschaft/Frankfurter Hefte* H. 10

Rammert, Werner (1983): Soziale Dynamik der technischen Entwicklung. Opladen 1983

Rathenau, Walter (1918): *Die neue Wirtschaft.* Berlin

Rauner, Felix (Hg.) (1988): *Gestalten – eine neue gesellschaftliche Praxis.* Bonn

Rawls, John (1975): *Eine Theorie der Gerechtigkeit.* Frankfurt a. M.

Reef, Bernd (1997): Umweltpolitik im Kapitalismus. In: Klages, Johanna; Strutynski, Peter (Hg.): *Kapitalismus am Ende des 20. Jahrhunderts.* Hamburg

Reijen, Willem van (1998): Konservative Rhetorik in der ›Dialektik der Aufklärung‹. In: Manfred Gangl, Gérard Raulet (Hg.): *Jenseits instrumenteller Vernunft. Kritische Studien zur Dialektik der Aufklärung.* Frankfurt a. M.

Revelli, Marco (1992): Der Sozialstaat in den Brennesseln. In: *Die Aktion* Jg. 14, Hamburg.

Revelli, Marco (1997): Vom ›Fordismus‹ zum ›Toyotismus‹. Supplement der Zeitschrift *Sozialismus* H. 4. Hamburg

Richter, Horst-Eberhard (1990): *Die hohe Kunst der Korruption*. Berlin/DDR

Riedl, Rupert (1984): *Die Struktur der Genesis. Naturgeschichte der realen Welt*. München

Riemann, Fritz (1986): *Grundformen der Angst*. München/Basel

Ritsert, Jürgen (1973): *Probleme politisch-ökonomischer Theoriebildung*. Frankfurt a. M.

Ritsert, Jürgen (1982): Die fröhliche Wissenschaft vom Geld – Randglossen zu den Geldrätseln in der Theorie generalisierter Medien. In: Becker, Egon; Ritsert, Jürgen: *Drei Beiträge zur fröhlichen Wissenschaft*. Studientexte zur Sozialwissenschaft Sonderbd. 1. Frankfurt a. M. 1989

Ritsert, Jürgen (1988): *Der Kampf um das Surplusprodukt*. Frankfurt a. M.

Rittner, Volker (1983): Körperbetonte soziale Systeme. In: Neidhardt, F. (Hg.): *Gruppensoziologie*. Sonderbd. *25 der Kölner Zeitschrift für Soziologie und Sozialpsychologie*.

Robbe-Grillet, Alain (1965): *Argumente für einen neuen Roman*. München

Robelin, Jean (1986): Stichwort ›Kommunismus‹. In: *Kritisches Wörterbuch des Marxismus*. Bd. 4. West-Berlin

Rögener, Wiebke (1999): Tausend Jahre Untätigkeit. In: *Taz* 5.5.1999

Rohbeck, Johannes (1993): *Technologische Urteilskraft*. Frankfurt a. M.

Rohwer, Götz (1985): Zur politischen Ökonomie der Hausarbeit. In: *Leviathan* Jg. 13, H. 2

Roos, Hans; Streibel, Günter u.a. (1979): *Umweltgestaltung und Ökonomie der Naturressourcen*. Berlin/DDR

Ropohl, Günter (1978): Einführung in die allgemeine Systemtheorie. In: Lenk, H.; Ropohl, G. (Hg.): *Systemtheorie als Wissenschaftsprogramm*. Königsstein

Rosenkranz, Karl (1875): *Neue Studien, Bd. 4: Gedichte*. Leipzig

Roth, Roland; Rucht, Dieter (1992): ›Über den Wolken‹. Niklas Luhmanns Sicht auf soziale Bewegungen. In: *Forschungsjournal Neue Soziale Bewegungen*, H. 2

Ruben, Peter; Warnke, Camilla (1979): Arbeit – Telosrealisation oder Selbsterzeugung der menschlichen Gattung. In: *Deutsche Zeitschrift für Philosophie* H. 1.

Ruge, Arnold (1985): Vorwort. Eine Selbstkritik des Liberalismus. In H. und I. Pepperle (Hg.): *Die Hegelsche Linke*, Leipzig 1985.

Rüschemeyer, Dietrich (1980): Professionalisierung. Theoretische Probleme für die vergleichende Geschichtsforschung. In: *Geschichte und Gesellschaft* Jg. 6

Rüschemeyer, Dietrich (1991): Über Entdifferenzierung. In: W. Glatzer (Hg.) *Die Modernisierung moderner Gesellschaften. 25. Dt. Soziologentag, Sektionen, Arbeitsgruppen* S. 378ff., Opladen

Safranski, Rüdiger (1990): Wieviel Wahrheit braucht der Mensch? München

Saint-Simon, Claude Henri Graf von (1956): Parabel. In: Ramm, Thilo (Hg.): *Der Frühsozialismus*. Stuttgart

Sartre, Jean Paul (1975): *Marxismus und Existenzialismus*. Reinbek bei Hamburg

Sauer, Dieter (1978): *Staat und Staatsapparat*. Frankfurt a. M.

Schachtner, Christel (1994): Das autonome Subjekt – Ideal und Risiko. In: *Psychosozial* 17. Jg. H. 1. (Nr. 55)

Scharpf, Fritz und Mayntz, Renate (Hg.) (1995): *Gesellschaftliche Selbstregulierung und politische Steuerung*. Frankfurt a. M.

Scharpf, Fritz W. (1972): Komplexität als Schranke politischer Planung. In: *Politische Viertel-jahresschrift* Sonderheft 4.

Scharpf, Fritz W. (1975): *Demokratietheorie zwischen Utopie und Anpassung*. Kronberg Ts.

Scheit, Gerhard (1996): Der Fetisch des Gebrauchswert. In: *Streifzüge* Jg. 1, H. 2 Wien

Schelling, T.C. (1974): On the Ecology of Micromotives, In: Marris, R. (Hg.): *The Corporate Society*. London

Schelp, Theo; Kemmler, Lilo (1988): *Emotion und Psychotherapie. Ein kognitiver Beitrag zur Integration psychotherapeutischer Schulen*. Bern

Scherr, Albert (1992): Bildung als Entgegensetzung zu systemischer Autopoiesis und individu-eller Ohnmacht. In: Grubauer, Franz (Hg.) *Subjektivität – Bildung – Reproduktion*. Wein-heim

Scherr, Albert (1994): Sind Jugendliche individualisiert? In: *Gegenwartskunde* H. 2, Jg.43

Scheuplein, Christoph (1997): Die Regulation des Raumes. Raumstrukturen in der großin-dustriellen, fordistischen und postfordistischen Formation. Supplement zu: *Sozialismus* H. 3

Schiller, Friedrich (1967): Über die ästhetische Erziehung des Menschen. In: *Sämtliche Werke* Bd. V. München

Schimank, Uwe (1981): *Identitätsbehauptung in Arbeitsorganisationen*. Frankfurt a. M.

Schimank, Uwe (1983): *Neoromantischer Protest im Spätkapitalismus*. Bielefeld

Schimank, Uwe (1994): Organisationssoziologie In: Kerber, Harald; Schmieder, Arnold (Hg.): *Spezielle Soziologien*. Reinbek bei Hamburg

Schimank, Uwe (1996): *Theorien gesellschaftlicher Differenzierung*. Opladen

Schlaffer, Heinz (1986): Die Gelehrten auf dem Markt. In: *Merkur* H. 7

Schluchter, Wolfgang (1972): *Bürokratische Herrschaft*. München

Schluchter, Wolfgang (1979): *Die Entwicklung des okzidentalen Rationalismus*. Tübingen

Schmid, Thomas (1988): Illusion des Steuerbaren (Rezension von Luhmanns ›Die Wirtschaft der Gesellschaft‹). In: *FAZ* 15.11.1988

Schmid, Wilhelm (1991): *Auf der Suche nach einer neuen Lebenskunst. Die Frage nach dem Grund und die Neubegründung der Ethik bei Foucault*. Frankfurt a. M.

Schmid, Wilhelm (1993): *Was geht uns Deutschland an?* Frankfurt a. M.

Schmidt, Hartwig (1995): *Das unterwürfige Selbst*. Mainz

Schmiede, Rudi (1973): *Grundprobleme der Marx'schen Akkumulations- und Krisentheorie*. Frankfurt a. M.

Schmitt, Carl (1919): *Die politische Romantik*. Berlin

Schneider, Michael (1992): *Das Ende eines Jahrhundertmythos*. Köln

Schnitzler, Arthur (1967): *Gesammelte Werke. Aphorismen und Betrachtungen*. Hrsg. v. Robert O. Weiss. Frankfurt a. M.

Schoeck, Helmut (1987): *Der Neid und die Gesellschaft*. Frankfurt a. M.

Schopenhauer, Arthur (1937): *Sämtliche Werke*, Bd. II. Hg. v. A. Hübscher. Leipzig

Schopenhauer, Arthur (1985): *Der handschriftliche Nachlaß in 5 Bänden*. Hg. v. A. Hübscher. München

Schopenhauer, Arthur (1986): Die Welt als Wille und Vorstellung. *Werke* Bd. I, Hg. v. W. v. Löhneisen. Frankfurt a. M.

Schrader-Klebert, Karin (1969): Die kulturelle Revolution der Frau. In: *Kursbuch* H. 17

Schubert, Volker (1983): *Identität, individuelle Reproduktion und Bildung*. Gießen

Schuller, Alexander (1989): Eros und Minotaurus. In: *Tumult* H. 13. München

Schulz von Thun, Friedemann (1998): *Miteinander reden lernen.* Bd. 3. Reinbek bei Hamburg

Schulze, Gerhard (1992): *Die Erlebnisgesellschaft.* Frankfurt a. M.

Schumann, Michael (1997): Frißt die Shareholder-Value-Ökonomie die moderne Arbeit? In: *Frankfurter Rundschau* (Dokumentationsseite S. 14) vom 18.11.1997

Schumann, Michael; Baethge-Kinsky, Volker; Kuhlmann, Martin u.a. (1994): *Trendreport Rationalisierung.* Berlin

Schumpeter, Joseph A. (1950): *Kapitalismus, Sozialismus und Demokratie.* Tübingen

Schwanitz, Dietrich (1995): *Der Campus.* Frankfurt a. M.

Schwemmer O. (1990): *Die Philosophie und die Wissenschaften − Zur Kritik einer Abgrenzung.* Frankfurt a. M.

Schwinn, Thomas (1995): Funktionale Differenzierung − wohin? In: *Berliner Journal für Soziologie*, H. 1, S. 25ff.

Scott , W. Richard (1986): *Grundlagen der Organisationstheorie.* Frankfurt a. M., New York

Sedlmayer, Hans (1948): *Verlust der Mitte.* Salzburg

Seel, Martin (1995): *Versuch über die Form des Glücks.* Frankfurt a. M.

Sichtermann, Barbara (1982): Vorsicht Kind. Eine Arbeitsplatzbeschreibung. Berlin

Sichtermann, Barbara (1987): *Wer ist wie − Über den Unterschied der Geschlechter.* Berlin

Sichtermann, Barbara (1988): Das Laster der Mediengeilheit. In: *Die Zeit* v. 21.10.1988

Sieferle, Rolf Peter (1994): *Epochenwechsel.* Berlin

Simmel, Georg (1902): Tendencies in German Life and Thought since 1870, In: *International Monthly* (New York) 5, 1902, S. 176f.

Simmel, Georg (1909): Die Kunst Rodins und das Bewegungsmotiv in der Plastik. In: *Nord und Süd* 129. Jg., Heft 2.

Simmel, Georg (1957): Wandel der Kulturformen (1916). In: Ders.: *Brücke und Tor.* Stuttgart

Simmel, Georg (1990): *Vom Wesen der Moderne.* Hg. v. Werner Jung. Hamburg

Sloterdijk, Peter (1987): *Kopernikanische Mobilmachung und ptolemäische Abrüstung.* Frankfurt a. M.

Sloterdijk, Peter (1996): *Selbstversuch − ein Gespräch mit Carlos Oliveira.* München

Sklovskij, V. (1966): *Theorie der Prosa.* Frankfurt a. M.

Smith, Adam (1978 (1776)): *Der Wohlstand der Nationen.* Hg. v. Recktenwald, Horst-Claus. München

Sofsky, Wolfgang; Paris, Rainer (1994): *Figurationen der Macht.* Frankfurt a. M.

Sost (Sozialistische Studiengruppe) (1985): Lebenswelt und Wertorientierung. In: *Sozialismus* H. 1.

Sozialistische Studiengruppe (1983): Brauchen wir den Sozialstaat? In: Michael Opielka u.a. (Hg.): *Die Zukunft des Sozialstaats. Fachtagung der Grünen Baden-Württembergs.* Stuttgart

Sozialistische Studiengruppe (1983a): *Einführung Staatstheorie − Marxistische Analyse des Sozialstaats.* Hamburg

Sozialistische Studiengruppe (1993): Gemeineigentum und Markt. Die Sozialismus-Konzeption von Marx und Engels. In: *Sozialismus* H. 7/8

Speier; Sammy (1983): Gedanken zur Ausbildung. In: Lohmann, Hans Martin (Hg.) *Das Unbehagen in der Psychoanalyse.* Frankfurt a. M.

Spranger, Eduard (1925): *Lebensformen. Geisteswissenschaftliche Psychologie und Ethik der Persönlichkeit.* Halle

Stahl, Thomas (1984): *Betriebssoziologie und Moral. Zur Kritik der soziologischen Sichtweise.* Frankfurt a. M.

Stark, Carsten (1994): *Autopoiesis und Integration.* Hamburg

Steinfeld, Thomas (1991): *Der grobe Ton – Kleine Logik des gelehrten Anstands.* Frankfurt a. M.

Stockhausen, K. (1971): *Texte zur Musik.* Bd. 3. Köln

Stojanovic, Svetozar (1970): *Kritik und Zukunft des Sozialismus.* München

Stolz, Heinz-Jürgen; Türk, Klaus (1992): Organisation als Verkörperung von Herrschaft. In: Lehner, Franz; Schmid, Josef (Hg.): *Technik Arbeit Betrieb Gesellschaft. Beiträge der Industriesoziologie und Organisationsforschung.* Opladen

Streeck, Wolfgang (1987): Vielfalt und Interdependenz. In: *Kölner Zeitschrift für Soziologie und Sozialpsychologie.* Jg. 39

Strutynski, Peter (1999): Arbeitspolitik am Ende des fordistischen Jahrhunderts. In: *Z - Zeitschrift marxistische Erneuerung,* H. 37

Suhr, Dieter (1975): *Bewußtseinsverfassung und Gesellschaftsverfassung.* Berlin

Supek, Rudi (1978): *Arbeiterselbstverwaltung und sozialistische Demokratie.* (Zagreb 1974) Hannover

Tardos, M. (1986): The Conditions of Developing a Regulated Market. In: *Acta Oeconomica* 36 (1-2)

Taylor, Shelley E. (1993): *Positive Illusionen. Produktive Selbsttäuschung und seelische Gesundheit.* Reinbek bei Hamburg

Tellenbach, Hubertus (1983): *Melancholie.* Berlin, Heidelberg

Teubner, Gunter; Willke, Helmut (1984): *Kontext und Autonomie. Gesellschaftliche Selbststeuerung durch reflexives Recht.* EUI-Working Paper 93, Florence European University Institute

Theunissen, Michael (1977): *Der Andere.* Berlin

Thiessen, Rudolf (1994): Kapitalismus als Religion. In: *Prokla – Zeitschrift für kritische Sozialwissenschaft* 24. Jg., H. 96

Thompson, J.D. (1967): *Organizations in action.* New York

Thring, M. (1973): *Man, Machines and Tomorrow.* London

Tocqueville, Alexis de (1959 u. 1962): *Über die Demokratie in Amerika.* München

Touraine, Alain (1976): *Was nützt Soziologie.* Frankfurt a. M.

Trenkle, Norbert (1996): Weltgesellschaft ohne Geld. Überlegungen zu einer Perspektive jenseits der Warenform. In: *Krisis* H. 18 Bad Honnef

Trepl, Ludwig (1983): Ökologie – eine grüne Leitwissenschaft? In: *Kursbuch* H. 74

Treutner, Erhard; Wolff; Stephan unter Mitarbeit von Bonss, Wolfgang (1978): *Rechtsstaat und situative Verwaltung.* Frankfurt a. M.

Türk, Klaus (1989): Artikel ›Organisationssoziologie‹ In: Endruweit, Günter; Trommsdorff, Gisela (Hg.): *Wörterbuch der Soziologie.* Stuttgart

Türk, Klaus (1995): ›*Die Organisation der Welt‹ – Herrschaft durch Organisation in der modernen Gesellschaft.* Opladen

Türk, Klaus (1997): Organisation als Institution der kapitalistischen Gesellschaftsformation. In: Ortmann, Günther; Sydow, Jörg; Türk, Klaus (Hg.): Theorien der Organisation - Die Rückkehr der Gesellschaft. Opladen

Tuschling, Bernhard (1976): *Rechtsform und Produktionsverhältnisse*. Frankfurt a. M.

Tyrell, Hartmut (1978): Anfragen an die Theorie der gesellschaftlichen Differenzierung. *Zs. f. Soziologie*. Jg. 7

Tyrell, Hartmut (1981): Ist der Webersche Bürokratietypus ein objektiver Richtigkeitstypus. In: *Zeitschr. f. Soziologie*, Jg. 10

Ullrich, Otto (1977): *Technik und Herrschaft*. Frankfurt a. M.

Ullrich, Otto (1979): *Weltniveau*. Berlin

Unger, Roberto Mangabeira (1986): *Leidenschaft – Ein Essay über Persönlichkeit*. Frankfurt a. M.

Vaneigem, Raoul (1980): *Handbuch der Lebenskunst für die jungen Generationen*. Hamburg (Paris 1967)

Vejvoda, Ivan (1993): Gesellschaftliche Gewalt im früheren Jugoslawien. In: *links*, H. 4

Vierkandt, Alfred (1923): *Gesellschaftslehre*. Stuttgart

Vobrubra, Georg (1983): *Politik mit dem Wohlfahrtsstaat*. Frankfurt a. M.

Vollmer, Randolph (1986): *Die Entmythologisierung der Berufsarbeit*. Opladen

Wagner, Gerhard (1993): *Gesellschaftstheorie als politische Theologie?* Berlin

Wagner, Gerhard; Zipprian, Heinz (1992): Identität oder Differenz? In: *Zeitschrift für Soziologie*. Jg. 21, H. 6.

Weber, Max (1958): *Wirtschaftsgeschichte*. Berlin

Weber-Kellermann, Ingeborg (1987): *Landleben im 19. Jahrhundert*. München

Wehling, Peter (1989): *Ökologische Orientierung in der Soziologie – Sozial-ökologische Arbeitspapiere des Instituts für sozial-ökologische Forschung*. Frankfurt a. M.

Wehling, Peter (1992): *Die Moderne als Sozialmythos*. Frankfurt a. M.

Weiß, Joachim (1984): Stellvertretung – Überlegungen zu einer vernachlässigten soziologischen Kategorie. In: *Kölner Zeitschrift für Soziologie und Sozialpsychologie* H. 1. Jg. 36

Weiß, Johannes (1992): *M. Webers Grundlegung der Soziologie*. München

Weizsäcker, Carl Christian von (1988): Platon, Marx und der Ministerpräsident. Die Gefahren der Technologiezensur. In: *Die Zeit* Nr. 19, S. 35

Weizsäcker, Viktor von (1947): Fälle und Probleme. In: *Beiträge aus der allgemeinen Medizin* 3, Stuttgart

Weizsäcker, Viktor von (1950): *Diesseits und Jenseits der Medizin*. Stuttgart

Weizsäcker, Viktor von (1956): *Pathosophie*. Göttingen

Wellmer, Albrecht (1986): *Ethik und Dialog*. Frankfurt a. M.

Welsch, Wolfgang (1996): *Vernunft. Die zeitgenössische Vernunftkritik und das Konzept der transversalen Vernunft*. Frankfurt a. M.

Wieland, Christoph Martin (1984): Geschichte der Abderiten. In: Ders.: *Werke* Bd. 4. Berlin, Weimar

Wiesenthal, Helmut (1982): Alternative Technologie und gesellschaftliche Alternativen. In: *Technik und Gesellschaft*, Jahrbuch 1. Frankfurt a. M.

Wiesenthal, Helmut (1989): Ökologischer Konsum – ein Allgemeininteresse ohne Mobilisierungskraft? In: *Stachlige Argumente, Zs. d. Alternativen Liste Berlin* H. 54

Willi, Jürg (1985): *Koevolution*. Reinbek bei Hamburg

Willke, Helmut (1982): *Systemtheorie*. Stuttgart

Willms, Bernard (1977): *Selbstbehauptung und Anerkennung*. Opladen

Wimmer, Michael (1979): Identitätskonzeptionen in Therapieansätzen der Humanistischen Psychologie. In: Nagel, Herbert; Seiffert, Monika (Hg.): *Inflation der Therapieformen*. Reinbek bei Hamburg

Windaus-Walser, Karin (1989): Autorität und Geschlecht – Eine Dialektik der Verklärung. In: Erd, Rainer; Hoß, Dietrich; Jacobi, Otto u.a. (Hg.): *Kritische Theorie und Kultur*. Frankfurt a. M.

Winiarski, Rolf (1985): Die Kraft des Guten. In: *Kursbuch* H. 82

Wippler, Reinhard (1978): Nichtintendierte soziale Folgen individueller Handlungen. In: *Soziale Welt* Jg. 29, 155ff.

Wirth, Margaret (1973): Zur Kritik der Theorie des staatsmonopolistischen Kapitalismus. In: *Prokla* H. 8/9

Wittke, Volker (1993): Qualifizierte Produktionsarbeit neuen Typs: Einsatzfelder, Aufgabenzuschnitte, Qualifikationsprofile. In: *Jahrbuch sozialwissenschaftliche Technikberichterstattung*. Berlin

Wolf, Axel (1998): Berufung – Die Vorladung des Schicksals. In: *Psychologie Heute* H. 5.

Wolf, Harald (1999): *Arbeit und Autonomie: Ein Versuch über Widersprüche und Metamorphosen kapitalistischer Produktion*. Münster

Wolf, Ursula (1999): Zum Problem der Willensschwäche. In: Gosepath, Stefan (Hg.): *Motive, Gründe, Zwecke*. Frankfurt a. M.

Wolfe, Tom (1985): Die Anbetung der Kunst – Bemerkungen zum neuen Gott. In: *Pflasterstrand*, H. 208

Wood, Ellen Meiksins (1982): Die Trennung von Ökonomie und Politik. In: *Das Argument* 24. Jg. H. 131

Wood, Ellen Meiksins (1988): Capitalism and Human emancipation. In: *New Left Review* H. 167

Wulff, Erich (1987): Zementierung oder Zerspielung – Zur Dialektik von ideologischer Subjektion und Delinquenz. In: Haug, W. F.; Pfefferer-Wolf, H. (Hg.): *Fremde Nähe: FS Wulff*. Hamburg

Wulff, Erich (1994): Zur gegenseitigen Hervorbringung von Bewußtsein und Unbewußtem. In: Fulda, Hans Friedrich, Horstmann Rolf-Peter (Hg.): *Vernunftbegriffe in der Moderne – Stuttgarter Hegel-Kongreß 1993*. Stuttgart

Wulff, Erich (1995): *Wahnsinnslogik: Von der Verstehbarkeit der schizophrenen Erfahrung*. Bonn

Zacher, Albert (1982): Zur Anthropologie der Manie. In: *Zeitschrift für klinische Psychologie, Psychopathologie und -therapie*.

Zängle, Michael (1988): *M. Webers Staatstheorie im Kontext seines Werkes*. Berlin

Zaretsky, Eli (1987): *Die Zukunft der Familie*. Frankfurt a. M.

Zech, Reinhold (1983): Produktivkräfte und Produktionsverhältnisse in der Kritik der Politischen Ökonomie. In: Ders. und H. Reichelt (Hg.): *Karl Marx: Produktivkräfte und Produktionsverhältnisse*. Frankfurt a. M., Berlin, Wien

Ziehe, Thomas (1992): Unspektakuläre Zivilisierungsgewinne. In: In: Zahlmann, Christel (Hg.) *Kommunitarismus in der Diskussion*. Berlin 1992

Zorn, Fritz (1977): *Mars*. München

Sozialwissenschaften

Göran Therborn
Die Gesellschaften Europas 1945–2000
Ein soziologischer Vergleich
2000. 435 Seiten, geb.
ISBN 3-593-36400-X

Diese »soziologische Geschichte« Europas präsentiert
in einer durchgehenden analytischen Perspektive eine
ungewöhnliche Breite sozialer und kultureller Entwick-
lungsmomente: Sozialstruktur, Rechtsverhältnisse, Lebenschancen und -risiken, politische Steuerung, kulturelle Prägungen, nationale Identitäten und kollektives
Handeln. Die empirische Analyse der europäischen Moderne verortet diese auch in ihrem globalen Kontext.

Frank Nullmeier
Politische Theorie des Sozialstaats
2000. 451 Seiten
ISBN 3-593-36330-5

Ausgehend von einer ideengeschichtlichen Aufarbei-
tung sozial vergleichenden Handelns von Rousseau über
Friedrich Nietzsche bis zu neueren Theorien der Differenz und der Agonalität setzt der Autor sich mit den So-
zialstaats- und Gerechtigkeitskonzepten u.a. bei Habermas und Rawls auseinander und entwirft eine Theorie
des Sozialstaats, deren Zentralbegriff die Wertschätzung
ist.

Gerne schicken wir Ihnen unsere aktuellen Prospekte:
Campus Verlag · Heerstr. 149 · 60488 Frankfurt/M.
Hotline: 069/97 65 16-12 · Fax -78 · www.campus.de

campus
Frankfurt / New York